全本全注全译丛书

中华经典名著

李先耕◎译注

群书治要 三

中华书局

目录

第三册

卷二十三 ………………………………… 1761

后汉书（三） ………………………………… 1761

  传 ………………………………… 1761

卷二十四 ………………………………… 1852

后汉书（四） ………………………………… 1852

  传 ………………………………… 1853

  循吏传 ………………………………… 1878

  酷吏传 ………………………………… 1884

  宦者传 ………………………………… 1889

  儒林传序 ………………………………… 1918

  逸民传 ………………………………… 1924

  西羌 ………………………………… 1928

  鲜卑 ………………………………… 1938

卷二十五 ………………………………… 1946

魏志（上） ………………………………… 1946

  纪 ………………………………… 1947

  后妃传 ………………………………… 1975

  传 ………………………………… 1980

卷二十六 …………………………………………… 2055

魏志（下） …………………………………………… 2055

　传 …………………………………………………… 2056

卷二十七 …………………………………………… 2159

蜀志 …………………………………………………… 2159

吴志（上） …………………………………………… 2195

卷二十八 …………………………………………… 2234

吴志（下） …………………………………………… 2234

卷二十九 …………………………………………… 2307

晋书（上） …………………………………………… 2307

　纪 …………………………………………………… 2308

　传 …………………………………………………… 2341

　刑法志 ……………………………………………… 2371

　百官志 ……………………………………………… 2379

卷三十 ……………………………………………… 2395

晋书（下） …………………………………………… 2395

　传 …………………………………………………… 2396

卷二十三

后汉书(三)

【题解】

本卷节录自《后汉书》列传部分,从卷五十四到卷六十三,一共选录了杨震(附:杨秉、杨赐)、张纲、种暠、刘陶、李云、刘瑜、虞诩、傅燮、盖勋、蔡邕、左雄、周举、李固、杜乔等十几位大臣的事迹。自安帝时期起,东汉王朝危机逐步显现出来,皇帝幼弱,后宫专权,外戚、宦官势力越来越大,天灾人祸使得民生艰难。而秉持儒家用世理念的正直大臣,努力支撑,力图挽救危机。他们或不顾个人安危,直言劝谏,力陈时弊,矛头直指宦官、外戚,甚至敢于触怒皇帝本人;或尽忠职守,廉洁奉公,安抚百姓,守边抗敌。其言行事迹,均体现出"虽九死其犹未悔"的忠诚与气节。

传

杨震字伯起^①,弘农人也,迁东莱太守^②。道经昌邑^③,故所举茂才王密为昌邑令,谒见^④,至夜,怀金十斤以遗震^⑤。震曰:"故人知君,君不知故人,何也?"密曰:"暮夜无知者^⑥。"震曰:"天知、神知、我知、子知,何谓无知?"密愧而出。后转涿郡太守^⑦。性公廉,子孙常蔬食步行^⑧。故旧长者或欲令为开产业^⑨。震曰："使后世称为清白吏子孙，以此遗之，不亦厚乎？"

【注释】

①杨震字伯起：本段节录自《杨震传》。杨震，字伯起。弘农华阴（今陕西华阴东）人。隐士杨宝之子。他通晓经籍，博览群书，有"关西孔子"之称，五十岁时，始步入仕途。被大将军邓骘征辟，又举茂才，历荆州刺史、东莱太守，入朝为太仆，迁太常，升为司徒，代刘恺为太尉。他为官正直，不屈权贵，又屡次上疏直言时政之弊，因而为中常侍樊丰等所忌恨。延光三年（124），被罢免，又被遣返回乡，途中饮鸩而卒。汉顺帝继位后，下诏为其平反。

②东莱：郡名。汉景帝时分胶东国而置，其地在今山东烟台、威海一带，东汉时治所为黄县（今山东龙口），属青州。

③昌邑：县名。秦置，在今山东巨野。东汉属山阳郡，以昌邑县为郡治。

④谒见：先投名刺而后进见，后泛指进见地位或辈分高的人。

⑤遗（wèi）：馈赠。

⑥暮夜：夜，比喻暗中。

⑦涿郡：地名。在今河北涿州。

⑧蔬食：粗食。

⑨开：设置，开通。产业：指私人财产，如田地、房屋、作坊等等。

【译文】

杨震，字伯起，弘农人，升任东莱太守。途中经过昌邑县，以前他所举荐的茂才王密担任昌邑县令，前来谒见，到了夜间，怀揣十斤金来送给杨震。杨震说："旧交知你，你却不知旧交，这是为什么？"王密说："夜里无人知道。"杨震说："天知道，神知道，我知道，你知道，怎么说没人知道？"王密惭愧地出去了。后来杨震转任涿郡太守。他性情公正廉洁，子孙经常粗食步行。故旧长辈有的想让他置办产业，杨震说："让后代被称为清白官吏的子孙，把这个留给他们，不是很丰厚吗？"

　　为司徒①。安帝乳母王圣②，因保养之勤③，缘恩放恣④。圣子女伯荣出入宫掖⑤，传通奸赂⑥。震上疏曰："臣闻政以得贤为本，理以去秽为务⑦。是以唐虞俊乂在官⑧，四凶流放⑨，天下咸服，以致雍熙⑩。方今九德未事⑪，嬖幸充庭⑫。阿母王圣⑬，出自至微，得遭千载，奉养圣躬⑭，虽有推燥居湿之勤⑮，前后赏惠，过报劳苦，而无厌之心⑯，不知纪极⑰，外交属托⑱，扰乱天下，损辱清朝⑲，尘点日月⑳。《书》诫牝鸡牡鸣㉑，《诗》刺哲妇丧国㉒，夫女子小人，实为难养㉓。宜速出阿母，令居外舍，断绝伯荣，莫使往来，令恩德两隆㉔，上下俱美。惟陛下绝婉娈之私㉕，割不忍之心，留神万机㉖，诚慎拜爵，减省献御㉗，损节征发，令野无《鹤鸣》之叹㉘，朝无《小明》之悔㉙，《大东》不兴于今㉚，'劳止'不怨于下㉛，拟踪往古，比德哲王㉜，岂不休哉！"

【注释】

①为司徒：本段节录自《杨震传》。

②安帝：即汉安帝刘祜。

③保养：保护养育。

④缘：凭借，依靠。

⑤子女：此指女儿。宫掖：本指宫中妃嫔居住的地方，这里代指皇宫。

⑥传通奸赂：传递贿赂，串通奸邪。

⑦理：治理。

⑧唐虞：唐尧、虞舜。俊乂（yì）：才德出众的人。

⑨四凶：古代传说舜所流放的四人或四族首领。《尚书·舜典》："流
　共工于幽洲，放驩兜于崇山，窜三苗于三危，殛鲧于羽山，四罪而
　天下咸服。"

⑩雍熙：指和乐升平。

⑪九德：贤人所具备的九种优良品格，说法不一。《尚书·皋陶谟》
　云："宽而栗，柔而立，愿而恭，乱而敬，扰而毅，直而温，简而廉，
　刚而塞，强而义。"

⑫嬖（bì）幸：被宠爱的人，指姬妾、倡优、侍臣等。

⑬阿母：乳母。

⑭圣躬：臣下称皇帝的身体，也代指皇帝。

⑮推燥居湿：把干燥之处让给幼儿，自己睡在潮湿地方。形容抚育
　孩子的辛劳。

⑯厌：满足。

⑰纪极：终极，限度。

⑱属（zhǔ）托：请托。

⑲清朝：清明的朝政。

⑳点：玷污。

㉑牝鸡牡鸣：母鸡像公鸡一样鸣叫报晓。语本《尚书·牧誓》："牝
　鸡无晨。牝鸡之晨，惟家之索。"牝，雌性鸟兽。牡，雄性鸟兽。

㉒哲妇丧国：多计谋的女子使得国家灭亡。语本《诗经·大雅·瞻
　卬》："哲夫成城，哲妇倾城。"

㉓夫女子小人，实为难养：语本《论语·阳货》："为女子与小人为难养也。"

㉔恩德两隆：养恩、圣德两方面都圆满隆盛。

㉕婉娈：依恋的样子。

㉖万机：指帝王日常处理的纷繁的政务。

㉗献御：指进献食物给皇上。

㉘《鹤鸣》：《诗经·小雅》中的一篇。主题说法不一，一说是讽劝周

王招用隐居山野的贤才。

㉙《小明》：《诗经·小雅》中的一篇。《毛诗序》："《小明》，大夫悔仕于乱世也。"后用为悔仕乱世之典。

㉚《大东》：《诗经·小雅》中的一篇。一般认为描写的是西周中晚期东方各国及各部族受西周统治者惨重盘剥的情形，充满怨愤不满之情。

㉛劳止：辛劳，劳苦。出自《诗经·大雅·民劳》："人亦劳止，迄可小康。"

㉜哲王：贤明的君主。

【译文】

杨震担任司徒。汉安帝的乳母王圣，由于保育之劳，恃恩放纵。王圣的女儿伯荣出入后宫，串通奸邪，传递贿赂。杨震上疏说："臣听说政治把得到贤才作为根本，治理把去除污秽作为要务。因此在唐尧虞舜的时代，才德出众的人当官，恶名昭彰的四凶被流放，天下顺服，以致太平。现今九德没有做到，被宠爱的倡优侍臣却充斥后宫。乳母王圣，出身非常低微，有幸得到千载难遇的机会，能侍奉皇帝，虽说有推燥居湿抚养孩子的辛劳，但前后对她的赏赐恩惠，早已超过对她劳苦的回报，她却毫无满足的心理，不知限度，与宦官勾结，接受请托，扰乱天下，损害侮辱朝廷的清明，玷污了陛下日月般的圣明。《尚书》告诫说，母鸡不能像公鸡一样打鸣，《诗经》讽刺多计谋的妇人倾覆城邑，女子和小人，确实是难以教养。应该立刻遣乳母出宫，让她住在宫外，断绝伯荣进宫之路，不要让他们来往，这样使得恩与德都隆盛，上下皆大欢喜。希望陛下断绝私下的依恋，割舍不忍之心，留神国家政务，在授官位时一定要谨慎戒惧，节省进献的食物，减损征发劳役，让草野隐士不再有《鹤鸣》的感叹，朝廷上没有《小明》那样的悔意，《大东》之类的怨言不在今天兴起，民众不再发出'劳止'的怨恨，去比拟追踪往古，让德行比肩于贤明的君王，难道不美好吗！"

　　奏御①，帝以示阿母等，内幸皆怀忿恚②。而伯荣骄淫尤甚，与故朝阳侯刘护再从兄瓌交通③，瓌遂以为妻，得袭护爵，位至侍中。震深疾之，复诣阙上疏曰④："臣闻高祖与群臣约，非功臣不得封⑤。故经制，父死子继，兄亡弟及，以防篡也⑥。伏见诏书封故朝阳侯刘护再从兄瓌，袭护爵为侯⑦。护同产弟威⑧，今犹见在⑨。臣闻天子专封封有功，诸侯专爵爵有德。今瓌无他功行，但以配阿母女，一时之间，既忝侍中⑩，又至封侯，不稽旧制⑪，不合经义，行人喧哗，百姓不安。陛下宜览镜既往，顺帝之则⑫。"书奏，不省。

【注释】

①奏御：本段节录自《杨震传》。奏御，上奏帝王。

②忿恚：怒恨。

③再从兄：同曾祖而年长于己者。瓌（guī）：同"瑰"。交通：私通。

④诣阙：指赴朝堂。

⑤高祖与群臣约，非功臣不得封：《史记·汉兴以来诸侯王年表序》："高祖末年，非刘氏而王者，若无功上所不置而侯者，天下共诛之。"

⑥篡：指以庶夺正。

⑦袭：继承，沿袭。

⑧同产：指同母。

⑨见（xiàn）在：尚存，现今存在。

⑩忝：有愧于。

⑪稽：考查。

⑫顺帝之则：出自《诗经·大雅·皇矣》："不识不知，顺帝之则。"意思是顺应天帝的法则。

【译文】

杨震的奏疏呈递给安帝后，安帝将其展示给身边的乳母等人看，这使得他们心怀愤恨。伯荣的骄奢淫逸行为更为厉害，她与已故朝阳侯刘护的堂兄刘瓌私通，刘瓌更娶她为妻，并得以继承刘护的爵位，官至侍中。杨震对此深感愤慨，再次上疏朝廷，说："臣听说，汉高祖曾与臣子们约定，非有功于国家者不得封爵。根据以前的制度，父亲去世由儿子继承，兄长去世由弟弟继承，这是为了防止庶出夺取正位。然而，臣注意到诏书中封赐了已故朝阳侯刘护的堂兄刘瓌，让他继承了侯爵的爵位。刘护的同母弟弟刘威现仍健在。据臣所闻，天子分封应基于功绩，诸侯授爵应考虑德行。如今刘瓌并无显著的功绩或德行，仅因其娶了乳母之女，短时间内就名列侍中，更被封侯，这种做法既没有遵循旧制，也不符合经典的教义，导致街谈巷议，民心不安。愿陛下借鉴旧例，依循帝王的法则行事。"奏疏呈上后，安帝并未理睬。

时诏遣使者大为阿母治第^①，中常侍樊丰及侍中周广、谢恽等更相扇动^②，倾摇朝廷^③。震复上疏曰："臣伏念方今灾害发起^④，百姓空虚^⑤，不能自赡。重以螟蝗^⑥，羌虏抄掠^⑦，三边震扰^⑧，兵甲军粮，不能复给。大司农帑藏匮乏^⑨，殆非社稷安宁之时。伏见诏书为阿母兴起津城门内第舍^⑩，合两为一，连里竟街，雕治缮饰^⑪，穷极巧技，转相迫促^⑫，为费巨亿^⑬。周广、谢恽兄弟与国无肺腑枝叶之属^⑭，依倚近幸^⑮，分威共权，属托州郡，倾动大臣^⑯。宰司辟召^⑰，承望旨意^⑱，招来海内贪污之人^⑲，受其货赂，至有赃锢弃世之徒^⑳，复得显用。白黑溷淆^㉑，清浊同源，天下喧哗，为朝结讥。臣闻师言：'上之所取，财尽则怨，力尽则叛。'怨叛之民，不可复使。惟陛下度之。"

【注释】

①时诏遣使者大为阿母治第：本段节录自《杨震传》。

②樊丰：东汉宦官。汉安帝时为中常侍，他依附外戚耿宝，与宦官江京、帝乳母王圣等用事朝中，贪侈枉法，干乱朝政，合谋废皇太子刘保，又诈作诏书，调发钱谷，大起第宅苑囿。后为外戚阎显所杀。侍中：古代职官名，为正规官职外的加官之一。因侍从皇帝左右，出入宫廷，与闻朝政，逐渐变为亲信贵重之职。扇（shān）动：煽动，鼓动。

③倾摇：动摇。

④伏：敬词。古时臣对君奏言常用。

⑤空虚：不充实，贫困。

⑥螟：螟蛾的幼虫。一种蛀食稻心的害虫。

⑦羌：古代民族名。主要分布地相当于今甘肃、青海、四川一带。秦汉时，部落众多，总称西羌，以游牧为主。抄掠：抢劫，掠夺。

⑧三边：此指东、西、北边陲。

⑨帑（tǎng）藏：国库。

⑩津城门：洛阳南面西门，正对洛水浮桥。第舍：宅第，住宅。

⑪治：修治。

⑫迫促：催促。

⑬巨亿：极言数目之多。

⑭肺腑：比喻帝王的宗室近亲。枝叶：喻同宗的旁支。

⑮近幸：指受到帝王宠爱。

⑯倾动：动摇。

⑰宰司：主管官员。辟召：征召。

⑱承望：迎合，逢迎。

⑲贪污：贪利忘义。

⑳赃锢：指贪赃受贿被禁锢的人。

㉑溷（hùn）淆：混乱，杂乱。

【译文】

当时安帝下诏，派遣使者为乳母大兴土木建造府第。中常侍樊丰以及侍中周广、谢恽等人互相勾结煽动，影响朝政。杨震再次上疏，说："臣深思熟虑，当前灾害频发，百姓生活困苦，不能自己养活自己。加之螟虫和蝗虫的灾害，以及羌虏的侵扰和掠夺，边境多受骚扰，兵力和军粮已经难以为继。大司农掌管的府库储藏也日渐空虚，这恐怕不是国家安宁的时刻。臣见诏书颁下，为乳母在津城门内建造宅邸，把两坊合成一体，占据整条街道，雕画修饰，极尽工巧，工期一再催促，费用极其高昂。周广、谢恽兄弟并无宗室亲族的身份，却依靠皇帝的宠爱，共同分享威权，向州郡请托，动摇朝中大臣。宰司征召人才的时候，也要顺承他们的意思，招揽了海内贪赃污秽之人，甚至那些因贪污受贿而被禁止当官的人也重新得到重用。混淆黑白，清浊同流，天下喧哗，给朝廷招来讥笑。臣听老师说过：'朝廷向百姓索取，财力搜刮尽那就会招来怨恨，民力使用尽那就会招来叛乱。'怨恨叛乱的民众，是不能再驱使的了。希望陛下深思。"

丰、恽等见震连切谏不从①，无所顾忌，遂诈作诏书，调发司农钱谷、大匠见徒材木②，各起家舍、园池、庐观③，役费无数。震因地震，复上疏，前后所上，转有切至④。帝既不平之，而樊丰等皆侧目愤怨⑤，俱以其大儒，未敢加害。

【注释】

①丰、恽等见震连切谏不从：本段节录自《杨震传》。

②司农：官名。汉始置，掌钱谷之事，亦称大司农，为九卿之一。大

匠：即将作大匠，官名。秦始置，称将作少府，西汉景帝时，改称将作大匠，职掌宫室、宗庙、陵寝及其他土木营建。见（xiàn）徒：现有的服劳役的人。见，通"现"。材木：可作木材的树。

③庐观：泛指楼阁亭台。

④切至：切直严厉。

⑤侧目：斜目而视，形容愤恨。

【译文】

　　樊丰、谢恽等见到杨震接连的直言劝谏没被听从，越发没有任何顾忌，于是伪造诏书，征调司农府库的钱粮、大匠现有的徒夫及木材，各自兴建住宅、园林、池苑、楼阁，征发劳役耗费无数。杨震借地震又上疏，前后所上奏疏，愈发切直严厉。安帝对此心中不快，樊丰等人更是对杨震斜着眼睛愤恨不已，但都因为他是当时大儒，不敢加害。

　　寻有河间男子赵腾①，诣阙上书，指陈得失②。帝发怒，遂收考诏狱③，结以罔上不道④。震复上疏救之，曰："臣闻尧、舜之世，谏鼓谤木立之于朝⑤；殷、周哲王，小人怨詈则洗目改听⑥。所以达聪明，开不讳⑦，博采负薪⑧，尽极下情也⑨。今赵腾所坐激讦谤语⑩，为罪宜与手刃犯法有差。乞为亏除⑪，全腾之命，以诱刍荛舆人之言⑫。"帝不省，腾竟伏尸都市⑬。会东巡岱宗，樊丰等因乘舆在外，竞治第宅，震部掾高舒召大匠令史考校之⑭，得丰等所诈下诏书，具奏⑮，须行还上之⑯。丰等闻，惶怖⑰，遂共谮震云⑱："自赵腾死后，深用怨怼⑲，且邓氏故吏⑳，有恚恨心。"及车驾行还，遣使者策收震大尉印绶㉑，震于是柴门绝宾客㉒。丰等复恶之，乃请大将军耿宝奏震大臣不服罪㉓，怀恚望㉔，有诏遣归本郡。震行至城西夕阳亭㉕，乃慷慨谓其诸子门人曰："死者士之常分㉖。吾蒙恩居上司，疾奸臣狡猾而不能诛，恶嬖女倾乱而不能禁㉗，何面目复见日月！身死之日，以杂木为棺，布单被，裁足盖形，勿归冢次㉘，勿设祭祠。"因饮鸩而卒㉙。

【注释】

①寻有河间男子赵腾：本段节录自《杨震传》。河间，在今河北献县、河间一带。

②指陈：指明和陈述。

③收考：拘捕拷问。诏狱：关押钦犯的牢狱。

④罔上：欺骗君上。不道：犯上作乱等重大罪行。

⑤谏鼓：设于朝廷供进谏者敲击以闻的鼓，据说舜时设置。谤木：相传尧舜时于交通要道树立木柱，让人在上面写谏言，称为谤木。

⑥小人：民众。怨詈（lì）：抱怨责备。洗目改听：洗耳恭听，真诚接受。

⑦不讳：不隐讳。

⑧负薪：背柴草。这里指地位低微的人。

⑨尽极：极尽。

⑩激讦（jié）：激烈率直地揭发、斥责别人的过失。谤语：怨恨、指责的话。

⑪亏除：减免。

⑫刍荛（ráo）：割草采薪者。舆人：造车工人。

⑬伏尸：尸体倒地。等于说死亡。都市：都城中的集市。

⑭考校：考查比较。

⑮具奏：备文上奏。

⑯须：等待。

⑰惶怖：恐惧。

⑱谮（zèn）：谗毁，诬陷。

⑲怨怼（duì）：怨恨，不满。

⑳邓氏故吏：杨震最初是邓骘征召的，所以称为邓氏故吏。邓骘是
　　邓太后之兄，立安帝，安帝即位初大权在握，由于跟宦官有矛盾，
　　邓太后死后，被逼自杀。

㉑大尉：即太尉。

㉒柴（zhài）门：闭门。

㉓耿宝：字君达，东汉后期将领、外戚，牟平侯耿舒之孙。汉安帝时
　　以皇帝舅父身份担任大将军。

㉔恚望：怨望，怨恨。

㉕夕阳亭：故址在今河南洛阳西。汉晋时为饯别之所。

㉖常分：本分，定分。

㉗嬖女：受宠爱的姬妾。

㉘冢：这里指祖坟。次：近旁，旁边。

㉙鸩（zhèn）：传说中的一种毒鸟。以羽浸酒，饮之立死。这里指鸩酒。

【译文】

　　不久有河间男子赵腾，到朝廷上书，指明陈述朝政得失。安帝发怒，把他关进诏狱拷问，最终以欺骗君上、犯上作乱的罪名定案。杨震又上疏救他，说："臣听说尧舜的时代，在朝廷树立进谏之鼓和诽谤之木，殷周时期明哲的君王，民众怨恨、咒骂他们，他们就洗耳恭听。所以能够做到耳聪目明，开了直言不讳的风气，博采百姓的意见，好尽可能地了解民情。现今赵腾犯了以激烈言辞批评朝政的罪过，判罪应该跟手持凶器杀人犯法者有差别。乞求给他减罪，保全性命，好诱发平民百姓的进言。"安帝不理会，赵腾最终被处死在都城的集市。正赶上安帝东巡泰山，樊丰等人趁着安帝在外，争着修建府第。杨震的掾吏高舒召见将作大匠属下的令史来查问，获得了樊丰等人所伪造的诏书，于是准备好详细的奏章，等待安帝回京时上奏。樊丰等人听说，非常恐惧，于是就共同诬陷杨

震说："自从赵腾死后，他就深深怨恨，况且他是邓氏故吏，有怨恨之心。"等到安帝车驾巡行回来，派遣使者收取了杨震的太尉印绶，杨震于是关闭大门，谢绝宾客。樊丰等人仍然厌恶他，就请大将军耿宝上奏说杨震不服罪，心怀怨恨，安帝下诏令，遣送杨震回原籍本郡。杨震走到洛阳城西边夕阳亭，情绪激昂地对他的儿子和门人说："死亡是人的本分。我蒙受恩惠身居高位，痛恨奸臣狡猾而不能诛杀，厌恶女宠扰乱朝政却不能禁止，有什么脸面再见日月！我身死之时，用杂木做棺材，用麻布做单被，只够盖住身体就可以，不要送到祖坟安葬，不要设置祭祀祠堂。"于是饮用鸩酒而死。

震中子秉①，字叔节，延熹五年②，为太尉。是时宦官方炽。中常侍侯览弟参为益州刺史③，累有臧罪，暴虐一州。秉劾奏参④，槛车征诣廷尉⑤。参自杀。秉因奏览及中常侍具瑗⑥，免览官，而削瑗国。每朝廷有得失⑦，辄尽忠规谏，多见纳用。秉性不饮酒，尝从容言曰："我有三不惑，酒、色、财也。"

【注释】

①震中子秉：本段节录自《杨震传附杨秉传》。中子，排行居中的儿子。杨秉，字叔节。弘农华阴（今陕西华阴）人。太尉杨震之子。四十多岁才接受司空征辟，历任豫、荆、徐、兖四州刺史，汉桓帝即位后，被征入朝，授太中大夫、左中郎将，又任侍中、尚书、光禄大夫等职，后出任太仆，又迁任太常。后因直言被罚至左校劳作，得赦免，两次征召入朝，任太常。延熹五年（162）升任太尉，三年后去世，年七十四。

②延熹五年：天明本作"延喜五年"，据今本《后汉书》改。延熹五

年,162年。延熹,汉桓帝刘志的年号(158—167)。

③侯览:山阳防东(今山东单县东北)人。东汉宦官。延熹年间赐
　爵为关内侯,进封高乡侯,后迁为长乐太仆,专横跋扈,贪婪放纵,
　造成党锢之祸。熹平元年(172),有司举奏侯览专权骄奢,下诏
　收其印绶,侯览随即自杀身亡。其阿附者皆免官。

④劾奏:向皇帝检举官吏的过失或罪行。

⑤槛车:用栅栏封闭的车,用于囚禁犯人或装载猛兽。廷尉:官名,
　九卿之一,掌刑狱。

⑥具瑗(yuàn):魏郡元城(治今河北大名东)人。东汉宦官。桓帝
　时,任中常侍,与宦官单超、左悺、徐璜、唐衡合谋诛灭外戚梁冀,
　封东武阳侯。单超等四人也同日封侯,称为五侯。和左悺等骄横
　贪暴。后被司隶校尉韩演劾奏,贬为都乡侯,卒于家。

⑦得失:偏指失,过失。

【译文】

　　杨震居中的儿子杨秉,字叔节,延熹五年,担任太尉。这时宦官气焰
正盛。中常侍侯览的弟弟侯参担任益州刺史,屡次犯贪赃罪,在一州暴
虐行事。杨秉向桓帝检举弹劾侯参,朝廷派囚车押送侯参前往廷尉处审
理。侯参自杀。杨秉又上奏疏弹劾侯览和中常侍具瑗,桓帝免去侯览的
官职,削减具瑗的封地。每当朝廷有什么过失,杨秉就尽忠劝谏,多被采
纳。杨秉天性不喝酒,曾经不慌不忙地说:"我在三个方面都不迷惑:酒、
色、财。"

　　秉子赐①,字伯献,为司徒。坐辟党人免②,复拜光禄大
夫③。光和元年④,有虹蜺昼降于嘉德殿前⑤。帝恶之,引赐
入金商门⑥,使中常侍曹节、王甫问以祥异祸福所在⑦。赐
仰天而叹,谓节等曰:"吾每读《张禹传》⑧,未尝不愤恚叹

息^⑨，既不能竭忠尽情，极言其要，而反留意少子，乞还女婿^⑩。至令朱游欲得尚方斩马剑以治之^⑪，固其宜也。吾以微薄之学，充师傅之末，累世见宠，无以报国，猥当大问^⑫，死而后已。"乃手书对曰："臣闻之经传：或得神以昌，或得神以亡^⑬。国家休明^⑭，则鉴其德；邪辟昏乱^⑮，则视其祸。今殿前之气，应为虹蜺，皆妖邪所生，不正之象，诗人所谓'蝃蝀'者也^⑯。今内多嬖幸^⑰，外任小臣，上下并怨，喧哗盈路，是以灾异屡见，前后丁宁^⑱。今复投蜺，可谓孰矣^⑲。

【注释】

①秉子赐：本段及以下几段均出自《杨震传附杨赐传》。

②辟（bì）：征召，荐举。党人：东汉桓帝、灵帝时，联合一起反对宦官乱政的士大夫、太学生集团。

③光禄大夫：官名。掌顾问应对。

④光和元年：178年。光和，汉灵帝刘宏的年号（178—184）。

⑤虹蜺（ní）：一作虹霓，为雨后或日出、日没之际天空中所现的彩色圆弧，常有内外二环，内环称虹，也称正虹、雄虹；外环称霓（蜺），也称副虹、雌虹或雌蜺。嘉德殿：宫殿名。在洛阳南宫九龙门内。

⑥金商门：宫门名。为洛阳南宫所属太极殿西之宫垣门。

⑦曹节：字汉丰，南阳新野（治今河南新野）人。东汉宦官。初由小黄门至中常侍。灵帝时，与宦官王甫等捕杀太傅陈蕃、大将军窦武，迁长乐卫尉，封育阳侯。又与宦官侯览收捕李膺、杜密等党人百余人下狱处死。光和四年（181）卒，赠车骑将军。王甫：东汉宦官。灵帝时为黄门令，与曹节谋诛陈蕃、窦武。迁中常侍。又与曹节诬渤海王刘悝谋反，诛之，封冠军侯。后杨彪、阳球发其奸，下狱，死于杖下。祥异：吉祥与灾异。

⑧《张禹传》：见于《汉书》。张禹，字子文，河内轵（今河南济源东）人。汉成帝时为丞相。为人谨厚而内殖货财，性奢侈。《汉书》本传谓其"持禄保位，被阿谀之讥"。

⑨愤恚：痛恨，怨恨。

⑩留意少子，乞还女婿：张禹生病，成帝前去看望，他对成帝说："老臣有四男一女，爱女甚于男。但女儿远嫁给了张掖太守萧咸，臣不胜父女私情，思与女相近。"成帝马上让萧咸改任弘农太守。张禹小儿子没有当官，张禹趁成帝前来探望，频频看向他的小儿子，成帝就在张禹床前封其小儿子为黄门郎、给事中。事见《汉书·张禹传》。

⑪朱游欲得尚方斩马剑以治之：汉成帝时，槐里令朱云（字游）求见，说："今朝廷大臣不能匡正主上，我愿得尚方斩马剑，断佞臣一人头，来激励其他人。"成帝问："佞臣是谁？"朱云回答说："安昌侯张禹。"成帝大怒。事见《汉书·朱云传》。

⑫猥：谦词，表示谦卑。

⑬或得神以昌，或得神以亡：《左传·庄公三十二年》："有神降于莘，惠王问诸内史过曰：'是何故也？'对曰：'国之将兴，明神降之，监其德也；将亡，神又降之，观其恶也。故有得神以兴，亦有以亡。'"

⑭休明：美好清明。

⑮邪辟：乖谬不正。

⑯蝃蝀（dì dōng）：虹的别名。见于《诗经·鄘风·蝃蝀》："蝃蝀在东，莫之敢指。"

⑰嬖（bì）幸：被宠爱的人，指姬妾、倡优、侍臣等。

⑱丁宁：告诫。

⑲孰：熟的古字。审慎，周密。

【译文】

杨秉的儿子杨赐，字伯献，担任司徒。因征召党人被免职，后来又被任命为光禄大夫。光和元年，有虹霓白天降在嘉德殿前。灵帝厌恶它，召杨赐进入金商门，让中常侍曹节、王甫问他吉凶祸福之所在。杨赐仰天长叹，对曹节等人说："我每次读《张禹传》，没有不痛恨叹息的，张禹既不能竭尽忠诚，极力直言国政要害，反而关心小儿子当官，请求让女婿回到自己身边。以至于朱云想得到尚方斩马剑来处置他，本来就是应该的。我凭借微薄的学问，忝居老师末座，世代受到恩宠，却没有什么可以报答国家的。现在承蒙陛下询问，我只有死而后已。"于是手写奏疏回答说："臣从经传上得知：有的人见到神灵降临就兴旺，有的人见到神灵降临却灭亡。国家政治清明，就把这当成仁德之兆；朝中邪辟昏乱，就把它看成是灾祸。现今殿前的气象，应该是虹霓，这是妖邪产生的，是德行不端正的象征，就是诗人所说的'蝃蝀'。现今朝廷内有很多受宠爱的人，外面信任小臣，臣民上下一齐怨恨，议论喧哗，充满道路，因此灾害异变屡屡发生，这是上天在反复告诫。现今又降下虹霓，天意可以说得上审慎周密了。

　　"《易》曰：'天垂象，见吉凶，圣人则之①。'今妾媵、嬖人、阉尹之徒②，共专国朝，欺罔日月③。又鸿都门下④，招会群小，造作赋说，以虫篆小技⑤，见宠于时，如谨兜、共工⑥，更相荐说，旬月之间，并各拔擢。乐松处常伯⑦，任芝居纳言⑧，郄俭、梁鹄以便辟之性⑨，佞辩之心⑩，各受丰爵不次之宠⑪，而令搢绅之徒委伏畎亩⑫，口诵尧、舜之言，身蹈绝俗之行⑬，弃捐沟壑，不见逮及。冠履倒易，陵谷代处，从小人之邪意，顺无知之私欲，不念《板》《荡》之作⑭，'虺蜴'之诫⑮。殆哉之危，莫过于今。幸赖皇天垂象谴告⑯。

【注释】

① "天垂象"几句：见于《周易·系辞上》："天垂象，见吉凶，圣人象之；河出图，洛出书，圣人则之。"意为上天垂示天象，以显示吉凶之征兆，圣人效法之。

② 妾媵（yìng）：古代诸侯贵族女子出嫁，以侄娣从嫁，称媵。后因以妾媵泛指侍妾。嬖（bì）人：身份卑下而受宠爱的人。指姬妾、侍臣、左右等。阉尹：宦官。

③ 欺罔：欺骗蒙蔽。日月：喻指帝后。

④ 鸿都：汉代藏书之所。

⑤ 虫篆：秦代书法的一种，又称"虫书"。比喻微不足道的技能。

⑥ 讙（huān）兜、共工：今本《后汉书》作"驩兜"，译文从之。均为传说中人物，与三苗、鲧并称为"四凶"。尧在位时，驩兜多次推荐共工可当大任。舜即位，放驩兜于崇山，放共工于幽洲。

⑦ 常伯：侍中的古称。

⑧ 纳言：尚书的别称。

⑨ 便辟：谄媚逢迎。

⑩ 佞辩：谄媚善辩。

⑪ 不次：不依寻常次序，此处指超擢，破格。

⑫ 搢（jìn）绅：插笏于绅带间，旧时官宦的装束，也借指士大夫。委伏：托身。畎（quǎn）亩：田间。指民间。

⑬ 绝俗：超出世俗。

⑭《板》《荡》：均是《诗经·大雅》的篇目，都是讽刺周厉王使得周室大坏的诗歌。

⑮ 虺（huǐ）蜴：毒蛇和蜥蜴，比喻肆毒害人者。见于《诗经·小雅·正月》："哀今之人，胡为虺蜴。"

⑯ 谴告：谴责警告。

【译文】

"《周易》言道：'天上投下征兆，可以见吉凶，圣人当效法行事。'现今那些受宠的妃妾、侍臣、宦官一帮人，共同把持朝纲，欺骗蒙蔽帝后。又在鸿都门下，招揽众多的小人集会，作赋议论，用雕虫小技来取宠于当世，就如同驩兜、共工一样互相引荐吹捧，十天半月之间，就会各自得到提拔。乐松担任常伯，任芝位居纳言，郤俭、梁鹄之流凭借谄媚逢迎的秉性、巧言善辩的心思，各自得到封为高爵和越级提拔的宠爱，而让士大夫们屈身在乡间田野，口中念诵着尧舜的言论，亲自实践超出时俗之上的行为，直到死后被丢弃在沟壑之中，也得不到起用。帽子鞋子位置颠倒，山峰峡谷变换位置，跟从小人邪恶的意图，附顺无知的私欲，不去想想《板》《荡》这样的诗作，'哀今之人，胡为虺蜴'这样的告诫。国家的危险，没有超过现在的。幸得皇天降下恶兆来谴责劝告。

"《周书》曰①：'天子见怪则修德，诸侯见怪则修政。'惟陛下慎经典之诫，图变复之道②，斥远佞巧之臣③，速征鹤鸣之士④，内亲张仲⑤，外任山甫⑥，断绝尺一⑦，抑止盘游⑧，留思庶政⑨，无敢怠遑⑩。冀上天还威，众变可弭⑪。老臣过受师傅之任，数蒙宠异之恩⑫，岂敢爱惜垂没之年，而不尽其惓惓之心哉⑬！"

【注释】

①《周书》：此指《逸周书》。

②变复：变灾异复于常。

③佞巧：谄佞巧诈。

④鹤鸣之士：《诗经·小雅·鹤鸣》诗旨是劝周王招用隐居山野的贤才。后用以指隐居荒野的贤能之士。

⑤张仲：周宣王时的贤臣。

⑥山甫：即仲山甫，周宣王时的贤臣。

⑦尺一：古时诏板长一尺一寸，故称天子的诏书为尺一。此指不合
　适的诏书。

⑧盘游：游乐。

⑨庶政：各种政务。

⑩怠遑（huáng）：懈怠而闲暇。

⑪弭（mǐ）：止息。

⑫宠异：天明本作"龙异"。指帝王给以特殊的尊崇或宠爱。

⑬偻偻（lóu lóu）：勤勤恳恳。

【译文】

　　"《周书》说：'天子见到怪异之象就修行仁德，诸侯见到怪异之象就
修明政治。'希望陛下慎重地接受经典的告诫，想一想挽救过失、恢复前
人之道的道理，排斥疏远谄佞巧诈的臣子，迅速地征召隐居的贤士，在宫
内亲近张仲这样的人，在外任用仲山甫这样的人，不随意下诏任命，控制
在外游乐，静心修明政治，不要懈怠。希望借此使上天将威望重新交还
陛下，众多的灾异可望消除。老臣忝居师傅之职，屡次蒙受皇上特殊的
恩典，怎么敢爱惜老命，而不尽到对皇上的忠心呢！"

　　张皓字叔明①，犍为人也。子纲②，字文纪，为侍御史③。
时顺帝委纵宦官④，有识危心⑤。纲常感激⑥，慨然叹曰："秽
恶满朝⑦，不能奋身出命⑧，扫国家之难，虽生，吾不愿也。"
退而上书曰："《诗》云：'不愆不忘，率由旧章⑨。'寻大汉初
隆，及中兴之世，文、明二帝⑩，德化尤盛。观其治为，易循
易见，但恭俭守节、约身尚德而已。中官常侍⑪，不过两人，
近幸赏赐⑫，裁满数金，惜费重民，故家给人足。而顷者以

来,不遵旧典,无功小人,皆有官爵,富之骄之^⑬,而复害之,非爱民重器^⑭,承天顺道者也。伏愿陛下割损左右^⑮,以奉天心。"书奏,不省。

【注释】

①张皓字叔明:本段节录自《张王种陈传·张皓传附张纲传》。张皓,字叔明。犍为郡武阳县(今四川彭山)人。留侯张良六世孙,历任郡吏、大将军掾、尚书仆射、彭城国相等职,在廷尉任上,留心断狱。汉顺帝刘保即位后,任命他为司空,三年后因灾异被罢免,后再次担任廷尉,同年逝世,享年八十三岁。

②纲:张纲,字文纪,犍为郡武阳县(今四川彭山)人。留侯张良七世孙,张皓之子。任广陵太守。

③侍御史:官名。周有柱下史,秦改称侍御史。汉因之,为御史大夫属官。

④顺帝委纵宦官:汉安帝死后,阎皇后无子,便废安帝长子刘保为济阴王,立幼儿刘懿为帝,想自己垂帘听政。刘懿做了七个月的皇帝就死了,宦官孙程、王康等十九人便发动宫廷政变,赶走阎太后,将时年十一岁的刘保拥立为帝,是为汉顺帝,改元永建。由于汉顺帝的皇位是靠宦官得来的,所以将大权交给宦官。委纵,放任。

⑤有识:指有见识的人。危心:指心存戒惧。

⑥感激:感奋激发。

⑦秽恶:邪恶,污浊。

⑧出命:献出生命。

⑨不愆不忘,率由旧章:引自《诗经·大雅·假乐》。愆,失。

⑩文、明二帝:指汉文帝刘恒与汉明帝刘庄。

⑪中官:宦官。常侍:东汉时期为中常侍省称。皆宦官充,侍皇帝左右,备应对顾问。

⑫近幸：指帝王宠爱的人。

⑬富之：使他们富裕。骄之：使他们骄傲。

⑭重器：重视国家。

⑮割损：割削，减损。

【译文】

张皓，字叔明，犍为人。儿子张纲，字文纪，担任侍御史。当时汉顺帝放任宦官，有识之士都心存恐惧。张纲时常感慨激昂，有一次他愤慨地叹息说："污秽邪恶之人充满朝廷，如果不能奋不顾身地出来扫除国家的灾难，即使活着，我也不愿意。"退朝后，他上书说："《诗经》言道：'没有过错没遗忘，一切遵循旧规章。'回顾大汉刚刚建立，以及中兴的时代，汉文帝、汉明帝之世，道德教化十分隆盛，考察他们的治国方略，既容易看清又容易沿袭，就是恭敬节俭、坚守节操、约束自我和崇尚道德。当时的中常侍不过两人，赏赐宠爱的亲信，黄金不过数斤，节约费用，重视民众，所以家家富足，人人饱暖。可是近来，朝廷不遵循原来的制度，没有功劳的小人都封官授爵，让他们富裕骄纵，而又使他们受害，这不是爱护人民、重视国家、顺应天道的办法呀。恳求陛下对左右亲信的赏赐进行削减，以尊奉上天之心。"书奏上，顺帝不理。

汉安元年①，选遣八使，巡行风俗②，皆耆儒知名③，多历显位，唯纲年少，官次最微④。余人受命之部⑤，而纲独埋其车轮于洛阳都亭⑥，曰："豺狼当路，安问狐狸⑦！"遂奏曰："大将军冀、河南尹不疑⑧，蒙外戚之援，荷国厚恩，以纨莸之资⑨，居阿衡之任⑩，不能敬敷扬五教⑪，翼赞日月⑫，而专为封豕长蛇⑬，肆其贪叨⑭，甘心好货⑮，纵恣无底，多树谄谀，以害忠良。诚天威所不赦，大辟所宜加也⑯。谨条其无君之心十五事，斯皆臣子所以切齿者也。"书奏御，京师震竦^⑰。时冀妹为皇后，内宠方盛，诸梁姻族满朝，帝虽知纲言直，终不忍用。

【注释】

①汉安元年：本段节录自《张王种陈传·张皓传附张纲传》。汉安元年，142年。汉安，汉顺帝刘保的年号（142—144）。

②风俗：相沿积久而成的风气、习俗。此指官场风气。

③耆（qí）儒：德高的老儒。

④官次：官阶，官吏的等级。

⑤之：往。部：官署。

⑥都亭：都邑中的传舍。

⑦豺狼当路，安问狐狸：语本《汉书·孙宝传》载京兆督邮侯文之辞："豺狼横道，不宜复问狐狸。"此处豺狼喻大奸，狐狸喻小恶。

⑧大将军冀：指梁冀，字伯卓。安定郡乌氏县（今甘肃泾川）人。出身世家大族，为大将军梁商之子，他的妹妹为汉顺帝皇后（顺烈皇后）。最初为黄门侍郎，历任侍中、虎贲中郎将、越骑校尉、步兵校尉，执金吾，拜河南尹，梁商病逝后接任大将军，袭爵乘氏侯。顺帝崩，立冲帝；冲帝崩，立质帝。后更毒杀质帝，另立桓帝。后被汉桓帝借宦官单超、徐璜、具瑗、左悺、唐衡等五人之力杀死，并被灭族。河南尹：官名。东汉设。掌京都洛阳地区行政。不疑：即梁不疑，又名梁藉。梁商之子，梁冀之弟。

⑨刍荛（chú ráo）：割草采薪。

⑩阿衡：商代官名，师保之官。引申为任国家辅弼之任。

⑪不能敬敷扬五教：今本《后汉书》无"敬"字。敷扬，传播宣扬。五教，五常之教，指父义、母慈、兄友、弟恭、子孝五种伦理道德的教育。

⑫翼赞：辅佐。

⑬封豕长蛇：大猪与长蛇，比喻贪暴者。

⑭贪叨：贪婪。

⑮甘心：贪馋，垂涎。

⑯大辟：古五刑之一，指死刑。

⑰震竦：震惊惶恐。

【译文】

汉安元年，顺帝选派八位使臣，巡视各地官场风气，这些人都是德高的老儒，大多曾任高官，只有张纲年纪轻，官阶最低。其余的人受命前往官署，而张纲独自把所乘坐车辆的车轮埋在洛阳都亭，说："豺狼当道，为什么去责问狐狸！"于是上奏说："大将军梁冀、河南尹梁不疑，蒙受外戚身份之援，倚仗朝廷重恩，凭借割草砍柴之类卑微小人的资质，却身居辅佐帝王、主持国家政务的要职，然而，却不能够宣扬五常之教，辅佐皇帝，而像大猪长蛇那样，放肆自身贪念，垂涎美好财货，纵欲没有止境，到处提拔阿谀谄媚之人，残害忠良之士。这实在是天威所不能宽赦的，应该施加死刑。现谨逐条陈述他们目无君上的事项十五条，这些都是臣子们切齿痛恨的事情。"奏疏呈给顺帝，京城为之震动。当时梁冀的妹妹是皇后，正大受皇帝的宠爱，梁氏家族的兄弟亲属满布朝廷，顺帝虽然知道张纲谏言正直，始终不愿采用。

时广陵贼张婴等众数万人①，杀刺史、二千石，寇乱扬、徐间②，积十余年，朝廷不能讨。冀乃讽尚书③，以纲为广陵太守，因欲以事中之④。前遣郡守，率多求兵马，纲独请单车之职。既到，乃将吏卒十余人⑤，径造婴垒，申示国恩⑥。婴初大惊，既见纲诚信，乃出拜谒⑦。纲延置上坐⑧，问所疾苦，乃譬之曰⑨："前后二千石，多肆贪暴，故致公等怀愤相聚。二千石信有罪矣，然为之者又非义也⑩。今主上仁圣⑪，欲以文德服叛，故遣太守，思以爵禄相荣，不愿以刑罚相加，今诚转祸为福之时也。若闻义不服，天子赫然震怒⑫，荆、杨、兖、豫大兵云合⑬，岂不危乎？若不料强弱，非明也；弃善取恶，非智也；去顺效逆，非忠也；身绝血嗣⑭，非孝也；背正从邪，非直也；见义不为，非勇也。六者成败之几，利害所从，公其深计之。”

【注释】

①时广陵贼张婴等众数万人：本段节录自《张王种陈传·张皓传附张纲传》。广陵，地名。秦置。治今江苏扬州西北。

②寇乱：侵扰。杨：今本《后汉书》作“扬”，即扬州，古九州之一。范围相当于淮河以南、长江流域及岭南等东南地区。徐：即徐州，古九州之一。范围在今山东南部、江苏北部、安徽北部。

③讽：用委婉的语言暗示。

④中：中伤，陷害。

⑤将：率领。

⑥申示：申明表示。

⑦拜谒：拜见。

⑧延：请。

⑨譬：晓谕，劝导。

⑩非义：不义，不合乎道义。

⑪仁圣：仁德圣明。

⑫赫然：盛怒的样子。震怒：盛怒，大怒，旧常用于君主。

⑬荆：荆州，古九州之一。大体相当于今湖北湖南二省全境，由荆山一带直到衡山之南地域。兖（yǎn）：兖州，古九州之一。治所在昌邑（今山东巨野东南），大体范围在今山东西部及河南东部。

　　豫：豫州，古九州之一。因位于九州之中，故别称中州。当今河南
　　省大部分属豫州。

⑭血嗣：继承祖先的后代。

【译文】

　　当时广陵贼张婴等聚集了几万人，杀死刺史、郡守，侵扰扬州、徐州之间，前后长达十几年，朝廷不能将他们平定。梁冀于是暗示尚书，任命张纲为广陵太守，想从中找到事端陷害他。以前派遣的广陵太守，大都请求多带些兵马，张纲却请求就乘一辆车去赴任。到了之后，张纲就领着官吏士兵十几个人，径直来到张婴的营垒，申明朝廷的恩典。张婴开始大吃一惊，后来见张纲诚信，于是出来拜迎。张纲请他坐在上座，询问他的疾苦，开导他说："过去历任郡守，多数都是一味贪婪残暴，使得你们心怀愤怒，聚众起兵。郡守的确有罪，然而，你们这样做也不符合大义。现今主上仁德圣明，想要用文教德化来平息叛乱，所以派遣太守前来，想荣赐给你们封爵和官位，不愿意对你们施加刑罚，今天确实是转祸为福的大好时机。倘若你们听到了道义却不服从，天子勃然大怒，调荆州、扬州、兖州、豫州的大军聚合起来，难道你们不危险吗？假如不能预估力量的强弱，那是不明智的；弃善而就恶，那是不聪明的；放弃顺服而选择叛逆，那是不忠诚的；自己断绝后代，那是不孝顺的；背离正义而跟从邪恶，那是不正直的；见到正义之事当为却不为，那是不勇敢的。这六种选择是成功失败的关键，是选择有利还是有害的，请您还是好好地考虑考虑吧。"

　　婴闻之泣下①，曰："荒裔愚民②，不能自通朝廷，不堪侵枉③，遂复相聚偷生，若鱼游釜中，喘息须臾间耳。今闻明府之言④，乃婴等更生之晨也⑤。既自陷不义，实恐投兵之日⑥，不免孥戮⑦。"纲约之以天地，誓之以日月，婴深感悟，乃辞还营。明日将所部万余人，与妻子面缚归降⑧。纲乃单

车入婴垒，大会，置酒为乐，散遣部众，任从所之。亲为卜居宅⑨，相田畴⑩，子弟欲为吏者，皆引召之⑪。民情悦服，南州晏然。朝廷论功当封，梁冀遏绝，乃止。天子嘉美，欲擢用纲，而婴等上书乞留⑫，乃许之。纲在郡一年卒。百姓老幼相携诣府，赴哀者不可胜数⑬。纲自被疾，吏民咸为祠祀求福，皆言"千秋万岁，何时复见此君"。张婴等五百余人，制服行丧⑭，送到犍为，负土成坟。诏拜纲子续为郎中⑮，赐钱百万。

【注释】

①婴闻之泣下：本段节录自《张王种陈传·张皓传附张纲传》。

②荒裔：指边远地区。

③侵枉：侵害而使受冤枉。

④明府：汉魏以来对郡守牧尹的尊称。又称明府君。

⑤更生：重生，再生。

⑥投兵：放下武器。

⑦孥（nú）戮：诛杀连及妻儿。

⑧面缚：双手反绑于背而面向前。古代用以表示投降。

⑨卜居宅：用占卜方式选择居处。

⑩相田畴：选择田地。

⑪引召：引荐招致。

⑫乞：祈求，请求。

⑬赴哀：前往吊唁致哀。

⑭制服：丧服。

⑮郎中：官名。始于战国。秦汉沿置，掌管门户、车骑等事，内充侍卫，外从作战。另尚书台设郎中司诏策文书。

【译文】

张婴听到后流下眼泪，说："我们这些边远地方愚笨之人，自己不能跟朝廷沟通，又不能忍受地方官的侵害冤枉，于是就聚集起来找条生路，就好像鱼在锅里游动，苟延残喘罢了。现今听到了您的话语，就是我们的重生之日啊。但我们已经陷入不义的境地，实在害怕放下武器的那天，不免连妻子儿女都会遭到杀戮。"张纲于是以天地的名义立下约定，用日月来发誓，张婴深受感动而醒悟，于是辞别回到大营。第二天张婴率领部下一万多人，跟妻子儿女反绑双手，向张纲投降。张纲就单独乘车进入张婴的营垒，召开全军大会，设酒为乐，然后解散张婴部众，任凭他们各奔前程。张纲又亲自为他们用占卜方式选择定居的住宅，寻觅耕地；张婴子弟有想当地方官吏的，也都加以推荐任用。人们心悦诚服，当地一片和平。朝廷评定功劳，应当给张纲封爵，但受到梁冀的阻挠，于是作罢。顺帝赞美张纲，想要提拔他，而张婴等人上书祈求把他留下，朝廷答应了。张纲在广陵任职一年后去世。百姓扶老携幼到太守府奔丧吊唁的，数都数不过来。张纲自从生病，官吏民众都为他祭神求福，都说："千秋万岁，什么时候才能重见这样的使君？"张婴等五百多人，穿着丧服承办丧事，送葬一直送到犍为，负土堆成坟茔。顺帝下诏，任命张纲儿子张续为郎中，赐给一百万钱。

种暠字景伯^①，河南人也，举孝廉。顺帝擢暠，监太子于承光宫^②。中常侍高梵从中单驾出迎太子。时太傅杜乔等疑不欲从^③，惶惑不知所为。暠乃手剑当车^④，曰："太子国之储副^⑤，民命所系。今常侍来无诏信^⑥，何以知非奸邪？今日有死而已。"梵辞屈，驰命奏之。诏报，太子乃得去。乔退而叹息，愧暠临事不惑^⑦。帝亦嘉其持重^⑧，称善者良久。出为益州刺史。宣恩远夷，开晓殊俗^⑨，岷山杂落^⑩，皆怀服汉德焉⑪。

【注释】

①种暠（hào）字景伯：本段节录自《张王种陈传·种暠传》。种暠，字景伯，河南洛阳（今河南洛阳）人。父遗财三千万，暠悉以赈恤宗族邑里贫者。顺帝时举孝廉，为侍御史。后出为益州刺史。匈奴寇边，擢为度辽将军，后迁司徒。卒于位。

②承光宫：宫殿名。在洛阳宫殿北宫。先后为太后、太子所居。

③太傅：即太子太傅，商、周已有太子太傅及少傅，为太子的师傅。汉沿置，秩二千石，位次太常。杜乔：字叔荣，河内林虑（今河南林州）人。为诸生，受司徒杨震征辟，历任南郡太守、东海国相、侍中等职。汉安元年（142）以侍中职守光禄大夫，奉命与七使巡行天下，回京后，杜乔先后担任太子太傅、大司农、光禄勋，多次上疏弹劾梁冀及其亲信。建和元年（147），杜乔升任太尉，旋即受宦官及梁冀诬陷，下狱而死。

④手剑：手持剑。

⑤储副：已被指定的未来皇位继承人。

⑥诏信：诏书凭证。

⑦愧：自愧不如。

⑧嘉：喜欢，赞赏。持重：稳重，谨慎。

⑨开晓：开导，使明白。殊俗：风俗不同的地方。

⑩岷山：山名，在四川北部，绵延四川、甘肃两省边境。

⑪怀服：内心顺服。

【译文】

种暠，字景伯，河南人，被举荐为孝廉。汉顺帝提拔种暠，让他在承光宫监护太子。中常侍高梵从禁中单独一车出来迎接太子。当时太傅杜乔等人心中疑惑，不想让他接走太子，但又惶惑不知道该怎么办。种嚣于是手持宝剑挡住车辆，说："太子是国家皇位的继承人，是天下民众性命所系。现今常侍过来没有诏令凭信，怎么知道不是奸邪呢？今天只有一死罢了。"高梵理屈词穷，奔驰回去上奏。诏命回复，太子才得以离开承光官。杜乔事后感叹，惭愧不如种嚣临事不迷惑。顺帝也赞许他的老成持重，称赞了好长时间。后来种嚣出任益州刺史，把皇恩传播到边远的部族，让拥有不同民俗民风的部族都得以开化，岷山地区杂居的各部族，都从内心顺服汉家的恩德。

刘陶字子奇①，一名伟，颍川人也。时大将军梁冀专朝②，而桓帝无子，连岁荒饥，灾异数见。陶时游大学③，乃上疏陈事曰："臣闻人非天地无以为生④，天地非人无以为灵⑤，是故帝非民不立，民非帝不宁。夫天之与帝，帝之与民，犹头之与足，相须而行也⑥。伏惟陛下袭常存之庆，循不易之制，目不视鸣条之事⑦，耳不闻檀车之声⑧，天灾不有痛于肌肤，震食不即损于圣体⑨，故蔑三光之谬，轻上天之怒。伏念高祖之起，始自布衣，合散扶伤，克成帝业⑩。功既显矣，勤亦至矣。流福遗祚⑪，至于陛下。陛下既不能增明烈考之轨⑫，而忽高祖之勤，妄假利器，委授国柄，使群丑刑隶⑬，芟刈小民⑭，雕敝诸夏⑮，虐流远近。故天降众异，以戒陛下。陛下不悟，而竞令虎豹窟于麕场⑯，豺狼乳于春圃，斯岂唐咨禹、稷⑰，益典朕虞之意哉⑱！

【注释】

①刘陶字子奇：本段及以下几段均出自《杜栾刘李刘谢传·刘陶传》。刘陶，一名伟，字子奇，颍川颍阴（今河南许昌）人。西汉

淮南厉王刘长次子济北贞王刘勃之后，沉勇有大谋，不拘小节。为谏议大夫，上疏陈述"当今要急八事"，认为"天下大乱，皆由宦官"。遭宦官诋毁，下狱死。

②专朝：独揽朝政。

③大学：即太学。古代学校名称，夏名序，商名瞽宗，周名辟雍。汉武帝元朔五年（前124），始置太学，立五经博士。东汉因之。

④无以为生：无从产生。

⑤无以为灵：没有灵性。

⑥须：借用和需要。

⑦鸣条：古地名。在今山西运城境内，相传商汤败夏桀于此地。

⑧檀车：古代车子多用檀木为之，故称。常用来指役车、兵车。

⑨震食：指地震和日食、月食。

⑩克成：完成，实现。

⑪遗祚：余福。

⑫烈考：对已故先人的美称。

⑬刑隶：因犯罪被官府判作奴隶的人，这里特指阉人。

⑭芟刈（shān yì）：割草，引申为屠戮。

⑮雕敝：使之衰落破败。诸夏：泛指中原地区。

⑯虎豹：与下文的"豺狼"皆比喻奸贪逐利之人。虎豹窟于麑场，豺狼乳于春圃，均指其任性胡为。麑（ní）：幼鹿。

⑰唐：唐尧。稷：后稷。按，据《尚书》记载，是舜让禹作司空。

⑱益：伯益。舜命伯益为虞，掌管山林川泽。《尚书·舜典》："帝曰：'俞，咨！益，汝作朕虞。'"

【译文】

刘陶，字子奇，一名伟，颍川人。当时大将军梁冀独揽朝政，汉桓帝没有儿子，连年灾荒饥饿，灾害变异屡次出现。刘陶当时在太学游学，于是上疏陈述政事说："臣听说没有天地，人便无从产生；没有人，天地也便没有了灵性。因此帝王没有人就不能立身,人没有帝王就不能安宁。上天之于皇帝,皇帝之于民众,就好像头和脚一样,是相互需要而存在的。臣念及陛下承袭长久存在的福祥,遵循不变的规制,双眼看不到战争之事,两耳听不到兵车之声,天灾不会使肌肤感到痛楚,地震和日月食也不会立即使圣体受到损害,所以陛下轻视日月星辰的变异,也不在乎上天的怒意。臣想到高祖崛起,就是从布衣平民开始,聚合流离四散的民众,扶助受伤的人,完成称帝的伟业。功业是显赫的,付出的辛苦也到了极致。流传下来的福泽基业,一直到陛下这里。陛下既不能为祖先创立的法度增添光彩,而又辜负高祖的千辛万苦,随便授人以威权,把国家权柄委付他人,致使一群丑恶的宦官小人,任意宰割百姓,中原大地衰败零落,无论远近都受到荼毒。因此上天降下许多异象,以警示陛下。陛下却不醒悟,竟然让虎豹把鹿场作为栖息的巢穴,让豺狼在春天的范围哺乳繁殖,任其胡作非为,这难道符合唐尧委事于大禹和后稷,让伯益掌管山泽养育百姓的精神吗?

　　"又今牧守长吏①,上下交竞,封豕长蛇,蚕食天下。货殖者为穷冤之魂②,贫馁者作饥寒之鬼③,高门获东观之辜④,丰室罗妖叛之罪。死者悲于窀穸⑤,生者戚于朝野,是愚臣所为咨嗟长怀叹息者也。且秦之将亡,正谏者诛,谀进者赏,嘉言结于忠舌⑥,国命出于谗口,擅阁乐于咸阳⑦,授赵高以车府⑧,权去己而不知,威离身而弗顾。古今一揆⑨,成败同势。愿陛下远览强秦之倾,近察哀、平之变⑩,得失昭然,祸福可见。臣敢吐不时之议于讳言之朝⑪,犹冰霜见日,必至消灭。臣始悲天下之可悲,今天下亦悲臣之愚惑也⑫。"书奏,不省。

【注释】

①牧守:州郡的长官。州官称牧,郡官称守。长吏:指州县长官的辅佐。

②货殖者:指经商营利的人。

③贫馁(něi)者:指贫穷饥饿的人。

④高门:高贵门第。东观:孔子诛杀少正卯的地方。

⑤窀穸(zhūn xī):墓穴。

⑥结于忠舌:指忠臣不敢讲话。

⑦阎乐:赵高的女婿,跟赵高合谋杀死秦二世胡亥。

⑧车府:赵高曾担任中车府令。

⑨揆(kuí):道理。

⑩哀、平:汉哀帝刘欣和汉平帝刘衎(kàn)。

⑪不时:不适时,不合时。讳言:指忌讳臣下谏诤。

⑫愚惑:愚笨迷惑。

【译文】

"以及,州牧、郡守等各级官吏,上上下下相互竞争,像大猪长蛇那样贪婪暴虐,像蚕吃桑叶那样侵蚀天下。经商的人成为穷困冤苦的鬼魂,贫苦的人成为忍饥受寒的亡鬼,高门大族受到诛杀,富贵人家罪陷叛逆。死者在坟墓里伤悲,活人在朝野哀戚,这就是臣所以感慨万分、长怀叹息的地方呀。况且秦朝将要灭亡的时候,正直劝谏的人被诛杀,阿谀求官的人被赏赐,规劝的忠言被堵塞,国家的命运系于奸佞之口,阎乐在咸阳擅权,赵高做到中车府令的高官,权力离开自己却不知道,威严脱离自身也不理会。古往今来一个道理,成败同于一种情势。希望陛下远观强秦是如何倾覆的,近察哀、平二帝的变乱,成与败是那样明显,祸与福都可以看见。在这忌讳进言的时代,臣竟敢说出这些不合时宜的话语,就像冰霜见到烈日,一定会被消灭和融化。开始臣悲叹天下人的可悲,现今天下人也要悲叹臣的愚昧糊涂啊。"奏章呈上去后,桓帝没有理睬。

是时天下日危^①，寇贼方炽，陶复上疏曰："臣闻事之急者不能安言^②，心之痛者不能缓声^③。窃见天下前遇张角之乱^④，后遭边章之寇^⑤，每闻羽书告急之声^⑥，心灼内热，四体惊竦^⑦。今西羌逆类^⑧，晓习战陈^⑨，变诈万端^⑩，军吏士民，悲愁相守，人有百走退死之心，而无一前斗生之计。西羌侵前，去营咫尺^⑪，胡骑分布，已至诸陵。将军张温^⑫，天性精勇^⑬，而主者旦夕迫促，军无后殿^⑭，假令失利，其败不救。臣自知言数见厌^⑮，而言不自裁者^⑯，以为国安则臣蒙其庆，国危则臣亦先亡也。谨复陈当今要急八事，乞须臾之间，深垂纳省。"其八事，大较言大乱皆由宦官^⑰。宦官事急，共谗陶曰："前张角事发，诏书示以威恩，自此以来，各各改悔。今者四方安静，而陶疾害圣政，专言妖孽^⑱。州郡不上^⑲，陶何缘知？疑陶与贼通情^⑳。"于是收陶下狱，掠治日急^㉑。陶自知必死，对使者曰："朝廷前封臣云何^㉒？今反受邪谮。恨不与伊、吕同畴^㉓，而以三仁为辈^㉔。"遂闭气而死^㉕，天下莫不痛之。

【注释】

①是时天下日危：本段节录自《杜栾刘李刘谢传·刘陶传》。

②安言：言谈从容不迫。

③缓声：声音和缓。

④张角：钜鹿（治今河北平乡西南）人。东汉末农民起义领袖。灵帝熹平中，创太平道教。灵帝光和七年（184）起义，称"天公将军"。起义军以头缠黄巾为标志，被称为"黄巾军"。先后击败卢植、董卓的进攻，队伍迅速发展。不久病死。

⑤边章：东汉末金城（治今甘肃永靖西北）人。与韩遂作乱陇右，入寇三辅。灵帝中平三年（186），为韩遂所杀。

⑥羽书：古代军事文书，插鸟羽以示紧急，必须迅速传递。

⑦四体：四肢，泛指身体。

⑧西羌：族名。为东汉时羌人内徙的一支。定居在金城（今甘肃兰州西北）、陇西（今甘肃临洮南）、汉阳（今甘肃甘谷东）等郡。因住地偏西，故中原称其为西羌。

⑨战陈：即战阵，作战的阵法。

⑩变诈：巧变诡诈。

⑪咫尺：形容距离近。

⑫张温：字伯慎。东汉末年南阳穰县（今河南邓州）人。官至司隶校尉、太尉，封互乡侯。

⑬精勇：精强勇敢。

⑭后殿：行军时居于尾部者。

⑮数（shuò）：屡次。

⑯自裁：自我约束。

⑰大较：大略，大致。

⑱妖孽：指物类反常的现象，古人以为是不祥之兆。

⑲上：上报。

⑳通情：传递消息。

㉑掠治：拷打讯问。

㉒前封臣：指灵帝封刘陶为中陵乡侯，三迁尚书令一事。

㉓伊、吕：伊尹辅商汤，吕尚佐周武王，皆有大功。同畴：同类。

㉔三仁：商纣时期的三位仁人，指微子、比干、箕子。商纣王暴虐，微子屡次进谏，不被采纳，无奈逃离；比干强谏，被剖心而死；箕子装疯，仍被囚禁。

㉕闭气：指抑止呼吸。

【译文】

这时天下一天比一天危急，贼寇气焰正炽，刘陶又上疏说："臣听说事情到了危急的时候无法安静地说话，内心痛苦的时候不能和缓地发声。臣私下见到天下先有张角叛乱，后遭边章侵扰，每次听到羽书告急的声音，心中炽热，四肢因受惊而颤抖。现今西羌的逆贼，通晓作战的阵法，用兵巧变诡诈，军队官员士人民众，悲愁相守，人们有着百般退却逃生的心思，却没有向前拼命奋战求生的打算。西羌入侵，迫在眼前，距离大营只有咫尺那么近，敌人骑兵四布，已经杀到汉家皇陵。张温将军生性精强勇敢，但是主帅早晚催促，军队又没有后援，假如失利，那失败是不可挽回的。臣自己知道屡次进言已被厌恶，但不克制自己、反复进言的原因，是因为国家安定，那么臣子也会承受福泽，国家危亡，那么臣子必将先遭灭亡啊。谨再陈述当今紧要的八件事项，乞求在最短时间内，为陛下观览采纳。"这八件事，大致是说天下大乱都是由于宦官引起。宦官们见事情紧急，共同进谗诋毁刘陶说："过去张角反叛之后，皇帝下诏，对他们宣以威严和恩泽，从那以后，叛乱者各自改悔。现在天下太平，海内安静，而刘陶对陛下圣明的政事不满，只说那些反常的不祥之兆。各州郡地方都没有上报情况，刘陶从哪里知道的？怀疑刘陶跟贼人有勾结，互通消息。"于是刘陶被拘捕下狱，拷打讯问一天比一天急迫。刘陶自己知道必死，对使者说："朝廷原来封我如何？现今反而受到奸邪的谗毁，遗憾不能做伊尹、吕尚那样的人，而跟微子、比干、箕子三位仁人为伴。"于是抑止呼吸而死，天下人莫不为之痛心。

李云字行祖①，甘陵人也②。举孝廉，迁白马令③。桓帝诛大将军梁冀，而中常侍单超等五人皆以诛冀功并封列侯，专权选举。又立掖庭人女亳氏为皇后④。数月间，后家封者四人，赏赐巨万⑤。是时地数震裂，众灾频降，云素刚，忧国将危，心不能忍，乃露布上书⑥，移副三府，曰："臣闻皇后天下之母，德配坤灵⑦，得其人，则五氏来备⑧；不得其人，则地动摇宫。比年灾异⑨，可谓多矣；皇天下之戒，可谓至矣。举厝至重⑩，不可不慎；班功行赏⑪，宜应其实。梁冀虽持权专擅，虐流天下，今以罪行诛，犹召家臣扼杀之耳⑫。而猥封谋臣万户以上⑬，高祖闻之⑭，得无见非？西北列将，得无解体耶⑮？孔子曰：'帝者，谛也⑯。'今官位错乱，小人谄进，财货公行⑰，政治日损，尺一拜用⑱，不经御省。是帝欲不谛乎？"

【注释】

①李云字行祖：本段节录自《杜栾刘李刘谢传·李云传》。

②甘陵：县名。故址在今山东临清东。

③白马：县名。治今河南滑县东。

④掖庭人女亳氏：即汉桓帝皇后邓猛，和熹邓皇后从兄子邓香之女。邓香早卒，妻改嫁梁冀妻子的舅舅梁纪，邓猛随母而居，因冒姓梁氏。梁冀妻以其貌美，遂于永兴中将其进之于掖庭，甚得桓帝宠幸。延熹二年（159），立为皇后。桓帝以刚诛梁冀，恶梁氏，乃改皇后姓为薄（亳）。四年，有司奏皇后本姓邓，于是复为邓氏。人，今本《后汉书》作"民"。

⑤巨万：极言数目之多。

⑥露布：不缄封的文书。

⑦坤灵：古人对大地的美称。

⑧五氏：即五征，雨、旸（晴）、燠（热）、风、寒。

⑨比年：近年。

⑩举厝：即举措。

⑪班：分等列序，排列。

⑫家臣：泛指诸侯、王公的私臣。扼杀：扼住脖子使死亡。

⑬猥：随便。谋臣：指参与谋划的臣子。

⑭高祖闻之：《史记·汉兴以来诸侯王年表》："高祖末年，非刘氏而王者，若无功上所不置而侯者，天下共诛之。"汉高祖刘邦与群臣约定，不是功臣不能分封爵位。

⑮解体：比喻人心离散、瓦解。

⑯帝者，谛也：见于纬书《春秋运斗枢》："帝之言谛也。"谛，细审明察。

⑰财货：指贿赂。

⑱尺一：古时诏板长一尺一寸，故称天子的诏书为尺一。

【译文】

李云，字行祖，甘陵人，举荐为孝廉，升迁为白马县令。汉桓帝诛杀大将军梁冀，而中常侍单超等五人都因为诛杀梁冀的功劳一并封侯，专掌选拔举荐之权。桓帝又立掖庭民女亳氏为皇后。几个月之间，皇后家被封爵的有四个人，赏赐财物亿万。当时屡次发生大地震，各种灾害频繁降临。李云一向刚直，忧虑国家处境危急，心中不能忍受，就公开上书，并把文书副本移送三公府，说："臣听说皇后是天下的主母，德行跟大地相配，如果人选合适，那么晴、风、雨、寒、热五种天象都符合常规；人选不合适，那么就会大地震裂，动摇宫室。近年来的灾异，可以说够多了；皇天垂下的警戒，可以说到极点了。应采取的举措至为重要，不可不慎重；论功行赏，应该名副其实。梁冀虽然把持政权，专擅国政，残害天下，现今论罪诛杀，不过如同主人捉住一个家臣，将他掐死罢了，然而却滥封参与谋划的臣子，赏赐万户以上的食邑，如果高祖九泉之下知道了，恐怕会被他怪罪的吧？西北那些边将，听说此事，能够不人心涣散吗？孔子说：'帝者，谛也。'就是说帝王对政事要细审明察。现今官吏职位混乱，奸佞小人依靠谄媚升职，贿赂公然施行，政令和教化一天天败坏，诏书封爵和任命官吏，不经由陛下过目。这是皇帝要不谛吗？"

　　帝得奏震怒[①]，下有司逮云送狱，使中常侍管霸与御史廷尉杂考之[②]。时弘农五官掾杜众伤云以忠谏获罪[③]，上书愿与云同日死。帝愈怒，遂并下廷尉。大鸿胪陈蕃上疏救云曰[④]："李云所言，虽不识禁忌[⑤]，干上逆旨[⑥]，其意归于忠国而已。昔高祖忍周昌不讳之谏[⑦]，成帝赦朱云腰领之诛[⑧]。今杀云，臣恐剖心之讥复议于世矣[⑨]。故敢触龙鳞[⑩]，冒昧以请[⑪]。"太常杨秉、洛阳市长沐茂、郎中上官资并上疏请云[⑫]。帝恚甚，有司皆奏以为大不敬[⑬]。诏切责蕃、秉[⑭]，免归田里，茂、资贬秩二等[⑮]。云、众皆死狱中。

【注释】

①帝得奏震怒：本段节录自《杜栾刘李刘谢传・李云传》。

②管霸：东汉宦官。桓帝时受命会审李云，曾对李云加以卫护。后甚奢侈。窦武诛宦官时被杀。杂考：会审。

③五官掾：官名。汉置，汉代郡太守自署属吏之一。掌春秋祭祀。

④陈蕃：字仲举，汝南平舆（今河南平舆北）人。桓帝时，任太尉，与李膺等反对宦官专权，为太学生所敬重。灵帝立，为太傅，与外戚窦武谋诛宦官，事败而死。

⑤禁忌：忌讳。

⑥干：干犯，冒犯。

⑦高祖忍周昌不讳之谏：汉高祖时，周昌为御史大夫，曾经闲暇时入奏事情，高祖正拥着戚姬，周昌跑出去，高祖追上他，骑在他脖子上问："我是什么样的君主？"周昌仰面说："陛下是桀纣之主。"高祖笑了，没有加罪。事见《史记・张丞相列传》。

⑧成帝赦朱云腰领之诛：西汉成帝时，朱云进谏言丞相张禹为佞臣，成帝怒，欲斩之，朱云死抱殿槛（殿上栏杆），结果殿槛被折断。后

获赦,成帝下令保留断槛,遂留下"折槛"的典故。事见《汉书·朱
云传》。腰领,腰部与颈部。两者为人体的重要部分,断之即死,
故常喻致命之处。

⑨剖心:指比干,商纣王的叔叔。据说商纣王怒比干之谏,遂剖其心。

⑩触龙鳞:触犯龙的逆鳞,比喻臣子对君主的过失犯颜直谏。

⑪冒昧:冒犯,无知而妄为。多用于自谦。

⑫太常:官名。秦置奉常。汉初因之。景帝时改名为太常。王莽时
曾改名秩宗。东汉又复名太常,为诸卿之首。职掌宗庙祭祀礼
仪,兼选试博士。洛阳市长:官名。东汉置,为河南尹属官,管理
市场贸易。郎中:官名。掌管门户、车骑等事。内充侍卫,外从作
战,另尚书台设郎中司诏策文书。请:指请求免罪。

⑬大不敬:不敬天子之罪名。

⑭切责:严词斥责。

⑮秩:官位等级。

【译文】

　　桓帝看了奏疏后,大怒,下令有关官员逮捕李云,送进监狱,让中常
侍管霸跟御史、廷尉一同拷问。当时弘农郡五官掾杜众为李云忠心进谏
却获罪而感到痛心,上书说希望能和李云同一天受死。桓帝更加愤怒,
于是就将杜众一并交给廷尉审问。大鸿胪陈蕃上疏营救李云说:"李云
所说的话,虽然是不知道禁忌,冒犯君上,违逆圣旨,但他的本意只在于
效忠国家而已。从前高祖容忍周昌毫不避讳的直言劝谏,成帝赦免朱云
在朝廷上当众强谏自己而招致的死刑。现今杀死李云,臣恐怕世人会将
这事比作商纣对比干施行挖心酷刑的重演。因此才敢触犯君主,直言劝
谏,冒昧请求。"太常杨秉、洛阳市长沐茂、郎中上官资一起上疏,为李云
请求免罪。桓帝怒不可遏,主管官员弹劾陈蕃等上书的人,认为他们都
犯了大不敬之罪。桓帝下诏,严厉斥责陈蕃、杨秉,将二人免职,遣回故
乡,沐茂、上官资被贬降官秩二级。李云、杜众都死在狱中。

刘瑜字季节^①，广陵人也，举贤良方正^②。及到京师，上书陈事曰："臣在下土^③，听闻歌谣，骄臣虐政之事，远近呼嗟之音^④，窃为辛楚^⑤，泣血连如^⑥。诚愿陛下且以须臾之虑，览今往之事，民何为咨嗟^⑦？天曷为动变邪？盖诸侯之位，上法四七^⑧，关之盛衰者也。今中官邪孽^⑨，比肩裂土^⑩，皆竞立胤嗣^⑪，继体传爵^⑫，或乞子疏属^⑬，或买儿市道^⑭，殆乖开国承家之义^⑮。古者天子一娶九女^⑯，娣侄有序^⑰。今女嬖令色^⑱，充积闺帷^⑲，皆当盛其玩饰^⑳，冗食空宫^㉑，劳散精神，生长六疾^㉒。此国之费也，性之伤也。

【注释】

①刘瑜字季节：本段及以下几段均出自《杜栾刘李刘谢传·刘瑜传》。刘瑜，字季节，广陵（今江苏扬州）人。延熹末，举贤良方正，拜议郎。灵帝初，为侍中，与窦武谋诛宦官不成，被杀。

②贤良方正：汉代选拔统治人才的科目之一，被举者对政治得失应直言极谏，如表现特别优秀，则授予官职。武帝时复诏举贤良或贤良文学，名称时有不同，性质无异。

③下土：下面的郡县。

④呼嗟：呼号哀叹。

⑤辛楚：辛酸痛楚。

⑥泣血连如：今本《后汉书》作"涟如"。无声痛哭，泪如血涌。一说，泪尽血出。形容极度悲伤。

⑦咨嗟：叹息。

⑧四七：指二十八宿。诸侯为天子守四方，就像天上有二十八宿一样。

⑨邪孽：指邪恶的人或事物。

⑩比肩：并列，居同等地位。裂土：分封土地。

⑪胤嗣：后嗣，后代。

⑫继体传爵：继承爵位。

⑬乞子：求子嗣。疏属：远宗，旁系亲属。

⑭市道：指市井及道路。

⑮开国承家：指建立邦国，继承封邑。

⑯一娶九女：《后汉书》李贤注云："《公羊传》曰：诸侯一聘三女，天子一娶九女，夏、殷制也。"此语不见于今本《公羊传》。

⑰娣侄：古时诸侯的女儿出嫁，从嫁共事一夫的妹妹和侄女称"娣侄"。

⑱女嬖：受君王宠爱的女子。令色：柔颜媚色。

⑲充积：盈满。闺帷：闺房的帷幕，借指妇女居住的地方。

⑳玩饰：供赏玩的佩饰。

㉑冗食：吃闲饭。空宫：深宫。

㉒六疾：六种疾病，指寒疾、热疾、末（四肢）疾、腹疾、惑疾、心疾。

【译文】

刘瑜，字季节，广陵人，被举荐为贤良方正。他到了京师洛阳，就上书陈述政事说："臣在地方上，听到民间歌谣，唱的是骄横的大臣施行暴政之事，听到远近百姓痛苦嗟叹的声音，暗暗为此辛酸苦楚，禁不住血泪涟涟。臣真诚地希望陛下抽出时间加以思虑，观览古往今来的事情，人们为什么而叹息？上天为什么发生变异？诸侯之位，上应二十八宿，关系到国家盛衰。现今宦官邪孽，裂土分封，都争着立嗣，以继承自己的土地和爵位，有的从远房亲戚那要个儿子，有的在市场路边买个儿子，这显然违背了建立诸侯国继承封邑的制度。据说古代天子一次娶九个女子，陪嫁的妹妹和侄女排列都有次序。现今受君王宠爱的女人充满后宫，都要为她们提供充足的玩物配饰，无事坐食空宫，无聊地耗散精神，还会生出各种疾病。这是对国家资财的耗费，是对民生的伤害。

"且天地之性，阴阳正纪①，隔绝其道，则水旱为灾。又常侍、黄门②，亦广妻娶，怨毒之气③，结成妖眚④。行路之人言，官发略人女⑤，取而复置，转相惊惧。孰不悉然⑥，无缘空生此谤也？邹衍匹夫⑦，杞氏匹妇⑧，尚有城崩霜霣之异⑨，况乃群辈咨嗟，能无感乎！昔秦作阿房，国多刑人。今第舍增多，穷极奇巧，掘山攻石，不避时令。促以严刑，威以峻法，民无罪而覆入之⑩，民有田而覆夺之。民愁郁结，起入贼党，官辄兴兵，诛讨其罪。贫困之民，或有卖其首级，以要酬赏。父兄相伐残身，妻孥相视分裂⑪。穷之如彼，伐之如此，岂不痛哉！

【注释】

①正纪：端正纲纪。

②黄门：宦者，太监。因东汉黄门令、中黄门诸官皆为宦者充任，故称。

③怨毒：怨恨，仇恨。

④妖眚（shěng）：灾异。

⑤略：夺取，掳掠。

⑥悉：知道。

⑦邹衍：战国末期齐国人。著名学者。《论衡·感虚》："邹衍无罪，见拘于燕，当夏五月，仰天而叹，天为陨霜。"匹夫：古代指平民男子，亦泛指平民百姓。

⑧杞氏：春秋齐人杞梁之妻。杞梁战死，其妻迎丧，哭甚哀，遇者挥涕，城为之崩。匹妇：古代指平民妇女。

⑨霣（yǔn）：古同"陨"，降，落下。

⑩覆：败坏，此处指陷害。

⑪妻孥（nú）：妻子儿女。

【译文】

"况且天地万物的本性,以阴阳和合为正道,如果隔绝阴阳交合之道,那么水、旱灾就会发生。还有常侍、黄门这些宦者,也广娶妻妾,仇恨的怨气,凝结成灾害异变。走在路上的人都说,官吏到处掠夺人家的女儿,娶回来又抛置一边,时间长了见面彼此都感惊惧。谁还不知道?无缘无故不会生出这样的毁谤来。邹衍不过是一个普通男子,杞梁妻不过是一个普通女子,他们的怨恨尚且能产生城墙崩塌、五月飞霜的异象,何况这么多人一起叹息,能够没有感应吗?从前秦国建造阿房宫,国家就出现许多受刑罚的囚徒。现在建造的府第更多,穷尽新奇巧妙挖山凿石,不避时令。用苛刻的刑罚来督促,用严酷的法律来威慑,民众没有罪过就受到陷害,民众有田地就遭到抢夺,百姓仇怨凝结,加入乱贼中去,官府就调动军队,征讨他们的罪行。贫困无依的百姓,有的甚至靠出卖首级求得赏金。父兄互相残害身体,妻子儿女眼看着分崩离析。百姓困窘到那样的程度,官府却这样征伐他们,难道不令人痛心吗?

"又陛下以北辰之尊、神器之宝①,而微行近习之家②,私幸宦官之舍。宾客市买,熏灼道路③,因此暴纵④,无所不容。今三公在位,皆博达道艺⑤,而莫或匡益者,非不智也,畏死罚也。惟陛下设置七臣⑥,以广谏道,远佞邪之人,放郑、卫之声,则治致和平,德感祥风矣。"于是特诏召瑜,拜为议郎。

【注释】

①北辰:北极星。被众星拱围,用来比喻帝王或受尊崇的人。神器:
　　代表国家政权的宝物,借指帝位。
②微行:帝王或有权势者便装出行。近习:指君主宠爱亲信的人。

③熏灼：声威气势逼人。

④暴纵：放纵无度。

⑤博达：博学通达。道艺：学问和技能。

⑥七臣：《孝经·谏诤章》："昔者天子有争臣七人，虽无道不失其天下。"郑玄注："七人谓三公及左辅、右弼、前疑、后丞。"后泛指谏臣。

【译文】

"还有，陛下以北极星那样的帝王尊贵身份，却改换服装私访宠幸的近臣之家，亲临宦官的住宅，使他们的宾客到处兜售这些消息，气焰熏天，充塞道路，因此放纵无度，无所不用其极。现今三公等在位高官，都是学问广博通达道艺的，但是没有人能够出面匡正辅佐，有益于国，并不是他们没有智慧，而是因为畏死惧罚。希望陛下设置七臣，来广开劝谏之路，疏远佞谄奸邪之人，摒弃淫靡的郑卫之声，那么就会政局安定平和，德行感化，出现预兆吉祥的和风了。"于是桓帝特别下诏，召来刘瑜，任命为议郎。

虞诩字升卿①，陈国人也。永建元年②，为司隶校尉。时中常侍张防特用权势，每请托受取，诩辄案之③，而屡寝不报④。诩不胜其愤，乃自系廷尉，奏言曰："昔孝安皇帝任用樊丰，遂交乱嫡统，几亡社稷⑤。今者张防复弄威柄，国家之祸将重至矣。臣不忍与防同朝，谨自系以闻，无令臣袭杨震之迹⑥。"书奏，防流涕诉帝，诩坐论输左校⑦。

【注释】

①虞诩字升卿：本段节录自《虞傅盖臧传·虞诩传》。虞诩，字升卿，小字定安，陈国武平县（今河南鹿邑）人。初为郎中，历任朝歌县长、怀县令，任武都太守，后任司隶校尉、尚书仆射、尚书令等职，为

官清正廉明，刚正不阿，一生九次遭到贬谪审问，三次受到刑罚。

②永建元年：126年。永建，汉顺帝刘保的年号（126—132）。

③案：查办，审理。

④寝：止息，废置。

⑤"昔孝安皇帝任用樊丰"几句：汉安帝时，阎皇后多年无子，永宁元年（120），汉安帝立宫人李氏所生之子刘保为太子。李氏此前为阎皇后鸩杀，阎皇后怕太子即位以后会追究，与樊丰等宦官串通一气，向汉安帝进谗言，导致刘保被废。汉安帝死后，阎皇后立幼儿刘懿为皇帝，自己垂帘听政。但刘懿做了七个月的皇帝就死了，宦官孙程、王康等十九人便发动宫廷政变，赶走阎太后，将刘保拥立为帝，改元永建，是为汉顺帝。

⑥杨震之迹：指杨震被樊丰陷害而死的事。

⑦论：定罪。输：罚役。左校：官署名。汉朝隶属将作大匠，掌管工徒。

【译文】

虞诩，字升卿，陈国人。永建元年，担任司隶校尉。当时中常侍张防滥用权势，每次受人请托都会收取贿赂，虞诩就追究这些事，但屡次被搁置，没有回复。虞诩不胜愤恨，于是就把自己绑起来，到廷尉那里，并上奏说道："从前汉安帝任用宦官樊丰，于是造成帝系正统继承的大乱，几乎灭亡汉朝的江山。现今张防又在弄权，国家的灾祸又要到来了。臣不能忍受跟张防同朝为官，所以才把自己绑起来，请陛下知道，不要让臣再重蹈杨震被害死的老路。"书奏上，张防流着眼泪向顺帝陈诉，虞诩被判到左校服劳役。

防必欲害之^①，二日之中传考四狱^②。宦者孙程等知诩以忠获罪，乃相率奏曰："陛下始与臣等造事之时，常疾奸臣，知其倾国。今者即位而复自为，何以非先帝乎？司隶校尉虞诩为陛下尽忠，而更被拘系；常侍张防臧罪明正^③，反构忠良。今客星守羽林^④，其占宫中有奸臣^⑤。宜急收防送狱，以塞天变^⑥。"防坐徙边^⑦，即日赦出诩。拜议郎，迁尚书仆射。

【注释】

①防必欲害之：本段节录自《虞傅盖臧传·虞诩传》。

②传考：逮捕审问。

③明正：明证，明确的证据。

④客星：出没无定、行止无常、偶然出现的星体。古人认为，客星的出现多为凶兆。羽林：星官名。《史记·天官书》："此宫虚、危，其南有众星，曰羽林天军。"

⑤占：预测，预示。

⑥天变：指天象的变异。

⑦徙边：将犯人流放边境服劳役。古代的一种刑罚。

【译文】

张防一心要害死虞诩，两天之中，传讯拷问了他四次。宦官孙程等人知道虞诩因为忠诚而获罪，于是相继上奏说："陛下开始跟我们谋划即位之事的时候，常常痛恨奸臣，知道是他们倾覆国家。现今登上皇位，自己却又纵容包庇奸佞，那凭什么来责备先帝不对呢？司隶校尉虞诩为陛下竭尽忠诚，却被拘捕关押；常侍张防贪赃的罪证明确，反而构陷忠良。现在有客星守在羽林，它预示宫中有奸臣。应该急捕张防入狱，来堵塞上天的灾变。"张防因此被判处流徙边境，当天就赦免放出虞诩。虞诩被任命为议郎，又升为尚书仆射。

先是宁阳主簿诣阙^①，诉其县令之枉^②，积六七岁不省^③。主簿乃上书曰："臣为陛下子，陛下为臣父。臣章百上，终不见省，臣岂可北诣单于以告怨乎④？"帝大怒，持章示尚书，尚书遂劾以大逆。诩驳曰："主簿所讼，乃君父之怨⑤，百上不达，是有司之过。愚蠢之民，不足多诛⑥。"帝纳诩言，笞之而已⑦。诩好刺举⑧，无所回容⑨，数忤权戚，遂九见谴考⑩，三遭刑罚，而刚正之性，终老不屈。迁尚书令。

【注释】

①先是宁阳主簿诣阙：本段节录自《虞傅盖臧传·虞诩传》。宁阳，县名。治今山东宁阳南。

②枉：冤情。

③不省：不察看。

④单于：汉时匈奴君长的称号。

⑤君父：特称天子。

⑥多：过分的，不必要的。

⑦笞：古代的一种刑罚，用荆条或竹板敲打臀、腿或背，为五刑之一。

⑧刺举：检举。

⑨回容：曲法宽容。

⑩谴考：贬谪审问。

【译文】

在此之前，宁阳县主簿来到朝廷，申诉该县县令的冤情，压了六七年没有办理。主簿于是就上书说："臣是陛下的子民，陛下是臣的父亲。臣的奏章奏上一百次，最终也不见回音，难道臣要北上到单于那里去诉怨吗？"顺帝大怒，把奏章给尚书看，尚书就用大逆的罪名弹劾这个主簿。虞诩反驳说："主簿所申诉的，是对君父天子的不满；一百次上书都没到皇帝手中，这是主管官员的过失。像主簿这样的愚昧小民，不值得过分惩处。"顺帝采纳了虞诩的进言，对主簿用笞刑了事。虞诩喜好检举揭发，无所回避包庇，屡次忤逆权贵外戚，于是九次遭到贬谪审问，三次遭受刑罚，但是刚正的本性，到老也没有改变。后又被升为尚书令。

　　傅燮字南容①，北地人也。为护军司马②，与左中郎皇甫嵩俱讨贼张角③。燮素疾中官，既行，因上疏曰："臣闻天下之祸，不由于外，皆兴于内。是故虞舜升朝，先除四凶，然后用十六相④，明恶人不去则善人无由进也。今张角起于赵、魏⑤，黄巾乱于六州⑥。此皆衅发萧墙⑦，而祸延四海也。臣受戎任，奉辞伐罪，始到颍川，战无不克。黄巾虽盛，不足为庙堂忧也⑧。臣之所惧，在于治水不息其源，末流弥增其广耳。陛下仁德宽容，多所不忍，故阉竖擅权⑨，忠臣不进。

【注释】

①傅燮（xiè）字南容：本段及以下几段均出自《虞傅盖臧传·傅燮传》。傅燮，字南容，北地灵州（今宁夏吴忠）人。光和七年（184），任护军司马，跟随皇甫嵩出征黄巾，大破黄巾军，居首功，授安定都尉。中平三年（186），以议郎拜汉阳太守。四年，凉州刺史耿鄙不听傅燮劝阻，举六郡士兵征讨叛军，军队哗变被杀。傅燮守城多日，出城迎战，死于阵中，追谥为壮节侯。

②护军司马：官名。为护军将军的属官。汉制，将军属下设长史、司马等官，司马主兵，为将军的重要助手。司马有时也单独领兵作战，独当一面。

③左中郎：左中郎将的简称。官名。秦置，汉因之，隶郎中令（即光禄勋），主掌属下中郎、侍郎、郎中等宿卫官殿。皇甫嵩：字义真，安定朝那（今宁夏固原东南）人。初举孝廉、茂才。灵帝时征为议郎，迁北地太守。黄巾军起义，改任左中郎将，前往镇压。擢任

冀州牧,封槐里侯。后奉召讨伐关中起义军,战失利,不久病死。

④十六相:指"八恺"与"八元"。据《左传·文公十八年》,高阳氏有才子八人,叫苍舒、隤敳、梼戭、大临、尨降、庭坚、仲容、叔达,他们中正、通达、宽宏、深远,明亮、守信、厚道、诚实,天下百姓称他们为"八恺";高辛氏有才子八人,叫伯奋、仲堪、叔献、季仲、伯虎、仲熊、叔豹、季狸,他们忠诚、恭敬、勤谨、端美,周密、慈祥、仁爱、宽和,天下百姓叫他们"八元"。舜以八恺管理政事,以八元管理教化,使天下太平。

⑤赵、魏:指战国七雄中赵国、魏国所处地域,约在今河南、河北、山西一带。

⑥六州:黄巾盛时,遍布青、徐、幽、冀、荆、扬、兖、豫八州。《后汉书》李贤注云:"此云'六州',盖初起时。"

⑦衅:祸患,祸乱。萧墙:门屏,古代宫室里用来分隔内外挡门的小墙。后多用以比喻内部潜在的祸患、危机。

⑧庙堂:朝廷。

⑨阉竖:对宦官的蔑称。

【译文】

傅燮,字南容,北地人。担任护军司马,跟左中郎皇甫嵩一起讨伐逆贼张角。傅燮一向痛恨宦官,将要出征,还上疏说:"臣听说天下的祸患,不是由外部兴起,都是从内部发生的。所以虞舜登位,首先除掉四凶,然后才起用十六位贤能之士,这说明不除去恶人,那么善人就无从进用。现今张角从赵魏之地起兵,黄巾之乱已波及六个州,这都是祸患从内部发生,然后蔓延到天下。臣接受了军事重任,奉命讨伐罪人,刚到颍川时,攻战没有不取胜的。黄巾气焰虽盛,还不足以成为朝廷的忧患。臣惧怕的是在于治水不从源头上治理,下游势必泛滥得更严重。陛下仁德宽容,对很多不对的事也不忍心去处理,所以那些宦官专擅权力,忠臣不能进用。

　　"诚使张角枭夷①,黄巾变服②,臣之所忧,愈益深耳。何者? 夫邪正之人,不宜共国③,亦犹冰炭不可同器。彼知正人之功显而危亡之兆见,皆将巧辞饰说,共长虚伪。夫孝子疑于屡至④,市虎成于三夫⑤。若不详察真伪,忠臣将复有杜邮之戮矣⑥。陛下宜思虞舜四罪之举⑦,速行谗佞放殛之诛⑧,则善人思进,奸凶自去矣。臣闻忠臣之事君,犹孝子之事父也。子之事父,焉得不尽其情? 使臣身备铁钺之戮⑨,陛下少用其言,国之福也。"书奏,宦者赵忠见而忿恶⑩。及破张角,巂功多当封,忠诉谮之⑪,竟亦不封,以为安定都尉⑫。

【注释】

①枭夷:诛戮。

②变服:改变服饰。

③共国:指同治国事。

④孝子疑于屡至:据说曾参在费邑居住,有跟曾参同姓名的人杀了人。有人告诉曾参的母亲说,曾参杀人了,她不信,依然自若织布;第二次告诉她,她还是淡定自若;第三次告诉她,曾母扔下机杼,跳墙而跑。事见《战国策·秦策二》。

⑤市虎成于三夫:即三人市虎,三个人传言市上有虎,就会使人信以为真。

⑥杜邮之戮:战国秦名将白起埋怨秦王不听他的劝告而作战失利,不肯为将,称病不起。秦王罢免白起,遣之出咸阳。至杜邮,秦王让使者赐白起剑,使其自裁。白起死而非其罪,秦人怜之,为其设祀。事见《史记·白起王翦列传》。后称忠臣无辜被杀为"杜邮之戮"。

⑦四罪:指舜治共工、驩兜、三苗、鲧四凶之罪。

⑧放殛（jí）：放逐诛杀。

⑨铁（fū）钺：斫刀和大斧，用于腰斩、砍头的刑具。

⑩赵忠：安平（今河北安平）人。东汉末宦官。桓灵时，历小黄门、中常侍、大长秋、车骑将军等职，封都乡侯，以搜刮暴敛、骄纵贪婪见称，灵帝极为宠信。光熹元年（189），何进谋诛宦官，事泄，他和其余几个常侍设计伏杀何进，袁绍、袁术等人闻何进被杀，入宫杀尽宦官，捕杀赵忠。

⑪谮（zèn）：诬陷，中伤。

⑫安定：郡名。西汉置，故治高平，即今宁夏固原。东汉移治临泾县，即今甘肃镇原东南。都尉：官名。战国置，为统兵武官，位次于将军。汉景帝时为郡之军事主官。东汉因之。

【译文】

"即使张角被诛杀，黄巾改变服饰，不再作乱，臣的忧虑，只能更深罢了。为什么呢？奸邪和正直的人，不能够在朝廷共存，就像寒冰跟火炭不能同在一个器具之内。奸邪之人明白正直人士的成功，预示他们即将灭亡，这时，他们都要花言巧语，弄虚作假。像曾参那样的孝子，曾母因为被人屡次告知曾参杀人，也产生了怀疑；市上本无虎，三人传言称有虎，谣言也会被人们信以为真。倘若不详察真伪，忠臣就会遭受白起在杜邮被迫自杀的惨剧。陛下应该想一想虞舜处罚四凶的举措，迅速放逐诛杀进谗的佞人，那么善良的人就会想着上进，奸邪凶人就无地容身了。臣听说忠臣侍奉君主，就像孝子侍奉父亲那样。儿子侍奉父亲，怎么能不竭尽忠心呢？即使臣身受斧钺之戮，只要陛下稍稍采纳进言，也是国家的福气。"书奏上，宦官赵忠见到了，十分怨恨。等到张角被攻破，傅燮功高，应当封爵，赵忠等人诬陷中伤他，竟然也就没有封爵，任命为安定都尉。

顷之①，赵忠为车骑将军，诏忠论讨黄巾之功，执金吾甄举等谓忠曰："傅南容前在东军，有功不侯，故天下失望。今将军当重任，宜进贤理屈②，以副众心③。"忠遣弟延致殷勤④，延谓燮曰："南容少答我常侍⑤，万户侯不足得也。"燮正色拒之曰："遇与不遇，命也；有功不论，时也。傅燮岂求私赏哉！"忠愈怀恨，权贵亦多疾之，是以不得留，出为汉阳太守⑥。

【注释】

①顷之：本段节录自《虞傅盖臧传·傅燮传》。

②理屈：理清冤屈。

③副：相称，符合。

④延：赵延，中常侍赵忠的弟弟。殷勤：心意。

⑤答：酬答。

⑥汉阳：郡名。治冀县（今甘肃甘谷东）。

【译文】

不久，赵忠担任车骑将军，有诏令让赵忠评定征讨黄巾的功劳，执金吾甄举等人对赵忠说："傅南容以前在东军，有功劳而没有封侯，所以天下人都很失望。现今将军担当重任，应当进举贤才，理清冤屈，来符合众人的心愿。"赵忠派他的弟弟赵延去表示心意，赵延对傅燮说："只要您肯稍稍接受我哥哥的友情，封万户侯也不在话下。"傅燮正色拒绝说："有机遇与没有机遇，是命定的；有功而未得赏，这是时运。傅燮我难道会追求私下的赏赐吗！"赵忠更加怀恨，权贵也大多嫉恨他，因此不能留在朝中，出任汉阳太守。

贼围汉阳①，城中兵少粮尽，燮犹固守。时北地胡骑数千②，随贼攻郡，皆夙怀燮恩，共于城外叩头，求送燮归乡里。子幹进曰③："国家昏乱,遂令大人不容于朝。今天下已叛,而兵不足自守,乡里羌胡先被恩德④,欲令弃郡而归,愿必许之。"言未终,燮慨然而叹曰："盖圣达节⑤,次守节⑥。且殷纣之暴,伯夷不食周粟而死,今朝廷不甚殷纣,吾德亦岂绝伯夷? 世乱不能养浩然之志⑦,食禄人间,欲避其难乎? 吾行何之⑧?"遂麾左右进兵⑨,临陈战殁⑩。谥曰"壮节侯"。

【注释】

①贼围汉阳:本段节录自《虞傅盖臧传·傅燮传》。贼,指金城叛贼
　　王国、韩遂等。

②北地:北地郡,傅燮的家乡。

③子幹:傅燮之子傅幹,字彦材。建安年间为丞相参军、仓曹属,入
　　魏,为扶风太守。

④羌胡:一名羌。泛指羌地羌族及其他少数民族。含有轻蔑之意。

⑤达节:通达权变。

⑥守节:保守节操。

⑦浩然之志:浩大刚正的精神。

⑧何之:到哪里去。

⑨麾:指挥。

⑩陈:今作阵。

【译文】

贼兵包围汉阳,城中兵少,粮食竭尽,傅燮还是固守。当时北地胡人骑兵几千人,跟随贼寇进攻汉阳郡,他们一向心怀傅燮的恩德,共同在城外叩头,请求护送傅燮回归乡里。儿子傅幹进言说:"国政昏乱,因而使得父亲大人您不被朝廷容纳。现今天下已经叛乱,我们的兵力不够用来守城,乡里的胡人先前蒙受您的恩德,想要让您放弃汉阳回故乡去,希望

您一定要答应他们。"话没说完,傅燮慨然叹息说:"只有圣人能通达权变,其次则是坚守节操。况且殷纣暴虐,还有伯夷拒绝吃周粟而饿死,现今朝廷还没有昏暗到超过殷纣的程度,我的德行怎么能比得上伯夷? 我生逢这样的乱世,不能居家静养浩然之志,既然已经接受了朝廷的俸禄,又怎能遇到危险就逃避呢? 我能到哪里去呢?"于是就指挥左右进兵,在对阵中战死。被谥为"壮节侯"。

　　盖勋字元固①,敦煌人也,为汉阳长史②。时武威太守倚恃权势③,恣行贪横④,从事武都苏正和案致其罪⑤。凉州刺史梁鹄畏惧贵戚⑥,欲杀正和以免其负,乃访之于勋。勋素与正和有仇,乃谏鹄曰:"夫继食鹰鸢⑦,欲其鸷⑧,鸷而亨之⑨,将何用哉?"鹄从其言。正和喜于得免,而诣勋求谢。勋不见,曰:"吾为梁使君谋,不为苏正和。"怨之如初。

【注释】

①盖勋字元固:本段节录自《虞傅盖臧传·盖勋传》。盖勋,字元固,敦煌郡广至县(今甘肃安西西南)人。曾任凉州汉阳郡长史,迁任汉阳太守,后入朝为讨虏校尉,出为京兆尹。灵帝死后,董卓专权,特将其征入拜议郎。迁任越骑校尉,出任颍川太守,又被征入朝,初平二年(191)去世。

②长史:为郡府官,掌兵马。

③武威:郡名。治所在姑臧县(今甘肃武威)。

④恣行:横行。贪横:贪婪横暴。

⑤从事:官名。汉以后三公及州郡长官皆自辟僚属,多以从事为称。武都:郡名。西汉置,故治武都(在今甘肃西和南)。东汉徙治下辨县(在今甘肃成县西)。案致:审查而确立。

⑥凉州:州名。西汉置,为十三刺史部之一。东汉时治所在陇县（今甘肃张家川）。梁鹄:字孟皇,安定乌氏（今甘肃平凉）人。著名书法家,以善八分书知名。

⑦绁（xiè）:系,拴,绑缚。鸢（yuān）:鸟名,鸢鸟,属猛禽,俗称鹞鹰、老鹰。

⑧鸷（zhì）:捕捉。《广雅》:"鸷,执也。"

⑨亨:今作烹。

【译文】

盖勋,字元固,敦煌人,担任汉阳长史。当时武威太守倚仗权势,放纵贪婪,横行霸道。凉州从事武都人苏正和审查而确立了他的罪名。凉州刺史梁鹄畏惧得罪权贵,想要杀苏正和以免牵连自己,于是咨询盖勋的意见。盖勋平素跟苏正和有仇,却劝梁鹄说:"人们豢养猎鹰,是要用它捕捉猎物。如果因为猎鹰捕捉了猎物而将它煮杀,那么养它还有什么用呢?"梁鹄听从了他的话。苏正和为自己得以幸免而高兴,就到盖勋那里致谢。盖勋不见他,说:"我是为梁使君谋划,不是为苏正和。"对苏正和怨恨如初。

征拜讨虏校尉①。灵帝召见②,问:"天下何苦而反乱如此③?"勋曰:"幸臣子弟扰之④。"时宦者上军校尉蹇硕在坐⑤,帝顾问硕,硕惧,不知所对,而以此恨勋。司隶校尉张温举勋为京兆尹⑥。帝方欲延接勋⑦,而蹇硕等心惮之,并劝从温奏,遂拜京兆尹。时长安令扬党⑧,父为中常侍,恃势贪放⑨,勋案得其臧千余万⑩。贵戚咸为之请,勋不听,具以事闻,并连党父,有诏穷治⑪,威震京师。时小黄门京兆高望为尚药监⑫,幸于皇太子。太子因蹇硕属望子进为孝廉⑬,勋不肯用。或曰:"皇太子副主,望其所爱,硕帝之宠臣,而子违之，所谓三怨成府者也⑭。"勋曰："选贤所以报国也。非贤不举，死亦何悔！"

【注释】

①征拜讨虏校尉：本段节录自《虞傅盖臧传·盖勋传》。讨虏校尉，官名。校尉为次于将军之武官。诸校尉中以讨虏为名的，东汉时始见。

②灵帝：即汉灵帝刘宏。

③何苦：有何苦衷，有什么不得已的理由。

④幸臣：得宠的臣子。

⑤上军校尉：汉灵帝时，在京都洛阳设立西园八校尉（上军校尉、中军校尉、下军校尉、典军校尉、左校尉、助军左校尉、右校尉、助军右校尉），由上军校尉统率八校尉。蹇硕：东汉末宦官。为人壮健而有武略，深受灵帝信赖，任上军校尉，统领司隶校尉以下。光熹元年（189），被何进等以谋立渤海王刘协罪，下狱处死。

⑥京兆尹：官名。秦置内史掌京师，西汉景帝时分左、右。武帝时改右内史为京兆尹，与左冯翊、右扶风共为京师三辅长官。东汉时，职权相当于郡太守。

⑦延接：引见接待。

⑧扬党：今本《后汉书》作杨党，译文从之。

⑨贪放：贪婪放纵。

⑩案：查办，审理。臧：同"赃"。

⑪穷治：彻底查办。

⑫高望：东汉宦官。十常侍之一。尚药监：官名。东汉置，主皇帝用药事，由宦官任其职。

⑬属（zhǔ）：请托。

⑭三怨成府：跟三人（或多人）结怨就会仇恨集身，难以免祸。府，

聚集之处。

【译文】

后来盖勋被任为讨虏校尉。灵帝召见他，问道："天下有什么苦难，为什么到处谋反叛乱成这个样子？"盖勋说："是宠臣的子弟扰乱导致的。"当时宦官上军校尉蹇硕在座，灵帝回头问蹇硕，蹇硕惧怕，不知道怎么回答，因此对盖勋怀恨在心。司隶校尉张温举荐盖勋出任京兆尹。灵帝正想提拔盖勋，而蹇硕等人心中忌惮他，一并劝灵帝听从张温的奏请，于是任命为京兆尹。当时长安令杨党，父亲是中常侍，倚仗权势，贪婪放纵，盖勋查出他得到的赃财有千余万。事发后，贵戚都给他求情。盖勋不听，把事情详细汇报给灵帝知道，并且牵连了杨党的父亲，灵帝下诏彻底查办，盖勋威震京师。当时小黄门京兆高望担任尚药监，受到皇太子的宠爱。太子通过蹇硕打招呼，让举荐高望的儿子高进为孝廉，盖勋不肯荐用。有人说："皇太子是储君，高望是他喜爱的人，蹇硕是皇上的宠臣，您却触犯他们，人们说的跟三人结怨就会仇恨集于一身，难以免祸了。"盖勋说："选拔贤才是为了报效国家。不是贤才就不能举荐，死又有什么后悔的呢！"

董卓废少帝①，杀何太后②，勋与书曰："昔伊尹、霍光权以立功③，犹可寒心。足下小丑④，何以终此？贺者在门，吊者在庐⑤，可不慎哉！"卓得书，意甚惮之。征为议郎。自公卿以下，莫不卑下于卓，唯勋长揖争礼⑥，见者皆为失色。勋虽强直不屈，而内厌于卓，不得意，疽发背卒⑦，遗令勿受卓赙赠⑧。

【注释】

①董卓废少帝：本段节录自《虞傅盖臧传·盖勋传》。董卓，字仲

颍，陇西临洮（今甘肃岷县）人。于桓帝末年先后担任并州刺史、河东太守，利用汉末战乱和朝廷势弱占据京城，废少帝，立献帝并挟持号令，东汉政权从此名存实亡。献帝初平元年（190），袁绍联合关东各地刺史、太守，讨伐董卓。初平三年（192），董卓为其亲信吕布所杀。少帝，刘辩，汉灵帝刘宏与何皇后的嫡长子。刘辩在灵帝驾崩后继位为帝，史称少帝，由于年幼，实权掌握在临朝称制的母亲何太后和母舅大将军何进手中。他即位后不久即遭遇何进和十常侍的火并，被迫出宫，回宫后又受制于凉州军阀董卓，终于被废为弘农王，其同父异母弟陈留王刘协继位为帝，是为汉献帝。被废黜一年之后，刘辩被董卓毒死，献帝追谥他为怀王。

②何太后：指灵思皇后何氏，南阳宛县（今河南南阳）人，大将军何进和车骑将军何苗的妹妹，汉灵帝刘宏第二任皇后，汉少帝刘辩的生母。光和三年（180），被立为皇后。中平六年（189），汉灵帝去世，刘辩继位，尊何氏为皇太后。董卓进京，废黜刘辩，不久毒杀刘辩及何氏。

③伊尹、霍光权以立功：商时，君主仲壬崩逝，伊尹立太甲为帝。太甲即位三年，为政昏乱，被伊尹放逐。伊尹自己摄政当国。太甲悔过自新，伊尹复还政于太甲。西汉时，汉武帝以霍光为托孤大臣，辅佐汉昭帝。汉昭帝英年早逝，没有儿子，霍光权衡形势之后，立昌邑王刘贺为帝。刘贺即位以后，行事荒唐，很快被霍光废黜。霍光另立卫太子之孙刘病已为帝，是为汉宣帝。后世常伊、霍并称，指辅政重臣废立君主之事。

④小丑：微贱之辈。

⑤庐：房屋。此指祸福相隔不远。

⑥长揖：拱手高举，自上而下行礼。争礼：以礼相争。

⑦疽（jū）：局部皮肤肿胀坚硬的毒疮。

⑧赙（fù）赠：指赠送给丧家的财物。

【译文】

董卓废了少帝刘辩，杀死了何太后，盖勋写信给他说："从前伊尹、霍光，行权变之计建立功勋，尚且心存戒惧。足下不过是微贱之辈，如何结束这种局面？贺喜的人在门口，吊丧的人在屋里，福祸相隔不远，可以不谨慎吗！"董卓看了信，心里很忌惮他。盖勋被征为议郎。官员从公卿以下，没有谁不对董卓低声下气，只有盖勋拱手长揖，跟董卓抗礼，见到的人都大惊失色。盖勋虽然刚正不屈，但是被董卓厌恶，因而不得志，后来毒疮在背部发作去世，临终前嘱咐家人，不要接受董卓的馈赠。

蔡邕字伯喈①，陈留人也。灵帝时，信任阉竖②，灾变数见，天子引咎③，诏群臣各陈政要。邕上封事曰："臣闻古者取士，诸侯岁贡④。孝武之世⑤，郡举孝廉，又有贤良文学之选⑥，于是名臣辈出，文武并兴。汉之得人，数路而已⑦。夫书画辞赋，才之小者，匡国理政，未有其能。陛下即位之初，先涉经术，听政余日⑧，观省篇章，聊以游意，当代博弈⑨，非以为教化取士之本也。而诸生竞利，作者鼎沸⑩。其高者颇引经训风喻之言，下则连偶俗语⑪，有类俳优⑫，或窃成文，虚冒名氏。臣每受诏于盛化门，差次录第⑬，其未及者，亦复随辈皆见拜擢。既加之恩，难复收改，但守奉禄，于义已弘，不可复使治民及仕州郡。昔孝宣会诸儒于石渠⑭，章帝集学士于白虎⑮，通经释义，其事优大⑯；文、武之道，所宜从之。若乃小能小善，虽有可观，孔子以为'致远则泥⑰'，君子故当志其大者也。"

【注释】

①蔡邕（yōng）字伯喈（jiē）：本段节录自《蔡邕传》。蔡邕，字伯喈。陈留郡圉县（今属河南开封）人。博通经史天文，精于音律书画。灵帝时拜郎中，与杨赐等奏定六经文字，立碑太学门外，世称"熹平石经"。因上书获罪，流放朔方。后亡命江湖十余年。董卓专权，被任为侍御史，官左中郎将。董卓被诛后，被捕死于狱中。

②阉竖：对宦者的蔑称。

③引咎：归过失于自己。

④岁贡：古代诸侯郡国定期向朝廷推荐人才的制度。

⑤孝武：汉武帝刘彻。

⑥贤良文学：汉代选拔官吏的科目之一。分为贤良、文学二科，常与"贤良方正"并称。汉武帝时置，多由郡国守相推荐，中央策问后给予相应职位。儒生文士多以此科出仕。

⑦数路：指孝廉、贤良、文学之类。

⑧余日：闲暇之日。

⑨博弈：博戏与围棋。

⑩鼎沸：形容喧闹、嘈杂。

⑪连偶：连而成双，使成对偶。

⑫俳（pái）优：古代以乐舞谐戏为业的艺人。

⑬差（cī）次：分别等级次序。录第：按名次录用。

⑭孝宣会诸儒于石渠：汉宣帝于甘露三年（前51）在长安未央宫北石渠阁召开会议，与诸儒讲解评议五经同异。

⑮章帝集学士于白虎：汉章帝于建初四年（79）下诏，召诸儒会于白虎观，讨论五经异同。

⑯优大：盛大。

⑰致远则泥：见《论语·子张》："子夏曰：'虽小道，必有可观者焉，致远恐泥，是以君子不为也。'"致远，到达远处，比喻完成远大事

业。泥，滞陷不通。

【译文】

蔡邕，字伯喈，陈留人。汉灵帝时，信任宦官，灾害变异屡次发生，天子归过于己，诏令群臣各自陈述施政要领。蔡邕上密封的奏章说："臣听说古代朝廷任用官员，总是命令各国诸侯定期向天子推荐。到汉武帝时期，除了由每郡官府推荐孝廉以外，还遴选贤良、文学等科目的人才，于是著名的大臣不断出现，文官武将都很兴盛。汉朝遴选国家官吏，也只不过是通过这几个渠道而已。至于书法、绘画、辞赋，不过是小小的才能，对于匡正国家，治理政事，则无能为力。陛下即位初期，先行涉猎儒家经学，在处理朝廷政事之余暇，观看文学作品，不过是用来代替赌博、下棋，作为消遣而已，并不是把它作为教化风俗和遴选人才的标准。然而，太学的学生们竞相贪图名利，写作的人情绪沸腾，其中高雅的，还能引用经书中有益教化的言论，而庸俗的，却通篇是俚语俗话，好像艺人的戏文，有些人甚至抄袭别人的文章，或冒充别人的姓名。臣每次在盛化门接受诏书，看到对他们分等级一一录用，其中一些实在不够格的人，也都追随他们的后面，得到任命或擢升。恩典既已赏赐，难以重新收回更改，准许他们领取俸禄，已经是宽宏大量，不能再任命他们做官，或者派遣他们到州郡官府任职。过去，宣帝在石渠阁会聚诸儒，章帝在白虎观集中经学博士，统一对经书的解释，这是非常美好的大事；周文王、武王的圣王大道，应该遵从去做。倘若是小的才能、小的善行，虽然也有它的价值，但正如孔子所说，'用来做大事就行不通了'，所以正人君子应当追求远大的目标。"

又特诏问曰①："比灾变互生，未知厥咎，朝廷焦心，载怀恐惧。每访群公，庶闻忠言，而各存括囊②，莫肯尽心。以邕经学深奥，故密特稽问，宜披露失得③，指陈政要④，勿有依违⑤，自生疑讳⑥。"邕对曰："臣伏思诸异⑦，皆亡国之怪也。天于大汉，殷勤不已⑧，故屡出祆变⑨，以当谴责⑩，欲令人君感悟，改危即安。今灾眚之发⑪，不于他所，远则门垣⑫，近在寺署⑬，其为监戒⑭，可谓至切。

【注释】

①又特诏问曰：本段及以下几段均出自《蔡邕传》。特诏，帝王的特别诏令。

②括囊：结扎袋口。喻缄口不言。

③披露：陈述，表白。

④指陈：指明和陈述。

⑤依违：模棱两可。

⑥疑讳：疑虑忌讳。

⑦异：指灾变。

⑧殷勤：情意深厚。

⑨祆（yāo）变：指反常、怪异的现象或事物。祆，同"妖"。

⑩谴责：责问。

⑪灾眚（shěng）：灾殃，祸患。

⑫门垣：官门附近。

⑬寺署：官署。

⑭监戒：引为教训，使人警惕的事。监，通"鉴"。

【译文】

灵帝又特别下诏问道："近来灾害变异交替发生，不知道是什么过失导致的，朝廷为此焦虑，人人怀有恐惧。每次咨询诸位公卿，希望能听到忠贞的言论，但是他们各自心存保守，缄默不言，没有谁肯尽心回答。朕认为蔡邕精通经学之深妙义理，所以特别密诏征询，应该陈述朝政得失，指明政事要领，不要模棱两可，自生怀疑忌讳之心。"蔡邕上书回答说："臣认真地考虑这些异象，都是亡国的怪异前兆。上天对于大汉朝，情意殷勤恳切,所以屡次发出异变,来进行警告和责问,想要让君主感动悔悟,转危为安。现今灾祸的发生,不在其他地方,远的就在宫门附近,近的就在寺署之旁,上天所发的这种警告,可以说是非常恳切的了。

"蜺堕鸡化①,皆妇人干政之所致也②。前者乳母赵娆③,贵重天下④,生则赀藏侔于天府⑤,死则丘墓逾于园陵⑥,两子受封,兄弟典郡⑦,续以永乐门史霍玉⑧,依阻城社⑨,又为奸邪。今者道路纷纷,复云有程大人者⑩,察其风声,将为国患。宜高为堤防⑪,明设禁令,深惟赵、霍,以为至戒⑫。今圣意勤勤⑬,思明邪正。而闻太尉张颢⑭,为玉所进;光禄勋伟璋⑮,有名贪浊⑯;又长水校尉赵玹、屯骑校尉盖升⑰,并叨时幸⑱,荣富优足。宜念小人在位之咎,退思引身避贤之福⑲。

【注释】

①蜺(ní):即霓,副虹。大气中有时跟虹同时出现的一种光的现象,彩带排列的顺序和虹相反,红色在内,紫色在外,颜色比虹淡。鸡化:母鸡变化成公鸡,据说当时"南宫侍中寺,雌鸡欲化为雄,一身毛皆似雄,但头冠尚未变"。

②干政:干预政事。

③赵娆:汉灵帝乳母,旦夕在太后侧,中常侍曹节、王甫等与共交结,谄事太后。

④贵重:位高权重。

⑤赀藏:储藏的财物。赀,通"资"。侔(móu):齐等,相当。天府:此称朝廷藏物之府库。

⑥园陵:帝王的墓地。

⑦典郡：主管一郡政事，指任郡守。

⑧门史：守卫宫门的官吏。

⑨依阻：凭借，仗恃。城社：狐在城墙洞中，鼠在社庙中，有所依恃而为非作歹。喻靠山。

⑩程大人：程璜，灵帝时宦官。

⑪堤防：本指防洪堤坝，此指防止祸患的举措。

⑫至戒：最深刻的告诫。

⑬勤勤：恳切至诚。

⑭张颢：东汉末大臣。常山（治今河北元氏西北）人。灵帝光和元年（178），由太常迁太尉，很快被免。

⑮光禄勋：官名。秦置郎中令，掌宫殿门户。汉初因之，武帝时更为光禄勋。东汉因置。掌宿卫官殿门户。伟璋：今本《后汉书》作"姓璋"，译文从之。

⑯贪浊：贪污。

⑰长水校尉：官名。汉代京师屯兵八校尉之一，武帝初置，秩二千石，掌长水胡骑。东汉因置。屯骑校尉：官名。汉武帝时始置。东汉改为骁骑，掌宿卫兵。

⑱叨（tāo）：受到好处。

⑲退思：指退归思过，事后反省。引身：抽身，引退。

【译文】

"而今霓虹堕落到地，母鸡变成公鸡，这都是妇人干预政事所导致的。从前乳母赵娆，贵重显赫，天下无出其右，活着的时候，财富宝物可以和皇家府库相比，死后墓葬规格超过了皇陵，两个儿子都受封爵，兄弟掌管州郡。接着是永乐门史霍玉，依仗权势，作奸犯科。现今道路上纷纷传言，又说宫内出了个程大人，看他的声势，将要成为国家的祸患。应该高筑堤防，严明禁令，深刻反思赵娆、霍玉之事，作为最深刻的鉴戒。如今圣上用心勤恳，想分清邪恶和正直。现在的太尉张颢，是霍玉推荐引进的；光禄勋姓璋，是有名的贪官；还有长水校尉赵玹、屯骑校尉盖升，都同时得到宠幸，享尽荣华富贵。应该顾念小人在位的灾祸，退而思考抽身让贤的福佑。

　　"伏见廷尉郭禧纯厚老成①，光禄大夫桥玄聪达方直②，故太尉刘宠忠实守正③，并宜为谋主④，数见访问⑤。夫宰相大臣，君之四体⑥，委任责成⑦，优劣已分，不宜听纳小吏，雕琢大臣也⑧。又尚方工技之作⑨，鸿都篇赋之文⑩，可且消息⑪，以示惟忧。《诗》云：'畏天之怒，不敢戏豫⑫。'天戒诚不可戏也⑬。夫君臣不密，上有漏言之戒⑭，下有失身之祸⑮。愿寝臣表⑯，无使尽忠之吏受怨奸仇。"章奏，帝览而叹息，因起更衣⑰，曹节于后视之⑱，悉宣语左右，事遂漏露。其为邕所裁黜者⑲，皆侧目思报⑳。

【注释】

①郭禧：字公房，颍川阳翟（治今河南禹州）人。少明习家业，兼好儒学，有名誉。桓帝时为廷尉。灵帝建宁二年（169），任太尉。其族之后裔郭嘉为曹操谋士，郭图为袁绍谋士。郭禧家族在东汉三国非常出名。

②光禄大夫：官名。秦郎中令属官有中大夫。西汉时更名为光禄大夫。东汉亦置。掌顾问应对。桥玄：字公祖，梁国睢阳县（今河南商丘南）人。为官清廉，不阿权贵，待人谦俭，时称名臣。聪达：聪明而通达事理。

③刘宠：字祖荣，东莱牟平（今山东蓬莱东南）人。初为东平陵令，累迁豫章、会稽太守。桓、灵间，官至司徒、太尉。清廉温厚，家无资积。守正：恪守正道。

④谋主：出谋划策的主要人物。

⑤访问：咨询。

⑥四体：四肢。引申为股肱辅佐义。

⑦委任责成：委以重任，务求成功。

⑧雕琢：罗织罪名。

⑨尚方：官署名。掌管供应制造帝王所用器物。

⑩鸿都：汉灵帝设在鸿都门的学校。专习辞赋书画，出授高级官职。

⑪消息：停止。

⑫畏天之怒，不敢戏豫：引自《诗经·大雅·板》。畏，今本《诗经》作"敬"。戏豫，戏嬉安逸。

⑬天戒：上天给予的警戒。

⑭漏言：泄漏密言或情况。

⑮失身：丧失生命。《周易·系辞上》："臣不密则失身。"

⑯寝：藏。

⑰更衣：如厕。

⑱曹节：字汉丰，南阳新野（治今河南新野）人。东汉宦官。初由小黄门至中常侍。灵帝时，与宦官王甫等捕杀太傅陈蕃、大将军窦武，迁长乐卫尉，封育阳侯。又与宦官侯览收捕李膺、杜密等党人百余人下狱处死。光和四年（181）卒，赠车骑将军。

⑲裁黜：罢黜。

⑳侧目：斜着眼看。表示畏惧而又愤恨。

【译文】

"臣看到廷尉郭禧纯厚老成，光禄大夫桥玄聪明通达、端方正直，原太尉刘宠忠诚朴实、恪守正道，他们都应该成为出谋划策的主要人物，应该多所咨询。宰相大臣，是君主的四肢，应该委以重任，务求成功，优劣是可以区分出来的，不应再听信采纳小吏的谗言，罗织大臣的罪状。此外，尚方的工技制作，鸿都门学学生创作的辞赋文章，都可以暂时停下来，以表示陛下专心国事的忧虑。《诗经》言道：'畏惧上天愤怒，不敢戏嬉安逸。'上天的警戒确实是不可戏弄的。君王和臣属之间，如果说话不能严守秘密，则君王将会受到泄漏言语的指责，臣属将遭到丧失生命的大祸，希望陛下收藏好臣的奏章，不要让尽忠的官吏受到奸邪的仇视和报复。"表章奏上，灵帝一边看一边叹息，因为起来上厕所，曹节在后面偷看了蔡邕的奏章，把内容全告诉了左右亲信，事情于是泄露出来了。其中被蔡邕提出要制裁和废黜的人，都对他恨之入骨，想要报复。

初①，邕与司徒刘郃素不相平②，而叔父卫尉质又与将作大匠阳球有隙③。球即中常侍程璜女夫也④。璜遂使人飞章言邕、质数以私事请托于郃⑤，郃不听，邕含隐切⑥，志欲相中伤。于是下邕、质于洛阳狱，劾以仇怨奉公⑦，议害大臣，大不敬，弃市⑧。事奏，中常侍吕彊愍邕无罪⑨，请之。帝亦更思其章，有诏减死一等，与家属髡钳徙朔方⑩，不得以赦令除。

【注释】

①初：本段节录自《蔡邕传》。

②刘郃：字季承，河间（治今河北献县东南）人。光和二年（179），由大鸿胪升任司徒。与永乐少府陈球等谋诛宦官，事泄，下狱死。相平：相合。

③卫尉：官名。九卿之一，统率卫士守卫官禁。阳球：东汉大臣。字方正，渔阳泉州（治今天津武清西南）人。豪族出身。善击剑，习弓马，生性严厉，好申、韩之学。后与司徒刘郃等议收捕宦官曹节、张让等，谋泄被杀。有隙：有嫌隙，有怨恨。

④程璜：桓帝、灵帝时期宦官。灵帝时为中常侍，弄权苛刻，百官侧

目。其女为阳球妾。阳球与司徒刘郃等谋诛宦官曹节等，程璜以其谋告曹节，阳球等皆下狱死。

⑤飞章：匿名诬告文书。

⑥隐切：怨恨。

⑦仇怨奉公：此指公报私仇。

⑧弃市：指处死刑并陈尸于市。

⑨吕彊（qiáng）：字汉盛，河南成皋（今河南荥阳西北）人。少以宦者为小黄门，再迁中常侍。为人清忠奉公，灵帝时封都乡侯，坚辞之。黄巾起义爆发后，建议灵帝先诛左右贪浊者，大赦党人，核查刺史、二千石才能。因威胁到诸常侍利益，中常侍赵忠、夏恽遂诬其与党人共议朝政，兄弟贪秽。灵帝不悦，派兵召之，性偬不愿对狱吏，遂自杀。愍：怜悯。

⑩髡（kūn）钳：古代刑罚。剃去头发，用铁圈束颈。徒：流放。朔方：郡名。汉武帝时置。治朔方县（治今内蒙古杭锦旗西北黄河南岸）。东汉仍因旧名，徒治临戎（治今内蒙古磴口北）。

【译文】

　　当初，蔡邕跟司徒刘郃一向不和，而他的叔父卫尉蔡质又跟将作大匠阳球有嫌隙。阳球是中常侍程璜的女婿。程璜于是就让人用匿名信诬告蔡邕、蔡质屡次因私向刘郃请托，刘郃没有听从，蔡邕就心怀怨恨，想要中伤刘郃。于是灵帝下诏把蔡邕、蔡质打入洛阳狱中。有关官吏弹劾他俩，说他们公报私仇，企图伤害大臣，犯了大不敬罪，应处以弃市。奏报呈上去后，中常侍吕彊怜悯蔡邕无罪冤枉，为他求情。灵帝也想到了他奏章中的陈述，下诏减死刑一等，将蔡邕和家属都处以髡钳之刑，流放朔方，并不得因大赦令而除罪。

　　左雄字伯豪①，南郡人也，举孝廉，拜议郎。时顺帝新立，朝多阙政，雄数言事，其辞深切。尚书仆射虞诩以雄有忠公节，上疏荐之曰："臣见方今公卿以下，类多拱默^②，以树恩为贤，尽节为愚，至相戒曰：'白璧不可为，容容多后福^③。'伏见议郎左雄，数上封事，至引陛下身遭难厄以为敬戒^④，实有'王臣蹇蹇'之节^⑤，周公谟成王之风^⑥，宜擢在喉舌之官^⑦，必有匡弼之益^⑧。"由是拜尚书令。

【注释】

①左雄字伯豪：本段节录自《左周黄传·左雄传》。左雄，字伯豪。南阳郡涅阳县（今河南邓州东北）人。安帝时举孝廉，迁冀州刺史，劾奏贪猾，无所畏忌。顺帝时，历任议郎、尚书、尚书令，多次上书言事，其辞深切，揭露酷政。好儒学，曾建言崇经术、修太学。

②拱默：拱手缄默。

③容容：随众附和。

④难厄：危难。敬戒：警戒，戒备。

⑤王臣蹇（jiǎn）蹇：出自《周易·蹇卦·象》。蹇，通"謇"，忠直貌。

⑥谟：谋。

⑦喉舌之官：比喻掌握机要、出纳王命的重臣，后亦以指尚书等重要官员。

⑧匡弼：匡正辅佐。

【译文】

左雄，字伯豪，南郡人，被举荐为孝廉，任命为议郎。当时顺帝新立，朝廷有很多政治措施有缺陷，左雄多次上书言事，言辞真挚恳切。尚书仆射虞诩认为左雄有忠诚公正的节操，上书推荐他说："臣观察当今公卿以下，一般多是拱手缄默，把到处讨好广结善缘的人视为贤能，而把为国尽忠尽职的人视作愚蠢，甚至互相告诫说：'白璧纯洁不能做，跟随附和有后福。'臣见议郎左雄，几次奏上密封奏疏，甚至引用陛下遭受厄运的事作为警戒,实在有'君王的臣子忠直谏诤'的节操、周公为成王出谋划策的风范,应该提拔为出纳王命的喉舌之官,一定会对匡正和辅佐朝廷有所裨益。"于是左雄被任命为尚书令。

上疏陈事曰①:"臣闻柔远和迩②,莫大宁民③。宁民之务,莫重用贤。用贤之道,必存考黜④。大汉受命,虽未复古,然至于文景⑤,天下康乂⑥。诚由玄靖宽柔、克慎官人故也⑦。降及宣帝⑧,兴于仄陋⑨,综核名实⑩,知世所病,以为吏数变易,则下不安业;久于其事,则民服教化。其有治理者,辄以玺书勉励⑪,增秩赐金⑫。是以吏称其职,民安其业。汉世良吏,于兹为盛。故能降来仪之瑞⑬,建中兴之功。汉初至今,三百余载,俗浸凋敝⑭,巧伪滋萌,下饰其诈,上肆其残。典城百里⑮,转动无常,各怀一切⑯,莫虑长久。谓杀害不辜为威风⑰,聚敛整辩为贤能⑱,以修己安民为劣弱,奉法循理为不治。髡钳之戮⑲,生于睚眦⑳;覆尸之祸㉑,成于喜怒。视民如寇仇㉒,税之如豺虎㉓。监司见非不举㉔,闻恶不察,观政于亭传㉕,责成于期月㉖,言善不称德,论功不据实,虚诞者获誉,拘检者离毁。州宰不覆㉗,竞共辟召㉘。或考奏捕治㉙,而亡不受罪,会赦行赂㉚,复见洗涤㉛。朱紫同色㉜,清浊不分。故使奸猾枉滥㉝,轻忽去就㉞,拜除如流㉟,缺动百数㊱。特选横调㊲,纷纷不绝,送迎烦费,损政伤民。和气未洽㊳,灾眚不消㊴,咎皆在此。臣愚以为乡部亲民之吏㊵,皆用儒生清白任从政者,宽其负筭㊶,增其秩禄㊷,吏职满岁,宰府州郡,乃得辟举。如此,威福之路塞,虚伪之端绝，送迎之役损，赋敛之源息，循理之吏得成其化㊸，率土之民各宁其所㊹。”

【注释】

①上疏陈事曰：本段节录自《左周黄传·左雄传》。

②迩：近。

③宁民：安民，使人民安定。

④考黜：考绩以定升降。

⑤文景：指汉文帝刘恒、汉景帝刘启。

⑥康乂（yì）：安治。

⑦玄靖：指清静无为的思想境界。官人：选择人才，授以官职。

⑧宣帝：汉宣帝刘询。

⑨仄陋：指不为人所注重的社会下层或鄙陋之处。汉宣帝幼年生活在民间，了解民间疾苦。

⑩综核：指聚总而考核。

⑪玺书：指皇帝的诏书。

⑫秩：官职的等级。

⑬来仪：《尚书·益稷》：“凤凰来仪。”指凤凰成双成对，古人以为瑞应。

⑭浸：逐渐。凋敝：衰败。

⑮典城：主掌诉讼案件。百里：指一个县。

⑯一切：权宜，临时。

⑰辜：罪。

⑱聚敛：搜刮财货。整辩：今本《后汉书》作“整辨”。整治，办理。

⑲髡钳：古代刑罚，剃去头发，用铁圈束颈。

⑳睚眦：瞋目怒视，瞪眼看人，借指微小的怨恨。

㉑覆尸：尸体倒地。

㉒寇仇：仇敌。

㉓豹虎：豹与虎，泛指猛兽。

㉔监司：监察军队或地方官吏的有关职司。

㉕亭传：古代供旅客和传递公文的人途中歇宿的处所。

㉖期（jī）月：一整年。

㉗州宰：指刺史。覆：详察。

㉘辟召：征召。

㉙捕治：逮捕治罪。

㉚行赂：行贿。

㉛洗涤：除去罪责。

㉜朱：指正色。紫：指间色，杂色。

㉝枉滥：枉法恣肆。

㉞去就：担任官职或不担任官职。

㉟拜除：拜授官职。

㊱动：往往。

㊲特选：对官吏的特别选拔。横调：未经选试而拜官。

㊳和气：能导致吉利的祥瑞之气。

㊴灾眚：灾殃，祸患。

㊵乡部：乡官部吏，指下级官吏。

㊶负筭（suàn）：负欠的口钱（一种人口税），后泛指负欠的租税。筭，同"算"。

㊷秩禄：俸禄。

㊸化：教化。

㊹率土："率土之滨"的省略，指境域之内。

【译文】

　　左雄上疏陈述政事说："臣听说怀柔远方，和睦近处，没有什么比让民众安定更重要的了。让民众安定的工作，没有比任用贤人更重要的了。任用贤人的办法，一定要有考绩以定升降的制度。大汉朝承受天命以来，虽说还没有恢复古代的制度，但是到了汉文帝、汉景帝时，天下康乐太平，确实是由于施行宽柔无为的政策，能慎重选择官吏的缘故。到宣帝时，他从微贱的地位临朝，了解当时的实际情况，知道社会的弊病，认为官吏频繁更换，那么下民就不安于本业；官吏长久任职，那么民众就接受教化。那些治理好的，就用皇帝的诏书勉励，增加官秩，赏赐金钱。因此官吏称职，民众安于本业。汉代优秀的地方官吏，在那一时期最为兴盛，因此才出现了凤凰来仪的祥瑞，建立汉室中兴的业绩。从汉初到现在三百多年，风俗遭受浸染而衰败，机巧、虚伪之事滋长，下面的人掩饰欺诈，上面的人肆意施暴。一个县的县令或县长，就经常更换，人人各有临时打算，从不考虑长久。把杀害无罪之人当成威风，把擅长搜刮钱财当成贤良能干，而能够约束自己、安定人民的，被认为是低劣懦弱，奉公守法的，被认为没有治理能力。一点小的怨恨，就处以髡钳之刑；官吏的一时喜怒，可以酿成伏尸惨祸。把人民看成仇敌，征收苛捐杂税，比猛兽还要凶暴。监察官见到过失不检举，听到恶行不督察，凭借驿站传来的消息了解政绩，责成办事的时间以一年为限，称善说不出德行，论功拿不出依据，虚伪荒诞的人获得荣誉，拘谨检点的人遭受诋毁。州郡长官也不调查，相互争着征召他们。有的人虽经上奏追捕查办，却又因逃亡而不受惩办，以后遇上救令，再加上行贿，罪名又被洗刷干净了。正色杂色被认为是同样的颜色，清流浊流混乱不分。所以使得那些奸诈狡猾之徒到处泛滥，轻易任职去职，任命官吏如同流水一般，待补的缺额动辄以百计算。特选、横调，纷至沓来没有终止，官府送往迎来，耗费繁多，损伤了政事，伤害了百姓。和顺之气没有融洽，灾苦之气没有消除，原因都在这里。臣愚以为在乡、部直接接触人民的官吏，都要任用儒生中清白出身的人，宽免他们的算赋，增加他们的俸禄，要让他们任职满一年后，朝廷和州郡官府才可以征召举荐。这样，作威作福的道路堵塞，弄虚作假的弊端断绝，送旧迎新的差役减少，横征暴敛的源头止住，遵循正理的官员得以完成他的教化，全国各地的民众都能各得其所。"

　　帝感其言①，申下有司，考其真伪。雄之所言，皆明达治体②，而宦竖擅权③，终不能用。雄复谏曰："臣闻人君莫不好忠正而恶谗谀，然而历世之患，莫不以忠正得罪、谗谀蒙幸者，盖听忠难、从谀易也。夫刑罪④，人情之所甚恶；贵宠⑤，人情之所甚欲。是以世俗为忠者少，而习谀者多。故令人主数闻其美⑥，稀知其过，迷而不悟，至于危亡也。"

【注释】

①帝感其言：本段节录自《左周黄传·左雄传》。

②明达：对事理有明确透彻的认识。治体：治国的纲领、要旨。

③宦竖：对宦官的蔑称。

④刑罪：触犯刑法之罪。

⑤贵宠：显贵而受宠信。

⑥数闻：屡次听闻。

【译文】

　　顺帝感动于他的言论，申令有关官员考察奏书内容的真伪。左雄所言，都明白地体现了为政的大体，但是宦官专擅朝政，最终还是未被采用。左雄又劝谏说："臣听说没有一个君主不喜爱忠良正直，而厌恶阿谀谄媚，但是历代的祸患，无不是因为忠良正直的获罪而阿谀谄媚的受宠，这大概是因为听从忠言困难，听阿谀奉承的话容易之故。犯法获罪，是人情所非常厌恶的；显贵受宠，是人情所非常向往的。因此世上总是心存忠诚的人少，而惯于阿谀奉承的人多。所以总是让皇帝听到对自己歌功颂德的好话，而绝少听到对自己的批评，君主迷而不悟，直到危亡啊。"

　　周举字宣光①，汝南人也，为尚书。时三辅大旱②，五谷灾伤③，天子亲自策问，举对曰："夫阴阳闭隔④，则二气否塞⑤。二气否塞，则人物不昌；人物不昌，则风雨不时⑥；风雨不时，则水旱成灾。陛下处唐虞之位⑦，未行尧舜之政，变文帝、世祖之法⑧，而循亡秦奢侈之欲，内积怨女⑨，外有旷夫⑩。今皇嗣不兴⑪，东宫未立⑫，伤和逆理⑬，断绝人伦之所致也⑭。非但陛下行此而已，竖宦之人亦复虚以形势⑮，威侮良家⑯，取女闭之，至有白首殁无配偶，逆于天心⑰。昔武王入殷，出倾宫之女⑱；成汤遭灾⑲，以六事克己⑳。自枯旱以来，弥历年岁㉑，未闻陛下改过之效，徒劳至尊，暴露风尘，诚无益也。又下州郡㉒，祈神致请。昔齐有大旱，景公欲祀河伯㉓，晏子谏曰：‘夫河伯，以水为城国，鱼鳖为人民。水尽鱼枯，岂不欲雨？自是不能致也㉔。’陛下所行，但务其华，不寻其实，犹缘木希鱼㉕，却行求前也㉖。诚宜推信革政，崇道变惑，出后宫不御之女㉗，理天下冤枉之狱，除大官重膳之费㉘。臣才薄智浅，不足以对，惟陛下留神裁察。”以举为司徒。

【注释】

①周举字宣光：本段节录自《左周黄传·周举传》。周举，字宣光，汝南汝阳（今河南商水西北）人。少通经传，博学洽闻。与杜乔等人巡行州郡，劾奏贪官污吏，名列“八俊”之一。历任大鸿胪、光禄勋，授光禄大夫。

②三辅：地区名。汉景帝分内史为左、右内史，与主爵中尉（不久改主爵都尉）同治长安城中，所辖皆京畿之地，故合称“三辅”。武帝改左、右内史，主爵都尉为京兆尹、左冯翊、右扶风。辖境相当今陕西中部地区。

③灾伤：由天灾人祸招致的损害。

④闭隔：使隔绝。

⑤否（pǐ）塞：闭塞不通。

⑥不时：不按季节，不合时。

⑦唐虞：指唐尧、虞舜。

⑧文帝：汉文帝刘恒。世祖：汉光武帝刘秀。

⑨怨女：指已到婚龄而无合适配偶的女子。

⑩旷夫：无妻的成年男子。

⑪嗣：后嗣，子孙。

⑫东宫：太子所居之宫。这里指太子。

⑬伤和：指伤害天地中和之气。逆理：违背事理。

⑭人伦：人与人之间的关系，特指尊卑长幼之间的等级关系，这里特指五伦之首的夫妻而言。

⑮竖宦：宦官。

⑯威侮：陵虐侮慢。

⑰天心：天意。

⑱昔武王入殷，出倾宫之女：据说周武王进入殷商都城朝歌，命令把宫中女子放归诸侯。

⑲成汤遭灾：汤伐桀后大旱七年，洛川枯竭。

⑳六事：据《说苑·君道》：时逢大旱，汤让人向山川祈祷："政不节邪？使人疾邪？苞苴行邪？谗夫昌邪？宫室荣邪？女谒行邪？何不雨之极也！"一共六件事。克己：克制自己，严格要求自己。

㉑弥历：久经，经历。

㉒下：下令。

㉓景公：即齐景公，春秋时期齐国君主。河伯：传说是黄河河神。

㉔致：让雨来。

㉕缘木希鱼：即缘木求鱼。爬上树去捉鱼，比喻行动和目的相反，劳

而无所得。

㉖却：倒退。

㉗御：侍奉皇帝。

㉘大官：即太官，掌皇帝膳食及燕享之事。重膳：两个或两个以上的菜肴，泛指丰盛的膳食。

【译文】

周举，字宣光，汝南人，担任尚书。当时三辅地区发生大旱，粮食因灾受损，顺帝亲自以简策问计，周举对策说："阴阳闭塞隔断，则二气一定闭塞不通；二气闭塞不通，那么人和万物就不能昌盛；人与万物不昌盛，那么风雨就不能应时而生；风雨不应时而生，那么水旱就会成灾。陛下处在唐尧虞舜的位置，却没有实行唐尧虞舜的政治，改变了文帝、世祖的为政之道，而因袭促使秦朝灭亡的奢侈欲望，使宫廷内增加了许多怨女，而宫廷外增加了许多旷夫。如今皇嗣不兴旺，太子未确立，这就是损伤阴阳调和、违背事物常理、断绝人伦关系所造成的。不仅仅是陛下这么做，宫中的宦官也是假借皇帝威势，威吓侮辱善良人家，强取女子幽闭起来，甚至有的白头死去，也没有配偶，这背逆了上天的意志。从前周武王进入殷商都城，放出后宫的女子；成汤遭受旱灾，列举了六件事来警示自己。自从旱灾以来，经历了长久年岁，没有听说陛下有改过的举动，徒劳您以至尊之体暴露在风尘之中，实在没有益处。又下令各个州郡，向神灵祈求降雨。从前齐国发生大旱，齐景公想要祭祀河伯，晏子劝谏说：'河伯，以水域为国家，以鱼鳖为百姓。河水干了，鱼就会枯死，难道他不想下雨吗？只是他办不到啊。'陛下所做的事情，只是致力于浮华，不寻求实际，就像爬上树去抓鱼，倒退着走而想前进一样。应该诚心诚意地革除弊政，遵守先王制定的规章制度，改变目前奢侈腐化的混乱局面，放出后宫未曾召幸的女子，纠正天下的冤狱，除去太官制作奢侈菜肴的耗费。臣才能薄弱，智力短浅，不足以回答策问，希望陛下留意考察裁定。"于是顺帝提拔周举为司徒。

李固字子坚①，汉中人也。阳嘉二年②，有地动、山崩、火灾之异③，公卿举固对策，诏又特问当世之敝④，为政所宜。固对曰："臣闻王者父天母地，宝有山川。王道得则阴阳和理⑤，政化乖则崩震为灾，斯皆关之天心，效于成事者也⑥。夫治以职成，官由能理⑦。古之进者⑧，有德有命⑨；今之进者，唯财与力。伏闻诏书务求宽博，疾恶严暴⑩。而今长吏，多杀伐致声名者，必加迁赏；其存宽和无党援者，辄见斥逐。是以淳厚之风不宣，雕薄之俗未革⑪。虽繁刑重禁，何能有益？

【注释】

①李固字子坚：本段及以下几段均出自《李杜传·李固传》。李固，字子坚，汉中南郑（今陕西汉中）人。少好学，有名当时。阳嘉二年（133），对策直陈外戚、宦官专权之弊，为议郎，后遭陷害。获释后曾任广汉雒县令。后任荆州刺史、泰山太守，旋入为将作大匠、大司农。冲帝即位后，任太尉，与大将军梁冀参录尚书事。冲帝死，他议立清河王，梁冀不从，另立质帝。不久，梁冀鸩杀质帝，欲立蠡吾侯。他再次固请立清河王，为梁冀所忌，被免官。后为梁冀所诬，下狱被杀。

②阳嘉二年：133年。阳嘉，汉顺帝刘保的年号（132—135）。

③地动：地震。

④敝：通"弊"，弊病。

⑤和理：中和。

⑥效：效验。

⑦官：官事，官职。

⑧进：提拔。

⑨命：爵命，官爵。

⑩严暴：严酷暴虐。

⑪雕薄：衰颓，浇薄。

【译文】

　　李固，字子坚，汉中人。阳嘉二年，发生了地震、山崩、火灾等灾异之象，公卿大臣推举李固献对策，顺帝又下诏令，特地询问当世的弊病，以及应该如何为政。李固回答说："臣听说君主以天为父，以地为母，以山川为宝物。王道实施就会阴阳协调和顺，政教乖庚就会出现山崩地震之类灾害，这都与天意相关联，并体现在为政行事方面。天下大治要靠设官分职来实现，官职要由有治理才能的人来担任。古时加官进爵的，必是那些有德行的人；现在加官进爵的，凭的是财富和权力。臣听闻诏书要求为政宽厚仁博，厌恶严酷贪暴。但是今天的地方官，凡是靠杀戮得到名声的，必定会升官并得到赏赐；那些心存宽厚、没有结党后援的人，则每每被贬斥放逐。因此敦厚质朴的风气不能弘扬，习钻刻薄的习俗没有革除。即使朝廷制定繁多的刑罚严加禁止，又于事何益？

　　"前孝安皇帝变乱旧典①，封爵阿母②，因造妖孽③，使樊丰之徒乘权放恣④，侵夺主威，改乱適嗣⑤，至令圣躬狼狈⑥，亲遇其难。既拔自困殆⑦，龙兴即位，天下喁喁⑧，属望风政⑨。积弊之后⑩，易致中兴，诚当沛然思惟善道⑪。而论者犹云，方今之事，复同于前。臣伏从山草⑫，痛心伤臆⑬。今宋阿母虽有大功勤谨之德⑭，但加赏赐，足以酬其劳苦；至于裂土开国⑮，实乖旧典。

【注释】

①孝安皇帝：即汉安帝刘祜。

②阿母：指汉安帝乳母王圣。

③妖孽：比喻邪恶的事或人。

④放恣：放纵恣肆。

⑤適嗣：今本《后汉书》作"嫡嗣"。指皇位承继人。

⑥圣躬狼狈：刘保于永宁元年（120）被立为太子，延光三年（124），阎皇后进谗，刘保被废为济阴王。安帝死后，阎太后立幼儿刘懿为帝，欲把持朝政。刘懿早死，刘保乳母宋娥联合宦官，诛杀阎太后党羽，赶走阎太后，立刘保为帝，是为汉顺帝。

⑦困殆：困苦危急。

⑧喁喁（yóng yóng）：仰望期待的样子。

⑨属（zhǔ）望：期望。

⑩积弊：累积弊病。

⑪沛然：充盛的样子，盛大的样子。

⑫山草：山野草莽，借指在野未仕。

⑬臆：心间。

⑭宋阿母：指宋娥，汉顺帝乳母。顺帝即位，以其参与拥立事，封山阳君。勤谨：勤劳，勤快。

⑮开国：建立诸侯国。

【译文】

"以前汉安帝破坏原来的典章制度，给乳母王圣封爵，因而造成了祸患，致使樊丰之类的人乘机弄权，放纵恣肆，侵夺君主的权威，改乱太子嫡嗣之位，致使陛下陷于危境，亲身遭受灾难。陛下既已摆脱困境，即位为天子，天下人抬头张口，渴望善政。多年弊政到了极点之后，反而容易成就中兴大业，确应放宽胸襟，谋求实行善政。可是，人们还是议论说，现在的事，仍是跟从前一个样。臣长期处在山林草野之中，也为天下事伤心痛苦。现今宋乳母虽有勤劳谨慎的美德，又于国有大功，但是多加赏赐，就足够报答她的劳苦了；如果给她分割土地，建立封国，实在是背离原有的典制。

　　"夫妃后之家所以少完全者,岂天性当然^①? 但以爵位尊显,专总权柄^②,天道恶盈,不知自损,故至颠仆^③。先帝宠遇阎氏^④,位号太疾,故其受祸,曾不旋时^⑤。今梁氏戚为椒房^⑥,礼所不臣,尊以高爵,尚可然也,而子弟群从,荣显兼加,永平、建初故事^⑦,殆不如此。宜令步兵校尉冀及诸侍中还居黄门之官^⑧,使权去外戚,政归国家,岂不休乎^⑨? 又宜罢退宦官,去其权重,裁置常侍二人,省事左右^⑩;小黄门五人,给事殿中^⑪。如此,则论者厌塞^⑫,升平可致也^⑬。"顺帝览其对,多所纳用,即时出阿母还第舍,诸常侍悉叩头谢罪,朝廷肃然。以固为议郎。

【注释】

①当然:本就这样。

②专总:独揽。

③颠仆:倾覆,衰亡。

④先帝:指汉安帝刘祜。宠遇:帝王给予的恩遇。阎氏:即阎皇后。

⑤旋时:顷刻间。

⑥梁氏:梁妠,安定乌氏(今甘肃平凉西北)人。大将军梁商之女,汉顺帝刘保的皇后。椒房:汉代皇后所居宫殿,借指皇后。

⑦永平:汉明帝刘庄的年号(58—75)。建初:汉章帝刘炟的年号(76—84)。

⑧步兵校尉:官名。西汉武帝时始置,掌上林苑门屯兵。东汉沿置,掌宿卫兵。黄门之官:黄门侍郎、给事黄门侍郎等。

⑨休:美好。

⑩省事：办公。

⑪给事：供职。

⑫厌塞：镇住。

⑬升平：太平。

【译文】

"后妃的家庭很少有始终保全的，难道是他们的天性就是邪恶的吗？只是因为封爵过尊，官位过高，总揽权柄，上天厌恶满盈，他们又不知道自我克制，所以导致衰败。先帝宠爱阎氏及其家属，封爵和官位赏赐得太快，因此很短的时间内就遭到了大祸。现在，梁商的女儿身为皇后，按礼法，天子不把妻子的父母当作臣属，所以，对梁商本人尊以高爵，还可以说得过去，然而，对梁商的儿子和侄儿们，也都一个个授以显位，封以高爵，这种现象，在明帝永平年间和章帝建初年间，几乎是不可能的。应该让步兵校尉梁冀，以及梁氏家族中担任侍中的人，仍退回去继续当黄门之官，让权力脱离外戚，归还国家，难道不是一项美政吗？还应该罢黜宦官，剥夺他们的重权，裁减常侍到剩下二人，在左右听候驱使；小黄门设置五人，在宫中供职。像这样，对朝政的议论就能停止，天下太平就可以达到。"顺帝观看奏章，采纳了很多。立刻让乳母搬出皇宫，回到她自己的家中，常侍都叩头认错，请求恕罪，朝廷一片肃然。于是，顺帝任命李固为议郎。

冲帝即位①，为大尉②，与梁冀参录尚书事③。帝崩，固以清河王蒜年长有德④，欲立之。梁冀不从，乃立乐安王子缵⑤，是为质帝。冀忌帝聪惠，恐为后患，遂令左右进鸩。帝崩，固伏尸号哭，推举侍医⑥，冀虑其事泄，大恶之。因议立嗣，固与司徒胡广、司空赵戒、大鸿胪杜乔皆以为清河王蒜明德著闻，又属最尊亲，宜立为嗣。

【注释】

①冲帝即位:本段节录自《李杜传·李固传》。冲帝,即汉冲帝刘炳。

②大尉:即太尉。

③参录:参与总领。录,总领,主持。

④蒜:即刘蒜,汉章帝刘炟玄孙,封清河王。

⑤乐安王子:子应作孙,译文从之。缵(zuǎn):即汉质帝刘缵,在位时间一年。

⑥推举:劾举推究。

【译文】

汉冲帝登上皇位,李固担任太尉,跟梁冀共同参与主持尚书事务。冲帝驾崩,李固认为清河王刘蒜年长有德,想要立他为帝。梁冀不同意,就立了乐安王的孙子刘缵,这就是汉质帝。梁冀忌讳质帝聪慧,恐怕成为后患,就命亲信左右毒死质帝。汉质帝驾崩,李固伏在质帝尸体上大哭,弹劾追究侍候质帝的御医,梁冀担心事情败露,更加痛恨李固。接着讨论拥立新君的事,李固跟司徒胡广、司空赵戒、大鸿胪杜乔都认为清河王刘蒜以美德著称,又和皇家的血统最为亲近,应该立为继承人。

先是蠡吾侯志取冀妹①,冀欲立之。众论既异,愤愤不得意②,而未有以相夺③。中常侍曹腾等闻而夜往说冀曰④:"将军累世有椒房之亲,秉摄万机⑤,宾客纵横⑥,多有过差⑦。清河王严明⑧,若果立,则将军受祸不久矣,不如立蠡吾侯,富贵可长保也。"冀然其言。明日重会公卿,冀意气凶凶,而言辞激切⑨,自胡广、赵戒以下,莫不慑惮之⑩,皆曰:"惟大将军令。"而固独与杜乔坚守本议⑪。冀厉声罢会,固复以书劝,冀愈激怒,乃说大后先策免固⑫,竟立蠡吾侯,是为桓帝。

【注释】

①先是蠡（lǐ）吾侯志取冀妹：本段节录自《李杜传·李固传》。志，刘志，即汉桓帝。取，今作娶。

②愦愦：指烦闷不舒的样子。

③相夺：强迫别人。

④曹腾：字季兴，沛国谯（今安徽亳州）人。祖籍江苏沛县，初任黄门从官，汉顺帝即位后，升任小黄门、中常侍。后因迎立桓帝有功，被封为费亭侯，升为大长秋，加位特进。

⑤万机：指帝王日常处理的纷繁的政务。

⑥纵横：分散。

⑦过差：过失，差错。

⑧严明：严厉明察。

⑨激切：激烈直率。

⑩慑惮：畏惧。

⑪本议：原来的意见、看法。

⑫大后：即太后。策免：以策书免官。

【译文】

此前蠡吾侯刘志娶了梁冀的妹妹，梁冀想要立他为皇帝。众人的意见与梁冀不同，梁冀心中便愍愍不平，但是没有办法强迫众人。中常侍曹腾等人听说，就夜里去劝说梁冀道："将军家几代都是皇亲国戚，又亲自掌握朝政，宾客布满天下，难免有许多过失和差错。清河王严厉明察，倘若真的立他为皇帝，那么将军不久就会大祸临头。不如拥立蠡吾侯当皇帝，可以长久保有富贵。"梁冀赞同他们的意见。第二天，重新召集公卿议事，梁冀气势汹汹，言辞直率激烈，自胡广、赵戒以下百官，没有一个不感到畏惧。大家都说："只听大将军的命令。"只有李固跟杜乔坚持原来的意见。梁冀厉声宣布散会，李固又写了一封信劝梁冀，梁冀更加愤怒，就说服太后用策书罢免李固，最终拥立了蠡吾侯，这就是汉桓帝。

后岁余①，甘陵刘文、魏郡刘鲔各谋立蒜为天子②，梁冀因此诬固与文、鲔共为妖言③，下狱。门生勃海王调贯械上书④，证固之枉；河内赵承等数十人⑤，亦腰铁锧⑥，诣阙通诉⑦。太后明之⑧，乃赦焉。及出狱，京师市里皆称万岁⑨。冀闻之大惊，畏固名德终为己患，乃更据奏前事，遂诛之。临命⑩，与胡广、赵戒书曰："固受国厚恩，是以竭其股肱⑪，不顾死亡，志欲扶持王室，比隆文、宣⑫。何图一朝梁氏迷谬⑬，公等曲从⑭，以吉为凶，成事为败乎？汉家衰微，从此始矣。公等受主厚禄，颠而不扶⑮，倾覆大事，后之良史，岂有所私？固身已矣⑯，于义得矣，夫复何言！"广、戒得书悲惭，长叹流涕。州郡收固二子基、兹⑰，皆死狱中。

【注释】

①后岁余：本段节录自《李杜传·李固传》。

②甘陵：郡名。原名清河郡，治所在清阳县（今河北清河东南）。魏郡：郡名。治所在邺县（今河北临漳西南）。

③妖言：妄言，胡说。

④门生：东汉时指再传弟子。勃海：又作"渤海"。郡名。汉高祖置，在今河北沧州一带。东汉移治南皮，即今河北南皮东北。贯械：戴上刑具。

⑤河内：郡名。治怀县（今河南武陟）。

⑥铁锧（fū zhì）：古代斩人的刑具。铁，铡刀，切草的农具，也用为斩人的刑具。锧，垫在下面的砧板。

⑦通诉：申诉。

⑧明之：明白李固之冤。

⑨市里：街市里巷。

⑩临命：人将死之时。

⑪股肱：辅佐，捍卫。

⑫文：汉文帝。宣：汉宣帝。

⑬迷谬：迷惑谬误。

⑭曲从：委曲顺从。

⑮颠：仆倒，倒下。

⑯身已：身死。

⑰收：拘捕。

【译文】

此后一年多，甘陵人刘文、魏郡人刘鲔各自谋划拥立刘蒜为天子，梁冀因此诬陷李固跟刘文、刘鲔一起妖言惑众，将他下狱。李固的再传弟子、渤海人王调身戴刑具向朝廷上书，证明李固是被冤枉的；河内赵承等几十个人，也都腰里绑着刑具，到宫门上诉。梁太后明白李固之冤，于是就释放了他。等到他出狱，京城街市里巷都高呼万岁。梁冀听了消息大吃一惊，畏惧李固的名声和德行最终会成为自己的祸患，重新向朝廷提起李固和刘文、刘鲔相勾结的旧案，最终诛杀了李固。李固临死，给胡广、赵戒写信说："我身受国家大恩，因此竭尽作大臣的忠心，不顾死亡，立志想要扶持皇室，使它在功业上可以与文帝、宣帝时期相媲美。哪里想到梁氏荒谬作乱，你们委曲顺从，把好事变成坏事，大事本可成功，反遭失败呢？汉室的衰微，从此开始。你们这些人享受帝王优厚的俸禄，眼看朝廷就要倒塌，却不肯扶持，倾覆朝廷的大事，后代良史，难道会有私心替你们掩盖吗？我的生命虽已结束，但已经尽到大义，还有什么可说！"胡广、赵戒看到书信后，感到悲哀惭愧，长叹流泪。州郡官员拘捕了李固的两个儿子李基和李慈，后来二人都死在狱中。

杜乔字叔荣①，河内人也。汉安元年②，以乔守光禄大夫^③。梁冀子弟五人及中常侍等以无功并封,乔上书谏曰:"陛下越从藩臣^④,龙飞即位^⑤,天人属心^⑥,万邦攸赖。不急忠贤之礼^⑦,而先左右之封,伤善害德,兴长佞谀^⑧。臣闻古之明君,褒罚必以功过;末代暗主^⑨,诛赏各缘其私。今梁氏一门^⑩,宦者微孽^⑪,并带无功之绶^⑫,裂劳臣之土^⑬,其为乖滥^⑭,胡可胜言!夫有功不赏,为善失其望;奸回不诘^⑮,为恶肆其凶。故陈质斧而民靡畏^⑯,班爵位而物无劝^⑰。苟遂斯道^⑱,岂伊伤政为乱而已,丧身亡国,可不慎哉!"书奏,不省。先是李固见废,内外丧气^⑲,群臣侧足而立^⑳,唯乔正色^㉑,无所回桡^㉒。由是朝野瞻望焉^㉓。冀愈怒,遂白执系之,死狱中,与李固俱暴尸于城北。

【注释】

①杜乔字叔荣:本段节录自《李杜传·杜乔传》。杜乔,字叔荣,河内林虑(今河南林州)人。历任南郡太守、东海国相、侍中、太子太傅、大司农、光禄勋,多次上疏弹劾梁冀及其亲信,受到梁冀的忌恨。建和元年(147),杜乔升任太尉,旋即受宦官及梁冀诬陷,下狱而死。

②汉安元年:142年。汉安,汉顺帝刘保的年号(142—144)。

③守:摄,暂时署理职务。多指官阶低而署理较高的官职。

④越从藩臣:指汉顺帝在继位之前,曾由太子废为济阴王,处于藩臣地位。

⑤龙飞:指帝王的兴起或即位。

⑥属心:归心。

⑦忠贤:忠诚贤明的人。

⑧兴长：提倡，助长。

⑨末代：末世，指一个朝代衰亡的时期。暗主：昏庸的君主。

⑩一门：一族，一家。

⑪微孽：庶孽贱子。

⑫绂（fú）：系官印的丝带，也代指官印。

⑬劳臣：功臣。

⑭乖滥：错杂不当。

⑮奸回：奸恶邪僻。诘：查究，整治。

⑯质斧：相当于前文的铁锧，斩人的刑具。今本《后汉书》作"资斧"。

⑰班：分给。

⑱遂：因循。

⑲内外：指朝廷与地方。

⑳侧足而立：形容因畏惧而不敢正立。

㉑正色：指神色庄重、态度严肃。

㉒回桡（náo）：屈服。

㉓瞻望：仰望，仰慕。

【译文】

杜乔，字叔荣，河内人。汉安元年，朝廷任命杜乔暂摄光禄大夫的官职。梁冀的五个子弟以及中常侍等人没有功劳却一起封爵，杜乔上书劝谏说："陛下从诸侯王的位置越级而上，即位为天子，天人归心于陛下，各个邦国都依赖您。这时不先去礼敬忠诚贤明的人，却首先封赏左右近臣，这是伤害善德，助长谄佞阿谀之风。臣听说古时候的明君，奖惩要依据功劳或过失；末代的昏主，诛杀和封赏全凭个人感情。现在梁家一门和宦官的孽子，都佩带上无功而得到的印绶，受到功臣才有的裂土之封，背离制度、行为不当到何等程度，哪里能用语言说清楚！有功劳的人不受封赏，那些为善的人就会失望；行凶作恶的人不受惩罚，那些行恶的人就更加肆无忌惮。所以，即使将砍头的利斧放在面前，人也不畏惧；将封爵官位悬在面前,人也不动心。如果像这样发展下去,岂止是损害朝政、制造动乱而已,足可以丧身亡国了,能不谨慎地对待吗?"表章奏上后,顺帝没有理会。以前李固被朝廷废弃,朝廷内外都灰心丧气,群臣畏惧得不敢正立,只有杜乔庄重严肃,没有任何屈服。因此朝野上下都仰望杜乔。梁冀更加愤怒,于是禀告太后,将杜乔投入大牢,杜乔最终死在狱中,和李固都暴尸于城北。

　　论曰①:顺、桓之间,国统三绝②,太后称制③,贼臣虎视④。李固据位持重,以争大义,确乎而不可夺⑤。岂不知守节之触祸? 耻夫覆折之伤任也⑥。观其发正辞及所遗梁冀书,虽机失谋乖⑦,犹恋恋而不能已⑧。至矣哉,社稷之心乎⑨! 其顾视胡广、赵戒⑩,犹粪土也。

【注释】

①论曰:本段节录自《李杜传》。

②国统三绝:指汉顺帝去世后,汉冲帝、汉质帝都早崩,没有后嗣。

③称制:代行皇帝职权。

④虎视:像老虎一样看,有伺机攫取之意。

⑤确乎:坚而高的样子。

⑥覆折:倾覆摧折。伤任:妨害责任。

⑦机:枢机,关键时机。乖:背,不顺。

⑧恋恋:顾念。已:止。

⑨社稷之心:指对国家关切之心。

⑩顾视:转视,回视。

【译文】

评论说:从顺帝至桓帝,国统断绝了三次,三位皇帝接连去世。太后临朝称制，奸臣对权力虎视眈眈。李固身居高位掌握重权，以大义相争，坚定刚强，不可动摇。他难道不知道坚守节操会招致灾祸？是把朝廷倾覆而自己无所作为当成耻辱。看到他所发的严正的言辞和给梁冀的书信，虽说时机已失，计谋也于时不符，但他对朝廷的顾念之心却溢于言表，不能自已。高尚之至啊，他对国家的关切之心！这样回看胡广、赵戒等人，真就像粪土一样。

卷二十四

后汉书（四）

【题解】

  本卷选录自《后汉书》列传部分，从卷六十四到卷九十。东汉中后期，皇统屡绝，外戚、宦官交替专权，朝政日益昏乱。虽然正直的士大夫集体与专权者进行了长期的斗争，但未能扭转政局。"党锢之祸"，更是对士人造成了极大的打击。本卷选录人物有延笃、史弼、陈蕃、窦武等。其中延笃作为京兆尹，批得权戚梁冀"惭而不得言"；史弼抨击汉桓帝同母弟刘悝，拒绝宦官侯览请托；还有协同窦武、想要力挽狂澜的陈蕃，在恶劣环境中依然坚守节操，正如范晔所说："功虽不终，然其信义足以携持世心。汉代乱而不亡，百余年间，数公之力也。"另记录了循吏任延、酷吏董宣的事迹，以及《后汉书》列为专传的宦者、儒林、逸民以及边疆部族的西羌、鲜卑。从《后汉书》开创的《宦者传》中，节录了单超、徐璜、具瑗、左悺、唐衡、侯览、曹节、吕强、张让、赵忠等宦官的言行，他们绝大多数弄权贪婪，操纵朝政、皇帝，这说明东汉宦官之祸的惨烈，构成本卷的重点。《儒林传序》则记述了东汉儒学的发展趋势以及白虎观会议、熹平石经等情况，有一定现实参考意义。

传

延笃字叔坚①，南阳人也，为京兆尹②。时皇子有疾，下郡县出珍药，而大将军梁冀遣客赍书诣京兆③，并货牛黄④。笃发书收客⑤，曰："大将军椒房外家⑥，而皇子有疾，必应陈进医方⑦，岂当使客千里求利乎？"遂杀之。冀惭而不得言。有司承旨⑧，欲求其事。笃以疾免归也⑨。

【注释】

①延笃字叔坚：本段节录自《吴延史卢赵传·延笃传》。延笃，字叔坚，南阳郡犨县（今河南鲁山东南）人。初以博士身份受到汉桓帝征召，担任议郎，历任侍中、左冯翊、京兆尹，后因得罪大将军梁冀，以有病而免职回家，以教书维持生计。永康元年（167）去世。

②京兆尹：官名。秦置内史掌京师，西汉景帝时分左、右。武帝时改右内史为京兆尹，与左冯翊、右扶风共为京师三辅长官。东汉时，职权相当于郡太守。

③赍（jī）：送。

④货：贩卖。牛黄：牛胆囊中的结石，是珍贵的中药。

⑤收：拘捕。

⑥椒房外家：皇后的娘家。

⑦陈进：呈献。

⑧承旨：逢迎意旨。

⑨免归：免除职务并遣送回乡。

【译文】

延笃，字叔坚，南阳人，担任京兆尹。当时皇子生病，下令让郡县献出珍贵药品，而大将军梁冀派遣手下宾客带着书信到京兆尹那里，并且要贩卖牛黄。延笃发下文书拘捕那个宾客，说道："大将军是皇亲国戚，皇子生病，必定要进献医药方剂为皇子治病，怎么能派宾客不远千里去追求利润呢？"于是就杀了宾客。梁冀惭愧，不敢说什么。主管官员逢迎梁冀的意图，想要追究这件事。延笃借病去职回乡。

史弼字公谦①，陈留人也，为北军中候②。是时桓帝弟渤海王悝③，素行险辟④，僭傲多不法⑤。弼惧其骄悖为乱⑥，乃上封事曰⑦："臣闻帝王之于亲戚，爱虽隆，必示之以威；体虽贵，必禁之以度⑧。如是和睦之道兴，骨肉之恩遂⑨。昔周襄王恣甘昭公⑩，孝景皇帝骄梁孝王⑪，二弟阶宠⑫，终用教慢⑬，卒周有播荡之祸⑭，汉有爰盎之变⑮。窃闻勃海王悝，凭至亲之属，恃偏私之爱，失奉上之节，有僭慢之心⑯，外聚剽轻不逞之徒⑰，内荒酒乐⑱，出入无常，所与群居，皆有口无行，或家之弃子，或朝之斥臣，必有羊胜、伍被之变⑲。州司不敢弹纠⑳，傅相不能匡辅㉑。陛下隆于友于㉒，不忍遏绝㉓，恐遂滋蔓，为害弥大。乞露臣奏㉔，宣示百僚㉕，诏公卿平处其法㉖。法决罪定，乃下不忍之诏㉗。如是，则圣朝无伤亲之讥，勃海有享国之庆㉘。不然，惧大狱将兴㉙，使者相望于路矣。不胜愤懑㉚，谨冒死以闻㉛。"帝以至亲，不忍下其事。后悝竟坐逆谋，贬为瘿陶王㉜。

【注释】

①史弼（bì）字公谦：本段节录自《吴延史卢赵传·史弼传》。史弼，字公谦，陈留郡考城（今河南民权）人。出任州郡，征辟公府，累迁北军中候、尚书、平原相、河东太守。后遭宦官侯览诬陷获罪，

郡人魏劲向侯览行贿，才使史弼免于死罪。史弼刑满以后，称病不出。光和年间，外放为彭城相，未到任，患病去世。

②北军中侯：官名。汉代京师常备军分南、北。南军守宫廷，北军卫京师。掌监北军五营。

③渤海：东汉诸侯王国，属冀州，东临渤海，南邻青州，北邻幽州，都南皮（今河北南皮东北）。悝（kuī）：即刘悝。蠡吾侯刘翼之子，汉桓帝刘志之弟。汉灵帝刘宏登基后，刘悝与中常侍王甫结怨。熹平元年（172），王甫指使他人诬陷刘悝谋反，刘悝入狱自杀。

④险辟：阴险邪僻。

⑤僭（jiàn）傲：骄横非礼。

⑥骄悖：傲慢悖逆。

⑦封事：密封的奏章。

⑧度：法度，规范。

⑨遂：完成，成全。

⑩周襄王：姬郑，周惠王之子，东周君主。甘昭公：即王子带，因受封甘地（今河南洛阳南），谥号昭，故又称甘昭公。他是周襄王异母弟，母为惠后。惠后要立他为嗣，未及而死。于是甘昭公出奔齐国，后联合大臣叛乱，带领狄人军队攻打周襄王，迫使周襄王赴郑。前635年，晋文公派兵诛杀甘昭公，叛乱平定。

⑪孝景皇帝：即汉景帝刘启。梁孝王：即刘武，汉景帝刘启同母弟。受封代王，改封淮阳王，后梁怀王刘揖去世无嗣，刘武继嗣梁王。七国之乱时，刘武死守梁都睢阳（今河南商丘），拱卫长安，功劳极大。后倚仗窦太后的宠爱和梁国地广兵强，欲继汉景帝之位，病死未果。谥号孝王，葬于芒砀山。

⑫阶：凭借，根据。

⑬敁（bèi）慢：狂悖轻慢。

⑭播荡：流亡。

⑮爰盎：一作袁盎，字丝。西汉大臣。个性刚直，有才干，汉景帝即位，吴楚七国叛乱平定后，封为楚相。后因反对立梁王刘武为储君，遭到梁王忌恨，为刺客所杀。

⑯僭慢：越分而轻慢。

⑰剽（piào）轻：强悍敏捷之人。不逞：泛指为非作歹。

⑱荒：纵欲迷乱。

⑲羊胜：梁孝王臣属。景帝时，劝梁王求为帝太子。事未成，阴使人刺杀爰盎及汉廷其他议臣十余人。事觉，梁王令其自杀。伍被（pí）：西汉时淮南王部属。数谏阻淮南王谋反，不听，反受淮南王拉拢，为之规划。事发，诣吏自告谋反经过，仍被杀。

⑳州司：州官。

㉑傅相：古称辅导国君、诸侯王之官。汉诸侯国有太傅，景帝时，令诸侯王不得治国，改丞相曰相，通称傅相。

㉒友于：兄弟友爱。

㉓遏绝：禁绝。

㉔露：显露，揭示。

㉕宣示：宣告。

㉖平（pián）处：评判裁决。

㉗不忍之诏：感情上觉得过不去的诏令，指对刘悝依法处置的诏令。

㉘勃海：即渤海。

㉙大狱：大案。

㉚愤懑：抑郁烦闷。

㉛冒死：不顾生命危险。闻：使听到，报告。

㉜瘿陶：当为"廮（yǐng）陶"。县名。西汉置。治所在今河北宁晋西南。东汉为钜鹿郡治所。

【译文】

史弼，字公谦，陈留人，担任北军中候。当时汉桓帝的弟弟渤海王刘悝，平素行为阴险邪辟，骄横非礼，做了很多不法的事情。史弼担心他骄纵作乱，于是上奏说："臣听说帝王对于他的亲属，虽然非常爱护，但一定要向他表现出威严；身体虽然高贵，但必定要用法度对他们加以禁制。这样，才能实现家道和睦，骨肉恩情得以成全。从前周襄王放纵弟弟甘昭公，汉景帝骄宠弟弟梁孝王，两个弟弟凭借宠爱，最终导致周王朝有流离动荡的祸乱，汉朝有爰盎被刺的变故。臣私下听说渤海王刘悝，凭借至亲的关系，仗着陛下偏私宠爱，丢掉了侍奉君上的礼节，有越分轻慢的念头，在外聚集强悍作歹的徒众，在内饮酒逸乐，纵欲迷乱，行为出入没有规矩，跟他往来的人，都是有口舌而没德行的人，有的是家中弃子，有的是遭到朝廷斥逐的官员，一定会发生羊胜、伍被那样的事情。州官不敢弹劾纠正，傅相不能匡正辅佐。陛下看重兄弟友爱之情，不忍心阻止禁绝，恐怕问题会进一步滋长蔓延，危害越来越大。请求公开臣的奏章，向百官宣示，诏令公卿一起公正地讨论渤海王的过失。等到确定他的罪行后，再颁下不忍惩罚的诏令。像这样，不会有人指责朝廷伤害亲属，渤海王也能长期享有藩国。如果不这样做的话，恐怕会兴起大狱，朝廷的使者就会在道路上往来不绝了。臣禁不住愤怒烦闷，只能冒死禀告陛下。"桓帝因为骨肉至亲之故，不忍心把事情交付下面处置。后来刘悝终于因为谋划叛乱，被贬为瘿陶王。

　　弼迁河东太守[①]，当举孝廉。弼知多权贵请托，乃豫敕断绝书属[②]。中常侍侯览果遣诸生赍书请之[③]，并求假盐税[④]，积日不得通[⑤]。生乃说以他事谒弼，而因达览书。弼大怒曰："太守忝荷重任[⑥]，当选士报国，尔何人，而诈伪无状[⑦]。"命左右引出，楚捶数百[⑧]，即日考杀之[⑨]。侯览大怨，遂诈作飞章[⑩]，下司隶，诬弼诽谤。槛车征，下廷尉诏狱，得减死罪一等[⑪]。

【注释】

①弼迁河东太守：本段节录自《吴延史卢赵传·史弼传》。河东，郡名。秦置，治安邑（在今山西夏县西北）。

②豫敕：预先命令、告诫。书属（zhǔ）：书信请托。

③侯览：山阳防东（今山东单县东北）人。东汉宦官。延熹年间赐爵为关内侯，进封高乡侯，后迁为长乐太仆，专横跋扈，贪婪放纵，造成党锢之祸。熹平元年（172），有司举奏侯览专权骄奢，下诏收其印绶，侯览随即自杀身亡。其阿附者皆免官。

④假：借。盐税：政府对产销食盐所征的税。

⑤积日：累日，连日。

⑥忝（tiǎn）：自谦之词。

⑦诈伪：欺诈。无状：指行为失检无礼。

⑧楚捶：杖笞，拷打。

⑨考杀：拷问击杀。

⑩飞章：匿名诬告文书。

⑪减死罪一等：减刑的一种，不执行死刑而代以其他刑罚，东汉往往是徒刑。据《后汉书》本传，史弼被遣送左校劳作。

【译文】

史弼升任河东太守，应当向朝中举荐孝廉。史弼知道会有许多权贵请托，就预先命令断绝与外界的书信往来。中常侍侯览果然派遣门生携带书信前来请托，并且请求赊借盐税，接连多日得不到通报。这个人就以其他事情为借口谒见史弼，借这个机会送达侯览的书信。史弼大怒道："太守身负重任，应当选择贤才报效国家，你是什么人，弄虚作假，行为无礼！"命令手下把他拉出去，杖打了几百下，当天就拷问处死了他。侯览大怒，就写了匿名诬告信送达司隶校尉，诬陷史弼犯诽谤罪。朝廷以囚车拘捕史弼，下到廷尉诏狱中，后来史弼被处以比死罪低一等的刑罚。

陈蕃字仲举①，汝南人也。为太尉时，小黄门赵津、南阳大猾张汜等奉事中官②，乘势犯法。二郡太守刘瓆、成瑨考案其罪③，虽经赦令，而并竟考杀之。宦官怨恚，有司承旨，遂奏瓆、瑨罪当弃市④。又山阳太守翟超没入中常侍侯览财产⑤，东海相黄浮诛杀下邳令徐宣⑥，超、浮并坐髡钳⑦，输作左校。蕃与司徒刘矩、司空刘茂，共谏请瓆等⑧，帝不悦。有司劾奏之，矩、茂不敢复言。

【注释】

①陈蕃字仲举：本段节录自《陈王传·陈蕃传》。

②大猾：大恶人。

③二郡太守：刘瓆（zhì）任太原太守，成瑨任南阳太守。考案：查究。

④弃市：古代死刑之一。行刑于闹市，并暴尸街头。

⑤山阳：郡名，西汉始置，治昌邑（今山东巨野东南）。没入：指没收
　　财物、人口等入官。

⑥东海：古郡名。秦始置，治郯（今山东郯城西北）。下邳：古县名。
　　秦置。故治在今江苏睢宁西北。汉因之。

⑦坐：判罪。髡钳：古代刑罚，指剃去头发，用铁圈束颈。

⑧共谏请瓆等：今本《后汉书》作"共谏请瓆、瑨、超、浮等"。

【译文】

陈蕃，字仲举，汝南人。担任太尉时，小黄门赵津、南阳大奸徒张汜等人逢迎宦官，借着他们的权势违法犯罪。两个郡的太守刘瓆、成瑨查办他们的罪行，虽然有赦令，还是论罪一并拷杀了他们。宦官怨恨，主管官员奉迎意旨，于是就上奏称刘瓆、成瑨论罪应当判处弃市。又有山阳太守翟超把中常侍侯览的财产没收入官，东海相黄浮诛杀下邳县令徐宣，翟超、黄浮一并被判处髡钳之刑，送到左校服劳役。陈蕃跟司徒刘

矩、司空刘茂共同为刘瓆等人求情，桓帝很不高兴。主管官员弹劾他们，刘矩、刘茂不敢再说话。

蕃乃独上疏曰①："臣闻齐桓修霸，务为内政。今寇贼在外，四支之疾②；内政不理，心腹之患。臣寝不能寐，食不能饱，实忧左右日亲③，忠言以疏，内患渐积，外难方深。陛下超从列侯④，继承天位。小家畜产百万之资⑤，子孙尚耻失其先业，况乃产兼天下，受之先帝，而欲懈怠以自轻忽乎？诚不爱己，不当念先帝得之勤苦邪？前梁氏五侯⑥，毒遍海内，天启圣意，收而戮之，天下之议，冀当小平。明鉴未远，覆车如昨，而近习之权⑦，复相扇结⑧。小黄门赵津、大猾张氾等，肆行贪虐，奸媚左右⑨，前太原太守刘瓆、南阳太守成瑨，纠而戮之⑩。虽言赦后不当诛杀，原其诚心⑪，在乎去恶。而小人道长，荧惑圣听⑫，遂使天威为之发怒⑬。如加刑谪⑭，已为过甚，况乃重罚，令伏欧刃乎⑮！又前山阳太守翟超、东海相黄浮，奉公不挠⑯，疾恶如仇，超没侯览财物，浮诛徐宣之罪，并蒙刑坐，不逢赦恕。览之纵横⑰，没财已幸；宣犯衅过⑱，死有余辜⑲。昔丞相申屠嘉召责邓通⑳，洛阳令董宣折辱公主㉑，而文帝从而请之，世祖加以重赏，未闻二臣有专命之诛㉒。而今左右群竖㉓，恶伤党类㉔，妄相交构㉕，致此刑谴㉖。闻臣是言，当复啼诉㉗。陛下深宜割塞近习豫政之源㉘，引纳尚书朝省之事㉙，简练清高㉚，斥黜佞邪。如是天和于上，地洽于下，休祯符瑞㉛，岂远乎哉！陛下虽厌毒臣言㉜，人主有自勉强㉝，敢以死陈。"

【注释】

①蕃乃独上疏曰:本段节录自《陈王传·陈蕃传》。

②四支:四肢。

③左右:近臣,侍从。

④陛下超从列侯:指汉桓帝以蠡吾侯的身份入京即位。

⑤畜:积蓄。

⑥梁氏五侯:指梁胤、梁让、梁淑、梁忠、梁戟五人,他们后来跟梁冀同时被诛。

⑦近习:指君主宠爱亲信的人。

⑧扇(shān)结:煽动勾结。

⑨奸媚:诡诈谄媚。

⑩纠:举发,惩治。

⑪原:推究。

⑫荧惑:迷乱,困惑。

⑬天威:帝王的威严。

⑭刑谪:刑罚。

⑮欧刃:今本《后汉书》作"欧刀",刑刀。

⑯奉公:奉行公事,不徇私。不挠:不弯曲,形容刚正不屈。

⑰纵横:肆意横行,无所顾忌。

⑱衅过:罪过。

⑲死有余辜:虽死不足抵其罪,形容罪大恶极。

⑳丞相申屠嘉召责邓通:汉文帝时,申屠嘉为丞相,文帝宠臣邓通对其怠慢无礼,申屠嘉即以不敬丞相之罪,正式行文召邓通至丞相府欲杀之。文帝派使者营救,申屠嘉才将其释放。事见《史记·张丞相列传》。

㉑洛阳令董宣折辱公主:汉光武帝时,董宣任洛阳令。湖阳公主的奴仆白天行凶杀人,董宣在夏门亭勒住马,逼公主停车,责备公主

的过失,呵斥奴仆下车,就地将奴仆处死。事见《后汉书·酷吏
传》。

㉒专命:不奉上命而自由行事。

㉓群竖:一群小人。

㉔党类:同类。

㉕交构:相互勾结。

㉖刑谴:刑罚。

㉗啼诉:哭诉。

㉘割塞:杜绝。豫政:参与政事。豫,通"与"。

㉙引纳:招致接纳。朝省:参与朝议。

㉚简练清高:选拔廉洁高尚的人。

㉛休祯:吉祥的征兆。

㉜厌毒:憎恨。

㉝勉强:尽力而为。

【译文】

陈蕃于是独自上疏说:"臣听说齐桓公成就霸业,致力于处理内政。现今外有敌寇盗匪,就像四肢有了毛病;内政不能治理,是心腹之患。臣寝不能寐,食不能饱,实在是忧虑陛下身边宠信的人日益亲近,进献忠言的人却在疏远,内部的祸患在逐渐积累,外部的患难正在加深。陛下从列侯中超拔出来,继承帝位。普通人的小家庭积蓄百万的资产,子孙还以失去先人的产业为耻辱,何况您的产业兼有天下,从先帝那里得来,却要松懈懒散而自己轻忽吗?就算真的不爱自己,不也应当顾念先帝得到天下的辛勤劳苦吗?以前梁家一门五侯,流毒遍布天下,上天启示您做出圣明的决断,拘捕并杀了他们,天下议论,都期望从此稍稍太平。明显的借鉴还不远,覆车之戒如在昨天,而陛下身边得宠的权宦,又互相煽动勾结。小黄门赵津、大恶人张汜等人,恣意妄为,贪污暴虐,谄媚陛下左右近臣,前太原太守刘瓆、南阳太守成瑨,纠举并杀了他们。虽说在赦

令后不应当诛杀，但推究他们的诚心，是在于除去罪恶。但是小人之道增长，迷惑圣上的视听，竟让天威对此发怒。如果施加刑罚，已经是过分了，何况竟然要重罚，让他们遭受斩杀呢！又前山阳太守翟超、东海相黄浮，奉公刚正，嫉恶如仇，翟超没收侯览的财物，黄浮诛杀徐宣，二人却都因此获罪，得不到宽赦饶恕。侯览横行无忌，对他处以没收财物已经是宽大；徐宣犯的罪过，虽死也不够抵罪。从前丞相申屠嘉召见邓通予以责罚，洛阳令董宣折辱湖阳公主，而文帝为邓通向申屠嘉求情，世祖对董宣加以重赏，没听说申屠嘉、董宣这两位臣子因为自主行事而被杀。而现今陛下左右的一群小人，怨恨损伤同党，疯狂地相与构陷，才导致刘瓆等人受到这些刑罚。听到臣的这些话，您的宠臣应当又会向您哭诉了。陛下应当杜绝身旁宠臣干预政事的根源，容纳和听取尚书参与朝廷事务，选择清正高尚之人，斥退奸佞邪恶之徒。像这样天道在上和顺，地上人事融洽，美好吉祥的符瑞，难道还会远吗！陛下虽然憎恨臣的言语，但人主自会有要尽力去做的事情，故冒死陈述。"

帝得奏愈怒[1]，竟无所纳；朝廷众庶[2]，莫不怨之。宦官由此疾蕃弥甚。李膺等以党事下狱考实[3]，蕃因上疏谏曰："臣闻贤明之君，委心辅佐[4]；亡国之主，讳闻直辞。故汤、武虽圣，而兴于伊、吕；桀、纣迷惑，亡在失人。由此言之，君为元首，臣为股肱，同体相须[5]，共成美恶者也。伏见前司隶校尉李膺、大仆杜密、太尉掾范滂等[6]，正身无玷，死心社稷，以忠忤旨，横加考案，或禁锢闭隔[7]，或死徙非所。杜塞天下之口，聋盲一代之人，与秦焚书坑儒，何以为异？昔武王克殷，表闾封墓[8]；今陛下临政，先诛忠贤。遇善何薄，待恶何优！夫谗人似实，巧言如簧[9]，使听之者惑，视之者昏。夫吉凶之效，在乎识善；成败之机[10]，在于察言[11]。人君者，摄天地之政，秉四海之维，举动不可以违圣法，进退不可以离道规。谬言出口，则乱及八方，何况髡无罪于狱、杀无辜于市乎^⑫！又青、徐炎旱^⑬，五谷损伤，人物流迁，茹菽不足^⑭。而宫女积于房掖^⑮，国用尽于罗纨^⑯，外戚私门^⑰，贪财受赂。所谓‘禄去公室，政在大夫’^⑱。昔春秋之末，周德衰微，数十年间，无复灾眚者^⑲，天所弃也。天之于汉，恨恨无已^⑳，故殷勤示变^㉑，以悟陛下，除妖去孽，实在修德。臣位列台司，忧责深重，不敢尸禄惜生^㉒，坐观成败。如蒙采录^㉓，使身首分裂，异门而出^㉔，所不恨也^㉕。"帝讳其言切，托以蕃辟召非其人^㉖，遂策免之。

【注释】

①帝得奏愈怒：本段节录自《陈王传·陈蕃传》。

②众庶：指众多官吏。

③李膺：字元礼，颍川郡襄城县（今属河南襄城）人。初举孝廉，征辟，举高第，后任青州刺史，历任渔阳、蜀郡太守。又转护乌桓校尉、度辽将军。后入朝为河南尹，被诬陷免官，得援救被赦免。又升任司隶校尉。党锢之祸时，李膺遭到迫害下狱，后被赦免回乡。陈蕃、窦武起用李膺为永乐少府，二人遇害后，再被免职。建宁二年（169），第二次党锢之祸，李膺主动自首，被拷打而死。党事：指被诬陷为朋党之事。

④委心：倾心。

⑤相须：互相依存，互相配合。

⑥大仆：即太仆，九卿之一，为天子执御，掌舆马畜牧之事。杜密：字周甫，颍川阳城（今河南登封）人。被司徒胡广征召任职，调任代郡太守，后调任太山太守、北海相，汉桓帝征为尚书令，调任河南

尹,后转太仆。党锢之祸后,他被罢免回家,同李膺一起获罪,后太傅陈蕃辅佐朝政,杜密再次出任太仆。因党锢被惩治,遂自杀。太尉掾:太尉的佐助官员。范滂:字孟博,汝南征羌(今河南漯河召陵区)人,先举孝廉,任冀州请诏使,迁光禄勋主事,后被太尉黄琼征召任职,汝南太守宗资聘请任功曹。延熹九年(166),因党事获罪入狱,后释放回乡。建宁二年(169),党锢之祸再起,朝廷又大肆诛杀党人,范滂随即投案而死。

⑦禁锢:禁止做官或参与政治活动。闭隔:关闭,使隔绝。

⑧表闾封墓:周武王战胜殷商后,命令弟弟毕公为纣王贤臣商容旌表闾里,以显功德;大臣闳夭为纣王叔叔比干增修坟墓,以旌功勋。

⑨巧言如簧:指花言巧语,悦耳动听,有如笙中之簧。

⑩机:枢纽,关键。

⑪察言:审察言论。

⑫髡(kūn):古代剃发之刑。

⑬青:青州,古九州之一。故治临淄(今山东临淄北)。徐:徐州,古九州之一。故治郯县(今山东郯城)。

⑭茹:蔬菜的总名。菽:豆类的总称。

⑮房掖:椒房、掖庭,代指后宫。

⑯罗纨(wán):泛指精美的丝织品。

⑰私门:谓权贵豪门。

⑱禄去公室,政在大夫:语本《论语·季氏》:"孔子曰:'禄之去公室五世矣,政逮于大夫四世矣,故夫三桓之子孙微矣。'"

⑲灾眚(shěng):灾殃,祸患。

⑳悢悢(liàng liàng):眷念的样子。已:止。

㉑殷勤:情意深厚。

㉒尸禄:指空食俸禄而不尽其职。

㉓采录:采纳。

㉔异门而出:指首足异门而出。

㉕恨:憾。

㉖辟召:征召。

【译文】

桓帝看了奏疏更加愤怒,竟然无所采纳;朝廷众多官吏,没有人不埋怨。宦官从此更痛恨陈蕃了。李膺等人因为党人事件被牵连下狱受审,陈蕃上疏劝谏说:"臣听说贤明的君主,对辅佐大臣倾心信任;亡国的君主,忌讳听到正直的言辞。所以商汤、周武王虽然圣明,但还是由于伊尹、吕望的辅佐而兴盛;夏桀、商纣昏乱,灭亡的原因在于缺少贤臣。从这一点来看,君主是头脑,大臣是四肢,同为一体,互相依赖配合,善事恶事都是共同做出来的。臣见到前任司隶校尉李膺、太仆杜密、太尉掾范滂等人,正直无瑕,为社稷死心塌地,因为忠贞而忤逆旨意,被粗暴地拷问追究,有的被禁锢,隔绝于仕途,有的被处死,或流放到恶劣之地。堵塞天下人的口舌,让一代人又聋又哑,跟秦朝焚书坑儒,又有什么不同?从前周武王战胜了殷商,旌表商容的闾里,表封比干的坟墓;现今陛下亲理政务,却先诛杀忠良贤人。对良善好人是多么的刻薄,对奸邪恶人是多么的优厚!进谗言的人貌似忠实,花言巧语动听如笙中的簧片,却让听到的人迷惑,看到的人昏聩。吉凶的征验,在于识别善恶;成败的关键,在于审察言论。君主统摄天下政事,秉持四海纲纪,一举一动都不可以违背圣明法度,进退举止都不可以离开道德规矩。荒谬的言辞一出口,那就会危及四面八方,更何况让无罪的人在狱中受髡刑,让无辜的人被斩杀示众呢!又青州、徐州炎热干旱,五谷受损减产,百姓流离迁徙,粮食都不够吃。但是后宫满是宫女,国家开支全用在精美的穿戴上,外戚权贵,贪财受贿。就像孔子所说的'国家大权离开君主,权力归属于大夫'。从前在春秋末期,周王德行衰微,几十年没有出现天灾祸患,是因为上天厌弃了周王朝。上天对于我们大汉,眷念不已,所以殷切频繁地显现灾变,用来让陛下省悟,要除去妖孽,关键在于修养自身德行。臣身居三公之位，深深为自己责任重大而不安，不敢白吃俸禄，爱惜生命，而坐视朝政之成败。臣的意见如能蒙陛下采用，即使让臣头和身体分开，从不同的门抬出，也没有遗憾。"桓帝忌讳他的言辞直切，就借口陈蕃征召的人不得当，以策书罢免了他。

　　灵帝即位①，窦太后临朝②，以蕃为太傅录尚书事③。蕃与后父大将军窦武同心尽力④，征用名贤，共参政事，天下之士，莫不延颈想望太平⑤。而帝乳母赵娆，旦夕在太后侧，中常侍曹节、王甫等与共交构，谄事太后。太后信之，数出诏命，有所封拜，及其支类⑥，多行贪虐。蕃常疾之，志诛中官。会窦武亦有谋⑦。蕃乃先上疏曰："臣闻言不直而行不正，则为欺乎天而负乎人；危言极意⑧，则群凶侧目⑨，祸不旋踵⑩。钧此二者⑪，臣宁得祸，不敢欺天也。今京师嚣嚣⑫，道路喧哗，言侯览、曹节等与赵夫人诸女尚书⑬，并乱天下。附从者升进，违逆者中伤⑭。方今一朝群臣，如河中木耳，泛泛东西⑮，耽禄畏害。陛下前始摄位⑯，顺天行诛，苏康、管霸并伏其辜⑰。是时天地清明⑱，人鬼欢喜。奈何数月，复纵左右。元恶大奸⑲，莫此之甚。今不急诛，必生变乱，倾危社稷，其祸难量。"太后不纳。蕃因与窦武谋之。及事泄，曹节等矫诏诛武等⑳。遂令收蕃，即日害之㉑。

【注释】

　　①灵帝即位：本段节录自《陈王传·陈蕃传》。

　　②窦太后：即窦妙，扶风平陵（今陕西咸阳西北）人，大将军窦武长女，汉桓帝刘志第三任皇后。

③录：统领，管领。

④窦武：字游平，扶风平陵（今陕西咸阳西北）人。延熹八年（165），因长女窦妙被立为皇后，以郎中迁越骑校尉，封槐里侯，拜城门校尉。灵帝继位，拜大将军，辅佐朝政。不久，与太傅陈蕃定计翦除诸宦官，因不听陈蕃建议，谋划泄露，兵败自杀，被枭首于洛阳都亭。

⑤延颈：伸长脖子，比喻仰慕、渴望。

⑥支类：支属。

⑦有谋：指铲除宦官之谋。

⑧危言：会给言者带来危险的直言。极意：尽意，尽心。

⑨侧目：斜目而视，形容愤恨。

⑩旋踵：掉转脚跟。形容时间短促。

⑪钧：衡量。

⑫嚣嚣：喧哗的样子。

⑬赵夫人：此指赵娆。女尚书：指宫内女官。

⑭中伤：受害。

⑮泛泛：漂浮的样子，引申为随波逐流。

⑯摄位：代理君位。

⑰苏康、管霸：均为桓帝时宦官，专擅一时。后被窦武奏请诛杀。

⑱清明：清澈明朗。

⑲元恶：大恶。

⑳矫诏：假托诏令。

㉑即日：当天。

【译文】

汉灵帝登上皇位，窦太后临朝，任命陈蕃为太傅，总领尚书事务。陈蕃跟太后的父亲大将军窦武同心尽力，征召任用名士贤才，共同参与讨论政事。天下人没有谁不是一心一意盼望太平的。而汉灵帝的乳母赵娆，整天在太后身旁，中常侍曹节、王甫等人和她相互勾结，谄媚侍奉太后。太后信任他们，几次发出诏令，对他们多有封爵升官，至于他们的亲属党羽，干了很多贪婪暴虐的事情。陈蕃痛恨他们，立志诛灭宦官。正好赶上窦武也有铲除宦官的打算。陈蕃于是先上疏说："臣听说言语不直，行为不正，那就是欺侮上天，辜负世人；言辞直率，表露尽心，就会遭到凶徒的愤恨，灾祸随即到来。衡量这两种情况，臣宁肯遭受灾祸，也不敢欺骗上天。现今京城议论鼎沸，道路人言喧哗，都在说侯览、曹节跟赵夫人以及宫中女官，一起为祸天下。依附顺从的人升官，抵触违犯的人受害。当今满朝群臣，就像河中的木头，东西漂浮不定，迷恋禄位，畏惧伤害。陛下之前开始代理皇位，顺应上天实行诛杀，苏康、管霸一同治罪伏法。当时天地清澈明朗，人鬼都欢喜。为何才过几个月，又放纵身边之人呢？大奸大恶，没有比这些人更厉害的了。现在不赶紧诛杀他们，一定会发生变乱，倾覆社稷，危害江山，那祸患是难以估量的。"太后没有采纳。陈蕃于是跟窦武谋划诛杀宦官。等到事情泄露，曹节等人假托诏令诛杀窦武等人。下令收捕陈蕃，当天就杀害了他。

论曰①：桓、灵之代，若陈蕃之徒，咸能树立风声②，抗论愍俗③，而驱驰崄阨之中④，与刑人腐夫同朝争衡⑤，终取灭亡之祸者，彼非不能絜情志、违埃雾也⑥，愍夫世士以离俗为高⑦，而人伦莫能相恤也⑧。以遁世为非义⑨，故屡退而不去⑩；以仁心为己任，虽道远而弥厉。及遭值际会⑪，协策窦武，自谓万世一遇也，憬憬乎伊望之业矣⑫！功虽不终⑬，然其信义足以携持世心⑭。汉代乱而不亡，百余年间，数公之力也。

【注释】

①论曰：本段节录自《陈王传·陈蕃传》。

②风声：声望，声誉。

③抗论：直言不阿。惛（hūn）俗：不顺从世俗。

④崄阨（xiǎn è）：天明本作"崄阨"。险要，险阻。比喻当时形势险恶。

⑤刑人腐夫：指宦官。

⑥絜（jié）：使清白。埃雾：尘雾，喻世俗的污浊。

⑦世士：世俗之士。

⑧恤：考虑，关心。

⑨遁世：避世隐居。

⑩退：罢黜，贬退。

⑪际会：机会。

⑫懔懔（lǐn lǐn）：严正、刚烈的样子。伊望：伊尹和吕望。

⑬不终：没有实现。

⑭携持：扶持鼓励。世心：世人之心。

【译文】

评论说：汉桓帝、汉灵帝时代，像陈蕃这样的人，都能够树立美好的名声，直言不阿，不顺从于流俗，奔走于艰难险阻之中，跟宦官同朝相争，最终招来杀身之祸，他们不是不能洁身自好，逃避世俗的污浊，是忧虑世人以逃离世俗为高尚，而人伦道德却没有人关心。他们把避世隐居看成不合道义，所以屡次遭受罢官也不离去；把仁爱之心看成自己的责任，即使道路漫长也会更加努力。等到出现机会，陈蕃和窦武协同谋划，自认为是万世一遇的良机。他们的气势庄严刚正，就像伊尹、吕望辅佐君主一样了！事情虽然没有成功，但他们的诚信节义足够振奋世人之心了。汉代混乱一百多年而没有灭亡，就是这几位公卿的功劳啊。

窦武字游平①，扶风人，拜城门校尉②，清身疾恶。时国政多失，内官专宠，李膺、杜密等为党事考逮。上疏谏曰："臣闻明主不讳讥刺之言，以探幽暗之实；忠臣不恤谏争之患③，以畅万端之事④。是以君臣并熙⑤，名奋百世。臣岂敢怀禄逃罪，不竭其诚！陛下初从藩国⑥，爰登帝祚⑦，天下逸豫⑧，谓当中兴。自即位以来，未闻善政。梁、孙、寇、邓虽或诛灭⑨，而常侍黄门，续为祸虐，欺罔陛下⑩，竞行谲诈⑪，自造制度，妄爵非人⑫，朝政日衰，奸臣日强。臣恐二世之难⑬，必将复及；赵高之变，不朝则夕。近者奸臣牢修⑭，造设党议⑮，遂收前司隶校尉李膺、太仆杜密、御史中丞陈翔、太尉掾范滂等逮考⑯，连及数百人，旷年拘录⑰，事无效验⑱。臣惟膺等建忠抗节⑲，志经王室，此诚陛下稷、契、伊、吕之佐⑳，而虚为奸臣贼子之所诬枉，天下寒心，海内失望。惟陛下留神澄省㉑，时见理出，以厌人鬼喁喁之心㉒。

【注释】

①窦武字游平：本段及以下几段均出自《窦何传·窦武传》。

②城门校尉：官名。西汉始置，东汉因之。主管京师城门屯兵。

③不恤：不考虑。

④万端：形容头绪纷繁。

⑤熙：兴盛。

⑥藩国：古称分封及臣服之国。

⑦爰：语首助词。帝祚：帝位。汉桓帝刘志以蠡吾侯身份继承皇位。

⑧逸豫：安乐。

⑨梁、孙、寇、邓：指梁冀、孙寿、寇荣、邓万世。孙寿，梁冀之妻。桓帝时，封为襄城君。生活奢侈，大兴土木，耗费巨万。延熹二年（159），桓帝定计诛灭梁氏，与梁冀同时自杀。寇荣，上谷昌平（治今北京昌平东南）人。桓帝时任侍中。性矜持自洁，不喜与人往来。寇荣堂兄的儿子娶桓帝的妹妹益阳长公主为妻，而桓帝

又纳寇荣的侄孙女为妃，故寇荣愈见疾于桓帝左右，被诬有罪，免归故郡，屡遭迫害，逃亡数年，终被诛杀。邓万世，南阳新野（今河南新野）人。桓帝邓皇后从父。桓帝时，封为南乡侯，拜河南尹。延熹八年（165），邓皇后废，万世因之下狱死。

⑩欺罔：欺骗蒙蔽。

⑪谲（jué）诈：狡诈，奸诈。

⑫妄：胡乱，随便。非人：不适当的人。

⑬二世：指秦二世胡亥。

⑭牢修：宦官张成的弟子。桓帝时，诬告李膺等交结儒生，结党诽谤朝廷，惑乱风俗，致使李膺等被捕。

⑮党议：朋党之议。

⑯收：拘捕。御史中丞：官名。汉以御史中丞为御史大夫的助理，外督部刺史，内领侍御史，受公卿章奏，纠察百僚，其权颇重。陈翔：字仲麟，汝南邵陵（今河南漯河召陵区）人。举孝廉、高第，拜侍御史。为人刚直不阿。参劾权宦徐璜之弟徐参，威名大振。又征拜议郎，补御史中丞。后因党事系狱，以无验开释，卒于家。

⑰旷年：多年，长年。拘录：拘禁，逮捕。

⑱效验：验证。

⑲抗节：坚守节操。

⑳稷：后稷，周始祖。名弃。善于种植各种谷类。舜时任后稷之官，主管农事。契（xiè）：商始祖。因助禹治水有功，被舜任为司徒，掌教化之职。伊：伊尹。辅佐商汤灭夏，综理国事。吕：吕尚。辅佐周武王灭商有大功。

㉑澄省：明察。

㉒厌：满足。喁喁（yóng yóng）：众人仰望期待的样子。

【译文】

窦武，字游平，扶风人。任城门校尉，持身清廉，痛恨邪恶。当时朝政有很多失当之处，宦官专受宠爱，李膺、杜密等人因党人之事而被逮捕审问。窦武上疏劝谏说："臣听说英明的君主不忌讳讥讽的言论，以便从中探明深藏难查的实情；忠臣不怕直言进谏给自己招来祸患，目的是让头绪万端的事务通畅上达。这样君臣的事业就会共同兴盛，名扬百代。臣怎敢身享俸禄而逃避罪责，不竭尽自己的忠诚！陛下起初从封国登上皇位，天下安乐，认为中兴即将到来。但是从陛下即位以来，却没有听说施行过善政。梁冀、孙寿、寇荣、邓万世，这些外戚家族虽然被诛灭，但是近侍宦官继续在残害天下，他们欺骗蒙蔽陛下，争着使用狡诈手段，自己制定制度，随意给不恰当的人封爵，朝政一天天衰微，奸臣势力一天天强大。臣恐怕秦二世的灾难又会出现，赵高那样的变乱，早晚必会发生。最近奸臣牢修，制造有关党人的舆论，拘捕拷问前任司隶校尉李膺、太仆杜密、御史中丞陈翔、太尉掾范滂等人，牵连到几百人，多年拘禁审问，没有查出任何实据。臣认为李膺等人坚贞不屈，一心为了朝廷，他们对陛下而言实在是稷、契、伊、吕一样的辅佐之才，却凭空被奸臣贼子诬陷，实在让天下寒心、百姓失望。希望陛下留意明察，及时将他们释放，来满足人鬼翘首期盼之心。

　　"臣闻近臣尚书令陈蕃，仆射胡广，尚书朱寓、荀绲、刘祐、魏朗、刘矩、尹勋等[1]，皆国之贞士、朝之良佐[2]；尚书郎张凌、妫皓、范康、杨乔、边韶、戴恢等[3]，文质彬彬，明达国典。内外之职，群才并列，而陛下委任近习，专树饕餮[4]，外典州郡，内干心膂[5]。宜以次贬黜，抑夺宦官欺国之封[6]，案其无状诬罔之罪[7]，信任忠良，平决臧否[8]，使邪正毁誉，各得其所；宝爱天官[9]，唯善是授。如此，咎征可消[10]，天应可待[11]。间者有嘉禾、芝草、黄龙之见[12]，夫瑞生必于嘉士，福至实由善人，在德为瑞，无德为灾。陛下所行，不合天意，不宜称庆。"书奏,因以疾上还城门校尉、槐里侯印绶。帝不许,有诏原李膺、杜密等^⑬。

【注释】

①朱寓(yǔ):豫州沛国(今江苏沛县)人。历尚书、庐江太守,灵帝
即位,窦武辅政,任以司隶校尉。建宁二年(169),党锢之祸再
起,与李膺等百余人被捕杀。荀绲(gǔn):颍川颍阴(今河南许
昌)人。名士荀淑次子,荀彧的父亲,曾任济南相。刘祐:字伯
祖,中山安国(今河北安国东南)人。为官不畏豪强,平反冤屈。
后得罪宦官,论输左校,得赦出,复历三卿,辞官归乡里。诏拜中
散大夫,杜门绝迹。灵帝初,复为河南尹。旋黜归,卒于家。魏
朗:字少英,会稽上虞(今浙江上虞)人。后因党锢而免官。坐窦
武事自杀。刘矩:字叔方,沛国萧(今安徽萧县西北)人。延熹四
年(161),拜太尉,与黄琼、种暠同心辅政,有贤相之称。建宁元年
(168),代周景为太尉,旋以日食免官。因乞归乡里,卒于家。尹
勋:字伯元,河南巩(治今河南巩县西南)人。桓帝诛梁冀,参建大
谋,封都乡侯。迁汝南太守。上书解释范滂、袁忠等党议禁锢,征
拜将作大匠,转大司农。后坐窦武等事下狱自杀。

②贞士:志节坚定、操守方正之士。

③尚书郎:东汉始置,选拔孝廉中有才能者入尚书台,在皇帝左右处
理政务,初从尚书台令史中选拔,后从孝廉中选取。初入台称守
尚书郎中,满一年称尚书郎,三年称侍郎。张凌:今本《后汉书》
作"张陵",译文从之。为人刚正不阿,梁冀佩剑入朝,张陵斥之
令出,命羽林、虎贲夺其剑。梁冀跪谢,张陵不应,即请下梁冀廷
尉狱。后罚梁冀一岁俸赎罪。妨(guī)皓:桓帝末任尚书郎,窦
武荐于朝。范康:今本《后汉书》作"苑康",译文从之。字仲真,
重合(今山东乐陵西北)人。任太山太守,打击豪族,收捕宦官宗

党宾客犯法者,为中常侍侯览所疾,诬之。征诣廷尉狱,减死罪一等,徙日南。后获赦还本郡,卒于家。杨乔:会稽(治今浙江绍兴)人。累官至尚书左丞。数上言政事。汉桓帝爱其才貌,欲妻以公主,杨乔固辞不从,遂不食而死。边韶:东汉末官吏、文学家。字孝先,陈留浚仪(今河南开封西北)人。以文章知名。戴恢:桓帝末任尚书郎,窦武荐于朝。

④饕餮(tāo tiè):传说中的凶兽。比喻贪得无厌者。

⑤干:主管。心膂(lǚ):心脏和脊骨,两者都是人体中重要的组成部分。此处比喻要职。

⑥抑夺:剥夺。

⑦无状:没有具体事实根据。诬罔:以谎言欺骗人。

⑧平决:判断,分辨。臧否:善恶是非。

⑨宝爱:珍爱。天官:指官职。

⑩咎征:灾祸的征兆。

⑪天应:上天的感应、显应。

⑫间者:近来。嘉禾、芝草、黄龙:古人均以为祥兆。

⑬原:赦免。

【译文】

"臣听说近臣尚书令陈蕃,仆射胡广,尚书朱寓、荀绲、刘祐、魏朗、刘矩、尹勋等人,都是国家的忠贞之士、朝廷的优秀辅佐;尚书郎张陵、�皓、苑康、杨乔、边韶、戴恢等人,文质彬彬,通晓国家典章制度。朝廷内外官员,人才济济,而陛下信任身边亲信,支持贪婪凶残之人,让他们在地方任职州郡,在朝廷主理重要朝政。应该陆续将他们降职或免官,剥夺宦官欺骗国家得来的封爵,审理他们无端诬陷、欺瞒君主的大罪,信任忠良,分辨善恶是非,使得奸邪、正直、毁谤、荣誉,各得其所;珍爱朝廷的官职,只授给善良的人。这样,天象灾异的征兆就可以消除,上天的祥瑞就可以期待。近来有嘉禾、芝草、黄龙出现。但这些祥瑞天象的出现,必定是由于有品行高洁的人士，福佑降临，实际是由于有善人，有德行就是祥瑞，没有德行就是灾祸。陛下所做的，不符合天意，不应该加以庆贺。"书奏上，窦武就称病辞职，交还城门校尉、槐里侯的印绶。桓帝不允许，下诏令赦免李膺、杜密等人。

其冬①，帝崩，灵帝立，拜武为大将军，常居禁中②。武既辅朝政，常有诛翦宦官之计，太傅陈蕃亦素有谋。武乃白太后曰："故事③，黄门、常侍但当给事省内④，典门户⑤，主近署财物耳⑥。今乃使与政事而任权重，子弟布列，专为贪暴。天下匈匈⑦，正以此故。宜悉诛废，以清朝廷。"长乐五官史朱瑀盗发武奏⑧，骂曰："中官放纵者，自可诛耳。我曹何罪，而当尽见族灭？"因大呼曰："陈蕃、窦武奏白大后废帝⑨，为大逆。"曹节闻之，惊起白帝："请出御德阳前殿⑩。"拜王甫为黄门令⑪，甫将虎贲、羽林追围武⑫，武自杀，枭首洛阳都亭⑬。收捕宗亲、宾客、姻属悉诛之⑭。迁太后于云台也⑮。

【注释】

①其冬：本段节录自《窦何传・窦武传》。

②禁中：指帝王所居宫内。

③故事：先例，旧日的典章制度。

④给事：办事，供职。省内：宫禁之中。

⑤典：管理。

⑥近署：与帝王接触密切的官署。

⑦匈匈：动乱，纷扰。

⑧长乐五官史：官名。东汉太后所居长乐宫的属官，由宦官充任，主长乐宫宿卫。盗发：私自开拆。

⑨大后：即太后。

⑩出御：帝王车驾临幸。德阳前殿：在洛阳北宫。

⑪王甫：东汉宦官。灵帝时为黄门令，与曹节谋诛陈蕃、窦武。迁中常侍。又与节诬渤海王悝谋反，诛之，封冠军侯。光和二年（179），司隶校尉阳球奏劾其罪，死狱中。黄门令：官名。西汉少府属官，东汉因置。主管宫中宦官。

⑫将：率领。虎贲（bēn）：官名。掌侍卫国君及保卫王宫、王门。羽林：皇帝卫军名。西汉置建章营骑，后更名为羽林骑，取意象天有羽林星，为国羽翼。

⑬枭（xiāo）首：斩首并悬挂示众。

⑭宗亲：同宗的亲属。姻属：由婚姻关系而结成的亲戚。

⑮云台：在洛阳南宫。

【译文】

这年冬天，汉桓帝驾崩，汉灵帝即位，任命窦武为大将军，经常居住在皇宫中。窦武辅佐朝政之后，常有灭除宦官的的想法，太傅陈蕃平素也有这样的谋划。窦武于是对太后说："按照成例，黄门、常侍只应在宫禁之中供职，把守门户，主管近署的财物罢了。现今却让他们参与政事而且权力重大，他们的子弟遍布朝廷内外，专行贪婪暴虐之事。天下动乱纷扰，正是因为这个缘故。应该全都诛杀罢黜，使得朝廷清明。"长乐五官史朱瑀偷偷拆阅了窦武的奏章，骂道："那些胡作非为的宦官，自然可以诛杀。我们这些人又有什么罪过，却应当都被灭族？"于是大声呼喊："陈蕃、窦武对太后上奏说要废掉皇帝，是大逆不道！"曹节听到消息，惊惧而起，禀告皇帝，请御驾出来到德阳前殿。任命王甫为黄门令，王甫率领虎贲、羽林军追捕窦武，窦武自杀，首级在洛阳都亭悬挂示众。他同宗的亲属、宾客、姻亲，全都被诛杀。太后被迁到云台宫居住。

循吏传

初①，光武长于民间，颇达情伪②，见稼穑艰难③，百姓病害④，至天下已定，务用安静⑤，解王莽之繁密⑥，还汉世之轻法⑦。身衣大练⑧，色无重彩⑨，耳不听郑卫之音，手不持珠玉之玩，宫房无私爱⑩，左右无偏恩⑪。建武十三年⑫，异国有献名马者，日行千里，又进宝剑，价兼百金⑬，诏以马驾鼓车⑭，剑赐骑士。损上林池籞之官⑮，废骋望弋猎之事⑯。数引公卿郎将⑰，列于禁坐⑱，广求民瘼⑲，观纳风谣⑳。故能内外匪懈，百姓宽息㉑。自临宰邦邑者，竞能其官。若杜诗守南阳㉒，号为"杜母"，任延、锡光移变边俗，斯其绩用之最章章者也㉓。又第五伦、宋均之徒，亦足有可称谈㉔。然建武、永平之间㉕，吏事刻深㉖，亟以谣言单辞㉗，转易守长㉘，故朱浮数上谏书，箴切峻政㉙，锺离意等亦规讽殷勤，以长者为言，而不能得也。所以中兴之美，盖未尽焉。

【注释】

①初：本段节录自《循吏传》。

②情伪：民情真伪。

③稼穑（sè）：耕种和收获，泛指农业劳动。

④病害：疾苦。

⑤安静：安定，平静。

⑥繁密：苛刻繁琐的法令。

⑦轻法：指西汉时法令轻简。

⑧大练：粗丝织成的布帛。

⑨重（chóng）彩：指多种颜色的华美衣服。

⑩宫房：宫廷房舍，借指后妃。

⑪偏恩：偏私的恩宠。

⑫建武十三年：37年。

⑬兼：加倍。

⑭鼓车：载鼓之车，古代皇帝出外时的仪仗之一。

⑮上林：古宫苑名，东汉光武帝时建造，故址在今河南洛阳东，汉魏洛阳故城西。池籞（yù）：指帝王的园林。

⑯骋望：驰骋游览。弋猎：射猎，狩猎。

⑰郎将：官名。秦汉时中郎将、骑郎将、郎中将（包括郎中车将、郎中户将）之通称。

⑱禁坐：御座，皇帝的座位。

⑲民瘼（mò）：民众的疾苦。

⑳风谣：反映风土民情的歌谣。

㉑宽息：宽松而得到休养生息。

㉒杜诗：河南汲县（今河南卫辉）人。建武七年（31），任南阳太守时，创造水排（水力鼓风机），还主持修治陂池，广开田池，使郡内富庶起来。有"杜母"之称。

㉓章章：昭著的样子。

㉔称谈：称道。

㉕建武：光武帝刘秀的年号（25—56）。永平：汉明帝刘庄的年号（58—75）。

㉖刻深：苛刻严酷。

㉗单辞：指诉讼中无对质无证据的单方面言辞。

㉘守长：郡守县令等地方长官的统称。

㉙箴切：规劝告诫。峻政：苛政。

【译文】

当初,光武帝刘秀在民间长大,非常了解民情真伪,见到农事活动的艰难,也懂得百姓的疾苦。待到天下已经平定,他致力于使百姓安定,废除王莽当政时期所实施的苛刻细密的法令,恢复到西汉轻缓简约的法令。他自己身穿粗帛的衣服,服饰不着重彩,两耳不听淫乐,不以珠玉为玩赏之物,对后妃没有偏爱,对身边的人没有偏恩。建武十三年,国外献来名马,日行千里,又进献宝剑,价值倍于百金。光武帝下诏用千里马驾驶仪仗中的鼓车,将宝剑赐给骑兵。精减上林苑等皇家园林的官员,废止游览狩猎的活动。多次招来公卿郎将,坐在御座周边议事,广泛地了解民众疾苦,收集采纳反映风土民情的歌谣。因此朝廷内外官员都能毫不松懈,百姓得以休养生息。各地官员,竞相勤于政事。像杜诗当南阳太守,号称"杜母",任延、锡光改变了边境地区风俗,这些都是政绩最显著的。又像第五伦、宋均这些人,也足有可以称道之处。但是建武、永平年间,对官吏的管理十分严苛,屡次因为谣言和一面之辞,轻易变更地方长官,所以朱浮几次献上劝谏之书,批评苛政,锺离意等人也反复规劝讽谏,他们的言论有长者忠厚之风,但还是没有达到目的。所以中兴之美政,还是没有尽善尽美。

任延字长孙①,南阳人也。拜会稽都尉②,时年十九,迎官惊其壮③。及到,静泊无为④,唯先遣馈祠延陵季子⑤。聘请高行如董子仪、严子陵等⑥,敬待以师友之礼。掾吏贫者⑦,辄分奉禄⑧,以赈给之⑨。是以郡中贤士大夫,争往官焉⑩。

【注释】

①任延字长孙:本段节录自《循吏传》。

②会稽:郡名。秦置。秦、西汉治所在吴县(今江苏苏州)。东汉顺

帝时于北部另置吴郡，治所移到山阴（今浙江绍兴）。

③壮：年青。

④静泊：宁静淡泊。

⑤馈祠：以酒食祭鬼神。延陵季子：即季札，春秋时吴王寿梦第四子，以品德高尚、广交贤士著称。

⑥高行：指有高尚品行的人。董子仪：会稽（治今浙江绍兴）人。隐居不仕。严子陵：即严光，又名遵，字子陵，会稽余姚（今浙江余姚）人。严光少有高名，与东汉光武帝刘秀同学，亦为好友。刘秀即位后，多次延聘严光，但他隐姓埋名，退居富春山。后卒于家，享年八十岁。

⑦掾吏：官府中佐助官吏的通称。

⑧奉禄：俸禄。奉，通"俸"。

⑨赈给：救济施与。

⑩官：当官。

【译文】

任延，字长孙，南阳人。十九岁时，被任命为会稽都尉，迎接他的官员对他的年青感到惊讶。任延到任后，清静淡泊，没有什么举措，只是先派人用酒食来祭祀延陵季子。聘请品行高洁的人如董子仪、严子陵等，以师友之礼尊敬地对待他们。属官中有生活贫困的，任延就把自己的俸禄分给他们，用来接济。因此郡中的贤士，争着前来做官。

建武初①，延上书乞骸骨②，归拜王庭③。诏征为九真太守④。九真俗以射猎为业，不知牛耕，民常告籴交阯⑤，每致困乏。延乃铸作田器，教之垦辟，百姓充给。又骆越之民⑥，无嫁娶礼法，各因淫好，不识父子之性、夫妇之道。延乃使男女皆以年齿相配⑦。其贫无礼聘，令长吏以下⑧，各省奉禄，以赈助之⑨。同时相娶者二千余人。是岁风雨顺节，谷稼丰衍⑩。其产子者，始知种姓⑪。咸曰："使我有是子者，任君也。"多名子为"任"。于是徼外蛮夷、夜郎等⑫，慕义保塞⑬，延遂止罢侦候戍卒⑭。

【注释】

①建武初：本段节录自《循吏传》。

②乞骸骨：古代官吏自请退职，意谓使骸骨得归葬故乡。

③拜：奏上，拜谢。王庭：朝廷。

④九真：郡名。西汉置，治所胥浦（今越南清化省清化西北）。

⑤告籴（dí）：请求买粮。

⑥骆越：古种族名。居于今云南、贵州、广西之间。

⑦年齿：年龄。

⑧长吏：指州县长官的辅佐。

⑨赈助：救助。

⑩丰衍：丰饶。

⑪种姓：宗族。

⑫徼（jiào）外：边外。蛮夷：这里专指南方少数民族。夜郎：国名。战国至汉初，为西南夜郎族所置。主要据有今贵州西部及北部，并包括云南东北部、四川南部及广西北部部分地区。汉初与南越、巴、蜀有贸易关系。汉武帝于其地置牂柯郡。同时于夜郎国都地置县。东汉因之。

⑬保塞：居边守塞。

⑭侦候：侦察，侦探。

【译文】

建武初年，任延上书请求退休，返回拜见朝廷。光武帝诏令任命他为九真郡太守。九真的习俗，以射猎为业，不知道用牛耕田，民众经常到交阯那里去买粮食,常常导致贫困。任延就下令铸造农具,教他们开垦土地,使百姓粮食充足。又,骆越族民众,没有嫁娶的礼法,男女关系混乱,不知道父子、夫妇的礼节规矩。任延就让男女以年龄为准互相婚配。那些生活贫穷、没有聘礼的,任延便令长吏以下的官员省下一些俸禄,用来救助他们。同时娶妻的有两千多人。这一年风调雨顺,庄稼丰收。那些生下子女的,才开始知道有宗族。他们都说:"让我有这个小孩的,是任君啊。"很多人给孩子起名为"任"。从此塞外蛮夷夜郎等部族,仰慕义行前来归附,愿意帮他保卫边塞,任延于是撤掉了边界上侦察巡防的戍卒。

　　初①,平帝时②,汉中锡光为交阯太守,教导民夷③,渐以礼义④,化声侔于延⑤。王莽末,闭境拒守⑥。建武初,遣使贡献⑦,封盐水侯。岭南革风⑧,始于二守焉。延视事四年⑨,征诣洛阳,九真吏民生为立祠⑩。拜武威太守。帝亲见,戒之曰:"善事上官,无失名誉。"延对曰:"臣闻忠臣不私,私臣不忠⑪。履正奉公,臣子之节。上下雷同⑫,非陛下之福也。善事上官,臣不敢奉诏。"帝叹息曰:"卿言是也。"

【注释】

①初:本段节录自《循吏传》。

②平帝:指汉平帝刘衎(kàn)。

③民夷:民众,古代用于少数民族。

④渐(jiān):熏染,教化。

⑤侔(móu):相当,相等。

⑥拒守:据险坚守。

⑦贡献:进奉,进贡。

⑧革风：改变风气。

⑨视事：就职处理政务。

⑩生为立祠：为活人立祠庙。

⑪忠臣不私，私臣不忠：两"私"字，《资治通鉴》作"和"。

⑫雷同：随声附和。

【译文】

当初，汉平帝的时候，汉中锡光担任交阯太守，他用礼义逐步教化夷族人民，政绩声誉跟任延相等。王莽末年，他保境自守。建武初年，他派遣使者进贡，被封为盐水侯。岭南风气变革，是从这两位太守开始的。任延就职理事四年，朝廷征召他到洛阳，九真的官吏民众给他建立生祠。朝廷任命他担任武威太守。光武帝亲自召见，告诫他说："好好侍奉上级官员，不要丢掉自己的名誉。"任延回答说："臣听说忠臣没有私心，有私心的臣子不忠诚。履行正道奉行公事，是臣子应有的节操。上下附和，不是陛下的福气啊。要臣好好地侍奉上级官员，臣不敢接受这个指示。"光武帝叹息说："你说得对啊。"

酷吏传

董宣字少平①，陈留人也，为洛阳令。时湖阳公主苍头白日杀人②，因匿主家，吏不能得。及主出行，而以奴骖乘③，宣于夏门亭候之④，乃驻车叩马⑤，数主之失⑥，叱奴下车，因格杀之⑦。主即还宫诉帝，帝大怒，召宣，欲箠杀之⑧。宣曰："陛下圣德中兴⑨，而纵奴杀良民，将何以治天下乎？臣不须箠，请得自杀。"即以头击楹⑩，流血被面⑪。帝令小黄门持之⑫，使宣叩头谢主⑬，宣不从。帝强使顿之⑭，宣两手据地⑮，终不肯俯。主曰："文叔为白衣时⑯，臧亡匿死⑰，吏不敢至门。今为天子，威不能行一令乎⑱？"帝笑曰："天子不与白衣同。"因敕："强项令出！"赐钱三十万。搏击豪强⑲，莫不震栗⑳。京师号为"卧虎"，歌之曰："枹鼓不鸣㉑，董少平也！"

【注释】

①董宣字少平：本段节录自《酷吏传》。天明本上脱"酷吏传"三字，据今本《后汉书》补。董宣，字少平，陈留郡圉县（今河南杞县）人。起初被司徒侯霸征召，升迁至北海郡国相、江夏太守，因得罪外戚被免职。后征为洛阳令，七十四岁死于任上。

②苍头：奴仆。奴仆以青色布包头，故称。

③骖（cān）乘：陪乘。骖，通"参"。

④夏门：东汉都城洛阳北面西头城门。亭：城门的岗亭。

⑤驻车：停车。叩马：勒住马。叩，通"扣"。

⑥数（shǔ）：数落，责备。

⑦格杀：击杀。

⑧棰杀：用棍棒打死。

⑨圣德：至高无上的道德，用来称帝德。

⑩楹：柱。

⑪被：覆盖，蒙上。

⑫持之：把住他。

⑬谢：道歉。

⑭顿：以首叩地。

⑮据：撑。

⑯文叔：刘秀的字。白衣：古代平民着白衣，故称未仕者为白衣。

⑰臧：今作"藏"。匿死：隐藏犯死罪的人。

⑱威:权威。

⑲搏击:惩处打击。豪强:指有权势而强横的人。

⑳震栗:惊惧,战栗。

㉑枹(fú)鼓:报警之鼓。枹,击鼓杖。

【译文】

董宣,字少平,陈留人,担任洛阳令。当时湖阳公主的奴仆白天行凶杀人,藏匿在公主家,官吏无法抓住他。等到公主出行,用这个奴仆陪同乘车,董宣就在夏门亭等候他们,拦住车,勒住马,指责公主的过失,呵斥奴仆下车,当场就杀死了他。公主当即回宫告诉了光武帝,光武帝大怒,召见董宣,要用棍棒打死他。董宣说:"陛下以至高圣德使汉朝中兴,却放纵奴仆杀死良民,要拿什么来治理天下?臣用不着棍棒来打,请允许我自杀。"就一头撞击在堂柱上,流血满脸。光武帝让小黄门把住他,要他向公主叩头道歉,董宣不从。光武帝强令按他叩头,董宣两只手撑住地,始终不肯低头。公主说:"文叔你当老百姓的时候,收留逃亡者,隐匿死刑犯,官吏都不敢登门。现今当了天子,你的威权还不能让一个县令听命吗?"光武帝笑着说:"天子跟平民不同。"于是命令:"硬脖子县令出去!"赐给三十万钱。董宣惩处打击豪强,豪强没有不害怕的。京城称他为"卧虎",歌谣唱道:"鸣冤警鼓没有声,全是因为董少平!"

论曰①:古者敦厖②,善恶易分。至画衣冠③,异服色④,而莫之犯。叔世偷薄⑤,上下相蒙,德义不足以相治,化导不能以惩违⑥,乃严刑痛杀,以暴治奸,倚疾邪之公直⑦,济忍苟之虐情⑧。与夫断断守道之吏⑨,何工否之殊乎?故严君蚩黄霸之术⑩,密民笑卓茂之政⑪,猛既穷矣⑫,而犹或未胜。然朱邑不以笞辱加物⑬,袁安未尝鞫人臧罪⑭,而猾恶自禁⑮,民不欺犯⑯。何者?以为威辟既用⑰,而苟免之行兴⑱;仁信道孚⑲，故感被之情著⑳。苟免者威隟则奸起㉑，感被者人亡而思存㉒。由一邦以言天下，则刑讼繁措㉓，可得而求矣！

【注释】

①论曰：本段节录自《酷吏传》。

②敦厖（máng）：敦厚。

③画衣冠：传说上古有象刑，即以异常的衣着象征五刑表示惩诫。犯人穿着特殊标志的衣冠代替刑罚，称为画衣冠。

④异服色：改变服装颜色，也是象刑的一种。

⑤叔世：末世。偷薄：浇薄，不敦厚。

⑥化导：教化引导。

⑦公直：公正耿直。

⑧济：成全。

⑨断断：专一。

⑩严君：严延年，西汉官员。任河南太守，实行严刑峻法。蚩：通"嗤"，嘲笑。黄霸之术：黄霸任颍川太守，以宽恕为化，郡内太平，多年丰收，凤凰翔集。他们在相邻两郡任太守，黄霸褒奖在严延年之上。严延年不平，当郡内发生蝗灾时，他说："这些蝗虫是凤凰的食物吧？"事见《汉书·严延年传》。

⑪密县：古县名。在今河南新密。民：今本《后汉书》作人。笑卓茂之政：卓茂刚到密县任县令，有所改革，官吏民众都笑话他。卓茂如常治政，几年之后，密县大治，甚至于天下蝗灾之时，蝗虫独不进密县。事见《后汉书·卓茂传》。

⑫猛：严厉。

⑬朱邑：西汉官员。字仲卿，庐江舒县（今安徽庐江）人。初任啬夫，数年后升任卒史，后被举荐大司农丞。升任北海太守。因政绩、品行第一，入任大司农。朱邑爱护他人，未尝以拷打让人受

辱。事见《汉书·循吏传》。

⑭袁安：字邵公，汝南汝阳（今河南商水西南）人。好学而有威重。明帝时为楚郡太守，治办楚王案，所申理者四百余家，皆蒙全济。遂闻名于世。章帝时累迁至司徒。鞫（jū）人臧罪：袁安任河南尹时，政事严明，但不曾因为贪污受贿之罪审问人。事见《后汉书·袁安传》。

⑮猾恶：指刁滑奸恶的人。

⑯欺犯：欺骗凌犯。

⑰威辟：严酷的刑法。

⑱苟免：侥幸得免。

⑲孚：大信。

⑳感被：受感化。

㉑隟（xì）：同"隙"。

㉒思存：思念，念念不忘。存，铭记在心。

㉓刑讼：刑罚和诉讼。

【译文】

评论说：古代的人敦厚淳朴，善恶容易区分，以至于用特殊标志的衣冠、不同的服装颜色作为惩罚，而不伤害他们。末世风俗轻薄，上下互相欺骗，德行道义不足以熏陶，教化开导不能够惩治违法者，于是就用严刑痛杀的方式，造成酷吏用暴力治理奸邪，借着痛恨邪恶的公正耿直，来助成其残忍苛刻的暴虐性情。这些人跟那些专一守道的官吏相比，高下怎么相差得如此明显呢？所以严刑峻法的严延年嗤笑宽恕教化的黄霸，密县的官吏民众也曾嘲笑卓茂的施政，为政严酷已经到了顶点，但还是未必能够治理好。然而朱邑没有以鞭打杖责之刑加辱于人，袁安不曾审讯贪污受贿之罪，可是狡猾奸恶的行为却能自己消失，民众不会欺骗凌犯。为什么呢？我认为使用严酷的刑罚，那么侥幸免祸的行为就会发生；实行仁德诚信之道，人们受感化之情就会显著。只求免罪的人在严酷法令有漏洞时，就会生出奸诈心；有了受感化而产生的向善之心，尽管施加善政的人去世了，人们对他的善举还铭记在心。从一个地方来谈到整个天下的事，那么刑罚诉讼频繁苛刻，怎么能求得天下太平呢！

宦者传

《周礼》^①，阍者守中门之禁^②，寺人掌女宫之戒^③。然宦人之在王朝，其来旧矣。汉兴，仍袭秦制，置中常侍官，然亦引用士人，以参其选。及高后称制^④，乃以张卿为大谒者^⑤，出入卧内，受宣诏命。至于孝武^⑥，数宴后庭^⑦，潜游离宫^⑧，故请奏机事^⑨，多以宦人主之。元帝之世，史游为黄门令^⑩，勤心纳忠^⑪，有所补益。其后宏恭、石显以佞险自进^⑫，卒有萧、周之祸^⑬，损秽帝德焉^⑭。

【注释】

①《周礼》：本段节录自《宦者传》。

②阍（hūn）者：周官名，掌晨昏启闭宫门。

③寺人：古代宫中近侍小臣，多以阉人充任。

④高后：即吕雉，通称吕后。

⑤大谒者：官名，即谒者仆射，是谒者的长官。

⑥孝武：汉武帝刘彻。

⑦后庭：后妃的宫庭。

⑧离宫：今本《后汉书》作"离馆"。正宫之外供帝王出巡时居住的宫室。

⑨机事：指国家枢机大事。

⑩史游：汉元帝时为黄门令，精字学，善书法，作《急就章》，后人称

其书体为"章草"。

⑪勤心：殷勤的心思。

⑫宏恭：今本《后汉书》作"弘恭"，译文从之。西汉宦官。沛（治今安徽濉溪）人。青年时被处腐刑，为中黄门，不久选为中尚书。宣帝为加强皇权，任用宦官掌握机要，他被任为中书令。石显：西汉宦官。字君房，济南（治今山东章丘西）人。少坐法受腐刑，为中黄门。宣帝时任中书官。与弘恭结为死党。元帝不亲政事，凡事皆决于显，贵幸倾朝。佞险：谄媚阴险。

⑬萧、周之祸：前将军萧望之、光禄大夫周堪上奏，认为应该罢免宦官，被弘恭、石显诬陷，导致萧望之自杀，周堪禁锢不得进用。

⑭损秽：损害玷污。

【译文】

《周礼》规定，由阍者掌管宫内中门的警戒，寺人负责女宫的警戒。可见宦官任职于朝廷，由来已久。汉朝建立，继续沿用秦朝的制度，设置中常侍官位，但是还能征用士人，来参与中常侍的选拔。等到吕后临朝执政，用张卿当大谒者，出入寝宫之内，负责接受并宣告诏命。到了汉武帝，多次在后宫宴饮，或者秘密到离宫别馆游玩，所以朝臣奏请机密大事，多半会让宦官主持其事。到了汉元帝时代，史游担任黄门令，殷勤尽忠，对朝政有所补益。后来弘恭、石显靠谄媚阴险得以升官，最终导致萧望之、周堪惨遭陷害的灾祸，损害玷污了皇帝的德政。

中兴之初①，宦官悉用阉人。自明帝以后，委用渐大，非复掖庭永巷之职②，闺牖房闼之任也③。其后孙程定立顺之功④，曹腾参建桓之策⑤，迹因公正，恩固主心。故中外服从⑥，上下屏气⑦，举动回山海，呼吸变霜露。阿旨曲求⑧，则光宠三族⑨；直情忤意⑩，则参夷五宗⑪。汉之纲纪大乱矣。

若夫高冠长剑、纡朱怀金者^⑫,布满宫闱;苴茅分虎、南面臣民者^⑬,盖以十数。府署第馆,棋列于都鄙^⑭;子弟支附^⑮,过半于州国。南金、和宝、冰纨、雾縠之积^⑯,盈仞珍藏^⑰;嫱媛、侍儿、歌童、舞女之玩^⑱,充备绮室。狗马饰雕文,土木被缇绣^⑲。皆剥割萌黎^⑳,竞恣奢欲。构害明贤,专树党类。败国蠹政之事,不可单书。所以海内嗟毒,志士穷栖^㉑,寇剧缘间^㉒,摇乱区夏^㉓。虽忠良怀愤,时或奋发,而言出祸从,旋见孥戮^㉔。凡称善士,莫不离被灾毒^㉕。斯亦运之极乎!

【注释】

①中兴之初:本段节录自《宦者传》。

②掖庭:宫中官署名。掌后宫贵人采女事,以宦官为令丞。永巷:官署名。其官由宦官担任,主管宫中婢女侍从各事。

③闺牖(yǒu):官内的门窗。房闼(tà):宫闱。

④孙程:东汉宦官,字稚卿,涿郡新城(今河北徐水)人。汉安帝时,为中黄门。汉安帝去世,孙程与中黄门王康等人拥立济阴王称帝(即汉顺帝)。顺:指汉顺帝刘保。

⑤曹腾:字季兴,沛国谯(今安徽亳州)人。祖籍江苏沛县,曹腾初任黄门从官,汉顺帝即位后,升任小黄门、中常侍,后因策划迎立汉桓帝有功,被封为费亭侯,升为大长秋,加位特进。曹腾死后由养子曹嵩嗣为侯,曹操是曹嵩之子。桓:指汉桓帝刘志。

⑥中外:同内外,指朝廷与地方。

⑦屏气:抑止呼吸,形容谨慎畏惧的样子。

⑧阿旨:迎合意旨。曲求:曲意求取。

⑨光宠:恩典,宠幸。三族:指父族、母族、妻族。

⑩直情:刚直,直率。

⑪参（sān）夷：夷三族。夷，灭。五宗：指五服内的亲人。

⑫纡（yū）朱怀金：佩朱绶，怀金印，形容身居高位。

⑬苴（jū）茅：古代帝王分封诸侯时，用该方颜色的泥土，覆以黄土，包以白茅，授予受封者，作为分封土地的象征。分虎：将虎符的一半给受封者作为信物，指授予官爵。南面：古代以坐北朝南为尊位，故帝王诸侯见群臣，或卿大夫见僚属，皆面向南而坐，因用以指居帝王或诸侯、卿大夫之位。

⑭都鄙：京城和边邑。

⑮支附：亲属。

⑯南金：南方出产的铜，后亦借指贵重之物。和宝：指卞和的和氏璧。冰纨（wán）：洁白的细绢。雾縠（hú）：薄雾般的轻纱。

⑰盈仞：充满。

⑱嫱（qiáng）媛：指姬妾。

⑲缇（tí）绣：赤缯与文绣，指华贵的丝织品。

⑳剥割：割削，等于说盘剥、搜刮。萌黎：黎民，百姓。

㉑穷栖：困苦隐居。

㉒寇剧缘间：寇盗剧贼有了兴起的可乘之机。

㉓区夏：诸夏之地，指华夏、中国。

㉔孥戮：诛及子孙。泛指杀戮。

㉕离：罹。灾毒：祸患，灾害。

【译文】

光武帝中兴之初，宦官都用阉人。汉明帝之后，宦官的委派任用范围逐渐扩大，不再仅仅是履行掖庭、永巷内的职务，执行守护后宫门户的任务了。此后孙程拥立汉顺帝立下功劳，曹腾参与谋划迎立汉桓帝，他们的功绩无可非议，皇帝牢记他们的恩情，所以朝廷内外顺从，上下都对他们恭恭敬敬，他们的一举一动能够移山倒海，呼吸能改变寒露严霜。迎合他们的要求，满足他们的需要，就能光耀三族；仗义执言，违背他们的意愿，那就会被灭掉三族五宗。汉朝的法度从此大乱。那些头戴高帽、身佩长剑、佩朱绶、怀金印的宦官，遍布宫廷；受封诸侯掌握兵权，面朝南方统治人民的宦官数以十计。他们的宅邸，像棋子一样遍布在京城边邑；亲属子弟，分布在超过半数的州郡。南方出产的铜、和氏璧一样的宝物、上等细绢、薄雾般的轻纱等等，堆满了仓库；华丽的居室中，姬妾、侍女、歌童、舞女等玩赏对象，随处可见。养的狗马都装饰着雕纹，土木建筑都披上珍贵的丝织品。他们抢掠剥削人民，争相穷奢极欲。诬陷忠良，拉帮结派，他们败坏国家、贻误朝政，坏事多到书写不完。所以海内之人叹息愤恨，有志之士只能困苦隐居，寇盗恶贼乘隙而起，扰乱华夏。虽然忠良之士心怀义愤，不时有人奋发抗争，但是言论一出口，祸患就跟随而来，马上就遭到杀戮。凡是善良之士，无不遭受灾祸。这也是国运到了尽头吧！

　　单超①，河南人；徐璜②，下邳人；具瑗，魏郡人；左悺③，河南人；唐衡④，颍川人也。桓帝初，超、璜、瑗为中常侍，悺、衡为小黄门史⑤。

【注释】

①单超：本段节录自《宦者传》。

②徐璜（huáng）：下邳良城（在今江苏邳州）人。桓帝初为中常侍，与单超等同日而封，世谓之"五侯"。恃宠骄横，天下谓之徐卧虎。

③左悺（guàn）：河南平阴（今河南孟津）人。桓帝时，因与单超等合谋诛外戚梁氏，任中常侍，封上蔡侯，为"五侯"之一。他和具瑗（yuàn）等骄横贪暴，兄弟亲戚都为州郡刺史、太守。后被司隶校尉韩演劾奏，自杀。

④唐衡：颍川郾县（今河南郾城）人。桓帝时，与单超等合谋诛灭外戚梁冀，封汝阳侯。延熹七年（164）死。赠车骑将军。

⑤小黄门史：东汉少府属官有小黄门，其主管文书者为小黄门史。

【译文】

单超，是河南人；徐璜，是下邳人；具瑗，是魏郡人；左悺，是河南人；唐衡，是颍川人。汉桓帝初年，单超、徐璜、具瑗担任中常侍，左悺、唐衡担任小黄门史。

初①，梁冀两妹为顺、桓二帝皇后，冀代父商为大将军②，再世权戚③，威振天下。冀自诛李固、杜乔等④，骄横益甚。皇后乘势忌恣⑤，多所鸩毒⑥。上下钳口⑦，莫有言者。帝逼畏久⑧，恒怀不平。延熹二年⑨，皇后崩，帝因如厕，独呼衡，问："左右与外舍不相得者皆谁乎⑩？"衡对："单超、左悺、徐璜、具瑗常私忿疾外舍放横⑪，口不敢道。"于是帝呼超、悺、璜、瑗等五人，遂定其议，诏收冀及宗亲党与诛之⑫。悺、衡迁中常侍；封超新丰侯⑬，二万户⑭；璜武原侯⑮，瑗东武阳侯⑯，各万五千户，赐钱各千五百万；悺上蔡侯⑰，衡汝阳侯⑱，各万三千户，赐钱各千三百万。五人同日封，故世谓之"五侯"。又封小黄门刘普、赵忠等八人为乡侯。自是权归宦官，朝廷日乱矣。

【注释】

①初：本段节录自《宦者传》。

②大将军：官名。战国时设，两汉因之。金印紫绶，地位因人而异，与三公相上下。自西汉武帝时起领录尚书事，外主征战，内秉国政，权势超过丞相。东汉多以贵戚担任，位在三公之上。

③再世：两代。

④李固：字子坚，汉中南郑（今陕西汉中）人。详见本书卷二十三。

　　杜乔：字叔荣，河内林虑（今河南林州）人。详见本书卷二十三。

⑤忌恣：恣意猜忌。

⑥鸩（zhèn）毒：以毒酒害人，引申为毒害。

⑦钳口：闭口。

⑧逼畏：指受到压力而畏惧。

⑨延熹二年：159年。延熹，汉桓帝刘志的年号（158—167）。

⑩外舍：外戚。相得：彼此投合。

⑪放横：恣意蛮横。

⑫收：拘捕。党与：同党之人。

⑬新丰侯：东汉的列侯分县侯、乡侯、亭侯三等，均有食邑。新丰侯是县侯。新丰，县名。治今陕西临潼西北。

⑭二万户：此指食邑。朝廷封赐给官员民户，使之享受其租税。

⑮武原：县名。治今江苏邳州西北。

⑯东武阳：县名。治今山东莘县东南。

⑰上蔡：县名。治今河南上蔡西南。

⑱汝阳：县名。治今河南商水西北。

【译文】

　　当初，梁冀的两个妹妹分别是汉顺帝、汉桓帝的皇后，梁冀代替父亲梁商担任大将军，是两代掌握重权的外戚，威震天下。梁冀自从诛杀了李固、杜乔等人后，更加骄横。皇后乘势肆无忌惮，毒害了很多人。朝廷上下全都闭口，没有谁敢说话。桓帝长期受逼迫而深感畏惧，常常心怀不平。延熹二年，皇后去世，桓帝借着上厕所的机会，单独招呼唐衡，问道："左右侍从跟皇家不投合的都有谁呢？"唐衡回答说："单超、左悺、徐璜、具瑗经常私下痛恨外戚恣意蛮横，但是口中不敢说。"于是桓帝招呼单超、左悺、徐璜、具瑗等五个人，定下计谋，诏令将梁冀及其宗亲同党尽数拘捕诛杀。左悺、唐衡升任中常侍；封单超为新丰侯，食邑二万户；

封徐璜为武原侯,具瑗为东武阳侯,各食邑一万五千户,赐钱各一千五百万;左悺封为上蔡侯,唐衡封为汝阳侯,各食邑一万三千户,赐钱各一千三百万。五个人同一天封侯,所以世人称为"五侯"。又封小黄门刘普、赵忠等八人为乡侯。从此大权归于宦官,朝政日益混乱。

　　超疾病①,帝遣使者就拜车骑将军。薨,赐东园秘器②,棺中玉具,赠侯、将军印绶,使者治丧。及葬,发五营骑士、侍御史护丧③,将作大匠起冢茔④。其后四侯转横,天下为之语曰:"左回天,具独坐⑤,徐卧虎,唐两堕⑥。"皆竞起第宅,楼观壮丽,穷极伎巧⑦;金银罽毦⑧,施于犬马;多取良人美女以为姬妾,皆珍饰华侈,拟则宫人⑨。其仆从皆乘牛车而从列骑⑩。又养其疏属⑪,或乞嗣异姓,或买苍头为子,并以传国袭封⑫。兄弟姻戚,皆宰州临郡⑬,辜较百姓⑭,与盗贼无异。五侯宗族宾客,虐遍天下,民不堪命,起为寇贼。衡卒,亦赠车骑将军,如超故事⑮。司隶校尉韩演奏悺罪恶,及其兄大仆南乡侯称请托州郡⑯,聚敛为奸,宾客放纵,侵犯吏民,悺、称皆自杀。演又奏瑗兄沛相恭赃罪,征诣廷尉⑰。瑗诣狱谢,贬为都乡侯,卒于家。超及璜、衡袭封者,并降为乡侯,子弟分封者,悉夺爵土⑱。刘普等贬为关内侯。

【注释】

①超疾病:本段节录自《宦者传》。

②东园:官署名。秦汉置,掌管陵墓内器物、葬具的制造与供应,属少府。秘器:丧葬器物,此指棺材。

③五营:指屯骑、越骑、步兵、长水、射声五校尉所领部队。护丧:护

　　送灵柩归葬。

④冢茔（yíng）：墓地。

⑤独坐：指骄贵无偶。

⑥两堕：指随意而为。

⑦伎巧：技术，技艺。

⑧罽（jì）：毛织物。毦（ěr）：以鸟羽或兽毛做成的装饰物，常用以饰
　　头盔、犬马或兵器。

⑨拟则：效法，模仿。

⑩从：使跟从。列骑：指成队的骑兵。

⑪疏属：远族。

⑫传国：把列侯的封邑传给所谓的子孙。袭封：子孙承袭先代的
　　封爵。

⑬宰州：做州的长官。临郡：主持一个郡。

⑭辜驳：今本《后汉书》作"辜较"。搜刮聚敛。

⑮故事：先例。

⑯大仆：即太仆。

⑰征诣：召往。

⑱爵土：官爵和封地。

【译文】

　　单超生病，桓帝派遣使者去任命他为车骑将军。死后，桓帝赐给他
东园制作的棺材和棺中的玉器，赠给侯和将军的印绶，派使者代表天子
办理丧事。等到安葬，桓帝派遣五营骑士和侍御史护送灵柩归葬，由将
作大匠营建墓地。此后，其余四侯变得专横，天下给他们编了歌谣道：
"左悺权力可回天，具瑗骄贵独一个，徐璜像只大卧虎，唐衡随意可为
非。"他们竞相修建豪宅，楼堂非常壮丽，极尽工匠技艺；金银、毛毡和羽
毛，都用来装饰狗马；他们掠夺了多位良家美女作妾，姬妾们都打扮得奢
侈华丽，模仿宫中女子的装束。他们的仆从都乘坐牛车，让成队的骑兵

跟随。又供养远宗亲族,或者从异姓人那里收养子嗣,有的买奴仆当儿子,让这些人继承自己的封爵封邑。他们的兄弟和姻亲,都当上州郡长官,对百姓搜刮聚敛,跟盗贼没有什么两样。五侯的宗族宾客,虐行遍布天下,民众痛苦不堪,活不下去,起事成为盗贼。唐衡死去,也被赠予车骑将军,跟单超的先例一样。司隶校尉韩演上奏揭发左悺的罪恶,并且揭发左悺的哥哥太仆南乡侯左称请托州郡,搜刮钱财,作奸犯科,他的宾客行为放纵,侵犯官吏和百姓,左悺、左称都自杀了。韩演又奏报具瑗的哥哥沛相具恭的贪赃罪行,具恭被征召到廷尉处受审。具瑗到监狱谢罪,桓帝下诏把他贬为都乡侯,后来死于家中。单超及徐璜、唐衡的封爵继承人都被贬为乡侯,子弟得到封爵的,全部免去封爵和食邑。刘普等被贬为关内侯。

侯览者①,山阳人也。桓帝初,为中常侍,以佞猾进②,倚势贪放③,受纳货遗④,以巨万计⑤。爵关内侯⑥,又托以与议诛梁冀功,进封高乡侯⑦。览兄参为益州刺史,民有丰富者⑧,辄诬以大逆,皆诛灭之,没入财物,前后累亿计。太尉杨秉奏参,槛车征,于道自杀。参车重三百余两⑨,皆金银锦帛珍玩,不可胜数。览坐免,旋复官。

【注释】

①侯览者:本段节录自《宦者传》。

②佞猾:奸邪狡诈。

③贪放:贪婪放纵。

④货遗:贿赂。

⑤巨万:数目巨大,极言其多。

⑥爵关内侯:据《后汉书》,侯览因献缣五千匹,被赐予关内侯爵位。

⑦进封：加封名号。高乡：古县名。西汉置，一度为高乡侯国，属徐州琅邪郡，故址在今山东莒南。

⑧丰富：充裕富厚。

⑨参车重三百余两：今本《后汉书》载"京兆尹袁逢于旅舍阅参车三百余两"，此句疑"重"字衍。

【译文】

侯览，山阳人。汉桓帝初年，任中常侍，靠奸诈狡猾升职，倚仗权势，贪婪放纵，收受贿赂，数目极大。被赐爵为关内侯，又借口参与谋划诛除梁冀有功，进封为高乡侯。侯览的哥哥侯参任益州刺史，民众中有富裕的，侯参就用大逆罪诬陷他们，把他们都杀了，没收他们的财物，前后所得以亿计。太尉杨秉上奏弹劾侯参，朝廷用囚车押侯参进京，侯参在半路上自杀了。侯参的车有三百多辆，都装满金银锦缎珍奇玩物，数都数不过来。侯览因此被牵连免职，不久又恢复官职。

建宁二年①，丧母还家，大起茔冢②。督邮张俭因举奏览贪侈奢纵③，前后请夺人宅三百八十一所，田百一十八顷，起立第宅十有六区④，皆有高楼池苑，堂阁相望⑤，饰以绮画丹漆之属⑥，制度深广⑦，僭类宫省；又豫作寿冢⑧，石椁双阙⑨，高庑百尺⑩，破人居室，发掘坟墓，虏夺良民，妻略妇子⑪，及诸罪衅，请诛之。而览伺候遮截⑫，章竟不上。俭遂破览冢宅，籍没资财⑬，具言罪状⑭。又奏览母生时交通宾客⑮，干乱郡国⑯。复不得御⑰。览遂诬俭为钩党⑱，及故长乐少府李膺、太仆杜密等，皆夷灭之⑲。遂领长乐太仆⑳。熹平元年㉑，有司举奏览专权骄奢，策收印绶，自杀。阿党者皆免。

【注释】

①建宁二年：本段节录自《宦者传》。建宁二年，169年。建宁，汉灵帝刘宏的年号（168—172）。

②茔冢：坟茔。

③督邮：官名。汉置，是郡的重要属吏，代表太守督察县乡，宣达教令，兼司狱讼捕亡。张俭：字元节，山阳高平（今山东邹城）人。汉桓帝时任山阳东部督邮，张俭上书弹劾侯览及其家属。党锢之祸起，侯览诬张俭与同郡二十四人共为部党。朝廷下令通缉，张俭被迫流亡，官府缉拿甚急，张俭望门投止，许多人为收留他而家破人亡。张俭直到党锢解禁才回到了家乡，后被举荐，推辞不往。建安初，被征为卫尉，因为曹操专权，于是闭门不出，一年多后，在许都去世，卒年八十四。

④区：量词，所。

⑤堂阁：殿堂楼阁。

⑥丹漆：朱红色的漆。

⑦制度：规模，样式。

⑧寿冢：生时所建之墓。

⑨石椁（guǒ）：石制的外棺。双阙：古代陵墓前两边高台上的楼观。

⑩庑（wǔ）：堂周廊屋。

⑪妻略：侮辱霸占。

⑫遮截：拦截。

⑬籍没：指登记所有的财产，加以没收。

⑭具言：备言，详细告诉。

⑮交通：勾结，串通。

⑯干乱：干预扰乱。

⑰御：进献。

⑱钩党：相牵引为同党。

⑲皆夷灭之：此处与《后汉书·党锢传》有出入，张俭并未被杀。详见注③。

⑳领：指以地位较高的官员兼理较低的职务。长乐太仆：太后官名，仿中央官职，与长乐卫尉、长乐少府，总名太后三卿。

㉑熹平元年：172年。熹平，汉灵帝刘宏的年号（172—178）。

【译文】

建宁二年，侯览因为母亲的丧事回家，大造坟茔。督邮张俭于是上奏章检举侯览贪婪奢侈放纵，前后抢夺别人宅院三百八十一所，田地一百十八顷，建立大宅十六所，每个地方都有高楼池塘苑囿，厅堂楼阁相望，用朱漆绢画之类装饰，规模复杂庞大，类似皇宫中的殿堂；又预先为自己建造坟墓，用石头制作外棺，墓两边高台建有楼观，墓室高达百尺，破坏人家房屋，发掘他人坟墓，抢掠良民，侮辱霸占妇女儿童，以及其他大量罪行，请求予以诛杀。但是侯览伺机拦截，奏章最终没有进呈灵帝。张俭于是拆毁、搜查侯览的墓宅，登记没收侯览的资财，详细列举其罪状。又上奏说侯览母亲生前勾结宾客，扰乱郡国。奏章还是没有上达。侯览于是污蔑张俭私下勾结党人，将他与原长乐少府李膺、太仆杜密等一齐杀害。侯览于是兼任长乐太仆。熹平元年，有关官员上奏检举侯览专权骄纵奢侈，灵帝发布诏策收回侯览的印绶，侯览自杀。阿附侯览的人，尽数被免官。

　　曹节字汉丰①，南阳人也。建宁元年②，持节将中黄门虎贲羽林千人北迎灵帝③，陪乘入宫④。及即位，以定策封长安乡侯⑤。时窦太后临朝⑥，后父大将军武与太傅陈蕃谋诛中官，节与长乐五官史朱瑀、从官史张亮、中黄门王尊等十七人⑦，共矫诏以长乐食监王甫为黄门令⑧，将兵诛武、蕃等。节迁长乐卫尉⑨，封育阳侯⑩；甫迁中常侍，黄门令如故;瑀封都乡侯^⑪,亮等五人各三百户;余十一人皆为关内侯,岁食租二千斛。赐瑀钱五千万,余各有差^⑫,后更封华容侯^⑬。二年,节病困,诏拜为车骑将军。有顷疾瘳^⑭,复为中常侍,位特进^⑮,秩中二千石^⑯,寻转大长秋^⑰。

【注释】

①曹节字汉丰:本段节录自《宦者传》。

②建宁元年:168年。建宁,汉灵帝刘宏的年号(168—172)。

③节:符节,古代使臣所持以作凭证。中黄门:官名。两汉少府属官。以宦者为之,因其居禁中,在黄门内供事,故称。

④陪乘:古代乘车,尊者在左,御者在中,一人在右陪坐。也称"参乘"。

⑤定策:亦作定册,古时尊立天子,书其事于简策,以告宗庙,因称大臣等谋立天子为定策。乡侯:汉制列侯爵号名,次于县侯,高于亭侯。

⑥窦太后:即窦妙,扶风平陵(今陕西咸阳西北)人。大将军窦武长女,汉桓帝刘志第三任皇后。临朝:特指太后摄政称制。

⑦长乐五官史:官名。由宦官充任,主长乐宫宿卫。

⑧长乐食监:太后宫中监督膳食制作的官员。

⑨长乐卫尉:军事职官名。长乐宫是太后的寝宫,宫中仿中央诸卿,设有长乐卫尉、长乐太仆等官职。长乐卫尉掌领卫士,守卫宫殿、门户,所属有长乐司马、长乐户将等。

⑩育阳:一作淯阳,县名。秦汉属南阳郡,位于今河南南阳。

⑪都乡侯:封爵名。在列侯之下,关内侯之上。

⑫差(cī):分别等级。

⑬华容:县名。故治在今湖北潜江西南。

⑭瘳(chōu):疾病痊愈。

⑮特进：官名。汉制，凡大臣中功高德重为朝廷所敬异者，赐位特
　　进，以示恩宠。其地位在三公下，二千石上。

⑯中（zhòng）二千石：秩俸名。秦汉时九卿的秩俸等级。"中"是满
　　之意，中二千石即实得二千石，月得谷一百八十斛。

⑰大长秋：皇后近侍，一般由宦官担任。长秋宫是汉朝皇后居住之
　　所在。

【译文】

　　曹节，字汉丰，南阳人。建宁元年，手持符节率领中黄门、虎贲羽林
一千人，北上迎接汉灵帝，陪着灵帝车驾进入皇宫。等到灵帝登上皇位，
曹节由于拥立天子有功，被封为长安乡侯。当时窦太后摄政称制，太后
的父亲大将军窦武跟太傅陈蕃谋划诛杀宦官，曹节跟长乐五官史朱瑀、
长乐从官史张亮、中黄门王尊等十七人，一同假托君命，任命长乐食监王
甫担任黄门令，率领军队诛杀窦武、陈蕃等人。曹节升迁为长乐卫尉，
封育阳侯；王甫升任中常侍，仍兼任黄门令；朱瑀封都乡侯，张亮等五人
各食邑三百户；剩余十一个人都封关内侯，每年享有二千斛的租税。赏
赐朱瑀五千万钱，剩余的人分别不同有所赏赐，后来朱瑀改封为华容侯。
建宁二年，曹节生病，灵帝下诏任命为车骑将军。不久曹节病愈，仍担任
中常侍，赐位特进，俸禄中二千石，很快又转任大长秋。

　　　熹平元年①，窦太后崩②，有何人书朱雀阙③，言："天下
大乱，曹节、王甫幽杀太后④，常侍侯览多杀党人，公卿皆尸
禄，无有忠言者。"于是诏司隶校尉刘猛逐捕。猛以诽书言
直，不肯急捕，月余，主名不立⑤。猛坐左转谏议大夫⑥，以
御史中丞段颎代猛⑦，乃四出逐捕，及太学游生⑧，系者千余
人。节等怨猛不已，使颎以他事奏猛抵罪，输左校。节遂与
王甫等诬奏桓帝弟渤海王悝谋反，诛之，以功封者十二人。

甫封冠军侯⑨，节亦增邑四千六百户，父兄子弟，皆为公卿、列校、牧守、令长⑩，布满天下也。

【注释】

①熹平元年：本段节录自《宦者传》。熹平元年，172年。熹平，汉灵帝刘宏的年号（172—178）。

②崩：古代称帝王、皇后之死。

③何人：不知什么人。朱雀阙：位于东汉洛阳北宫的南门，南、北宫城均有四座同向同名的阙门，门两侧有望楼的是朱雀门。由于皇帝出入多经朱雀门，故此门最为尊贵。

④幽杀：囚禁处死。

⑤主名：当事者或为首者的姓名。

⑥坐：指犯有错误。左转：降官，贬职。

⑦段颎（jiǒng）：字纪明，武威姑臧（今甘肃武威）人。东汉名将。初被举为孝廉，为宪陵园丞、阳陵令，后入军旅，历任中郎将、护羌校尉、议郎、并州刺史、破羌将军，最终平定西羌，并击灭东羌，以功封新丰县侯。建宁三年（170），被征入朝，历任侍中、执金吾、河南尹、司隶校尉等职，他党附宦官，捕杀太学生，因而得保富贵，两度出任太尉。光和二年（179），权宦王甫罪行被揭发，段颎受牵连下狱，其后在狱中饮鸩而死。

⑧太学：即国学，是我国古代设于京城的最高学府。游生：游学的学生。

⑨冠军侯：源于汉武帝分封名将霍去病，取"功冠全军"之意。

⑩列校：东汉时守卫京师的屯卫兵分作五营，称北军五校，每校首领称校尉，统称列校。牧守：州牧、郡守。令长：指县令、县长。

【译文】

　　熹平元年，窦太后去世，不知是什么人在朱雀阙上写道："天下大乱，曹节、王甫囚禁处死太后，中常侍侯览杀死很多党人，公卿都居位食禄而

不尽职，没有人敢进献忠言。"灵帝下诏，命司隶校尉刘猛负责追查搜捕
此人。刘猛认为这段诽谤非议的文字言语正直，不肯着急追捕，过了一
个月，当事人的名字还没有确定。刘猛因此坐罪，被贬职为谏议大夫，让
御史中丞段颎代替刘猛。段颎于是四处追捕，牵涉到太学里的学生，抓
捕了一千多人。曹节等人怨恨刘猛不已，让段颎用其他事情弹劾刘猛抵
罪，刘猛罚往左校服劳役。曹节于是跟王甫等人上奏诬陷汉桓帝的弟弟
渤海王刘悝谋反，灵帝诛杀了刘悝，凭着这一功劳封赏了十二个人。王
甫封为冠军侯，曹节也增加封邑四千六百户，父兄子弟都成为公卿、列
校，或州、郡、县的长官，布满整个国家。

　　吕彊字汉盛①，河南人也。少以宦者小黄门迁中常侍，
清忠奉公②。灵帝时，例封宦者③，以彊为都乡侯。彊辞让恳
恻④，帝乃听之。因上疏陈事曰："臣闻诸侯上象四七⑤，
下裂王土。高祖重约，非功臣不侯，所以重天爵、明劝戒也。
伏闻中常侍曹节、王甫等⑥，并为列侯。节等谗谄媚主，佞
邪徼宠⑦，放毒人物⑧，嫉妒忠良，有赵高之祸，未被辕裂之
诛⑨，掩朝廷之明，成私树之党⑩。而陛下不悟，妄授茅土⑪，
世为藩辅。受国重恩，'不念尔祖，述修厥德'⑫，而交结邪
党，下比群佞。陛下惑其琐才⑬，特蒙恩泽。又授位乖越⑭，
阴阳乖刺⑮，罔不由兹。臣诚知封事已行，言之无逮⑯，所以
冒死干触陈愚忠者，实愿陛下捐改既谬，从此一止。

【注释】

①吕彊（qiáng）字汉盛：本段及以下几段均出自《宦者传》。吕彊，
　　字汉盛，成皋（今河南荥阳）人。少为小黄门，迁中常侍，灵帝时
　　封为都乡侯，辞不就。上书请求斥奸佞，灵帝知其忠而不能用。

　　黄巾起义爆发，建言应赦党人，宦官大惧，中常侍赵忠等诬奏吕彊
　　　兄弟为官贪浊，灵帝派人拘捕，忿而自杀。

②清忠：清正忠诚。

③例封：循例封官爵。

④恳恻：诚恳痛切。

⑤四七：四乘七得二十八，指二十八宿。

⑥伏：敬词，古时臣对君奏言多用之。

⑦徼（yāo）宠：求得宠爱。

⑧放毒：恣意毒害。人物：指才能杰出或声望卓著、有地位的人。

⑨轘（huàn）裂：即车裂，古代酷刑，用车撕裂人体。

⑩私树：自我培植。

⑪茅土：指王、侯的封爵。古天子分封王、侯时，用代表方位的五色
　　土筑坛，按封地所在方向取一色土，包上白茅而授之，作为受封者
　　有国建社的表征。

⑫不念尔祖，述修厥德：出自《诗经·大雅·文王》："无念尔祖，聿
　　修厥德。"意思是牢记祖德不能忘，继承其德又发扬。

⑬琐才：平庸的才能。

⑭乖越：不相称。

⑮乖剌（là）：违忤，不和谐。

⑯逮：及，赶上。

【译文】

　　吕彊，字汉盛，河南人。年少时凭借宦官小黄门的身份升迁中常侍，清正忠诚，奉公不徇私。汉灵帝时，按照惯例封赏宦官，封吕彊为都乡侯。吕彊恳切地辞让，灵帝听从了他。吕彊于是上疏陈述政事说："臣听说诸侯上象天上二十八宿，下在朝中裂土分封。高祖郑重约定，不是功臣不能封侯，这是为了重视天子的爵位，阐明鼓励与惩戒。臣听说中常侍曹节、王甫等人，都封为列侯。曹节等人进谗谄媚主上，以奸邪求得宠

爱,恣意毒害杰出人物,嫉妒忠诚善良的人,有赵高的祸患,却没有受到车裂的刑罚,遮掩了朝廷的圣明,形成自己的私党。而陛下不醒悟,随便地授予封侯爵位,让其世代为藩辅。蒙受国家的大恩,应当'牢记祖德不能忘,继承其德又发扬',却结交奸邪朋党,跟一群佞臣朋比为奸。陛下被他的小聪明迷惑,特意让他蒙受恩泽。又不按规矩地授予爵位,阴阳不协调,莫不由此造成。臣确实知道分封的事情已经实行,说什么也来不及,之所以冒死触犯圣意,来陈诉我愚昧的忠诚,是因为希望陛下能改正已有的错误,让事情到此为止。

"又今外戚四姓贵幸之家①,及中官公族无功德者②,造起馆舍,凡有万数,雕刻之饰,不可单言③;丧葬逾制,奢丽过礼,竞相放效④,莫肯矫拂⑤。上之化下,犹风之靡草⑥。今上无去奢之俭,下有纵欲之弊,至使禽兽食民之甘,木土衣民之帛。昔师旷谏晋平公曰⑦:'梁柱衣绣,民无褐衣⑧;池有弃酒,士有渴死;厩马秣粟⑨,民有饥色;近臣不敢谏⑩,远臣不得畅⑪。'此之谓也。

【注释】

①四姓:指外戚樊、郭、阴、马四姓。贵幸:位尊且受君王宠信。

②公族:指皇族子弟。

③单言:全部说完。单,通"殚"。

④放效:仿效。

⑤拂:纠正。

⑥靡:使倒下。

⑦师旷:春秋时著名乐师。博学多才,尤精音乐。晋平公:春秋时期晋国国君。

⑧褐（hè）衣：粗麻的衣服，古代贫者所穿。

⑨厩：马圈。秣（mò）：喂养。粟：谷子。

⑩近臣：指君主左右亲近之臣。

⑪远臣：指疏远之臣。

【译文】

"还有现在四姓外戚尊贵受宠的人家，以及宦官公族的无功之人，造起豪宅馆舍，大约有上万处，雕刻装饰之华美，说都说不尽；丧礼不按定规，奢华逾越礼制，互相竞争仿效，没有谁想纠正。上面教化下面，就像风吹倒小草一样。现在上面没有除去奢侈的节俭，下面却又放纵欲望的弊端，甚至让禽兽吃掉民众的美食，大兴土木，用民众的丝织品进行装饰。从前师旷劝谏晋平公说：'房梁柱子装饰着锦绣，民众没有粗布衣服穿；池中有泼出去的酒水，士人却有渴死的；马圈中的马吃着谷子，民众却呈现出饥饿的脸色；亲近的臣子不敢劝谏，远方的臣子心情不能舒畅。'说的就是这样的情况呀。

"又闻前召议郎蔡邕对问于金商门①，而令中常侍曹节、王甫诏书喻旨，邕不敢怀道迷国②，而切言极对，毁刺贵臣③，讥呵竖宦④。陛下不密其言，至令宣露⑤，群邪竞欲咀嚼⑥，造作飞条⑦。陛下回受诽谤⑧，致邕刑罪，室家徙放⑨，老幼流离⑩，岂不负忠臣哉！今群臣皆以邕为戒，上畏不测之难⑪，下惧剑客之害⑫，臣知朝廷不复得闻忠言矣。夫立言无显过之咎⑬，明镜无见玼之尤⑭。如恶立言以记过⑮，则不当学也；不欲明镜之见玼，则不当照也。愿陛下详思臣言，不以记过见玼为责。"

【注释】

①金商门：洛阳南宫西门。

②怀道迷国：胸怀治道而不为国效力。

③毁刺：斥责讽刺。

④讥呵：讥责非难。竖宦：对宦官的蔑称。

⑤宣露：泄露，透露。

⑥咀嚼：诅咒，指摘。

⑦造作：制造，制作。飞条：匿名信。

⑧回：调转，扭转。

⑨徙放：流放。

⑩流离：流离失所。

⑪不测：难以意料。

⑫剑客：特指刺客。

⑬显过：揭露过错。

⑭玼（cī）：玉的斑点。引申为缺点、毛病。

⑮记过：记住他人过错。

【译文】

“又听说前日召见议郎蔡邕在金商门回答您的问题，而命令中常侍曹节、王甫以诏书谕示旨意，蔡邕不敢胸怀治道而不为国效力，于是直言尽情回答，讽刺高贵臣僚，讥责朝中宦官。陛下不能为他的言论保密，致使他的话被泄露，那群奸邪对他恨得咬牙切齿，诅咒指摘，用匿名信诽谤他。陛下反而听信别人的诽谤，让蔡邕获罪，把他全家流放，老幼流离失所，难道这不是辜负了忠臣吗？现今群臣都拿蔡邕作为鉴戒，对上怕惹来难以意料的灾难，对下畏惧遭到刺客的杀害，臣知道朝廷再也听不到忠诚的言论了。发表言论不应该因为揭露过错而被惩处，明镜不应该因为照出缺点而被怨恨。如果厌恶别人言论揭露了过失，那么就不应当读书学理；不想要明镜照出缺陷，那么就不要照镜子了。希望陛下仔细思考臣的言语,不拿记述过失、显现缺陷来责备臣。"

　　张让^①,颍川人;赵忠,安平人也^②。少时给事省中。灵帝时,让、忠并迁中常侍,封列侯,与曹节、王甫等相为表里^③。节死后,忠领大长秋。让有监奴典任家事^④,交通货赂,威形喧赫。扶风人孟佗^⑤,资产饶赡,与奴朋结,倾竭馈问^⑥,无所遗爱。奴咸德之,问佗曰:"君何所欲?力能办也^⑦。"佗曰:"吾望汝曹为我一拜耳。"时宾客求谒让者,车恒数百千两,佗时诣让,后至,不得进,监奴乃率诸苍头迎拜于路,遂共辇车入门^⑧。宾客咸惊,谓佗善于让^⑨,皆争以珍玩赂之。佗分以遗让,让大喜,遂以佗为凉州刺史。

【注释】

①张让:本段节录自《宦者传》。

②安平:郡名。治今河北安平。

③表里:指呼应。

④监奴:为权贵豪门监管家务的奴仆头子。典任:掌管,主持。

⑤孟佗:天明本作"孟他",据今本《后汉书》改。

⑥倾竭:倒尽,指消耗干净或全部拿出。馈问:馈赠。

⑦力:尽力,竭力。

⑧辇:古同"舆"。

⑨善:交好。

【译文】

　　张让,颍川人;赵忠,安平人。他们年少时在宫禁之中供职。汉灵帝的时候,张让、赵忠都升迁为中常侍,封为列侯,跟曹节、王甫互相呼应。曹节死后,赵忠兼理大长秋的职务。张让有监奴掌管家事,多方勾结,收受贿赂，声势煊赫，令人生畏。扶风人孟佗，财产富饶，跟张让的奴仆勾结，倾尽所有馈赠给他，毫不吝啬。奴仆们都感念他的恩德，问孟佗说："你想要什么？我们尽力给你办到。"孟佗说："我希望你们能够向我下拜一次。"当时求见张让的宾客很多，门前车辆经常达到几百上千之多，孟佗去见张让，来迟了，不能进去，监奴就领着奴仆们迎接孟佗，并在道路上跪拜，引导孟佗车辆进门。宾客都大吃一惊，认为孟佗跟张让交情深厚，都争着用珍奇玩好贿赂他。孟佗分出来一部分送给张让，张让大喜，就让孟佗当了凉州刺史。

　　是时让、忠及夏恽、郭胜、孙璋、毕岚、栗嵩、段珪、高望、张恭、韩悝、宋典十二人①，皆为中常侍，封侯贵宠，父兄子弟，布列州郡，所在贪残，为人蠹害②。黄巾既作，盗贼麋沸③，郎中中山张钧上书曰④："窃惟张角所以能兴兵作乱，万民所以乐附之者，其源皆由十常侍多放父兄、子弟、婚亲、宾客典据州郡⑤，辜榷财利⑥，侵掠百姓。百姓之冤，无所告诉⑦，故谋议不轨⑧，聚为盗贼。宜斩十常侍，悬头南郊⑨，以谢百姓，又遣使者布告天下⑩，可不须师旅，而大寇自消。"天子以钧章示让等，皆免冠徒跣顿首⑪，乞自致洛阳诏狱，并出家财以助军费。有诏皆冠履，视事如故。帝怒钧曰："此真狂子也。"钧复重上，犹如前章，辄寝不报⑫。诏使廷尉、侍御史，考为张角道者⑬。御史承让等旨，遂诬奏钧学黄巾道，收掠死狱中。后中常侍封谞、徐奉事独发觉坐诛，帝因怒诘让等曰："汝曹常言党人欲为不轨，皆令禁锢，或有伏诛。今党人更为国用，汝曹反与张角通，为可斩未？"皆叩头云："故中常侍王甫、侯览所为。"帝乃止。

【注释】

①是时让、忠及夏恽、郭胜、孙璋、毕岚、栗嵩、段珪、高望、张恭、韩悝、宋典十二人：本段节录自《宦者传》。十二人合称"十常侍"。

②蠹（dù）害：祸害。

③糜沸：比喻世事混乱之极，就像糜粥在锅中沸腾。

④郎中：属郎中令，是掌管门户、车骑等事的官员，内充侍卫，外从作战。中山：郡、侯国名。西汉置中山郡，景帝以中山郡改置为侯国，故治卢奴，即今河北定州。东汉同为国。

⑤典据：掌管，占据。

⑥辜榷：搜括，聚敛。

⑦告诉：向上申诉。

⑧不轨：越出常轨，不合法度，这里指叛乱。

⑨南郊：古代天子在京都南面的郊外筑圜丘祭天的地方。

⑩布告：遍告，宣告。

⑪徒跣（xiǎn）：赤足。

⑫寝：搁置不议不办。

⑬张角道：指张角所倡导的太平道。

【译文】

这时张让、赵忠以及夏恽、郭胜、孙璋、毕岚、栗嵩、段珪、高望、张恭、韩悝、宋典等十二人，都担任中常侍，封为侯爵，尊贵有宠，父亲兄弟子侄，布满州郡，所在之处贪婪残暴，成为人们的祸害。黄巾之乱已经发生，遍地盗贼兴起纷扰，郎中中山人张钧上书说："臣以为张角之所以能够起兵发动叛乱，万民乐意依附参与的原因，源头都是因为十常侍放任父兄子弟、姻亲宾客窃据州郡长官，搜刮钱财，侵掠百姓。百姓的冤屈，没有向上申诉的地方，所以就谋议叛乱，聚集成为盗贼。应该把十常侍斩首，把他们的头颅悬挂在祭天的南郊，来向百姓谢罪，再派遣使者遍告天下，可以不用军队，强大的盗匪自然消失。"灵帝把张钧的奏章给张让等人看,他们都摘下帽子,脱掉鞋子,光着脚叩头,乞求入洛阳诏狱,并拿出家财来充作军费。灵帝下诏,命令他们戴上帽子穿上鞋,照常任职处理政事。灵帝对张钧很生气,说:"这真是个狂妄无礼的人。"张钧又重新上奏,还是跟上次的奏章一样,这次被压住了,没有回音。灵帝下诏令让廷尉、侍御史搜查成为张角道徒的人。御史秉承张让等人的意旨,诬陷张钧学黄巾之道,收捕拷打,张钧死在监狱里。后来中常侍封谞、徐奉成为黄巾军内应的事情被发觉,因此被诛杀,灵帝愤怒地诘问张让等人说:"你们常常说那些党人犯上作乱,我把他们禁锢起来,有的都杀掉了。现今这些党人为国所用,你们反而跟张角相通,是不是该斩首呢?"张让等人都叩头说:"是原来的中常侍王甫、侯览干的。"灵帝于是不追究。

明年①,南宫灾②。让、忠等说帝,令敛天下田亩税十钱③,以修宫室。发大原、河东、狄道诸郡材木及文石④,每州郡部送至京师⑤。黄门常侍辄令谴呵不中者⑥,因强折贱买⑦,十分雇一⑧,因复货之于宦官,复不为即受,材木遂至腐积,宫室连年不成。刺史、太守复增私调⑨,百姓呼嗟⑩。凡诏所征求,皆令西园驺密约敕⑪,号曰"中使",恐动州郡⑫,多受赇赂⑬。刺史、二千石及茂才、孝廉迁除⑭,皆责助军修宫钱⑮,大郡至二三千万,余各有差⑯。当之官者⑰,皆先至西园谐价⑱,然后得去。有钱不毕者⑲,或至自杀。其守清者,乞不之官,皆迫遣之。时钜鹿太守河内司马直新除⑳,以有清名,减责三百万㉑。直被诏,怅然曰㉒:"为民父母㉓,而反割剥百姓㉔,以称时求㉕,吾不忍也。"辞疾不听㉖,行至孟津㉗,上书极陈当世之失、古今祸败之戒㉘,即吞药自杀。书奏,帝为暂绝修宫钱。

【注释】

①明年：本段节录自《宦者传》。

②灾：自然发生火灾。

③敛：征收、索取赋税。

④发：征发，征调。大原：即太原。河东：郡名。秦置，治安邑，在今山西夏县北。狄道：古地名，位于甘肃临洮。文石：有花纹的石头。

⑤部送：指押送囚犯、官物、畜产等。

⑥谴呵：谴责呵叱。中（zhòng）：符合标准。

⑦强折贱买：强行折价，低价收买。

⑧十分雇一：价格仅为原价的十分之一。

⑨增私调：私自增加征调。

⑩呼嗟：呼号哀叹。

⑪西园：汉上林苑的别名。驺（zōu）：养马人。此指侍从。

⑫恐动：扰动。

⑬赇（qiú）赂：贿赂。

⑭茂才：即秀才，汉时开始与孝廉并为举士的科名，东汉时避光武帝讳改称茂才。迁除：指官职之升迁除授。

⑮责：求取。

⑯有差：不一，有区别。

⑰之官：上任，前往任所。

⑱谐价：论价，商定价格。

⑲毕：齐备。

⑳钜鹿：秦郡，因大陆泽（钜鹿泽）而得名。治今河北平乡西南。大守：即太守。河内：郡名。汉置，治怀县（今河南武陟）。新除：新任官职。

㉑减责三百万：索钱减少三百万。

㉒怅然：失意不乐的样子。

㉓父母：指父母官。

㉔割剥：侵夺，残害。

㉕称：满足。

㉖辞疾：用疾病辞官。听：听从，允许。

㉗孟津：古黄河津渡名。在今河南孟津东北、孟县西南。

㉘极陈：尽力上言。

【译文】

第二年，洛阳南宫发生火灾。张让、赵忠等人劝说灵帝，命令向天下耕地每亩加收十钱的田税，用来修建宫室。征调太原、河东、狄道各郡的木材以及有花纹的石头，每一州郡押送到京城。黄门常侍动不动就挑剔呵叱，对认为不达标的，强迫州郡官员低价贱卖，十分付给一分的价钱，各州郡不能完成定额，又向宦官购买已验收的木材，而将这批木材交纳时，宦官仍百般挑剔，不及时入库，木材于是就腐朽堆积，宫室连年不能建成。州郡长官又私自增加征调，百姓呼号哀叹。凡是诏令所征求的物资，都让西园侍卫秘密下令，号称"中使"，惊吓扰动州郡，到处接受贿赂。刺史、郡守以及茂才、孝廉的升迁除授，都要求交上"助军"钱和"修宫"钱，到大郡任职者，交钱达到二三千万，其余依官职等级不同各有差别。应当赴任的人，都先到西园议定价格，然后才能前去。有出不起钱的人，甚至自杀。那些坚守清廉的人，请求不去当官，都被迫上任、交钱。当时河内人司马直新任钜鹿太守，因为有清廉的名声，向其索取的钱减少了三百万。司马直得到诏令，失意不乐地说："成为老百姓的父母官，反而要残害百姓，来迎合当前这种弊政，我不忍心啊。"称病请求辞官，不被允许，走到孟津，上书尽力直言当代政事的过失、古今祸患失败的鉴戒，随即吞药自杀了。奏章呈上，灵帝为此暂停收取"修宫"钱。

又造万金堂于西园①，引司农金钱缯帛②，仞积其中③。又还河间④，买田宅，起第观。帝本侯家⑤，宿贫⑥，每叹桓帝不能作家居⑦，故聚为私藏，复寄小黄门常侍钱各数千万。常云："张常侍是我父⑧，赵常侍是我母⑨。"宦官得志，无所惮畏，并起第宅，拟则宫室⑩。帝常登永安候台⑪，宦官恐其望见居处，乃使中大夫尚但谏曰⑫："天子不当登高，登高则百姓虚散。"自是不敢复升台榭。复以忠为车骑将军。

【注释】

①又造万金堂于西园：本段节录自《宦者传》。

②引：取用，引进。缯（zēng）帛：统称丝绸。

③仞积：堆满。仞，通"牣"。

④河间：郡国名。在今河北献县、河间一带。

⑤帝本侯家：汉灵帝刘宏的父亲是解渎亭侯刘苌，故刘宏世袭爵位，后被立为皇帝。

⑥宿：素常，一向。

⑦家居：家业。

⑧张常侍：指张让。

⑨赵常侍：指赵忠。

⑩拟则：比拟效法。

⑪永安：永安宫，在洛阳皇宫北宫东北隅。候台：瞭望台。

⑫中大夫：官名。职掌论议。

【译文】

灵帝又在西园建造万金堂，取用司农府管理的金钱丝绸，堆满堂中。又回到河间买田宅，购买田地宅院，兴建第宅楼观。灵帝原本出自侯家，一向贫穷，经常感叹桓帝不能经营家业，所以自己聚敛私财，又在小黄门、常侍那里，各寄藏几千万钱。灵帝经常说："张常侍是我父亲，赵常侍是我母亲。"宦官志得意满，没有什么畏惧忌惮，都广建第宅，规模可与

皇家宫室相比。灵帝曾经登上永安宫的瞭望台,宦官害怕他望见自己居住的地方,就让中大夫尚但劝谏说:"天子不应该登高,如果登高,那么百姓就会逃亡离散。"从此灵帝不敢再登上楼台等高处。又任命赵忠当车骑将军。

　　帝崩①。中军校尉袁绍说大将军何进②,令诛中官。谋泄,让、忠等因进入省③,遂共杀进。而绍勒兵斩忠④,捕宦官无少长悉斩之。让等数十人,劫质天子⑤,走之河上⑥。追急,皆投河而死也。

　　【注释】

　　①帝崩:本段节录自《宦者传》。

　　②中军校尉:汉灵帝时,在京都洛阳设立西园八校尉之一。袁绍:字本初,汝南汝阳(今河南商水)人。司空袁逢之子,早年任中军校尉、司隶校尉,曾指挥诛杀宦官,后与董卓对立,被推举为关东联军首领。在群雄割据中,先占冀州,又夺青、并二州,击败割据幽州的公孙瓒,统一河北,在官渡之战中大败于曹操。建安七年(202),在平定冀州叛乱之后病逝。何进:字遂高,南阳郡宛县(今河南南阳宛城区)人,灵思皇后之兄。黄巾起义时,拜为大将军,封为慎侯。灵帝驾崩,粉碎了中常侍蹇硕拥立皇子刘协的图谋,独揽朝中大权。光熹元年(189),阴结董卓,联合袁绍谋诛宦官,计划泄露后,为中常侍张让等人所杀。

　　③省:禁中。

　　④勒兵:指挥军队。

　　⑤劫质:劫持为人质。天子:指汉少帝刘辩。

　　⑥走之:逃跑到。

【译文】

汉灵帝去世。中军校尉袁绍说动大将军何进,让他诛灭宦官。他们的计划泄露,张让、赵忠等人趁何进入宫之机,一起杀死何进。袁绍指挥军队把赵忠斩首,抓捕宦官,不论老少一律斩杀。张让等几十人劫持少帝作为人质,逃到黄河边。追兵紧急,张让等人都投河而死。

儒林传序

昔王莽、更始之际①,天下散乱②,礼乐分崩,典文残落③。及光武中兴,爱好经术④,未及下车⑤,而先访儒雅⑥,采求阙文⑦,补缀漏逸⑧。先是,四方学士多怀挟图书,遁逃林薮⑨。自是莫不抱负坟策⑩,云会京师。于是立五经博士⑪,各以家法教授⑫,太常差次总领焉⑬。建武五年⑭,乃修起太学⑮,稽式古典⑯,笾豆干戚之容备之于其列⑰,服方领习矩步者⑱,委他乎其中⑲。中元元年⑳,初建三雍㉑。明帝即位㉒,亲行其礼。天子始冠通天㉓,衣日月㉔,备法物之驾㉕,盛清道之仪㉖,坐明堂而朝群后㉗,登灵台以望云物㉘,祖割辟雍之上㉙,尊养三老五更㉚。后复为功臣子孙、四姓末属别立校舍㉛,搜选高能㉜,以授其业,自期门羽林之士㉝,悉令通《孝经》章句㉞,匈奴亦遣子入学。济济乎㉟! 洋洋乎㊱! 盛于永平矣!

【注释】

①昔王莽、更始之际:本段节录自《儒林传》。
②散乱:零乱,杂乱。

③典文：指经典。

④经术：经学。

⑤下车：帝王即位。

⑥儒雅：指博学的儒士。

⑦阙文：脱漏的文字。

⑧补缀：补充辑集。漏逸：遗漏阙失。

⑨林薮（sǒu）：丛林草泽。指隐居的地方。

⑩抱负：手抱肩负。坟策：指典籍。

⑪五经博士：教授五经（《诗》《书》《礼》《易》《春秋》）的学官。

⑫家法：汉初儒家传授经学，都由口授，数传之后，句读义训互有歧异，于是分成各家。师所传授，弟子一字不能改变，界限甚严，称为家法。

⑬差（cī）次：分别等级次序。总领：统领，统管。

⑭建武五年：29年。建武，光武帝刘秀的年号（25—56）。

⑮太学：即国学，古代设于京城的最高学府。

⑯稽式：取法。古典：古代的典章制度。

⑰笾（biān）豆：笾和豆，古代祭祀及宴会时常用的两种礼器。竹制为笾，木制为豆。干戚：盾与斧，是古代的两种兵器，也是武舞所执的舞具。

⑱方领：直衣领，儒生的装束。矩步：行步端方合度。

⑲委他：今本《后汉书》作"委它"。即委佗，雍容自得的样子。

⑳中元元年：即建武中元元年，56年。建武中元，光武帝刘秀的年号（56—57）。

㉑三雍：也叫三雍宫，是汉时对辟雍、明堂、灵台的总称。

㉒明帝：即汉明帝刘庄。

㉓通天：即通天冠，皇帝之冠，用于郊祀、朝贺、宴会等。

㉔衣日月：指皇帝穿上齐备日月星辰文饰的衣服。

㉕法物之驾：指皇帝出行的大驾、法驾、小驾等车驾。法物，古代帝王用于仪仗、祭祀的器物。

㉖清道：清除道路，驱散行人，古时常在帝王、官员出行时施行。

㉗明堂：古代帝王宣明政教的地方。据说朝会、祭祀、庆赏、选士、养老、教学等大典，都在此举行。群后：泛指公卿。

㉘灵台：古时帝王观察天文星象、妖祥灾异的建筑。云物：云的色彩。

㉙袒（tǎn）割：袒右膊而割切牲肉，古代天子敬老、养老之礼。辟（bì）雍：本为西周天子所设大学，校址圆形，围以水池，前门外有便桥。辟，通"璧"。

㉚三老五更：古代设三老五更之位，天子以父兄之礼养之。三老，古代掌教化之官，乡、县、郡均曾先后设置。五更，古代乡官名，用来安置年老致仕的官员。

㉛末属：支属。

㉜高能：指有很高才能的人。

㉝期门羽林：官名。期门郎和羽林郎的合称，均为光禄勋的属官。掌执兵出入护卫。

㉞章句：剖章析句，经学家解说经义的一种方式。

㉟济济：众多的样子。

㊱洋洋：美盛的样子。

【译文】

在以前王莽、更始交替的时期，天下分裂动乱，礼乐分崩离析，经典文献残缺衰败。等到光武帝刘秀中兴，爱好儒家经学，还未即位，就先去访求博学儒士，采集寻求缺失的文献，补充辑集遗漏缺失的典籍。在此之前，四面八方的学者有很多携带图书，逃到山野隐居。从这时开始，人们无不手抱肩负着典籍，像云一样聚集在京城。于是设立五经博士，各自用家法传授弟子，太常分别顺序统管他们。建武五年，就修建起太学，取法古代典章制度，笾豆之类礼器、干戚之类武具，排列齐备，穿着直领衣服、迈着端方步伐的儒生，在其间雍容自得。中元元年，开始修建三雍。明帝登上皇位，亲自践行这一礼仪。天子开始戴上通天冠，穿上带有日月星辰纹饰的衣服，完备车驾、仪仗及祭祀所用器物，隆重举行清扫道路的仪式，天子坐在明堂接见公卿，登上灵台来观看天象云色之变化，在辟雍袒露右臂切割牲肉行养老之礼，尊奉敬养三老五更。后来又给功臣子孙、四姓外戚的亲族另外设立校舍，挑选学问很高的士人来教授他们课业，从期门羽林的士卒开始，让他们全部通晓《孝经》的章句，匈奴也派遣子弟入学。人数真是众多呀，场面真是盛大啊！在永平时期达到鼎盛了！

　　建初中①，大会诸儒于白虎观②，考详同异③，连月乃罢。肃宗亲临称制④，如石渠故事⑤。孝和亦数幸东观⑥，览阅书林⑦。及邓后称制⑧，学者颇懈。安帝览政⑨，薄于艺文⑩，博士倚席不讲，朋徒相视怠散⑪，学舍颓敝，鞠为园蔬⑫，牧儿荛竖⑬，至薪刈其下。顺帝感翟酺之言⑭，乃更修黉宇⑮，试明经下第补弟子⑯，除郡国耆儒皆补郎、舍人⑰。本初元年⑱，诏曰："大将军下至六百石⑲，悉遣子就学，每岁辄于乡射月一飨会之⑳。"自是游学增盛，至三万余生，然章句渐疏㉑，而多以浮华相尚㉒，儒者之风盖衰矣。熹平四年㉓，灵帝乃诏诸儒，正定五经㉔，刊于石碑㉕，为古文、篆、隶三体书法㉖，以相参检，树之学门，使天下咸取则焉。

【注释】

①建初中：本段节录自《儒林传》。建初，汉章帝刘炟的年号（76—84）。

②白虎观：汉代宫观名。汉章帝建初四年（79）在此聚会学者，讨论

五经同异,后成《白虎通义》一书。

③考详:讨论研究。

④肃宗:汉章帝刘炟的庙号。称制:指行使皇帝的权力。

⑤石渠故事:甘露三年(前51),汉宣帝在皇家图书馆石渠阁召开了
　一次重要的学术会议,与诸儒讲论五经异同。会议过程记录称为
　石渠阁论,大部分已经散佚。石渠,即石渠阁,西汉皇室藏书之处,
　在长安未央宫殿北。

⑥孝和:即汉和帝刘肇。东观:位于洛阳南宫,章帝、和帝以后,为宫
　廷收藏图籍档案及修撰史书的主要处所,藏有五经、诸子、传记、
　百家艺术,后又辟为近臣习读经传的地方。

⑦书林:藏书处,极言其书之多。

⑧邓后:即和熹邓皇后,名绥,谥熹,父训为护羌校尉,母阴氏,为光
　武帝皇后从弟之女。和帝永元七年(95)选入宫中,次年为贵人,
　十四年立为皇后。元兴元年(105)和帝死,邓后迎立出生始百余
　日的刘隆为帝,尊为太后,临朝称制。次年安帝继立,犹临朝政,
　称制凡十六年。

⑨安帝:即汉安帝刘祜。览政:主持朝政。览,通“揽”。

⑩薄:轻视,鄙薄。艺文:概称六艺群书。

⑪朋徒:弟子,朋辈。怠散:松懈散漫。

⑫鞠:培育。

⑬莐(ráo)竖:刈草打柴的童子。

⑭顺帝:即汉顺帝刘保。翟酺(zhái pú)之言:翟酺在顺帝时任将作
　大匠,上书说:“孝文皇帝始置一经博士,武帝大合天下之书,而
　孝宣论《六经》于石渠,学者滋盛,弟子万数。光武初兴,愍其荒
　废,起太学博士舍、内外讲堂,诸生横巷,为海内所集。明帝时辟
　雍始成,欲毁太学,太尉赵憙以为太学、辟雍皆宜兼存,故并传至
　今。而顷者颓废,至为园采刍牧之处。宜更修缮,诱进后学。”事

见《后汉书·翟酺传》。

⑮黉（hóng）宇：校舍。

⑯明经：汉代以明经（通晓经术）射策取士。

⑰除（zhù）：给予，赐予。耆（qí）儒：德高的老儒。郎：有议郎、中郎、侍郎、郎中等，员额无定。均属于郎中令（后改为光禄勋），其职责原为护卫陪从，随时建议、备顾问及差遣。舍人：官名。本官内人之意，后世以为亲近左右之官。

⑱本初元年：天明本作"太初元年"，据今本《后汉书》改。146年。本初，汉质帝刘缵的年号（146）。

⑲六百石：汉官秩，在比千石之下，六百石官员每月七十斛，太史令、郡丞等为此级。

⑳乡射：古代射箭饮酒的礼仪。据《汉官仪》："春三月，秋九月，习乡射礼，礼生皆使太学学生。"飨（xiǎng）会：宴会。

㉑章句：剖章析句，是经学家解说经义的一种方式。

㉒浮华：讲究表面上的华丽或阔气，不务实际。

㉓熹平四年：175年。熹平，汉灵帝刘宏的年号（172—178）。

㉔正定：校订改正。

㉕刊：刻。

㉖古文：此指战国时通行于六国的文字，王国维说："凡先秦六国遗书非当时写本者皆谓之古文。"篆书：小篆，秦朝的正式文字，旧说秦始皇使程邈所作。隶书：秦朝的通用文字，旧说也是程邈献上的。实际上熹平石经是蔡邕用隶书书写，曹魏时期的正始石经才是三体石经。

【译文】

建初年中，天子在白虎观大规模召集群儒，讨论研究经书学术的异同，连续几个月才结束。章帝亲临现场参加，以皇帝身份裁决，就像汉宣帝在石渠阁举行会议一样。和帝也屡次来到东观，阅览藏书。等到邓太后临政，学者们已相当懈怠。安帝当政，轻视六艺群书，博士不讲课，学生弟子松懈散漫，校舍倾颓破败，荒废成菜园，以至于放牧和打柴的小孩，在那里割草砍柴。汉顺帝感动于翟酺进言，就重新修建校舍，让明经科中落选的人去补入弟子，对郡国德高望重的老儒补授郎和舍人。本初元年，太后下诏说："大将军以下到食禄六百石的官员，都要让子弟入学，每年三月、九月进行乡射礼时，举行一次乡射之会。"从此游学风气转盛，达到三万多学生，但是章句之学逐渐荒疏，而多以浮夸为时尚，儒者的风气走向衰弱。熹平四年，汉灵帝给儒生们下诏，召集校订改正五经文字，刊刻在石碑上，用古文、篆书、隶书三种书体书写，以便互相参考验证。石碑立在太学门口，让天下人都以为法则。

逸民传

周党字伯况①，太原人也。世祖引见②，党伏而不谒③，自陈愿守所志，帝乃许焉。博士范升奏毁党曰④："臣闻尧不须许由、巢父而建号天下⑤，周不待伯夷、叔齐而王道以成⑥。伏见太原周党陛见帝庭⑦，不以礼屈，伏而不谒，偃蹇骄悍⑧，夸上求高，皆大不敬。"书奏，天子以示公卿。诏曰："自古明王圣主，必有不宾之士⑨。伯夷、叔齐不食周粟，太原周党不受朕禄，亦各有志焉。其赐帛四十匹。"党遂隐居。

【注释】

①周党字伯况：本段节录自《逸民传》。

②世祖：即汉光武帝刘秀。引见：引导入见，旧指皇帝接见臣下或宾客时由有关大臣引导入见。

③谒：特指臣子朝见的一种礼节。

④博士：古代学官名。汉博士职责是教授、课试，或奉使、议政。

⑤须：依靠。许由：传说中的隐士。据说尧要让天下给他，他不受，洗耳于颍水之滨，逃耕于箕山之上。巢父：传说中的高士。筑巢而居，尧让天下给他，不接受，隐居聊城，一生放牧。建号：建立名号。

⑥伯夷、叔齐：商末孤竹君的两个儿子。孤竹君死后，伯夷、叔齐不受君位，先后出国前往周。武王伐纣，二人谏阻。灭商后，他们耻食周粟，采薇而食，饿死于首阳山。

⑦陛见：指臣下谒见皇帝。

⑧偃蹇（jiǎn）：骄傲，傲慢。骄悍：骄横凶悍。

⑨不宾：不臣服，不归顺。

【译文】

周党，字伯况，太原人。光武帝时，周党由大臣引导入见，伏地却不行拜谒礼，自陈希望能坚持自己的志向，光武帝就答应了。博士范升上奏章诋毁周党说："臣听说尧帝不需要依靠许由、巢父，也能据有天下；周朝不需要凭借伯夷、叔齐，也能成就王道。臣见太原郡的周党，在朝廷谒见皇上，竟然不按照礼仪折节，伏在地上不行拜谒礼，傲慢骄横，向陛下夸耀自己来求得高名，这是大不敬的行为。"奏章奏上后，光武帝拿给公卿大臣传看。光武帝下诏书说："自古圣明的君主，一定拥有不肯臣服归顺的士人。就像伯夷、叔齐不食周粟，太原周党不接受我的俸禄，这也是人各有志呀。还是赐给他四十匹绢帛吧。"周党从此隐居。

严光字子陵①，会稽人也。少有高名，与世祖同游学。及世祖即位，光乃变名姓，隐身不见。帝乃令以物色访之，至舍于北军②，给床褥，大官朝夕进膳③。车驾幸其馆，光卧不起。帝即其卧所④，抚光腹曰："咄咄子陵⑤，不可相助为治耶？"光眠不应，良久，乃张目熟视曰⑥："昔唐尧著德，巢父洗耳⑦。士故有志⑧，何至相迫乎？"帝曰："子陵，我竟不能下汝耶⑨？"于是升舆⑩，叹息而去。复引光入，论道旧故，相对累日⑪，除为谏议大夫⑫，不屈，乃耕于富春山。年八十，终于家。帝伤惜之，赐钱百万，谷千斛⑬。

【注释】

①严光字子陵：本段节录自《逸民传》。

②舍：住在。北军：汉代守卫京师的屯卫兵。未央宫在京城西南，其卫兵称南军；长乐宫在京城东面偏北，其卫兵称北军。文帝时合南北军，其后宫室日增，南军名没，而北军名存。东汉沿之，置北军中候，掌监五营，称北军五校。

③大官：即太官，主持皇帝膳食的官员。

④即：走到。

⑤咄咄（duō duō）：感叹声，表示感慨。

⑥熟视：注目细看。

⑦巢父洗耳：据说尧要把天下让给许由，许由听了，感到耳朵受到了污染，因而临水洗耳。巢父更以许由洗耳的水为秽浊，不愿让牛在其下游饮水。

⑧故：本来，原本。

⑨下：使居人之下，屈服。

⑩升舆：登车。

⑪累日：连日，多日。

⑫除：授官。

⑬斛：量词，多用于量粮食，古代一斛为十斗。

【译文】

严光，字子陵，会稽人。年少时就有高尚的名声，跟光武帝一起游历访学。等到光武帝登上皇位，严光就改变姓名，隐居不去相见。光武帝下令按他的形貌寻找他，严光被找到后，住在守卫京城的北军营中，赐给床褥，由太官早晚给他送食物。光武帝到他的住处看他，严光睡在床上不起来。光武帝进入他的卧室，抚摸着他的肚腹说："哎呀子陵啊，不能够帮助我治理国家吗？"严光躺着没回答，过了很久，才睁开眼睛端详着光武帝说："从前唐尧道德高尚，要把天下让给许由，许由认为受到污染而去洗耳，他的朋友巢父认为洗耳的水污浊，不愿让牛在下游饮水。士人原本有自己的志向，何至于相逼迫呢？"光武帝说："子陵，我竟然不能让你顺从吗？"于是登上车驾，叹息着离开了。光武帝又引严光入宫，谈论旧事，多日相对，要授予他谏议大夫的官职，严光不接受，于是隐居耕种于富春山。八十岁时，严光在家中去世，光武帝哀伤惋惜，赐给他家一百万钱、一千斛谷子。

汉滨老父者①，不知何许人也。桓帝延熹中②，幸竟陵③，过云梦④，临沔水⑤，百姓莫不观者，有老父独耕不辍⑥。尚书郎南阳张温异之⑦，使问曰："人皆来观，老父独不辍，何也？"父笑而不对。温自与言，老父曰："我野人耳⑧，不达斯语。请问天下乱而立天子耶，理而立天子耶⑨？立天子以父天下耶，役天下以奉天子耶⑩？昔圣王宰世⑪，茅茨采橡⑫，而万民以宁。今子之君，劳民自纵，逸游无忌⑬。吾为子羞之，子何忍欲人观之乎？"温大惭，问其名姓，不告而去。

【注释】

①汉滨老父者：本段节录自《逸民传》。汉滨，汉水边。今本《后汉书》作"汉阴"。老父，对老人的尊称。

②桓帝：即汉桓帝刘志。延熹：天明本作"延喜"，据今本《后汉书》改。

③竟陵：古县名。在今湖北天门。

④云梦：古薮泽名。在今湖北江汉平原。

⑤沔（miǎn）水：古水名。即现在的长江第一大支流汉江，发源于秦岭南麓，流经沔县（现陕西勉县），故称沔水。

⑥辍：停止。

⑦南阳：郡名。秦置，治所在宛县（今河南南阳）。

⑧野人：泛指村野之人，农夫。

⑨理：治理好。

⑩役：役使。奉：奉献。

⑪宰世：治理天下。

⑫茅茨：茅草盖的屋顶。采椽（chuán）：栎木或柞木椽子。言其俭朴。

⑬逸游：放纵游乐。

【译文】

汉水边的一位老人，不知道其姓氏出身。汉桓帝在延熹年间，出巡竟陵，经过云梦泽，到了沔水边，当地百姓都去观看，但有一位老者独独耕地不停。尚书郎南阳人张温觉得很奇怪，让人问他："人们都去看，老人家独耕种不停，为什么呢？"老人笑着不回答。张温亲自去问，老人说："我是个乡野粗人，听不懂这个话。请问是天下大乱才立天子呢，还是天下大治才立天子呢？立天子是要慈父般安抚天下人呢，还是役使天下百姓来供养天子呢？以前圣明君王治理天下，自己住茅草屋顶、柞木橼子的房子，百姓生活都很安宁。现在您的天子，让百姓劳苦，放纵自己，随心所欲地游玩，无所顾忌。我都替您羞愧，您怎么还忍心让别人都去看他呢？"张温非常惭愧，问他的姓名，老人没告诉他就走了。

西羌

建武九年①，司徒掾班彪上言②："今凉州部郡皆有降羌，羌胡被发左衽③，而与汉人杂处，习俗既异，言语不通，数为小吏黠民所侵夺④，穷恚无聊⑤，故悉致反叛。夫蛮夷寇乱⑥，皆为此也。宜明威防⑦。"世祖从之。十一年夏，先零种复寇临洮⑧，陇西太守马援破降之⑨，徙置天水、陇西、扶风三郡⑩。明年，武都参狼羌反⑪，援又破降之。永平元年⑫，复遣捕虏将军马武等击滇吾⑬，滇吾远去，余悉散降，徙七千口置三辅⑭。章和十二年⑮，金城太守侯霸与迷唐战⑯，羌众折伤⑰，种人瓦解。降者六千余口，分徙汉阳、安定、陇西⑱。永初中⑲，诸降羌布在郡县，皆为吏民豪右所徭役⑳，积以愁怨，同时奔溃㉑，大为寇掠㉒，断陇道㉓。

【注释】

①建武九年：本段节录自《西羌传》。建武九年，33年。

②司徒掾：司徒属官。班彪：字叔皮，扶风安陵（今陕西咸阳东北）人。史学家、文学家。专力从事于史学著述。写成《后传》六十余篇，其子班固修成《汉书》，史料多依班彪，其女班昭等又补充固所未及完成者。

③被（pī）发：披散头发，相对中原人结发而言。左衽（rèn）：指古代部分少数民族的服装，前襟向左掩，不同于中原一带人民的右衽。

④黠民：狡黠之民。

⑤穷恚（huì）：窘困怨愤。无聊：贫穷无依。

⑥蛮夷：古代对四方边远地区少数民族的泛称。寇乱：侵扰。

⑦威防：指具有威慑的防备。

⑧先零种：汉代羌人的一支。最初居于今甘肃、青海的湟水流域，后渐与西北各族融合。临洮（táo）：县名。治今甘肃岷县。

⑨陇西：秦汉行政区划。地处渭水上游，一度包括今甘肃天水、兰州等地区，秦汉时郡治在狄道（今甘肃临洮南）。

⑩天水：郡名。西汉置。故治平襄（即今甘肃通渭西北）。东汉改置为汉阳郡，并移治冀县（即今甘肃甘谷东）。

⑪参狼羌：汉代羌人的一支，主要分布在今甘肃南部武都地区，尤其是白龙江一带。

⑫永平元年：58年。永平，汉明帝刘庄的年号（58—75）。

⑬捕虏将军：官名。东汉初置，为杂号将军，主征伐。马武：字子张，南阳郡湖阳县（今河南唐河）人。云台二十八将之一。滇吾：烧当羌首领滇良之子。

⑭三辅：又称三秦，本指西汉武帝至东汉末年期间，治理长安京畿地区的三位官员京兆尹、左冯翊、右扶风，同时指这三位官员管辖的地区京兆、左冯翊、右扶风三个地方。

⑮章和：汉章帝年号，仅有二年（87—88）。核之今本《后汉书》，应为汉和帝永元十二年（100），译文从之。

⑯金城：郡名。西汉置，治今甘肃兰州西，初辖六县，属凉州。迷唐：烧当羌首领，是羌王迷吾的儿子，迷吾被东汉护羌校尉张纡设计杀死后，迷唐为首领，多次率领羌人对东汉作战。

⑰折伤：死伤。

⑱汉阳：郡名。治冀县（今甘肃甘谷东），属凉州。安定：郡名。西汉置，故治高平（即今宁夏固原）。东汉移治临泾（今甘肃镇原东南）。

⑲永初：汉安帝刘祜的年号（107—113）。

⑳豪右：富豪家族，世家大户。

㉑奔溃：逃散。

㉒寇掠：侵犯劫掠。

㉓陇道：地名。在今甘肃。

【译文】

建武九年，司徒掾班彪上书说："现今凉州部各郡都有投降的羌人，羌人披散头发，衣襟左衽，又跟汉人混杂居住，习俗与汉人不同，言语又不相通，屡次被小官吏跟狡黠的奸民侵害夺利，走投无路，难以平息愤恨，所以导致反叛。羌人蛮夷为寇叛乱，都是因为这个原因。应该在边境彰明王威，严加防备。"光武帝听从了他的意见。建武十一年夏天，先零种羌人又攻入临洮，被陇西太守马援击破，迫使其投降，将其迁徙到天水、陇西、扶风三郡。第二年，武都郡参狼羌反叛，马援又击败他们，让他们投降。永平元年，又派遣捕虏将军马武等人攻击羌人首领滇吾，滇吾逃向远方，剩下的羌人都逃散投降，迁徙七千人安置到三辅地区。永元十二年，金城太守侯霸跟羌人首领迷唐作战，羌人死伤甚众，族人离散。归降的六千多人，分别迁徙到汉阳、安定、陇西郡。永初年间，众多投降的羌人分布在各个郡县，都被当地官吏豪民所奴役，怨仇不断积累，终于同时逃散，大肆侵扰劫掠，截断陇道。

　　时羌归附既久①，无复器甲，或持竹竿木枝以代戈矛②，或负板案以为楯③，或执铜镜以象兵④。郡县不能制，遣车骑将军邓骘⑤，征西校尉任尚副⑥，将五营及三辅兵合五万人屯汉阳⑦。骘使尚率诸郡兵与滇零等战于平襄⑧，尚军大败。于是滇零自称天子于北地，招集武都参狼、上郡、西河诸杂种⑨，众遂大盛，东犯赵、魏⑩，南入益州，寇钞三辅⑪，断陇道。湟中诸县粟石万钱⑫，百姓死亡不可胜数。朝廷不能制，而转运难剧⑬，遂诏骘还师，留任尚屯汉阳。复遣骑都尉任仁督诸郡屯兵⑭。仁战每不利，众羌乘胜，汉兵数挫，羌遂入寇河东，至河内。百姓相惊，多奔南度河⑮。使北军中候朱宠将五营士屯孟津⑯，诏魏郡、赵国、常山、中山⑰，缮作坞候六百一十六所⑱。

【注释】

①时羌归附既久：本段节录自《西羌传》。

②板案：木板桌案。戈矛：戈和矛，泛指兵器。

③楯：同"盾"，古代作战时用来抵御敌人刀箭等的兵器。

④铜镜：古代照面的用具，铜制，一般作圆形，照面的一面磨光发亮，背面常铸花纹。象兵：伪装兵器。

⑤邓骘（zhì）：字昭伯，南阳郡新野县（今河南新野南）人。太傅邓禹之孙，护羌校尉邓训之子，和熹皇后邓绥之兄，汉和帝、殇帝、安帝三朝，先后任郎中、虎贲中郎将、车骑将军、仪同三司，掌控朝政。永初元年（107），封上蔡侯，邓骘推辞，不久拜大将军。建光元年（121），邓绥去世，安帝再封邓骘为上蔡侯，位特进。不久，邓骘为宦官李闰等诬陷，改封罗侯。回到封国后，绝食自杀。

⑥征西校尉：官名。东汉置，校尉是仅低于将军的武官，掌领兵屯卫或征伐，俸比二千石，下有司马等官。任尚：东汉将领，初任护羌校尉邓训的护羌府长史，后接替班超继任西域都护，被封为乐亭侯，先后担任侍御史、中郎将。元初五年（118），任尚因与邓遵争功，而且虚报斩杀羌人数量、接受贿赂，被召回京师在闹市斩首，尸体暴露街头，财产都被没收。

⑦五营：指屯骑、越骑、步兵、长水、射声五校尉所领部队。

⑧平襄：古县名。西汉置，治今甘肃通渭西北。

⑨上郡：郡名。战国魏置。秦时治所在肤施（今陕西榆林东南）。东汉建安二十年（215）废。西河：郡名。西汉置，故治平定（今内蒙古东胜）。东汉移治离石（今山西离石）。

⑩赵：指战国七雄之一赵国的故地，在今山西、河北一带。魏：指战国七雄之一魏国故地，在今山西、河南一带。

⑪寇钞：劫掠。

⑫湟中：指湟水两岸。

⑬转运：运输。

⑭骑都尉：官名。汉武帝始置，属光禄勋，秩比二千石，掌监羽林骑，无定员。督：统领，督率。

⑮度：通"渡"。河：黄河。

⑯朱宠：字仲威，京兆杜陵（今陕西西安）人。初入大将军邓骘幕府，迁颍川太守，转北军中候，迁大司农，坐事免官，迁大鸿胪。汉顺帝即位，拜太尉、录尚书事，封安乡侯，坐事罢官，从此不仕。

⑰赵国：东汉诸侯国，建武二年（26），刘秀封叔父刘良为广阳王，五年，徙赵王，传七世，治所邯郸（今河北邯郸西南）。常山：郡、国名。治所在元氏（今河北元氏西北）。

⑱坞候：防御用的土堡，土障。

【译文】

当时羌人归附时间已经很久，不再拥有兵器，有的手持竹竿木棍来代替矛戈等武器，有的背着木板桌案当盾牌，有的拿着铜镜，伪装兵器。各郡县不能制止叛乱，朝廷便派遣车骑将军邓骘领兵，征西校尉任尚为副，率领五营以及三辅士兵合计五万人驻屯在汉阳郡。邓骘让任尚率领各个郡的士兵跟羌人首领滇零等在平襄作战，任尚的军队大败。于是滇零在北地郡自称天子，联合武都参狼部落，以及散布在上郡、西河郡的各个羌人部族，叛军声势壮大，向东侵犯赵、魏之地，向南进入益州，劫掠三辅，断绝陇道。湟水两岸各县的谷子一石卖到一万钱，百姓死亡不可胜数。朝廷不能控制局面，而且运输困难加剧，于是就诏令邓骘班师，留下任尚驻屯汉阳。又派遣骑都尉任仁统率各个郡驻屯的士兵。任仁每战失利，羌人部众乘胜作战，汉军屡次受挫，羌人就侵入河东郡，直至河内郡。百姓受到惊扰，大多南逃渡过黄河。朝廷派北军中候朱宠率领五营军士驻屯孟津，下诏令让魏郡、赵国、常山郡、中山修缮建造防御的土堡、土障六百一十六所。

羌既转盛^①，而二千石、令、长并无守战意^②，皆争上徙郡县以避寇难^③。朝廷从之，遂移陇西徙襄武^④，安定徙美阳^⑤，北地徙池阳^⑥，上郡徙衙^⑦。百姓恋土，不乐去旧，遂乃刈其禾稼^⑧，发彻室屋^⑨，夷营壁^⑩，破积聚^⑪。时连旱蝗饥荒，而驱蹙劫略^⑫，流离分散，随道死亡，或弃捐老弱，或为人仆妾，丧其太半。自羌叛，十余年间，兵连师老^⑬，不暂宁息^⑭，军旅之费，转运委输^⑮，用二百四十余亿。府帑空竭^⑯，延及内郡。边民死者，不可胜数。并、凉二州，遂至虚耗^⑰。

【注释】

①羌既转盛：本段节录自《西羌传》。

②令、长：指县令、县长。

③上徙：指上奏疏请求迁徙。

④襄武：西汉置，属陇西郡，治所在今甘肃陇西东南，东汉末移陇西郡治此。

⑤美阳：古县名。战国秦置，治所在今陕西武功西北。

⑥池阳：县名。在今陕西泾阳和三原，汉惠帝时置，景帝时属左内史，后属司隶校尉部左冯翊。后由于羌族作乱，东汉永初五年（111）之后，北地郡内徙池阳县。

⑦衙：县名。汉景帝置，在今陕西白水一带，属左冯翊。

⑧刈：割。

⑨发彻：毁坏。

⑩夷：平。营壁：营垒。

⑪积聚：指积累聚集起来的物资或钱财。

⑫驱蹙：驱赶促迫。

⑬老：疲惫，困乏。

⑭宁息：平静。

⑮委（wèi）输：运送。

⑯府帑：国库。

⑰虚耗：空竭。

【译文】

　　羌人势力越来越大，而郡县长官都没有防守战斗的意志，都争着上书，要求向内地迁徙郡县来躲避羌人。朝廷听从了，于是就把陇西郡迁移到襄武，安定郡迁移到美阳，北地郡移到池阳，上郡迁移到衙。百姓留恋土地，不乐意离开故乡，于是官吏就割掉庄稼，毁坏房屋，平掉营垒，破坏积蓄。当时接连发生旱灾、蝗灾，导致饥荒，而官吏驱赶逼迫，盗贼趁机打劫，百姓流离失散，一路不断有人死亡，有的人丢弃了老弱，有的成为别人的奴婢，死丧者超过一半。自从羌人叛乱，十几年中，兵患连年，军队疲惫，没有片刻平静，军队的耗费、转运物资的消耗，用去二百四十多亿钱。国库空虚的情况蔓延到内地各郡。边民死者难以统计。并州、凉州于是逐渐空虚竭尽，大伤元气。

　　论曰①：中兴以后，边难渐大。朝规失绥御之和②，戎帅骞然诺之信③。其内属者，或侹偬于豪右之手④，或屈折于奴仆之勤⑤。塞候时清⑥，则愤怒而思祸；桴革暂动⑦，则属鞬而鸟惊⑧。故永初之间⑨，群种蜂起⑩，自西戎作逆⑪，未有凌斥上国若斯其炽者也⑫。呜呼！昔先王疆理九土⑬，判别畿荒⑭，知夷貊殊性⑮，难以道御，故斥远诸华⑯，薄其贡职⑰，唯与辞要而已⑱。若二汉御戎之方⑲，失其本矣。何则？先零侵境，赵充国迁之内地⑳；当煎作寇㉑，马援徙之三辅。贪其暂安之势，信其驯服之情，计日用之权宜，忘经世之远略㉒，岂夫识微者之为乎㉓？故微子垂泣于象箸㉔，辛有浩叹于伊川也㉕。

【注释】

①论曰：本段节录自《西羌传》。

②绥御：安定抵御。

③戎帅：军队的统帅。骞：亏损。然诺：应允。引申为言而有信。

④倥偬：困苦窘迫。

⑤屈折：屈身。勤：尽力多做，不断地做。

⑥候：斥候，军候，军中任侦察之事者。

⑦桴（fú）革：鼓槌与战甲，指兵革。桴，通"枹"。

⑧属（zhǔ）：佩带。鞬（jiān）：马上盛弓矢的器具。

⑨永初：汉安帝刘祜的年号（107—113）。

⑩蜂起：像群蜂飞舞，纷然并起。

⑪西戎：古代西北戎族的总称。

⑫凌斥：欺凌。上国：指中原朝廷。

⑬疆理：划分，治理。九土：九州的土地。

⑭判别：辨别。畿：指京城管辖的地区。荒：古以离王都最远处为荒服，也泛指边地、远方。

⑮夷貊（mò）：古时对东方和北方民族之称，也泛指各少数民族。

⑯诸华：等于说诸夏，指中原诸国，后指中原。

⑰贡职：贡赋，贡品。

⑱辞要：等于说结盟。

⑲二汉：前后汉。御戎：抵御戎羌等少数族群。

⑳先零侵境，赵充国迁之内地：西汉时，后将军赵充国击破先零羌，在金城郡设置属国，让投降的羌人居住。

㉑当煎作寇，马援徙之三辅：东汉时，当煎羌众扰边，马援击之，战后，徙其一部于三辅。

㉒经世：治理国事。

㉓识微：指看到事物的苗头而能察知它的本质和发展趋向。

㉔微子垂泣于象箸：据《韩非子》《史记》，微子当为箕子，译文从之。商纣制象牙筷子，箕子感叹流泪说："象箸不能跟陶簋相配使用，不能盛上粗劣的食物，必须用犀角宝玉的杯子，吃熊掌豹胎。"认为商纣必会日益奢侈，政事也随之腐败。

㉕辛有浩叹于伊川：据说周平王东迁时，大夫辛有路经伊川，看见田野中有个披散头发祭祀的人，就说："用不了一百年，这个地方大概会成为戎狄的地方了吧！"后来秦国把陆浑戎迁移到伊川。事见《左传·僖公二十二年》。这是说中原之地不适宜迁移戎狄来居住，以后将成为祸患。

【译文】

评论说：光武中兴之后，边疆问题逐渐严重。朝廷对羌人的政策缺乏安抚控制的和平方针，将帅也对羌人不讲承诺。那些内附的羌人，有的受尽豪强大族所役使的困苦，有的成为奴隶家仆，屈膝卑躬听凭使唤。边塞警报一时停止，羌人就心怀愤怒，企图作乱；战鼓一响，他们就背负箭袋跨上战马，像惊鸟一样奔驰。所以永初年间，边疆各个羌人部族纷然并起叛乱，自从西羌作乱以来，对中原朝廷的欺凌没有像这样严重的。唉！从前先王治理国家，畿内荒边判别分明，知道夷貊异族气性不同，难以用王道去统治管理，因此排斥它们远离中原华夏，规定贡赋十分轻微，仅与它们结盟罢了。至于说两汉抵御戎羌等少数族群的方法，从根本上就错了。为什么呢？先零羌侵犯边境，赵充国把他们迁移到内地；当煎羌作乱反叛，马援把他们迁移到三辅。贪图短暂平安的局势，相信他们驯服的表情，只考量短期内的权宜之计，忘记了治理国事的长远谋略，难道这是见微知著者的作为吗？所以箕子见到象牙筷子而哭泣，辛有在伊川发出长叹。

鲜卑

熹平三年^①，夏育为护乌桓校尉^②。六年夏，鲜卑寇三边^③。秋，育上言，请征幽州诸郡兵出塞击之^④。帝乃拜田晏为破鲜卑中郎将^⑤，大臣多有不同。乃召百官议，议郎蔡邕议曰："《书》载猾夏^⑥，《易》伐鬼方^⑦，周有猃狁、蛮荆之师^⑧，汉有阗颜、瀚海之事^⑨，征讨殊类^⑩，所由尚矣^⑪。然而时有同异，势有可否，故谋有得失，事有成败，不可齐也^⑫。

【注释】

①熹平三年：本段及以下几段均出自《鲜卑传》。熹平三年，174年。

②护乌桓校尉：西汉初，乌桓为冒顿单于所破，武帝时击破匈奴，乃迁乌桓人于上谷、渔阳、右北平、辽东等郡塞外，置护乌桓校尉，拥节，秩比二千石。东汉复此官，拥节，以监领其众，并领鲜卑，又名护乌丸校尉。

③鲜卑：我国古代少数民族名，是游牧部落东胡族的一支。秦汉时曾居于辽东，附于匈奴，东汉时北匈奴西迁后进入匈奴故地，势力渐盛。汉桓帝时鲜卑首领已建立军事行政联合体，分东、中、西三部，各置大人统领。联合体瓦解后，附属汉魏。三边：指东、西、北边陲。

④幽州：古九州及汉十三刺史部之一。东汉时辖郡、国十一，县、邑、侯国九十，其治所在蓟县，即今北京西南。

⑤中郎将：担任宫中护卫、侍从，属郎中令，分五官、左、右三中郎署，各署长官称中郎将，省称中郎。

⑥《书》载猾夏：见于《尚书·舜典》："蛮夷猾夏，寇贼奸宄。"猾夏，蛮夷祸乱中原华夏。

⑦《易》伐鬼方：见于《周易·既济》："高宗伐鬼方，三年克之。"鬼方，上古种族名，殷周西北境强敌。泛指边远之地少数民族。

⑧猃狁（xiǎn yǔn）：古代北方少数民族，就是后来的匈奴。蛮荆：古称长江流域中部荆州地区，即春秋楚国的地方，也指这一地区的人。师：出兵征伐，进军。

⑨汉有阗（tián）颜、瀚海之事：指汉武帝时，卫青、霍去病率大军进攻匈奴，卫青追至阗颜山（在今蒙古共和国境内杭爱山脉东南）而还，霍去病追至狼居胥山（在今蒙古共和国乌兰巴托东），临瀚海（今贝加尔湖，一说是今呼伦湖或贝尔湖）而还。

⑩殊类：古称少数民族。

⑪尚：久远。

⑫齐：相同。

【译文】

汉灵帝熹平三年，夏育担任护乌桓校尉。熹平六年夏天，鲜卑入侵三边。秋天，夏育上书说，请求征发幽州各郡士兵出塞攻击鲜卑。灵帝于是任命田晏为破鲜卑中郎将，大臣有多人不同意。于是召集百官商议，议郎蔡邕说："《尚书》告诫要提防戎狄扰乱华夏，《周易》记载征伐蛮夷鬼方，周朝有征伐猃狁、蛮荆的战争，前汉攻打匈奴直到阗颜山、瀚海。当时征讨异族的理由都是正确的。但是时代有差异了，形势有可行跟不可行，所以谋略有得有失，事情有成功有失败，是不能一样看待的。

"武帝情存远略①，志辟四方，南诛百越②，北讨强胡③，西征大宛④，东并朝鲜⑤。因文、景之蓄积⑥，藉天下之余饶，数十年间，官民俱匮。既而觉悟⑦，乃息兵罢役，封丞相为富民侯⑧。故主父偃曰⑨：'夫务战胜，穷武事，未有不悔者也。'夫以武帝神武⑩，将帅良猛，财富充实，所拓广远，犹有悔焉,况今人财并乏,事劣昔时乎⑪!昔段颎良将⑫,习兵善战,有事西羌,犹十余年。今育、晏才策,未必过颎,鲜卑种众,不弱于前,而虚计二载,自许有成⑬,若祸结兵连,岂得中休?当复征发众人,转运无已,是为耗竭诸夏⑭,并力蛮夷⑮。夫边垂之患,手足之蚧搔⑯;中国之困,胸背之瘭疽也⑰。

【注释】

①远略:经略远方。

②百越:古代南方越人的总称,分布在今浙、闽、粤、桂等地,因部落众多,故总称百越。

③强胡:指匈奴。

④大宛(yuān):古国名。为西域三十六国之一,北通康居,南面和西南面与大月氏接,产汗血马。大约在今中亚费尔干纳盆地。

⑤朝鲜:据《史记》记载,商纣王的叔父箕子在周武王伐纣后,带着商朝遗民东迁至朝鲜半岛北部,建立了箕子朝鲜。西汉初年,燕王卢绾叛汉后,其部将燕国将军卫满率千余人进入朝鲜,并在平壤一带建立政权,史称卫氏朝鲜。前108年,汉武帝灭卫氏朝鲜,并设置了乐浪、玄菟、真番、临屯四郡。

⑥文、景:汉文帝刘恒和汉景帝刘启。

⑦觉悟:自觉悔悟。

⑧封丞相为富民侯:汉武帝晚年封丞相车千秋为富民侯,用来表明要休养生息让民众富裕。

⑨主父偃:临淄(今山东淄博)人。西汉大臣。元光元年(前134),主父偃抵长安上书汉武帝,言九事,其一为谏伐匈奴。

⑩神武:指英明威武,多用以称颂帝王将相。

⑪劣:不如。

⑫段颎（jiǒng）：字纪明，武威姑臧（今甘肃武威）人，东汉名将。

⑬自许：自我评价。

⑭耗竭：消耗尽。

⑮并力：合力，全力。

⑯蚧搔：即疥搔，疥疮。蚧，通"疥"。

⑰瘭疽（biāo jū）：局部皮肤炎肿化脓的疮毒。

【译文】

"汉武帝致力于经略远地，在志向上要开辟四方，向南征战百越，向北讨伐匈奴，向西出征大宛，向东吞并朝鲜。这是凭着汉文帝、汉景帝时的积蓄，凭借天下多余的财富，而经过几十年征战，国力、民力都匮乏了。不久汉武帝自觉悔悟，于是停止用兵，罢除徭役，封丞相为富民侯。所以主父偃说：'一心求胜，致力于穷兵黩武，没有不后悔的。'凭借汉武帝的英明勇武，将帅大臣的勇猛用命，财富基础的充实，开拓了旷阔辽远的疆土，尚且还免不了后悔，何况今天人力物力钱财全都匮乏，形势比当年更为不如呢！从前段颎是良将，通晓军事善于作战，尚且跟羌人打了十几年。现今夏育、田晏的才能计策，未必超过段颎，而鲜卑的人数，不比从前少，夏育却估计两年就能成功，假如从此祸乱相继战事相连，难道能够中止吗？一定又会征发民众，不停地运输物资，结果为了全力对付蛮夷部族，把中原国力消耗殆尽。边境上的祸患，不过是手脚上的疥疮小患；中原的困境，才是发生在胸背的恶疮大患啊。

"昔高祖忍平城之耻①，吕后弃慢书之诟②。方之于今③，何者为甚？天设山河，秦筑长城，汉起塞垣④，所以别内外、异殊俗也。苟无蹙国内侮之患⑤，则可矣，岂与虫蚁校寇计争往来哉⑥！虽或破之，岂可殄尽⑦，而方令本朝为之旰食乎⑧？昔淮南王安谏伐越曰⑨：'如使越人蒙死以逆执事⑩，厮舆之卒⑪，有一不备而归者，虽得越王之首，犹为大汉羞之。'而欲以齐民易丑虏⑫，皇威辱外夷，就如其言，犹已危矣，况乎得失不可量耶？昔珠崖郡反⑬，孝元皇帝纳贾捐之言⑭，而下诏罢珠崖郡，此元帝所以发德音也⑮。

【注释】

①平城之耻：指白登之围。前200年，汉高祖刘邦被匈奴围困于平城白登山（今山西大同东北马铺山），使人厚赂阏氏才得以逃出。事见《史记·匈奴列传》。

②吕后弃慢书之诟：刘邦死后，匈奴冒顿单于给吕后一封侮辱性的信件，吕后想反击，但将领们说到平城之耻，吕后只能重新跟匈奴和亲。事见《史记·匈奴列传》。

③方：比拟，比较。

④塞垣：指汉代为抵御鲜卑所设的边塞。后亦指长城。

⑤蹙国：丧失国土。内侮：指一国之内以武力相侵。

⑥校寇：也作"狡寇"。计争：计较争执。

⑦殄（tiǎn）：灭绝。

⑧旰（gàn）食：晚食，这里指事务繁忙不能按时吃饭。

⑨淮南王安：即刘安，沛郡丰县（今江苏丰县）人。生于淮南（今属安徽），刘邦之孙，淮南厉王刘长之子。善为文辞，才思敏捷，奉武帝命作《离骚传》。曾招致宾客方术之士数千人，集体编写《鸿烈》（后称《淮南鸿烈》，也叫《淮南子》）。后以谋反罪下狱自杀。

⑩逆：反抗。

⑪厮舆：厮，打柴者。舆，驾车者。指干杂事劳役的奴隶，后泛指受人驱使的奴仆。

⑫齐民：平民。丑虏：对敌人的蔑称。

⑬珠崖：郡名。西汉置，故治曋都，即今海南琼山东南。汉元帝初元三年（前46）废。

⑭孝元皇帝：即汉元帝刘奭。贾捐之：字君房，洛阳（今属河南）人。元帝时，上疏言得失，召待诏金马门。初元元年（前48），珠崖郡反，元帝发兵击之，连年不定，纳贾捐之进言，罢珠崖郡。

⑮德音：德言，指合乎仁德的言语、教令。

【译文】

“从前汉高祖忍受了在平城被围困的耻辱，吕后也不把匈奴冒顿单于书信中的侮辱言辞放在心上。用这些跟今天比较，哪个更严重呢？上天设定山河，秦朝修建长城，汉朝筑起边关城墙，是用来区别内地和边疆，分别不同的习俗群落的。只要国家内地没有紧迫忧患之事，那就行了，难道还要跟虫蚁一样的狡寇斤斤计较，争执长短吗？即使有时可打败他们，但难道能够把他们全部消灭干净，还值得让我们汉朝为了进攻他们，忙碌得不能按时吃饭吗？从前淮南王刘安劝谏征伐南越说：‘假如越人冒死迎战，以致打柴驾车的仆从，有一个不能完好无伤地归来，这样即使斩获了越王的首级，还是要替我堂堂大汉感到羞耻。’而竟打算用内地的人民交换边疆的外族，使皇帝的威严受辱于边民，即便能像夏育、田晏所说的那样，尚且仍有危机，何况得失成败又不可预料？从前珠崖郡反叛，汉元帝采纳贾捐之的进言，颁布诏令，撤销珠崖郡，这就是汉元帝所发出合乎仁德的声音。

“夫恤人救急，虽成郡列县①，尚犹弃之，况障塞之外②，未曾为民居者乎？守边之术，李牧善其略③；保塞之论，严尤申其要④。遗业犹在⑤，文章具存。循二子之策⑥，守先帝之规⑦，臣曰可矣。”帝不从，遂遣夏育出高柳⑧，田晏出云中⑨，匈奴中郎将臧旻率南单于出雁门⑩，檀石槐命三部大人各帅众逆战⑪。育等大败，丧其节传辎重⑫，各将数千骑奔还，死者十七八，缘边莫不被毒也。

【注释】

①成郡：指完整的郡。列县：指大县。

②障塞：指边塞险要处防御用的城堡要塞。

③守边之术，李牧善其略：战国时，赵国名将李牧守边，固守不战，积累实力，等待时机，一战致胜。详见本书卷十二。

④保塞之论，严尤申其要：据《汉书·匈奴传》，王莽出击匈奴。将领严尤劝谏说："匈奴为害已久，征伐匈奴的，有周、秦、汉三家，但都没有能用上策的，周宣王是中策，汉武帝是下策，秦始皇是无策。"进一步提出攻打匈奴面临的五大难题，建议谨慎出兵，战则宜求速胜。

⑤遗业：前人传下来的事业。

⑥二子：指李牧、严尤。

⑦先帝：指前文提到的汉武帝、汉元帝。

⑧高柳：县名。西汉置，故治在今山西阳高西北。东汉末废。为军事要地。

⑨云中：郡名。战国赵置。治云中县（今内蒙古托克托东北）。两汉因之，东汉末废。

⑩匈奴中郎将：官名。汉武帝始以中郎将出使匈奴。东汉始置使匈奴中郎将，亦有护匈奴中郎将、领中郎将、行中郎将以及北中郎将等别称。作为中央政府派出的使节，负有监护匈奴之责。南单于：建武二十四年（48），匈奴分裂为二，其一南下附汉，被称为南匈奴。雁门：郡名。战国赵置。秦、西汉治所在善无（今山西左云西南），东汉移治阴馆（今山西代县西北）。

⑪檀石槐：东汉末鲜卑部族首领。他统一了东西诸部落，立庭于弹

汗山。兵马强盛，征战四方，尽据匈奴故地。又将其辖地分为东、中、西三部，每部各置大人为首领。屡与汉、南匈奴军激战。大人：两汉以降少数族部落首领及贵族的称号。逆战：迎战。

⑫节传：符信。辎重：指随军运载的军用器械、粮秣等。

【译文】

"为了救济百姓急难，即使是整郡大县，尚且还要把它丢弃，何况边塞城堡之外，没有我朝民众居住的地方呢？守卫边境的战术，李牧的策略最好；保守边境的论述，严尤申述切中要害。他们传下的事业还有遗留，他们书写的文章也都存在。遵循李牧、严尤二人的计策，遵守先帝的成规，臣认为这就可以了。"灵帝不听从，就派遣夏育出高柳，田晏出云中，匈奴中郎将臧旻率附汉的南匈奴出雁门，鲜卑首领檀石槐命令三部首领各自率领兵众迎战。夏育等人大败，丢弃了符节辎重，各自率领几千骑兵逃回，战死的占了十分之七八，边境地方没有不遭受鲜卑侵害的。

魏志(上)

【题解】

《三国志》六十五卷,西晋史学家陈寿著。

《三国志》完整地记叙了自汉末至晋初近百年间中国由分裂走向统一的历史全貌。其中《魏书》三十卷,《蜀书》十五卷,《吴书》二十卷。当时魏、吴两国已有史书,如官修的王沈《魏书》、私撰的鱼豢《魏略》,官修的韦昭《吴书》,此三书当是陈寿依据的基本材料。蜀国无史官一职,故自行采集,仅得十五卷。陈寿是晋朝臣子,晋承魏而得天下,故《三国志》尊魏为正统,《魏志》有本纪四卷以及列传,蜀、吴二志只有列传。

《三国志》最早以《魏志》《蜀志》《吴志》三书单独流传,直到北宋咸平六年(1003)三书才合为一书,而最终成书。故《群书治要》分别以《魏志》《蜀志》《吴志》为名节录。陈寿叙事简略,记事翔实,文采斐然,在材料的取舍上也十分严慎,为历代史学家所重视。史学界把《史记》《汉书》《后汉书》《三国志》合称为"前四史",视为纪传体史学名著。但其叙事有时太简,不免有所疏略;而且叙述有所回护,书法常用曲笔隐讳,阅读时应认真分析。

刘宋时,宋文帝命裴松之为《三国志》作注。于原书过略处,裴松之广为搜罗,收集了三国时期的原始材料达二百一十种,博引各家著作的原文,注文字数约超过原书的三倍,极大地丰富了原书的内容,虽有繁芜之讥，而所引用的原始材料今天大部分已经亡佚，因而史料价值非常珍贵。裴注不仅解释地理名物等，更主要的在于补充原书记载的遗漏和纠正错误。对于陈寿议论的不当之处，裴注也加以批评。

陈寿，字承祚，巴西安汉（今四川南充）人。师事同郡学者谯周，在蜀汉时任观阁令史。当时受宦官排挤不得志。入晋后，任著作郎，领本部中正，《三国志》即完成于此时。后任治书侍御史，晋惠帝元康七年（297）卒。

裴松之，字世期，河东闻喜（今山西闻喜）人。南朝宋著名史学家，任中书侍郎兼司、冀二州大中正。元嘉二十八年（451）卒，年八十岁。

本卷节录了《魏志·纪》的四位君主：曹操、曹丕、曹叡、齐王曹芳以及袁绍，《后妃传》中的两位皇后，《传》中的二十位人物。

纪

太祖武皇帝①，沛国人②，姓曹，讳操，字孟德。建安四年③，袁绍将攻许④。公进军黎阳⑤，绍众大溃。公收绍书中，得许下及军中人书⑥，皆焚之。《魏氏春秋》曰⑦：公云："当绍之强，孤犹不能自保，而况众人乎！"七年，令曰："吾起义兵，为天下除暴乱⑧。旧土人民⑨，死丧略尽，国中终日行，不见所识，使吾凄怆伤怀⑩。其举义兵已来，将士绝无后者⑪，求其亲戚以后之⑫，授土田，官给耕牛，置学师教之⑬。为存者立庙，使视其先人⑭。魂而有灵，吾百年之后何恨哉⑮！"

【注释】

①太祖武皇帝：本段节录自《武帝纪》。太祖武皇帝，指曹操，本名吉利，字孟德，小名阿瞒，沛国谯县（今安徽亳州）人。三国时期

魏国奠基人。太尉曹嵩之子,举孝廉出身,选为郎官,历任洛阳北部尉、顿丘令、议郎,拜骑都尉,镇压黄巾起义,迁济南相,政教大行,一郡清平,迁典军校尉。组织关东诸侯联军讨伐董卓,迁东郡太守,拜为兖州牧。迎接汉献帝,拜司隶校尉、录尚书事、司空,迁丞相,挟天子以令诸侯。消灭二袁、吕布、刘表、马超、韩遂等割据势力,降服南匈奴、乌桓、鲜卑等,基本统一北方,推行有效政策,恢复经济生产和稳定社会秩序。汉献帝封为魏公,加加九锡。建安二十一年(216),封为魏王。建安二十五年(220),病逝于洛阳,终年六十六岁,谥号为武。次子曹丕称帝后,追尊为武皇帝,庙号太祖。

②沛国:王侯国,治所在相县(今安徽濉溪西北)。

③建安四年:199年。建安,汉献帝的年号(196—220)。

④袁绍:字本初,汝南汝阳(今河南周口西南)人。出身汝南袁氏,其家族有四世三公之称。袁绍早年任中军校尉、司隶校尉,曾指挥诛杀宦官。初平元年(190),讨董卓,为关东联军首领。后占据冀州,又夺青、并二州,于建安四年(199)击败了割据幽州的公孙瓒,统一河北,但在建安五年(200)的官渡之战中败于曹操,建安七年(202),袁绍在平定冀州叛乱之后病死。许:县名。春秋许国,秦改置县。东汉末,曹操迎献帝都此,称许都。三国魏改为许昌,为其五都之一,故称许昌宫或许城。故治在今河南许昌西南。

⑤黎阳:县名。汉高祖时置县,在今河南浚县,自古以来为兵家重地。

⑥许下:许县一带地区。

⑦《魏氏春秋》:东晋史学家孙盛撰,记述三国曹魏政权之事。原书二十卷,现已亡佚,散见于《弘明集》《广弘明集》《全晋文》《世说新语》和《三国志》裴松之注中。

⑧暴乱:指社会发生骚动变乱。

⑨旧土:故乡。

⑩凄怆：悲伤，悲凉。伤怀：伤心。

⑪后：指后裔，后代。

⑫后之：作他们的后嗣。

⑬学师：教师。

⑭视：今本《三国志》作"祀"。

⑮恨：遗憾。

【译文】

　　魏太祖武皇帝，是沛国人，姓曹，名操，字孟德。建安四年，袁绍将进攻许都。曹公进军黎阳，官渡之战，袁绍的军队大溃败。曹公从收缴的袁绍文书中，得到了许都官员以及自己军队中的人写给袁绍的书信，全都烧毁了。《魏氏春秋》说：曹公说："当袁绍强大的时候，我自己尚且不能自保，何况其他人呢！"建安七年，下令说："我兴起义兵，是为天下铲除暴乱。故乡的民众，而今几乎死光了，在县境内走一整天，看不见一个过去认识的人，让我悲凉伤心得很。从我兴起义兵以来，那些死去断绝后裔的将士，要寻访他们的亲戚作为后裔，分给田地，官家供给耕牛，设置学校请老师来教导他们。给活着的人建立祠庙，让他们有地方祭祀祖先。假如死者有灵，我百年之后又有什么遗憾呢！"

　　十二年①，令曰："吾起义兵诛暴乱，于今十九年，所征必克，岂吾功哉？乃贤士大夫之力也。天下虽未悉定，吾当要与贤士大夫共定之。而专飨其劳②，吾何以安焉！其促定功行封。"于是大封功臣二十余人皆为列侯③，其余各以次受封，及复死事之孤④，轻重各有差⑤。十九年，安定太守毌丘兴将之官⑥，公戒之曰："羌胡欲与中国通⑦，自当遣人来，慎勿遣人往也。善人难得，必将教羌胡妄有所请求，因欲以自利。不从便为失异俗意⑧，从之则无益事。"兴至，遣校尉范陵至羌中^⑨，陵果教羌，使自请为属国都尉^⑩。公曰："吾预知当尔，非圣人也，但更事多耳^⑪。"二十五年卒^⑫。《魏书》曰^⑬：太祖自统御海内，艾夷群丑^⑭，御军三十余年，手不舍书，昼则讲军策^⑮，夜则思经传。雅性节俭，不好华容^⑯，后宫衣不锦绣，侍御履不二采^⑰，帷帐屏风，坏则补缀^⑱，茵蓐取温^⑲，无有缘饰^⑳。攻城拔邑，得靡丽之物^㉑，则悉以赐有功。勋劳宜赏^㉒，不吝千金；无功望施，分毫不与。四方献御，与群下共之也。

【注释】

①十二年：本段节录自《武帝纪》。建安十二年，207年。

②飨：通"享"。享受，享有。

③列侯：爵名。秦制，爵分二十级，最高为彻侯。汉承秦制，为避汉武帝刘彻讳，改彻侯为通侯，或称列侯。金印紫绶，有封邑，得食租税。曹魏爵号初略如汉制，有列侯。至咸熙元年（264）改行五等爵制。

④复：免附徭役或赋税。孤：为国事而死之人的子女。

⑤有差：不一，有区别。

⑥安定：郡名。西汉置。三国魏安定郡属雍州，治临泾县（今甘肃镇原南）。大守：即太守。毌（guàn）丘兴：河东闻喜（今山西闻喜）人。魏将毌丘俭之父。魏文帝黄初中为武威太守，因镇压黄巾起义及讨伐叛胡有功，封高阳乡侯，入为将作大匠。

⑦羌胡：指我国古代的羌族和匈奴族，也用来泛称我国古代西北部的少数民族。

⑧异俗：指与汉族风俗不同的羌族。

⑨校尉：官名。秦置。汉武帝初置八校尉，为掌管特种军队的将领。汉制，一般军队中将军以下的武官有校尉。又有城门、司隶校尉等

官。派往边疆少数民族地区的长官,亦有称校尉者。三国时因之。

⑩属国都尉:官名。掌边郡安置之归属蛮夷。秦置典属国官,管理归义蛮夷。汉承秦制,仍设典属国。汉武帝时,置属国都尉。东汉至三国时,边郡仍置其官,职位相当于郡尉。

⑪更事:经历世事。

⑫二十五年卒:天明本无"卒"字,据今本《三国志》补。

⑬《魏书》:曹魏时王沈与荀颛、阮籍一同撰写的史书。

⑭芟(shān)夷:刈除,消灭。群丑:邪恶之众。

⑮军策:军书战策。

⑯华容:华丽的姿容。

⑰侍御:侍奉君王的妃嫔。

⑱补缀:泛指修补。

⑲茵蓐(rù):即茵褥,床垫子。

⑳缘饰:镶边加饰,绘饰。

㉑靡丽:精美华丽。

㉒勋劳:功勋,功劳。

【译文】

建安十二年,曹公下令说:"我兴起义兵诛灭暴乱,到今天已经十九年了,出兵征讨一定能战胜,难道是我个人的功劳吗? 这是贤良的士大夫们尽力的结果。天下还没有完全平定,我应当跟贤良的士大夫们共同平定它。但是现在我独自享有功劳,怎么能够心安呢? 我命令赶快评定功劳实行封赏。"于是大举封赏功臣二十多人,都封为列侯,其余的各自按功劳大小次序接受封赏,还宣布对阵亡人员的子女免去赋税和徭役,优待的轻重各有差别。建安十九年,安定太守毌丘兴将要赴任,曹公告诫他说:"羌人想要同中原交往,自己应当派遣人来,切记别派人去。善良的人难找,不好的人去了以后,必定会教唆羌人胡乱提要求,想要借此给自己谋利。我们不答应,就会失去异族的人心;答应了,那就对国家没有什么好事。"毌丘兴到任,派遣校尉范陵到羌人那里,范陵果然教唆羌人,让他们请求朝廷任命自己为属国都尉。曹公说:"我早知道会是这样的,并不因为我是圣人,只不过经历的事情多罢了。"建安二十五年,魏王去世。《魏书》说:太祖自起兵统御天下,消灭邪恶之众以来,统率军队三十多年,手中没有放下过书,白天讲演军书战策,夜里思考经传典籍。生性节俭,不喜好华丽的姿容,后宫女子的衣裳不用锦绣,事奉的妃嫔鞋子没有两样以上的颜色,帷幕屏风坏了就加以修补,床垫子只用于取暖,没有什么镶边装饰。攻下城池,得到精美华丽的物品,都奖赏给有功劳的人。应该奖赏的功劳,不吝惜千金赏赐;没有功劳却希望施舍,一分一毫也不给。各地进献的贡品,跟下级群臣共同享用。

　　文皇帝讳丕①,字子桓,武帝太子也。黄初二年②,诏以议郎孔羡为宗圣侯③,奉孔子祀。令鲁郡修起旧庙④,置百户吏卒以守卫之⑤。日有蚀之⑥,有司奏免太尉⑦,诏曰:"灾异之作⑧,以谴元首⑨,而归过股肱⑩,岂禹、汤罪己之义乎⑪?其令百官各虔厥职⑫,后有天地之眚⑬,勿复劾三公⑭。"

【注释】

①文皇帝讳丕:本段节录自《文帝纪》。丕,曹丕,字子桓,沛国谯县(今安徽亳州)人。即曹魏开国皇帝魏文帝。曹操次子,母为武宣卞皇后。

②黄初二年:221年。黄初,魏文帝曹丕的年号(220—226)。

③议郎:官名。郎中令属官,为郎官中地位较高者。秦置,西汉因之,掌顾问应对。东汉及三国仍沿置。孔羡:孔子的第二十一代孙。

④鲁郡:郡名。西汉初改薛郡置鲁国。治所在鲁县(今山东曲阜)。

⑤百户吏卒:一百户专门承担兵役的家庭。

⑥蚀:日月食,这里指日食。

⑦太尉：官名。汉置，与丞相、御史大夫合称三公，职掌军事，但无发兵、领兵之权，仅为武官的最高荣誉职务，作为皇帝的军事顾问。武帝时改称大司马。东汉建武二十七年（51）改复旧称，综理军政，职权渐重，与司徒、司空合称三公，地位最尊。曹魏黄初元年（220）始置太尉，但无实际职位，不参预朝政。

⑧灾异：指自然灾害或某些异常的自然现象。

⑨元首：君主。

⑩股肱：大腿和胳膊。比喻辅佐君主的大臣。

⑪罪己：引咎自责。

⑫虔：恭敬，诚心。

⑬眚（shěng）：日食之类的灾异。

⑭三公：古代中央三种最高官衔的合称。曹魏以太尉、司徒、司空为三公。

【译文】

魏文帝的名字叫丕，字子桓，是魏武帝曹操的太子。黄初二年，下诏封议郎孔羡为宗圣侯，负责对孔子的祭祀。命令鲁郡把孔庙修复起来，派遣一百户专门承担兵役的家庭充当守卫。发生日食，主管官员按惯例上奏请求罢免太尉，文帝下诏说："发生灾害和反常现象，这是上天用来谴责君主的，却要把过错归结到辅佐大臣身上，难道合乎夏禹、商汤引咎自责的道理吗？我命令所有官员各自尽忠职守，以后再发生天地灾害异常现象，不要再弹劾三公。"

三年①，表首阳山东为寿陵②，作终制曰③："礼，国君即位为椑④，存不忌亡也④。封树之制⑤，非上古也，吾无取焉。寿陵因山为体，无为封树，无立寝殿⑥，造园邑⑦，通神道⑧。夫葬者，藏也，欲人之不得见也。骨无痛痒之知，冢非栖神之宅,礼不墓祭^⑨,欲存亡之不黩也^⑩,为棺椁足以朽骨^⑪,衣衾足以朽肉而已^⑫。故吾营此丘墟不食之地^⑬,欲使易代之后不知其处^⑭。无施苇炭^⑮,无藏金银铜铁,一以瓦器^⑯,合古涂车、刍灵之义^⑰。饭含无以珠玉^⑱,无施珠襦玉柙^⑲,诸愚俗所为也。

【注释】

①三年:本段及以下几段均出自《文帝纪》。三年,指黄初三年(222)。

②表:标明,标出。首阳山:位于河南偃师,为邙山在偃师境内的最高处,因"日出之初,光必先及"而得名。寿陵:指帝后生前预筑的陵墓。

③终制:死者生前对丧葬礼制的嘱咐。

④椑(bì):内棺。后亦泛指棺材。

④忌:今本《三国志》作"忘"。

⑤封树:堆土为坟,植树为饰。据说是古代士以上的葬礼。

⑥寝殿:指陵墓的正殿。

⑦园邑:汉魏为守护陵园所置的县邑。

⑧神道:墓道,所谓神行之道。

⑨墓祭:在墓前祭祀,扫墓。

⑩黩:滥用,轻慢不敬。

⑪朽骨:使骨头朽烂。

⑫衣衾:指装殓死者的衣服与单被。朽肉:使肌肉腐朽。

⑬丘墟:废墟,荒地。不食之地:不宜耕种的土地。

⑭易代:更换朝代。

⑮苇:芦苇。炭:即蜃炭,放置在墓穴,用来防潮。

⑯瓦器:以陶土制作的陪葬器物。

⑰涂车：泥车。古代送葬用的明器。刍（chú）灵：用茅草扎成的人马，为古人送葬之物。

⑱饭含：古丧礼，用珠、玉、贝、米等物纳于死者之口。

⑲珠襦（rú）玉柙（xiá）：古代帝、后及贵族的殓服。据《汉旧仪》记载，珠襦玉柙是用珍珠做成短衣，像铠甲一样，用黄金作为丝线缀连缝上，腰以下，用玉做成匣子，到脚，也用黄金线缝上。大约像出土的金缕玉衣。

【译文】

黄初三年，在首阳山东作标记作为文帝的陵寝，并写下遗嘱说："按照礼制，国君登上君位后就要制作棺材，表示活着的时候不忘记死亡呀。在墓穴上起坟，又在坟上栽树，不是上古就有的制度，我不会采用。我的陵墓利用自然的山形，不要堆土植树，不要修建寝殿，不要建造守护陵园的县邑，不要修通神道。所谓葬，就是藏，就是不想让人看见。枯骨没有痛痒的感知，坟冢不是神魂栖息的住宅，礼规定了不在坟墓前祭祀，这是想要让活着的人不要去轻慢打扰死者，所以棺椁只要保存到骨头朽烂就可以，装殓的衣被只要能够保持到肌肉腐朽也就够了。所以我选这块不易耕种的荒山营建陵墓，就是想改朝换代之后没人知道我埋葬的地方。墓穴里不要使用防潮的苇和炭，不要埋藏金银铜铁器物，陪葬一概使用瓦器，这样符合古礼使用泥车、草人草马之类物品殉葬的意义。放进死者口中的饭含不要使用珍珠宝玉，不要穿上珠襦玉柙，这都是那些愚蠢俗人才做的事。

"季孙以玙璠敛①，孔子譬之暴骸中原②。宋公厚葬③，君子谓华元、乐吕不臣④。汉文帝之不发霸陵⑤，无求也；光武之掘原陵⑥，封树也。霸陵之完，功在释之⑦；原陵之掘，罪在明帝⑧。是释之忠以利君，明帝爱以害亲也。忠臣孝子⑨，宜思仲尼、丘明、释之之言⑩，鉴华元、乐吕、明帝之戒，存于所以安君定亲⑪，使魂灵万载无危，斯则贤圣之忠孝矣⑫。自古及今，未有不亡之国，是无不掘之墓⑬。丧乱以来⑭，汉氏诸陵无不发掘，至乃烧取玉柙金缕，骸骨并尽，岂不重痛哉！其皇后及贵人以下⑮，不随王之国者⑯，有终没皆葬涧西⑰。魂而有灵，无不之也⑱，一涧之间，不足为远。若违诏，妄有所变改造施⑲，吾为戮死地下，死而重死。臣子为蔑死君父⑳，不忠不孝。其以此诏藏之宗庙㉑，副在尚书、秘书、三府㉒。"

【注释】

①季孙：即季平子。春秋后期鲁国掌权的贵族，鲁桓公少子季友的后裔，三桓之一。玙璠（yú fán）：美玉。敛：通"殓"。给死者穿衣，入棺。

②暴（pù）骸：暴露尸骸。暴，同"曝"。中原：原野之中。

③宋公：指宋文公。春秋时宋国国君。

④君子：《左传》中借"君子"之口对人物事件发表评论。华元：春秋时宋国大夫。乐吕：即乐莒（jǔ），春秋时宋国司寇。不臣：不守臣节，不合臣道。二人在宋文公死后主持丧事，实行厚葬，受到《左传》的批评。

⑤霸陵：汉文帝刘恒陵寝，也作"灞陵"，位于今陕西西安东郊白鹿原江村大墓。

⑥原陵：汉光武帝刘秀和光烈皇后阴丽华的合葬陵园，位于今河南洛阳。

⑦霸陵之完，功在释之：张释之升任中郎将，跟随汉文帝和慎夫人到了霸陵。汉文帝登临后对群臣说："用北山的石头做椁，缝隙用切

碎的苎麻丝絮堵住，再用漆粘涂在上面，难道还能打开吗？"群臣都随声附和。张释之进言说："如果里面有能引起人们贪欲的东西，即使封铸南山做棺椁，也会有缝隙；如果里面没有引发人们贪欲的东西，即使没有石椁，又哪里用得着忧虑呢！"文帝称赞张释之的说法，后来任命他做了廷尉。事见《史记·张释之冯唐列传》。

⑧原陵之掘，罪在明帝：据史书记载，刘秀从50年开始修建原陵，要求节省，临终前又再次下旨强调，不要用贵重物品陪葬。但刘秀死后，汉明帝刘庄将原陵建造得奢华无比，所以才招来了盗掘。事见《后汉书·光武帝纪》、《后汉书·明帝纪》注引《帝王纪》。

⑨忠臣：此处对朝臣而言。孝子：此处对家属而言。

⑩丘明：即左丘明。

⑪存乎所以：关心怎样做才能够。

⑫贤圣之忠孝：真正的忠孝，相对"诸愚俗所为"而言。

⑬是无：今本《三国志》作"亦无"。

⑭丧乱：死亡祸乱，后多用来形容时势或政局动乱。

⑮贵人：魏官后妃的名称。

⑯之国：前往封地。

⑰终没：寿终。涧西：曹丕的陵称为首阳陵，位于首阳山东，所以这条涧是首阳山山涧。

⑱之：往，去。

⑲变改：改变。

⑳蔑：背弃。

㉑其：表示祈使。当，可。宗庙：古代帝王、诸侯祭祀祖宗的庙宇。

㉒尚书：即尚书台，这时已成为总理国家政务的中枢。秘书：官署名。东汉后期设立的专门管理国家藏书、文件档案的中央机构。三府：汉制，三公皆可开府，三府即太尉、司徒、司空府。

【译文】

"季孙死后,家臣要用美玉作为陪葬,孔子比喻说是要把尸骸暴露在原野之中。宋文公被厚葬,《左传》评论说主持丧事的华元、乐吕不合臣道。文帝的霸陵没有被发掘,是因为没有要求厚葬;光武帝的原陵被发掘,是因为封土为坟、植树为饰的葬礼。霸陵的完好,功劳在于张释之的进言;原陵被盗掘,罪过在于汉明帝的修建。这意味着张释之的忠诚对君主有利,汉明帝对父母的爱反而害了父母。忠臣孝子,应该思考孔子、左丘明、张释之的言语,把华元、乐吕、汉明帝作为鉴戒,关心怎样才能让国君父母死后安宁,让他们的灵魂万年之后也没有危险,这就是圣君贤臣的忠诚孝道啊。从古代到今天,没有不灭亡的国家,也没有不被盗掘的陵墓。从天下动乱以来,汉朝各位皇帝的陵墓没有不被盗掘的,甚至达到为获取金缕玉衣,把尸骨全都烧光的程度,难道不是死亡之后再忍受一次痛苦吗? 皇后及贵人以下的妃子,没有跟随封王的儿子到封地去的,寿终就都埋葬在陵墓的山涧西边。魂魄如果有灵的话,没有去不了的地方,隔着一条山涧,不能算远。假如以后违反今天这道诏令,随意加以改变,实施厚葬,就等于把我的尸身在地下再杀戮一次,死了又要死亡。作为臣子和儿子,就是背弃死去的君主和父亲,不忠不孝。要把这一诏令收藏在宗庙,副本放在尚书台、秘书署和三府。"

五年①,诏曰:"先王制礼,所以昭孝事祖②,大则郊社③,其次宗庙、三辰五行、名山大川④。非此族也⑤,不在祀典⑥。叔世衰乱⑦,崇信巫史⑧,至乃宫殿之内,户牖之间⑨,无不沃酹⑩,甚矣其惑也。自今其敢设非祀之祭、巫祝之言⑪,皆以执左道论⑫。"

【注释】

①五年：本段节录自《文帝纪》。五年，黄初五年（224）。

②昭孝：显示孝道。

③郊：郊祀天地。社：祭祀社稷。

④三辰：指日、月、星。

⑤族：类。

⑥祀典：记载祭祀仪礼的典籍。

⑦叔世：末世，衰乱的时代。

⑧巫史：古代从事求神占卜等活动的人叫巫，掌管天文、星象、历数、史册的人叫史，这些职务最初往往由一人兼任，统称巫史。

⑨户牖（yǒu）：门窗。

⑩沃酹（lèi）：用酒浇地来而祭奠。

⑪非祀：指不在祀典规定之中。巫祝：古代称事鬼神者为巫，祭主赞词者为祝。后连用以指掌占卜祭祀的人。

⑫左道：邪门旁道。

【译文】

黄初五年，颁布诏令说："先王制定了礼，是用来显示孝心、尊奉祖先的，大的方面就是祭祀天地社稷，其次是祭宗庙、三辰五行、名山大川。不属于这一类的祭祀对象，祀典就不会列入。末世衰乱，人们崇拜相信巫师，甚至在宫殿之内，门窗之间，无论何处都用酒浇地进行祭祀，受到迷惑太深了！从今开始，如有胆敢设置不在祀典的祭祀，或以巫祝之言惑众的，都以执行邪道论处。"

明皇帝讳叡①，字元仲，文帝太子也。青龙元年②，祀故大将军夏侯惇等于太祖庙庭③。《魏书》载诏曰："昔先王之礼，于功臣存则显其爵禄④，没则祭于大蒸⑤，故汉氏功臣，祠于庙庭。大魏元功之臣⑥，功勋优著、终始休明者⑦，其皆依礼祀之。"于是以惇等配厚也^⑧。

【注释】

①明皇帝讳叡（ruì）：本段节录自《明帝纪》。叡，指魏明帝曹叡，字元仲，沛国谯县（今安徽亳州）人。三国曹魏第二任皇帝，魏文帝曹丕长子，母为文昭甄皇后。

②青龙元年：233年。青龙，魏明帝曹叡的年号（233—237）。

③夏侯惇（dūn）：字元让，沛国谯县（今安徽亳州）人。西汉开国元勋夏侯婴的后代。曹操起兵，夏侯惇是其最早的将领之一，多次为曹操镇守后方，历任折冲校尉、济阴太守、建武将军，官至大将军，封高安乡侯，追谥忠侯。青龙元年（233），得以配飨太祖宗庙。庙庭：宗庙，神庙。

④显：使显荣。

⑤大蒸：即大烝，祭名。冬时祭先王，以功臣配飨。

⑥元功：大功，首功。

⑦休明：美善明智。

⑧配厚：今本《三国志》作“配飨”。

【译文】

魏明帝名字叫叡，字元仲，是魏文帝的太子。青龙元年，他在魏太祖曹操的神庙祭祀已故的大将军夏侯惇等。《魏书》记载诏书说：“从前先王礼遇功臣，在功臣活着的时候就要给他们显赫的爵位俸禄，功臣去世后就要让他们祭祀先王时配飨，所以汉朝的功臣，要在宗庙中祭祀。我大魏首功的臣子，功勋优厚显著、始终美善明智的，都应该依照礼制祭祀他们。”于是让夏侯惇等人配飨皇帝宗庙。

三年^①。《魏略》曰^②：是年起大极诸殿^③，筑总章观^④。又于芳林园中起陂池^⑤，楫棹越歌^⑥。又于列殿之北立八坊^⑦，诸才人以

次序处其中⑧，秩名拟百官之数。使博士马均作水转百戏⑨，鱼龙蔓延⑩，备如汉西京之制⑪，筑阊阖诸门阙外罘罳⑫。太子舍人张茂以吴、蜀数动⑬，诸将出征，而帝盛兴宫室，留意于玩饰⑭，赐与无度，帑藏空竭⑮，又录夺士女前已嫁为吏民妻者⑯，还以配士，既听以生口自赎⑰，又简选其有姿色者⑱，内之掖庭⑲，乃上书谏曰：“臣伏见诏书，诸士女嫁非士者，一切录夺，以配战士，斯诚权时之宜⑳，然非大化之善者也㉑。臣请论之。陛下，天之子；百姓吏民㉒，亦陛下之子也。今夺彼以与此，亦无以异于夺兄之妻妻弟也，于父母之恩偏矣。又诏书听得以生口代，故富者则倾家尽产，贫者举假贷贳㉓，贵买生口以赎其妻。县官以配士为名㉔，而实内之掖庭，其丑恶者乃出与士。得妇者未必有欢心，而失妻者必有忧色，或穷或愁，皆不得志㉕。

【注释】

①三年：本段及以下几段均出自《明帝纪》。三年，青龙三年（235）。

②《魏略》：魏郎中鱼豢撰，为三国时记载魏国的史书。原书已佚。

③大极诸殿：大极，即太极。太极诸殿包括太极前殿（正殿）和左、右两侧的太极东堂、太极西堂等偏殿建筑。故址在魏都洛阳宫城内，今河南洛阳白马寺一带。

④总章观：魏明帝时建，在今河南洛阳东北魏晋故城内。总章，古代天子明堂之西向室，取西方总成万物而章明之意。

⑤芳林园：建于东汉，故址在今河南洛阳白马寺一带。陂（bēi）池：池沼，池塘。

⑥楫棹（jí zhào）：船桨，短桨称楫，长桨称棹。这里指划桨。越歌：越人歌之类的百越地区民歌。

⑦坊：别室，专用的房舍。

⑧才人：宫中女官名，多为妃嫔的称号。

⑨马均:一作马钧。字德衡,三国魏扶风(今陕西兴平)人。发明家、机械制造家。在魏国担任给事中之职,主要成就包括还原指南车,改进织绫机,发明龙骨水车,制作轮转式抛石机,制作水转百戏,改制诸葛连弩等。水转百戏:有人曾向明帝进献一套"百戏"木偶,明帝要求马均让木偶活动起来。马均遂在木偶小戏台下,以木头制成原动轮,轮间设置机关,以水力推动原动轮,带动所有木偶旋转活动。百戏,古代乐舞杂技的总称。

⑩鱼龙蔓延:古代百戏杂耍名,由艺人执持制作的珍异动物模型表演,有幻化的情节。

⑪西京:西汉都城长安,故称长安为西京。

⑫阊阖(chāng hé):皇宫的正门。阙:宫门、城门两侧的高台,中间有道路,台上起楼观。罘罳(fú sī):古代设在宫门外或城角的屏,上面有孔,形似网,用以守望和防御。

⑬太子舍人:官名。秦置。汉沿置。太子少傅之属官,掌宫中宿卫。张茂:字彦林,沛郡人。

⑭玩饰:供赏玩的佩饰。

⑮帑(tǎng)藏:国库。

⑯录:拘捕。

⑰听:听凭,任凭。生口:指奴隶或被贩卖的人。

⑱简选:选择。

⑲内(nà):同"纳"。纳入。掖庭:宫中旁舍,妃嫔居住的地方。

⑳权时:暂时。

㉑大化:广远深入的教化。

㉒吏民:官吏庶民。

㉓举假:借贷。贷贳(shì):借贷赊欠。

㉔县官:朝廷。

㉕得志:指实现其心愿。

【译文】

青龙三年。《魏略》记载说：这一年建起太极各殿，修筑总章观。又在芳林园中修起池塘，在里面荡舟划桨，唱南南越歌谣。又在各个大殿的北面建立八坊，有"才人"封号的妃嫔按次序安置其中，俸禄品级与百官相仿。让博士马均制作水力运转的乐舞木偶，安排了珍奇动物模型幻化表演，完备如同西京长安旧制，于阊阖诸门阙外修筑屏壁。太子舍人张茂因为吴、蜀屡次出兵，诸将出征，而明帝却大力修建宫室，只关心玩饰，赏赐给予没有限度，国库空虚竭尽，又诏令搜括强取天下士女，已经嫁给普通官吏民众为妻的，一律改嫁给出征兵士，允许以奴隶自赎，又选择其中有姿色的，纳入后宫，于是张茂上书劝谏说："臣见到诏书，那些士人女子嫁给非士家子的，一律被剥夺拆散，分配给战士，这是权宜之计，但并非完善而有益教化的好措施。臣请求对此分析评论。陛下，是上天的儿子；小吏平民，也是陛下的儿子。现在夺取那个给予这个，也就跟夺取哥哥的妻子给弟弟没什么不同，对父母的恩情来说是有所偏爱了。又下诏书说，允许以奴隶代替，所以富人倾家荡产，穷人借钱赊欠，高价买奴隶来赎回自己的妻子。朝廷名义上说给战士配妻子，其实是纳入后宫，那些皇宫中容貌丑恶的才配给士兵。得到妻子的人未必有欢喜的心情，失去妻子的人必有忧愁的脸色，或者穷困或者忧愁，都不如愿。

"夫君有天下而不得万姓之欢心者，鲜不危殆。且军师在外数十万人，一日之费非徒千金，举天下之赋以奉此役①，犹将不给，况复有宫庭非员无录之女②，椒房母后之家③，赏赐横兴④，其费半军。昔汉武帝好神仙，信方士⑤，掘地为海，封土为山⑥，赖此时天下为一，莫敢与争者耳。自衰乱以来，四五十载，马不舍鞍，士不释甲，每一交战，血流丹野⑦，疮痍号痛之声，于今未已。犹强寇在疆，图危魏室。陛下当兢兢业业⑧，念崇节约，思所以安天下者，而乃奢靡是务，中尚方纯作玩弄之物⑨，炫耀后园⑩，建承露之盘⑪，斯诚快耳目之观⑫，然亦足以骋寇仇之心矣。惜乎！舍尧、舜之节俭，而为汉武之侈事，臣窃为陛下不取也⑬。愿陛下霈然下诏⑭，事无益而有损者，悉除去之，以所除无益之费，厚赐将士父母妻子之饥寒者，问民所疾而除其所恶，实仓廪，缮甲兵，恪恭以临天下⑮。如是，吴贼面缚⑯，蜀虏舆榇⑰，不待诛而自服，太平之路可计日而待也。臣年五十，常恐至死无以报国，是以投躯没命，冒昧以闻⑱，唯陛下裁察⑲。"书通，上顾左右曰："张茂恃乡里故也⑳。"以事付散骑而已㉑。

【注释】

①役：事。

②非员：不属于编制的。

③椒房：汉代皇后所居官殿，以椒和泥涂墙，取温、香、多子之义。代指皇后。母后：皇太后。

④横兴：额外地进行。

⑤方士：方术之士，古代自称能访仙炼丹以求长生不老的人。

⑥封土：堆土。

⑦丹野：血染红原野。

⑧兢兢业业：谨慎戒惧的样子。

⑨中尚方：官名。秦置尚方令，汉因之，至武帝时又分为中、左、右三尚方。曹魏因置中尚方，主制帝王所用刀剑及其他镂镶金银珠玉的贵重器皿。

⑩炫耀：显扬，夸耀。

⑪承露之盘：汉武帝迷信神仙，在建章宫筑神明台，立铜仙人舒掌捧铜盘承接甘露，希望饮用以延年。

⑫观：玩赏。

⑬窃：私下。不取：不赞成，不采取。

⑭霈然：雨雪充沛的样子，比喻赐给恩泽。

⑮恪恭：恭谨，恭敬。

⑯面缚：手反绑于背而面向前，古代用来表示投降。

⑰舆榇（chèn）：载棺以随，表示决死或有罪当死。榇，古时指内棺，后泛指棺材。

⑱冒昧：冒犯，无知而妄为。多用于自谦。

⑲裁察：裁断审察。

⑳乡里：同乡。

㉑散骑：官名。即散骑常侍，曹魏初年，并散骑、中常侍为一，故称散骑常侍，以士人任职。入则规谏过失，备皇帝顾问，出则骑马散从。

【译文】

"君主拥有天下却不能得到千万民众欢心，很少有不陷于危险的。况且军队驻扎在外的有几十万人，一天的开支不仅仅是千金，全天下的赋税用在这件事情上，尚且供给不上，何况皇宫中还有那么多编制之外的女子，对皇后、太后娘家随意赏赐，费用达到军费的一半。从前汉武帝喜好神仙，相信方士，挖掘大地为海，堆起黄土为山，只是靠着当时天下统一，没有人敢跟他相争罢了。自从衰乱以来，四五十年，马不离鞍，人不离甲，每一次交战，流下的鲜血染红了田野，困苦的民众号呼痛苦的声音，到今天还没有停息。在边疆还有强大的敌寇，图谋危害魏室。陛下应当谨慎戒惧，念念不忘崇尚节约，思考如何才能安定天下，现在却竟然只追求奢侈靡费，中尚方制作出玩弄之物，炫耀于后宫，竖起承露盘，这诚然可以让耳目愉悦，但是也足够助长敌人的野心。可惜啊！舍弃了尧、舜的节俭，而去做汉武帝一样的奢侈之事，臣私下觉得陛下这种做法不值得称道。希望陛下颁下诏书赐予恩泽，把对国家无益而有害的事项全都废除，用以此省下来的费用，来重赏将士们饥寒交迫的父母妻儿，调查民众的痛苦，除去他们厌恶的事情，充实仓库，修缮武器，态度恭谨地君临天下。如果能这样做，吴国逆贼就会反绑投降，蜀国强虏就会自来领死，不用我们诛讨，自己就服从，天下太平的日子也就指日可待了。臣今年五十岁了，经常担心到死也没有什么能报效国家的，所以情愿舍弃性命，冒昧上奏，希望陛下裁决明察。"奏书通禀，明帝回头对左右亲信说："张茂是仗着与我同乡的缘故才这么说的。"随手把事情交给散骑常侍处理了。

景初元年①。《魏略》曰：是岁，徙长安诸钟簴、骆驼、铜人、承露盘②。盘折，铜人重不可致，留于霸城③。大发铜铸作铜人二，号曰翁仲④，列坐于司马门外⑤。又铸黄龙、凤皇各一⑥，置内殿前。起土山于芳林园，使公卿群僚负土成山，树松竹杂木善草于其上⑦，捕山禽杂兽置其中。《魏略》载董寻上书曰："臣闻古之直士⑧，尽言于国⑨，不避死亡。故周昌比高祖于桀、纣⑩，刘辅譬赵后于人婢⑪。天生忠直，虽白刃沸汤⑫，往而不顾者，诚为时主爱惜天下也⑬。若今之宫室狭小，当广大之⑭，犹宜随时，不妨农务⑮，况乃作无益之物，黄龙、凤皇、九龙、承露盘、土山、渊池⑯，其功三倍于殿舍⑰。三公、九卿、侍中、尚书⑱，天下至德，皆知非道而不敢言者，以陛下春秋方刚⑲，心畏雷霆⑳。今陛下既尊群臣，显以冠冕㉑，被以文绣㉒，载以华舆，所以异于小人，而使穿方举土㉓，面目垢黑，沾体涂足，衣冠了鸟㉔，毁国之光，以崇无益，甚非谓也㉕。孔子曰：'君使臣以礼，臣事君以忠㉖。'无礼无忠，国何以立！故有君不君，臣不臣，上下不通，心怀郁结㉗，使阴阳不和，灾害屡降，凶恶之徒，因间而起㉘，谁当为陛下尽言事者乎？又谁当干万乘以死为戏乎㉙？臣知言出必死，而臣自比于牛之一毛，生既无益，死亦何损？秉笔流涕㉚，心与世辞。"既通，帝曰："董寻不畏死耶！"主者奏收寻㉛，有诏勿问之也㉜。

【注释】

①本段节录自《明帝纪》。景初元年，237年。景初，魏明帝曹叡的年号（237—239）。

②钟簴（jù）：一种悬钟的格架，上有猛兽为饰。簴，悬挂钟磬的立柱。

③霸城：地名。在今陕西西安东北。

④翁仲：传说中秦时巨人之名，秦始皇铸铜人以象之，后多用为铜铸巨人之名。

⑤司马门：皇宫的外门。

⑥凤皇：即凤凰。

⑦树：种植。

⑧直士：正直、耿直之士。

⑨尽言：直言，指畅所欲言，毫无保留。

⑩周昌：沛郡人，秦末随刘邦入关破秦，任御史大夫，封汾阴侯。他耿直敢言，定太子，后为赵王刘如意相，如意为吕后所杀，周昌自觉辜负刘邦，郁闷不乐，三年后去世。

⑪刘辅譬赵后于人婢：西汉时，成帝打算立婕妤赵飞燕为皇后，大臣刘辅上书劝谏，汉成帝派侍御史拘捕刘辅，关进监狱，因群臣解救，减死罪一等，判为鬼薪（秦汉时的一种徒刑），为宗庙采供柴薪。终于家。事见《汉书·刘辅传》。人婢，刘辅在奏疏中说皇帝"倾于卑贱之女"。

⑫白刃：锋利的刀。

⑬时主：当代的君主。

⑭广大：扩大。

⑮农务：农事。

⑯渊池：深池。

⑰功：工程。

⑱三公：古代中央三种最高官衔的合称，当时以太尉、司徒、司空为三公。九卿：古代中央政府的九个高级官职，当时以太常、光禄勋、卫尉、太仆、廷尉、大鸿胪、宗正、司农、少府为九卿。侍中：为正规官职外的加官之一，因侍从皇帝左右，出入宫廷，与闻朝政，逐渐变为亲信贵重之职。尚书：始置于战国时，或称掌书，尚即执

掌之义。秦为少府属官,汉武帝提高皇权,因尚书在皇帝左右办事,掌管文书奏章,地位逐渐重要,东汉时正式成为协助皇帝处理政务的官员。魏晋以后,尚书事务益繁。

⑲春秋:年纪,特指年轻。方刚:即血气方刚,指年轻人精力正旺盛。

⑳雷霆:对帝王或尊者的暴怒的敬称。

㉑冠冕:古代帝王、官员所戴的帽子。

㉒文绣:刺绣华美的丝织品或衣服。

㉓穿方:挖土为立方,用以计算定量。

㉔了鸟:物体悬挂的样子。

㉕非谓:没有意义,不合道理。

㉖君使臣以礼,臣事君以忠:见于《论语·八佾》。君主对臣下以礼相待,臣子以忠心侍奉君主。

㉗郁结:纠结、凝结的样子。

㉘因间:乘隙,趁机会。

㉙干:干犯,触犯。万乘:指皇帝。

㉚秉笔:执笔。

㉛主者:主管人。收:拘捕。

㉜问:追究。

【译文】

景初元年。《魏略》说:这一年,把长安的各种钟架、骆驼、铜人、承露盘都迁去洛阳。盘子折断了,铜人太重挪不走,留在了霸城。于是广为征集黄铜,铸造成两个铜人,称号叫翁仲,摆放在司马门外。又铸造黄龙、凤凰各一个,放置在内殿的前面。在芳林园堆起土山,让公卿群臣背土筑山,在上面种植松树、竹子各种树木以及奇花异草,捕捉禽鸟野兽放在山中。《魏略》记载董寻上书说:"我听说古代正直的士人,对国家毫无保留地直言,不怕死亡。所以周昌把汉高祖比成桀、纣,刘辅把赵皇后飞燕比喻成婢女。天生忠直的人,即使是面对锋利的刀、滚开的水,仍然一往无前,义无反顾,真的是为了当时的君主而爱惜天下呀。假如现今宫室狭小,要扩大它,也应该顺应天时，不要妨碍农耕生产，何况制作无用的东西，黄龙、凤凰、九龙、承露盘、土山、深池，所费的工夫是建筑宫殿房屋的三倍。三公、九卿、侍中、尚书，这都是天下道德至高的人，都知道这不合乎治道却不敢说，是因为陛下年轻气盛，怕您大发雷霆。如今陛下既然尊重群臣，让他们头戴官帽，穿着绣衣，出门乘坐华丽的车子，这都是为了让他们区别于平民百姓，却又让他们挖掘土方背负泥土，满脸污黑，泥土粘在身上，涂在脚上，衣冠不整，这是损害国家的光彩，来推崇无益的事情，太没有意义了。孔子说：'君主对臣下以礼相待，臣子以忠心侍奉君主。'没有礼没有忠，国家秩序拿什么来确立？所以会君不像君，臣不像臣，上下不通气，内心怀着怨冈，使得阴阳二气不能相和，灾害多次降临，穷凶极恶的人，乘机起来闹事，有谁肯为陛下进献忠正的直言呢？又有谁敢去触犯皇帝，把死亡当成儿戏呢？我知道这些话说出来必定会死，但我把自己比成牛身上的一根毛，活着没什么益处，死了又有什么损失呢？臣持笔流泪，内心与世辞别了。"奏折送达，明帝说："董寻是不怕死的呀！"主管官员上奏要求拘捕董寻，明帝下诏不让追究这件事。

齐王芳字兰卿[①]。正始八年[②]，尚书何晏奏曰[③]："善为国者必先治其身，治其身者慎其所习[④]。所习正，则其身正，其身正，则不令而行；所习不正，则虽令不从[⑤]。是故为人君者，所与游必择正人，所观览必察正象，放郑声而弗听[⑥]，远佞人而弗近[⑦]，然后邪心不生，而正道可宏也。季末暗主[⑧]，不知损益[⑨]，斥远君子，引近小人，忠良疏远，便辟褒狎[⑩]，乱生近昵[⑪]，譬之社鼠[⑫]。考其昏明[⑬]，所积以然，故圣贤谆谆以为至虑[⑭]。舜戒禹曰：'邻哉，邻哉[⑮]！'言慎所近也；周公戒成王曰：'其朋，其朋[⑯]！'言慎所与也[⑰]。《诗》云：'一人有庆，兆民赖之[⑱]。'自今以后，可御幸式乾殿[⑲]，及游豫后园[⑳]，皆大臣侍从，因从容戏宴，兼省文书，询谋政事，讲论经籍，为万世法。"

【注释】

①齐王芳字兰卿：本段节录自《三少帝纪·齐王芳纪》。齐王芳，即曹芳，字兰卿，魏明帝曹叡养子，三国时期曹魏第三位皇帝。

②正始八年：247年。正始，齐王曹芳的年号（240—249）。

③何晏：字平叔，南阳宛（今河南南阳）人。东汉大将军何进之孙，其母尹氏，曹操纳为夫人。他自幼为曹操收养，以才秀知名，好老庄，始倡玄言。娶魏公主。正始初，曹爽辅政，任为散骑常侍，迁侍中尚书。与夏侯玄等均以清谈著名，士大夫效之，遂成一时风气。因附曹爽，为司马懿所杀。作《道德论》及诸文赋凡数十篇，今佚，有《论语集解》传世。

④所习：指所熟悉的人。

⑤"其身正"几句：出自《论语·子路》。原文为："其身正，不令而行；其身不正，虽令不从。"

⑥放：禁绝，排斥。

⑦远：使疏远。佞人：善于花言巧语，阿谀奉承的人。

⑧季末：末世，衰世。暗主：昏庸的君主。

⑨损益：增减，兴革。

⑩便辟：邪佞之臣。亵狎：亲近宠幸。

⑪近昵：帝王所亲近狎昵的人，近臣。

⑫社鼠：社庙中的鼠。比喻有所依恃的小人。

⑬考：察考。

⑭谆谆：反复告诫、再三叮咛的样子。至虑：最大的忧虑。

⑮邻哉，邻哉：出自《尚书·益稷》："帝曰：'吁！臣哉邻哉，邻哉臣哉！'禹曰：'俞！'"舜说："唉！正直的大臣，才是最可亲近的人啊！最可亲近的人，只有那正直的大臣啊！"禹说："是啊！"邻，近。

⑯其朋，其朋：出自《尚书·洛诰》："孺子其朋，孺子其朋，其往！"周公对成王说："你应该和群臣一起啊！你应该和群臣一起啊！希望你们来呀！"

⑰所与：结交。

⑱一人有庆，兆民赖之：出自《尚书·吕刑》："一人有庆，兆民赖之，其宁惟永。"万民百姓都能分享这个福分，这是天下长久安宁之道。一人，指天子帝王。庆，指福分。《诗》云，应为《书》云。

⑲御幸：指皇帝驾临。式乾殿：宫殿名。故址在今河南洛阳白马寺一带。

⑳游豫：指帝王出巡。春巡为"游"，秋巡为"豫"。

【译文】

齐王曹芳，字兰卿。正始八年，尚书何晏上奏说："善于治国者必须先整治自身，整治自身的人会谨慎地选择所亲近熟悉的人。所亲近熟悉的人端正，那么他自身也就端正，他自身端正，那么不用命令，下面的人也会听从；所亲近的人不端正，那么即使命令了，下面的人也不会服从。因此当君主的，选择陪伴自己的人一定要挑正人君子，观看的东西必然是正确的内容，抛开靡靡之音，疏远谄媚的逢迎小人，这样才能不生邪心，正确的大道就得以弘扬。末代的君主们，不知道兴革利害，排斥君子，接近小人，忠良被疏远，邪佞获得亲近，祸乱在亲近的臣子中发生，就譬如有所依仗的社鼠。察考他何以昏庸，可以看出是坏的影响日积月累而造成的，所以古代圣贤反复告诫，把这当成最大的忧患。舜帝告诫禹说：'跟正直的臣子要亲近，要亲近！'这是说要慎重地对待亲近的人。周公告诫成王说：'和你忠诚的大臣一起来，和你忠诚的大臣一起来！'这是说要谨慎地对待交往的人。《尚书》说：'君王一人向善，万民都有依靠。'从今往后，期望皇帝驾临式乾殿以及出巡后园时，都要有大臣随身侍从，借空闲、游乐、宴饮的机会，陪同一起批阅有关文书，商议国家事务，讨论经书典籍，成为千秋万代的榜样。"

　　袁绍字本初①,汝南人也②。领冀州牧③,转为大将军④。出长子谭为青州⑤,沮授谏绍⑥:"必为祸始。"绍不听。《九州春秋》载授谏辞曰⑦:"世称一兔走⑧,万人逐之,一人获之,贪者悉止,分定故也⑨。且年均以贤,德均则卜⑩,古之制也。愿上惟先代成败之戒,下思逐兔分定之义。"绍曰:"孤欲令四儿各据一州⑪,以观其能。"授出曰:"祸其始此乎!"

【注释】

①袁绍字本初:本段节录自《董二袁刘传·袁绍传》。

②汝南:郡名。西汉始建,郡治在上蔡(今河南上蔡西南)。东汉移治平舆,即今河南平舆北。

③领:汉代以后,以地位较高的官员兼理较低的职务,叫做"领"。冀州:州名。西汉武帝置。为十三刺史部之一。东汉治所在高邑(今河北柏乡北),后移治邺县(今河北临漳西南),三国魏黄初中移治信都(今河北冀州)。牧:即州牧,一州之长,掌一州军政大权。

④转:迁职。大将军:官名。战国时设,汉因之,地位与三公相上下。汉武帝时起领录尚书事,外主征战,内秉国政,权势过于丞相。东汉多以贵戚任之,位在三公上。三国因置。

⑤出:使出任。谭:袁谭,字显思,袁绍长子,曾任青州刺史,袁绍去世后,审配等拥立袁尚为继承人。袁谭心怀愤恨,后二人矛盾爆发,袁谭联合曹操共同攻打袁尚。建安十年(205),在曹操急攻之下战败,为曹纯麾下虎豹骑所杀。青州:青州刺史。青州,州名。古九州之一。三国魏行政区十三州之一。故治临淄,即今山东淄博临淄区北。

⑥沮授:广平(治今河北鸡泽东)人,东汉末年袁绍帐下谋士,帮助袁绍统一河北。但许多谋略袁绍不采纳。袁绍大败后,沮授被俘

获，拒绝投降，谋归事败被杀。

⑦《九州春秋》：史书名。晋司马彪撰，已亡佚。后人有辑本一卷。

⑧走：奔跑。

⑨分（fèn）：名分，位分。

⑩卜：占卜。

⑪四儿：指袁绍的儿子袁谭、袁熙、袁尚、袁买。

【译文】

袁绍，字本初，汝南郡人。担任冀州牧，转任大将军。让长子袁谭出任青州刺史，沮授劝谏说："这样一定会成为灾祸的开端。"袁绍没有听从。《九州春秋》记载沮授劝谏的言辞说："世人说一只兔子奔跑，一万人追逐，一个人抓到了，即使贪财的人也会止步，这是因为名分确定的缘故啊。况且用人时，年龄相仿者要挑其中的贤士，德行相仿者要通过占卜，这是古来的规矩。希望您能以前代成败的教训为鉴戒，能深思追逐兔子名分确定的涵义。"袁绍说："我想让四个儿子各自占据一州，以便观察他们的能力。"沮授出来后说："灾祸大概就从这里开始了吧！"

绍进军黎阳①，太祖击破之。初，绍之南也②，田丰说绍曰③："曹公善用兵，变化无方④，众虽少⑤，未可轻也，不如以久持之。将军据山河之固⑥，拥四州之众⑦，外结英雄，内修农战，然后简其精锐⑧，分为奇兵，乘虚迭出，以扰河南⑨，救右则击其左，救左则击其右，使敌疲于奔命⑩，民不得安业。我未劳而彼已困，不及二年，可坐克也。今释庙胜之策⑪，而决成败于一战，若不如志，悔无及也。"绍不从，丰恳谏，绍怒以为沮众⑫，械系之⑬。绍军既败，或谓丰曰："君必见重。"丰曰："若军有利，吾必全；今军败，吾其死矣。"绍还，曰："吾不用田丰言，果为所笑。"遂杀之。

【注释】

①绍进军黎阳：本段节录自《董二袁刘传·袁绍传》。

②之：往。

③田丰：字元皓，钜鹿（治今河北宁晋）人。东汉末袁绍谋臣，官至冀州别驾。为人刚直，曾多次向袁绍进言而不被采纳。官渡之战后，被袁绍杀害。

④无方：无穷。

⑤众：指军队士兵。

⑥山河：指西山（太行山）和黄河。袁绍政治中心邺城，西枕西山，南依黄河。

⑦四州：指袁绍拥有的冀州、青州、并州、幽州。

⑧简：选拔。

⑨河南：指黄河以南地区。

⑩疲于奔命：指因忙于奔走应付而劳累不堪。

⑪庙胜：指朝廷预先制定的克敌制胜的谋略。

⑫沮众：使众人沮丧。

⑬械系：戴上镣铐，拘禁起来。

【译文】

袁绍进军黎阳，曹操击败了他。起初，袁绍进军南方时，田丰劝袁绍说："曹公善于用兵，变化无穷，兵力虽少，也不能轻视，对他不如用长久相持的方法。将军凭借西山和黄河的险固地势，拥有四州的军众，对外结交英雄豪杰，对内修治农耕战备，然后选拔精锐部队，分成几支奇兵，瞄准敌方的薄弱地带轮番出击，来袭扰黄河以南地区，曹军救右边就袭击左边，救左边就袭击右边，让敌人忙于奔命，民众不能安居乐业。我军还没有劳累，他们就已经疲惫，不用两年，就能坐等胜利。现今放弃在庙堂上就能克敌制胜的谋略，而靠一次战斗来决定胜败，如果这一仗不能如愿打赢，后悔也来不及了。"袁绍不听从，田丰恳切劝谏，袁绍非常生气,认为他败坏士气,给他戴上镣铐拘禁起来。袁绍军队溃败之后,有人对田丰说:"这下您一定会被重视。"田丰说:"如果我军胜利,我一定能保全性命;现今我军失败了,我恐怕就要死了。"袁绍回来后,说:"我没有采用田丰的意见,果然被他耻笑。"于是就杀了田丰。

后妃传

《易》称①:"男正位于外,女正位于内。男女正,天地之大义也②。"古先哲王莫不明后妃之制,顺天地之德,故二妃嫔妫③,虞道克隆;任、姒配姬④,周室用熙⑤。废兴存亡,恒此之由。《春秋》说云⑥:"天子十二女,诸侯九女。"考之情理,不易之典也⑦。而末世奢纵⑧,肆其侈欲⑨,至使男女怨旷⑩,感动和气⑪,惟色是崇,不本淑懿⑫。故风教陵迟⑬,而大纲毁泯⑭,岂不惜哉! 呜呼! 有国有家者⑮,其可以永鉴矣!

【注释】

①《易》称:本段节录自《后妃传》。

②"男正位于外"几句:见于《周易·家人·彖》。正位,指主其位。

③二妃:指传说中舜之妻娥皇、女英,死后成为湘水之神。嫔(pín):出嫁。妫(guī):河流名。在今山西永济南。传说舜居于此,尧将两个女儿嫁给他。

④任、姒(sì):周文王母太任与周武王母太姒的合称,古人认为她们是贤惠后妃的典范。姬:周王族的姓。

⑤熙:兴盛,兴起。

⑥《春秋》说:纬书关于《春秋》的解说。汉代出现了一批附会包括《春秋》在内的儒家经典并含有大量迷信和传说成分的书籍,叫

作纬书。

⑦典：常道，准则。

⑧奢纵：奢侈放纵。

⑨侈欲：过分的欲望。

⑩怨旷：指女无夫，男无妻。

⑪和气：阴阳调和之气。

⑫淑懿：心地善良。

⑬风教：风俗教化。陵迟：败坏，衰败。

⑭大纲：维系社会的基本准则。毁泯：毁坏泯灭。

⑮有国有家者：有国原指诸侯，有家原指大夫。这里指君臣。

【译文】

《周易》道："男子要在家庭的外部事务中居于主要的位置，女子要在家庭的内部事务中居于主要的位置。男女主位遵循正道，是天地间道义上的大事。"古代贤明的君王无不明确拟定后妃的制度，顺应天地的道德伦理，所以唐尧把娥皇、女英嫁给了居住于妫的舜，虞舜的事业能够隆盛；太任、太姒是周王族姬姓的配偶，周王室因此昌盛。国家的兴衰存亡，常常是与后妃制度有关。《春秋》纬书说："天子可以娶十二个女子，诸侯娶九个女子。"按情理考察，这是不可变易的制度。而末世君主奢侈放纵，肆意发泄自己的私欲，致使女子没有丈夫，男子没有妻子，破坏了阴阳调和之气，选择后妃时只看重美色，不管是否心地善良、品德高尚。所以社会风尚败坏而人伦纲纪泯灭，难道不可惜吗！哎呀！拥有国家的人，应该永远以此为鉴戒啊！

武宣卞皇后①，琅邪人②，文帝母也。黄初中，文帝欲追封太后父母，尚书陈群奏曰③："陛下应运受命，创业革制④，当永为后式⑤。案典籍之文⑥，无妇人裂土⑦，因夫爵⑧。秦违古制，汉氏因之，非先王之令典也⑨。"帝曰："此议是也⑩，其勿施行。以作著诏下，藏之台阁^⑪，永为后式。"

【注释】

①武宣卞皇后：本段节录自《后妃传·卞皇后传》。武宣卞皇后，琅邪开阳（今山东临沂）人。魏武帝曹操的正妻（继室），魏文帝曹丕、任城威王曹彰、陈思王曹植、萧怀王曹熊的母亲。原本倡家（专门从事音乐歌舞的乐人之家），后来与曹操成婚。建安初，原配丁夫人被废，卞夫人成为曹操的正妻，曹丕继位后尊其为皇太后，曹叡继位后尊其为太皇太后。去世后，与魏武帝曹操合葬高陵。武是曹操的谥号，宣是卞后的谥号，夫妻的谥号加在姓氏之前，是对死去后妃的正式称呼。

②琅邪：郡、国名。秦置郡。治所在琅邪（今山东胶南琅邪台西北）。西汉移治东武（今山东诸城）。辖境相当于今山东半岛东南部。东汉改为国，移治开阳（今山东临沂北）。亦作瑯邪、琅琊。

③陈群：字长文，颍川郡许昌县（今河南许昌东）人。东汉太丘长陈寔之孙，大鸿胪陈纪之子。三国时期著名政治家、曹魏重臣，魏晋南北朝选官制度"九品中正制"和曹魏律法《魏律》的主要创始人。

④革制：改革制度。

⑤式：准则，法度。

⑥案：通"按"。查考，考核。

⑦裂土：分封土地。

⑧因：因袭。

⑨令典：好的典章法度。

⑩是：对，正确。

⑪台阁：汉时指尚书台，后也泛指中央政府机构。

【译文】

武宣卞皇后，琅邪人，是魏文帝的母亲。黄初年间，魏文帝曹丕想要追封卞太后的父母亲，尚书陈群上奏说：“陛下顺应时运承受天命，创立大业改革制度，应当永久为后代效法。查核典籍中的文字，没有对妇女分封土地爵位的做法，都是依凭丈夫的爵位来确立地位。秦朝在这方面违背自古以来的制度，汉朝因袭下来，但这并不是先代君王的好法度。”文帝说：“这个提议很正确，追封还是不要实施了。把这个提议写在诏书上公布，收藏在尚书台，作为后世永久的准则。”

文德郭皇后[①]，广宗人也。黄初三年[②]，将登后位，中郎栈潜上疏曰[③]：“在昔帝王之有天下，不唯外辅，亦有内助[④]，治乱所由，盛衰从之。故西陵配黄[⑤]，英娥降妫[⑥]，并以贤明，流芳上世[⑦]。桀奔南巢[⑧]，祸阶末喜[⑨]；纣以炮烙[⑩]，怡悦妲己[⑪]。是以圣哲慎立元妃[⑫]，必取先代世族之家，择其令淑[⑬]，以统六宫[⑭]，虔奉宗庙，阴教聿修[⑮]。《易》曰：‘家道正而天下定[⑯]。’由内及外，先王之令典也。《春秋》书宗人衅夏云：‘无以妾为夫人之礼[⑰]。’齐桓誓命于葵丘[⑱]，亦曰：‘无以妾为妻。’今后宫嬖宠[⑲]，常亚乘舆[⑳]。若因爱登后，使贱人暴贵，臣恐后世下陵上替[㉑]，开张非度[㉒]，乱自上起也。”文帝不从。

【注释】

①文德郭皇后：本段节录自《后妃传·郭皇后传》。文德郭皇后，安平广宗（今河北威县）人。东汉南郡太守郭永之次女，魏文帝曹丕的皇后。文帝驾崩后，曹叡继位，尊奉郭氏为皇太后。后在许昌逝世，葬于洛阳首阳陵，谥曰文德皇后。

②黄初三年：222年。

③中郎：官名。秦官，汉沿置，属郎中令，其长称中郎将。供事禁中，

护卫侍从天子。汉武帝置五官、左、右三中郎将。以五官中郎将统领中郎。曹魏因置中郎，隶光禄勋。吴、蜀亦置。

④内助：称妻子对丈夫的帮助。

⑤西陵：在今指湖北宜昌西陵山境，这里指西陵女，即嫘祖，为黄帝妻子。

⑥英娥降妫：即娥皇女英嫁给虞舜。

⑦流芳：流传美好名誉。上世：远古时代。

⑧奔：败逃。南巢：古地名。在今安徽巢湖西南，是商汤放逐夏桀的地方。

⑨祸阶：指祸之所从来。阶，阶梯，比喻凭借或途径。末喜：有施氏之女，夏桀宠妃。也作"妹（mò）喜"。

⑩炮烙：相传是殷纣王所用的一种酷刑，用烧烤过的铜器来烧烫受刑的人。

⑪怡悦：取悦，喜悦。妲己：己姓，苏氏，字妲，有苏氏之女，纣王宠妃。

⑫圣哲：指称帝王。元妃：国君或诸侯的嫡妻。

⑬令淑：指德行善美。

⑭六宫：相传古代天子有六宫。后泛称皇后妃嫔所居宫殿。

⑮阴教：女子的教化。聿修：指继承发扬先人的德业。

⑯家道正而天下定：见于《周易·家人·象》，原句为："夫夫妇妇而家道正，正家而天下定矣。"

⑰无以妾为夫人之礼：见于《左传·哀公二十四年》："公子荆之母嬖，将以为夫人，使宗人衅夏献其礼。对曰：'无之。'公怒曰：'女为宗司，立夫人，国之大礼也，何故无之？'对曰：'周公及武公娶于薛，孝、惠娶于商，自桓以下娶于齐，此礼也则有。若以妾为夫人，则固无其礼也。'"春秋时，鲁哀公要立爱妾为夫人，命令主管宗庙祭祀的官员衅夏准备礼仪。衅夏说，掌握的礼仪里没有立妾为夫人这一种。意思是反对哀公的做法。

⑱齐桓誓命于葵丘：齐桓公三十五年（前651），齐桓公与各诸侯国在葵丘（今河南兰考）会盟。誓命，约束警戒之辞。

⑲嬖（bì）宠：受君主宠爱的人。

⑳乘舆：古代特指天子和诸侯所乘坐的车子，这里代指天子。

㉑下陵上替：在下者凌驾于上，在上者废弛无所作为。这是说上下失序，纲纪废坠。陵，通"凌"。

㉒开张：扩张。

【译文】

文德郭皇后，广宗人。黄初三年，文帝要立她为皇后，中郎栈潜上疏说："从前帝王治理天下，不仅要有外部大臣的辅佐，也要有宫内后妃的协助。后妃是国家治乱的根由，兴盛和衰亡也由此而来。所以说西陵女子嫘祖嫁给黄帝，女英、娥皇下嫁给虞舜。都因为贤明，在远古时就流传有美好的名声。夏桀亡国，被放逐到南巢，灾祸来自末喜；商纣使用炮烙的酷刑，是为了取悦妲己。因此英明的君王要谨慎地选择皇后，一定要从世代为官的高族名门中，选择人品贤惠的来充任嫡妻，以统率六宫，虔敬地奉献宗庙祖先，教化宫中女子。《周易》说：'家庭的规矩端正了，天下就能安定。'从宫内延到宫外，是先代君王的好办法。《春秋》记载宗人衅夏的话说：'没有以小妾为夫人的礼仪制度。'齐桓公在葵丘会合诸侯立誓，也提出：'不要让妾成为嫡妻。'现今后宫受到君主宠爱的姬妾，享受的礼仪规格常常仅次于皇帝。倘若因为宠爱她就让她当皇后，使得出身微贱的人骤然高贵，臣担心后代会出现地位低的凌驾于上，地位高的反而衰弱不振，妾的势力扩张而无节制的局面，到时候祸乱就从上面兴起。"魏文帝没有听从。

传

夏侯尚字伯仁①。子玄②，字太初，少知名③，累迁散骑常侍、中护军④。司马宣王问以时事⑤，玄议以为："夫官才用人⑥，国之柄也⑦，故铨衡专于台阁⑧，上之分也⑨；孝行存乎闾巷⑩，优劣任之乡人，下之叙也⑪。夫欲清教审选⑫，在明其分叙⑬，不使相涉而已。何者？上过其分，则恐所由之不本，而干势驰骛之路开⑭；下逾其叙，则恐天爵之外通⑮，而机权之门多矣。夫天爵下通，是庶人议柄也⑯；机权多门，是纷乱之源也。自州郡中正品度官才之来⑰，有年载矣，缅缅纷纷⑱，未闻整齐，岂非分叙参错、各失其要之所由哉⑲！若令中正但考行伦辈⑳，辈当行均，斯可官矣。何者？夫孝行著于家门，岂不忠恪于在官乎㉑？仁恕称于九族㉒，岂不达于为政乎？义断行于乡党㉓，岂不堪于事任乎㉔？三者之类，取于中正，虽不处其官名㉕，斯任官可知矣。行有大小，比有高下，则所任之流，亦焕然必明矣㉖。奚必使中正干铨衡之机于下，而执机柄者有所委仗于上㉗，上下交侵，以生纷错哉？

【注释】

①夏侯尚字伯仁：本段及以下几段均出自《诸夏侯曹传·夏侯尚传附夏侯玄传》。夏侯尚，字伯仁，沛国谯郡（今安徽亳州）人。三国时曹魏征西将军夏侯渊之侄，曾任军司马、五官将文学，迁黄门侍郎，征南将军，领荆州刺史，假节、都督南方诸军事，升为征南大将军，荆州牧，封昌陵乡侯。黄初七年（226）卒，其子夏侯玄继嗣。

②玄：夏侯玄。字太初，夏侯尚之子，魏文帝时袭其父爵位，明帝时任散骑黄门侍郎、羽林监，少帝曹芳继位后，拜为散骑常侍、中护军。后外放任征西将军，高平陵之变后，被剥夺兵权，入朝任大鸿胪、太

常等职,后密谋诛杀大将军司马师,密谋泄露,被杀,夷灭三族。

③知名:声名为世所知,出名。

④散骑常侍:官名。秦汉时置散骑,又置中常侍,均为加官。东汉省散骑,只置中常侍。至三国魏文帝时,乃合散骑与中常侍为一官,称散骑常侍。掌侍从皇帝左右,随事规谏,不典事。中护军:官名。曹操为汉丞相时置护军,建安十二年(207)改为中护军,掌禁兵,总统诸将,任主武官选举,隶中领军。其资历深者为护军将军,资历浅者为中护军。

⑤司马宣王:即司马懿。时事:当时的政事。

⑥官才:按照才能授予官职。

⑦柄:指选士用人之权。

⑧铨衡:对人才的选择衡量。台阁:指尚书台。

⑨上之分(fèn):中央才具有的职分。

⑩孝行:孝敬父母的德行。闾巷:里巷,乡里。

⑪下之叙:地方应遵守的秩序。

⑫清教:使教化清明。

⑬分叙:分别顺序、次第。

⑭驰骛:奔走,投靠。

⑮天爵:指朝廷的官爵。外通:与地方发生关联。

⑯议柄:议论国家权柄。

⑰中正:官名。三国魏置,掌管对州郡人物进行品评。又有大小之分,州设大中正官,掌管州中数郡人物之品评,各郡则另设小中正官。品度:设立标准衡量。

⑱缊缊纷纷:杂乱的样子。

⑲参错:参差交错。

⑳考行:考察品行事迹。伦辈:一类,一辈。

㉑忠恪:忠诚恭谨。在官:任职于官署。

㉒九族：以自己为本位，上推至四世之高祖，下推至四世之玄孙为九族。一说父族四、母族三、妻族二为九族。这里指亲族。

㉓义断：秉公断事。乡党：乡里。

㉔堪：胜任。

㉕处：享有，据有。

㉖焕然：明亮、明显的样子。

㉗委仗：依仗。

【译文】

　　夏侯尚，字伯仁。他的儿子夏侯玄，字太初，年少时就已出名，不断升官至散骑常侍、中护军。司马懿向他咨询当时政事，夏侯玄发表议论认为："任用有才能的人为官，是国家的权柄，所以量才任人之权专属于尚书台，这是中央才具有的职分；孝敬父母的品行存在于乡里街巷，优劣高下由乡人评议，这是地方上应遵守的秩序。想要让教化清明、选拔审慎，在于明确中央的职分和地方的秩序，不要让它们互相干涉。为什么呢？如果中央忽视了地方所提供的品行考察，那恐怕选拔人才的来路就不走品行培养的根本途径，而奔走钻营巴结权势的路子就打开了；地方如果侵犯了中央量才用人的权力，那就恐怕朝廷的官职与地方发生关联，机要权力就分散了。朝廷的官职和地方关联，平民百姓就会随便议论国家的权柄；机要权力分散，这是政治纷乱的根源。自从设立州郡中正官以衡量人才所应得的官品以来，已经有年头了，纷纷乱乱，没在选人用人上做到标准整齐划一，这难道不是中央应具有的职分和地方应遵循的秩序发生参差交错，以致两方面都没有把自己的工作做好而造成的吗！若让中正官只考察人才的品行事迹，然后加以分类，人才类属恰当而且品行考察公正，这就可以任官了。为什么呢？因为一个人如果在家显示出孝德，当了官，难道会不忠诚恭谨地在官署任职吗？一个人如果仁爱宽容，得到亲族的称誉，当了官，难道会不善于政务吗？一个人能在乡里秉公断事，难道能不胜任职事吗？三种人才的考察分类，取决于中正官，一旦做出了考察分类，虽然还不能标明授予这些人才何种官职，但这些人才可以任用，已经是确定无疑的了。品行有优劣，比较有高低，那么应该授予什么等级的官职，也就区分得很清楚了。何必让地方的中正官干扰中央铨选人才的权力，而中央执掌机要权柄的尚书台依仗委托地方的中正官来选任官员，上下交互侵扰，因而产生无穷的纷乱呢？

　　"且台阁临下，考功校否^①，众职之属，各有官长，旦夕相考，莫究于此。间阎之议^②，以意裁处，而使匠宰失位^③，众人驱骇^④，欲风俗清静，其可得乎？天台县远^⑤，众所绝意，所得至者，更在侧近，孰不修饰以要所求^⑥？所求有路，则修己家门者，不如自达于乡党矣；自达于乡党者，不如自求于州邦矣^⑦。苟开之有路^⑧，而患其饰真离本，虽复严责中正，督以刑罚，犹无益也。岂若使各帅其分，官长则各以其属能否，献之台阁，台阁则据官长能否之第，参以乡间德行之次^⑨，拟其伦比^⑩，勿使偏颇。中正则唯考其行迹，别其高下，审定辈类，勿使升降^⑪。台阁总之，官长所第，中正辈拟，比随次率而用之^⑫，如其不称^⑬，责负在外^⑭。然则内外相参，得失有所，互相形检^⑮，孰能相饰？斯则人心定而事理得，庶可以静风俗而审官才矣。"

【注释】
　　①考功：考核功劳。校否：比较过失。
　　②间阎之议：这里借指中正官的乡议。间阎，里巷内外的门。
　　③匠宰：中央掌握铨选机柄的高级官员。
　　④驱骇：奔走惊骇。

⑤县远：距离遥远。县，同"悬"。

⑥修饰：讲究外表、形式。引申指矫饰造情以取悦于人。

⑦州邦：州郡的中正。

⑧开：开后门。

⑨次：高下。

⑩伦比：相应的类别。

⑪升降：过高或过低。

⑫比：类。随次：跟随于后。

⑬不称：不称职。

⑭责负：责任过失。外：此指官长、中正。

⑮形检：对比检查。

【译文】

"再说尚书台居高临下，在考核政绩、比较过失，以及其他各种官吏工作的权属范围方面，都各有官员负责，早晚不断地进行查考，尚且不能彻底弄清楚。下面中正官对人才的评议，只是以自己的心意来作结论，却使得在中央掌管官员考核衡量的大臣失去这方面的权力，人们奔忙混乱，这时候想要让风气清正，还可能吗？尚书台距离遥远，众人难以拉上关系，而能够找到的，就是身旁近处的中正，还有谁不矫揉造作大要手段来谋求自己的利益呢？既然有这样的门路，那么在自己家认真修身的，已经比不上买通乡里四邻的了；自己买通乡里四邻的，已经比不上直接去请托州郡中正官了。只要有了这样开后门的机会，而担忧他们弄虚作假，脱离根本，即使再严格要求中正官奉公守法，用刑罚来督查责罚，还是没有用处啊。还不如让他们各守本分，各级长官各自考核下属能力的高下，把结果报告给尚书台，尚书台就根据长官的评价报告，再参考官吏在家乡的风评高低，拟出相应的类别，不要出现偏差。中正官就只负责考察人才的品行事迹，区别高低，审定等级，不要过高或过低。尚书台把这些内容汇总起来，统一处理，长官的评价，中正的审定，一一按照高下顺序加以选择任用。如果被任用的人不称职，责任在尚书台之外的长官和中正。这样内部外部互相配合，得失有人可负责，互相对比检查，谁还能弄虚作假？能这样做，就能人心安定，事理分明，大概就可以让风气清正，在用人授官方面做得周详了。"

　　荀彧字文若①，颍川人也，为侍中、尚书令②。《彧别传》曰③：彧德行周备，非正道不用心，名重天下，莫不以为仪表④，海内英俊咸宗焉。然前后所举，佐命大才⑤，则荀攸、锺繇、陈群、司马宣王⑥，及引致当世知名⑦：郗虑、华歆、王朗、荀悦、杜袭、辛毗、赵俨之俦⑧，终为卿相，以十数人。取士不以一揆⑨，戏志才、郭嘉等有负俗之讥⑩，杜畿简傲少文⑪，皆以智策举之，终各显名。荀攸后为魏尚书令，推贤进士。太祖曰："二荀令之论人也⑫，久而益信，吾没世不忘也⑬。"

【注释】

①荀彧（yù）字文若：本段节录自《荀彧荀攸贾诩传·荀彧传》。荀彧，字文若。颍川颍阴（今河南许昌）人。东汉末年著名政治家、战略家，曹操统一北方的首席谋臣和功臣。荀彧投奔曹操后，官至侍中，守尚书令，居中持重达十数年。

②尚书令：官名。尚书台长官，秦置。汉因之。到东汉，总典纲纪，无所不统，职权极重。曹魏于建安十八年（213）置尚书令。

③《彧别传》：作者不详，今亡佚。

④仪表：楷模。

⑤佐命：指辅佐帝王创业。

⑥荀攸：字公达，颍川颍阴（今河南许昌）人，荀彧之侄，东汉末年曹操谋士。魏国初建，任尚书令。锺繇：字元常。豫州颍川郡长社县（今河南长葛东）人。三国魏大臣、书法家。

⑦引致：引荐罗致，使之来。

⑧郗（xī）虑：字鸿豫，兖州山阳郡高平（今山东金乡）人。东汉末年大臣。华歆：字子鱼，平原郡高唐县（今山东高唐）人，汉末至三国曹魏初年名士、重臣。王朗：本名王严，字景兴。东海郡郯县（今山东郯城西北）人。汉末至三国曹魏时期重臣、经学家。荀悦：字仲豫，颍川颍阴（今河南许昌）人。东汉史学家、政论家，思想家。杜袭：字子绪，颍川郡定陵县（今河南襄城）人。东汉末年颍川四大名士之一，三国曹魏官员。辛毗（pí）：字佐治，颍川阳翟县（今河南禹州）人。三国曹魏大臣。赵俨：字伯然，颍川阳翟（今河南禹州）人。汉末颍川四大名士之一，三国时期曹魏名臣。俦（chóu）：辈，同类。

⑨一揆（kuí）：指同一模式。

⑩戏志才：或以志才为字，名不详，东汉颍川郡（今河南禹州）人。曹操手下谋士，多谋略，曹操十分器重，不幸早卒。郭嘉：字奉孝，颍川阳翟（今河南禹州）人。曹操帐下著名谋士。负俗：指跟世俗不相谐。

⑪杜畿（jī）：字伯侯，京兆杜陵（今陕西西安东南）人。汉末至三国时曹魏将领。简傲：高傲，傲慢。少文：缺少文才。

⑫令：尚书令。

⑬没世：终身，永远。

【译文】

荀彧，字文若，颍川人，担任侍中、尚书令。《彧别传》说：荀彧德才兼备，把心思都用在国家大事上，名声为天下所重，没有谁不把他当成楷模的，天下的英杰都把他作为学习的榜样。他前前后后举荐的人，辅佐帝王创业的大才，就有荀攸、钟繇、陈群、司马懿，引来的当代名士有郗虑、华歆、王朗、荀悦、杜袭、辛毗、赵俨等等，后来位至公卿宰相者也达十几人。他选用人才不拘一格，戏志才、郭嘉等人被世俗讥刺，杜畿傲慢缺少文采，都因为有智谋而被举荐，最终都获得了显赫的名声。荀攸后来担任魏尚书令，推举贤能，进用士人。太祖曹操说："两位荀公对人才的评价，时间越久，越让人信服，我一辈子也不会忘记啊。"

荀攸字公达[1]，或从子也[2]。太祖以为军师[3]，每称曰："公达外愚内智，外怯内勇，外弱内强，不伐善，不施劳[4]，智可及，愚不可及[5]，虽颜子、宁武不能过也[6]。"文帝在东宫，太祖谓曰："荀公达，人之师表也[7]，汝当尽礼敬之[8]。"《傅子》曰[9]：太祖称"荀令君之进善[10]，不进不休；荀军师之去恶，不去不止"也。

【注释】

①荀攸字公达：本段节录自《荀彧荀攸贾诩传·荀攸传》。

②从子：侄子。

③军师：官名。参与主持军事谋议等事。

④不伐善，不施劳：见于《论语·公冶长》。孔子问各弟子志向时，颜回答道："愿无伐善，无施劳。"伐善，夸耀自己的长处。施劳，表白自己的功劳。

⑤智可及，愚不可及：见于《论语·公冶长》。孔子称赞卫国大夫宁武子："其知可及也，其愚不可及也。"意思是表现出的聪明别人赶得上，装出来的愚笨别人就赶不上了。知，同"智"。

⑥颜子：孔子得意弟子颜回。宁武：宁武子。春秋时期卫国大夫。

⑦师表：表率，在道德或学问上的学习榜样。

⑧尽礼：竭尽礼仪。

⑨《傅子》：晋傅玄撰，原书已佚，清人有辑本。傅玄，字休奕，北地池阳（今陕西铜川耀州区）人。魏晋时期著名学者。

⑩荀令君：指荀彧。令君，对尚书令的美称。

【译文】

荀攸,字公达,是荀彧的侄子。曹操让他当军师,经常称赞他说:"公达先生外表愚笨内心智慧,外表懦弱内心坚强,外表软弱内心强大,不夸耀自己的长处,不表白自己的功劳,他的智慧可以赶上,表面上的愚笨是不可以赶上的,即使颜子、宁武子那样的人也不能超过他呀。"文帝曹丕在东宫当太子时,太祖曹操对他说:"荀公达是人们的表率,你应当尽到礼节去尊敬他。"《傅子》说:太祖曹操称赞说:"荀令君进献好的建议,不被采纳不罢休;荀军师劝止错误的行为,不达到目的不停止。"

　　贾诩字文和①,武威人也,为太中太夫②。是时,文帝为五官将③,而临菑侯植才名方盛④,各有党与,有夺宗之议⑤。太祖尝问诩,诩嘿然不对⑥。太祖曰:"与卿言而不答,何也?"诩曰:"属适有所思⑦,故不即对耳。"太祖曰:"何思?"诩曰:"思袁本初、刘景升父子⑧。"太祖大笑,于是太子遂定。文帝即位,以诩为大尉⑨。《魏略》曰:文帝得诩之对太祖,故即位首登上司⑩。《荀勖别传》曰⑪:晋司徒阙⑫,武帝问其人于勖⑬。勖答曰:"三公具瞻所归⑭,不可用非其人。昔文帝用贾诩为三公,孙权笑之。"

【注释】

①贾诩(xǔ)字文和:本段节录自《荀彧荀攸贾诩传·贾诩传》。贾诩,字文和,武威姑臧(今甘肃武威)人。东汉末年至三国初年著名谋士,曹魏开国功臣。

②太中太夫:即"太中大夫"。官名。秦置,汉因之。职掌顾问应对,参与重要制度法令的制订。三国沿置。

③五官将:五官中郎将省称。掌领五官郎宿卫宫殿门户。

④临菑侯：指曹植。临菑，也作"临淄"，故址在今山东淄博东北。

⑤夺宗：夺取嫡长子地位。

⑥嘿然：沉默的样子。嘿，同"默"。

⑦属：碰巧。

⑧袁本初：即袁绍。袁绍有四子，临终立三子袁尚，结果引起内部争夺，以致灭亡。刘景升：即刘表。刘表占据荆州，死后，蔡瑁立次子刘琮，最终投降曹操，荆州遂没。

⑨大尉：即太尉。官名。汉置，与丞相、御史大夫合称三公，职掌武事，但无发兵、领兵之权，仅为武官的最高荣誉职务，作为皇帝的军事顾问。武帝时改称大司马。东汉建武二十七年（51）改复旧称，综理军政，职权渐重，与司徒、司空合称三公，地位最尊。曹魏黄初元年（220）始置太尉，但无实际职位，不参预朝政。

⑩上司：汉时对三公的称呼。

⑪《荀勖（xù）别传》：书已亡佚。荀勖，字公曾。颍川颍阴（今河南许昌）人。三国至西晋时音乐家、文献学家，西晋开国功臣。

⑫司徒：官名。西周始置，春秋沿置。职掌治理民事、掌握户口、官司籍田、征发徒役及收纳财赋。秦罢司徒而置丞相，汉因之。哀帝元寿二年（前40）改丞相为大司徒，为三公之一。东汉称司徒，主教化。魏晋时，司徒虽位尊，为三公或八公之一，但皆为虚衔。阙：通"缺"。

⑬武帝：晋武帝司马炎，晋朝的开国君主。

⑭具瞻：指被众人所瞻望。

【译文】

　　贾诩，字文和，武威人，担任太中大夫。当时，文帝曹丕任五官中郎将，临淄侯曹植才名正盛，两人各自有自己的支持者，出现了让曹植取代曹丕当继承人的舆论。太祖曹操曾经问贾诩的看法，贾诩沉默不回答。曹操说："我跟你说话你却不回答，为什么呢？"贾诩说："正好在思考事情,所以没有立即回答。"曹操说:"思考什么呢?"贾诩说:"想起袁绍、刘表他们父子。"曹操大笑,于是立谁为太子的事就确定下来了。文帝曹丕登上皇位,任命贾诩为太尉。《魏略》说:文帝曹丕得知贾诩对太祖曹操说的话,所以即位后首先让贾诩升任三公之位。《荀勖别传》说:晋朝司徒一职空缺,武帝司马炎问荀勖谁能胜任。荀勖回答说:"三公职位万众瞩目,不能任用不合适的人。从前魏文帝曹丕用贾诩当三公,孙权都笑话他。"

　　袁涣字曜卿①,陈郡人也。刘备之为豫州②,举涣茂才③。后为吕布所拘留④。布初与刘备和亲⑤,后离隙。布欲使涣作书骂辱备,涣不可,再三强之,不许。布大怒,以兵胁涣曰⑥:"为之则生,不为则死。"涣颜色不变,笑而应之曰:"涣闻唯德可以辱人⑦,不闻以骂。使彼固君子耶,且不耻将军之言⑧;彼诚小人耶,将复将军之意,则辱在此,不在于彼。且涣他日之事刘将军,犹今日之事将军也,如一旦去此,复骂将军,可乎?"布惭而止。

【注释】

①袁涣字曜卿:本段节录自《袁张凉国田王邴管传·袁涣传》。袁涣,字曜卿,陈郡扶乐(今河南太康西北)人,出身陈郡袁氏,为司徒袁滂之子。

②刘备之为豫州:建安元年(196),刘备前往许都投奔曹操,曹操给与刘备兵马粮草,让刘备做豫州牧,于是人称刘备为"刘豫州"。豫州,汉武帝所置十三刺史部之一。东汉治所在谯县(今安徽亳州)。三国魏以后治所屡有迁移,辖境亦多有变化。

③茂才:即秀才。因避汉光武帝名讳,改秀为茂。

④吕布:字奉先,五原九原(今内蒙古包头西南)人。东汉末年名

　　将,汉末群雄之一。

　　⑤和亲:和好亲近。

　　⑥兵:兵器。

　　⑦唯德可以辱人:只有在道德上优于别人才会让别人感到羞辱。

　　⑧耻:以……为耻辱。

【译文】

　　袁涣,字曜卿,陈郡人。刘备当豫州牧的时候,举荐袁涣为茂才。后来袁涣被吕布扣留。吕布起初跟刘备友好亲近,后来产生了矛盾。吕布想要让袁涣写信辱骂刘备,袁涣不答应,再三强迫,他还是不答应。吕布大怒,拿武器威胁袁焕说:“写了就能活,不写就得死。”袁涣脸色不变,笑着回应说:“我听说只有在德行高于别人时可以让人感到羞辱,没听说辱骂也可以让人感到羞辱的。假使刘备原本是君子,他就不会因将军的诟骂感到羞辱;假使他本就是小人呢,他将用您的办法反过来对付您,那么受到耻辱的是您,不是他。况且我从前跟随刘将军,就像今天跟随将军您一样。假如有一天离开您这里,又为别人写信骂将军您,可以吗?”吕布觉得惭愧,就不再逼他。

　　王脩字叔治①,北海人也②。年七岁丧母。母以社日亡③,来岁邻里社④,脩感念母⑤,哀甚。邻里闻之,为之罢社。袁谭在青州,辟脩为治中从事⑥。谭欲攻弟尚⑦,脩谏曰:“夫兄弟者,左右手也。譬人将斗而断其右手,而曰‘我必胜’,若是者可乎?夫弃兄弟而不亲,天下其孰亲之?属有谗人⑧,固将交斗其间⑨,以求一朝之利,愿明使君塞耳而勿听也。若斩佞臣数人,复相亲睦,以御四方,可以横行天下⑩。”谭不听。

【注释】

① 王脩（xiū）字叔治：本段节录自《袁张凉国田王邴管传·王脩传》。王脩，字叔治，北海营陵（今山东昌乐东南）人。初为北海守孔融属吏，归曹操后，官至大司农郎中令。以忠贞著名当时，曾数次救孔融脱难。袁谭死后亲敛其尸。

② 北海：郡国名。西汉分齐郡置。郡治在营陵（今山东昌乐东南）。东汉改为国，移治剧县（今昌乐西）。三国魏移治平寿（今山东潍坊西南）。

③ 社日：古时祭祀土地神的日子。春、秋各一次，一般在立春、立秋后第五个戊日。

④ 来岁：来年。

⑤ 感念：思念。

⑥ 治中从事：官名。即治中从事史，州刺史的佐官，主要负责诸曹文书的管理。

⑦ 谭欲攻弟尚：袁绍第三子袁尚在袁绍去世后继承了官位和爵位，也因此招致长兄袁谭的怨恨，兄弟之间经常兵戈相向，后袁尚与兄袁熙被辽东太守公孙康所斩，首级也被送往曹操处。

⑧ 谗人：专门挑拨是非之人。

⑨ 交斗：挑拨是非。

⑩ 横行：纵横驰骋，多指在征战中所向无敌。

【译文】

　　王脩，字叔治，北海人。七岁时丧母。他的母亲在祭祀土地神那天亡故，第二年乡亲们祭祀土地神，王脩思念母亲，极为哀伤。乡亲们知道了，为此停止了祭祀土地神的活动。袁谭在青州，征召王脩任治中从事史。袁谭想要进攻自己的弟弟袁尚，王脩劝谏说："兄弟之间就和左手右手一样。譬如人将要战斗却先断掉自己的右手，还说'我必定胜利'，像这样行吗？抛弃兄弟不去亲近，天下还有谁能亲近？碰到有挑事的人，本来就要在中间搬弄是非，来求得一时的利益，希望您堵上耳朵不去听。如果能把奸邪谄媚的几个下属斩首，兄弟重新亲近和睦，来抵御四方的敌人，就可以纵横驰骋，无敌于天下。"袁谭不听。

太祖遂引军攻谭于南皮①。脩闻谭已死，号哭曰："无君焉归？"遂诣太祖，乞收谭尸。太祖不应。脩复曰："受袁氏厚恩，若得收敛谭尸，然后就戮，无所恨。"太祖嘉其义②，听之。太祖破南皮，阅脩家，谷不满十斛③，有书数百卷。太祖叹曰："士不妄有名④。"乃辟为司空掾⑤。《魏略》曰：郭宪字幼简⑥，西平人也。韩约失众依宪⑦，众人多欲取约以微功⑧，而宪皆责怒之，言："人穷来归我，云何欲危之⑨？"后约病死，而阳逵等就斩约头，欲条疏宪名⑩，宪言：'我尚不忍生图之，岂忍取死人以要功乎？'逵等乃止。约首到。太祖宿闻宪名，及视疏，怪不在中，以问逵等，逵具以情对⑪。太祖叹其志义，乃并表列，赐爵关内侯⑫。

【注释】

①太祖遂引军攻谭于南皮：本段节录自《袁张凉国田王邴管传·王脩传》。南皮，县名。秦置。故治在今河北南平北。

②嘉：嘉许。

③斛（hú）：多用于量粮食，古代一斛为十斗。

④不妄有名：不是随便得到名声。

⑤司空掾（yuàn）：司空的属官。

⑥郭宪：字幼简，凉州西平郡西都（今青海西宁）人。曹魏西平郡功曹，武威太守，封关内侯。

⑦韩约：即韩遂，字文约，金城（治今甘肃兰州西南）人。东汉末年军阀，汉末群雄之一。

⑧徼（yāo）功：同"邀功"。

⑨云何：为何，为什么。

⑩条疏：条奏。

⑪具：尽，完全。情：实情，情况。

⑫关内侯：本是秦汉二十等爵位中第十九等，仅低于彻侯（即列侯，亦称通侯），自魏晋以后，逐渐实行虚封，仅是爵位名称。

【译文】

曹操于是领兵在南皮进攻袁谭。王脩听说袁谭已死，号哭着说："没有您，我将回到哪里去啊？"于是到曹操那里，乞求收葬袁谭的尸体。曹操不答应。王脩又说："我受袁氏厚恩，倘若能收敛袁谭的尸首，然后接受死刑，我也没有什么遗憾了。"曹操嘉许他的义气，听从了他。曹操攻破南皮，检查王脩的家中，粮食不满十斛，有几百卷书籍。曹操感叹说："王脩的名声不是随便得来的。"就征召王脩当司空掾。《魏略》说：郭宪，字幼简，西平人。韩约与部众离散，来投奔郭宪，郭宪手下人大多想要拿韩约到曹操那里去请功，而郭宪怒斥他们说："人家穷途末路来投奔我，为什么要乘人之危？"后来韩约病死，阳逵等人砍下韩约的头颅，向曹操表功，想要在上疏中添加郭宪的名字，郭宪说："他活着的时候我尚且不忍心杀他，难道还忍心拿死人来求取功劳吗？"阳逵等人就没有添加他的名字。韩约的首级送到曹操那里。曹操平素就听说郭宪的名声，等到观看上疏，奇怪郭宪的名字不在其中，就问阳逵等人，阳逵据实情回答。曹操感慨郭宪的志义节操，就把他的名字一并列入，赐郭宪为关内侯。

邴原字根矩①，北海朱虚人也。太祖辟司空掾。原女早亡，时太祖爱子仓舒亦没②，太祖欲求合葬，原辞曰："合葬，非礼也。原之所以自容于明公③，公之所以待原者，以能守训典而不易也④。若听明公之命，则是凡庸也⑤，明公焉以为哉？"太祖乃止。《原别传》曰⑥：魏太子为五官中郎将，天下向慕⑦，宾客如云，而原独守道持顺⑧，自非公事⑨，不妄举动。太祖微使人从容问之⑩，原曰："吾闻国危不事冢宰⑪，君老不奉世子⑫，此典制也⑬。"

【注释】

①邴原字根矩：本段节录自《袁张凉国田王邴管传·邴原传》。邴原，字根矩，北海朱虚（今山东临朐）人。东汉末名士、大臣。

②仓舒：即曹冲，曹操和环夫人之子，深受曹操喜爱。早夭。

③自容：指自己得以容身。明公：对有名位者的尊称。

④训典：古代圣王留下的典章。

⑤凡庸：平凡，平庸。

⑥《原别传》：书已亡佚。

⑦向慕：向往仰慕。

⑧顺：裴松之注引《原别传》作"常"。

⑨自非：倘若不是。

⑩微：悄悄。

⑪冢宰：官名。殷商置太宰，周改称冢宰，辅佐帝王治理国家，为宰相之任，百官之首。

⑫世子：太子。

⑬典制：典章制度。

【译文】

邴原，字根矩，北海朱虚人。曹操征召他当司空的属官。邴原的女儿早已亡故，这时曹操的爱子仓舒也死了，曹操想把两个孩子合葬，邴原推辞说："合葬，不合乎礼仪。我自己之所以能够被明公接纳，您之所以厚待我，是因为我能够坚守古训而不改变。倘若听从了明公的命令，那就成了庸俗的人，我对明公还有何用呢？"曹操便没有这样做。《原别传》说：魏太子曹丕做五官中郎将时，天下人都向往仰慕，宾客如云，而邴原单单遵守本分,保持平常的样子,倘若不是公事,不随便去拜访。曹操悄悄让人去向他问起此事,邴原说:"我听说国家危难时不去事奉冢宰这样的大官,君主上了年纪时,不要去事奉太子,这是古来就有的典章制度。"

崔琰字季珪①,清河人也②。太祖领冀州牧,辟琰为别驾从事③。太祖征并州④,留琰傅文帝于邺⑤。世子仍出田猎⑥,变易服乘,志在驱逐⑦。琰书谏曰:"盖闻盘于游田,《书》之所戒⑧;鲁隐观鱼,《春秋》讥之⑨,此周、孔之格言⑩,二经之明义也。今邦国殄瘁⑪,惠康未洽⑫,士女企踵⑬,所思者德。况公亲御戎马⑭,上下劳惨⑮,世子宜遵大路,慎以行正,思经国之高略,深惟储副⑯,以身为宝。而猥袭虞旅之贱服⑰,忽驰骛而陵崄⑱,志雉兔之小娱,忘社稷之为重,斯诚有识所以恻心也⑲。唯世子燔翳捐襜⑳,以塞众望㉑,不令老臣获罪于天。"世子报曰:"昨奉嘉命㉒,惠示雅教㉓,欲使燔翳捐襜,翳已坏矣,襜亦去焉。后有此比㉔,蒙复诲诸。"

【注释】

①崔琰(yǎn)字季珪:本段节录自《崔毛徐何邢鲍司马传·崔琰传》。崔琰,字季珪,清河东武城(今山东武城北)人。东汉末年名士,司空崔林从兄,曹操谋士。琰,天明本作"玉",据今本《三国志》改。

②清河:县名。三国魏置,治今山东临清东北。

③别驾从事:官名。也叫别驾从事史,简称别驾,为州刺史的佐官。

④并州:九州之一。东汉治所在晋阳(今山西太原西南),包含今陕西北部与河套地区。三国魏时,辖境渐小。

⑤傅:辅佐,教导。邺:即邺城,遗址主体位于河北临漳境内。东汉末年,曹操击败袁绍,占据邺城,营建王都。

⑥仍:一再。田猎:多指贵族豪门围猎。

⑦驱逐:策马追逐鸟兽。

⑧盘于游田,《书》之所戒:见于《尚书·无逸》:"文王不敢盘于游田,以庶邦惟正之供。"盘,娱乐,欢乐。游田,出游打猎。

⑨鲁隐观鱼,《春秋》讥之:见于《左传·隐公五年》:"五年春,公将如棠观鱼者。"鲁隐公要去棠(今山东金乡东南)这个地方看打鱼,受到《春秋》的讥评。

⑩周、孔:周公、孔子。《尚书·无逸》是记载周公教育周成王的话,《春秋》相传为孔子所修,故崔琰有此说。

⑪邦国殄(tiǎn)瘁:见于《诗经·大雅·瞻卬》:"人之云亡,邦国殄瘁。"形容国家病困,陷于绝境。殄瘁,困苦。

⑫惠康:加恩使之安乐。洽:通达。

⑬士女:男女。企踵:踮起脚跟,多用来形容急切仰望之状。

⑭公:此指曹操。

⑮劳惨:辛劳忧心。

⑯储副:国之副君,指太子。

⑰猥:苟,随便。虞旅:虞师,管理山林、控制猎捕禽兽鱼鳖的低级官属。

⑱陵岭:冒险。

⑲恻心:痛心。

⑳燔翳(yì)捐褶(xí):烧掉打猎时用的小棚子,丢掉打猎时穿的衣服。燔,焚烧。翳,用来让射猎者藏身的遮蔽物。捐,捐弃。褶,打猎时穿的衣服。

㉑塞:满足。

㉒嘉命:敬称别人的告语。

㉓雅教:敬称他人言语教诲。

㉔此比：这类情况。

【译文】

崔琰，字季珪，清河人。曹操兼任冀州牧，征召崔琰任别驾从事。曹操出征并州，留下崔琰在邺城辅佐太子曹丕。曹丕一再外出打猎，改穿猎服，骑上快马，心思全在策马追逐猎物上。崔琰上书劝谏说："我听说周文王不敢打猎取乐，《尚书》记下来作为后世的鉴戒；鲁隐公去看捕鱼，《春秋》因此进行讥刺，这是周公、孔子留下的格言，两部经典阐明的大义。如今国家困乏，恩惠施予百姓的不多，男女百姓都踮起脚跟盼望着实施德政。何况曹公亲自带兵在外征讨，全部事情他都要操心，太子您应该遵循正道，谨慎地端正行为，思考治理国家的策略，深思作为继承人的责任，爱惜身体。而您屈尊穿上管理山林者才穿的服装，骑马越过险路，想到的是捕获野鸡兔子的小乐事，忘记了江山社稷的重大事务，这真是让有识之士痛心。希望太子您烧毁猎具，丢掉猎服，满足大家的愿望，别让老臣获得上天的惩罚。"曹丕答复说："昨天得到您的上书，承蒙您的教诲，您让我烧毁猎具，丢掉猎服，猎具现已毁坏了，猎服也已经除去了。后面再有这类错误，希望您再给我教诲。"

魏国初建①，拜尚书②。时未立太子，临菑侯植有才而爱。太祖狐疑③，以函令密访于外④。惟琰露板答曰⑤："盖闻《春秋》之义，立子以长，加五官将仁孝聪明⑥，宜承正统，琰以死守之。"植，琰之兄女婿也。太祖贵其公亮⑦，喟然叹息，迁中尉⑧。琰甚有威重⑨，朝士瞻望⑩，而太祖亦敬惮焉⑪。《先贤行状》曰：琰清忠高亮⑫，雅识经远⑬，推方直道⑭，正色于朝。魏初载，委铨衡⑮，总齐清议⑯，十有余年。文武群才，多所明拔。朝廷归高⑰，天下称平矣。琰荐杨训⑱。太祖为魏王，训发表褒述盛德⑲。时人谓琰为失所举。琰与训书曰："省表⑳，事佳耳！时乎时乎㉑，会当有变㉒。"时有白琰此书傲世怨谤者㉓，太祖怒，罚琰为徒隶㉔，使人视之，辞色无挠㉕。太祖令曰："琰虽见刑，而通宾客，门若市人，对宾客，虬须直视㉖，若有所瞋㉗。"遂赐琰死。为世所痛惜，至今冤之。

【注释】

①魏国初建：本段节录自《崔毛徐何邢鲍司马传•崔琰传》。

②尚书：始置于战国时，或称掌书。秦为少府属官，汉武帝提高皇权，因尚书在皇帝左右办事，掌管文书奏章，地位逐渐重要，东汉时正式成为协助皇帝处理政务的官员。魏晋以后，尚书事务益繁。

③狐疑：犹豫不决。

④函令：密封的指示。

⑤露板：不缄封的文书。

⑥加：再说。五官将：此指曹丕。

⑦公亮：公正坦荡。

⑧中尉：官名。掌宫外警戒水、火之灾及意外事件。

⑨威重：威严持重的神态气度。

⑩瞻望：仰望，仰慕。

⑪敬惮：敬畏。

⑫《先贤行状》：主要记载汉末三国时期历史人物的言行事迹，是行状体萌芽时期的书籍，今已亡佚。清忠：清正忠诚。高亮：高尚忠正。

⑬雅识：高明的识见。经远：指作长远谋划。

⑭直道：正道。

⑮铨衡：量才授官之事。

⑯总齐：统一。清议：社会舆论。

⑰归高：推崇。

⑱扬训：今本《三国志》作"杨训"，译文从之。

⑲发表：进上表章。

⑳省：省视，看。

㉑时乎：时势啊。

㉒会当：该当，当须。

㉓白：告发。傲世：指轻视世人。

㉔徒隶：刑徒奴隶，服劳役的犯人。

㉕无挠：不弯曲，比喻不屈服。

㉖虬（qiú）须：用手卷胡须。

㉗瞋：生气。

【译文】

魏国刚刚建立，崔琰被任命为尚书。当时没有立太子，临淄侯曹植有才而又受宠爱。太祖曹操犹豫不定，用密封函件向官员征求意见。只有崔琰用不密封的文书公开答复说："听说《春秋》的原则，立太子要立长子，再加上五官中郎将曹丕仁孝聪明，应该承袭正统。我用死来坚守这一观点。"曹植是崔琰的哥哥的女婿。太祖曹操赞赏他的公正诚信，深为叹息，升他为中尉。崔琰很有威严持重的气度，朝中士人都仰望他，而太祖曹操也敬畏他。《先贤行状》说：崔琰清正忠诚高尚正直，识见高明规划长远，推举方正行走直道，上朝时始终庄重严肃。魏国建立之初，委派他选拔官吏，他汇集整理社会舆论对被选之人的品评，干了十几年。文武群臣中的人才，很多是他提拔的。朝廷推崇他，天下称赞他公平。崔琰荐举杨训。曹操封魏王，杨训进上表章，称赞曹操的盛德。当时人认为崔琰推举失误。崔琰给杨训写信说："读了您的表章，事情挺好啊！时势啊时势，该当有变化的时候！"当时有人告发崔琰这封信傲慢轻世，怨恨诽谤，曹操大怒，罚崔琰为服苦役的刑徒，派人去看他，崔琰言辞神色都没有屈服的意思。曹操下令说："崔琰虽然在服刑，却跟宾客来往，门庭若市，面对宾客，用手卷胡须，双目直视，好像有所愤恨。"于是赐崔琰死。世人都很痛惜，到现在还为他感到冤枉。

毛玠字孝先①，陈留人也②。为东曹掾③，与崔琰并典选举④。其所用，皆清正之士，虽于时有盛名，而行不由本者，终莫得进。务以俭率人，由是天下之士莫不以廉节自厉⑤，虽贵宠之臣，舆服不敢过度。太祖叹曰："用人如此，使天下人自治⑥，吾复何为哉！"文帝为五官将，亲自诣玠，属所亲眷⑦。玠答曰："老臣以能守职⑧，幸得免戾⑨。今所说人非迁次⑩，是以不敢奉命。"魏国初建，为尚书仆射⑪，复典选举。《先贤行状》曰：玠雅亮公正⑫，在官清恪⑬。其典选举，拔贞实⑭，斥华伪，进逊行，抑党与。四海翕然⑮，莫不厉行⑯。贵者无秽欲之累⑰，贱者绝奸货之求，吏洁于上，俗移于下，民到于今称之。崔琰既死，玠内不悦。后有白玠者："出见黥面反者⑱，妻子没为官奴婢，玠言曰：'使天不雨者，盖由此也。'"太祖大怒，收玠付狱。

【注释】

①毛玠（jiè）字孝先：本段节录自《崔毛徐何邢鲍司马传·毛玠传》。毛玠，字孝先，陈留平丘（今河南封丘）人。东汉曹魏大臣。

②陈留：郡名。西汉置。治所在陈留（今河南开封东南）。

③东曹：官名。汉制，丞相、太尉自辟掾吏分曹治事，有东曹掾，秩比四百石，初出督为刺史，后主二千石长吏及军吏的迁除。三国因之。

④典：主持。选举：这里指选拔举用贤能。

⑤廉节：指清廉的节操。自厉：慰勉警戒自己。

⑥自治：自然安治。

⑦属（zhǔ）：请求照顾。亲眷：指亲近信爱的人。

⑧守职：忠于职守。

⑨戾：罪行。

⑩迁次：指依次提升官职。

⑪尚书仆射（yè）：官名。秦、西汉为尚书令副职。东汉为尚书台副长官，职权益重。职掌拆阅封缄章奏文书，参议政事，监察百官。东汉献帝时，分置左右。曹魏于建安十八年（213）初置尚书仆射二人，分左右。

⑫雅亮：正直诚信。

⑬清恪：廉洁恭谨。

⑭贞实：忠信诚实。

⑮翕（xī）然：指一致称颂。

⑯厉行：砥砺操行。

⑰秽欲：污秽不好的欲望。

⑱黥（qíng）面：古代的一种肉刑，在面额上刺字，然后涂上墨色。

【译文】

　　毛玠，字孝先，陈留人。担任东曹掾，跟崔琰一起主持选举事宜。他选用的都是清白正直的士人，虽有盛名但行为虚浮的，始终得不到任用。他致力于以节俭作风为人表率，由此天下士人没有谁不以清廉的节操来自勉，即使是地位尊崇的宠臣，车马服饰也不敢超越制度。曹操感叹说："用人能做到这样，让天下人能够自治，我又有什么事情可做呢！"文帝曹丕任五官中郎将时，亲自来见毛玠，托他照顾自己的亲信。毛玠回答说："老臣我因为能忠于职守，有幸得以免于犯罪。现今您所提到的人不够升迁的资格，因此我不敢从命。"魏国刚刚建立，毛玠担任尚书仆射，又主持官员选举。《先贤行状》说：毛玠正直诚信公正，为官廉洁恭谨。他主持选举事宜，提拔忠信诚实者，不用虚伪不实者，选用品行谦恭者，抑制拉帮结伙者。海内都一致称颂，没有人不砥砺节操。富贵的人不会受到丑事恶欲的拖累，贫贱的人断绝了偷奸行贿的企图，上层的官吏廉洁，风气传播到下面，百姓到今天还在称赞他。崔琰死后，毛玠内心不快。后来有人告发毛玠，说："他外出见到脸上剌刻涂墨的造反者，妻子儿女被罚没为官家奴婢，就说道：'让上天不下雨的原因，大概就是这些吧。'"曹操大怒，逮捕毛玠下狱。

　　大理锤繇诘玠①，玠辞曰："臣闻萧生缢死②，因于石显③；贾子放外④，谗在绛、灌⑤。白起赐剑于杜邮⑥，晁错致诛于东市⑦，伍员绝命于吴都⑧，斯数子者，或妒其前⑨，或害其后。臣垂龆执简⑩，累勤取官，职在机近⑪，人事所审⑫。属臣以私，无势不绝；语臣以冤，无细不理。青蝇横生⑬，为臣作谤，谤臣之人，势不在他。昔王叔陈生，争正王廷，宣子平理，命举其契，是非有宜，曲直有所，《春秋》嘉焉，是以书之⑭。臣不言此，无有时、人⑮。说臣此言，必有征要⑯。乞蒙宣子之辨，而求王叔之对。若臣以曲闻，即刑之日，方之安驷之赠⑰；赐剑之来，比之重赏之惠。谨以状对⑱。"时桓楷、和洽进言救玠⑲，玠遂免黜⑳，卒于家。孙盛曰㉑：魏武于是失制刑矣。《易》称"明折庶狱"㉒，《传》有"举直错枉"㉓。庶狱明则国无冤民，枉直当则民无不服，未有征青蝇之浮声，信浸润之谮诉㉔，可以允厘四海㉕，唯清缉熙者也㉖。昔汉高狱萧何，出复相之㉗，玠之一责，永见摈放㉘，二主度量，岂不殊哉！

【注释】

①大理锤繇诘玠：本段节录自《崔毛徐何邢鲍司马传·毛玠传》。大理，官名。职掌刑法。诘，责问。

②萧生：萧望之，字长倩，东海兰陵（今山东兰陵）人。著名经学家。缢：勒颈而死，上吊。

③石显：字君房，济南（今济南章丘西）人。西汉元帝刘奭时期奸

臣。萧望之等人都遭到石显的迫害，萧望之被逼自尽。

④贾子：即贾谊，洛阳（今河南洛阳东）人。西汉初年著名政论家、文学家，世称贾生。放外：汉文帝四年（前176），贾谊被外放为长沙王太傅。

⑤谗在绛、灌：汉文帝想提拔贾谊担任公卿，绛侯周勃、颖阴侯灌婴等人都嫉妒贾谊，进言诽谤，文帝也逐渐疏远贾谊，不再采纳他的意见。

⑥白起：郿（今陕西眉县）人。战国时秦国大将。由于功高震主，得罪应侯范雎，接连贬官。被赐死于杜邮。杜邮：古地名。又名杜邮亭，在今陕西咸阳东。

⑦晁错：颖川（今河南禹州）人。西汉政治家。景帝时，晁错进言削藩，以吴王刘濞为首的七国诸侯以"诛晁错，清君侧"为名，举兵反叛。景帝听从爰盎之计，腰斩晁错于东市。

⑧伍员：即伍子胥，名员，字子胥，楚国人。春秋末期吴国大夫、军事家。伍子胥之父兄一同被楚平王杀害，伍子胥逃到吴国，成为吴王阖闾重臣，西破强楚，北败徐、鲁、齐。后吴王夫差听信谗言，令其自杀。

⑨前：面前，当面。

⑩垂髫（tiáo）：也作垂髻，指儿童或童年。古时儿童不束发，头发下垂，故称。执简：手持简册，此指抄写公文。

⑪机近：机密近要的地位。

⑫人事：官员的任免升降等事宜。窬：暗中交织。

⑬青蝇：出自《诗经·小雅·青蝇》："营营青蝇，止于樊，岂弟君子，无信谗言。"后用来喻指谗佞。

⑭"昔王叔陈生"几句：见于《左传·襄公十年》："王叔陈生与伯舆争政。王右伯舆，王叔陈生怒而出奔。及河，王复之……范宣子曰：'天子所右，寡君亦右之。所在，亦左之。'使王叔氏与伯舆合

要,王叔氏不能举其契。"王叔陈生和伯舆争夺执政权,周王不能调解,晋悼公派范宣子去主持评理。范宣子令双方对质,王叔拿不出令人信服的证词来。王叔陈生、伯舆,都是周王卿士。正,同"政"。宣子,即范宣子,春秋晋国大臣、军事家。命举其契,命令争执双方各自列举事实和理由。《春秋》,这里指《春秋左氏传》,即《左传》。

⑮时、人:时间、讲话对象。

⑯征要:证据。

⑰方:比拟。安驷:安车驷马。古代高官告老,常赐乘安车;安车多用一马,而用四马尤为尊贵。

⑱状:情状,情由。

⑲桓楷:今本《三国志》作"桓阶",译文从之。

⑳黜:贬降,罢退。

㉑孙盛:字安国,太原郡中都县(今山西平遥)人,东晋中期史学家、名士、官员,官至长沙太守,封吴昌县侯,晚年官至秘书监、给事中,故被后世称为"孙监"。孙盛一生著述颇丰,撰《魏氏春秋》二十卷、《魏氏春秋异同》八卷、《晋阳秋》三十二卷,均已佚。

㉒明折庶狱:见于《周易·贲卦·象》:"君子以明庶政,无敢折狱。"君子因此想到自己应该使政务清楚明确,而不敢判决讼狱之事。

㉓《传》:此指《论语》。举直错枉:见于《论语·为政》:"举直错诸枉,则民服。"举用正直的人,置于邪恶的人之上,则百姓服从。

㉔浸润:逐渐渗透,引申为积久而发生作用。谮(zèn)诉:诬陷诽谤。

㉕允厘:治理得当。

㉖缉熙:光明。

㉗昔汉高狱萧何,出复相之:刘邦平定黥布回长安,因萧何请求允许让民众进入上林苑耕种,而触怒刘邦,被拘禁。后来王卫尉劝谏,刘邦派使者赦萧何出狱,仍让他为相国。事见《史记·萧相国世

家》。

㉘摈放：斥逐。

【译文】

大理锺繇审问毛玠，毛玠回答说："我听说，萧望之上吊自杀，是因为石显的陷害；贾谊外放长沙，是因为绛侯周勃、颍阴侯灌婴等人进谗言。白起被秦王赐剑自杀于杜邮，晁错在长安东市被处死，伍员在吴国都城丢了性命，这几位的遭遇，有的是当面遭人妒忌，有的是背后遭人陷害。我从年少时就手拿简册为官府办事，长期勤勉工作而获得官职，我的职务在中枢机要部门，牵涉到复杂的人事关系。有人以私情请托，再有权势地位，我也要拒绝；有人将冤枉告诉我，再细小的事情，我也要申诉。进谗言的小人像青蝇一样，无端生事，对我进行诽谤，诽谤我的人，势必不是其他的人。从前王叔陈生与伯舆在朝上争辩，范宣子来评断，让双方拿出证据，这样使得是非曲直表露得清清楚楚，《春秋》赞美此事，因而记载下来。我没有说过这些诽谤的话，更谈不上时间和说话对象。说我讲过这些话，必定要有证据。请让我得到范宣子那样的评判，来让我像王叔陈生一样去对质。如果我说谎，那么我临刑的时候，我会把这当成送给我的安车驷马；赐给我自杀的宝剑，我会把它视为重赏厚恩。谨以此对答如上。"当时桓阶、和洽进言营救毛玠，毛玠才被免职废黜，后来死在家中。孙盛说：魏武帝曹操处理此事，丢弃了制定刑法的原则啊。《周易》说"君子要明断刑狱"，《论语》说"举荐正直的人放到邪曲的人之上"。判决狱讼案件公正清明，那么国家就没有冤枉的人；邪曲正直位置适当，那么民众就没有谁不服从的，没有轻信青蝇似的谗言、逐渐渗透的诬陷，而可以治理好天下、达到太平光明的。从前汉高祖刘邦把萧何下狱，放出来还让他当相国，毛玠一次受责，却永远被斥逐，这两位君主的度量，相差难道不悬殊吗！

徐奕字季才[①]，东莞人也。太祖辟东曹属[②]。丁仪等见宠于时[③]，并害之，而奕终不为动。《傅子》曰：武皇帝，至明也④。崔琰、徐奕,一时清贤⑤,皆以忠信显于魏朝。丁仪间之⑥,徐奕失位,而崔琰被诛。

【注释】

①徐奕字季才:本段节录自《崔毛徐何邢鲍司马传·徐奕传》。徐奕,字季才,东莞(今山东沂水)人。初避难江东,孙策以礼相待,奕微服还魏。从曹操征马超,被任为丞相长史,留守西京。转为雍州刺史。后为丁仪所谮,降为魏郡太守。曹操征孙权,迁为留府长史,委以留守后方重任。魏国建立后任尚书令、谏议大夫。

②东曹属:汉代丞相、太尉掾吏其正职称掾,副职称属。三国因之。

③丁仪:字正礼,沛郡(治今安徽濉溪西北)人。被曹操聘任为西曹掾。丁仪兄弟与曹植交好,曹丕为魏王后,丁仪被满门抄斩。

④至明:极明。

⑤一时:一代,当代。清贤:清正贤良。

⑥间:毁谤离间。

【译文】

徐奕,字季才,东莞人。太祖曹操征召他为东曹属。丁仪等人当时受宠,一起陷害徐奕,而徐奕始终没有向他们低头。《傅子》说:魏武帝是极贤明的君主。崔琰、徐奕都是一时之清正贤良人物,都由于忠诚可信享誉于魏。丁仪毁谤中伤他们,徐奕失去官位,而崔琰被杀死。

鲍勋字叔业①,泰山人也,为中庶子②,出为魏郡西部都尉③。太子郭夫人弟④,断盗官布⑤,法应弃市⑥。太子数手书为之请⑦,勋不敢擅纵,具列上。勋前在东宫,守正不挠⑧,太子固不能悦,及重此事,恚望滋甚⑨。延康元年⑩,勋兼侍中⑪。文帝受禅⑫,勋每陈:“今之所急,唯在军农,宽惠百姓。台榭苑囿，宜以为后。"

【注释】

①鲍勋字叔业：本段节录自《崔毛徐何邢鲍司马传·鲍勋传》。鲍
勋，字叔业，泰山平阳（今山东新泰）人。三国时期曹魏官员，故
济北相鲍信之子，官至宫正（御史中丞），后被贬，因性情刚正而
得罪曹丕，曹丕称帝后又因屡次谏诤而触怒曹丕，最终被曹丕借
故处死。

②中庶子：太子属官。

③西部都尉：官名。秦有郡尉，汉景帝时更名都尉，掌佐助太守分管
军事，维持境内治安。三国因之。

④郭夫人：即文德郭皇后，字女王。魏文帝曹丕的皇后。

⑤断盗：从中盗窃，贪污中饱私囊。

⑥弃市：在市场上杀死。

⑦手书：指亲笔写的信。

⑧守正：恪守正道。

⑨恚（huì）望：怨望，怨恨。

⑩延康元年：220年，延康是汉献帝的年号，共计七个月。三月改
元，十月，汉献帝被迫将帝位禅让给曹丕。

⑪侍中：官名。为正规官职外的加官之一。因侍从皇帝左右，出入
宫廷，与闻朝政，逐渐变为亲信贵重之职。

⑫受禅：王朝更迭，新皇帝承受旧帝让给的帝位。

【译文】

鲍勋，字叔业，泰山人，担任中庶子，出任魏郡西部都尉。太子郭夫
人的弟弟，被查实认定盗窃了官府的布匹，按照法律，应在闹市处死。太
子多次亲自写信替内弟求情，鲍勋不敢擅自释放，把他的罪状详尽列举
上报。鲍勋以前在东宫任职时，刚正不阿，太子本来就不喜欢他，加上这

件事,更加深了对他的怨恨。延康元年,鲍勋兼任侍中。魏文帝曹丕承受禅让登上帝位,鲍勋经常上奏陈说:"现今急迫的事情,只有军事和农耕,要宽待百姓,施予恩惠。修建楼台园林的事,应该以后再安排。"

　　帝将出游猎①,勋停车上疏曰:"臣闻五帝三王②,靡不明本立教,以孝治天下。陛下仁圣恻隐③,有同古烈④。臣冀当继踪前代⑤,令万世可则也⑥。如何在谅闇中⑦,修驰骋之事乎!臣冒死以闻⑧,唯陛下察焉。"帝手毁其表而竞行猎⑨,中道顿息⑩,问侍臣曰:"猎之为乐,何如八音也⑪?"侍中刘晔对曰⑫:"猎胜于乐。"勋抗辞曰⑬:"夫乐,上通神明,下和人理⑭,隆治致化,万邦咸乂⑮,故移风易俗,莫善于乐。况猎,暴华盖于原野⑯,伤生育之至理⑰,栉风沐雨,不以时隙哉⑱?昔鲁隐观渔于棠,《春秋》讥之。虽陛下以为务⑲,愚臣所不愿也。"因奏:"刘晔佞谀不忠,阿顺陛下过戏之言⑳。昔梁丘据取媚于遄台㉑,晔之谓也。请有司议罪,以清皇朝。"帝怒作色,还,即出勋为右中郎将㉒。

【注释】

①帝将出游猎:本段节录自《崔毛徐何邢鲍司马传·鲍勋传》。

②五帝:指黄帝、颛顼、帝喾、尧、舜。三王:夏、商、周三代之君。一般指夏禹、商汤、周文王,一说指夏禹、商汤和周文王、武王。

③仁圣:仁德圣明。恻隐:同情,怜悯。

④古烈:前代的明君。

⑤继踪:继承前人的踪迹。

⑥则:效法,学习。

⑦谅闇（ān）：也作"谅阴"，居丧期间居住的简陋房屋。借指居丧，多用于皇帝。

⑧冒死：不顾生命危险。闻：使知道，告诉。

⑨竟：同"竟"。

⑩中道：半路。顿息：停留休息。

⑪八音：古代对乐器的统称，指金、石、土、革、丝、木、匏、竹八类。泛指音乐。

⑫刘晔：字子扬，淮南成德（今安徽寿县）人。曹魏著名谋臣。

⑬抗辞：严辞。

⑭人理：人情伦理。

⑮乂（yì）：治理。

⑯华盖：皇帝车上的伞盖。

⑰至理：最精深的道理。

⑱时隙：指农闲。

⑲务：急务。

⑳阿顺：阿谀随顺。过戏：过分的玩笑话。

㉑昔梁丘据取媚于遄（chuán）台：《左传·昭公二十年》："齐侯至自田，晏子侍于遄台，子犹驰而造焉。'"子犹即梁丘据，春秋时期齐国大夫。齐景公从打猎的地方回来，晏婴在遄台随侍，梁丘据驱车前来拜见。遄台，古地名。位于今山东淄博临淄区。

㉒右中郎将：官名。西汉始置，职隶光禄勋。东汉有西中郎将，或即右中郎将。曹魏沿置。

【译文】

　　文帝将要外出游猎，鲍勋拦住车子上疏说："臣听说五帝三王，无不明确根本，树立教化，用孝来治理天下。陛下仁德圣明，心怀怜悯，有如古代明君。臣希望您效法前代圣王，为后世万代树立榜样。怎么能在居丧期间，去做驰骋游猎的事情呢！臣冒死进言，希望陛下能深思明察。"

文帝亲手毁掉了表章，竟自出猎，中途停下来休息时，问侍从的臣子说："游猎的快乐，跟听音乐相比怎么样？"侍中刘晔回答说："游猎之快乐胜过音乐。"鲍勋严辞说道："音乐，上能通达神明，下能调和人情，能兴隆政治，施行教化，使万国都能安定，所以移风易俗，没有什么能比音乐更好的了。何况打猎，要让帝王的车驾暴露在原野，有伤生长繁育的根本道理，栉风沐雨，奔波劳累，又不在农闲时节呢？从前鲁隐公到棠地观看打鱼，《春秋》进行讥刺。虽然陛下认为这是急务，但却是臣不希望您做的。"于是上奏说："刘晔谄媚奉承而不忠诚，阿谀随顺陛下过分的玩笑话。从前梁丘据跑到遄台向齐景公献媚，刘晔也是这样的人。请有关部门议定他的罪过，来清除朝中的奸邪。"文帝发怒变了脸色，停猎回去后，立即把鲍勋改任为右中郎将。

　　黄初四年^①，尚书令陈群、仆射司马宣王并举勋为宫正^②。帝不得已而用之，百寮严惮^③，罔不肃然。六年，帝欲征吴，群臣大议^④，勋面谏以为不可^⑤。帝益忿之，左迁勋为治书执法^⑥。帝从寿春还^⑦，屯陈留郡界^⑧。太守孙邕见^⑨，出过勋。时营垒未成，但立标埒^⑩，邕邪行不从正道，军营令史刘曜欲推之^⑪，勋以堑垒未成^⑫，解止不举^⑬。大军还洛阳，曜有罪，勋奏绌遣^⑭，而曜密表勋私解邕事。诏曰："勋指鹿作马，收付廷尉。"廷尉法议^⑮："正刑五岁^⑯。"三官驳^⑰："依律罚金二斤。"帝大怒曰："勋无活分^⑱，而汝等敢纵之！收三官以下付刺奸^⑲，当令十鼠同穴^⑳。"大尉锺繇、司徒华歆等并表"勋父信有功于太祖"^㉑，求请勋罪。帝不许，遂诛勋。勋内行既修^㉒，廉而能施，死之日，家无余财。莫不为勋叹恨^㉓。

【注释】

①黄初四年：本段节录自《崔毛徐何邢鲍司马传·鲍勋传》。黄初四年，223年。

②宫正：三国魏初曾改御史中丞为宫正。

③百寮：亦作百僚，指百官。严惮：畏惧，害怕。

④大议：朝廷集议国家大事。

⑤面谏：当面直言规劝。

⑥治书执法：官名。曹魏置，隶御史台，掌奏劾。

⑦寿春：县名。秦置。治今安徽寿县。

⑧陈留郡：郡名。西汉置。治所在陈留（今河南开封东南）。

⑨孙邕：曹魏官吏。曾任陈留太守、光禄大夫，封关内侯。曾参与《论语集解》修纂。

⑩标埒（liè）：标记和界限。

⑪令史：官名。曹魏公府及诸将军府设令史，地位低于掾史。推：推究，审问。

⑫堑垒：即营垒，深壕高垒的防御工事。

⑬解止：休止。举：上报。

⑭黜遣：贬逐。

⑮法议：根据法律议罪。

⑯正刑五岁：判处髡钳之刑，服劳役五年。

⑰三官：廷尉所属的正、监、平三官。负责对廷尉的判决进行审议。

⑱活分：活命的权利。

⑲刺奸：行使督察奸吏职责的官名。

⑳十鼠同穴：十只老鼠埋在一个洞里，意为一起处死。

㉑大尉：即太尉。勋父信：鲍信，字允诚，泰山平阳（今山东新泰）人。东汉末年，任济北相。起兵数万与袁绍等人联合共讨董卓，讨董联盟破裂，鲍信劝曹操据黄河以南，以待其变。后为救曹操战死。

㉒内行：平日家居的操行。

㉓叹恨：叹息抱恨。

【译文】

黄初四年，尚书令陈群、尚书仆射司马懿一同举荐鲍勋担任宫正。文帝不得已任用了他，百官都害怕他，没有不规规矩矩的。黄初六年，文帝想要征讨吴国，群臣聚集在一起商议，鲍勋当面直言劝谏，认为不行。文帝更加愤怒，把鲍勋降职为治书执法。文帝从寿春归来，屯驻在陈留郡界。太守孙邕前来谒见，出来后，顺路去拜访鲍勋。当时营垒还没有建好，只是立好了标记，孙邕斜着穿行而不走正道，军营令史刘曜想要查究这事，鲍勋认为营垒还没有修好，劝止了他，没有上报。大军回到洛阳，刘曜犯了罪，鲍勋上奏要求将他废黜遣送回乡，而刘曜秘密上表告发鲍勋私下为孙邕讲情一事。文帝下诏说："鲍勋指鹿为马，拘捕交付廷尉惩处。"廷尉依据法律议罪说："应判处五年劳役。"复议的三官反驳说："依照法律只应罚金二斤。"文帝大怒说："鲍勋没有活命的权利，你们这帮人竟敢为他开脱！把三官以下的官吏抓起来交给刺奸惩处，要把他们一起处死！"太尉钟繇、司徒华歆等人一起上奏说"鲍勋的父亲鲍信对太祖有功"，请求赦免鲍勋的罪过。文帝不答应，还是杀了鲍勋。鲍勋注意平时修养道德，廉洁又乐善好施，死的时候，家里没有多余的财物。没有人不为鲍勋感到叹息遗憾。

王朗字景兴①，东海人也。文帝即王位，迁御史大夫。上疏劝育民省刑曰："《易》称'赦法'②，《书》著'祥刑'③，慎法狱之谓也。昔曹相国以狱市为寄④，路温舒疾治狱之吏⑤。夫治狱者得其情⑥，则无冤死之囚；丁壮者得尽地力⑦，则无饥馑之民；穷老者得仰食仓廪⑧，则无馁饿之殍⑨；嫁娶以时⑩，则男女无怨旷之恨；胎养必全⑪，则孕者无自伤之哀⑫；新生必复⑬，则孩者无不育之累；壮而后役，则幼者无离家之思；二毛不戎⑭，则老者无顿伏之患⑮。医药以疗其疾，宽繇以乐其业⑯，威罚以抑其强，恩仁以济其弱，赈贷以赡其乏。十年之后，既笄者必盈巷⑰；二十年之后，胜兵者必满野矣⑱。"文帝践祚⑲，改为司空⑳。

【注释】

①王朗字景兴：本段节录自《锺繇华歆王朗传·王朗传》。王朗，字景兴。东海郡郯县（今山东郯城）人。汉末至曹魏重臣、经学家。

②《易》称"敕法"：《周易·噬嗑·象》："雷电，噬嗑。先王以明罚敕法。"意为雷电交加，象征啮合。先代的君王运用这个卦象中所蕴涵的道理，严明法律，公正刑罚。敕法，整饬法令。

③《书》著"祥刑"：《尚书·吕刑》："有邦有土，告尔祥刑。"意为诸侯国君和诸位官员，告诉你们什么叫善刑。祥刑，善用刑罚，不专靠惩罚而注重德教。

④曹相国：即曹参，字敬伯，沛（今江苏沛县）人。西汉开国功臣，萧何之后，继任相国。狱市：指刑法和市场。曹参曾任齐国国相，认为狱市善恶并容，如果干扰，坏人无处容身，可能扰乱社会秩序，所以在调离齐国时，叮嘱继任者说："我把狱市托付给你，千万小心不要去干扰。"事见《史记·曹相国世家》。

⑤路温舒：字长君，钜鹿（在今河北平乡西南）人。初学律令，当过县狱吏、郡决曹史。后举孝廉，当过廷尉奏曹掾、守廷尉史、郡太守等职。宣帝即位，他上疏主张"尚德缓刑"，"省法制，宽刑罚"。他还反对刑讯逼供，认为刑讯迫使罪犯编造假供，给狱吏枉法定罪开了方便之门。治狱：审理案件。

⑥情：实情，情况。

⑦丁壮:少壮的人。地力:土地的出产能力。

⑧穷老:贫困而年老。仰食仓廪:依靠官府发粮食生活。

⑨馁饿:饥饿之甚。殍(piǎo):饿死的人。

⑩以时:按一定的时间。

⑪胎养:怀胎养育。

⑫自伤:自我感伤。

⑬新生必复:对刚生了孩子的家庭一定给予免除徭役赋税的优待。

⑭二毛:黑白两色头发。指花白头发的老人。

⑮顿伏:行军时在路上跌倒。

⑯宽繇:减轻徭役。

⑰既笄(jī):古代女子满十五岁,盘上头发插簪子,表示成年,可以许嫁。

⑱胜兵:指能充当兵士参加作战的人。

⑲践祚:即位,登基。

⑳司空:周为六卿之一,掌管工程,汉改御史大夫为大司空,与大司马、大司徒并列为三公,后去大字为司空。曹魏相承为三公,但系虚衔,无常职。

【译文】

王朗,字景兴,东海郡人。曹丕登上魏王之位,王朗迁任御史大夫,上疏劝曹丕抚慰民众、减省刑罚,说:"《周易》称道'整饬法令',《尚书》赞许'善用刑罚',这都是说要谨慎地实施法律刑罚呀。从前曹相国把狱市问题作为大事托付给继任者,路温舒痛恨严刑逼供的狱吏。审理案件的人能得到实情,那么就没有冤死的囚犯;健壮的男子能尽力耕作土地,那么就没有挨饿的民众;穷困的老人能依靠国库供给的粮食吃饭,那么就没有人饿死在野外;到了合适的年龄就及时嫁娶,那么男女就没有无妻无夫的怨恨;怀胎养育一定保证安全,那么孕妇就免于自伤其身的悲哀;新生婴儿的家庭一定免除赋役,那么小孩就没有得不到养育的不幸；男子壮年之后再服劳役，那么年幼的人不会因为离开家人而思念；头发花白的人不上战场，那么年老的人就没有跌倒在行军途中的祸患。用医药来治疗他们的疾病，减轻徭役来让他们安居乐业，用刑罚来抑制豪强，用恩德仁义来救济弱小，用赈贷钱粮来供给缺衣少食的人。十年之后，成年可嫁的女子一定充满街巷；二十年之后，能当兵的人必然遍布乡野。"曹丕称帝后，王朗改任为司空。

　　时帝颇出游猎①，或昏夜还宫，朗上疏曰："夫帝王之居，外则饰周卫②，内则重禁门③，将行则设兵而后登舆，清道而后奉引④，遮列而后转毂⑤，静室而后息驾⑥，皆所以显至尊、务戒慎、垂法教也⑦。近日车驾出临捕虎，日昃而行⑧，及昏而反，违警跸之常法⑨，非万乘之至慎也⑩。"帝报曰："览表，虽魏绛称虞箴以讽晋悼⑪，相如陈猛兽以戒汉武⑫，未足以喻。方今二寇未殄⑬，将帅远征，故时入原野以习戒备⑭，至于夜还之戒，辄诏有司施行。"

【注释】

①时帝颇出游猎：本段节录自《锺繇华歆王朗传·王朗传》。

②周卫：禁卫。

③禁门：宫门。

④清道：清除道路，驱散行人，常用于帝王、官员出行。奉引：为皇帝前导引车。

⑤遮列：列队遮拦路人。转毂（gǔ）：指转动车轮。

⑥静室：天子行幸，对所居宫室先派人清扫和检查，以保持洁净并防止意外。

⑦至尊：最尊贵，最崇高。法教：法制教化。

⑧日昃（zè）：太阳开始偏西。

⑨警跸（bì）：指古代帝王出入时，于所经路途侍卫警戒，清道止行。
　　常法：固定的法律、制度。

⑩万乘：指帝王。

⑪魏绛称虞箴以讽晋悼：春秋时晋悼公喜欢打猎，大臣魏绛引用虞
　　人的告诫来劝告他。事见《左传·襄公四年》。

⑫相如陈猛兽以戒汉武：司马相如跟随汉武帝到长杨打猎，当时武
　　帝喜欢驰马追逐野兽，相如于是写赋以劝谏。事见《史记·司马
　　相如列传》。

⑬二寇：指吴国、蜀国。殄（tiǎn）：灭绝。

⑭戒备：警戒防备。

【译文】

　　当时文帝经常外出游猎，有时夜间才回宫，王朗上疏说："帝王的居
处，外部就要设置严密的警卫，里面就要设置重重宫门，将要出行就要先
布好卫兵，然后登上车驾，清除道路，驱散行人，再为皇帝前导引车；遮挡
住路人，然后转动车轮；清扫居室，然后停下车驾休息，这都是要显示至
尊的地位，务必要警戒谨慎，把法度流传到后世啊。近日陛下的车驾出
去猎虎，太阳偏西出去，到了黄昏才回来，违背了帝王出行要警戒清道的
常规，不是帝王最谨慎的做法啊。"文帝回答说："浏览你的表章，即使魏
绛称引虞人之箴言来讽谏晋悼公，司马相如陈说猛兽的危险来告诫汉武
帝，也不够跟你相比呀。现在吴、蜀二敌尚未被消灭，将帅远征，所以我
时常到原野去演练备战，至于您提到的夜间回还的告诫，已下诏给有关
官员执行。"

　　子肃字子雍①，拜散骑常侍②。上疏陈政本曰："夫除无
事之位，损不急之禄，止浮食之费③，并从容之官④，使官必
有职，职任其事⑤，事必受禄，禄代其耕，乃往古之常式⑥，当

今之所宜也。官寡而禄厚，则公家之费鲜⑦，进仕之志劝⑧。各展才力，莫相倚杖⑨。敷奏以言⑩，明试以功⑪，能之与否，简在帝心矣⑫。"

【注释】

①子肃字子雍：本段节录自《锺繇华歆王朗传·王朗传附王肃传》。王肃，字子雍。东海郡郯县（今山东郯城西南）人。三国时著名经学家，王朗之子。

②散骑常侍：官名。曹魏初年，并散骑、中常侍为一，故称散骑常侍，以士人任职。入则规谏过失，备皇帝顾问，出则骑马散从。

③浮食：不事耕作而食。

④从容：悠闲舒缓，不慌不忙。

⑤职任其事：委以职事。

⑥常式：常规。

⑦公家：指朝廷、国家或官府。

⑧进仕：进入仕途。

⑨倚杖：今本《三国志》作"倚仗"。

⑩敷奏：陈奏，向君上报告。

⑪明试以功：见于《尚书·舜典》。指认真地考察政绩。

⑫简在帝心：出自《论语·尧曰》。意思是这都是天帝所知道的，后演变为被皇帝所知晓。

【译文】

王朗的儿子王肃，字子雍，任散骑常侍。王肃上疏陈述为政的基本原则说："除去无事可干的职位，减少不急用的俸禄，停发不干事白吃饭者的经费，撤并无事可做的官吏，让官员必定有职权，有职权能胜任他所承担的事务，承担事务必定发放俸禄，用俸禄代替耕作，这就是自古以来的常规，也是当今所应该做的。官吏少而俸禄优厚，那么朝廷的费用少了,入仕做官的愿望就受到鼓励。各自展现才能智力,不会互相依赖。让官员们奏报他们的政务,再考核他们的政绩,能不能胜任,评价的结果都在皇帝您心中了。"

　　景初间^①,宫室盛兴,民失农业,期信不敦,刑杀仓卒^②。肃上疏曰:"大魏承百王之极^③,生民无几^④,干戈未戢^⑤,诚宜息民而惠之,以安静遐迩之时也^⑥。夫务蓄积而息疲民^⑦,在于省徭役而勤稼穑^⑧。今宫室未就,功业未讫^⑨,运漕调发^⑩,转相供奉^⑪。是以丁夫疲于力作^⑫,农者离于南亩^⑬。今见作者三四万人^⑭。九龙可以安圣体^⑮,其内足以列六宫^⑯,显阳之殿,又向将毕,惟太极已前^⑰,功夫尚大^⑱,方向盛寒,疾疢或作^⑲。诚愿陛下发德音^⑳,下明诏,深愍役夫之疲劳^㉑,厚矜兆民之不赡^㉒,取常食廪之士,非急要者之用,选其丁壮,择留万人,使一期而更之,咸知息代有日,则莫不悦以即事,劳而不怨矣。

【注释】

①景初间:本段及以下几段均出自《锺繇华歆王朗传·王朗传附王肃传》。

②仓卒:匆忙急迫。

③百王:指历代帝王。极:衰落的极点。

④无几:没有多少,不多。

⑤戢(jí):止息。

⑥安静:使安静。遐迩:远近。

⑦蓄积:积聚,储存。息:使休息。

⑧稼穑:指农业生产。

⑨讫：完毕。

⑩运漕：指由水路运粮。

⑪转相：递相，互相，表示轮迭连续的动作或行为。供奉：供应。

⑫丁夫：壮健的男子。力作：努力劳作。

⑬南亩：泛指农田。

⑭作者：指工匠、役夫。

⑮九龙：即九龙殿，原名崇华殿。

⑯六宫：皇后妃嫔的住处。

⑰太极：魏明帝新建的皇宫正殿名。

⑱功夫：工程。

⑲疾疢（chèn）：疾病。

⑳德音：合乎仁德的言语、教令，用以指帝王的诏书。

㉑愍：怜悯，哀怜。

㉒矜：怜悯，同情。

【译文】

　　魏明帝景初年间，大力修建宫室，民众失去从事农业的时机，官府约定服役的期限不能实施，死刑判决仓促之间完成。王肃上疏说："大魏承接历代帝王的终末衰落时期，幸存下来的民众不多，战事又久久没有停息，确实是让民众休养生息并给他们恩惠，让远近地方都得到安定的时候。要想积聚财富，使疲惫的民众得到休息，在于简省徭役而勉励辛勤农耕。现今宫室没有落成，统一的功业没有完成，从水路运粮进行征调，要辗转运送才能保证供给。因此服役的民夫被劳役弄得疲惫不堪，农夫离开了田地。现今看到修宫殿的工匠有三四万人。九龙殿已经可以让皇帝安居，它的内部足以安置六宫，而显阳殿又将要完工，只是太极殿的前面，工程还很大，正接近严寒时节，疾病或许会流行。诚恳地希望陛下发布仁德的声音，赐下英明的诏令，深深地怜悯役夫的疲劳，多多地同情众多民众衣食不足，在那些吃国家俸粮又没有紧急任务的士兵当中，挑选其中的身强力壮者，留下一万人，让他们服役每到一年就轮换，这样，都知道休息替代有固定的日期，那么就没有人不高兴地做工了，感到劳累也不会怨恨。

　　"夫信之于民，国家大宝也。仲尼曰：'自古皆有死，民非信不立①。'夫区区之晋国，微微之重耳②，欲用其民，先示以信，用能一战而霸，于今见称。前车驾当幸洛阳，发民为营③，有司命以营成而罢。既成，又利其功力④，不以时遣。有司徒营其目前之利，而不顾经国之体。臣以为自今以后，傥复使民⑤，宜明其令⑥，使必如期；若有事以次⑦，宁复更发，无或失信。凡陛下临时之所行刑，皆有罪之吏、宜死之人也。然众庶不知，谓为仓卒。故愿陛下下之于吏而暴其罪⑧。钧其死也⑨，无使污于官掖而为远近所疑⑩。且人命至重，难生易杀，气绝而不续者也，是以圣王重之。孟轲称杀一无辜以取天下，仁者不为也⑪。汉时有犯跸惊乘舆马者⑫，廷尉张释之奏使罚金⑬，文帝怪其轻，而释之曰：'方其时，上使诛之则已，今下廷尉，廷尉，天下之平也，一倾之，天下用法皆为轻重，民安所措手足哉？'臣以为大失其义，非忠臣所宜陈也。廷尉者，天子之吏也，犹不可以失平，而天子之身，反可以惑谬乎⑭？斯重于为己，而轻于为君，不忠之甚也。周公曰：'天子无戏言⑮。'言犹不戏，而况行之乎？故释之之言，不可不察；周公之戒，不可不法也。"

【注释】

①自古皆有死，民非信不立：见于《论语·颜渊》："自古皆有死，民无

信不立。"

②重耳：即晋文公，春秋五霸之一。

③发：征调。

④功力：指雇工。

⑤傥：同"倘"。假使，假如。

⑥宜明：应该表明。

⑦以次：按次序。

⑧暴：显露，暴露。

⑨钧：衡量。

⑩污于官掖：指在宫廷内下令处死人。官掖，今本《三国志》作"官
　掖"。

⑪孟轲称杀一无辜以取天下，仁者不为也：见于《孟子·公孙丑
　上》："行一不义、杀一不辜而得天下，皆不为也。"意为做一件不
　义的事、杀一个无辜的人而得到天下，他们都不会做。

⑫犯跸（bì）：冲犯皇帝的车驾。

⑬张释之：西汉大臣。字季，南阳堵阳（今河南方城东）人。以下事
　见《史记·张释之冯唐列传》。

⑭惑谬：迷乱。

⑮天子无戏言：出自《吕氏春秋·重言》："周公对曰：'臣闻之，天子
　无戏言。天子言，则史书之，工诵之，士称之。'"

【译文】

"民众的信任，是国家最大的宝贝，孔子说：'自古以来人都是要死
的，如果老百姓不再信任，那么国家就不能立住了。'一个小小的晋国，
一个微不足道的重耳，想要驱使他的民众，都先要让民众看到他的信用，
因此能够一战成就霸业，到今天还被人称赞。上次陛下要驾临洛阳，征
发民众营建大营，主管官员答应营建成功后就可以放他们回乡。大营已
经落成了，主管官员又贪图民力，不按照约定的时期让他们返回。主管

官员只想经营眼前的利益,不顾治理国家的体统。臣认为从今往后,倘若再役使民众,应该明确宣布命令,使用民众必须按期结束;如果还有事情要接着做,宁肯重新征调,也不要失信。凡是陛下临时要执行的刑罚,都是有罪的官吏、该死的人。但是民众不知道,认为是仓促执行。所以希望陛下把他们交给有关官吏处理,让他们的罪行大白于天下。同样是处死,别让朝廷受到玷污而被远近之人所怀疑。况且人命最为重要,很难生养却容易杀害,断了气就接不上,因此圣贤对此都十分重视。孟子说:'即使杀一个无辜的人而能得到天下,仁义的人都是不愿去做的。'汉朝时有人冲犯皇帝的车驾把马惊了,廷尉张释之上奏请求对这人处以罚金,汉文帝奇怪为什么判得这样轻,张释之解释说:'当时,皇上您让人杀了他就算了,现在交给廷尉,廷尉是掌管天下公平的,一有倾斜,天下施行法令都有判轻判重的危险,民众不就手足无措了吗?'臣认为这非常丧失大义,不是忠臣所应该陈说的,廷尉是天子的官吏,尚且不可以失去公平,而天子自身,反而可以胡乱杀人吗? 这就是对自己作为臣子的看得重,而对作为君主的看得轻,是非常不忠诚的表现。周公说:'天子没有戏说的话。'言辞尚且不能戏说,更何况行为呢? 所以张释之的话不能不省察,周公的告诫不能不效法。"

帝尝问曰①:"汉桓帝时,白马令李云上书言②:'帝者,谛也③。是帝欲不谛。'当何得不死④?"肃对曰:"但为言失逆顺之节,原其本意,皆欲尽心⑤,念存补国。且帝者之威,过于雷霆,杀一匹夫,无异蝼蚁,宽而宥之⑥,可以示容受切言⑦,广德宇于天下⑧。故臣以为杀之,未必为是也⑨。"

【注释】

①帝尝问曰:本段节录自《锺繇华歆王朗传·王朗传附王肃传》。

②白马：县名。秦置。在今河南滑县东。

③谛：审察政事。

④不死：据今本《后汉书》，李云当时就被下狱处死。

⑤尽心：竭尽心力。

⑥宥：宽恕，赦免。

⑦切言：等于说直言。

⑧德宇：德泽恩惠的庇荫。

⑨是：对，正确。

【译文】

　　明帝曾经问："汉桓帝时，白马县令李云上书说：'帝就是谛，是要对政事认真审察的意思。现在这情况却是皇帝没有明察政事呀。'他这么说怎么没有被处死？"王肃回答说："他只不过是说话时忘了态度应该恭顺，按他的本意，都是为了竭尽忠心，念念不忘弥补国事的缺失。而且帝王的威势，超过雷霆，杀一个匹夫，跟杀蝼蚁虫子差不多。宽大并赦免他，可以显示自己能容忍恳切的直言，向天下显示自己的品德风度。所以臣认为杀了李云未必正确。"

　　程昱字仲德①，东郡人也。孙晓②，字季明，嘉平中③，为黄门侍郎④。时校事放横⑤，晓上疏曰："《周礼》云：'设官分职，以为民极⑥。'《春秋传》曰：'天有十日，人有十等⑦。'愚不得临贤⑧，贱不得临贵。于是并建圣哲⑨，明试以功⑩；各修厥业，思不出位⑪。故栾书欲拯晋侯，其子不听⑫；死人横于街路，邴吉不问⑬。上不责非职之功，下不务分外之赏；吏无兼统之势⑭，民无二事之役。斯诚为国要道，治乱所由也。远览典志，近观秦、汉，虽官名改易，职司不同，至于崇上抑下，显明分例⑮，其致一也。初无校事之官干与庶政者也⑯。

【注释】

①程昱（yù）字仲德：本段及以下几段均出自《程郭董刘蒋刘传·程昱传附程晓传》。程昱，字仲德，兖州东郡东阿（今山东东阿）人。曹魏谋士、名臣。本名程立，因梦中在泰山捧日，更名程昱。

②晓：程晓，字季明，东郡东阿（今山东东阿）人。程昱之孙，著名学者，黄初中封列侯，嘉平中为黄门侍郎，后迁汝南太守。

③嘉平：齐王曹芳的年号（249—254）。

④黄门侍郎：又称黄门郎（秦汉时，宫门多油漆成黄色，故称黄门），秦初置，是给事于宫门之内的郎官，是皇帝近侍之臣，可传达诏令，汉代以后沿用，由士人充当，是尚书台的侍郎。

⑤校事：三国时魏、吴所置掌侦察刺探官民情事的官名，是皇帝或执政的耳目。放横：恣意蛮横。

⑥设官分职，以为民极：见于《周礼·天官·序官》："惟王建国，辨方正位，体国经野，设官分职，以为民极。"设官，设立官爵、官府。民极，民众的准则。

⑦天有十日，人有十等：见于《左传·昭公七年》，是楚芈尹申无宇对楚灵王说的话。十等，指王、公、大夫、士、皂、舆、隶、僚、仆、台。

⑧临：驾临，统治。

⑨圣哲：指具有超人的道德才智的人，也用来称帝王。

⑩明试以功：见于《尚书·舜典》。明试，明白考验。

⑪思不出位：见于《周易·艮卦·象》。意思是思虑事情不超出自己的职权范围。

⑫故栾书欲拯晋侯，其子不听：晋楚交战，晋厉公的车陷入泥潭，中军指挥官栾书欲援救，栾书之子阻止父亲擅离岗位，自己救晋厉公脱险。事见《左传·成公十六年》。

⑬死人横于街路，邴吉不问：邴吉，《汉书》作"丙吉"。西汉时，丞相丙吉外出视察民情，途中遇上群体斗殴，死伤者横于道路，丙吉

不闻不问，直接从旁经过。又见有一农夫正在驱赶一头牛走路。这头牛气喘吁吁，热得直吐舌头。丙吉见状立刻派人前去询问农夫牛的情况。随行官员疑惑，丙吉解释："处理民众打架斗殴死伤之事，是长安令和京兆尹的职责。我之所以派人去询问牛喘一事，是因为现在正值春令时节，天气本不该很热，而这头牛却喘着粗气，我担心这是气候异常导致的。身为丞相主要掌管调和阴阳的大事，对有关国计民生的事情更要予以重视，所以才会亲自过问牛喘之事。"听了丙吉的解释，陪同的官员们恍然大悟，十分敬佩他的贤明。事见《汉书·魏相丙吉传》。

⑭兼统：总领，并管。

⑮显明分（fèn）例：今本《三国志》作"显分明例"。分，位分。

⑯干与：干预。庶政：各种政务。

【译文】

程昱，字仲德，东郡人。孙子程晓，字季明，嘉平年间，担任黄门侍郎。当时校事官恣意蛮横，程晓上书说："《周礼》说：'设立官职，分派职权，作为民众的准则。'《左传》说：'天上有十个太阳，人有十个等级。'愚笨的不能统治贤明的，卑贱的不能统治高贵的。于是共建圣哲大业，认真考察官员的政绩；让他们各自专心于自己的职责，思虑不超出职权范围。所以栾书想要拯救晋厉公，他的儿子不听从；人死了横在道路上，邴吉不过问。君上不要求下面创出不在职权范围内的功劳，下面也不致力于分外的赏赐；官吏没有兼管的权势，民众不用服两种以上的劳役。这真是治理国家最重要的原则，是关系天下治乱的根由。远看古代典制，近看秦汉两代，虽说官名改变，职务不同，但崇上抑下、标明职分、划清等级，其目的是一致的。当初根本没有校事官干预各种政务的情况。

"昔武皇帝大业草创①，众官未备，而军旅勤苦，民心不安，乃有小罪，不可不察，故置校事，取其一切耳②，然检御有方③，不至纵恣也。此霸世之权宜，非帝王之正典④。其后渐蒙见任，转相因仍⑤，莫正其本。遂令上察宫庙⑥，下摄众司⑦，官无局业⑧，职无分限，随意任情，唯心所适。法造于笔端，不依科条⑨；诏狱成于门下⑩，不顾覆讯⑪。其选官属⑫，以谨慎为粗疏，以谡调为贤能⑬。其治事，以刻暴为公严⑭，以修理为怯弱。外托天威以为声势⑮，内聚群奸以为腹心。大臣耻与分势，含忍而不言⑯；小人畏其锋芒，郁结而无告⑰。至使尹模公于目下肆其奸慝⑱，罪恶之著，行路皆知，纤恶之过⑲，积年不闻。既非《周礼》设官之意，又非《春秋》十等之义也。

【注释】

①武皇帝：指魏武帝曹操。

②一切：权宜，临时。

③检御：督察驾驭。有方：有道，得法。

④正典：国家颁定的典章制度。

⑤因仍：因袭，沿袭。

⑥宫庙：借指帝王与皇室。

⑦众司：百官及其机构。

⑧局：权限，范围。

⑨科条：法令条文，法律条文。

⑩诏狱：奉旨办理的案件。

⑪覆讯：审讯。

⑫官属：主要官员的属吏。

⑬谡调（còng xiòng）：草率决断，任意行事。

⑭刻暴：刻毒暴戾。

⑮天威：帝王的威严，朝廷的声威。

⑯含忍：容忍。

⑰郁结：指忧思烦冤纠结不解。

⑱尹模：当时的抚军校事，据说他"凭宠作威，奸利盈积，朝野畏惮，莫敢言者"。目下：跟前，身边。奸慝（tè）：指奸恶的心术或行为。

⑲纤恶：轻微的罪恶。

【译文】

　　"从前武皇帝草创大业，众多官职没有齐备，而军旅事务繁多辛苦，民心没有安定，就是发生了小的罪过，也不能不查办，所以才设置校事官，是一种临时采用的措施罢了，然而因为约束驾驭得法，不至于出现校事官恣意放纵的情况。这是创业时的权宜之计，不是帝王统治的正规典章制度。后来校事官逐渐受到信任，辗转沿袭，没有人能正本清源。于是校事官上可以临察宫殿宗庙，下可以督查各个官署。职责没有固定范围，权力没有一定的限制，随心任意，凭主观办事。法令出在他们笔下，不按照法令条文的规定；奉旨办理的案件就在他们门庭之下了结，不经过复核审讯。他们选择下属官吏，把谨慎当作粗疏，把草率当成贤能。他们处理事务，把刻毒暴戾当成公正严厉，把遵循法理看成胆怯懦弱。对外假托帝王的威严给自己造势，在内聚集奸邪小人作为心腹。大臣耻于跟他们争斗，容忍退让而不发作；小民们畏惧他们的锋芒，怨恨郁结而无处诉说。结果是，尹模公然在天子脚下肆意作恶，他罪恶昭彰，路人皆知，多年来君主却连他一点小过错都没听说过。这既不是当初《周礼》设官分职的意图，又不符合《春秋》中人有十等的大义。

　　"今外有公卿将校总统诸署①，内有侍中尚书综理万机②，司隶校尉督察京辇③，御史中丞董摄宫殿④，皆高选贤才以充其职⑤，申明科诏以督其违⑥。若此诸贤犹不足任，校事小吏益不可信。若此诸贤各思尽忠，校事区区，亦复无益。若更高选国士以为校事,则是中丞司隶重增一官;若如旧选,尹模之奸今复发矣⑦。进退推算⑧,无所用之。昔桑弘羊为汉求利⑨,卜式以为独烹弘羊⑩,天乃可雨。若使政治得失必感天地⑪,臣恐水旱之灾,未必非校事之由也。曹恭公远君子,近小人,《国风》托以为刺⑫;卫献公舍大臣,与小臣谋,定姜谓之有罪⑬。纵令校事有益于国,以礼义言之,尚伤大臣之心,况奸回暴露⑭,而复不罢,是衮阙不补⑮,迷而不反也。"于是遂罢校事。

【注释】

①总统:总揽,总管。

②万机:泛指执政者处理的各种政务。

③京辇:指国都。

④董摄:监督整饬。

⑤高选:指用高标准选拔官吏。

⑥科诏:法律与诏令。

⑦复发:再次发作。

⑧进退:斟酌权衡。

⑨桑弘羊:西汉时期理财专家,汉武帝的顾命大臣之一,官至御史大夫。

⑩卜式:西汉时期官员。两次出资赞助国家,资助边事,救助流民。其举动得到了汉武帝的赞赏,被封官赐爵。据说汉朝天旱,卜式说:"烹弘羊,天乃雨。"

⑪感:感应。

⑫"曹恭公远君子"几句:见于《毛诗序》:"《候人》,刺近小人也。共公远君子而好近小人焉。"曹恭公,即曹共公。《国风》,此处指《曹风》。

⑬"卫献公舍大臣"几句：春秋时，卫献公凶暴残虐，轻慢侮辱嫡母定姜，最终在政治斗争中失败出逃，他向宗庙辩解自己无罪。定姜说："国君舍弃贤明的大臣而与奸佞的小人在一起商量事情，这就是第一条罪状。"事见《左传·襄公十四年》。

⑭奸回：指奸恶邪僻的人。

⑮衮阙：即衮职有阙，语出《诗经·大雅·烝民》："衮职有阙，维仲山甫补之。"衮职，比喻帝王的职责。阙，通"缺"。缺点，错误，表示天子职责有亏缺。

【译文】

"现今有公卿将校总管各个官署，朝廷内有侍中、尚书综合处理各种政务，司隶校尉负责督察京城，御史中丞总管宫殿，这些都是用高标准选拔贤才后，让其充任官职，再三申明法规诏令，来监督他们不要违法。要是这些贤才还不足以信任，校事小吏就更不可信了。要是这些贤才各自尽心竭力，区区的校事小吏就没有用处了。要是严格选用国之贤才来当校事，那么就是在御史中丞、司隶校尉之外再增加一个监察官；倘若跟旧制一样，尹模那样的奸邪就会再出现。再三斟酌权衡，校事没有什么用处。从前桑弘羊为汉朝谋取利，卜式认为只要用大鼎煮了桑弘羊，天就能下雨。倘若政治得失必定能感应天地，臣恐怕水旱灾害，未必不是由于校事引起的呀。曹恭公疏远君子接近小人，《曹风》托此讽刺；卫献公舍弃大臣，却去跟小臣谋划，定姜说他有罪。即使校事对国家有益，从礼仪角度讲，也会伤害大臣的心，何况校事的奸诈行径已经暴露，却还不撤销这一职位，这是帝王有了过错却不弥补，陷于迷途而不返回啊。"后来，朝廷取消了校事官一职。

刘晔字子扬①，淮南人也②，为侍中。《傅子》曰：晔事明帝，大见亲重③。帝将伐蜀，朝臣内外皆曰"不可"；晔入与帝议，因曰"可伐"；出与朝臣言，因曰"不可伐"。晔有胆智④，言之皆有形。中领军杨暨⑤,帝之亲臣,又重暨,持不可伐蜀之议最坚,每从内出,辄过暨,暨讲不可伐之意。后暨从驾行天渊池⑥,帝论伐蜀事,暨切谏。帝曰:"卿书生,焉知兵事!"暨曰:"臣诚不足采,侍中刘晔,先帝谋臣⑦,常曰蜀不可伐。"帝曰:"晔与吾言蜀可伐。"暨曰:"晔可召质也⑧。"诏召晔,晔至,帝问之,晔终不言。后独见,晔责帝曰:"伐国,大谋也,臣得与闻大谋,常恐昧梦漏泄以益臣罪⑨,焉敢向人言之?夫兵,诡道也⑩,军事未发,不厌其密。陛下显然露之,臣恐敌国已闻之矣⑪。"于是帝谢之⑫。晔出责暨曰:"夫钓者中大鱼,则纵而随之⑬,须可制而后牵,则无不得也。人主之威,岂徒大鱼而已!子诚直臣⑭,然计不精思也⑮。"暨亦谢之。晔能应变持两端如此⑯。或恶晔于帝曰:"晔不尽忠,善伺上意所趣而合之⑰。陛下试言皆反意而问之⑱,若皆与所问反者,是晔常与圣意合也。复每问皆同者⑲,晔之情必无所复逃矣。"帝如言验之,果得其情⑳,从此疏焉。晔遂狂,出为大鸿胪㉑,以忧死。谚曰:"巧诈不如拙诚㉒。"信矣。

【注释】

①刘晔字子扬:本段节录自《程郭董刘蒋刘传·刘晔传》。晔,天明本作"煜",从今本《三国志》改。

②淮南:郡名。汉末袁术据寿春改设淮南郡,入魏仍称淮南郡,治寿春。今属安徽淮南。

③亲重:亲近器重。

④胆智:胆识和智谋。

⑤中领军:曹操为丞相时,于府中所设,统率亲兵卫士和禁军。

⑥天渊池:魏黄初五年(224)开凿,在今河南洛阳东北。

⑦先帝:这里指魏武帝曹操和魏文帝曹丕。

⑧质：对质。

⑨昧：昏昧，懵懂无知。

⑩兵，诡道也：见于《孙子兵法·始计篇》："兵者，诡道也。"诡道，诡诈之术。

⑪闻之：听到这些了。

⑫谢：道歉，认错。

⑬纵：放，指放松鱼线。

⑭直臣：直言谏诤之臣。

⑮精思：精心思考。

⑯两端：指游移于两者之间的态度。

⑰趣：志趣，好尚。

⑱试言：尝试说。

⑲复：重复，再。

⑳情：实情。

㉑大鸿胪：古代朝廷掌管诸侯及藩属国事务的官职，本名典客，为九卿之一，汉武帝改名大鸿胪，属官有行人、译官及郡邸长丞等，后遂变为赞襄礼乐之官。

㉒巧诈不如拙诚：出自《韩非子·说林》。意思是巧妙的奸诈不如拙朴的诚实。

【译文】

　　刘晔，字子扬，淮南人，担任侍中。《傅子》说：刘晔事奉魏明帝，非常受亲近器重。明帝将要征伐蜀国，内外朝臣都说"不行"；刘晔进去跟明帝议论，却说"可以征伐"；出来跟朝廷臣子说话，又说"不可以征伐"。刘晔有胆量智慧，说得都有模有样。中领军杨暨，是明帝亲近的臣子，又尊重刘晔，不可征伐蜀国的建议，他坚持得最坚决，每次从宫内出来，就去拜访刘晔，刘晔就讲不可以征伐蜀国的意见。后来杨暨跟从皇帝车驾到天渊池去，明帝谈论征伐蜀国事宜，杨暨直言劝谏。明帝说："你是个书生，哪里知道战争军事！"杨暨说："臣的意见确实不足以采用，侍中刘晔，是先帝的谋臣，常常说蜀国不可以征伐。"明帝说："刘晔跟我说蜀国可以征伐。"杨暨说："您可以召来刘晔对质。"明帝下诏召见刘晔，刘晔来后，明帝问他，刘晔始终不说话。后来单独召见，刘晔埋怨明帝说："征伐一个国家，是很大的秘密，我能参与这一重大的谋划，经常害怕在梦中走漏消息，来加重我的罪过，哪里还敢向别人诉说？用兵打仗，是诡诈变化无常的，军事行动之前，怎么保密都不为过。陛下明白地透露出来，我恐怕敌国已经听到了呀。"于是明帝向他致歉。刘晔出来责备杨暨说："钓鱼的人钓到大鱼，那就要放松线让它游动，跟着它，必定可以控制它了然后才收竿，那就没有抓不到的。人主的威严难道是大鱼能比的吗！你是一位直言劝谏的臣子，但是算计得不精密。"杨暨也向他道歉。刘晔就是这样，能够应付变化，游移于两端。有人向明帝说刘晔的坏话道："刘晔没有尽忠，善于窥伺陛下的意图喜好而去附和。陛下试着都逆着自己的意图去问他，假如他的意见跟反话相反，这说明刘晔常常跟您的意图相合。如果每次提问他都跟您的反话意见相同，刘晔内心的实情就必然无所遁形了。"明帝按照这话去检验，果然弄清了真实情况，从此就疏远了刘晔。刘晔于是精神失常，出任大鸿胪，忧郁而死。谚语说："巧妙的奸诈不如拙劣的诚朴。"确实如此。

　　蒋济字子通①，楚国人也，文帝践祚，为散骑常侍。有诏，诏征南将军夏侯尚曰②："卿腹心重将，特当任使③。恩施足死④，惠爱可怀；作威作福⑤，杀人活人。"尚以示济。济既至，帝问曰："卿所闻见，天下风教何如⑥？"济对曰："未有他善，但见亡国之语耳⑦。"帝岔然作色而问其故，济具以答，因曰："夫'作威作福'，《书》之明诫。'天子无戏言'，古人所慎。唯陛下察之！"于是帝意解，遣追取前诏。

【注释】

　　①蒋济字子通：本段节录自《程郭董刘蒋刘传·蒋济传》。蒋济，字

　　子通，楚国平阿（今安徽怀远西南）人。曹魏名臣，历仕曹操、曹
　　丕、曹叡、曹芳四朝。

②征南将军：四征将军之一，古代高级将军官名。

③任使：差遣，委用。

④恩施：施恩，恩赐。

⑤作威作福：出自《尚书·洪范》，本指国君专行赏罚，独揽威权。
　　后指握有生杀予夺大权。

⑥风教：指风俗教化。

⑦但见：只见到。

【译文】

　　蒋济，字子通，楚国人，魏文帝登上皇位，蒋济担任散骑常侍。有诏令颁给征南将军夏侯尚说："你是我的心腹大将，特意让你担当此任。施恩要足以使人愿为你而死，加以爱护要足以使人对你产生怀念。手握生杀予夺大权，可以随心杀死人，救活人。"夏侯尚把诏书拿给蒋济看。蒋济来到文帝那里，文帝问他："据你所见所闻，天下的风俗教化怎么样？"蒋济回答说："没有见到什么良善，只听到亡国的言语罢了。"文帝气愤得脸色都变了，询问他为什么这么说，蒋济详细说了事情经过，并且说："'作威作福'，是《尚书》明确的告诫。'天子没有戏说的言辞'，古人对此十分谨慎。希望陛下明察。"于是文帝明白了蒋济的意思，派遣使者追回之前那封诏令。

　　苏则字文师①，扶风人也，为金城太守②。文帝问则曰："前破酒泉、张掖③，西域通使④，燉煌献径寸之珠⑤，可复求市益得不⑥？"对曰："若陛下化洽中国⑦，德流沙漠，即不求自至。求而得之，不足贵也。"帝嘿然⑧。后从行猎，槎桎拔⑨，失鹿，帝大怒，踞胡床拔刀⑩，悉收督吏，将斩之。则稽

首曰⑪:"臣闻古之圣王不以禽兽害人,今陛下方隆唐尧之化⑫,而以猎戏多杀群吏,愚臣以为不可。敢以死请⑬!"帝曰:"卿,直臣也。"遂皆赦之。然以此见惮,左迁河东相⑭。

【注释】

①苏则字文师:本段节录自《任苏杜郑仓传·苏则传》。苏则,字文师,扶风武功(今陕西武功西)人。曹魏大臣,起家酒泉太守,转安定、武都太守,曹操征张鲁,使为军导。张鲁降,徙为金城太守,后征为侍中,敢于直谏。黄初四年(223),左迁东平相。未至,在途中去世。

②金城:郡名。西汉始元六年(前81)置,治所在今甘肃兰州西,属凉州。

③酒泉:郡名。元狩二年(前121)置,辖黄河以西的匈奴休屠王、浑邪王故地,是河西四郡中最早设立的一郡。张掖:郡名。原为匈奴昆邪王地,元鼎六年(前111)分酒泉郡东部置张掖郡。

④西域:汉以来对玉门关、阳关以西地区的总称。狭义专指葱岭以东而言,广义则凡通过狭义西域所能到达的地区,后亦泛指我国西部地区。

⑤燉煌:即敦煌。郡名。敦煌地区原归酒泉郡管辖,元鼎六年(前111)分酒泉郡西部置。

⑥市:交易。

⑦化洽:教化普沾。

⑧嘿然:沉默无言的样子。

⑨槎桎(chá zhì):关野兽的用具。

⑩踞:坐。胡床:一种可以折叠的轻便坐具,又称交床。

⑪稽首:古时一种跪拜礼,叩头至地,是九拜中最恭敬者。

⑫隆化:使社会风气敦厚。

⑬敢：谦辞。等于说冒昧。

⑭左迁：降官，贬职。河东相：河东太守。河东，郡名，秦置，治安邑，在今山西夏县北。

【译文】

苏则，字文师，扶风人，担任金城太守。文帝问苏则说："前些日子攻破酒泉郡、张掖郡，与西域通使节，敦煌郡献上直径一寸的珠子，可以再去集市上买得更多吗？"苏则回答说："倘若陛下的教化能够润泽中原，德行流布到塞外，即使不去追求，珠宝也会自来。自己去追求才得到，反而不足以为贵了。"文帝沉默无言。后来苏则跟从文帝打猎，关野兽的木栏被拔起，鹿逃走了，文帝大怒，坐在胡床上拔刀，把主管围猎的官吏全都抓起来，准备处死他们。苏则叩头说："臣听说古代的圣明帝王不因为禽兽而伤害人，现今陛下正要让社会风气像唐尧时代那样敦厚，却因为打猎的游戏杀死许多官吏，愚臣认为不可以这样做。冒昧地用性命来请求宽赦他们！"文帝说："你，真是个直臣啊。"于是赦免了那些官员。但是苏则因此被文帝忌惮，被降职为河东相。

杜畿字伯侯①，京兆人也。子恕字务伯②，为散骑黄门侍郎。每政有得失③，常引纲维以正言④。时又大议考课之制⑤，以考内外众官。恕上疏曰："《书》称'明试以功'，'三考黜陟'⑥，诚帝王之盛制。然历六代而考绩之法不著⑦，关七圣而课试之文不垂⑧，臣诚以为其法可粗依，其详难备举故也。语曰：'世有乱人而无乱法⑨。'若使法可专任⑩，则唐、虞可不须稷、契之佐⑪，殷、周无贵伊、吕之辅矣⑫。今奏考功者，陈周、汉之法为缀⑬，京房之本旨⑭，可谓明考课之要矣。于以崇揖让之风⑮，兴济济之治⑯，臣以为未尽善也。其欲使州郡考士，必由四科者⑰，皆有事效，然后察举，试辟公府⑱，为亲民长吏⑲，转以功次补郡守者⑳，或就增秩赐爵㉑，是最考课之急务也㉒。至于公、卿及内职大臣㉓，亦当俱以其职考课之也。

【注释】

①杜畿（jī）字伯侯：本段及以下几段均出自《任苏杜郑仓传·杜畿传附杜恕传》。杜畿，字伯侯，京兆杜陵（今陕西西安东南）人。曹魏官吏及将领，历官郡功曹、守郑县令，善于断案，曹操任命他为司空司直，调任护羌校尉，使持节领西平太守，封丰乐亭侯，官至尚书仆射。

②杜恕：字务伯，京兆杜陵人。杜畿之子，太和年间任散骑黄门侍郎，他不结朋党，专心公事，多次任外职，在护乌丸校尉任上，因斩杀骑兵，没有上表，被判处死刑，但因为父亲杜畿得以免死，贬为庶人，流放到章武郡，并在那里去世。

③得失：失误。

④纲维：总纲和四维，比喻法度。正言：直言，说实话。

⑤大议：朝廷集议国家大事。考课：按一定标准考核官吏优劣，分别等差，决定升降赏罚。

⑥"明试以功"几句：明试以功，见于《尚书·舜典》。指认真地考察政绩。三考黜陟，见于《尚书·舜典》："三载考绩，黜陟幽明。"指经三次考核决定升降赏罚，黜退成绩差的，提拔成绩好的。

⑦六代：指唐、虞、夏、殷、周、汉。不著：不显扬。

⑧七圣：指唐尧、虞舜、夏禹、商汤、周文王、周武王、周公。课试：考核官吏的政绩。

⑨乱人：违背正道或制造混乱的人。《庄子·盗跖》："汤武以来，皆乱人之徒也。"乱法：引起国家动乱的法令。《荀子·王霸》："无国而不有治法，无国而不有乱法。"

⑩专任：一心信用。

⑪唐：唐尧。虞：虞舜。稷、契：唐尧虞舜时代的贤臣。稷，后稷，据说是周人的始祖，善农业，虞舜任命为农官。契，商人的始祖，虞舜时封为司徒。

⑫伊：伊尹，辅佐商汤。吕：吕尚，即姜子牙，辅佐周文王、周武王。

⑬缀：装饰，点缀。

⑭京房：西汉学者，本姓李，字君明，推律自定为京氏，东郡顿丘（今河南清丰西南）人。他曾建议实行考课制度，得到汉元帝的支持。他制定考课条例，本拟先在地方作试验，未及实施，被政敌中伤下狱处死。

⑮揖让：指礼乐文德。

⑯济济：庄敬的样子。济，通"齐"。

⑰四科：汉代选拔人才的四种科目，分别从品德、学问、处理公文能力、行政能力四方面，考验人才的素质。详见东汉应劭《汉官仪》。

⑱公府：官府。

⑲亲民：亲自治理民众的地方官吏。

⑳转：迁职。

㉑秩：官职，品位。

㉒最：指居于首要地位的人或事物。急务：急需办理的事务。

㉓内职：指供职禁中，内参机要的朝廷重臣。

【译文】

　　杜畿，字伯侯，京兆人。儿子杜恕，字务伯，担任散骑黄门侍郎。每当朝政有失误时，杜恕经常引用治国的原则，发表直言。当时朝廷又集中讨论官吏的考课制度，来考核内外官员。杜恕上书说："《尚书》说'要认真地考察政绩'，'经过三次考核来决定升降赏罚，黜退成绩差的，提拔成绩好的'，这真是帝王设立的伟大制度。但是经历了唐、虞、夏、殷、周、汉六代而考核政绩的制度仍然不明确，经过唐尧、虞舜、夏禹、商汤、周文王、周武王、周公七位圣人而考核政绩的规章没有流传下来，臣确实认为这是由于考核的方法只能粗略地作为依据，而详细条款难以具体列举的缘故。俗话说：'世上有作乱的人而没有作乱的法。'假若只需要依靠法令就可以治理好国家，那么尧、舜可以不用稷、契的辅佐，殷朝、周朝的君主也无须看重伊尹、吕尚的辅佐了。现今奏请考核政绩的人，陈说周朝、汉朝的方法作为点缀，继承京房制定考课法的原则，可以说是懂得考核制度的要点了。但是对于崇尚礼让的风气，建立美好的政治，臣认为还没有做到尽善尽美。他们主张州郡考察人才，必须从品德、学问、处理公文、行政才能四科作为标准，都有了具体事例效果，然后举荐，在三公府试用，再担任直接治理民众的县令，之后按功绩和年资迁升郡守，有的可以就地增加品级，赐予爵位，这倒确实是考核中最紧要的工作。至于公卿和皇帝身边的侍臣，也应该根据他履职的情况进行考核。

　　"古之三公，坐而论道①，及内职大臣，纳言补阙②，无善不纪③，无过不举。且天下至大，万机至众，诚非一明所能遍照。故君为元首④，臣为股肱⑤，明其一体相须而成也⑥。焉有大臣守职辨课可以致雍熙者哉⑦！且布衣之交⑧，犹有务信誓而蹈水火，感知己而披肝胆⑨，殉声名而立节义者⑩。所务者非特匹夫之信⑪，所感者非徒知己之惠⑫，所殉者岂声名而已乎！

【注释】

①坐而论道：见《周礼·考工记》："坐而论道，谓之王公。"指坐着议论政事。

②纳言：古官名。主出纳王命。补阙：匡补君王的缺失。

③纪：通"记"。记载，记录。

④元首：君主。见于《尚书·益稷》："股肱喜哉，元首起哉，百工熙哉！"
　孔传："元首，君也。"

⑤股肱（gōng）：大腿和胳膊。比喻左右辅佐之臣。

⑥相须：互相依存，互相配合。

⑦雍熙：指和乐升平。

⑧布衣：指平民。

⑨披肝胆：比喻以真诚相见或极尽忠诚。

⑩殉：今本《三国志》作"徇"。指有所求而不惜身。节义：指节操
　与义行。

⑪非特：不仅，不只。

⑫非徒：不但，不仅。

【译文】

　　"古代的三公，坐着议论政事，宫内的侍从大臣，进言补正过失，君主的善行没有一条不记录下来，没有一条过失不被指出。再说天下极大，事务极多，确实不是靠一个人的光明就能照遍的。所以君王是元首，辅佐大臣是四肢，说明他们是一体的，必须相辅相成。怎么可能只靠大臣谨守本分、勤加考课就能达到天下太平呢！况且就是平民之间交往，也有重视信义而赴汤蹈火的人，有感遇知己而披肝沥胆的人，有舍身求名而树立节操的人。更何况公卿大臣所致力追求的，不仅仅是平民之间的诚信，所感念的不单单是知己的恩惠，不惜自身所追求的，难道就仅仅是声名而已？

　　"诸蒙宠禄受重任者，不徒欲举明主于唐、虞之上而已①；身亦欲厕稷、契之列②。是以古人不患于念治之心不尽，患于自任之意不足③，此诚人主使之然也。唐、虞之君，委任稷、契、夔、龙而责成功④，及其罪也，殛鲧而放四凶⑤。

今大臣亲奉明诏⑥，给事目下⑦，其有夙夜在公⑧，恪勤特立⑨，当官不挠，不阿所私，危言行以处朝廷者⑩，自明主所察也。若尸禄以为高⑪，拱嘿以为智⑫，当官苟在于免负，立朝不忘于容身者⑬，亦明主所察也。诚使容身保位，无放退之辜⑭，而尽节在公⑮，抱见疑之势，公义不修，而私议成俗，虽仲尼为谋，犹不能尽一才⑯，又况于世俗之人乎！今之学者，师商、韩而上法术⑰，竞以儒家为迂阔不周⑱，此最风俗之流弊，创业者之所致慎也。"后考课竟不行。

【注释】

①举：推举。

②厕：置身，参与其中。

③自任：当成自身的职责。

④夔、龙：相传虞舜的二臣名，夔为乐官，龙为谏官。

⑤殛：流放，放逐。鲧（gǔn）：大禹的父亲，曾经治理洪水长达九年，据说因失败而被尧流放至羽山。

⑥明诏：英明的诏示。

⑦给事：处事，办理事务。

⑧夙夜在公：见于《诗经·召南·采蘩》："被之僮僮，夙夜在公。"意思是从早到晚，勤于公务。

⑨恪勤：恭敬勤恳。特立：指有坚定的志向和操守。

⑩危言行：即危言危行，见于《论语·宪问》："邦有道，危言危行，邦无道，危行言孙。"意思是说正直的话，做正直的事。危，正直。

⑪尸禄：指空食俸禄而不尽其职，无所事事。

⑫拱嘿：拱手缄默。

⑬立朝：指在朝为官。容身：保全自身。喻指苟且偷安。

⑭放退：免职，退职。

⑮尽：尽心竭力，保全节操。多指赴义捐生。

⑯尽一才：让一个人充分发挥其才能。

⑰商、韩：商鞅、韩非。先秦法家代表人物。上：崇尚。

⑱迂阔：不切合实际。

【译文】

　　"那些蒙受宠幸和俸禄、担当重任的大臣，不单单是要把英明的君主推到比唐尧、虞舜还高的位置，自身也想要跻身稷、契的行列之中。因此古人不担忧关心政治的心情不迫切，而是担忧自己被信任的程度还不够，这实在是君主造成的呀。唐尧、虞舜那样的君主，委任稷、契、夔、龙这样的臣子，要求他们把公事办成，一旦臣子犯了罪，便处死鲧，而放逐四凶。现今大臣亲自领受英明的诏示，在君主眼前办事，有的从早到晚勤于公务，恭敬勤恳超乎常人，不屈服于权贵，办事不徇私情，言语行为都非常正直，立在朝廷之上，这些人自然是英明的君主都清楚的。还有一些白吃俸禄不尽职却自命清高，遇事拱手沉默不表态却自以为聪明，当着官却一心想着免担责任，在朝为官不忘保全自身的人，也会被英明的君王所察觉的。如果真的让那些明哲保身的人顺顺当当地在任，反而让那些为公家竭忠尽力的臣子受到怀疑，正义得不到扶持，而出于私心的议论却成为风习，即使请孔子来谋划，也不能让一个人尽其才能，又何况普通人呢！现今的学者，师从商鞅、韩非而崇尚法术，争着指责儒家迂腐，不切合实际，这是不良风气中最坏的弊病，创业的君王最应该谨慎对待它的呀。"后来考核官吏的制度终究没有施行。

　　乐安廉昭以才能拔擢①，颇好言事②。恕上疏极谏曰③："伏见尚书郎廉昭奏左丞曹璠以罚当关④，不依诏，坐判问⑤。又云'诸当坐者别奏'⑥。尚书令陈矫自奏⑦，不敢辞罚，亦不敢以处重为恭，意至恳恻⑧。臣窃为朝廷惜之。夫圣人不择世而兴，不易人而治，然而生必有贤智之佐者，盖进之以道^⑨，帅之以礼故也。古之帝王所以能辅世长民者^⑩，莫不远得百姓之欢心，近尽群臣之智力。诚使今朝任职之臣，皆天下之选^⑪，而不能尽其力，不可谓能使人也。若非天下之选，亦不可谓能官人也。陛下忧劳万机^⑫，或亲灯火，而庶事不康^⑬，刑禁日弛，岂非股肱不称之明效与？原其所由，非独臣有不尽忠，亦主有不能使也。百里奚愚于虞而智于秦^⑭，豫让苟容中行而著节智伯^⑮，斯则古人之明验矣。若陛下以为今世无良才，朝廷乏贤佐，岂可追望稷、契之遐踪^⑯，坐待来世之俊乂乎^⑰！

【注释】

①乐安廉昭以才能拔擢：本段及以下几段均出自《任苏杜郑仓传·杜畿传附杜恕传》。乐安，县名。西汉置，属青州刺史部千乘郡，故址在今山东博兴北。拔擢，选拔提升。

②言事：专指向君王进谏或议论政事。

③极谏：尽力规劝，多用于臣下对君主。

④伏：敬辞。臣对君奏言多用之。尚书郎：官名。东汉取孝廉中之有才能者入尚书台，在皇帝左右处理政务，初入台称守尚书郎中，满一年称尚书郎，三年称侍郎。魏晋以后尚书各曹有侍郎、郎中等官，综理职务，通称为尚书郎。左丞：官名。指尚书左丞。秦置尚书丞，汉袭之。东汉分左右。曹魏尚书左丞，主尚书台内禁令及宗庙祠祀、朝仪礼制、选用官吏并吏员纲纪诸务。曹璠：沛国谯县人。曹魏宗室，魏大司马曹真之弟，曹操族子，明帝初为尚书左丞。当关：门吏。

⑤判：剖析。问：责问。

⑥别奏：另行上奏。

⑦陈矫：字季弼，本姓刘，因过继母族而改姓陈，广陵郡东阳县（今安徽天长西北）人。曹操辟为丞相掾属，迁任相县令，转任征南长史。又为彭城、乐陵太守，迁任魏郡西部都尉，拜丞相长史，转西曹属、尚书。曹丕称帝，领吏部事，封高陵亭侯，迁尚书令；明帝进爵东乡侯，后转侍中，加光禄大夫，又拜司徒，去世后谥贞侯。

⑧恳恻：诚恳痛切。

⑨进：进献。

⑩辅世：辅佐世人。长民：为民之长，官长。古指天子、诸侯，后泛指地方官吏。

⑪选：被选拔出来的人才。

⑫忧劳：忧患劳苦。

⑬康：治理。

⑭百里奚：春秋时秦国大夫。本为虞人。少时贫困，乞食于齐，曾以养牛为生，后任虞大夫。虞亡时被晋俘去，作为陪嫁之臣押往秦国。中途逃亡，为楚人所执，秦穆公以五张羊皮赎回，用作大夫，故称"五羖大夫"。时年七十余。辅佐秦穆公建立霸业。

⑮豫让：战国时著名刺客。曾为晋大臣范氏、中行氏的家臣，赵简子灭范氏、中行氏后，改事智伯。智伯后被赵、韩、魏三家联手打败身亡，豫让为给智伯报仇，漆身吞炭，多次刺杀赵襄子，最终为其所捕，临死时，豫让求得赵襄子的衣服，拔剑击斩其衣，以示复仇，尔后伏剑自杀。苟容：屈从附和以取容于世。

⑯遐踪：先贤的事迹。

⑰俊乂（yì）：也作俊艾。指才德出众的人。

【译文】

　　乐安廉昭因为有才能被提拔，非常喜好发表意见。杜恕上书尽力劝谏说："臣见到尚书郎廉昭上奏，说尚书左丞曹璠惩罚门吏时没有依照诏令向上级报告，应当被审问定罪。又说‘其他应当处罚的另外上奏’。尚书令陈矫上奏说自己不敢逃避惩罚，也不敢为自己申诉，辞意极其诚恳痛切。臣私下里为朝廷感到可惜。圣人出现时自己不能选择时世，治国也不能挑选民众，但是他出现后必然有贤人智士来辅佐，原因就在于他能够以道义为标准来选拔人才，用礼仪为规范来统领人才。古代的帝王之所以能治国安民，没有谁不是远能获得民众的欢心，近能使群臣竭忠尽力。如果现今任职的臣子，都是从全国选拔出来的人才，而不能让他们充分发挥力量的话，那就算不上能用人。如果他们不是从全国选拔出来的优秀人才，那就不能叫作会选拔人。陛下日理万机，十分忧劳，有时甚至忙到深夜，但是很多事情仍没有得到治理，刑法禁令日渐松弛，这难道不是辅佐大臣不称职的明证吗？查究原因，不仅臣子有没能尽忠的表现，主上也有不善用人的问题啊。百里奚在虞国愚笨而在秦国表现出智慧，豫让在中行氏那里表现平庸却在智伯那里表现出卓著的节操，这都是古人显著的例证了。倘若陛下认为当世没有优秀的人才，朝廷缺乏贤能的辅佐，难道可以空想追思稷、契这些先贤很远之前的事迹，坐等来世的优秀人才吗？

“今之所谓贤者，尽有大官而享厚禄矣。然而奉上之节未立，向公之心不壹者，委任之责不专，而俗多忌讳故也。陛下当阐广朝臣之心①，笃厉有道之节②，使之自同古人，望与竹帛耳③。反使如廉昭者扰乱其间，臣惧大臣遂将容身保位，坐观得失④，为来世戒也！昔周公戒鲁侯曰：‘无使大臣怨乎不以。’⑤言贤愚⑥，明皆当世用也。尧数舜之功⑦，称去四凶，不言大小，有罪则去也。陛下何不遵周公之所以用，大舜之所以去？使侍中、尚书坐则侍帷幄⑧，行则从舆辇⑨，亲对诏问，所陈必达，则群臣之行能否皆可得而知。忠能者进，暗劣者退⑩，谁敢依违而不自尽⑪？以陛下之圣明，亲与群臣论议政事，使群臣人得自尽，人自以为亲，人思所以报，贤愚能否，在陛下之所用也。明主之用人也，使能者不敢遗其力，而不能者不得处非其任。选举非其人，未必为有罪也；举朝共容非其人，乃为怪耳。

【注释】

①阐广：阐明扩大。

②笃厉：专心激励。

③竹帛：竹简和白绢，古代供书写之用。用以指史册。

④坐观：旁观。得失：指失误。

⑤"昔周公戒鲁侯曰"几句：见于《论语·微子》："周公谓鲁公曰：'不使大臣怨乎不以。'"意思是周公对鲁公说："不使大臣怨恨自己没有被任用。"鲁公，指周公之子，鲁国始封之君伯禽。

⑥言：今本《三国志》作"不言"，译文从之。

⑦数：称道。

⑧帷幄：指天子决策之处或将帅的幕府、军帐。

⑨舆辇：车驾，多指天子所乘。

⑩暗劣：愚昧低劣。

⑪依违：指模棱两可。自尽：尽自己的才力。

【译文】

"现今所谓的贤者，都享有高官厚禄了。但是奉献君上的节操没有树立，为公家办事的心思并不专一，原因就在于委任的职责也不确定，而时俗有很多禁忌之故。陛下应该开阔朝臣的心胸，鼓励高尚的节操，让他们自行向古人看齐，希望能名垂史册。如今反而让廉昭这样的人在中间扰乱，臣害怕大臣就会只求保全自身，占据官位，而坐视朝政得失，成为后世的鉴戒。从前周公对儿子伯禽说：'不要让大臣埋怨没有被重用。'没有说还要在大臣中区分贤能愚笨，说明都可以为当世所使用啊。尧称道舜的功劳，称赞他除去四凶，没有说四凶的罪过大还是小，意思是有罪就要除去。陛下为什么不遵循周公任人的方法、大舜处罚人的方法呢？让侍中、尚书这些官员坐时就坐在您的旁边，行则跟从御驾左右，当面回答您的问题，有建议一定能顺利上达，那么群臣的行为、能力高低您就都可以知道了。忠诚有能力的就晋升，愚昧低劣的就斥退，谁还敢办事敷衍而不尽力呢？凭借陛下的圣明，亲自跟群臣议论政事，使得群臣人人都能尽自己的才力，人人自认为是亲信，人人都想报答陛下，无论贤明愚笨，无论有没有能力，全在于陛下使用的方法呀。英明的君主任用人才，使得有能力的人不敢留有余力，没有能力的人不能处在他不能胜任的职位上。选举上来的人不合格，不一定是有罪；而整个朝廷都容忍不合格的人，这才是怪事呀。

　　"陛下又患台阁禁令之不密①，人事请属之不绝②，听伊尹作迎客出入之制③，选司徒更恶吏以守寺门④，威禁由之⑤，实未得为禁之本也。陛下自不督必行之罚以绝阿党之原耳⑥。伊尹之制，与恶吏守门，非治世之具也⑦。使臣之言少蒙察纳⑧，何患于奸不削灭，而养若廉昭等乎！夫纠擿奸宄⑨，忠事也，然而世憎小人行之者，以其不顾道理而苟求容进也。若陛下不复考其终始，必以违众忤世为奉公，密行白人为尽节⑩，焉有通人大才而更不能为此邪⑪？诚顾道理而弗为耳。使天下皆背道而趋利，则人主之所最病者⑫，陛下将何乐焉？胡不绝其萌乎？夫先意承旨以求容美⑬，率皆天下浅薄无行义者，其意务在于适人主之心而已，非欲治天下、安百姓也。陛下何不试变业而示之^⑭，彼岂执其所守以违圣意哉？夫人臣得人主之心，安业也^⑮；处尊显之官，荣事也；食千钟之禄，厚实也^⑯。人臣虽愚，未有不乐此而喜于忤者也，迫于道，自强耳^⑰。诚以为陛下当怜而佑之，少委任焉，如何反录昭等倾侧之意^⑱，而忽若人者乎？"恕论议抗直^⑲，皆此类也。

【注释】

①台阁：汉时指尚书台，后亦泛指中央政府机构。

②人事：官员的任免升降等事宜。请属：也作请嘱，请托。

③制：体制，样式。

④寺：衙署，官舍。

⑤威禁：法令，禁令。

⑥阿党：徇私枉法。

⑦具：措施。

⑧察纳：指考察采纳。

⑨纠摘（tī）：纠举揭发。奸宄：违法作乱的事情。

⑩白：上告，弹劾。

⑪通人：学识渊博通达的人。

⑫病：诉病。

⑬先意承志：本指孝子先父母之意而承顺其志，后泛指揣摩人意，谄媚逢迎。容美：指被位尊者接纳称美。

⑭变业：改变行迹。

⑮安业：安于本业。

⑯厚实：富足，富裕。

⑰自强：自己努力图强。

⑱倾侧：指行为邪僻不正。

⑲抗直：今本《三国志》作"亢直"。刚强正直。

【译文】

"陛下又担心尚书台禁令不够严密，官员任免升降上的请托不能断绝，所以才让辅政大臣制定了尚书台的会客制度，又让司徒重新选了凶恶的官吏把守尚书台大门，进出的人都听他们安排，实际上这并没有抓住禁绝不正之风的关键呀。陛下现在没有必要亲自督促执行必须履行的惩罚，来杜绝结党营私的根源。辅政大臣制定的会客制度，让凶恶的吏员把守大门，不是治理天下的措施。假使臣的话能被您稍微采纳一些，还怕什么奸邪不被削除，又怎么会养廉昭这样的人啊！纠举揭发奸恶之人，是忠于君主的事，但是世人都憎恶小人来做这种事，因为他们不讲道理，只想用非法手段谋求私利。倘若陛下不再查考事情的整个过程，一定会把违背人心忤逆世道的行为看成是奉公，把悄悄告发别人的做法看成是尽忠，通情达理才能出众的人就不会干这些吗？只不过是遵守做人的原则而不去做罢了。天下人都背离道理，趋向利益，是君主最担忧的事，陛下怎么能高兴得起来，为什么不切断其萌芽呢？那些预先揣摩君主心意，以谄媚逢迎来取悦君主的人，都是天下极其浅薄、不讲信义之辈，他们只是一心想得到君主的欢心，而不是想要治理天下，安定百姓。陛下何不改变一贯立场去试试他们，看他们是否会坚持原有立场而违背圣上的意志呢？臣子得到君主的欢心，是安全的事；担任尊重显贵的官职，是光荣的事情；享有优裕的俸禄，是实惠的事情。臣子即使再愚蠢，也不会不这样做而去触犯君主，而触犯君主的人，他们只是迫于道义，自己强迫自己走正路罢了。臣认为陛下应当怜悯保护他们，对他们稍加信任，怎么反而采用廉昭等人有意陷害的话，而忽视这些忠良之臣呢？"杜恕的议论刚强正直，都跟上面记载的类似。

庞德字令明①，南安人也，拜立义将军②。屯樊③，讨关羽④。樊下诸将以德兄在汉中⑤，颇疑之。德常曰："我受国恩，义在效死。"会汉水暴溢⑥，羽乘船攻之，矢尽，短兵接。德谓督将成何曰⑦："吾闻良将不怯死以苟免，烈士不毁节以求生⑧，今日，我死日也。"战益怒⑨，气愈壮，而水浸盛，为羽所得，立而不跪。谓曰："卿兄在汉中，我以卿为将，不早降何为？"骂羽曰："竖子，何谓降也！魏王带甲百万，威振天下，汝刘备庸才耳，岂能敌邪！我宁为国家鬼，不为贼将也。"遂为羽所杀。太祖闻而悲之，为流涕，封其二子为列侯⑩。文帝即王位，乃遣使就德墓赐谥，策曰："昔先轸丧元⑪，王蠋绝脰⑫，殒身殉节⑬，前代美之。惟侯式昭果毅⑭，蹈难成名⑮，声溢当时，义高在昔，寡人愍焉，谥曰'壮侯'。"又赐子会等四人爵关内侯，邑各百户。

【注释】

①庞德字令明：本段节录自《二李臧文吕许典二庞阎传·庞德传》。庞德，字令明，南安狟（huán）道（治今甘肃陇西东南）人。曹操平定汉中后，庞德归降曹操。襄樊之战，兵败被擒，誓死不降，为关羽所杀，追谥为壮侯。

②立义将军：官名。曹魏置，属于杂号将军的一种。

③樊：地名。古时属豫州。东汉末，曹操取樊，置襄阳郡，樊城隶属襄阳郡，今属湖北襄阳。

④关羽：本字长生，后字云长，河东郡解县（今山西运城）人。早年跟随刘备，和刘备、张飞情同兄弟，刘备势力逐渐壮大，关羽则长期镇守荆州，但随后东吴孙权派遣吕蒙、陆逊袭击了关羽的后方，最终进退失据，兵败被杀。谥曰壮缪侯。

⑤德兄：庞德从兄名柔，当时在蜀汉。汉中：秦攻楚取地六百里置汉中郡，为秦初三十六郡之一，东汉初郡治南郑县（今陕西汉中境内），张鲁割据汉中，改为汉宁郡；曹操降张鲁，又改为汉中郡。建安二十四年（219），刘备据汉中，仍设汉中郡。

⑥汉水：也叫汉江，是长江最长的支流，在历史上占居重要地位，常与长江、淮河、黄河并列，合称"江淮河汉"。

⑦督将：官名。领兵千人，掌征伐。成何：东汉末曹操部属，建安末任督将。

⑧烈士：有节气有壮志的人。

⑨怒：气势强盛。

⑩列侯：爵位名。秦爵二十级，彻侯位最高，汉承秦制，为避汉武帝刘彻讳，改彻侯为通侯，或称列侯。

⑪先轸：曲沃（今山西闻喜）人。春秋时期晋国名将、军事家，又称原轸。先轸在盛怒之下，曾顶撞国君晋襄公。以"匹夫逞志于君而无讨"自责，认为自己对国君不敬。后来率领晋军在箕（今山西蒲县东北）击败狄军。战后，先轸脱下头盔铠甲，冲进狄军中战死以抵偿自己冒犯国君之过。狄人将先轸的首级送还给了晋国，其面色如同活人一般。元：指头颅。

⑫王蠋（zhú）：战国时齐国画邑（今山东中部）人。齐国退隐大夫，燕将乐毅攻破临淄，乐毅使人重金礼请他，并封他万户地方。王蠋说："与其生而无义，固不如烹。""遂经其颈于树枝，自奋绝脰而死。"脰（dòu）：脖子，颈。

⑬殉节：为保全志节而牺牲生命。殉，今本《三国志》作"徇"。

⑭式昭：用以光大。果毅：果敢坚毅。

⑮蹈难：经受危难。

【译文】

庞德，字令明，南安人，官拜立义将军。屯驻樊城，征讨关羽。驻守樊城的将领因为庞德的哥哥在汉中刘备帐下，对他抱有怀疑。庞德常说："我身受国恩，当舍命报效。"赶上汉水暴涨，溢出河道，关羽乘船前来攻打，庞德箭用光了，就逼近肉搏。庞德对督将成何说："我听说良将在死前不会苟且偷生，志士不会毁弃名节求得活命，今天，就是我死的日子。"战斗气势更加强盛，勇气更加豪壮，而水势越来越大，最终被关羽擒获，站立不跪。关羽对他说："您的兄长在汉中，我任命您当将领，为什么不早投降呢？"庞德骂关羽说："小子，说什么投降！魏王带领甲士百万，威震天下，你们的刘备不过是凡庸之才罢了，怎么敌得过魏王！我宁可当国家的鬼，也不当贼人的将领。"结果被关羽杀死。曹操听说了十分悲痛，为他流下眼泪，封他的两个儿子当列侯。曹丕登上王位，就派遣使者到庞德墓前赐给谥号，策文说："从前先轸在战场上为国献身，王蠋折断脖颈，也不为敌人服务，不惜捐躯以保全志节，以前的人们都赞美他们。庞侯效法和发扬古人的果敢坚毅精神，赴难立名，声名流溢当代，大义高过以往，我痛惜他，追谥为'壮侯'。"又赐予他的儿子庞会等四个人关内侯爵位，封邑各一百户。

阎温字伯俭①，天水人也，以凉州别驾守上邽令②。马超围州所治冀城甚急③，州乃遣温密出告急。贼见，执还诣超④。超解其缚，谓曰："今成败可见，足下为孤城求救而执于人手⑤，义何所施？若从吾言，反谓城中东方无救，此转祸为福之计也。不然，今为戮矣。"温伪许之，超乃载温诣城下。温向城大呼曰："大军不过三日至，勉之！"超怒数之⑥，温不应。复谓温曰："城中故人⑦，有欲与吾同者不？"温又不应。遂切责之，温曰："夫事君有死无贰，而卿乃欲令长者出不义之言⑧，吾岂苟生者乎？"超遂杀之。

【注释】

①阖温字伯俭：本段节录自《二李臧文吕许典二庞阎传·阎温传》。
　　阎温，字伯俭，天水郡西城县（今甘肃礼县）人。东汉末年官员。

②别驾：别驾从事史的简称，也称别驾从事，汉置，为州刺史的佐官。
　　上邽（guī）：县名。在今甘肃清水。

③马超：字孟起，扶风茂陵（今陕西兴平）人。三国时期蜀汉名将。州
　　所治：指一州最高官署所在地。冀城：古县名，在今甘肃甘谷西南。

④诣：前往，到。

⑤人手：他人之手。

⑥数：数落，责备。

⑦故人：旧交，老友。

⑧长者：年纪大或辈分高的人。

【译文】

阎温，字伯俭，天水人，以凉州别驾的身份代理上邽县令。马超围攻凉州，凉州治所冀城形势非常急迫，凉州刺史就派遣阎温秘密出城告急求救。阎温被敌人发现，抓住送到马超那里。马超解开他的捆绑，对他说："今天成败形势已经明显可见，您为了一座孤城去求救，而被他人抓住，还怎么表现大义呢？倘若听我的话，回去对城里面讲，东方不会有救兵来了，这是转祸为福的计策。不这样，今天您就要被杀了。"阎温假装答应他，马超就用车拉着他来到城下。阎温向城上大声呼喊说："大军不出三天就到达，要努力啊！"马超愤怒地责备他，阎温不回答。马超又对阎温说："您城中的旧交老友，有想跟我合作的吗？"阎温又不理睬。马超于是严厉责备他，阎温说："侍奉君主只有一死而没有二心，您却想让忠厚的人说出不合大义的言辞，我难道是苟且偷生的人吗？"马超于是杀了他。

卷二十六

魏志（下）

【题解】

本卷节录自《魏志》卷十九至卷二十八，涉及陈思王曹植、中山恭王曹衮，王粲、陈琳、卫觊、刘廙、陈群、陈矫、卢毓、和洽、杜袭、高柔、辛毗、杨阜、高堂隆、田豫、徐邈、王昶、锺会共十九人。有关曹植、曹衮的段落中，大量引用了曹植给魏明帝的上疏，及魏宗室曹冏《六代论》，从中可见曹魏政权重异姓大臣而疏宗室诸侯之弊端，而与高堂隆临终提出的防范"鹰扬之臣"作乱、让诸侯王领兵保卫京畿的主张遥相呼应。王粲、陈琳作为建安七子的代表，节录部分并没有重点分析其文学成就，而是突出曹操重视才华、宽大为怀的政治家本色。魏明帝大兴土木，劳民伤财，使得卫觊、陈群、杨阜、高堂隆等大臣上疏极力劝谏；如何考核官吏、选才用人，在刘廙、卢毓等段落中均有涉及；而官员如何才算尽职尽责，陈矫、高柔、辛毗、田豫、徐邈等做出了表率。王昶诫子书，从他给子侄起名为"玄默冲虚"谈起，讲到修身处世之道，谈及"遵儒者之教，履道家之言"，体现魏晋清谈潮流之一端。写锺会作乱被诛之事，实则主要引出其功曹向雄收葬锺会的义举。本卷收录的大量奏对应答，均体现出良臣忧心国事、敢于犯颜直谏的品格，选录这些内容，对现实政治的指向性，可谓相当明显。

传

陈思王植①，字子建。每进见难问②，应声而对，特见宠爱。既以才见异，而丁仪、丁廙、杨脩等为之羽翼③。太祖狐疑，几为太子者数矣④。黄初三年⑤，立为鄄城王⑥。太和元年⑦，徙为雍丘王⑧。三年，徙封东阿王⑨。五年，上疏求存问亲戚⑩，因致其意曰："臣闻天称其高，以无不覆；地称其广，以无不载；日月称其明，以无不照；江海称其大，以无不容。故孔子曰：'大哉！尧之为君！唯天为大，唯尧则之⑪。'夫天德之于万物，可谓弘广矣。盖尧之为教，先亲后疏，自近及远⑫。周之文王亦崇厥化。昔周公吊管、蔡之不咸⑬，广封懿亲以藩屏王室⑭，《传》曰：'周之同盟，异姓为后⑮。'诚骨肉之恩⑯，爽而不离⑰；亲亲之义⑱，实在敦固⑲。未有义而后其君，仁而遗其亲者也。

【注释】

①陈思王植：本段及以下几段均出自《任城陈萧王传·陈思王植传》。陈思王植，即曹植，字子建，沛国谯县（今安徽亳州）人。生于东郡鄄城（今山东鄄城，一说莘县），是曹操与武宣卞皇后所生第三子，生前曾为陈王，去世后谥号"思"，因此又称"陈思王"。

②进见：前去会见，多指见尊长。难问：诘问。

③丁仪：字正礼，沛郡（治今安徽濉溪西北）人。被曹操聘任为西曹掾。丁仪兄弟与曹植交好，曹丕为魏王后，丁仪被杀。丁廙（yì）：字敬礼，丁仪之弟。博学有才，因与曹植亲善被曹丕所杀。杨脩（xiū）：字德祖，弘农华阴（今陕西华阴）人。太尉杨彪之子，学识

渊博,极聪慧,曾任曹操丞相府的主簿,后被曹操杀害。

④数(shuò):多次。

⑤黄初三年:222年。黄初,魏文帝曹丕的年号(220—226)。

⑥鄄(juàn)城:汉置县,今属山东菏泽。

⑦太和元年:227年。太和,魏明帝曹叡的年号(227—233)。

⑧雍丘:县名,在今河南杞县。

⑨东阿:县名,在今山东东阿西南。

⑩存问:慰问。多指卑对尊,下对上。

⑪"大哉"几句:见《论语·泰伯》。

⑫"盖尧之为教"几句:据《尚书·尧典》记载,尧"克明俊德,以亲九族。九族既睦,平章百姓"。

⑬周公:周公姬旦,周文王姬昌之子。管、蔡:管叔,周武王弟弟管叔鲜与蔡叔度的并称。周成王时,管叔鲜与蔡叔度不满周公旦摄政,于是挟持武庚发动叛乱。不久,周公旦平定叛乱,诛杀管叔鲜与武庚,蔡叔度被流放,最终死在流放之地。不咸:不和。

⑭懿亲:至亲。藩屏:捍卫。

⑮周之同盟,异姓为后:见《左传·隐公十一年》:"周之宗盟,异姓为后。"

⑯骨肉:比喻至亲,指父母兄弟子女等亲人。

⑰爽:差失,不合。

⑱亲亲:爱自己的亲属。

⑲敦固:坚定不移。

【译文】

陈思王曹植,字子建。每次拜见太祖曹操,面对曹操的提问都能应声回答,非常受宠爱。曹植既因才能出众受到青睐,又有丁仪、丁廙、杨脩等有才学之人作为帮手。因此,曹操在选择继承人时拿不定主意,好几次都想选曹植。黄初三年,曹植被立为鄄城王。太和元年,改封为雍丘王。三年，改封为东阿王。五年，曹植上疏请求拜见慰问亲戚，表达自己的心意道："臣听说天能称为高，是因为没有不被它覆盖的；地能称为广，是因为没有不被它承载的；太阳、月亮被称作光明，是因为没有不被它照耀的；长江大海被称为浩大，是因为没有不被它容纳的。所以孔子说：'伟大呀！尧作为君主，只有上天最高最大，只有尧能效法上天。'上天的恩德对于万物来说，可以算得上宏大宽广了。尧的教化，先亲近后疏远，从近处到远处。周文王也崇尚这种教化。从前周公有感于管叔、蔡叔的不和睦，广泛地分封宗室至亲，来捍卫周王室，《左传》说：'周王室诸侯朝见，异姓排在后面。'实在是因为骨肉情深，即使有嫌隙也不会分离；亲近自己的亲人这样的人生大义，实在是坚不可催。没有哪个讲求正义之人会不尊敬君王，也没有仁爱的君主会遗弃自己的亲人。

"臣伏惟陛下资帝唐钦明之德①，体文王翼翼之仁②，惠洽椒房③，恩昭九亲④，群后百寮⑤，番休递上⑥，执政不废于公朝⑦，下情得展于私室⑧，亲理之路通⑨，庆吊之情展⑩，诚可谓恕己治人、推惠施恩者矣⑪。至于臣等，婚媾不通⑫，兄弟乖绝，吉凶之问塞，庆吊之礼废，恩纪之违⑬，甚于路人，隔阂之异，殊于胡越⑭。以一切之制⑮，无朝觐之望⑯，至于注心皇极⑰，结情紫闼⑱，神明知之矣。愿陛下沛然垂诏⑲，使诸国庆问得展⑳，以叙骨肉之欢恩，全怡怡之笃义㉑；妃妾之家，膏沐之遗㉒，岁得再通，齐义于贵宗㉓，等惠于百司㉔，如此则《风》《雅》所咏㉕，复存于圣世矣。

【注释】

①伏惟：表示伏在地上想，下对上的敬词，多用于奏疏或信函。资：凭借。帝唐：指尧帝。钦明：敬肃明察。

②体：效法。翼翼：恭敬谨慎的样子。

③椒房：后妃居住的宫室，也是后妃的代称。

④九亲：等于说九族，指高祖至玄孙的九代直系亲属。

⑤群后：泛指公卿。百寮：百官。

⑥番休：轮流休息。

⑦公朝：指朝廷。

⑧下情：亲情。

⑨亲理：亲属关系。

⑩庆吊：庆贺与吊慰，也指喜事与丧事。

⑪恕己：指扩充自己的仁爱之心。

⑫婚媾（gòu）：泛指亲戚。

⑬恩纪：等于说恩情。

⑭胡越：胡在北，越在南，比喻疏远隔绝。

⑮一切：不问情况一刀切。

⑯朝觐：指臣子朝见君主。

⑰皇极：帝王统治天下的准则，即所谓大中至正之道。

⑱紫闼（tà）：官门。此指皇帝。

⑲沛然：大雨倾泻，这里指迅速下令。

⑳庆问：庆贺问候。

㉑怡怡：特指兄弟和睦的样子。笃义：指深厚的恩义。

㉒膏沐：古代妇女润发的油脂。遗（wèi）：给予，馈赠。

㉓贵宗：贵族。

㉔百司：指百官。

㉕《风》《雅》：《诗经》中的《国风》与大、小《雅》。

【译文】

“臣私下想到陛下凭借尧帝那样敬肃明察的美德，效法周文王恭敬谨慎的仁德，恩惠施于后宫，恩情昭明于九族，公卿臣子轮番休息，更替侍候陛下，朝政大事不会荒废，亲情也能在私室内得以舒展，亲属的来往道路畅通，庆贺与吊唁的人情也能表达，真称得上扩充自己的仁爱之心来治理民众，推己及人广施恩惠了。至于臣下我，姻亲之间没有往来，兄弟情谊离散断绝，问候吉凶的音讯被阻塞，庆贺吊慰的礼仪废弃，恩情的违离，还远不如路人，隔阂的程度，比胡越相隔还厉害。因为不同情由的统一规定，臣没有朝见君主的希望，至于臣对陛下的眷恋，对朝廷的情结，只有神明知晓。希望陛下能迅速施恩颁发诏令，允许各个诸侯王庆贺问候，以叙谈骨肉至亲的深情，成全兄弟和睦的深厚情义；妃嫔的家中，有补贴日用品的馈赠，每年能够来往两次，道义上跟贵戚一样，恩惠上同于百官，这样，那么《风》《雅》所歌咏的美德，就又在当今圣世出现了。

　　"臣伏自思惟，无锥刀之用①，及观陛下之所戒授②，若以臣为异姓，窃自料度③，不后于朝士矣④。若得辞远游⑤，戴武弁⑥，解朱组⑦，佩青绂⑧，驸马奉车⑨，趣得一号⑩，安宅京室⑪，执鞭珥笔⑫，出从华盖⑬，入侍辇毂⑭，承答圣问，拾遗左右⑮，乃臣丹诚之至愿也⑯。远慕《鹿鸣》君臣之宴⑰，中咏《常棣》匪他之戒⑱，下思《伐木》友生之义⑲，终怀《蓼莪》罔极之哀⑳。每四节之会㉑，块然独处㉒，左右唯仆隶，所对唯妻子，高谈无所与陈，发义无所与展㉓，未尝不闻乐而拊心㉔，临觞而叹息也㉕。

【注释】

①锥刀：小刀，比喻微薄，微细。

②戒授：今本《三国志》作"拔授"。选拔任用。

③料度：估计，忖度。

④朝士：朝廷之士，泛称中央官员。

⑤辞远游：脱掉远游冠。远游冠是亲王的礼帽。

⑥武弁（biàn）：武冠。

⑦朱组：朱绶，红色丝带，古代达官贵人用来系冠、佩玉、佩印。当时皇太子与宗室诸王佩金印朱组。

⑧青绂（fú）：青绶，官员佩系官印的青色丝带。

⑨驸马：驸马都尉的简称。奉车：奉车都尉的简称。

⑩趣：迅疾。一号：一种名号。

⑪安宅：安居。京室：指王室。

⑫执鞭：持鞭驾车。多借以表示卑贱的差役。珥（ěr）笔：古代史官、谏官上朝，常插笔冠侧，以便记录，叫作珥笔。

⑬华盖：帝王或贵官车上的伞盖，泛指高贵者所乘之车。

⑭辇毂（gǔ）：皇帝的车舆。此指皇帝。

⑮拾遗：补正别人的缺点过失。

⑯丹诚：赤诚的心。

⑰《鹿鸣》：《诗经·小雅》首篇。是周王宴请群臣嘉宾时的乐歌。

⑱《常棣》：《诗经·小雅》篇目。《毛诗序》称："《常棣》，燕兄弟也。"后用以比喻兄弟之情。常棣，亦作棠棣。

⑲《伐木》：《诗经·小雅》篇目。《毛诗序》称："《伐木》，燕朋友故旧也。……亲亲以睦，友贤不弃，不遗故旧，则民德归厚矣。"

⑳《蓼莪》：《诗经·小雅》篇目。《毛诗序》称："《蓼莪》，刺幽王也，民人劳苦，孝子不得终养尔。"

㉑四节：指四季的节日。

㉒块然：孤独的样子，独处的样子。

㉓发义：阐发义理。

㉔拊心：拍胸。表示哀痛或悲愤。

㉕临觞：面对着酒。觞，酒杯。

【译文】

"臣自我反思,连像锥刀一样的微薄用处都没有,等看到陛下所选拔任用的人,倘若把臣当成异姓,臣私下思量,也不会落在朝廷上的官员之后。倘若能脱掉王侯的远游冠,戴上武将的帽子;解下诸侯的朱组,佩上武将的青绶,在驸马都尉或奉车都尉中,赶紧得到一个名号,然后安居王室,手拿马鞭,笔插帽侧,外出跟从皇帝的乘舆,进宫侍候陛下左右,回答皇帝的问题,在您身边拾遗补阙,这才是臣赤诚之心的最大愿望。臣仰慕《鹿鸣》诗中君臣的宴饮,中间记诵《常棣》诗中兄弟不是外人的告诫,近思《伐木》诗中朋友故旧的深情,最终怀有《蓼莪》诗中孝子报答父母无限恩德的哀伤。每逢四时之节聚会之日,臣孤身独处,身边只有仆役,面对的只有妻子儿女,高谈阔论却没有交谈对象,阐发义理又无知音,没有一次不是听到音乐就抚胸,面对美酒也只能长长叹息的。

"臣伏以为,犬马之诚不能动人①,譬人之诚不能动天。崩城陨霜②,臣初信之,以臣心况,徒虚语耳。若葵藿之倾叶③,大阳不为之回光④,亦终向者诚也。窃自比葵藿,若降天地之施,垂三光之明者,实在陛下。今之否隔⑤,友于同忧⑥,而臣独倡言者,窃不愿于圣世使有不蒙施之物,必有惨毒之怀⑦。故《柏舟》有'天只'之怨⑧,《谷风》有'弃予'之叹⑨。故伊尹耻其君不如尧舜。臣之愚蔽⑩,欲使陛下崇光日月、被时雍之美者⑪,是臣偻偻之诚也⑫。"

【注释】

①动:打动,感动。

②崩城:城墙倒塌。据说春秋时齐大夫杞梁战死,其妻在遗体所在城下哭了十天,城墙倒塌。见《列女传·贞顺》。陨霜:落下寒霜。

据《淮南子》佚文："邹衍事燕惠王，尽忠。左右谮之，王系之，仰天
而哭，五月为之下霜。"

③葵藿：单指葵。据说葵性向日，古人多用以比喻下对上赤心趋向。

④大阳：即太阳。

⑤否（pǐ）隔：隔绝不通。

⑥友于：兄弟。

⑦惨毒：悲痛怨愤。

⑧《柏舟》：《诗经·鄘风》篇目，有"母也天只！不谅人只！"

⑨《谷风》：《诗经·小雅》篇目，有"将安将乐，女转弃予……将安
将乐，弃予如遗"。

⑩愚蔽：愚钝，不通事理。

⑪时雍：和睦。

⑫偻偻（lóu lóu）：勤恳的样子，恭谨的样子。

【译文】

"臣以为，犬马的真诚不能打动人，就譬如人的真诚不能打动天一
样。杞梁妻哭倒城墙、邹衍的冤情使得夏天降霜的传说，臣起初还相信，
但拿臣此刻的心境比况，这只不过是假话罢了。就像葵花倾斜叶子始终
向阳，太阳没有特意向它照耀，但它却一直朝向太阳，这是多么真诚啊。
臣私下里自比为葵花，倘若能降下天地的恩惠，垂照太阳、月亮、星星那
样的光明的，实在是只有陛下您啊。现在诸王亲情隔绝不通，兄弟都很
忧虑，而唯独臣上书陈情的原因，私下里是不希望在当今圣世还有不蒙
受陛下恩惠的人，他们必然会有悲痛怨恨的情绪。所以《柏舟》诗中有
'天只'这样不被长辈体谅的怨恨，《谷风》有'弃予'这样被抛弃的叹
息。所以伊尹为他的君主不如尧舜而感到耻辱。臣愚钝，希望陛下光明
如同太阳、月亮，对亲族广施和洽温暖的美德，这就是臣恭谨诚挚的心
愿。"

诏报曰①："夫忠厚仁及草木，则《行苇》之诗作②；恩泽衰薄，不亲九属，则《角弓》之章刺③。今令诸国兄弟，情理简怠，妃妾之家，膏沐疏略，纵不能敦而睦之，王援古喻义，备矣悉矣，何言精诚不足以感通哉？夫明贵贱，崇亲亲④，礼贤良，顺少长，国之纲纪，本无禁诸国通问之诏也。矫枉过正，下吏惧谴，以至于此耳。已敕有司，如王所诉。"

【注释】

①诏报曰：本段节录自《任城陈萧王传·陈思王植传》。诏报，指魏明帝回应的诏书。

②《行苇》：《诗经·大雅》篇目。《毛诗序》云："《行苇》，忠厚也。周家忠厚，仁及草木，故能内睦九族。"

③《角弓》：《诗经·小雅》篇目。《毛诗序》云："《角弓》，父兄刺幽王也。不亲九族而好谗佞，骨肉相怨，故作是诗也。"

④亲亲：此指亲属。

【译文】

明帝下诏回答说："君主忠厚仁爱，恩惠施及草木，那么就有了《行苇》一诗；恩泽衰微浅薄了，不亲近九族，那么就有了《角弓》的讽刺。现今让诸王兄弟之间简化人情往来，妃妾母家减省日用馈赠，朕纵然不能让兄弟亲厚和睦，但您援引古事的喻义，很完备而详尽了，怎么能说精诚难以感动人呢？区分贵贱，尊崇亲人，礼敬贤才，少长有序，这些都是国家的法度纲常，朝廷本来就没有禁止各诸侯王之间往来问候的诏令，大概是矫枉过正，下面的官吏害怕受到谴责，以至于到了今天的地步。朕已经命令主管官员，按照您所说的那样办理。"

植复上疏①，陈审举之义，曰："臣闻天地协气而万物生②，君臣合德而庶政成③。五帝之世非皆智④，三季之末非皆愚⑤，用与不用、知与不知也。《书》曰：'有不世之君，必能用不世之臣；用不世之臣，必能立不世之功⑥。'昔乐毅奔赵⑦，心不忘燕；廉颇在楚⑧，思为赵将。臣生乎乱，长乎军，又数承教于武皇帝⑨，伏见行师用兵之要，不必取孙吴而暗与之合⑩。窃揆之于心⑪，常愿得一奉朝觐⑫，排金门⑬，蹈玉陛⑭，列有职之臣，赐须臾之间，使臣得一散所怀，擽尽蕴积⑮，死不恨矣。然天高听远，情不上通，徒独望青云而拊心⑯，仰高天而叹息耳。屈平曰⑰：'国有骥而不知乘焉，遑遑而更索⑱！'昔管、蔡放诛，周、邵作弼⑲；叔鱼陷刑⑳，叔向匡国㉑。三监之衅㉒，臣自当之；二南之辅㉓，求必不远。华宗贵族，藩王之中，必有应斯举者。故传曰：'无周公之亲，不得行周公之事。'唯陛下少留意焉。

【注释】

①植复上疏：本段及以下几段均出自《任城陈萧王传·陈思王植传》。

②协气：和气。

③合德：同德。庶政：各种政务。

④五帝：指黄帝、颛顼（zhuān xū）、帝喾（kù）、尧、舜。

⑤三季：指夏商周三个朝代的末期。

⑥"有不世之君"几句：不见于今本《尚书》。不世，指人世间不常见。

⑦乐（yuè）毅：战国时期燕国军事家，因受燕惠王猜忌，投奔赵国。

⑧廉颇：战国时期赵国名将，赵悼襄王即位后，郁郁不得志，出奔魏国大梁，后老死于楚地。

⑨承教：接受教令。

⑩孙吴：春秋战国时著名军事家孙武和吴起的合称。

⑪揆（kuí）：度量，揣测。

⑫朝觐（jìn）：指臣子朝见君主。

⑬金门：金马门的简称。金马门是汉代官门名，是学士待诏之处。

⑭玉陛：帝王官殿的台阶。

⑮摅（shū）：抒发，表达。

⑯青云：指高空的云。

⑰屈平：即屈原。"屈平曰"以下二句，今本《楚辞》见于宋玉《九辩》。

⑱遑遑：惊恐匆忙，心神不定的样子。

⑲邵：即召公姬奭，西周宗室大臣，是周公的兄弟。弼：指辅佐天子的大臣。

⑳叔鱼：即羊舌鲋（fù），字叔鱼。春秋时期晋国司法官。他处理邢侯和雍子的土地纠纷案，收受雍子贿赂，判邢侯有罪。邢侯怒而杀叔鱼和雍子。

㉑叔向：即羊舌肸（xī），字叔向，叔鱼的兄长。春秋时期晋国大夫。邢侯行凶后，他受命受理，秉公执法，认为三人都有罪，处邢侯死刑，把叔鱼和雍子的尸体陈于市。事见《左传·昭公十四年》。

㉒衅（xìn）：同"衅"。祸患，祸乱。三监：周武王灭商后，以商旧都封给纣子武庚，并以殷都以东为卫，由武王弟管叔监之；殷都以西为鄘，由武王弟蔡叔监之；殷都以北为邶，由武王弟霍叔监之。总称三监。武王死后，周公摄政，他们不服而反抗，被周公出兵平定。

㉓二南：指周公、召公。《诗经》国风中有《周南》十一首、《召南》十四首，合称"二南"，分别采集自周公、召公统治的地域。故以二南指代二人。

【译文】

　　曹植又上疏陈述慎重选拔官吏的意义，说道："臣听说天地合气，万物生长；君臣同德，政事成功。五帝的时代并非每个人都聪慧，三代末世并非每个人都愚蠢，关键还是用与不用、了解与不了解的不同啊。《尚书》说：'有非凡的君主，一定能任用非凡的臣子；任用非凡的臣子，一定能建立非凡的功勋。'从前乐毅投奔赵国，心中并没有忘记燕国；廉颇在楚地，还是想着当赵国的将军。臣生在乱世，长在军中，又屡次从武皇帝那里接受教诲，私下认为行军作战的要领，不是照搬孙武、吴起兵法的字句，而要暗与之合。臣私下在内心揣度，常希望能有朝见君主的机会，排列在金马门，踏上皇宫的台阶，充任有职事的大臣，赐给臣片刻的时间，让臣能直抒胸怀，说出心中郁积多年的话，就是死了也没有遗憾了。但是君王位置太高，距离遥远，臣的心愿不能上达，只能独自望着天上的青云而痛苦抚心，仰视苍天而长叹罢了。屈原说：'国家有骐骥这样的良马却不知乘用，为何要匆匆忙忙地别处寻觅！'从前管叔、蔡叔被流放诛杀，周公、召公辅佐成王；叔鱼被刑杀，叔向却匡正国家。三监叛乱这样的灾祸，就由臣独自担当；周公、召公这样的辅佐之臣，就在您身边不必远求。贵族藩王之中，必定会有能够担此重任之人。所以古书上说：'没有周公那样的亲族身份，就不能做周公那样的事。'希望陛下能稍稍留心这些。

　　"近者汉氏广建藩王①，丰则连城数十②，约则飨食祖祭而已③，未若姬周之树国，五等之品制也④。若扶苏之谏始皇⑤，淳于越难周青臣⑥，可谓知时变矣⑦。能使天下倾耳注目者⑧，当权者是矣，故谋能移主、威能慑下。豪右执政⑨，不在亲戚。权之所在，虽疏必重；势之所去，虽亲必轻。盖取齐者田族⑩，非吕宗也⑪；分晋者赵、魏，非姬姓也⑫。唯陛下察之。苟吉专其位、凶离其患者，异姓之臣也；欲国之安、祈家之贵、存共其荣、没同其祸者⑬，公族之臣也⑭。今反公族疏而异姓亲，臣窃惑焉。今臣与陛下践冰履炭⑮，高下共之⑯，岂得离陛下哉？不胜愤懑⑰，拜表陈情⑱。若有不合，乞且藏之书府^⑲，不便灭弃，臣死之后，事可思。"

【注释】

①汉氏：汉朝。藩王：诸侯国之王。

②丰：大。

③约：小。飨食：飨礼和食礼的合称。飨礼，古代一种隆重的宴饮宾客之礼。食礼，古代宴请之礼的一种。祖祭：奉祖的祭祀。

④五等：公、侯、伯、子、男五等爵位。品制：等级规定。

⑤扶苏之谏始皇：秦始皇长子扶苏，为人宽仁，有政治远见。因劝阻秦始皇焚书坑儒，被派往上郡监蒙恬军，镇守北境。事见《史记·秦始皇本纪》。

⑥淳于越：秦始皇时博士。始皇曾置酒咸阳宫，仆射周青臣等人称颂郡县制，淳于越反驳之，认为应实行分封。事见《史记·秦始皇本纪》。

⑦时变：时世的变化，也指时世变化的规律。

⑧倾耳注目：聚精会神地听，目不转睛地看。形容权势极大，为众敬畏。

⑨豪右：富豪家族，世家大户。

⑩取齐者田族：春秋末年，田氏取代吕氏成为齐侯。

⑪吕宗：西周齐国始封之君是吕尚。

⑫分晋者赵、魏，非姬姓也：西周晋国始封之君是周成王之弟叔虞，姬姓。春秋后期，晋国卿大夫势力渐大，进入战国时代，韩、赵、魏三家分晋，赵为嬴姓，魏、韩为姬姓。此处说赵、魏均为姬姓，不确。

⑬祈：向天或神求祷。

⑭公族：君王的同族。

⑮践冰履炭：比喻经历各种危险。践冰，等于说履冰。比喻处于险境。见于《诗经·小雅·小旻》："如临深渊，如履薄冰。"履炭，踏在炭火上，比喻经历艰难。

⑯高下：升高降低。

⑰愤懑：抑郁烦闷。

⑱拜表：上奏章。

⑲书府：收藏文书图籍的府库。

【译文】

"近世汉朝大举分封藩王，大的几十座城池相连，小的就仅能举行祭祀祖宗之礼罢了，不像周王朝的分封，建立公侯伯子男五等之制。像扶苏劝谏秦始皇，淳于越责难周青臣，可以说得上是知晓时世变化了。能让天下倾耳注目的，就是当权者，所以他们的谋略能左右君主，威势能震慑臣下。豪门大族执掌朝政，不在于他们是不是皇室亲戚。掌握权势的人，即使没有宗亲关系，地位也一定重要；失去权势的人，即使是皇族近亲，也必然没有分量。取代齐国的是田氏家族，而不是吕尚的同宗；分割晋国的是赵氏、魏氏，而不是原来的姬姓。只希望陛下明察。看到有利可图就专擅权位，形势凶险就远离祸患的，是异姓的臣子；想要国家安定，希望家族尊贵，兴旺时共享光荣，灭亡时同担祸患的，是同姓的宗族大臣。现今反而跟同族疏远，跟异姓亲近，臣私下对此感到困惑。现今臣与陛下一同走过薄冰踏过炭火，登上高山横越山涧，寒冷炎热，干燥潮湿，升高降低，将共同承受，臣难道还能离开陛下吗？臣心中不胜抑郁烦闷，上奏章来陈述情怀。如果有不合陛下心意之处，请求把它暂且收藏在书府，不要立即毁弃，等臣死后，这些事情或许还能再考虑。"

《魏略》曰①：植以近前诸国士息已见发②，其遗孤稚弱，在者无几，而复被取，乃上书曰："臣闻古之圣君，与日月齐其明，四时等其信，恩不中绝，教无二可，以此临朝，则臣下知所死矣。受任在万里之外，审主之所以授官，必己之可以投命③，虽有构会之徒④，泊然不以为惧者⑤，盖君臣相信之明效也。臣初受封，策书曰：'植受兹青社⑥，为魏藩辅⑦。'而所得兵百五十人，皆年在耳顺⑧，或不逾矩⑨，虎贲官骑及亲事凡二百余人⑩，皆使年壮，备有不虞⑪，检校乘城⑫，顾不足以自救，况皆复耄耋罢曳乎⑬？而名为魏东藩，使屏翰王室⑭，臣窃自羞矣。就之诸国，国有士子⑮，合不过五百人，伏以为三军益损⑯，不复赖此。方外定否⑰，必当须办者，臣愿将部曲⑱，倍道奔赴⑲，夫妻负襁⑳，子弟怀粮，蹈锋履刃㉑，以殉国难，何但习业小儿哉㉒？愚诚以挥涕增河，螺鼠饮海㉓，于朝万无损益㉔，于臣家计甚有废损㉕。

【注释】

①《魏略》曰：本段及以下几段均出自《任城陈萧王传·陈思王植传》。

②士息：士兵之子。

③投命：舍命，拼命。

④构会：指设计陷害。

⑤泊然：恬淡无欲的样子。

⑥青社：祀东方土神处，借指东方之地。

⑦藩辅：藩国。

⑧耳顺：六十岁的代称。出自《论语·为政》："六十而耳顺。"

⑨不逾矩：七十岁的代称。出自《论语·为政》："七十而从心所欲，不逾矩。"

⑩虎贲：勇士。官骑：王室的骑兵。

⑪不虞：意料不到的事。

⑫检校：检查，察看。乘城：守城。

⑬耄耋（mào dié）：年老之人。罢（pí）曳：疲劳困顿。

⑭屏翰：屏障辅翼。出自《诗经·大雅·板》："价人维藩，大师维垣。大邦维屏，大宗维翰。"

⑮士子：年轻人。

⑯益损：增减。

⑰方外：区域之外，远方。

⑱部曲：本是古代军队编制单位，借指军队。

⑲倍道：兼程。

⑳负襁：背负婴儿。

㉑蹈锋履刃：踩踏刀剑的锋刃，比喻冲锋在前。

㉒习业：攻习学业，钻研学问。

㉓鼷（xī）鼠：鼠类最小的一种。

㉔损益：偏指益。

㉕家计：家庭生计。

【译文】

《魏略》说：曹植鉴于近来诸侯国的士兵之子已经被征调，那些死者遗留下来的孤儿太小太弱，留下来的寥寥无几，而且还在被征调，于是上书说："臣听说古代圣明的君主，跟日月一样光明，像四季轮转那样守信，恩情不会中途断绝，教化也没有双重标准，凭借这些来治理天下，那么臣下就算是死，也知道为什么去死了。就算是在万里之外接受任命，谨慎思量君主之所以授官的原因，必定竭尽所能舍命报效，即便遇到设计陷害之徒，也淡然处之，不会惧怕，这是君臣互相信任的显明效果。臣起初接受封地时，册封文书上写着：'曹植接受这东方土地，作为大魏的藩国。'但臣得到的士兵只有一百五十个人，年纪都在六十岁以上，有的甚至已经七十岁，勇士、骑兵以及侍从加在一起，才二百多人。即使他们都年轻力壮，用来防备不测之祸，巡查守城，还不能自救，何况又都是高龄疲弱的人呢？而臣名义上是大魏东部的藩篱，是让臣来捍卫王室，臣私下感到羞愧。来到诸侯国，国中青年男子合计不过五百人，臣认为朝廷军队的增减，不会依赖这里了。边境如果不安定，必须选派他们的时候，臣愿率领部下，日夜兼程，奔赴前线，就算是夫妻背着婴儿，子弟带着军粮，脚踏锋刃，冲锋在前，也要为挽救国家危难而牺牲性命，又岂止这些正在攻读学业的黄口小儿呢？臣愿以洒泪来让河水上涨、小鼠饮干大海之水的诚心来报效陛下，但这对朝廷或许没有多大益处，对臣的家庭生计却有很大的损害。

　　"又，臣士息前后三送，兼人已竭①；唯尚有小儿，七八岁已上、十六七已还②，三十余人。今部曲皆年者，卧在床席，非糜不食③，眼不能视，气息裁属者④，凡三十七人；疲癃风靡⑤，疣盲聋聩者⑥，二十三人。唯正须此小儿大者⑦，可备宿卫⑧，虽不足以御寇，粗可以警小盗。小者未堪大使，为可使耘锄秽草⑨，驱护鸟雀。休候人则一事废⑩，一日猎则众业散，不亲自经营则功不摄；常自躬亲，不委下吏而已。陛下圣仁，恩诏三至，士子给国，长不复发。明诏之下，有若曒日⑪，保金石之恩⑫，必明神之信，定习业者并复见送，晻若昼晦⑬，怅然失图⑭。伏以为陛下既爵臣百僚之右⑮，居藩国之任，为置卿士，屋名为宫，冢名为陵，不使其危居独立，无异于凡庶。若陛下听臣，悉还部曲，罢官属，省监官，使解玺释绂⑯，追柏成、子仲之业⑰，营颜渊、原宪之事⑱，居子臧之庐⑲，宅延陵之室⑳。如此，虽进无成功，退有可守节，身死之日，犹松、乔也㉑。然伏度国朝终未肯听臣之若是㉒，固当羁绊于世绳㉓，维系于禄位，怀屑屑之小忧㉔，执无已之百念，安得荡然肆志，逍遥于宇宙之外哉？此愿未从，陛下必欲崇亲亲，笃骨肉，润白骨而荣枯木者㉕，唯遂仁德，以副前恩㉖。"有诏皆遂还之也。

【注释】

①兼人：能力倍于他人的人。

②已还：以下。

③糜：粥。

④裁属：指呼吸勉强接上，形容气息极其微弱。

⑤疲瘵（zhài）：患病，凋敝或困乏疲弱的人。风靡：像风吹倒草木一样，形容软弱。

⑥疣：皮肤上长的肉瘤。

⑦须：等待。

⑧宿卫：值宿，担任警卫。

⑨耘锄：去除田间杂草。秽草：杂草，恶草。

⑩候人：古代掌管整治道路稽查奸盗，或迎送宾客的官员。

⑪曒（jiǎo）日：白日。

⑫金石：常用以比喻事物的坚固、刚强，心志的坚定、忠贞。

⑬晻（àn）：昏暗。

⑭怅然：失意的样子。

⑮右：古代尚右，以右为上，指上位。

⑯解玺：解下印玺。释绂：让出官职，辞去官职。绂，系印的丝带。

⑰柏成：柏成子高，传说为尧时高士。子仲：即陈仲子，战国时期贤士，因其居于於陵，又称於陵子仲。

⑱颜渊：名回，孔子弟子，陋巷简居，安贫乐道，不幸早死。原宪：字子思，孔子弟子，出身贫寒，个性狷介，安贫乐道。

⑲子臧：姬姓，名欣时（一作喜时），春秋时期宣公之子，有让国之贤。

⑳延陵：即季札，因其被封延陵，故称延陵季子。

㉑松、乔：指传说中的仙人赤松子和王子乔。

㉒国朝：指本朝。

㉓羁绊：束缚牵制。世绳：社会的礼法。

㉔屑屑：琐屑，猥琐。

㉕润：使润泽。荣：使开花。

㉖副：符合。

【译文】

"又，臣已经前后三次为国献上士兵子弟，能力强的人已经竭尽；身边只有小孩子，七八岁以上、十六七岁以下的有三十多人。现今手下士卒都已年迈，躺在床上，只能喝点粥，眼睛看不见，勉强维持呼吸的，一共三十七人；患病疲弱，风一吹就倒下，长瘤、目盲、耳聋的，有二十三人。只有等待这些小孩子长大，才可以担当值宿警卫的职务，虽说不足以抵御强寇，警告小盗，大体还是可以。小孩子不能胜任重大事情，可以用他们除去田间恶草，驱赶鸟雀。罢免了稽查迎送的候人，那么一件事就做不成；打一天猎，那么很多事情就会杂乱无序。不亲自动手，事情就做不成；就只好常常亲自动手，不必让下属官吏去做了。陛下仁德，三次下达了恩典的诏令，征调士兵子弟供给国家，年长的人不再被征调。英明诏令一下，就像光明耀目的太阳，保有坚如金石的恩惠，必能表明上苍的信用。然而，后来又确定那些攻读学业的孩子还是要被征调，就像白昼中的阴影，一下子就令人沮丧，不知所措。臣以为陛下既然封给臣的爵位在百官之上，居于藩国的重任，专为设置了卿士，住的房屋叫作官，坟墓叫作陵，若不使臣危居独立，实际就跟庶民百姓没什么不同。假若陛下能听听我这个臣子的话，把那些老弱残兵都还回去，撤去属下官员，省掉监官，让臣解下印信，辞去官职，臣也可以继续柏成、子仲之业，经营颜渊、原宪之事，住在子臧的庐舍，把延陵当成住宅。像这样，臣虽然做官没有建功立业，退隐后还可以保守节操，死的那天，如同赤松子、王子乔一样。但是臣私下揣度朝廷最终也不会答应让臣这么做，所以臣还是要被世俗绳索束缚牵制，脱离不开禄位，心怀琐屑的小小忧虑，执着于无止尽的众多杂念，哪里还能按照自己的心愿，无拘无束在宇宙之外逍遥呢？臣的这一愿望没有实现，陛下一定要推崇亲近亲人之义，厚待骨肉至亲，使白骨受到润泽，让枯树重新开花，臣只有行仁德，来符合陛下的恩诏。"于是皇帝发出诏令，把这些人都还给了曹植。

　　六年^①，封植为陈王^②。时法制，待藩国既自峻逼^③，寮属皆贾竖下才^④，兵人给其残老，大数不过二百人^⑤。十一年而三徙都^⑥，常汲汲无欢^⑦，遂发疾薨^⑧。孙盛曰^⑨："异哉，魏氏之封建也！不度先王之典^⑩，不思藩屏之术，违敦穆之风^⑪，背维城之义⑫。汉初之封，或权侔人主⑬，虽云不度⑭，时势然也。魏氏诸侯，陋同匹夫，虽惩七国⑮，矫枉过也。且魏之代汉，非积德之由，风泽既微⑯，六合未一⑰，而雕翦枝干⑱，委权异族，势同瘣木⑲，危若巢幕⑳，不嗣忽诸㉑，非天丧也。五等之制，万世不易之典。六代兴亡㉒，曹冏论之详矣㉓。"

【注释】

①六年：本段节录自《任城陈萧王传·陈思王植传》。六年，太和六年（232）。

②陈：治所在今河南淮阳。

③峻逼：今本《三国志》作"峻迫"。严厉，严酷。

④寮属：僚属，属官。贾竖：对商人的贱称。

⑤大数：大略。

⑥十一年而三徙都：曹植从曹丕黄初三年（222）封鄄城王，到曹叡太和六年（232）改封陈王，共计十一年。

⑦汲汲：忧惶不安的样子。

⑧薨：死的别称，用来称诸侯之死。

⑨孙盛：字安国，太原郡中都县（今山西平遥）人。东晋中期史学家，著《魏氏春秋》二十卷、《魏氏春秋异同》八卷、《晋阳秋》三十二卷，今皆佚。

⑩度（duó）：考虑。

⑪敦穆：亲厚和睦。

⑫维城：连城以卫国。引申指帝王的宗族帮助帝王进行统治和保卫帝王。

⑬侔：相等。

⑭不度：不合制度。

⑮七国：即七国之乱，发生在西汉景帝时期的诸侯国叛乱，三个月内被平定。

⑯风泽：德泽。

⑰六合：指天下。

⑱雕翦：摧折，剪除。枝干：比喻同姓大小宗族。

⑲瘣（huì）木：有病瘿肿，枝叶不荣的树木。

⑳巢幕：筑巢于帷幕之上，喻处境危险。出自《左传·襄公二十九年》："夫子之在此也，犹燕之巢于幕上。"

㉑不嗣：指不足以继承前人之位。忽：灭亡，湮没。

㉒六代：指夏、商、周、秦、汉、魏。

㉓曹冏（jiǒng）：沛国谯县（今安徽亳州）人。字元首。曹操从堂侄。有才学。是时天子幼稚，冏著《六代论》，论夏、商、周、秦、汉、魏兴衰之由，冀以此论感悟曹爽，爽不能纳。

【译文】

太和六年，封曹植为陈王。当时的法令制度，对待藩国已经十分严厉无情，属官都是商贩一类的庸俗之辈，士兵给的是残疾衰老之人，大略不过二百人。十一年中，封地多次迁移，曹植经常忧惶不安，郁郁不乐，于是疾病发作去世。孙盛说："魏国分封亲王的做法真是奇怪啊！不考虑先代天子的典章，不思量屏障捍卫的方法，违背敦厚和睦的风尚，背弃了诸侯连城卫国的大义。汉朝初年的分封，有的诸侯王权力跟天子相当，虽然说不合制度，但也是时势造成的呀。魏朝的诸侯，简陋得跟平民百姓一样，虽说是吸取七国之乱教训，但也是矫枉过正了。况且魏替代汉，并非由于德行的积累，风化恩泽既微细，天下又没有一统，却剪除同姓宗族，把权力交给异姓，国势就像有病的树木，危险得像把鸟巢修筑在帷幕之上，继承乏人，就此灭亡，不是上天要灭亡它啊。五等爵制，是万代不能变异的典章。六代的兴亡，曹冏论述得很详尽了。"

中山恭王衮①，每兄弟游娱②，衮独谭思经典③。文学、防辅遂共表称陈衮美④。衮闻之，大惊惧，责让文学曰⑤："修身自守，常人之行耳，而诸君乃以上闻，是适所以增其负累也⑥。且如有善，何患不闻，而遽共如是⑦，是非益我。"其诚慎如此。衮尚约俭，教敕妃妾纺绩织纴⑧，习为家人之事⑨。衮病困，令世子曰⑩："汝幼少，未闻义方⑪，早为人君，但知乐，不知苦，必将以骄奢为失也。接大臣，务以礼。虽非大臣，老者犹宜答拜。事兄以敬，恤弟以慈。兄弟有不良之行，当造膝谏之⑫。谏之不从，流涕喻之。喻之不改，乃白其母。若犹不改，当以奏闻，并辞国土。与其守宠罹祸⑬，不若贫贱全身也。此亦谓大罪恶耳，其微过细愆⑭，故当奄覆之⑮。嗟乎小子，慎修乃身，奉圣朝以忠贞，事太妃以孝敬⑯。闺闱之内⑰，奉令于太妃；阃阈之外⑱，受教于沛王⑲。无怠乃心，以慰余灵。"薨，诏使大鸿胪持节典护丧事，赠赗甚厚⑳。

【注释】

①中山恭王衮（gǔn）：本段节录自《武文世王公传·中山恭王衮传》。中山：封国名，在今河北定州。衮，曹衮，沛国谯县（今安徽亳州）人，魏武帝曹操之子，魏文帝曹丕异母弟。

②游娱：游玩娱乐。

③谭思：深加探究。

④文学：官名。汉代于州郡及王国置文学，或称文学掾，或称文学史，为后世教官所由来。防辅：三国魏官名，设于诸王之国中，以监察诸王之行动。

⑤责让：斥责。

⑥负累：过错，罪过。

⑦遽（jù）：仓促，匆忙。

⑧教敕：教诫，教训。纺绩：把丝麻等纤维纺成纱或线。纺，指纺丝。绩，指缉麻。织纴：指织作布帛之事。

⑨家人：指普通人家妇女。

⑩世子：太子，帝王和诸侯的嫡长子。

⑪义方：行事应该遵守的规范和道理。

⑫造膝：促膝。比喻亲近。

⑬守宠：依傍宠爱。

⑭愆（qiān）：罪过，过失。

⑮奄覆：覆盖。

⑯太妃：三国魏以来尊称诸王之母为太妃，此指曹衮生母杜夫人。

⑰闺帷：闺房的帷幕，借指妇女居住的地方。

⑱阃阈（kǔn yù）：指妇女所居内宅的门户。

⑲沛王：即曹林，曹操第十子。

⑳赠赗（fèng）：赠给丧家送葬之物。

【译文】

中山恭王曹衮，每当兄弟游玩娱乐时，他却独自深思于经书典籍。文学、防辅于是就共同上表称述曹衮的美行。曹衮听说，大为惊恐，斥责文学说："修养自身，坚持操守，是普通人的品行罢了，而你们竟然把这些上奏，这恰恰是给我增加负担和拖累。况且如果有优点，还担忧别人不知道吗？而你们却急匆匆这样做，这不是对我有益的事。"他就是这样警惕谨慎。曹衮崇尚节俭，教诫妃子侍妾纺纱织布，学习做普通家庭妇女的事情。曹衮病重，教令世子说："你幼小，没有懂得做人的原则，早早成为人主，只知道快乐，不知道痛苦，必将因为骄横奢侈而犯下过失。倘若接待大臣，务必要按礼仪，即使不是大臣，年老的也应回拜答谢。对待兄长要尊敬，对待弟弟要慈爱。兄弟有不好的行为，应当促膝而谈，诚恳劝他。如果不听劝谏，就哭着给他讲道理。讲道理还不改，就告诉他的母亲。倘若还是不改，应当上奏朝廷，削夺他的封国土地。与其让他因宠遭祸，不如让他居于贫贱保全自身。这当然是说大的罪恶，至于那些细微过失，就该为他们掩盖。哎呀小子，谨慎修养自身，忠贞侍奉圣明的朝廷，侍奉太妃要孝敬。家里的事，奉行太妃的命令；外面的事，接受沛王的教导。你不要有懈怠之心，以此来慰藉我的灵魂。"曹衮去世后，明帝诏令让大鸿胪持节主持丧事，赠送的丧葬物品非常丰厚。

评曰①：魏氏王公，徒有国土之名，而无社稷之实，又禁防拥隔②，同于囹圄。位号靡定③，大小岁易。骨肉之恩乖，《棠棣》之义废。为法之弊，一至于此乎？《魏氏春秋》载宗室曹冏上书曰："臣闻古之王者，必建同姓以明亲亲，必树异姓以明贤贤。故《传》曰：'庸勋亲亲，昵近尊贤。'④《书》曰：'克明俊德，以亲九族。'⑤《诗》云：'怀德惟宁，宗子维城。'⑥由斯观之，非贤无与兴功⑦，非亲无与辅治也。夫亲亲之道，专用则其渐也微弱；贤贤之道，偏任则其弊也劫夺⑧。先圣知其然也，故博兼亲疏而并用之。近则有宗盟藩卫之固⑨，远则有仁贤辅佐之助；兴则有与共其治，衰则有与守其土；安则有与享其福，危则有与同其祸。夫然，故能有其国家，本枝百世也⑩。今魏尊尊之法虽明，亲亲之道未备。《诗》不云乎：'鹡鸰在原，兄弟急难。'⑪以斯言之，明兄弟相救于丧乱之际，同心于忧祸之间，虽有阋墙之忿⑫，不忘御侮之事。何则？忧患同也。今则不然，或任而不重，或释而不任，一旦疆场称警⑬，关门反拒，股肱不扶，胸心无卫⑭。臣窃惟此，寝不安席。

【注释】

①评曰：本段及以下几段均出自《武文世王公传》。

②拥隔：今本《三国志》作"壅隔"。阻隔。

③位号：爵位与名号。

④庸勋亲亲，昵近尊贤：见于《左传·僖公二十四年》："庸勋亲亲，昵近尊贤，德之大者也。"

⑤克明俊德，以亲九族：见于《尚书·尧典》："克明俊德，以亲九族。"

⑥怀德惟宁，宗子维城：见于《诗经·大雅·板》："怀德维宁，宗子维城。"

⑦兴功：指建立功业。

⑧劫夺：抢劫夺取。

⑨宗盟：同宗，同姓。

⑩本枝百世：见于《诗经·大雅·文王》："文王孙子，本支百世。"指子孙昌盛，百代不衰。本，指本宗。支，指支系。

⑪鹡鸰（jí líng）在原，兄弟急难：见于《诗经·小雅·棠棣》："脊令在原，兄弟急难。"脊令，即鹡鸰，一种嘴细，尾、翅都很长的水鸟，只要一只离群，其余的就都鸣叫起来，寻找同类，比喻兄弟友爱。

⑫阋（xì）墙：《诗经·小雅·棠棣》："兄弟阋于墙，外御其务。"阋，争斗。兄弟之间虽有纠纷，但是对外一同抵御欺侮。

⑬疆埸（yì）：边界，边境。埸，田界，引申为疆界、边境。

⑭胸心：借喻要害之地。

【译文】

评论说：魏朝的王公，白白地拥有封国土地的名号，却没有实质的国家权力，又受到禁令的防范阻隔，跟关在监狱里一样。爵位跟名号不固定，封地大小一年之内就会发生变化。骨肉之情被分离，《棠棣》那样的兄弟情义被破坏。这种做法的弊病，竟然到了这样的程度吗？《魏氏春秋》记载宗室曹冏上书说："臣听说古代的君王，必定任用同姓皇族，来表明亲近亲族，必定任命异姓大臣，来表明尊重贤能。所以《左传》说：'酬赏有功之人，爱护宗族亲戚，亲昵身边大臣，尊敬贤明人才。'《尚书》说：'阐明美德，用来亲近九族。'《诗经》

言道：'只有美德最稳定，只有宗亲最可靠。'由此看来，不尊敬贤能就不能建立功业，不爱护宗亲就没有可靠的辅臣。所以说只采用亲近亲族的办法治国，随着它的侵蚀，皇权就会逐渐虚弱；只采用尊重贤能的方法治国，随着它的把持，皇权就会被夺取。先代的圣人知道这种趋势，所以对于皇族和非皇族采用广泛求取的方法，同时并用。所以身边有同姓诸侯的坚固捍卫，远处有异姓仁人贤臣的辅助；兴盛时就共同治理太平世道，衰败时就一起坚守国家土地；安定时就共享其福，危险时就共担祸患。这样，就能够保有整个国家，子子孙孙百代不衰。现今大魏尊重贤能的法令虽然彰明，亲近亲族的方法却不完备。《诗经》不是说了：'鹡鸰鸟飞在原野，就像兄弟间救急患难。'以此说来，明确了兄弟在丧乱之际互相救助，在忧患祸乱之中同心同德，即使有内部争斗的愤恨，也不忘抵御外侮的原则。这是为什么呢？是忧患与共的缘故呀。现在对亲族却不是这样，有的任用了却不重用，有的干脆放弃不任用，一旦战场有警讯，反而关上大门，兄弟拒绝互相帮助扶持，要害之地得不到防卫。臣私下想到这里，睡觉都不安稳。

"谨撰合所闻①，叙论成败。论曰：昔夏、殷、周历世数十，而秦二世而亡。何则？三代之君，与天下共其民，故天下同其忧也。秦王独制其民，故倾危莫救也②。夫与人共其乐者，人必忧其忧；与人同其安者，人必拯其危。先王知独治之不能久也，故与人共治之；知独守之不能固也，故与人共守之。兼亲疏而两用，参同异而并建，是以轻重足以相镇，亲疏足以相卫，并兼路塞③，逆节不生④。及其衰也，桓、文帅礼⑤；王纲弛而复张⑥，诸侯傲而复肃。二霸之后，浸以陵迟：吴、楚凭江、汉⑦，负固方城⑧，虽心希九鼎⑨，而畏迫宗姬，奸情散于匈怀⑩，逆谋消于唇吻⑪。斯岂非信重亲戚，任用贤能，枝叶硕茂⑫，本根赖之与⑬？自此之后，转相攻伐。暨于战国⑭，诸姬微矣，至于王赧⑮，降为庶人，犹枝叶相持⑯，得居虚位，海内无主，四十余年。秦据形胜之地^⑰，骋谲诈之术^⑱，至于始皇，乃定天位^⑲。旷日若彼^⑳，用力若此，岂非深固根蒂不拔之道乎？

【注释】

①合：结合。

②倾危：倾覆之危。

③并兼：合并，并吞。

④逆节：叛逆的念头或行为。

⑤桓、文：齐桓公、晋文公，都是春秋五霸。帅礼：指遵循周礼。

⑥王纲：天子的纲纪。

⑦吴、楚：指春秋时期的吴国与楚国。江：长江。汉：汉水。

⑧负固：依恃险阻。方城：楚国在濒临汉水的楚北边塞崇山峻岭上修筑的具有防御功能的军事设施。

⑨心希九鼎：见《左传·宣公三年》："楚子伐陆浑之戎，遂至于雒，观兵于周疆。定王使王孙满劳楚子，楚子问鼎之大小轻重焉。"据说禹铸九鼎，三代视为国宝。楚王问鼎，有取代周天子之意。

⑩奸情：等于说奸心，指做坏事的念头。匈：胸。

⑪唇吻：口，嘴。

⑫枝叶：喻同宗的旁支。硕茂：大而茂盛。

⑬本根：喻指帝室。

⑭暨：至，到。

⑮王赧（nǎn）：即周赧王，东周最后一位君主。

⑯相持：互相扶持、抱持。

⑰形胜：指地理位置优越，地势险要。

⑱谲（jué）诈：狡诈，奸诈。

⑲天位：天子之位。

⑳旷日：耗费时日。

【译文】

　　"臣结合自身见闻，谨慎地论述成败的道理。论说如下：历史上，夏商周延续了几十代，而秦朝只传了二代就灭亡。为什么会这样呢？夏商周三代的君主，跟天下诸侯共同管理民众，所以天下诸侯跟君王有忧同当。秦王则独自统治民众，所以出现倾覆之危险，没有人施以援手。能跟别人分享欢乐的，别人必然与其分担忧患；能跟别人共享安定的，别人必然帮其度过难关。先王知道单独统治不能长久，所以跟别人共同治理；知道单独守卫不能稳固，所以跟别人共同守卫。兼顾宗亲与异姓，都能予以使用，参考异同，协调制衡，所以轻重足以相互平衡，亲疏足以相互保卫，诸侯间的兼并之路被堵塞，叛逆的行为才不会发生。等到王权衰弱了，齐桓公、晋文公二位霸主率先遵循周礼，原本松弛的周朝纲纪重新得到张扬，原本骄横傲慢的诸侯也重新肃敬起来。两位霸主之后，王室的权威逐渐衰微败坏：吴国、楚国凭借长江、汉水的天险，依靠方城要塞的险阻，虽然觊觎象征天下的九鼎，但是畏惧周的姬姓宗族，于是作恶的念头在胸中消散，逆乱的言语在口中消失。这难道不就是信任重视亲戚，任用贤能人才，以致枝繁叶茂，本根就可以依赖它们吗？而从这以后，诸侯之间互相攻打征伐。战国时期，各个姬姓诸侯国衰微了；到了周赧王，已经降到和平民无异。此时尚且还枝叶相扶，天子得以居于名义上的地位，实际上天下没有主君，达四十多年之久。秦占据了优越有利的地形，施展奸诈的权术，到了始皇，才统一中国，定下来天子之位。秦的兴起耗费了那么长时间，使用了这么大的力量，难道不正是因为周的根深蒂固不可拔除吗？

　　"秦观周之弊，以为小弱见夺，于是废五等之爵，立郡县之官。子弟无尺寸之封，功臣无立锥之土[①]。内无宗子以自毗辅[②]，外无诸侯以为藩卫[③]。仁心不加于亲戚，惠泽不流于枝叶。譬犹芟刈股肱[④]，独任胸腹[⑤]；浮舟江海，弃捐楫棹[⑥]，观者为之寒心，而始皇晏然[⑦]，自以为关中之固[⑧]，金城千里[⑨]，子孙帝王万世之业也，岂不悖哉[⑩]！至于身死之日，无所寄付，委天下之重于凡人之手，托废立之命于奸臣之口⑪，至令赵高之徒，诛锄宗室。胡亥少习刻薄之教，长遭凶父之业，不能改制易法，宠任兄弟，而乃师谭申、商⑫，谘谋赵高。自幽深宫，委政谗贼⑬，身残望夷⑭，求为黔首，岂可得哉？遂乃郡国离心⑮，众庶溃叛⑯，胜、广倡之于前⑰，刘、项弊之于后⑱。向使始皇纳淳于之策⑲，抑李斯之论，割裂州国⑳，分王子弟㉑，封三代之后㉒，报功臣之劳，士有常君，人有定主，枝叶相扶，首尾为用㉓，虽使子孙有失道之行，时人无汤、武之贤㉔，奸谋未发，而身已屠戮，何区区之陈、项而得措其手足哉？

【注释】

①立锥：形容地方极小。

②毗辅：辅助。

③藩卫：捍卫。

④芟刈（shān yì）：割。股肱：四肢。

⑤胸腹：胸部与腹部，也用来指心腹。

⑥楫棹（jí zhào）：船桨。短桨称楫，长桨称棹。

⑦晏然：安定的样子。

⑧关中：泛指函谷关以西战国末秦故地。

⑨金城：指坚固的城。

⑩悖：谬误，荒谬。

⑪废立：指大臣废旧君立新君。

⑫申、商：申不害与商鞅，法家思想代表。

⑬谗贼：指好诽谤中伤残害良善的人。

⑭望夷：即望夷宫，秦宫名，故址在今陕西泾阳附近，赵高杀秦二世胡亥于此。

⑮郡国：此处偏指郡。

⑯溃叛：叛乱离散。

⑰胜、广：陈胜、吴广。

⑱刘、项：刘邦、项羽。

⑲向使：假使，假令。淳于：即淳于越，劝秦始皇实行分封，遭丞相李斯驳斥。

⑳州国：郡县。

㉑王（wàng）：称王，封王。

㉒三代：指夏商周三朝。

㉓首尾：从开始到末了，比喻相呼应。

㉔汤、武：商汤、周武王。

【译文】

"秦看到周的弊端，认为弱小的封国终会被吞夺，于是废除了五等爵位，设立郡县制。同宗的子弟没有半点土地的封赏，功臣也没有立锥之地的奖赏。朝廷内没有皇族子弟辅佐，朝廷外没有诸侯屏卫。仁爱之心不施加给近亲，宠惠恩泽也不施加给远戚，就好像砍掉四肢独留胸腹支撑一样，又像在江海上泛舟却丢弃了船桨一样，旁观者都为之寒心，而秦始皇却安然自得，自以为凭借关中的险固，就如拥有千里的铜墙铁壁，子孙万代可以继承大业，这难道不荒谬吗？秦始皇去世的时候，皇权无可寄托，只能把统治天下的重任委托给平凡之人，把拥立新帝的诰命托付给奸臣，以至于让赵高那样的人，诛杀除掉秦之宗室。秦二世胡亥从小就学习刻薄的教令，长大又承受暴君父亲的基业，不能够改变制度法令，不知宠爱信任宗室兄弟，竟然师法申不害、商鞅，向赵高咨询、谋划治国之道。自己幽居在深宫之中，把国政委托给奸臣赵高，最终被残害在望夷宫，这时候想请求成为一介平民，又怎么可能呢？于是，天下郡县离心离德，广大人民四散奔逃，陈胜、吴广揭竿而起，刘邦、项羽紧随其后。假使秦始皇采纳淳于越的计策，不采纳李斯的谬论，分割郡县，分封同姓子弟为王，同时也分封夏商周三代的后裔，回报功臣的勋劳，士大夫有恒常的国君，人民有稳定的主上，皇帝和同宗枝叶相互扶持，首尾互相呼应，即使后世子孙有丧失道德的行为，当时也没有商汤、周武王这样的贤明君主，也不会在奸谋发动之前，自身就被屠戮了,怎么还会让小小的陈胜、项羽犯上作乱呢?

"故汉祖奋三尺之剑^①,驱乌集之众^②,五年之中^③,而成帝业。自开辟已来^④,其兴立功勋,未有若汉祖之易者也。夫伐深根者难为功,摧枯朽者易为力,理势然也。汉监秦之失,封殖子弟^⑤,及诸吕擅权,图危刘氏,而天下所以不倾动者^⑥,百姓所以不易心者,徒以诸侯强大,盘石胶固^⑦,东牟、朱虚受命于内^⑧,齐、代、吴、楚作卫于外也^⑨。向使高祖蹈亡秦之法^⑩,忽先王之制,则天下已传,非刘氏有也。然高祖封建,地过古制,大者跨州兼郡,小者连城数十,上下无别,权侔京室^⑪,故有吴、楚七国之患^⑫。贾谊曰:'诸侯强盛,长乱起奸。莫若众建诸侯而少其力,则下无背叛之心,上无诛伐之事^⑬。'文帝不从。至于孝景,猥用晁错之计,削黜诸侯^⑭,亲者怨恨,疏者震恐,吴、越倡谋,五国从风^⑮。兆发高帝,衅锺文、景^⑯,由宽之过制,急之不渐故也。所谓末大必折,尾大难掉^⑰。尾同于体,犹或不从,况乎非体之尾,其可掉哉?

【注释】

①汉祖:汉高祖刘邦。

②乌集:乌合,形容人群没有严密组织而临时凑合,如群乌暂时聚合。

③五年之中:从前206年刘邦被封为汉王,到前202年项羽在乌江自刭而死,共计五年。

④开辟:开天辟地。

⑤封殖:壅土培育,引申为扶植。

⑥倾动:倾覆,动摇。

⑦盘石:指封藩宗室。胶固:牢固。

⑧东牟：即东牟侯刘兴居。朱虚：即朱虚侯刘章。均参与平定诸吕之乱。

⑨齐、代、吴、楚：均为西汉初期封国。

⑩踵：继承，因袭。

⑪京室：指王室。

⑫七国之患：即七国之乱。

⑬"诸侯强盛"几句：出自贾谊《陈政事疏》。

⑭削黜：削减封地，贬降官爵。

⑮从风：比喻快速附和或响应。

⑯兆发高帝，釁锺文、景：指七国之乱，兆发于高祖，釁成于文、景。釁，同"衅"。仇隙，争端。锺，聚。

⑰掉：摆动，摇动。

【译文】

"所以汉高祖刘邦奋起三尺剑，领导着乌合之众，五年之中，成就了帝业。自从开天辟地以来，建立帝业，没有像汉高祖这样容易的呀。盖因拔除盘根错节难以成功，摧枯拉朽容易得力，是事理之必然。汉朝汲取秦朝的教训，扶植分封子弟，等到外戚吕氏专擅权力，图谋危害刘氏宗室，而天下没有发生动摇，民众的忠心没有变化，原因就是同姓诸侯力量强大，有如粘在一起的磐石一样稳固。东牟侯刘兴居、朱虚侯刘章在内部接受命令，齐国、代国、吴国、楚国在外部作为护卫。假使汉高祖因袭秦朝的法令，忽略先代君王的制度，那么天下就会被别人夺取，不再是刘氏所有了。然而汉高祖分封诸侯建立藩国，土地超过古代的制度，大的封地横跨州郡，小的数十座城池相连，天子诸侯上下没有区别，地方权势等同于皇室，所以后来才会有吴楚七国的叛乱。贾谊说：'诸侯国强盛，使其生起祸乱奸邪之心。不如多建诸侯国而削弱它们的实力，那么下面的诸侯国没有背叛的野心，皇上也不必诛伐叛乱的诸侯国。'汉文帝没有听从。到了汉景帝，过分采用晁错的计策，对诸侯削减封地，贬降官爵，附近的诸侯开始怨恨，远方的诸侯震惊恐惧，吴国、越国领头谋反，五国迅速跟从响应。征兆出现在汉高帝时，祸患聚成于文帝、景帝之时，这是由于开始对诸侯宽厚得超过限度，削藩又太急切而不能循序渐进的缘故。所谓树的末梢大了必定折断，尾巴大了难以摇摆甩动。尾巴跟身体一体，有时尚且不能顺从，更何况诸侯已非同体之尾，难道还能摆得动吗？

　　"武帝从主父之策①，下推恩之令②，自是之后，齐分为七，赵分为六，淮南三割，梁、代五分③，遂以陵迟，子孙微弱，衣食租税，不预政事，或以酎金免削④，或以无后国除。至于成帝⑤，王氏擅朝⑥。刘向谏曰：'臣闻公族者，国之枝叶。枝叶落则本根无所庇荫。'其言深切，多所称引，成帝虽悲伤叹息而不能用。至于哀、平，异姓秉权，假周公之事，而为田常之乱⑦，高拱而窃天位⑧，一朝而臣四海。汉宗室王侯，解印释绶，贡奉社稷，犹惧不得为臣妾，或乃为之符命⑨，颂莽恩德，岂不哀哉！

【注释】

①武帝：汉武帝刘彻。主父：即主父偃，临淄（今山东淄博）人。西汉大臣。主张进一步削弱诸侯王权力，实行"推恩"政策，使诸侯王分封子弟为侯，达到王国封地愈来愈小的目的。

②推恩之令：主父偃给汉武帝献策，武帝颁布的诏令。要求诸侯王将自己的封地分给自己的子弟，于是诸侯国越分越小，汉武帝再趁机削弱其势力。

③"齐分为七"几句：见《汉书·诸侯王表》："齐分为七，赵分为六，梁分为五，淮南分为三。"

④酎（zhòu）金：宗庙祭祀时，诸侯助祭所献金称为酎金。《文选》张铣注："酎，酒也。汉诸侯助祭饮酎献金。金不如斤两，色恶者，王则削县，侯则免国。"

⑤成帝：即汉成帝刘骜（ào）。

⑥王氏：指孝元皇后王政君的家族。

⑦田常：原名田恒，即田成子。汉朝为避汉文帝刘恒讳，改称田常。齐国田氏家族第八任首领，在前481年发动政变，杀死了齐简公，拥立齐平公，田恒独揽齐国大权，为田氏代齐打下基础。

⑧高拱：两手相抱，高抬于胸前。是安坐时的姿势。

⑨符命：上天预示帝王受命的符兆。

【译文】

"汉武帝听从主父偃的计策，颁下了推恩令，从此之后，齐国分成七个，赵国分成六个，淮南国分割成三份，梁国、代国分成五个，于是诸侯国就逐渐衰弱了，子孙式微，衣食全靠租税，不再干预政事，有的因为助天子祭祀献金成色不佳，被削去爵位；有的因为无后代而被除掉封国。到了汉成帝，王氏外戚专擅朝政。刘向劝谏说：'我听说君王的同族，是国家的枝叶。枝叶落了，那么树根就没有遮蔽荫护。'他的言辞深切，多方引征，汉成帝虽然为之悲伤叹息，但没有采用。到了汉哀帝、汉平帝，异姓掌管大权，假借周公辅政的典故，进行改朝换姓的叛乱，高高在上，安坐之间就窃取了天子之位，轻而易举就让天下称臣。汉朝宗室王侯，主动交出印绶，解除官职，把江山社稷奉献给王氏，尚且还害怕不能成为仆役，有的竟然给王莽伪造受命的符兆，颂扬王莽的恩德，岂不令人悲哀！

"由斯言之，非宗子独忠孝于惠、文之间①，而叛逆于哀、平之际也②，徒权轻势弱③，不能有定耳。赖光武皇帝挺不世之姿④，禽王莽于已成⑤，绍汉嗣于既绝⑥，斯岂非宗子之力耶？而曾不监秦之失策，袭周之旧制，踵亡国之法，而徼幸无疆之期。至于桓、灵⑦，阉竖执衡⑧，朝无死难之臣，外无同忧之国，君孤立于上，臣弄权于下，本末不能相御⑨，身首不能相使。由是天下鼎沸，奸凶并争⑩，宗庙焚为灰烬，宫室变为榛薮⑪，居九州之地⑫，而身无所安处，悲夫！汉氏奉天⑬，禅位于大魏⑭。大魏之兴，于今二十四年矣，观五代之存亡而不用其长策^⑮，睹前车之倾覆而不改其辙迹。子弟王空虚之地^⑯，君不使之民，宗室窜于闾阎^⑰，不闻邦国之政，权均匹夫，势齐凡庶^⑱。内无深根不拔之固，外无盘石宗盟之助^⑲，非所以保安社稷，为万世之策。且今之州牧、郡守，古之方伯、诸侯^⑳，皆跨有千里之土，兼军武之任^㉑，或比国数人，或兄弟并据；而宗室子弟曾无一人间厕其间^㉒，非所以强干弱枝，备万一之虞也。今之用贤，或超为名都之主，或为偏师之帅^㉓，而宗室有文者必限小县之宰，有武者必置于百人之上，使夫廉高之士毕志于衡轭之内^㉔，才能之人耻与非类为伍，非所以劝进贤能、褒异宗室之礼。

【注释】

①惠：汉惠帝刘盈。文：汉文帝刘恒。

②哀：汉哀帝刘欣。平：汉平帝刘衍。

③徒：只。

④光武：汉光武帝刘秀。挺：出。不世：非一世所能有，多指非凡。

⑤禽：同"擒"，捉，逮住。已成：已成篡逆。

⑥绍：接续。

⑦桓：汉桓帝刘志。灵：汉灵帝刘宏。

⑧阉竖：对宦官的蔑称。

⑨本末：君臣。

⑩奸凶：指奸诈凶恶的人。

⑪榛薮：山林，丛林。

⑫九州：泛指中国。

⑬奉天：奉行天命。

⑭禅位：禅让帝位。

⑮五代：指夏、商、周、秦、汉。长策：良策。

⑯王：称王。空虚之地：徒有封名，而无其地。

⑰窜：躲藏，隐匿。闾阎：里巷，泛指民间。

⑱凡庶：庶民。

⑲宗盟：同宗，同姓。

⑳方伯：殷周时代一方诸侯之长。

㉑军武：军事武备。

㉒间厕：置身其间。

㉓偏师：全军的一部分，以别于主力。

㉔廉高：指志行高洁。衡轭（è）：衡，车辕前端横木。轭，车前架在马头的横木。比喻骏马驾在车上，不得纵横驰骋。

【译文】

“由此看来，皇族子弟并非偏偏在惠帝、文帝之际忠孝两全，而在哀帝、平帝之际变成叛逆，只不过权力轻微，势力薄弱，没有平定篡逆的力量啊。幸赖光武皇帝表现出不世的英姿，在王莽篡汉称帝已成事实的时候将他捉住，将汉朝已经断绝了的宗庙祭祀又延续下来了，这岂不是宗室子弟的力量？但是光武帝竟然不能借鉴秦朝失败的教训，不知道沿袭周朝旧制，反倒是重蹈秦不分封子弟的亡国之法，而侥幸帝位能传于无穷之期。到了汉桓帝、汉灵帝时，宦官执掌大权，朝廷上没有为国死难的臣子，外面没有同仇敌忾的诸侯国，君王孤立于上，臣子弄权于下，君臣不能相互保护，就好像身躯跟头颅不能互相照应。于是天下纷扰动乱，奸凶并起争斗，宗庙焚毁成为灰烬，宫廷变成草树丛。虽有九州之地，而没有安身之处，真是太可悲了！汉朝刘氏奉行天命，把帝位禅让给大魏。大魏的兴起，到现今二十四年了，看到五代的兴亡而不采用他们成功的政策，看到前朝的倾覆却不改弦更辙。亲王空有虚名而无封地，封国之君只有不可驱使之民，宗室子弟埋没在民间，不闻不问国家政治。权力跟平民一样，势力同百姓相当。朝堂内部没有盘根错节的稳固根系，外部没有磐石般的同姓宗室藩王结盟相助，这实在不是用来保护江山社稷安定、成就万代大业的策略。况且现在的州牧、郡守，与古代的方伯、诸侯一样，都拥有横跨千里以上的土地，身兼军事要职，有的一家数人担任高官，有的兄弟同时占据要职；而大魏宗室子弟竟然没有一个人跻身高官之列，这不是用来强干弱枝、防备万一的方法啊。现今任用贤能，有的提拔为大都市之长官，有的担任一支部队的主帅，可是宗室子弟有文才的，必限定在小县邑当县官；有武略的，必安置为一个只管百人的小官。即使那些清廉高洁之士，也被限制在有如驾车的小范围之内，有才能的人耻于跟不是同类的人为伍，这不是用来劝贤进能、嘉奖器重宗族子弟的大礼啊。

"夫泉涸则流竭①，根朽则叶枯。枝繁者荫根，条落者本孤②。故语曰：'百足之虫，至死不僵。'扶之者众也。此言虽小，可以譬大。且墉基不可仓卒而成③，威名不可一朝而立，皆为之有渐，建之有素。譬之种树，久则深固其根本，茂盛其枝叶，若造次徙于山林之中④，植于宫阙之下，虽壅之以黑坟⑤，暖之以春日，犹不救于枯槁，何暇蕃育哉？夫树犹亲戚，土犹士民，建置不久⑥，则轻下慢上，平居犹惧其离叛，危急将如之何？是以圣王安而不逸，以虑危也；存而设备⑦，以惧亡也。故疾风卒至而无摧拔之忧，天下有变而无倾危之患矣⑧。"

【注释】

①涸：干枯。

②条：细长的树枝。

③墉（yōng）基：城墙的根基。

④造次：仓猝，匆忙。

⑤壅（yōng）：培土。黑坟：色黑而坟起，指土地肥沃。

⑥建置：扶助。

⑦设备：指设军队以备制敌。一说指设立诸侯。

⑧倾危：倾覆，倾侧。

【译文】

"源泉干涸，那么水流就会断绝；根系腐朽，那么树叶就会干枯。枝叶繁茂，能为树根遮阴；枝条枯落，那么树干也将孤立无援。所以俗话说：'百足之虫，至死不僵。'这是因为扶助它身体的脚众多的缘故呀。这话说的虽是小虫，但可以比喻国家大事。而且，城墙的根基不能仓猝之间建成，威名也不能一朝一夕就确立，都是逐渐形成，其建立要有平素的基础。就好像种树，时间久了，它的根系就深而牢固，它的枝叶也茂盛，倘若仓促将它从山林之中移出，种植在宫殿之下，即使培上肥沃的黑土，用春天的阳光温暖它，还是不能挽救它的枯槁，还谈什么繁殖培育呢？树木就跟亲戚一样，土地像士人民众，对亲戚扶助培植时间不久，他们就会对下轻视对上傲慢，平常尚担心其离心背叛，危难紧急之时将怎么办呢？所以英明的君主，身居安乐而不敢耽于安逸，这是因为虑及可能发生的危险；身居安泰而设立诸侯以防止变乱，这是因为警惧亡国的灾难。所以狂风突然，刮来而没有摧折拔起的忧虑，天下有变乱而没有倾覆的祸患。"

王粲字仲宣①，山阳人也，拜侍中。始文帝为五官将，及平原侯植皆好文学②；粲与徐幹、陈琳、阮瑀、应场、刘桢并见友善③。琳字孔璋，避难冀州，袁绍使典文章。《魏氏春秋》载：绍使琳作檄文曰："司空曹操祖父腾，故中常侍，与左悺、徐璜并作妖孽，饕餮放横，伤化虐民。父嵩④，乞丐携养⑤，因赃假位，舆金辇璧⑥，输货权门，窃盗鼎司⑦，倾覆重器⑧。操赘阉遗丑⑨，本无令德，僄狡锋侠⑩，好乱乐祸。幕府昔遇董卓侵官暴国⑪，方罗英雄，弃瑕录用，谓其鹰犬之才⑫，爪牙可任⑬。遂乘资跋扈，肆行酷裂，割剥元元⑭，残贤害善，放志专行，威劫省禁⑮，卑侮王官⑯，败法乱纪，坐召三台⑰，专制朝政，爵赏由心，刑罚由口，所爱光五宗⑱，所恶灭三族。群谈者蒙显诛，腹议者蒙隐戮，道路以目⑲，百寮钳口⑳。梁孝王㉑，先帝母弟，坟陵尊显。操率将士，亲临发掘，破棺裸尸㉒，略取金宝㉓。又署发丘中郎将、模金校尉㉔，所过堕突㉕，无骸不露。身处三公之官㉖，而行桀虏之态㉗。殄国虐民㉘，毒流人鬼。加其细政苛惨㉙，科防互设㉚，缯缴充蹊㉛，坑阱塞路。历观古今书籍所载，贪残虐烈㉜，无道之臣，于操为甚。"**袁氏败，琳归太祖。太祖谓曰："卿昔为本初移书，但可罪状孤而已，恶恶止其身，何乃上及父祖耶？"琳谢罪。**《文士传》称㉝：琳谢曰："楚、汉未分，蒯通进策于韩信㉞；乾时之战，管仲肆力于子纠㉟，唯欲效计其主，取祸一时。故跖之客可使刺由㊱，桀之犬可使吠尧也。今明公必能进贤于怨后，弃愚于爱前，四方革命㊲，而英豪托心矣㊳，唯明公裁之。"太祖爱才而不咎也。**太祖以琳为军谋祭酒㊴，管记室㊵。**

【注释】

①王粲字仲宣：本段节录自《王卫二刘傅传》。本段裴注所引《魏氏春秋》《文士传》均不见于今本《三国志》。王粲，字仲宣，山阳郡高平县（今山东邹城）人。"建安七子"之一。王粲自少即有才名，为蔡邕所赏识，因为长安局势混乱，他选择前往荆州依附刘表，建安十三年（208），曹操南征荆州，王粲也归于曹操，随曹操南征孙权，于北还途中病逝。

②平原：今属山东德州。建安十六年（211）曹植二十岁时，封为平原侯，邑五千户。

③粲与徐幹、陈琳、阮瑀、应场、刘桢并见友善：王粲、孔融、徐幹、陈琳、阮瑀、应场、刘桢合称"建安七子"，以文学齐名。曹丕《典论·论文》评曰："于学无所遗，于辞无所假，咸以自骋骥骤于千里，仰齐足而并驰。"

④嵩：曹嵩，字巨高，沛国谯县（今安徽亳州）人。曹操的父亲，东汉末年中常侍曹腾的养子。灵帝时，买官升为太尉。后遇害于徐州。延康元年（220），曹丕继任魏王后，追尊曹嵩为太王。同年，

曹丕登基,追尊曹嵩为太皇帝。

⑤携养:宦官无子,收养他人为子。

⑥舆金辇璧:用车载运金玉宝货。

⑦鼎司:指重臣之职位。

⑧重器:指国家的宝器,比喻天下。

⑨赘阉遗丑:对曹操的詈语。曹操父嵩,本夏侯氏,为中常侍曹腾养子,冒姓曹,故以此诋操。

⑩僄(piào)狡:敏捷勇猛。锋侠:指仗势凌人。

⑪幕府:本指将帅在外的营帐,这里借指作为讨董卓联军盟主的袁绍。侵官:超越权限而侵犯其他官员的职权。

⑫鹰犬:比喻受驱使而奔走效劳的人。

⑬爪牙:比喻武臣。

⑭割剥:侵夺,残害。元元:百姓,庶民。

⑮威劫:威逼,胁迫。省禁:宫中。

⑯卑侮:轻慢,凌辱。

⑰三台:汉因秦制,以尚书为中台,御史为宪台,谒者为外台,合称三台。

⑱五宗:旧指五服以内的亲属。

⑲道路以目:路上相见,以目示意,不敢交谈。多表示政治黑暗暴虐。

⑳百寮:百官。钳口:闭口。

㉑梁孝王:刘武,西汉梁国诸侯王,汉景帝的弟弟。孝为其谥号。

㉒裸尸:使尸体裸露。

㉓略取:夺取。

㉔署:署用,任用。模金校尉:即摸金校尉。曹操所设官职,专司掘坟挖金。

㉕堕突:毁坏,破坏。

㉖三公:古代中央三种最高官衔的合称,西汉以丞相(大司徒)、太尉(大司马)、御史大夫(大司空)为三公,东汉以太尉、司徒、司

空为三公。曹魏因置，但不任实职，不参预朝政。

㉗桀虏：凶恶的人。

㉘殄（tiǎn）：糟蹋。

㉙细政：苛细烦杂的法令。

㉚科防：用禁令刑律加以防范。

㉛缯缴（zēng zhuó）：即矰缴。猎取飞鸟的射具，比喻陷害他人的手段。蹊：小路。

㉜虐烈：残暴酷烈。

㉝《文士传》：我国最早的文人传记专著，成书于东晋后期，为张隐撰，约在南宋末亡佚。明清以来有多种辑本问世。

㉞楚、汉未分，蒯（kuǎi）通进策于韩信：蒯通曾为韩信谋士，先后向韩信献灭齐之策和三分天下之计，韩信死后被刘邦捉拿后释放。

㉟乾时之战，管仲肆力于子纠：管仲原为公子纠的家臣，辅助公子纠同公子小白争夺君位。鲁庄公拟护送公子纠回国继位，而公子小白则在鲍叔牙的辅助下先从莒国抢先回国继位，是为齐桓公。随后，齐鲁在齐地乾时兵戎相见，鲁国战败，献出公子纠和管仲。桓公杀公子纠，任命管仲为相。

㊱跖（zhí）：指盗跖，相传门徒甚众。

㊲革命：指实施变革以应天命。古代认为王者受命于天，改朝换代是天命变更，所以叫革命。

㊳托心：等于说委心，指将心交托他人。

㊴军谋祭酒：官名。曹操置军师祭酒，掌军事谋划诸事。陈寿避司马师讳而改称军谋祭酒。

㊵记室：官名。东汉置，掌章表书记文檄。

【译文】

王粲，字仲宣，山阳人，任职侍中。当初文帝曹丕还是五官中郎将时，与平原侯曹植都喜好文学。王粲跟徐幹、陈琳、阮瑀、应玚、刘桢一并受到曹氏兄弟的友善对待。陈琳，字孔璋，避难到冀州，袁绍让陈琳主持文章。《魏氏春秋》记载说：袁绍让陈琳作檄文说："司空曹操祖父曹腾，原是中常侍，跟左悺、徐璜同是妖邪罪孽，像猛兽饕餮一样放纵蛮横，损伤教化，虐害民众。父亲曹嵩，乞求曹腾收养，靠着贪赃行贿得到职位，拉着成车的金子玉璧，送给权门，窃夺盗取三公之位，妄图倾覆天下政权。曹操不过是依附阉人者的遗亲丑类，本来就没有好的德行，敏捷勇猛，锋锐任侠，喜好作乱为祸。袁绍将军从前遇到董卓侵凌官员，危害国政，正当收罗天下英雄，不计较缺点取贤用能，认为曹操还有雄鹰猛犬的才能，可以充当爪牙。于是曹操就借机骄横跋扈，肆意行凶作恶，盘剥平民百姓，残害贤才好人，放纵心意独断专行，淫威施及官府，轻视欺侮朝廷，败坏法纪，自己控制三台高官，朝政一人专断，爵位赏赐全凭心意，刑罚随心所欲，所亲近者光耀五宗，所厌恶者灭绝三族。群聚谈论的人被公开杀害，口中不说心中议论的人被暗杀，人们路上相遇，只能用眼色示意，不敢交谈，百官都闭口不言。梁孝王是景帝同胞兄弟，陵墓尊贵显赫。曹操率领将士，亲临现场发掘，破开棺木暴露尸体，掠夺黄金珍宝。又特设发丘中郎将、摸金校尉等职，所经过的陵墓均遭毁坏，尸骸都被暴露。他身处三公的高位，却做出凶恶盗贼才能干出来的丑行。危害国家，虐害民众，人鬼都遭受毒害。再加上他征税苛细烦杂，科条禁令交错设置，网罗陷阱布满小路，陷坑充满大道。看遍古今书籍，所记载的贪婪残酷无道逆臣，当以曹操为最厉害的一个。"袁氏失败，陈琳归顺太祖曹操。太祖对他说："你从前给袁本初发布檄文，只列举我一个人的罪状就罢了，厌恶恶人应只停留在他自身，怎么能往上涉及到我的父亲、祖父呢？"陈琳认错请求原谅。《文士传》说：陈琳道歉说："楚汉没有分出胜负时，蒯通向韩信献策；乾时之战，管仲还给公子纠效力，这都是只想着效力于主人，而一时惹下了祸患。所以盗跖的门客可以去行刺许由，夏桀的狗还能对尧狂叫。明公您在生过气之后必定能进用贤才，在爱惜之前原谅我的愚昧。现在天下四方都在应对变革来对应天命，而天下英雄豪杰都一心向您，希望明公您裁断。"太祖喜爱他的才能而没有追究他的罪责。太祖用陈琳当军谋祭酒，主管记室。

卫觊字伯儒①，河东人也，为尚书。明帝即位，百姓凋匮②，而役务方殷③。觊上疏曰："夫变情厉性④，强所不能，人臣言之既不易，人主受之又艰难。且人之所乐者，富贵荣显也；所恶者，贫贱死亡也。然此四者，君上之所制，君爱之则富贵显荣，君恶之则贫贱死亡。顺指者⑤，爱所由来也；逆意者，恶所从至也。故人臣皆争顺指而避逆意，非破家为国、杀身成君者，谁能犯颜色、触忌讳⑥，建一言、开一说哉？陛下留意察之，则臣下之情可见矣。今议者多好悦耳。其言治，则比陛下于尧、舜；其言征伐，则比二虏于狸鼠⑦。臣以为不然。汉文之时，诸侯强大，贾谊累息以为至危⑧。况今四海之内，分而为三，群士陈力⑨，各为其主，是与六国分治⑩，无以为异也。当今千里无烟，遗民困苦⑪，陛下不善留意，将遂凋弊难可复振⑫。礼，天子之器必有金玉之饰⑬，饮食之肴必有八珍之味⑭，至于凶荒，则彻膳降服⑮。然则奢俭之节，必视世之丰约也。武帝之时，后宫食不过一肉，衣不用锦绣，茵蓐不缘饰⑯，器物无丹漆⑰，用能平定天下，遗福子孙。此皆陛下之所亲览也。当今之务，宜君臣上下，量入为出。深思句践滋民之术⑱，由恐不及，而尚方所造金银之物⑲，渐更增广，侈靡日崇⑳，帑藏日竭。昔汉武信神仙之道㉑，谓当得云表之露以餐玉屑，故立仙掌以承高露㉒。陛下至通㉓，每所非笑㉔。汉武有求于露而由尚见非，陛下无求于露而空设之㉕。不益于好而糜费功夫，诚皆圣虑所宜裁制也㉖。"

【注释】

①卫觊（jì）字伯儒：本段节录自《王卫二刘傅传·卫觊传》。卫觊，字伯儒，河东安邑（今山西夏县）人。文学家、书法家，晋朝太保卫瓘之父。著有《魏官仪》等。

②凋匮：困苦匮乏。

③役务方殷：要百姓提供劳役的工程正大量兴建。此指魏明帝大兴土木修建宫室。

④厉：磨砺。

⑤顺指：曲意逢迎。指，同"旨"。

⑥颜色：指尊严。

⑦二虏：指吴、蜀两个敌国。

⑧"汉文之时"几句：汉文帝时，诸侯王超越本身的权力范围，占据的土地超过古代制度的规定，淮南王、济北王都因为谋反而被诛灭，所以贾谊多次上疏陈述政事，在《陈政事疏》开头就说："臣窃惟事势，可为痛哭者一，可为流涕者二，可为长太息者六。"累息，多次叹息。

⑨陈力：贡献、施展才力。

⑩六国：指战国时除秦以外的齐、楚、燕、韩、赵、魏六国。

⑪遗民：指劫后余留的人民。

⑫凋弊：衰败，破败。

⑬金玉：《周礼·天官·玉府》："掌王之金玉、玩好、兵器。"

⑭八珍：古代八种烹饪法，泛指珍馐美味。《周礼·天官·膳夫》："珍用八物。"

⑮彻膳：古代遇有灾患变异时，帝王撤减膳食，以示自责。彻，通"撤"。降服：损盛服，即减去华丽衣服。

⑯茵蓐：即茵褥，床垫子。缘饰：镶边加饰。

⑰丹漆：用朱漆涂饰。

⑱句践滋民之术：指勾践十年生聚，繁育民众，尊重人才，发展生产。详见《国语·越语上》。句践，即勾践。

⑲尚方：官署名。掌管供应制造帝王所用器物。

⑳侈靡：奢侈浪费帑藏，国库。

㉑汉武信神仙之道：据《史记·孝武本纪》记载，汉武帝喜好神仙之术。

㉒谓当得云表之露以餐玉屑，故立仙掌以承高露：《史记·孝武本纪》云："其后则又作柏梁、铜柱，承露仙人掌之属矣。"《汉书》颜师古注说："建章宫承露盘，高二十丈，大七围，以铜为之，上有仙人墩承露，和玉屑饮之。"

㉓至通：极其通达、通晓。

㉔非笑：讥笑。

㉕陛下无求于露而空设之：魏明帝青龙元年（233）八月，诏宫官牵车西取汉武帝所建承露盘，欲立置前殿。

㉖裁制：规划，安排。

【译文】

卫觊，字伯儒，河东人，担任尚书。魏明帝登上皇位，当时百姓困苦匮乏，但劳役十分繁重，大量工程开始兴建。卫觊上疏说："改变性情的事情，不是可以强求的。臣子敢言已经不容易，君主接受就更艰难。况且人们喜欢的，是富贵荣显；厌恶的，是贫贱死亡。但是这四样，都是君上所决定的，君上喜爱他，他就富贵显荣；君上厌恶他，他就贫贱死亡。曲意逢迎，是被喜爱的由来；忤逆心意，是被讨厌的原因。所以臣子都争着曲意逢迎而避免忤逆心意，不是破家为国、舍弃自身而成就君上的人，谁能冒犯君上的尊严，触怒君上的忌讳，提出一句建议，创立一种说法呢？陛下注意观察，那么臣子的情况就可以知道了。现今议论国事的人多喜好说好听的话。他们说到治理，那就把陛下比成尧舜；他们说到征战，就把吴、蜀两个敌人比成狸鼠。臣认为不是这样。汉文帝的时候，诸侯强大了一点，贾谊尚且多次叹息认为极其危险。何况当今四海之内，三分天下，众多士人施展才力，各为其主，这跟战国时六国割据，没有什么不同的地方。现今千里没有人烟，幸存的民众生活困苦，陛下不好好地留意这些事，国家将会衰败困乏而难以重振。礼制规定，天子的器具必须有金玉的装饰，饮食的菜肴必须有八珍美味。遇到凶灾荒年，那就撤减膳食，降低服饰的规格。如此说来，奢侈俭朴的调节，必然要看国家的富裕贫困情况。武皇帝的时候，后宫吃饭不过一种肉食，穿衣不用锦绣，褥垫没有镶边饰物，器物没有用朱漆涂饰，因此能够平定天下，造福子孙。这都是陛下您亲自看到的呀。当今急需办的事务，君臣上下应该一起根据收入的多少来决定开支。深思勾践繁育滋养民众的方法，这样还唯恐来不及，而尚方所制造的金银器物，越来越多，奢侈浪费一天天严重，国库日益空虚。从前汉武帝迷信神仙之术，认为应当获得云端的露水和上玉屑来吃，就可以长生不老，所以树立仙人高举手掌来承接高天的露水。陛下博识通达，每每对此讥笑。汉武帝想求得露水而尚且被非议，何况陛下不求露水而白白设置承露台。对于爱好没有益处而白费功夫，这实在都是陛下所应该考虑制止的。”

刘廙字恭嗣[①]，南阳人也，为五官将文学[②]。魏讽反[③]，廙弟伟为讽所引，当相坐诛[④]。太祖令曰：“叔向不坐弟虎[⑤]，古之制也。”特原不问[⑥]。《廙别传》载廙表论治道[⑦]，曰：“昔周有乱臣十人，有妇人焉[⑧]，孔子称：‘才难，不其然乎[⑨]！’明贤者难得也。况乱弊之后[⑩]，百姓凋尽，士之存者，盖亦无几[⑪]。其股肱大职[⑫]，及至州郡督司[⑬]，边方重任，虽备其官，亦未得其人也。此非选者之不用意，盖才匮使之然耳。况长吏已下，群职小任，能皆简练，备得其人乎？其计莫如督之以法也。不尔而数转易，往来不已，送迎之烦，不可胜计。转易之间，辄有奸巧，既于事不省，而为政者亦以其不得久安之故，知惠益不得成于己，而苟且之可免于患，皆将不念尽心于恤民，而梦想于声誉，此非所以为政之本意也。今之所以为黜陟者^⑭，近颇以州郡之毁誉^⑮，听往来之浮言耳^⑯，非皆得其事实而课其能否也^⑰。长吏之所以为佳者，奉法也，忧公也，恤民也。此三事者，或州郡有所不便，往来者有所不安。而长吏执之不已，于治虽得计^⑱，其声誉未为美；屈而从人，于治虽失计，其声誉必集也。长吏皆知黜陟之在于此也，亦何能不去本而就末哉^⑲？以为长吏皆宜使少久^⑳，足使自展。岁课之能^㉑，三年总计，乃加黜陟。课之皆当以事，不得依名也。事者，皆以其户口，率其垦田之多少^㉒，及盗贼发兴^㉓，民之亡叛者，为得负之计^㉔。如此行之，则无能之吏，修名无益^㉕；有能之人，无名无损。法之一行，虽无部司之监，奸誉妄毁，可得而尽也。"事上，太祖甚善之。

【注释】

①刘廙（yì）字恭嗣：本段节录自《王卫二刘傅传·刘廙传》。刘廙，字恭嗣，南阳（今河南南阳）人。汉末魏初名士。初从刘表，后投曹操，为黄门侍郎，曹丕擢为侍中，并赐爵关内侯。为政主张先刑后礼，且通天文历数之术。

②五官将：当时曹丕任五官中郎将。

③魏讽：字子京，济阴（今山东菏泽定陶区）人。口才出众，锺繇荐为相府西曹掾。汉中大战后，中原震动，魏讽联合荆州势力，勾结长乐卫尉陈祎袭击魏都邺城。陈祎心中恐惧，向世子曹丕告密，魏讽被杀，牵连而死者数十人。

④相坐：指一人有罪，连坐他人。

⑤叔向不坐弟虎：叔向，即羊舌肸（xī），春秋时期晋国大夫、政治家。弟虎：即羊舌虎，也称叔虎，晋国大夫，叔向之弟，因党于栾盈被杀。

⑥原：宽恕，原谅。

⑦《虞别传》：即《刘虞别传》，作者及版本未详。

⑧昔周有乱臣十人，有妇人焉：《尚书·泰誓》："予有乱臣十人，同心同德。"十人，指周公旦、召公奭、太公望、毕公、荣公、太颠、闳夭、散宜生、南宫适、文母。其中有一位是妇女。乱臣，治国之贤臣。

⑨才难，不其然乎：见《论语·泰伯》："孔子曰：'才难，不其然乎？唐虞之际，于斯为盛，有妇人焉，九人而已。'"孔子说："人才难得啊，难道不是这样吗？在尧、舜之际，以及周武王那个时候，人才算最兴盛了。而武王的十个臣子中还有一个是妇女，实际上只能算九个人罢了。"

⑩乱弊：丧乱。

⑪无几：没有多少，不多。

⑫股肱：辅佐，捍卫。

⑬督司：即司隶校尉，是汉至魏晋监督京师和周边地方的监察官。

⑭黜陟（chù zhì）：指官吏的升降。

⑮毁誉：诋毁和赞誉。

⑯浮言：无根据的话。

⑰课：考核。

⑱得计：计策得当。

⑲本：根本，指前述三点。

⑳少久：稍微长久。

㉑课之能：考核他的能力。

㉒率：计算。

㉓发兴：发生，兴起。

㉔得负：得失。指优劣。

㉕修名：好的名声。

【译文】

刘廙,字恭嗣,南阳人,担任五官中郎将文学。魏讽反叛,刘廙的弟弟刘伟被魏讽的案子牵连,刘廙应当连坐处死。太祖曹操下令说:"叔向不因为弟弟叔虎有罪而连坐,这是古代的制度。"特别宽恕刘廙,不追究他的罪过。《廙别传》载有刘廙的表章论述治理之道,说:"从前周武王有十位忠臣,其中还包括妇人。孔子说:'人才难得,难道不是这样吗?'这说明贤才是很难得到的。何况在动乱造成凋敝之后,百姓死伤无数,士人活着的,也是没有多少。从辅政重臣,到州郡牧守都督和边疆的重任,虽然备有官位,也没有得到真正合用的人才。这不是选拔人才的人不用心,而是人才匮乏造成的。何况长吏以下,众多小的职位,难道都能够选到精明干练的称职人才来就任吗?对于这种局面,不如用法律进行监督。不这样的话,屡次转任变动,来来往往不断,送往迎来的麻烦,数都数不过来。频繁调动官员,难免会出现弄奸取巧的情形,要做的事情本身没有减少,治理政事的人也会因为不能长久安定的缘故,知道自己任上也不可能办成什么政绩,得到什么好处,而对付了事反而不会招惹祸患,所以不会尽心抚恤民众,只是梦想着能有个好声誉,这不是为政的本来目的。现在罢免或者提升官员的理由,大概只是根据地方州郡长官的诋毁赞誉,或是市井上的流言罢了,都不是根据官员为政的事实来考核有没有能力。优秀长吏的标准,是奉公守法、忧国之事、爱惜民众。这三件事,有的是州郡有所不便,有的是频繁调动者有所不安。而长吏坚持朝这三个方面努力,虽然对治理来说是得当的,但他的声誉未必美好;屈从别人的意见,虽然从治理来说不妥当,但他的声誉必然会好。长吏都知道升降的奥秘是在于这些,又怎么能不舍本而逐末呢?臣认为长吏都应该在任稍微久一些,足够让他施展才能。每年考核他的能力,三年总体进行评估,才加以升降。考核的标准都应根据事实,不能根据虚名。事实本身包括考核他治下的人口数量,计算他开垦多少土地,以及抢劫盗窃的事发生多少,民众逃亡叛乱的情况如何,以此作为衡量其政绩优劣的标准。这样实行,那么没有能力的官吏,即使有好的名声也没有用处;有能力的人,没有好的名声也没有什么损害。这项法令只要一实行,即使没有各职司的监督,虚假的声誉和诬妄的诋毁,就可以完全消灭了。"表章送上,太祖曹操非常赞赏他。

陈群字长文①，颍川人也，为司空，录尚书事②。青龙中③，营治宫室④，百姓失农时⑤。群上疏曰："禹承唐、虞之盛⑥，犹卑宫室而恶衣服⑦，况今丧乱之后，人民至少，吴、蜀未灭，社稷不安！今舍此急而先宫室⑧，臣惧百姓遂困，将何以应敌？此安危之机也⑨，唯陛下虑之。"帝答曰："王者宫室，亦宜并立⑩。灭贼之后，但当罢守耳⑪，岂可复兴役耶？是故君之职，萧何之大略也⑫。"群又曰："昔汉祖唯与项羽争天下，羽已灭，宫室烧焚，是以萧何起武库、太仓⑬，皆是要急，然犹非其壮丽。今二虏未平，诚不宜与古同也。夫人之所欲，莫不有辞⑭，况乃天下莫之敢违。前欲坏武库，谓不可不坏也⑮；后欲置之⑯，谓不可不置也。若必作之，固非臣下辞言所屈；若少留神，卓然回意，亦非臣下之所及也。汉明帝欲起德阳殿，锺离意谏，即用其言，后乃复作之；殿成，谓群臣曰：'锺离尚书在，不得成此殿也。'夫王者岂惮一臣，盖为百姓也。今臣曾不能少凝圣听，不及意远矣。"帝于是有所减省。

【注释】

①陈群字长文：本段节录自《桓二陈徐卫卢传·陈群传》。陈群，字长文。颍川郡许昌县（今河南许昌东）人。曹魏重臣，魏晋南北朝选官制度"九品中正制"和曹魏律法《魏律》的主要创始人。

②录：统率，主管。

③青龙：魏明帝曹叡的年号（233—237）。

④营治：修建，建造。

⑤农时：适宜于从事耕种、收获的时节。

⑥唐:指尧。虞:指舜。

⑦恶衣服:衣服粗劣。

⑧先:以……为先。指先修建。

⑨机:时宜,关键。

⑩并立:同立;同时存在。

⑪罢守:指撤回守卫兵力。

⑫萧何之大略:萧何为汉高祖刘邦大修未央宫,被刘邦斥责。当时
　陈群任司空,主管土木工程,明帝希望他如萧何建未央宫那样,支
　持自己修建宫殿。

⑬武库:储藏兵器的仓库。太仓:古代京师储谷的大仓。

⑭辞:托辞,借口。

⑮坏:毁坏。

⑯置:建立,设立。

【译文】

　　陈群,字长文,颍川人,官至司空,总管尚书台事务。青龙年间魏明帝建造宫殿,百姓耽误了农时。陈群上疏说:“夏禹继承唐尧、虞舜的盛世,仍然住在低矮的宫殿中,穿着粗劣的衣服,何况现今动乱之后,民众数量已经很少,吴、蜀两大敌人还没有消灭,社稷江山还不安定呢! 如今舍弃这些急务而先修建宫殿,臣惧怕百姓因此就陷入困境,将拿什么来应对敌人? 这是安危的关键所在,希望陛下考虑。”明帝回答说:“王业跟宫殿,也应该同时来建立。消灭敌人之后,只应当遣散防守士卒罢了,怎么可以再兴徭役? 所以这是您的职责,大体就像是萧何负责建造未央宫那样。”陈群又说:“从前汉高祖只是跟项羽一人争夺天下,项羽已经消灭,宫殿被焚毁,因此萧何建起武库、太仓,都是当时紧急重要的事,但汉高祖还是批评建造得太华美壮丽了。现今吴、蜀两个敌寇还没有平定,真不应该跟古代相比。人为了满足自己的欲望,没有找不到借口的,何况您是天子,没有人敢违背您的意思。先前想要拆毁武库,就说不能

不毁坏；后来想要建武库，就说不能不建。倘若您一定要建造宫室，本来就不是臣的言辞所能说服的；倘若稍稍留意察看，英明地回心转意，也不是臣所能做到的。从前汉明帝想要兴建德阳殿，锺离意劝谏，当即采纳了他的话，后来才又重新兴建；大殿落成，明帝对群臣说：'如果锺离尚书还在的话，就建造不成这座大殿了。'君王难道忌惮一个臣子吗？这是为了百姓呀。现今臣竟然不能使陛下听从一点儿意见，远远赶不上锺离意了。"明帝于是对宫殿建造规模数量有所减省。

　　陈矫字季弼①，广陵人也，迁尚书令②。明帝尝卒至尚书门③，矫跪问帝曰："陛下欲何之？"曰："欲案行文书耳④。"矫曰："此自臣职分⑤，非陛下所宜临也。若臣不称其职，则请就黜退。陛下宜还。"帝惭，回车而反。其亮直如此⑥。

【注释】

①陈矫字季弼：本段节录自《桓二陈徐卫卢传·陈矫传》。陈矫，字季弼，广陵郡东阳县（今安徽天长西北）人。曹魏名臣，本姓刘，因过继与母族而改姓陈。曹操辟为丞相掾属，累迁至西曹属、尚书。曹丕时领吏部事，封高陵亭侯，迁尚书令。明帝时进爵东乡侯，后拜司徒。

②尚书令：尚书台的长官。

③卒（cù）：今作猝，突然。

④案行：巡视，察看。

⑤职分：职务上应尽的本分。

⑥亮直：诚实正直。

【译文】

　　陈矫，字季弼，广陵人，升任尚书令。魏明帝曾经突然来到尚书台门口，陈矫跪下问明帝："陛下想要去哪里？"明帝回答说："想要察看一下尚书台的文书罢了。"陈矫说："这自然是臣应尽的职责,不是陛下应该做的。倘若臣不称职,那就请求立即把臣罢免。陛下应该回去。"明帝惭愧,回转车驾返回。他的坦诚正直大都像这件事一样。

卢毓字子家①,涿郡人也,青龙中,入为侍中。侍中高堂隆②,数以宫室事切谏③,帝不悦,毓进曰："臣闻君明则臣直。古之圣王,恐不闻其过,故有敢谏之鼓④。近臣尽规⑤,此乃臣等所以不及隆。隆诸生⑥,名为狂直⑦,陛下宜容之。"为吏部尚书⑧。前此诸葛诞等驰名誉⑨,有四窗八达之诮⑩,帝深疾之。时举中书郎⑪,诏曰："得其人与否,在卢生耳。选举莫取有名⑫,名如画地作饼,不可啖⑬。"毓对曰："名不足以致异人⑭,而可以得常士。常士畏教慕善⑮,然后有名,非所当疾也。愚臣既不足以识异人,又主者正以循名案常为职,但当有以验其后。故古者敷奏以言,明试以功⑯。"帝纳其言。

【注释】

①卢毓(yù)字子家:本段节录自《桓二陈徐卫卢传·卢毓传》。卢
　　毓,字子家,涿郡涿县(今河北涿州)人。曹魏政治家,东汉大儒
　　卢植幼子,经历从曹操到曹髦五位君主,负责人才的评价和举荐,
　　曾向曹叡建议制定考课法。

②高堂隆:字升平。泰山郡平阳县(今山东新泰)人。曹魏名臣,初
　　任泰山督邮,魏明帝时任陈留太守、散骑常侍,赐爵关内侯,后迁
　　侍中、太史令、光禄勋。

③切谏:直言极谏。

④敢谏之鼓：见《淮南子·主术训》："故尧置敢谏之鼓，舜立诽谤之木。"

⑤尽规：指竭力谏诤。

⑥诸生：儒生。

⑦狂直：疏狂率直。

⑧吏部：汉尚书有常侍曹，主管丞相御史公卿之事。东汉改为吏曹，主选举祠祀，后又改为选部。魏、晋以后称吏部，置尚书等官，主管官吏任免、考课、升降、调动等事。

⑨诸葛诞：字公休，琅邪阳都（今山东沂南）人。曹魏将领。与蜀汉丞相诸葛亮同宗。驰：传扬，传播。

⑩四窗八达：今本《三国志》作"四聪八达"，译文从之。据《三国志·魏志·王毌丘诸葛邓锺传》诸葛诞传引《世语》："是时，当世俊士散骑常侍夏侯玄、尚书诸葛诞、邓飏之徒，共相题表，以玄、畴四人为四聪，诞、备八人为八达，中书监刘放子熙、孙资子密、吏部尚书卫臻子烈三人，咸不及比，以父居势位，容之为三豫，凡十五人。帝以构长浮华，皆免官废锢。"

⑪中书郎：官名。三国魏始置，属中书省下面的通事郎，后改名中书郎、中书侍郎，为编修国史之任。

⑫选举：指选拔举用贤能。

⑬啖（dàn）：吃。

⑭异人：不寻常的人，有异才的人。

⑮畏：敬重，心服。

⑯敷奏以言，明试以功：见于《尚书·舜典》："敷奏以言，明试以功，车服以庸。"意思是让他们口头陈奏各自的政绩，然后认真考察其实际功效。

【译文】

卢毓，字子家，涿郡人，青龙年间，入朝担任侍中。侍中高堂隆屡次因为修建宫殿的事情恳切进谏,明帝不高兴,卢毓进言说:"臣听说,君主英明那么臣子就正直。古代圣明的君王,害怕听不到自己的过失,所以树立起让人们敢于劝谏的大鼓。近臣尽责竭力劝谏,这就是我们这些臣子赶不上高堂隆的地方。高堂隆是个儒生,有疏狂率直的名声,陛下应该有容他的度量。"明帝任命卢毓做吏部尚书。在此之前诸葛诞等人致力追求名誉,人们对他们有"四聪八达"的讽刺称号,明帝深深地痛恨他们。当时明帝要任命中书郎,下诏令说:"能否得到合适的人选,就在卢生了。选举不要取徒有名声的人,名声就像画在地上的饼,是不能吃的。"卢毓回答说:"名声不足以得到奇才,但是可以得到寻常的人才。寻常的人才敬重教化,渴慕善良,然后才有了名声,这是不应该痛恨的。愚臣既然没有本事识别奇才,主事的人又是根据名声和平常的品行进行选拔的,因此只该用以后的事实来验证。所以古代圣王让官员口头奏陈他们的治绩,然后明察他们的实际功效。"明帝采纳了他的话。

　　和洽字阳士①,汝南人也,为丞相掾属②。时毛玠、崔琰并以忠清干事③,其选用先尚俭节。洽言曰:"天下大器④,在位与人,不可以一节俭也。俭素过中⑤,自以处身则可,以此格物⑥,所失或多。今朝廷之仪⑦,吏著新衣、乘好车者,谓之不清;形容不饰、衣裘弊坏者,谓之廉洁。至令士大夫故污辱其衣,藏其舆服⑧;朝府大吏⑨,或自挈壶餐以入官寺⑩。夫立教观俗⑪,贵处中庸,为可继也。今崇一概难堪之行以检殊途⑫,勉而为之,必有疲瘁⑬。古之大教,务在通人情。而凡激诡之行⑭,则容隐伪矣⑮。"孙盛曰:"夫矫枉过正则巧伪滋生,以克训下则民志险隘⑯,非圣王所以陶化万物、闲邪存诚之道⑰。和洽之言,于是允矣⑱。"

【注释】

①和洽字阳士：本段节录自《和常杨杜赵裴传·和洽传》。和洽，字阳士，汝南西平（今河南舞阳东南）人。曹魏大臣。汉末举孝廉，曹操拜为丞相掾属、侍中，力谏曹操免毛玠罪。曹丕拜为光禄勋，封安成亭侯，明帝时进封为西城乡侯，转官为太常。死后谥简侯。

②掾属：佐治的官吏，汉代自三公至郡县，都有掾属。人员由主官自选，不由朝廷任命。魏晋以后，改由吏部任免。

③忠清：忠诚廉正。干事：办事干练。

④大器：此指重要的事务。

⑤俭素：简约朴素。

⑥格物：衡量人物。

⑦仪：今本《三国志》作"议"，译文从之。

⑧舆服：车舆冠服与各种仪仗，古代车舆与冠服都有定式，以表尊卑等级。

⑨朝府：官署。

⑩挈（qiè）：持。壶餐：用壶盛的汤饭或其他熟食。官寺：官府。

⑪观俗：观察风俗。

⑫一概：同一种标准。殊途：异途，不同途径。

⑬疲瘁（cuì）：弊病。

⑭激诡：矫情立异。

⑮隐伪：不为人知的奸伪之事。

⑯险隘：刻薄狭隘。

⑰闲邪：防止邪恶。

⑱允：公正，得当。

【译文】

　　和洽，字阳士，汝南人，被征召为丞相掾属。当时毛玠、崔琰都以忠诚廉直主持政事，他们选拔任用官吏，首先推崇节俭。和洽对他们说道：

"国家最重要的事务,在于官位和用人,不能够只用一个节俭来作为考察标准。过于节俭,自己用来约束自身是可以的,但用节俭来衡量人物,可能就会出现很多偏差。现今朝廷的议论,官吏穿新衣坐好车的,就说他不清廉;外貌不加修饰,衣服破败的,就说他廉洁。以至于使士大夫故意毁坏弄脏自己的衣服,藏起车子服饰;官府的高官,有的自己提着食盒水壶进入官署。兴立教化风俗,贵在恰到好处,这样才可以延续。现在推崇单一的让人难以忍受的标准来考察官吏的行为,勉强去做,必定会有弊病。古代的弘大教化,致力于通达人情。而那些矫情故意出格的行为,其中常常暗藏虚伪。"孙盛说:"矫枉过正那就会滋生虚伪诡诈,以此来克制训导百姓,民心就会变得刻薄狭隘,这不是圣明的君王用来陶冶化育万物,消除邪恶、保存诚实的方法。和洽的话,是很公允的了。"

魏国既建①,为侍中。后有白毛玠谤毁太祖,太祖见近臣怒甚。洽陈玠素行有本②,求案实其事③。罢朝,太祖令曰:"今言事者白玠,不但谤吾也,乃复为崔琰触望④。此损君臣恩义,妄为死友怨叹,殆不可忍也。和侍中比求实之,所以不听,欲重参之耳。"洽对曰:"如言玠罪过深重,非天地所覆载,臣非敢曲理玠以枉大伦也。以玠出群吏之中,特见拔擢⑤,显在首职,历年荷宠,刚直忠公,为众所惮,不宜有此。然人情难保,要宜考核,两验其实。今圣恩垂含垢之仁⑥,不忍致之于理,更使曲直之分不明,疑自近始。"太祖曰:"所以不考,欲两全玠及言事者耳。"洽对曰:"玠信有谤上之言,当肆之市朝⑦;若玠无此,言事者加诬大臣以误主听⑧。二者不加检核,臣窃不安。"太祖曰:"方有军事,安可受人言便考之耶?"转为太常⑨,清贫守约⑩,至卖田宅以自

6 7 7 3

给。明帝闻之，加赐谷帛。

【注释】

①魏国既建：本段节录自《和常杨杜赵裴传·和洽传》。

②素行：平素之品行。

③案实：审查核实。

④觖（jué）望：因不满而抱怨。

⑤拔擢：提拔。

⑥含垢：包容污垢，容忍耻辱。

⑦肆之市朝：在街市上斩首示众。

⑧加诬：虚构诬陷。

⑨太常：官名。秦置奉常，汉更名太常，掌宗庙礼仪，兼掌选试博士。

⑩守约：保持俭朴的品德。

【译文】

　　魏国建立后，和洽担任侍中。后来有人告发毛玠诽谤太祖曹操，太祖召见左右近臣时，非常生气。和洽陈说毛玠平素行为端正，请求查实此事。罢朝之后，太祖下令说："现在检举人告发说，毛玠不但诽谤我，还为崔琰抱怨。这是损害君臣恩义，妄自为他的好朋友而怨叹，这恐怕不可容忍。和侍中最近要求我查证此事，我没有听从他的原因，是想慎重对待这件事。"和洽回答说："如果真像人说的那样，毛玠罪恶深重，天地难容，那么臣不敢曲意为毛玠辩白，而破坏君臣大伦。只是因为毛玠出自群吏，又特别受到您的提拔，如今处在众官之首位，多年来深受恩宠，他为人刚正，忠心为公，素来被群臣畏惧，应该不会做出这种事来。但人情难以保证，应该要进行审查，两边对质，查出实际情况。现今您出于仁爱之心而容忍污垢，不忍将他交付司法官员，更会使曲直不分，疑虑将从您的身边开始。"太祖说："之所以不审查的原因，是想让毛玠和告发人都得到保全。"和洽回答说："如果毛玠真的说了诽谤您的话，就应该在街市上斩首示众；倘若他没有做这件事，那么就是告发人诬陷大臣，误导主上。两方面都不加审核，臣私下里感到不安。"太祖说："现在正有战事，怎么可以听了人家的话就来审查呢？"明帝时，和洽转任太常，生活清贫俭朴，以致靠变卖田产房宅来维持生活自给。明帝听说了，赐予他谷物绢帛。

　　杜袭字子绪①，颍川人也，为侍中。将军许攸拥部曲②，不附太祖而有谩言③。太祖大怒，先欲讨之。群臣多谏："可招怀攸④，共讨强敌。"太祖横刀于膝，作色不听。袭入欲谏，太祖逆谓之曰⑤："吾计已定，卿勿复言之。"袭曰："若殿下计是耶⑥，臣方助殿下成之；若殿下计非耶，虽成宜改之。殿下逆臣令勿言，何待下之不阐乎？"太祖曰："许攸慢吾⑦，如何可置乎？"袭曰："殿下谓许攸何如人耶⑧？"太祖曰："凡人也。"袭曰："夫唯贤知贤，唯圣知圣，凡人安能知非凡人邪？方今豺狼当路而狐狸是先⑨，人将谓殿下避强攻弱，进不为勇，退不为仁。臣闻千石之弩不为鼷鼠发机⑩，万钧之钟不以莛撞起音⑪，今区区之许攸，何足以劳神武哉？"太祖曰："善。"遂厚抚攸，攸即归服。

【注释】

①杜袭字子绪：本段节录自《和常杨杜赵裴传·杜袭传》。杜袭，字子绪，颍川郡定陵县（今河南襄城）人。颍川四大名士之一，历仕曹操、曹丕、曹叡，追赠少府，谥号为定。

②部曲：本是古代军队编制单位，借指私人军队，带有人身依附性质。

③谩（màn）：毁谤。

④招怀：招抚，怀柔。

⑤逆：迎。

⑥殿下：汉魏以后对诸侯王、太子、诸王的尊称。

⑦慢：轻慢，傲慢。

⑧何如人：什么样的人。

⑨方今豺狼当路而狐狸是先：见《汉书·孙宝传》："豺狼横道，不宜复问狐狸。"又见《后汉书·张纲传》："侍御史张纲独埋于洛阳都亭，曰：'豺狼当路，安问狐狸！'"此以豺狼喻大患，狐狸喻小患。

⑩石：古代重量单位，一百二十斤为一石。鼷鼠：鼠类最小的一种。

⑪钧：古代重量单位，三十斤为一钧。莛（tíng）：草茎。

【译文】

杜袭，字子绪，颍川人，担任侍中。当时将军许攸坐拥手下将士，不归附太祖曹操而且出言不逊。太祖大怒，准备先讨伐他。群臣大多劝谏说："可以招抚许攸，共同征讨强敌。"太祖把刀横在膝盖上，绷着脸不听。杜袭进来想上前劝谏，曹操迎着他说："我的主意已定，你不要再说了。"杜袭说："倘若殿下的主意对，臣当然要帮助殿下完成它；倘若殿下的主意不对，即使定了也应该改变。殿下迎着臣，让臣不要说话，为什么不等属下把话说完呢？"太祖说："许攸对我轻慢，我怎么能饶了他？"杜袭说："殿下认为许攸是个什么样的人？"太祖说："是个平凡的人。"杜袭说："只有贤人才能知道贤人，只有圣人才能知道圣人，平凡人哪里能够知道不平凡的人呢？当今豺狼当路，却先去消灭狐狸，人们将误认为殿下避开强敌而进攻弱小，进兵算不上勇敢，退兵算不上仁爱。臣听说千石的弓弩不会为小小的鼷鼠引发机柄，万钧的大钟不能用草棍撞出声音，现今小小的许攸，怎么值得劳动神明威武的您呢？"太祖说："好。"于是着意安抚许攸，许攸就归服了。

　　高柔字文慧①，陈留人，拜丞相理曹掾②。时置校事卢洪、赵达等③，使察群下，柔谏曰："设官分职④，各有所司。

今置校事，既非居上信下之旨，又达等数以憎爱擅作威福，宜检治之⑤。"太祖曰："卿知达等，恐不如吾也。要能刺举而辨众事⑥，使贤人君子为之，则不能也。昔叔孙通用群盗⑦，良有以也。"达等后奸利发，太祖杀之，以谢于柔⑧。文帝践祚，转治书执法⑨。时民间数有诽谤妖言⑩，帝疾之，有妖言，辄杀而赏告者。柔上疏曰："今妖言者必戮，告之者辄赏。既使过误无反善之路⑪，又将开凶狡之群相诬罔之渐⑫，诚非所以息奸省讼、缉熙治道也⑬。昔周公作诰，称殷之祖宗，咸不顾小人之怨⑭。在汉太宗⑮，亦除妖言诽谤之令。臣愚以为宜除妖谤赏告之法，以隆天父养物之仁⑯。"帝不即从，而相诬告者滋甚。帝乃下诏："敢以诽谤相告，以所告罪罪之⑰。"于是遂绝。迁为廷尉。明帝即位。时猎法甚峻，而典农刘龟窃于禁内射兔⑱，其功曹张京诣校事言之⑲。帝匿京名，收龟付狱。柔表请告者名，大怒曰："刘龟当死，乃敢猎吾禁地；送龟廷尉，廷尉便当考掠，何复请告者主名，吾岂妄收龟邪？"柔曰："廷尉，天下之平也，安得以至尊喜怒而毁法乎？"重复为奏，辞指深切。帝意寤，乃下京名。即还讯，各当其罪。

【注释】

①高柔字文慧：本段节录自《韩崔高孙王传·高柔传》。高柔，字文惠。陈留郡圉县（今河南杞县南）人。曹魏大臣。以善于治法闻名，官至九卿，出任司空，在高平陵之变时支持司马懿，数年后升太尉，进爵安国侯。景元四年（263）卒，享年九十岁，谥号元侯。

②理曹掾：官名。三国魏置，为丞相府诸曹属吏之一。建安十九年

（214），曹操始置理曹掾属以典刑狱，选明达法理者为之。

③校事：曹魏置，掌侦察刺探官民情，是皇帝或执政的耳目。

④分职：各司其职，各授其职。

⑤检治：约束惩治。

⑥刺举：检举。

⑦叔孙通用群盗：叔孙通投靠刘邦，跟从他的还有他的众多弟子。叔孙通被刘邦重用后，没有举荐自己的弟子，而是举荐了一些土匪强盗。弟子不满，叔孙通说："汉王现在正打天下，你们能去打仗吗？所以我先给他推荐那些能够冲锋陷阵、斩将拔旗的勇士。"事见《史记·刘敬叔孙通列传》。

⑧谢：致歉。

⑨治书执法：官名。曹魏所置，掌奏劾。

⑩妖言：怪诞不经的邪说，也是秦汉时罪名之一。

⑪过误：过失，错误。

⑫凶狡：凶恶狡猾。

⑬缉熙：光明。

⑭"周公作诰"几句：见于《尚书·无逸》：周公曰："呜呼！自殷王中宗及高宗及祖甲，及我周文王，兹四人迪哲。厥或告之曰：'小人怨汝詈汝！'则皇自敬德。厥愆，曰：'朕之愆。'"周公说："唉！从殷王中宗，到高宗，到祖甲，到我们的周文王，这四人是圣明的君主。有人告诉他们说：'小人在怨你骂你！'他们便更加恭敬地按照规矩办事。他们有了过错，便毫不掩饰地说：'这是我的过错。'"

⑮汉太宗：即汉文帝刘恒，太宗是他的庙号。

⑯天父：指天子。

⑰罪之：给他判罪。

⑱典农：即典农都尉。官名。曹魏置，掌管屯田区生产、民政和田

租,为该区的行政长官。

⑲功曹:官名。汉代郡守有功曹史,简称功曹,除掌人事外,得以参
　　预一郡的政务。

【译文】

　　高柔,字文慧,陈留人,担任丞相理曹掾。当时设置了校事官,由卢
洪、赵达等人担任,让他们监察群臣。高柔劝谏说:"设立官职,分配任
务,各有自己的职权。现今设置校事,既不是上司信任下属的做法,又加
上赵达等人屡次因为自己的爱憎作威作福,应该约束惩治他们。"太祖
说:"你对赵达等人的了解,恐怕还不如我。他们能够检举打探分辨众多
事情,这些让贤人君子去做,那是做不成的。从前叔孙通推荐盗贼们做
事,确实是有原因的。"后来赵达等人违法牟利的事情被发觉,太祖杀了
他们向高柔致歉。魏文帝登上皇位,高柔转任治书执法。当时民间常常
有诽谤朝廷的坏话,文帝非常痛恨,凡发现有人散布坏话就处死,而且赏
赐告发者。高柔上疏说:"现今散布坏话的必杀,告发的必赏。这样做既
使有过失的人没有改过自新的机会,又将开凶残狡诈之徒诬陷他人的风
气,确实不是消除奸伪、减少诉讼、走向光明太平的治国之道啊。过去周
公作《无逸》,称颂殷商的祖先能够不计较平民百姓的怨言。汉文帝的
时候,也废除了追查妖言诽谤的法令。臣认为,应该废除奖赏告发者的
法令,来加强上天养护百姓的仁德。"魏文帝没有立即听从,而互相诬告
的风气日益厉害。文帝于是下令说:"胆敢告发别人诽谤的人,就以他所
告发的罪名来惩治他。"从此诬告之风就断绝了。高柔升职做了廷尉。
魏明帝登上皇位。当时有关狩猎的法律规定非常严峻,典农都尉刘龟私
下在禁区里射兔,他的功曹张京到校事官那里告发他。明帝隐匿了张京
的姓名,拘捕刘龟下狱。高柔上表请求说出告发者的姓名,明帝大怒说:
"刘龟应该判处死刑,竟敢到我的禁苑打猎。把刘龟送到廷尉那里,廷尉
就应当立刻拷打他,为什么还要请求我告知告发者的姓名,我难道是随
便拘捕刘龟的吗?"高柔说:"廷尉是天下公平的执法人。哪里能够因为

皇上的喜怒而破坏法律的程序呢？"又一次上奏，辞意恳切。明帝醒悟了，便告诉高柔张京的名字。高柔就回去审讯，使张京、刘龟都受到应有的惩处。

辛毗字佐治①，颍川人也。文帝践祚，迁侍中。帝欲徙冀州士家十万户实河南②。时连蝗民饥，群司以为不可③，而帝意甚盛。毗与朝臣俱求见，帝知其欲谏，作色以见④，皆莫敢言。毗曰："陛下欲徙士家，其计安出？"帝曰："卿谓我徙之非邪？"毗曰："诚以为非。"帝曰："吾不与卿共议。"毗曰："陛下不以臣不肖，置之左右，厕之谋议之官⑤，安得不与臣议也？臣所云非私也，乃社稷之虑，安得怒臣？"帝不答，起入内。毗随而引其裾⑥，帝遂奋衣不还，良久乃出，曰："佐治，卿持我何太急耶？"毗曰："今徙，既失人心，又无以食也。"帝遂徙其半。尝从帝射雉⑦，帝曰："射雉乐哉！"毗曰："于陛下甚乐，于群下甚苦。"帝默然，后遂为之希出。

【注释】

① 辛毗（pí）字佐治：本段节录自《辛毗杨阜高堂隆传·辛毗传》。辛毗，字佐治，颍川阳翟（在今河南禹州）人。曹操推荐辛毗任议郎，后为丞相长史。曹丕以辛毗为侍中，赐爵关内侯，后赐广平亭侯。明帝封辛毗颍乡侯，食邑三百户，后为卫尉。

② 士家：魏晋时，职业士兵的家庭。士家子弟世代为兵。河南：指河南尹，是京城洛阳所在的郡。

③ 群司：百官。

④ 作色：脸上变色，指神情变严肃或发怒。

⑤厕：置身。

⑥裾（jū）：衣服后襟的下摆。

⑦雉：野鸡。

【译文】

辛毗，字佐治，颍川人。文帝登上皇位，迁任侍中。文帝打算把冀州十万户世代当兵的家庭迁徙到河南。当时连续蝗灾，民众饥荒，百官都认为不可以这样做，但是文帝态度很强硬。辛毗跟朝臣一起求见，文帝知道他们想劝谏，表情严厉地接见，臣子没有谁敢说话。辛毗说："陛下想迁徙兵户家庭，是怎么考虑的呢？"文帝说："你认为我迁徙他们是不对的吗？"辛毗说："确实认为不对。"文帝说："那我不跟你商议这件事了。"辛毗说："陛下不认为臣不贤，把臣安置在身边，和参谋商议的官员列在一起，怎么能不跟臣商议呢？臣所说的不是私事，而是为国家社稷考虑，陛下怎么能跟臣发怒呢？"文帝不回答，起身向内室走去，辛毗跟上去，拉着文帝的衣服后襟，文帝就使劲拉回衣服，头也不回走进内室，过了很长时间才出来，说："佐治，你为什么把我逼得这么急呢？"辛毗说："现在迁徙兵户，既失去民心，又没有粮食给他们吃。"文帝就迁徙了原定计划的一半。辛毗曾经跟随文帝射猎野鸡，文帝说："射野鸡真是快乐啊！"辛毗说："对陛下来说是特别快乐，对群臣来说特别辛苦。"文帝沉默不语，后来就很少出去射猎了。

明帝即位①，时中书监刘放、令孙资见信于主②，制断时政③，大臣莫不交好，而毗不与往来。毗子敞谏曰④："今刘、孙用事，众皆影附⑤，大人宜小降意⑥，和光同尘⑦，不然，必有谤言。"毗正色曰："主上虽未称聪明，不为暗劣⑧。吾之立身，自有本末⑨。就刘、孙不平⑩，不过令吾不作三公而已，何危害之有？焉有大丈夫欲为公而毁其高节者耶⑪？"

冗从仆射毕轨表言⑫："尚书仆射王思精勤旧吏⑬，忠亮计略⑭，不如辛毗，毗宜代思。"帝以访放、资⑮，放、资对曰："陛下用思者，诚欲取其效力，不贵虚名也。毗实亮直，然性刚而专，圣虑所当深察也。"遂不用。出为卫尉。

【注释】

①明帝即位：本段节录自《辛毗杨阜高堂隆传·辛毗传》。

②中书监：官名。三国魏黄初年间设。与中书令同为中书省主官，位在令前。掌草拟诏令，处理机要，因权重而被称为"凤凰池"。令：中书令。

③制断：专断，裁决。

④敞：辛毗之子辛敞。

⑤影附：指如影附形。比喻依附，附随。

⑥降意：屈意相从。

⑦和光同尘：语出《老子》第四章："和其光，同其尘。"意为融和光芒而不炫耀，混同于尘屑中而幽微难明。此指随俗而处，不露锋芒。

⑧暗劣：愚昧低劣。

⑨本末：一贯的原则。

⑩不平：不和。

⑪高节：高尚的节操。

⑫冗从仆射：官名。三国魏设。掌宿卫左右。毕轨：字昭先，东平（治今山东东平）人。历任太子文学、长史等职。正始年间，曹爽拜毕轨为中护军，之后升任司隶校尉。与曹爽等谋削司马懿之权，嘉平元年（249）被杀，夷三族。

⑬精勤：专心勤勉。

⑭忠亮：忠诚坦荡。

⑮访：咨询。

【译文】

魏明帝登上皇位，当时中书监刘放、中书令孙资被明帝信任，专断国政，大臣没有谁不跟他们交好，而辛毗不与他们来往。辛毗的儿子辛敞劝说道："现今刘放、孙资当权，众多官员都像影子一样依附他们，父亲您应该稍微委曲一下，和大家一样，不这样，必定招来诽谤。"辛毗严肃地说："主上虽说不能称得起聪明，但也并不愚昧低劣。我立身处世，自有原则。即使与刘放、孙资不和，也不过让我不做三公罢了，还有什么危害呢？哪里有大丈夫为了做三公而毁掉自己高尚的节操呢？"冗从仆射毕轨上表说："尚书仆射王思是认真勤勉的老资格官吏，但忠诚坦荡、出谋划策，不如辛毗，辛毗应该代替王思的位置。"明帝就这件事咨询刘放、孙资，二人回答说："陛下任用王思的原因，就是想发挥他实干的才能，不是以虚名为贵。辛毗确实坦荡正直，但是性格刚烈倔强，请圣上深思明察。"于是明帝没有任用辛毗。辛毗出任卫尉。

杨阜字义山①，天水人也，为将作大匠②。时初治宫室，发美女充后庭③，数出入弋猎④。阜上疏曰："陛下奉武皇帝开拓之大业，守文皇帝克终之元绪⑤，诚宜思齐往古圣贤之善治⑥，总观季世放荡之恶政⑦。所谓善治者，务俭约、重民力也⑧；所谓恶政者，从心恣欲、触情而发也⑨。惟陛下稽古⑩，世代之初所以明赫，及季世所以衰弱至于泯灭，近览汉末之变，足以动心诫惧矣。曩使桓、灵不废高祖之法⑪，文、景之恭俭⑫，太祖虽有神武⑬，于何所施其能耶？而陛下何由处斯尊哉？今吴、蜀未定，军旅在外，愿陛下动则三思，虑而后行，重慎出入⑭，以往鉴来，言之若轻，成败甚重。"诏报曰："间得密表⑮，先陈往古明王圣主，以讽暗政，切至之辞，款诚笃实，将顺匡救，备悉矣。览思苦言⑯，吾甚嘉之。"迁少府⑰。

【注释】

①杨阜（fù）字义山：本段节录自《辛毗杨阜高堂隆传·杨阜传》。杨阜，字义山，天水冀县（今甘肃甘谷东南）人。建安初年，任凉州从事，旋拜安定长史，后辟为别驾，改任州参军，赐爵关内侯。后任益州刺史、武都太守。累迁将作大匠、少府。德才兼备，刚正不阿。

②将作大匠：官名。掌修建宗庙、路寝、宫室、陵园。

③后庭：后妃的官庭。

④弋猎：射猎，狩猎。

⑤克终：此指能够完成曹操未竟之事。元绪：帝王之业。

⑥思齐：思与之齐。

⑦总观：总括观察。季世：末世。放荡：放纵，不受约束。

⑧俭约：俭省，节约。

⑨恣欲：纵欲。触情：触动情欲。

⑩稽古：考察古事。

⑪曩（nǎng）：往日，从前。桓、灵：汉桓帝刘志和汉灵帝刘宏。

⑫文、景：汉文帝刘恒和汉景帝刘启。

⑬神武：原指以吉凶祸福威服天下而不用刑杀，后沿用为英明威武之意，多用以称颂帝王将相。

⑭重慎出入：谨慎出入。

⑮间：近来。

⑯苦言：诤言，逆耳之言。

⑰少府：官名。秦置，汉因之，九卿之一。掌管皇室财政收支，天子供养及官廷杂务。

【译文】

杨阜,字义山,天水人,任将作大匠。当时明帝开始大建宫室,征发民间美女充实后宫,多次出入射猎。杨阜上疏说:"陛下继承武皇帝开拓的伟业,文皇帝传下的帝位,实在应该考虑向古代圣贤君主的善治学习,以各个朝代末期放纵的恶政为鉴戒。所谓善治,就是致力于节俭,重视民力;所谓恶政,就是随心所欲,想做什么就做什么。希望陛下考察往事,思考古代王朝为什么一开始会清明昌盛,为什么到末期就会衰弱以至于灭亡,再看一看近世汉末的变化,就足以触动内心、产生戒惧了。假使从前汉桓帝、汉灵帝没有废除汉高祖创立的法令,不抛弃汉文帝、汉景帝恭敬简朴的美德,那么太祖尽管有英明非凡的才能,又能去什么地方施展呢?而陛下又怎么能处在这尊贵的地位呢?现今吴、蜀还没有平定,大军常年在外,希望陛下一举一动都要再三思考,考虑成熟后再行动,一出一入都要慎重,从历史中吸取经验教训,说出的话好像很轻松,对成败的影响却很重大。"明帝下诏回复说:"近来看到您的密封奏疏,先列举了古代的英明君主,以此来批评昏暗的政治,言辞贴切恰当,淳厚朴实。退下来考虑如何弥补过失,这方面的帮助和匡正,也说得很全面了。观览思考这些逆耳忠言,我非常赞赏。"后来杨阜迁任少府。

后诏大议政治之不便于民者[①],阜议以为:"致治在于任贤,兴国在于务农。若舍贤而任所私,此忘治之甚者也;广开宫馆,高为台榭,以妨民务,此害农之甚者也;百工不敦其器[②],而竞作奇巧,以合上欲,此伤本之甚者也。孔子曰:'苛政甚于猛虎[③]。'今守功文俗之吏[④],为政不通治体,苟好烦苛[⑤],此乱民之甚者也。当今之急,宜去四甚。"

【注释】

①后诏大议政治之不便于民者：本段节录自《辛毗杨阜高堂隆传·杨阜传》。

②敦：使朴实简单。

③苛政甚于猛虎：见《礼记·檀弓下》："夫子曰：'小子识之，苛政猛于虎也。'"

④守功：墨守成规。文俗：拘守礼法而安于习俗。

⑤苟好：无原则地喜好。

【译文】

后来明帝下诏，令大臣广泛议论政事中对民众不便的地方，杨阜议论认为："朝政得到治理的关键在于任用贤才，振兴国家的关键在于致力农业。倘若舍弃贤才而任用自己宠爱的人，这就是最严重的败坏政治；建立宏大的宫殿，修筑高大的楼台，从而妨碍了人民生产，这就是最严重的破坏农业；各种工匠不去制造朴实简单的器具，而争着去做新奇巧妙的玩赏品，来迎合皇上的欢心，这就是最严重的伤害根本；孔子说：'暴政比老虎还厉害。'如今墨守成规被习俗左右的官吏，办理政事而不懂得政治体制，无原则地喜好行繁琐苛刻之政，这就是最严重的扰乱民众。当务之急，就是应该去除这四条最严重的弊端。"

　　帝既新作许昌宫①，又营洛阳宫殿观阁②。阜上疏曰："古之圣帝明王，未有极宫室之高丽，以凋弊百姓之财力者也③。桀作璇室、象廊④，纣为倾宫、鹿台⑤，以丧其社稷；楚灵以筑章华而身受其祸⑥；秦始皇作阿房而殃及其子⑦，二世而灭。夫不度万人之力⑧，以从耳目之欲，未有不亡者也。陛下当以尧、舜、禹、汤、文、武为法则⑨，夏桀、殷纣、楚灵、秦皇为深诫。巍巍大业⑩，犹恐失之。不夙夜敬止、允恭恤民而自逸⑪，唯宫室是侈是饰，必有颠覆危亡之祸。方今二虏合从⑫，谋危宗庙，十万之军，东西奔赴，边境无一日之娱。农夫废业，民有饥色。陛下不是为忧，而营作宫室，无有已时。君作元首，臣为股肱，存亡一体，得失同之。臣虽驽怯⑬，敢忘争臣之义⑭？言不切至⑮，不足以感寤陛下。陛下不察臣言，恐皇祖烈考之祚将坠于地⑯。使臣身死有补万一⑰，则死之日犹生之年也。"奏御⑱，天子感其忠言，手笔诏答⑲。

【注释】

①帝既新作许昌宫：本段节录自《辛毗杨阜高堂隆传·杨阜传》。许昌宫，今本《三国志》作"许宫"。

②观阁：楼阁。

③凋弊：使凋敝。

④璇室、象廊：见《淮南子·本经训》："帝有桀纣，为璇室、瑶台、象廊、玉床。"璇室，玉饰的宫室，一说能旋转的宫室。象廊，用象牙装饰的廊殿。

⑤倾宫：华丽的宫室。鹿台：据说"其大三里，高千尺"。周武王伐纣，纣兵败，登台自焚而死。

⑥楚灵：楚灵王，春秋时代有名的昏君。章华：即章华台，楚离宫名。

⑦阿房：即阿房宫，秦宫殿名。始建于秦始皇三十五年（前212），遗址在今陕西西安。秦亡时尚未竣工，因作前殿阿房，时人称之为阿房宫。秦亡，为项羽焚毁。

⑧度（duó）：衡量，估计。

⑨法则：榜样，表率。

⑩巍巍：崇高伟大。

⑪夙夜敬止：见《诗经·周颂·闵予小子》。指日夜勤于理政。

⑫二虏：指吴国、蜀国。合从：联合。

⑬驽怯：低能而怯懦。

⑭争（zhèng）臣：能直言诤谏的大臣。争，通"诤"。

⑮切至：恳切直率。

⑯皇祖：君主的祖父或远祖。烈考：显赫的亡父。祚：君位。

⑰万一：万分之一，表示极少的一部分。

⑱奏御：上奏天子。

⑲手笔：亲自用笔书写。

【译文】

明帝在建造完许昌行宫后，又营建洛阳的宫殿楼阁台观。杨阜上疏说："古代圣明的帝王，没有通过耗尽百姓财力来让自己的宫殿高大宏丽的。夏桀造璇室、象廊，商纣建倾宫、鹿台，结果都丧失了天下；楚灵王因为修筑章华台，自身遭受灾祸；秦始皇兴建阿房宫，殃及他的儿子，使得秦传二世而亡。不衡量考虑民众财力，来满足自己耳目之欲，没有不灭亡的。陛下应当把唐尧、虞舜、夏禹、商汤、周文王、周武王作为榜样，把夏桀、殷纣、楚灵王、秦始皇作为深刻的鉴戒。谨守巍巍大业，尚且害怕失去。不日夜勤政、诚恳谦虚、体恤百姓，反而放纵享乐，只想把宫殿楼阁修建得奢侈华丽，一定会有颠覆灭亡的祸患。当今吴、蜀两个敌国联合起来，图谋危害大魏，十万大军，东奔西杀，边境没有一天安乐日子。农民废弃本业，百姓面有饥色。陛下不为此忧虑，而营建宫殿，没有停止的时候。国君作为元首，臣子作为四肢，存亡是一个整体，得失同担。臣虽然才能愚钝，性格怯懦，怎敢忘记直言诤谏是臣子的责任？话说得不够恳切直率，就不足以让陛下有所感悟。陛下不思考为臣之言，恐怕先祖、先父创下的基业将会垮塌在地。假如臣的死亡能够对事情有万分之一的补救，那么臣在被处死的那天，就像重生在人间一样。"上奏被明帝看到后，明帝感动于他的忠言，亲笔书写诏书答复。

高堂隆字升平①，泰山人也，为散骑常侍。青龙中，大治殿舍，西取长安大钟。隆上疏曰："昔周景王不仪刑文、武之明德②，忽公旦之圣制③，既铸大钱，又作大钟④，单穆公谏而不听⑤，泠州鸠对而不从⑥，遂迷不反，周德以衰，良史记焉⑦，以为永鉴。然今之小人，好说秦、汉之奢靡，以荡圣心，求取亡国不度之器，劳役费损，以伤德政，非所以兴礼乐之和，保神明之休也。"是日，帝幸上方⑧，隆与卞兰从⑨。帝以隆表授兰，使难隆曰："兴衰在政，乐何为也⑩？化之不明⑪，岂钟之罪？"隆对曰："夫礼乐者，为治之大本也。故《箫韶》九成，凤皇来仪⑫；雷鼓六变⑬，天神以降。政是以平，刑是以错⑭，和之至也。新声发响，商辛以殒⑮；大钟既铸，周景以弊。存亡之机，恒由此作，安在废兴之不阶也⑯？君举必书⑰，古之道也，作而不法⑱，何以示后？"帝称善。迁侍中，犹领太史令。

【注释】

①高堂隆字升平：本段节录自《辛毗杨阜高堂隆传·高堂隆传》。

②周景王：东周君主。姓姬，名贵，周灵王的儿子。仪刑：效法。文、武：周文王、周武王。

③公旦：周公姬旦。圣制：古代圣人的法制。

④既铸大钱，又作大钟：周景王二十一年（前524），铸造大钱；二十三年（前522），铸造大钟。事见《国语·周语下》。

⑤单穆公：春秋时期单国国君。

⑥泠（líng）州鸠：又称州鸠或伶州鸠，周景王时的乐官。

⑦良史：优秀的史官。

⑧上方：同尚方。官署名。掌管供应制造帝王所用器物。

⑨卞兰：曹操内侄，卞皇后弟卞秉之子，袭父爵为开阳侯。

⑩乐何为也：音乐起什么作用。

⑪化：教化。

⑫《箫韶》九成，凤皇来仪：见于《尚书·益稷》："《箫韶》九成，凤皇来仪。"《箫韶》的音乐演奏了九次，凤凰便成对地飞起来。《箫韶》，舜乐名。九成，每次乐曲完结后，再变更另奏，变更九次，奏乐才算最后结束。仪，成双成对。

⑬雷鼓：八面鼓，古代祭祀天神时所用。《周礼·地官·鼓人》："以雷鼓鼓神祀。"六变：指乐章改变六次。古代祭百神，乐章变六次祭典始成。

⑭错：放置不用。错，通"措"。

⑮新声发响，商辛以殒：据《史记·殷本纪》：商纣王"使师涓作新淫声，北里之舞，靡靡之乐"。商辛，即商纣王。

⑯不阶：此指不通过音乐起作用。

⑰书：书写在史册上。

⑱法：遵守。

【译文】

高堂隆，字升平，泰山人，担任散骑常侍。青龙年间，明帝大力修建宫殿馆舍，还派人西去长安把大钟运来。高堂隆上疏说："从前，周景王不效法周文王、周武王的盛德，忽视周公定下的神圣制度，既铸造了大钱，又要铸造大钟，单穆公劝谏他也不听，泠州鸠阻止他也不从，迷途而不知返，周朝的政治因而衰败，良史把这些记录下来，作为永久的鉴戒。但是今天的小人，喜好鼓吹秦汉的奢侈靡费，来打动皇上的心，还要取得大钟这种使国家灭亡而不合制度的器物，耗费劳役，败坏德政，这不是振兴和谐的礼乐、尊敬美好的神灵所应采取的做法。"这一天，明帝驾临上方署，高堂隆与卞兰随从。明帝把高堂隆的表章交给了卞兰，让他责问高堂隆说："国家兴盛衰亡在于政治，音乐能起什么作用？教化不昌明，难道是大钟的罪过吗？"高堂隆回答说："礼乐，是为政的根本。所以虞舜制定的《箫韶》加以变化演奏九遍，凤凰就成双成对地起舞；祭祀天神的雷鼓节奏改变六次，天神因而下降。国政因此平和，刑法因此弃置，达到最和谐的状态。新的靡靡之音响起，商纣王因此灭亡；大钟铸成之后，周景王的统治走向衰败。存亡的关键，全都由此发生，怎么能说兴盛衰败不通过音乐起作用呢？君王的一举一动都要被记载下来，这是古已有之的制度，定了规矩却不遵守，拿什么给后人效法？"明帝认为他说得好。高堂隆升任为侍中，兼任太史令。

崇华殿灾①，诏问隆："此何咎②？于礼宁有祈禳之义乎③？"对曰："夫灾变之发，皆所以明教戒也，惟率礼修德④，可以胜之。《易传》曰：'上不俭，下不节，孽火烧其室⑤。'又曰：'君高其台，天火为灾。'此人君苟饰宫室，不知百姓空竭，故天应之以旱，火从高殿起也。上天降鉴⑥，故谴告陛下⑦。陛下宜增崇人道⑧，以答天意。"陵霄阙始构⑨，有鹊巢其上，帝以问隆，对曰："《诗》云：'惟鹊有巢，惟鸠居之⑩。'今兴宫室，而鹊巢之，此宫室未成、身不得居之象也。夫天道无亲，唯与善人⑪，不可不深虑。夏、商之季，皆继体也⑫，不钦承上天之明命⑬，惟谗谄是从，废德适欲，故其亡也忽焉。臣备腹心⑭，苟可以繁祉圣躬⑮，安存社稷，虽灰身破族，犹生之年也，岂惮忤逆之灾，而令陛下不闻至言乎？"于是帝改容动色。

【注释】

①崇华殿灾:本段节录自《辛毗杨阜高堂隆传·高堂隆传》。崇华
殿,魏都洛阳宫城内北宫中殿名,在今河南洛阳东北汉魏洛阳故
城。灾,指火灾。

②咎:灾祸。

③宁有:岂有。祈禳:祈祷以求福除灾。义:适合的做法。

④率礼:遵循礼法。

⑤"上不俭"几句:据《后汉书·五行志》引京房《易传》曰:"上不
俭,下不节,盛火数起,燔宫室。"

⑥降鉴:俯察。

⑦谴告:谴责警告。

⑧人道:此指对百姓的爱护。

⑨陵霄阙:阙名。魏文帝筑陵云台,明帝继位后对其重新修饰,改名
陵霄阙。

⑩惟鹊有巢,惟鸠居之:见于《诗经·召南·鹊巢》。鸠,据说是鸤
鸠,自己不筑巢,住喜鹊的巢。

⑪天道无亲,唯与善人:见于《老子》第六十五章:"天道无亲,常与善
人。"

⑫继体:继承人。

⑬钦承:恭敬地继承或承受。

⑭备:充当。

⑮繁祉(zhǐ)圣躬:造福皇帝。

【译文】

崇华殿发生火灾,明帝下诏问高堂隆说:"这是什么灾祸? 从礼仪
上看,要不要祭祀祈祷消除灾祸?"高堂隆回答说:"灾变的发生,都是上
天用来表示教导和告诫的,只有遵循礼法,修养德行,才可以制止灾祸。
《易传》说:'君上不节俭,臣下不节制,灾祸之火焚烧宫室。'又说:'君王

高筑楼台，天火就会成灾。'这是说假如君王只知道修建宫殿，不了解百姓财力已经空虚竭尽，上天就会降下旱灾，高高的宫殿就会起火。上天向下观察，降下旱灾，用以谴责警告陛下。陛下应该加强对百姓的爱护关怀，来回复上天的旨意。"陵霄阙刚开始构建，有喜鹊在上面筑巢，明帝问高堂隆这件事，高堂隆回答说："《诗经》说：'喜鹊筑有鸟巢，鸤鸠却去居住。'现今兴建宫殿，而喜鹊在上面筑巢，这是宫殿没有修成而自身不能居住的征兆。上天帮助人不看他亲不亲，只看他是不是善良的人，陛下不能不深加考虑呀。夏朝、商朝的末代君主，都是此前圣明君主的继承人，他们不能恭敬地承受上天明确的旨意，只听从谄媚谗言，废弃道德，放纵私欲，所以他们灭亡得非常快。臣身为君王的心腹大臣，假如能够造福于皇上，让江山社稷安定，即使粉身碎骨、家族破灭，也会像获得新生一样，怎么能因为害怕受到忤逆的惩罚，而让陛下听不到劝谏的直言呢？"明帝听了，变了脸色，严肃起来。

　　帝愈增崇宫殿①，雕饰观阁②，凿太行之石英③，采谷城之文石④，起景阳山于芳林之园⑤，建昭阳殿于太极之北⑥，铸作黄龙凤鸟奇伟之兽⑦，饰陵云台、陵霄阙。百役繁兴，作者万数⑧，公卿以下至于学生，莫不展力⑨，帝乃躬自掘土以率之。而辽东不朝⑩，悼皇后崩⑪，天作淫雨，冀州水出，漂没民物。

【注释】

①帝愈增崇宫殿：本段节录自《辛毗杨阜高堂隆传·高堂隆传》。

②雕饰：雕琢文饰。观阁：楼阁。

③太行：即太行山，在山西高原与河北平原间。石英：矿物名，质地坚硬而脆，透明晶体称水晶。

④谷城：即谷城山，一名黄山。在今山东平阴西南。《水经·济水注》："《魏土地记》曰：县有谷城山，山出文石。"文石：有花纹的石头。

⑤芳林之园：即芳林园，也省称芳林。曹芳时改名华林园。

⑥太极：即太极殿，曹魏皇宫正殿。

⑦奇伟：奇特怪异。

⑧作者：劳作者。

⑨展力：效力，效劳。

⑩辽东不朝：指占据辽东的公孙渊举兵对抗曹魏。

⑪悼皇后：即明悼毛皇后，魏明帝曹叡第一任皇后。景初元年（237），被赐死。

【译文】

明帝更大规模地修建宫殿，装饰楼阁，从太行山开采上好的石料，在谷城开采有花纹的石材，在芳林园堆起景阳山，在太极殿北面兴建昭阳殿，铸造黄龙、凤凰等神奇雄伟的鸟兽，装饰陵云台、陵霄阙。各种徭役一时齐集，劳作的人用万来计算，从公卿以下直到太学学生，没有不出力的，明帝亲自挖土来作表率。而辽东公孙渊不臣服，悼皇后去世，天上不停地下大雨，冀州发大水，淹没了百姓和他们的财物。

隆上疏切谏曰①："昔在伊唐，洪水滔天，灾眚之甚②，莫过于彼；力役之兴，莫久于此。尧舜君臣，南面而已③。禹敷九州④，庶士庸勋⑤，各有等差；君子小人，物有服章⑥。今无若时之急，而使公卿大夫并与厮徒共供事役⑦，闻之四夷，非嘉声也；垂之竹帛⑧，非令名也⑨。是以古先哲王⑩，畏上天之明命，矜矜业业⑪，惟恐有违。灾异既发，惧而修政，未有不延期流祚者也⑫。爰及末叶，暗君荒主，不崇先王之令轨⑬，不纳正士之直言，以遂其情志，恬忽变戒⑭，未有不至于颠覆者也。秦始皇不筑道德之基，而筑阿房之宫；不忧萧墙之变⑮，而修长城之役。当其君臣为此计也，亦欲立万世之业，使子孙长有天下，岂意一朝匹夫大呼⑯，而天下倾覆哉？故臣以为，使先代之君，知其所行必将至于败，则弗为之矣。是以亡国之主自谓不亡，然后至于亡；贤圣之君自谓将亡，然后至于不亡。

【注释】

①隆上疏切谏曰：本段及以下几段均出自《辛毗杨阜高堂隆传·高堂隆传》。

②灾眚（shěng）：灾殃，祸患。

③尧舜君臣，南面而已：《论语·卫灵公》："子曰：'无为而治者其舜也与？夫何为哉？恭己正南面而已矣。'"南面，面南为尊。

④禹敷九州：见《左传·襄公四年》引《虞人之箴》："芒芒禹迹，划为九州，经启九道。"敷，分划。

⑤庶士：众多参与者。庸勋：有功受赏。

⑥君子小人，物有服章：见于《左传·宣公十二年》："君子小人，物有服章。"服章，古代表示官阶身份的服饰。

⑦厮徒：指干杂事劳役的奴隶。

⑧竹帛：竹简和白绢，供书写之用。用以指史册。

⑨令名：美好的声誉。

⑩哲王：贤明的君主。

⑪矜矜业业：同"兢兢业业"。指谨慎自持的样子。

⑫流祚：君位代代相传。

⑬令轨：良好的法度、制度。

⑭恬忽变戒：不在意上天用灾异发出的告诫。

⑮萧墙：古代宫室内作为屏障的矮墙，比喻朝廷内部。

⑯匹夫：此指发动起义的陈胜、吴广。

【译文】

高堂隆上疏直言劝谏说："从前在唐尧时，洪水滔天，灾害的严重程度，没有比那时候更厉害的了；劳役的兴起，没有比那时候更长久的了。而尧舜君臣，只不过安坐在君位上罢了。大禹把全国分为九州，众多参加劳作的人都得到酬报；官员和百姓，各自有表示身份的服饰。现今没有那时的急迫情况，却让公卿大夫这些官员跟那些奴隶仆役在一起劳作，让四方的夷人知道，不是好的名声；写在史书上流传下去，也不是好的名誉。因此古代先世贤明的君王，敬畏上天的明确命令，小心谨慎勤勤恳恳，唯恐有违背之处。当灾变反常事件已经发生，马上感到恐惧而修明政治，这样没有不使王朝寿命长久延续的。到了末代，昏暗荒唐的君主，不遵循先代君王定下的法令制度，不采纳正直大臣的劝谏，恣意妄为，来满足自己的情欲心志，忽视上天的灾变告诫，像这样，没有不走向灭亡的。秦始皇不建立道德基础，而修筑阿房宫；不担忧朝廷内部的变乱，却去修建长城。当他们君臣进行这番谋划的时候，也是想要建立万代的大业，使子孙长久地拥有天下，哪里想得到有一天，平民陈胜、吴广大呼一声，而天下就此倾覆了呢？所以臣认为，假使先代君王知道他的行为必将导致败亡，那么就不会去做了。因此亡国君主自以为不会灭亡，然后导致灭亡；贤明神圣的君主自以为将要灭亡，然后才不会导致灭亡。

"昔汉文帝称为贤主，躬行约俭，惠下养民，而贾谊方之①，以为天下倒县②，可为痛哭者一，可为流涕者二，可为长叹息者三。况今天下凋弊，民无儋石之储③，国无终年之畜，外有强敌，六军暴边④，内兴土功⑤，州郡骚动⑥，若有寇警,则臣惧板筑之士⑦,不能投命虏庭矣⑧。又,将吏奉禄,稍见折减⑨,方之于昔,五分居一。夫禄赐谷帛,人主之所以惠养吏民⑩,而为之司命者也。若今有废,是夺其命。既得之,而又失之,此生怨之府也⑪。今陛下所与共坐廊庙治天下者⑫,非三司九列⑬,则台阁近臣⑭,皆腹心造膝⑮,宜在无讳⑯。若见丰省而不敢以告,从命奔走,唯恐不胜,是则具臣⑰,非鲠辅也⑱。昔李斯教秦二世曰:'为人主而不恣睢,命之曰天下桎梏⑲。'二世用之,秦国以覆,斯亦灭族⑳。是以史迁议其不正谏㉑,而为世诫。"书奏,帝览焉,谓中书监、令曰:"观隆此奏,使朕惧哉!"

【注释】

①贾谊方之:贾谊《陈政事疏》:"臣窃惟事势,可为痛哭者一,可为流涕者二,可为长太息者六。"方,比拟,比喻。

②倒县:指人头脚倒置地或物上下倒置地悬挂着,比喻处境极其困苦或危急。县,今作悬。

③儋(dàn)石之储:少量的粮食。儋,一种陶器,可储存粮食,盛一石,故称儋石。

④暴(pù)边:露宿边境。

⑤土功:指治水、筑城、建造宫殿等工程。

⑥骚动:动荡,不安宁。

⑦板筑:同版筑。用夹版筑墙,形容地位卑微。

⑧投命:舍命。虏庭:古时对少数民族所建政权的贬称。

⑨稍:渐,逐渐。折减:减损,减少。

⑩惠养:加恩抚养。

⑪生怨之府:发生怨恨的根源。

⑫廊庙：朝廷。

⑬三司九列：三公九卿。

⑭台阁：尚书台。

⑮造膝：促膝谈话，比喻关系亲密。

⑯无讳：不隐瞒想法。

⑰具臣：备位充数之臣。

⑱鲠（gěng）辅：指刚直有力的辅佐者。

⑲为人主而不恣睢，命之曰天下桎梏：语本《史记·李斯列传》李斯与秦二世书："故申子曰'有天下而不恣睢，命之曰以天下为桎梏'者，无他焉，不能督责，而顾以其身劳于天下之民，若尧、禹然，故谓之'桎梏'也。"李斯与秦二世论督责，引用申不害"占有天下却不懂得纵情恣欲，那就叫把天下变成了镣铐"之言，意思是说不督责臣下，而自己辛苦为天下百姓操劳，像尧和禹那样，所以称之为"镣铐"。恣睢，放任自得的样子，这里指放纵。桎梏，本指刑具脚镣手铐，这里指束缚。

⑳斯亦灭族：李斯被赵高诬陷谋反，最后被腰斩，灭三族。事见《史记·李斯列传》。

㉑史迁议其不正谏：《史记·李斯列传》："太史公曰：'李斯不务明政以补主上之缺，持爵禄之重，阿顺苟合，严威酷刑，听高邪说，废嫡立庶。诸侯已畔，斯乃欲谏争，不亦末乎？'"意思是李斯不致力于修明政治来弥补君主的过失，反而为了保住高官厚禄，阿谀奉承，迎合皇帝。施行严刑酷法，又听信赵高的邪说，废嫡立庶。等到各地都已发动叛乱，李斯才想要直言劝谏，不也太晚了吗？

【译文】

"从前汉文帝被称为贤明君主，亲自实行节俭，用恩惠养育下面的民众，而贾谊还将当时的形势比喻为一个倒吊着的人，认为天下极其危急，可以为之痛哭的有一件事，可以为之流泪的有两件事，可以为之长叹息的有三件事。何况而今天下破败，民众没有多少粮食储备，国家粮食存储不够支持一年，国外有强大的敌人，军队露宿在边境，国内兴建土木工程，州郡动荡不安，倘若边境有敌寇入侵的警讯，那么臣恐怕这些从事建筑的人们，是不会从军效命对抗外敌的。另外，将领官吏的俸禄，逐渐被减少了，和以前比较，只领到了五分之一。俸禄发给的谷物布帛，是君主用来养活官员、维持他们生命的，如果像这样扣除或断绝，是夺取他们的性命啊。他们曾经获得，现在又失去了，这就是产生怨恨的根源。现今与陛下一起坐在朝廷治理天下的，不是三公九卿，就是尚书台官员和侍从臣子，都是关系密切的心腹，应该直言不讳。如果见到陛下的过失而不敢说，只知听命奔走，唯恐不合陛下心意，那么这是占着官位而不起作用的臣子，而不是耿直忠诚的辅佐。从前李斯教育秦二世说：'当君主而不能无拘无束，等于是把天下变成自己的镣铐。'二世听了他的话，导致秦朝覆亡，李斯也被灭族。因此太史公司马迁评论说，李斯不能直言劝谏，把这件事作为对世人的告诫。"奏章呈上去后，明帝看了，对中书监、中书令说："看到高堂隆这一奏章，真让我惧怕呀！"

　　隆疾笃^①，口占上疏曰^②："臣常疾世主，莫不思绍尧、舜、汤、武之治，而蹈踬桀、纣、幽、厉之迹；莫不蚩笑季世惑乱亡国之主^③，而不登践虞、夏、殷、周之轨^④。悲夫！寻观三代之有天下^⑤，圣贤相承，历载数百，尺土莫非其有，一民莫非其臣。癸、辛之徒^⑥，恃其旅力^⑦，知足以拒谏，才足以饰非，谄谀是尚，台观是崇^⑧，淫乐是好^⑨，倡优是悦^⑩，上天不蠲^⑪，眷然回顾^⑫，宗国为墟^⑬，天子之尊，汤、武有之，岂伊异人，皆明王之胄也^⑭。且当六国之时^⑮，天下殷炽^⑯，秦既兼之，不修圣道^⑰，乃构阿房之宫，筑长城之守，矜夸中国^⑱，威服百蛮^⑲，天下震竦^⑳，道路以目，自谓本枝百世^㉑，永垂洪晖，岂悟二世而灭，社稷崩圮哉^㉒？

【注释】

①隆疾笃：本段及以下几段均出自《辛毗杨阜高堂隆传·高堂隆传》。疾笃，病重。

②口占：口授其辞，他人记录。

③蚩笑：讥笑。蚩，通"嗤"。

④登践：实践。

⑤三代：指夏、商、周三代。

⑥癸：即夏桀。辛：即商纣。

⑦旅力：体力。旅，通"膂"。

⑧台观：泛指楼台馆阁等高大建筑物。

⑨淫乐：荒淫嬉乐。

⑩倡优：古代称以音乐歌舞或杂技戏谑娱人的艺人。

⑪蠲（juān）：宽恕。

⑫眷然：回视的样子。

⑬宗国：国家。

⑭胄：古代帝王或贵族的后嗣。

⑮六国：指战国时秦之外的齐、楚、燕、韩、赵、魏六国。

⑯殷炽：时局动荡。

⑰圣道：圣人之道。

⑱矜夸：夸耀，夸大。

⑲威服：以威力慑服。百蛮：泛指多种少数民族。

⑳震竦（sǒng）：震惊惶恐。

㉑本枝百世：见于《诗经·大雅·文王》："文王孙子，本支百世。"是指子孙昌盛，百代不衰。

㉒崩圮（pǐ）：塌毁。

【译文】

高堂隆病重，在病床上口述上疏说："臣经常痛恨一些君主，没有谁不是想继承唐尧、虞舜、商汤、周武王的治道，但却重蹈夏桀、殷纣、周幽王、周厉王的覆辙；没有谁不嘲笑末代迷乱亡国的君主，但就是不实践虞、夏、商、周的道路。悲哀呀！历观夏商周三代拥有天下的时候，圣贤君主依次继承，经历几百年，没有一尺土地不归他们所有，没有一个人不臣服于他们。而夏桀、商纣之流，倚仗自己的力量，其智慧足够用来拒绝劝谏，其才干足够用来掩饰过错，喜好阿谀谄媚，喜欢修建高大的楼台馆阁，沉溺荒淫嬉乐，宠爱奏乐跳舞的艺人，上天终于没有放过他们，猛然回头一看，他们的宗庙国家就已变为废墟，天子的尊贵位置，为商汤、周武王所有，难道说夏桀、殷纣就是他们本族的外人吗？他们都是圣明君主的后代啊。再说六国时期，天下富足，秦国兼并六国后，却不修养圣人之道，而是构筑阿房宫，修筑用于防守的长城，以中原王朝自居，用威力慑服众多外族，让天下人内心恐惧，人们在路上只能以目光示意，不敢说话。秦始皇自以为会百代相传，光辉永远流传，哪里能想到二世就被灭亡，江山社稷分崩离析呢？

"臣观黄初之际，异类之鸟①，育长燕巢，口爪胸赤，此魏室之大异也。宜防鹰扬之臣于萧墙之内②，可选诸王，使君国典兵③，往往棋跱④，镇抚皇畿⑤，翼亮帝室⑥。昔周之东迁，晋、郑是依⑦；汉吕之乱⑧，实赖朱虚⑨，盖前代之明鉴也。夫皇天无亲，唯德是辅⑩。民咏德政，则延期过历⑪；下有怨叹，则掇录授能⑫。由此观之，则天下之天下也⑬，非独陛下之天下也。臣百疾所锺⑭，气力稍微⑮，辄自舆出还舍，若遂沉沦⑯，魂而有知，结草以报⑰。"

【注释】

①异类：不同种类。

②鹰扬之臣：位高权重难以驾驭的臣子。此处暗指司马懿。

③君国：指居君位而御其国。

④往往：处处。棋峙：同棋峙，指处相持之势，如弈棋相互对峙。

⑤镇抚：安抚。皇畿：京城管辖的地区。

⑥翼亮：辅佐。

⑦周之东迁，晋、郑是依：见于《国语·周语中》："襄王十三年……我周之东迁，晋、郑是依。"周之东迁，指东周初期周王室把都城由镐京迁到洛邑的历史事件。晋、郑是依，依赖晋国、郑国。

⑧汉吕之乱：西汉初期，吕后扶植亲信吕产、吕禄等，破除刘邦立下的白马之盟，大封诸吕为王。吕后死，功臣集团联合刘氏诸侯王铲除诸吕。

⑨朱虚：即朱虚侯刘章，刘邦之孙，吕后称制期间被封为朱虚侯。后参与消灭吕氏势力有功而被加封为城阳王。

⑩皇天无亲，唯德是辅：见于《尚书·蔡仲之命》："皇天无亲，惟德是辅。"指上天公正没有私亲，总是辅佐品德高尚的人。

⑪过历：超过预计的统治年限。

⑫掇录授能：中止王朝的历史记录，将天下另外授予贤能之人。掇，同"辍"。

⑬天下之天下：天下人的天下。

⑭锺：聚。

⑮稍微：逐渐衰微。

⑯沉沦：指死亡。

⑰结草：魏武子有个爱妾，没有生儿子。魏武子病了，命令儿子魏颗说："我死了，一定要把她嫁出去。"到了病重时，却说："一定要让她殉葬！"魏武子死后，魏颗把她嫁出去了，说："人病重时神志不

清，我依照他神志清楚时的话做。"到了辅氏之役，魏颗与杜回交战。一个老人用草绳拦住杜回，杜回被绊倒在地，所以魏颗抓住了杜回。夜里魏颗梦见老人对他说："我就是你所嫁出去的女子的父亲。你依照你先父神志清楚时的命令行事，我以此来报答你。"事见《左传·宣公十五年》。后世用结草表示受厚恩而虽死犹报之典。

【译文】

"臣在黄初年间看到，一只与燕子不同类的鸟，在燕子的巢中长大，鸟嘴、爪子、胸口都是赤红色，这是魏朝的大灾异啊。应该防备难以驾驭的权臣在朝廷之内出现，可以选拔一些宗室亲王，让他们掌管封国，率领军队，像棋子一样分布各处，形成相持之势，镇守京城地区，辅佐皇室。从前周王朝东迁，依靠的是晋国、郑国；汉朝平定吕氏之乱，依赖的是朱虚侯刘章，这都是前朝明白的鉴戒。上天公正没有私亲，总是辅佐品德高尚的君主。民众歌咏仁德的国政，那么上天就会让国祚绵延长久超过预期；民众怨恨叹息，那么上天就会中止这个王朝，另选贤能之人来治理。由此看来，天下是天下人的天下，不单单是陛下一个人的天下。臣百病缠身，气力渐衰，就擅自让人抬着离开府署，回到家中。倘若就此死亡，灵魂有知，也一定会报答陛下的恩泽。"

田豫字国让①，渔阳人也，为护乌丸校尉②。《魏略》曰：鲜卑素利等数来客见③，多以牛马遗豫④，豫转送官⑤。胡乃密怀金三十斤，谓豫曰："我见公贫，故前后遗公牛马⑥，公辄送官，今密以此上公，可以为家资⑦。"豫张袖受之，答其厚意。胡去之后，皆悉付外。于是诏褒之曰："昔魏绛开怀以纳戎⑧，今卿举袖以受狄金，朕甚嘉焉。"乃赐青缣五百匹也⑨。

【注释】

①田豫字国让：本段节录自《满田牵郭传·田豫传》。田豫，字国让，渔阳雍奴（今河北安次）人。初从公孙瓒，后从曹操，任丞相军谋掾，为颍阴、朗陵令，弋阳太守，有治绩。又任鄢陵侯曹彰相，从征代郡乌丸，有功迁南阳太守。文帝即位，使其持节护乌丸校尉，斩乌丸王骨进，封长乐亭侯。在边九年，边境稍宁。

②护乌丸校尉：又名护乌桓校尉，官名。汉武帝时始置此官，持节监视和管辖乌丸各部。东汉、魏晋沿置。

③鲜卑：古代少数民族名。曾是东胡族的一支，东汉势力渐盛，三世纪中叶，附属汉魏。素利：三国时东部鲜卑首领之一，中原封素利为王。曾与步度根、轲比能部混战，被田豫劝和。文帝时封素利为归义王。

④遗（wèi）：馈赠，送给。

⑤送官：送交官府。

⑥前后：表示时间的先后。

⑦家资：家中的财产。

⑧魏绛开怀以纳戎：今本《三国志》作"魏绛开怀以纳戎赂"，译文从之。据《左传·襄公四年》："无终子嘉父使孟乐如晋，因魏庄子纳虎豹之皮，以请和诸戎。"无终国君派使者孟乐前往晋国，通过魏庄子向晋君献上虎豹皮，魏庄子以和戎之利说服晋悼公，晋悼公派他与各部戎人媾和。魏庄子即魏绛。无终，春秋时期戎狄部落之一。

⑨青缣（jiān）：青色的细绢。

【译文】

田豫，字国让，渔阳人，担任护乌丸校尉。《魏略》说：鲜卑素利等人数次派人来拜见田豫，送给田豫很多牛马，田豫都转送给官府。胡人于是秘密携带三十斤金子，对田豫说："我看见您贫穷，所以先后多次送给您牛马，您就送给官府。现今秘密地送您这些金子，可以作为家资。"田豫张开袍袖接受了，答谢来客深厚的情意。胡人走后，田豫把金子全都交给朝廷。于是皇帝下诏嘉奖他说："从前魏绛敞开怀抱接纳戎人的好处，现今您张开袖子接受戎狄送的金子。朕特别赞赏你。"于是赏赐青色细绢五百匹。

　　徐邈字景山^①，燕国人也，为凉州刺史。西域流通^②，荒戎入贡^③，皆邈勋也。赏赐皆散与将士，无入家者，妻子衣食不充^④。天子闻而嘉之，随时供给其家。弹邪绳枉^⑤，州界肃清^⑥。嘉平六年^⑦，朝廷追思清节之士^⑧，诏曰："夫显贤表德，圣王所重；举善而教^⑨，仲尼所美。故司空徐邈、征东将军胡质、卫尉田豫皆服职前朝^⑩，历事四世，出统戎马，入赞庶政^⑪，忠清在公^⑫，忧国忘私，不营产业，身没之后，家无余财，朕甚嘉之。其赐邈等家谷二千斛^⑬，钱三十万，布告天下。"

【注释】

①徐邈字景山：本段节录自《徐胡二王传·徐邈传》。徐邈，字景山，燕国蓟县（今北京附近）人。为凉州刺史时，持节领护羌校尉。在西北时兴修水利、广开水田，募贫民租之，致使仓库盈溢。同时移风易俗，整顿吏治，州界肃靖。正始元年（240）还朝任大司农，迁司隶校尉、光禄大夫，拜司空，百僚敬畏。

②流通：畅通。

③荒戎：荒远地区的少数部族。

④妻子：妻子儿女。

⑤弹邪：惩治邪恶。绳枉：纠正冤枉。

⑥肃清：清平。多指社会安定太平，法纪严明。

⑦嘉平六年：254年。嘉平，齐王曹芳的年号（249—254）。

⑧清节：高洁的节操。

⑨举善而教：见《论语·为政》："举善而教不能，则劝。"意思是举用
　善人，并教导能力弱的人，他们就会勤奋努力。

⑩征东将军：四征将军之一，曹魏时，统青、兖、徐、扬四州刺史。

⑪赞：辅佐，帮助。

⑫忠清：忠诚廉正。

⑬斛：十斗为一斛。

【译文】

　　徐邈，字景山，燕国人，担任凉州刺史。与西域交往畅通，远方部族
前来进贡，都是徐邈的功劳。他把赏赐的东西都分给将士，没有收为己
有，妻子儿女常常衣食不充足。皇帝知道后很是嘉许，下令随时供给他
家衣食物资。他惩治邪恶，纠正冤枉，州内法纪严明，社会安定。嘉平六
年，朝廷追念节操高洁的士人，下诏说："尊显贤明，表彰美德，是圣明君
王所注重的；推举善人实施教化，是孔子所赞美的。已故司空徐邈、征东
将军胡质、卫尉田豫，都曾在前朝任职，历事四世君王，出外统领兵马，入
朝辅佐政事，忠诚廉洁，一心为公，忧国忘私，不置产业，身死之后，家中
没有多余的钱财，朕非常赞赏他们。现赏赐给徐邈等人的家属每家谷物
二千斛、钱三十万，特此公告天下。"

　　王昶字文舒①，太原人也，迁兖州刺史②。为兄子及子
作名字③，皆依谦实，以见其意。故兄子默字处静，沈字处
道；其子浑字玄冲，深字道冲④。遂书戒之曰："夫人为子之
道⑤，莫大于宝身全行⑥，以显父母⑦。此三者，人知其善，
而或危身破家⑧，陷于灭亡之祸者，何也？由所祖习非其道
也⑨。夫孝敬仁义，百行之首，而立身之本也。孝敬则宗族
安之，仁义则乡党重之，此行成于内，名著于外者矣。若不

笃于至行⑩，而背本逐末，以陷浮华焉⑪，以成朋党焉。浮华则有虚伪之累，朋党则有彼此之患。此二者之戒，照然著明⑫，而循覆车滋众，逐末弥甚，皆由惑当时之誉，昧目前之利故也。

【注释】

①王昶（chǎng）字文舒：本段及以下几段均出自《徐胡二王传·王昶传》。王昶，字文舒，太原郡晋阳县（今山西太原）人。入曹丕幕府，授太子文学，拜散骑侍郎，迁兖州刺史。曹叡时升任扬烈将军，封关内侯。曹芳时迁徐州刺史，拜征南将军。司马懿掌权后伐吴，升任征南大将军、开府仪同三司，后官至司空。

②兖（yǎn）州：古九州之一，故治廪丘（今山东郓城西北）。

③名字：人的名与字。《礼记·檀弓上》："幼名，冠字。"幼年时称呼名，二十岁行冠礼后就称字。

④"故兄子默字处静"几句：古人名和字意义相关，有相同、辅助、相反等关系。王昶所起名字是相辅相成。

⑤为子之道：作为儿子的道理。

⑥宝身：珍惜身躯。全行：养成品行。

⑦显：使荣显。

⑧危身：危及于身。破家：毁灭家庭。

⑨祖习：宗奉学习。

⑩至行：卓绝的品行。

⑪浮华：拉帮结派互相吹捧。

⑫照：今本《三国志》作"昭"。

【译文】

王昶，字文舒，太原人，升迁为兖州刺史。他给哥哥的儿子和自己的儿子起名字时，都依照谦虚和诚实的内涵，来表现他的志趣。所以哥哥的儿子取名王默，字处静；王沈，字处道。他自己的儿子取名王浑，字玄冲；王深，字道冲。他又写信告诫他们说："人作为儿子的方式，没有比珍惜身体、养成美好品行、使父母荣耀更重要的了。这三件事，人们都知道好，但还是有人身死家破，陷入灭亡的灾祸之中，这是为什么呢？是由于他们宗奉学习的不是正道。孝敬仁义，是所有品行之首，是立身处世的根本。孝顺，那么家族就平安；仁义，那么乡亲就看重，这就是品德修成于内，好的名声就会传播于外。倘若人不能切实培养品行，却舍本逐末，就会陷入互相吹捧、拉帮结派中去，形成朋党。互相吹捧，就会有虚伪之累；拉帮结派，就可能形成矛盾。这两方面的教训，非常明显，但是仍有很多人蹈袭覆辙，更加厉害地追逐末节，这都是受到当时虚名的引诱，被眼前的利益蒙蔽的缘故啊。

"夫富贵声名，人情所乐，而君子或得而不处①，何也？恶不由其道耳②。患人知进而不知退，知欲而不知足，故有困辱之累③，悔吝之咎④。语曰⑤：'不知足则失所欲。'故知足之足，常足矣⑥。览往事之成败，察将来之吉凶，未有干名要利⑦，欲而不厌⑧，而能保世持家、永全福禄者也。欲使汝曹立身行己⑨，遵儒者之教，履道家之言⑩，故以玄默冲虚为名，欲使汝曹顾名思义⑪，不敢违越也。古者盘杆有铭⑫，几杖有诫⑬，俯仰察焉⑭，用无过行，况在己名，可不戒之哉！夫物速成则疾亡⑮，晚就则善终。朝华之草，夕而零落；松柏之茂，隆寒不衰。是以大雅君子⑯，恶速成，戒阙党也⑰。

【注释】

①处：据有。

②恶（wù）：厌恶。

③困辱：困窘和侮辱。

④悔吝：悔恨。

⑤语：谚语。

⑥常：恒常，长久。

⑦干名：求取名位。要利：以不正当手段逐取利益。

⑧厌：满足。

⑨行己：指立身行事。

⑩言：学说。

⑪顾名思义：看到名字，就想到它的含义。

⑫盘杅（yú）有铭：《战国策·赵策一》：“昔者，五国之王，尝合横而谋伐赵，参分赵国壤地，著之盘盂，属之雠柞。”盘杅，盛汤或食物的器皿。古代亦于其上刻文纪功或自励。杅，通“盂”。

⑬几杖有诫：《礼记·曲礼上》：“谋于长者，必操几杖以从之。”几杖，凭几和手杖，皆老者所用，古常用为敬老者之物。

⑭俯仰：低头抬头。

⑮速成：指在短期内很快完成事功。

⑯大雅：称德高而有大才的人。

⑰阙党：即孔子故里阙里（今山东曲阜城内阙里街），这里指阙党童子。《论语·宪问》：“阙党童子将命。或问之曰：‘益者与？’子曰：‘吾其居于位也，见其与先生并行也。非求益者也，欲速成者也。’”阙党的一个少年来向孔子传话。有人问孔子：“这是一个求长进的孩子吗？”孔子说：“我看他坐在成人的席位上，又看他与长辈并排行走。这不是个求长进的人，而是个急于求成的人。”

【译文】

“富贵和名声，是人情所乐意得到的，但是君子有时得到了却又舍弃不要，为什么呢？厌恶它们不是正道来的罢了。人生的忧患是只知道前进而不知道后退，只知道欲望而不知道满足，所以才会遇到困辱的拖累和悔恨的自责。谚语说:‘不知道满足,得到了也会失去。’所以知足的人,总是富足。观览以往事情的成败,考察将来的吉凶祸福,那些追名逐利、欲望永远得不到满足的人,没有一个能让家族持久不败、福禄永远保全的呀。我想让你们立身处世,遵循儒家的教诲,信奉道家的观点,所以用‘玄默冲虚’给你们起名,想要让你们顾名思义,不要违背它。古代盘盂上面铸有铭文,凭几和手杖上都刻有告诫,抬头低头都能看到,因此不会有越轨的行为,更何况在自己的名字里面,能够不时时警惕吗!事物成长得快,那么衰亡也快;成就晚些,那么会有好的结果。早晨开花的草木,晚上就凋零;松柏茂盛,严冬也不衰谢。因此,那些德高才广的君子,才厌恶速成,以阙党童子为戒。

“若范匄对秦客①,至武子击之,折其委笄②,恶其掩人也③。夫人有善鲜不自伐④,有能者寡不自矜⑤。伐则掩人,矜则陵人⑥。掩人者人亦掩之,陵人者人亦陵之。故三郤为戮于晋⑦,王叔负罪于周⑧,不唯矜善自伐好争之咎乎?故君子不自称⑨,非以让人,恶其盖人也。夫能屈以为伸,让以为得,弱以为强,鲜不遂矣⑩。夫毁誉,爱恶之原⑪,而祸福之机也⑫,是以圣人慎之。孔子曰:‘吾之于人,谁毁谁誉,如有所誉,必有所试⑬。’以圣人之德,犹尚如此,况庸庸之徒而轻毁誉哉⑭?昔伏波将军马援戒其兄子,言:‘闻人之恶,当如闻父母之名;耳可得闻,口不可得道也⑮。’斯戒至矣⑯。人或毁己,当退而求之于身。若己有可毁之行,则彼言当矣⑰;若己无可毁之行,则彼言妄矣⑱。当则无怨于彼,妄则无害于身,又何反报焉⑲?且闻人毁己而忿者,恶丑声之加人也⑳,人报者滋甚,不如默而自修也。谚曰:‘救寒莫如重裘㉑,止谤莫如自修。'斯言信矣。

【注释】

①范匄(gài):应为范燮,范武子之子,译文从之。裴注云:"《国语》
曰:范文子暮退于朝,武子曰:'何暮也?'对曰:'有秦客廋辞于朝,
大夫莫之能对也,吾知三焉。'武子怒曰:'大夫非不能也,让父兄
也。尔童子而三掩人于朝,吾不在,晋国亡无日也。'击之以杖,折
其委笄。臣松之案:对秦客者,范燮也。此云范匄,盖误也。"据
《国语•晋语五》记载,范燮上朝迟归,其父范武子问什么原因,
范燮回答是猜出秦国来客三条谜语,其他人都不能回答。范武子
怒,认为他过分显露才能,用杖打他,把他帽子上的发簪折断了。

②委笄(jī):委貌冠上的簪子。

③掩人:遮蔽别人的才能。

④自伐:自夸,自夸其功。

⑤自矜:自负。

⑥陵:侵犯,凌驾。

⑦三郤(xì):晋大夫郤锜、郤犨、郤至的合称。事见《左传•成公十
七年》:"晋杀其大夫郤锜、郤犨、郤至。"晋厉公以郤氏势力强大,
将三人杀死。

⑧王叔:即王叔陈生,见于《左传•襄公十年》:"王叔陈生与伯舆争
政。王右伯舆,王叔陈生怒而出奔。及河,王复之……范宣子曰:
'天子所右,寡君亦右之。所左,亦左之。'使王叔氏与伯舆合要,
王叔氏不能举其契。王叔奔晋。"王叔陈生和伯舆争夺执政权,
周王不能调解,晋悼公派范宣子去主持评理。范宣子令双方对
质,王叔拿不出令人信服的理由来,只得奔晋。

⑨自称:自我称扬。

⑩遂:完成,成功。

⑪原：根本，根源。

⑫机：枢机，关键。

⑬"吾之于人"几句：见于《论语·卫灵公》："子曰：'吾之于人也，谁毁谁誉？如有所誉者，其有所试矣。'"孔子说："我对于别人，诋毁了谁？赞誉了谁？如果有我赞誉的人，必定是有根据的。"

⑭庸庸：昏庸，平庸。

⑮"闻人之恶"几句：见《后汉书·马援传》："兄子严、敦并喜讥议，……援还书诫之曰：'吾欲汝曹闻人过失，如闻父母之名；耳可得闻，口不可得言也。'"

⑯至：完善，完美。

⑰当：适合，恰当。

⑱妄：荒诞，不合事实。

⑲反报：反转去报复。

⑳丑声：坏名声。

㉑重裘：厚毛皮衣。

【译文】

"就像范燮在秦国客人面前显示才能，到父亲范武子这儿就挨打，打断了他冠上的簪子，是因为范武子厌恶范燮掩盖了别人的才能。人有优点很少不自夸的，有能力很少不自负的。自夸那就会掩盖别人的优点，自傲那就会凌驾于别人之上。掩盖别人的人，别人也掩盖他；凌驾于别人之上的人，别人也凌驾于他之上。所以晋大夫郤锜、郤犨、郤至被杀，王叔成为周王朝的罪人，不就是他们自夸自傲、喜好争名夺利的结果吗？所以君子不称赞自己，不是谦让别人，而是厌恶赞扬会掩盖别人。要是能够以屈为伸，以让为得，以弱为强，很少有不成功的。诋毁和赞誉，是产生爱恨的根源，又是决定祸福的关键，因此圣人对此特别慎重。孔子说：'我对于别人，诋毁了谁？赞誉了谁？如果有所赞誉，必须是有根据。'像圣人那样具有美德，尚且还要这样做，何况平庸之辈又怎能轻易地诋毁或赞誉别人呢？从前伏波将军马援告诫他哥哥的儿子说：'你们听说了别人的过失，就像听见了父母的名字；耳朵可以听见，但口中不能议论。'这一告诫对极了。有人诋毁自己，应当退下来反思自己。倘若自己有可被诋毁的行为，那么他的话是恰当的；如果自己没有可诋毁的行为，那么他的话是就是荒诞虚妄的。言论恰当，那就不要怨恨对方；言辞虚妄，那就对自身没有害处，又何必去报复呢？再说听见别人诋毁自己就感到愤怒，是厌恶得到坏名声，与其让别人更起劲地诋毁你，不如沉默不语，修养自身。谚语说：'御寒没有比穿上厚毛皮衣更有用的，阻止诽谤的最好办法是自我修养。'这话说得真对。

"若与是非之士①，凶险之人，近犹不可，况与对校乎②？其害深矣，可不慎与！吾与时人从事③，虽出处不同④，然各有所取。颍川郭伯益⑤，好尚通达⑥，敏而有知；其为人弘旷不足⑦，轻贵有余⑧。得其人⑨，重之如山；不得其人，忽之如草。吾以所知，亲之昵之⑩，不愿儿子为之⑪。北海徐伟长⑫，不治名高⑬，不求苟得⑭，澹然自守⑮，唯道是务。其有所是非⑯，则托古人以见其意，当时无所褒贬。吾敬之重之，愿儿子师之⑰。乐安任昭先⑱，淳粹履道⑲，内敏外恕，处不避洿⑳，怯而义勇㉑。吾友之善之，愿儿子遵之㉒。若引而申之，触类而长之㉓，汝其庶几举一隅耳㉔。及其用财先九族㉕，其施舍务周急㉖，其出入存故老㉗，其议论贵无贬，其进仕尚忠节，其取人务道实，其处世戒骄淫，其贫贱慎无戚，其进退念合宜，其行事加九思㉘，如此而已。吾复何忧哉？"

【注释】

①是非：搬弄是非。

②对校：面对面争论。

③时人：同时代的人。

④出处：指出仕和隐退。

⑤郭伯益：即郭奕，字伯益，颍川阳翟（今河南禹州）人。郭嘉之子，官至太子文学。

⑥通达：通情达理。

⑦弘旷：气度宽广。

⑧轻贵：轻率高贵。

⑨得其人：指得到喜欢的人。

⑩昵：亲近。

⑪为之：成为他。

⑫徐伟长：即徐幹。

⑬名高：崇高的声誉。

⑭苟得：不当得而得。

⑮澹然：恬淡的样子。

⑯是非：褒贬，评论。

⑰师之：学习他，效法他。

⑱任昭先：即任嘏，字昭先，乐安博昌（今山东博兴东南）人。早慧，人称神童。后应召为曹操官属，历尚书郎。文帝时为黄门侍郎，累迁河东太守。

⑲淳粹：淳厚精粹。履道：躬行正道。

⑳涴（wū）：污秽。此指艰苦的环境。

㉑义勇：见义勇为的精神。

㉒遵：遵照，遵循。

㉓触类：接触相类事物。

㉔举一隅:《论语·述而》:"举一隅,不以三隅反,则不复也。"举一端为例,意在使人由此一端而推知其他。

㉕九族:这里指同族亲属。

㉖周急:周济困急。《论语·雍也》:"吾闻之也,君子周急不继富。"

㉗存:省视,问候。故老:指年高德尊的人。

㉘九思:《论语·季氏》:"君子有九思:视思明,听思聪,色思温,貌思恭,言思忠,事思敬,疑思问,忿思难,见得思义。"后泛指反复思考。

【译文】

　　"对于那些搬弄是非的人,尤其是凶恶奸险的人,离得近尚且不行,何况跟他面对面争论是非曲直呢?这样做的危害太深了,能够不谨慎吗?我跟当今的人相处,虽然有的出仕有的退隐各自不同,但是各有可学习效法之处。颍川郭伯益,为人通达,聪敏而有智慧;但他为人心胸不够宽广,过于轻率傲慢。对他喜欢的人敬重如山,对不喜欢的人轻视如草。我因为和他投合,所以和他亲近,但不希望你们效法他。北海徐伟长,不追逐名声显赫,不求取不当所得,淡泊自守,一心追求大道。即使发表对是非的看法,也会假托古人来表明自己的观点,对人却没有直接的褒贬。我尊敬他,看重他,也希望你们效法他。乐安任昭先,淳朴而遵行道义,内心聪敏,对人宽恕,为人处世不逃避困难,看似怯弱却又见义勇为。我与他友善,希望你们以他为榜样。如果你们对这些例子能加以引申,触类旁通,就可以举一反三了。至于你们分财产时,要先考虑家族其他成员;施舍财物,务必先周济急需的人;家里家外,要关心问候尊长老人;发议论时,不要贬低别人;出仕为官,看重忠心气节;选择朋友,要看他的实际表现;为人处世,要严戒骄傲淫逸;贫贱时,不必忧愁;进与退,要考虑是否合乎时宜;做事之前,要反复思考。就这样罢了。你们如果知道这些,我还担忧什么呢?"

　　锺会字士季①,颍川人也。司马文王欲图蜀②,以会为镇西将军③，从骆谷入④。姜维等悉降会⑤。诏以会为司徒。会内有异志⑥，因邓艾承制专事⑦，密白艾有反状⑧。《世语》曰⑨：会善效人书，于剑阁要艾章表、白事⑩，皆易其言，令辞指悖傲⑪，多自矜伐也。于是槛车征艾。艾既禽⑫，而会独统大众，威震西土⑬。自谓功名盖世，不可复为人下，遂谋反。诸军兵杀会。

【注释】

①锺会字士季：本段节录自《王毌丘诸葛邓锺传·锺会传》。锺会，字士季，颍川长社（今河南长葛）人。太傅锺繇幼子，弱冠入仕，历任要职。与邓艾分兵灭蜀。后欲据蜀谋叛，兵败被杀。

②司马文王：即司马昭，字子上，河内温县（今河南温县）人。曹魏权臣，西晋王朝的奠基人之一，为司马懿与张春华次子、司马师之弟、晋武帝司马炎之父。病逝后，其子司马炎代魏称帝，建立晋朝，追尊司马昭为文帝，庙号太祖。

③镇西将军：官名。位次四征（征东、征西、征南、征北）将军，领兵如征西将军。魏、蜀、吴三国均设此官。资深者为大将军。

④骆谷：在今陕西周至西南，谷长四百余里，为关中与汉中间的交通要道。

⑤姜维：字伯约，天水郡冀县（今甘肃甘谷）人。天水功曹姜冏之子，后归蜀，得到诸葛亮的信重，迁征西将军。亮死，继领其军。后任大将军，屡攻魏无功。魏军攻蜀，他坚守剑阁，刘禅出降，始被迫降于锺会。锺会叛魏，他伪与联结，拟乘机恢复蜀汉，事败被杀。

⑥异志：二心，叛离之心。

⑦邓艾：字士载，义阳棘阳（今河南新野）人。多年在曹魏西部防备蜀汉姜维，他与锺会分别率军攻打蜀汉，率先进入成都，灭亡蜀

汉。后因遭钟会污蔑陷害，被司马昭收押，与其子邓忠一起被杀。
　　承制：指秉承皇帝旨意而便宜行事。
⑧密白：秘密告发。
⑨《世语》：即《世说新语》，南朝宋临川王刘义庆撰写，又名《世
　　说》。主要记载东汉后期到魏晋间名士的言行轶事。
⑩白事：上报事情的书信。
⑪辞指：文辞或话语表达出的含义和风格。
⑫禽：今作擒。
⑬西土：指西蜀。

【译文】

　　钟会，字士季，颍川人。司马昭想攻打蜀国，任命钟会为镇西将军，
从骆谷进攻。姜维等人都投降了钟会。朝廷下诏任命钟会为司徒。钟
会有反叛之心，借口邓艾秉承旨意专断事务，秘密告发邓艾有谋反的迹
象。《世说新语》说：钟会善于模仿别人的笔迹，他在剑阁拦截了邓艾的章表和上报
事情的书信，改写了其中的话，使得言辞狂悖傲慢，有很多自我夸耀功劳之处。于
是朝廷用槛车拘捕邓艾。邓艾被擒后，钟会独率大军，威震西土。钟会自
以为功名盖世，不能再位居人下，于是就谋反。各路军队士兵杀死了钟会。

　　《汉晋春秋》曰①：文王闻钟会功曹向雄之收葬会也，召而责之
曰："往王经之死②，卿哭于东市而我不问也；今钟会躬为叛逆而又
辄收葬，若复相容，其如王法何！"雄曰："昔先王掩骸埋胔③，仁流朽
骨，当时岂先卜其功罪而后收葬哉？今王诛既加，于法已备，雄感义
收葬，教亦无阙④。法立于上，教弘于下，以此训物⑤，雄曰可矣！何
必使雄背死违生⑥，以立于时⑦。殿下雠对枯骨⑧，捐之中野⑨，百岁
之后，为臧获所笑⑩，岂仁贤所掩哉？"王悦之，与宴谈而遣之⑪。习
凿齿曰："向伯茂可谓勇于蹈义也⑫。哭王经而哀感市人，葬钟会而

义动明主，彼皆忠烈奋劲，知死而往，非存生也[13]。寻其奉死之心[14]，可以见事生之情；览其忠贞之节，足以愧背义之士矣。王加礼而遣[15]，可谓明达矣。"

【注释】

①《汉晋春秋》曰：本段节录自《王毌丘诸葛邓锺传·锺会传》。《汉晋春秋》，东晋史学家习凿齿撰，共五十四卷。记述三国史事，以蜀汉为正统。认为魏武虽复汉禅晋，尚为篡逆，遂以晋承汉。该书记述史事起自东汉光武帝，止于西晋愍帝，史料价值较高。原书已亡佚，后人有辑本。

②王经：字彦纬，冀州清河郡（今河北清河东南）人。甘露五年（260），魏帝曹髦召见王经、王沈、王业，欲出讨司马昭。王经进谏不听，王沈、王业向司马昭告密。司马昭弑君后，王经被捕处死。

③骸：躯体。骴（zì）：肉还没有烂尽的骨殖，也泛指人的尸体。

④阙：缺。

⑤训物：指教诲人民。

⑥背死违生：背弃死者违背生者。

⑦立：立身处世。

⑧雠（chóu）：仇。

⑨捐：捐弃。中野：荒野中。

⑩臧获：古代对奴婢的贱称。

⑪宴谈：从容交谈。遣：放走。

⑫蹈义：遵循仁义之道。

⑬存生：保全生命。

⑭寻：探求。

⑮加礼：以礼相待。

【译文】

《汉晋春秋》说：司马昭听说锺会的功曹向雄收葬锺会的尸体，召见他并责备说："以往王经死的时候，你在东市为他哭泣，我没有问罪；现今锺会身为叛贼，你又收葬他的尸体，倘若我再相容，还有没有王法！"向雄说："以前先王掩埋枯骨腐尸，仁德施于朽骨，当时难道还要先计算他们的功罪，然后才收敛埋葬吗？现在王者的诛罚已经加于其身，从法度上说已经很完备，我有感于义气而收葬他，教化上也没有了缺憾。法度立于上，教化弘扬于下，以此来作为教诲民众的法则，我说是可以的！何必要让我背弃死者违背生者而立于当世？殿下以仇怨对待枯骨，把他弃之野外，百年之后，为奴婢所笑，这难道是仁贤之人的气度吗？"司马昭高兴了，跟他闲谈并放了他。习凿齿说："向伯茂可以说是勇敢地遵循仁义之道啊。哭悼王经，哀伤感动市上的人；埋葬锺会，义气触动英明君主，那都是忠贞壮烈、奋勇正直，知道会死也要前往，不顾自己生命的存亡啊。探求他尊奉死者的内心，可以看见他对待生者的感情；看到他忠贞的节操，足够让背信弃义的人惭愧了。司马文王对他以礼相待，可以说是明智通达了。"

蜀志

【题解】

　　《蜀志》包含了刘璋、刘备等十三人的传记节录。刘璋部分节录了曹操征荆州胜利后骄傲自大，不抚慰录用张松，导致刘备占领西蜀，并引用习凿齿的话说"君子是以知曹操之不能遂兼天下者也"。刘备部分对其事迹写得极其简略，但写出了他用人的气量以及托孤的真诚，引用了陈寿的评论称赞他用人"弘毅宽厚，知人待士"，托孤则显示了"君臣之至公，古今之盛轨"。诸葛亮部分事迹也极为简略，只提及他的自许，刘备的三次造访、托孤，以及诸葛亮死后家无余财。但引用了樊建回答司马炎的评述，还有陈寿的评论，称赞诸葛亮不矜过，是识治之良才，管、萧之亚匹。关羽部分主要写他对刘备的"义"，以及斩颜良以报曹操之后才离开的故事。张飞部分主要写他义释严颜以及性格缺陷导致被杀。庞统部分写了他品评人物称述"多过其才"的原因以及非"百里之才"的故事。简雍部分只节录了他用有"淫具"不等于行淫来劝谏刘备的故事。董和、董允父子部分写他们忠心谨慎，尽职尽责，在朝廷树立正气，董和强调其"殷勤"，董允强调其"正色"。张裔部分仅节录了他作为诸葛亮的长史对其公正的称说。黄权部分写他劝谏刘璋以及后来无奈降魏而刘备宽待其家人，裴松之借此抨击汉武帝的苛刻。蒋琬部分节录其作为社稷之器的镇重和容人之量。杨戏部分提到了杨颙对诸葛亮忙于琐碎事务的劝谏和傅肜、傅佥父子的忠义。

　　刘璋字季玉①，江夏人也，为益州刺史②。闻曹公征荆州③，遣别驾张松诣曹公④。曹公时已定荆州，走先主⑤，不复存录松⑥，松劝璋自绝⑦。《汉晋春秋》曰：张松见曹公，曹公方自矜伐⑧，不存录松。松归，乃劝璋自绝。习凿齿曰："昔齐桓一矜其功而叛者九国⑨，曹操暂自骄伐而天下三分⑩，皆勤之于数十年之内而弃之于俯仰之顷⑪，岂不惜乎！是以君子劳谦日昃⑫，虑以下人⑬，功高而居之以让，势尊而守之以卑。情近于物⑭，故虽贵而人不厌其重⑮；德洽群生⑯，故业广而天下愈欣其庆⑰。夫然，故能有其富贵，保其功业，隆显当时⑱，传福百世，何骄矜之有哉！君子是以知曹操之不能遂兼天下者也。"

【注释】

①刘璋字季玉：本段节录自《刘二牧传》。刘璋，字季玉，江夏竟陵（今湖北潜江）人。东汉宗室、军阀，在父亲刘焉死后继任益州牧。刘璋懦弱多疑，闻曹操将袭，听信张松、法正之言，迎刘备入益州，想借此抵抗。不料刘备以法正为内应攻击刘璋，进至成都，刘璋开城出降，以振威将军的身份被迁往公安居住。关羽失荆州后，刘璋归属东吴，被孙权任命为益州牧，不久去世。

②益州：汉武帝设置的十三州（十三刺史部）之一，治所在今四川成都。

③曹公：指曹操。

④别驾：别驾从事史的简称，也称别驾从事，汉置，为州刺史的佐官。张松：字子乔，蜀郡成都（今四川成都）人。为益州牧刘璋别驾从事，被派遣至曹操处而不为其所存录，怀怨回蜀，劝刘璋连好刘

备；其后，又说璋迎备以击张鲁，皆为璋所采纳。后因暗助刘备，为其兄张肃所告发，刘璋怒而将他斩杀。诣：晋谒，造访。

⑤走：指驱逐，使溃逃。先主：指刘备。

⑥存录：存恤录用。

⑦自绝：自行断绝。

⑧矜伐：恃才夸功，夸耀。

⑨齐桓一矜其功而叛者九国：见《春秋公羊传·僖公九年》："九月，戊辰，诸侯盟于葵丘……葵丘之会，桓公震而矜之，叛者九国。"齐桓，齐桓公，春秋五霸之首。

⑩暂：刚刚。

⑪俯仰：比喻时间短暂。

⑫劳谦：勤劳谦恭。日昃：太阳偏西。这里指从早到晚一整天。

⑬下人：居于人之后，对人谦让。

⑭物：指人。

⑮重：指贵重。

⑯洽：浸润，深入。群生：指百姓。

⑰业：基业，功业。庆：福泽。

⑱隆显：丕显，显扬。

【译文】

刘璋，字季玉，是江夏人，担任益州刺史。听说曹公征伐荆州，派遣别驾张松晋谒曹公。曹公这时已经平定了荆州，驱逐了先主刘备，不再抚慰录用张松，张松劝刘璋自行断绝跟曹操的往来。《汉晋春秋》说：张松见曹公，曹公当时正在自我夸耀功勋，不抚慰录用张松。张松回归，就劝刘璋跟曹操自行断绝关系。习凿齿说："从前齐桓公一夸耀功劳就有九个国家背叛了他，曹操刚自我骄傲夸耀则天下三分，都是辛勤几十年获得的功业在顷刻之间就丢掉了，难道不可惜吗？因此君子整天勤劳谦恭，思考自己要居于人后，功劳很高而为人谦让，权势尊贵而坚守谦卑。感情跟人亲近，所以虽然尊贵而别人不厌恶他的贵重；德行润泽民众，所以基业广阔而天下更加欢欣他的福泽。只有这样，才能够拥有他的富贵，保住他的功业，显扬于当时，福泽传布百代，又有什么值得骄傲夸耀的呢！君子由此知道曹操是不能成功兼并天下的了。"

　　先主姓刘①，讳备，字玄德，涿郡人也。少语言，善下人，喜怒不形于色②。为豫州牧③。叛曹公④，刘表郊迎⑤，以上宾礼待之，益其兵，使屯新野⑥。曹公南征表，会表卒，子琮请降⑦。先主遂将其众去。与曹公战于赤壁⑧，大破之。益州牧刘璋降。先主领益州牧⑨，诸葛亮为股肱⑩，法正为谋主⑪，关羽、张飞、马超为爪牙⑫，许靖、糜竺、简雍为宾友⑬。及董和、黄权、李严等⑭，本璋之所授用也；吴壹、费观等⑮，又璋之婚亲也；刘巴者⑯，宿昔之所忌恨也；皆处之显任，尽其器能⑰。有志之士，无不竞劝⑱。魏文帝称尊号⑲，传闻汉帝见害⑳，先主乃发丧制服㉑，即皇帝位于成都㉒。章武三年，病笃㉓，托孤于丞相亮，殂于永安宫㉔。《诸葛亮集》载先主遗诏敕后主曰㉕：朕疾殆不自济。人年五十不称夭，年已六十有余，何所复恨，不复自伤也，更以卿兄弟为念㉖，勉之！勿以恶小而为之，勿以善小而不为。唯贤唯德，能服于人㉗。汝父薄德，勿效之。吾终亡之后㉘，汝兄弟父事丞相也㉙。评曰：先主之弘毅宽厚㉚，知人待士，盖有高祖之风，英雄之器焉㉛。及其举国托孤于诸葛亮，而心神无二㉜，诚君臣之至公㉝，古今之盛轨也㉞。

【注释】

①先主姓刘：本段节录自《先主传》。刘备，字玄德，幽州涿郡涿县（今河北涿州）人。西汉中山靖王刘胜之后，三国时期蜀汉开国

皇帝（221—223年在位），史家多称其为先主。

②形：流露，显示。色：脸色，容色。

③豫州：汉武帝所置十三刺史部之一，东汉治所在谯（今安徽亳州）。牧：即州牧，古代指一州之长，汉成帝时改刺史为州牧，后废置，汉灵帝时，再设州牧，掌一州军政大权。按，刘备为吕布所败，投曹操，曹以刘备为豫州牧。

④叛曹公：事在建安六年（201）。

⑤刘表：字景升，山阳郡高平县（今山东微山）人。东汉宗室，汉末群雄之一。党禁解除后被大将军何进辟为掾，出任北军中候，代王叡为荆州刺史。李傕入长安，被任命为镇南将军、荆州牧、假节，封成武侯，称雄荆江，杀孙坚，抗曹操，而为人疑忌，无四方之志，建安十三年（208）病逝。

⑥新野：县名。西汉初置，属南阳郡，治所在今河南新野。

⑦琮：即刘琮。刘表之子。刘表死后继承刘表官爵，曹军南下，他在蔡瑁等人劝说下举州而降，被曹操任为青州刺史，后迁谏议大夫，爵封列侯。

⑧赤壁：矶名。赤壁之战的古战场，一般认为位于今湖北蒲圻。

⑨领：指以地位较高的官员兼理较低的职务。

⑩诸葛亮：字孔明，号卧龙，徐州琅邪阳都（今山东临沂）人。初在南阳隆中隐居，刘备三顾茅庐请出，联合孙权于赤壁之战大败曹军。又夺占荆州，攻取益州，击败曹军，夺得汉中。刘备在成都建立蜀汉，诸葛亮为丞相，主持朝政。后主刘禅继位，诸葛亮被封为武乡侯，领益州牧。前后六次北伐中原，多以粮尽无功。终因积劳成疾，于蜀建兴十二年（234）病逝于五丈原（在今陕西岐山境内），追封为忠武侯，后世尊称为武侯；东晋追封他为武兴王。股肱：比喻左右辅佐之臣。

⑪法正：字孝直，扶风郿（今陕西眉县东北）人。名士法真之孙。原

为刘璋部下，刘备围成都时劝刘璋投降，后献计斩首曹操大将夏侯渊。建安二十四年（219），刘备进位汉中王，任法正为尚书令、护军将军。次年，法正去世，被追谥为翼侯。谋主：出谋划策的主要人物。

⑫关羽：本字长生，后字云长，河东郡解县（今山西临猗）人。和刘备、张飞情同兄弟。长期镇守荆州，东吴孙权派遣吕蒙、陆逊袭击了关羽的后方，致使关羽进退失据，兵败被杀。谥曰壮缪侯。张飞：字益德，幽州涿郡（今河北涿州）人。东汉末，张飞与关羽、刘备结为兄弟，从刘备起兵。入蜀后，张飞与诸葛亮、赵云进军西川，分定郡县；刘备称帝后晋升为车骑将军、领司隶校尉，封西乡侯；同年，被部将杀害，谥曰桓侯。马超：字孟起，扶风茂陵（今陕西兴平）人。东汉末年军阀、三国时期蜀汉名将。爪牙：比喻武臣。

⑬许靖：字文休，汝南郡平舆县（今河南平舆）人。受益州牧刘璋邀请，为巴郡、广汉、蜀郡太守。刘备定蜀后在法正的建议下以其为左将军长史。刘备称汉中王，任命许靖为太傅。章武元年（221）刘备称帝，任命许靖为司徒，位列三公，次年去世。糜竺：一作"麋竺"，字子仲，东海郡朐县（今江苏连云港西南）人。原为徐州富商，后被徐州牧陶谦辟为别驾从事。陶谦死后，奉其遗命迎接刘备，成为幕客。刘备入主益州后，拜糜竺为安汉将军。吕蒙袭荆州，糜竺之弟糜芳举城投降，导致关羽兵败身亡，糜竺面缚请罪，刘备劝慰糜竺，不久他即因惭恨病死。简雍：字宪和，涿郡（今河北涿州）人。本姓耿，年少时便与刘备相识，后随其奔走，往来使命，曾劝说益州牧刘璋投降。后官拜昭德将军。

⑭董和：字幼宰，南郡枝江县（今湖北枝江）人。在刘璋手下相继担任牛鞞、江原县长及成都县令，后迁任益州太守。刘备攻取益州后，命董和为掌军中郎将，与诸葛亮共同主持自己府内的事务。黄权：字公衡，巴西郡阆中县（今四川阆中）人。被益州牧刘璋召

为主簿，后被刘备拜为偏将军、护军、治中从事。刘备称帝，黄权劝谏伐吴而不纳，为镇北将军，督江北军以防魏进攻；刘备伐吴败还，黄权不得归，率部降魏。被魏文帝赏识，拜镇南将军，封育阳侯，加侍中，后领益州刺史，迁车骑将军、仪同三司，去世谥号景。李严：后改名李平，字正方，南阳（今属河南）人。与诸葛亮同为刘备临终前的托孤之臣。后蜀军北伐时，因延误时日而获罪，被废为平民，迁徙到梓潼郡（治今四川梓潼）。诸葛亮病逝，李严得知，认为以后再也不会有人起用自己了，因此激愤病死。

⑮吴壹：一作"吴懿"，字子远，兖州陈留郡（治今河南开封）人。初随刘焉入蜀，刘焉让儿子刘瑁迎娶了吴壹妹妹吴氏。刘璋时任中郎将。刘备时历任讨逆将军、护军、关中都督。随诸葛亮北伐，升任左将军，进封高阳乡侯。诸葛亮逝世后，任汉中都督，升任车骑将军、雍州刺史、假节，又进封济阳侯。费观：字宾伯，江夏鄳县（今河南罗山）人。刘璋的女婿。任巴郡太守、江州都督。建兴元年封都亭侯，加振威将军。

⑯刘巴：字子初，零陵烝阳（今湖南邵东）人。曹操征荆州，刘备奔江南，荆楚士人从之如云，而刘巴北投曹操，曹使招纳长沙、零陵、桂阳，虽不得，深为刘备憎恨；后为蜀汉将领，曾任征南将军，并参与诸葛亮对李严的弹劾。

⑰器能：才能。

⑱竞劝：争相劝勉。

⑲称尊号：指即帝位。事在建安二十五年（220）。曹操去世后，曹丕继任丞相、魏王；同年，受禅登基，以魏代汉。

⑳汉帝：指汉献帝。

㉑发丧：办理丧事。制服：指守制服丧。

㉒即皇帝位于成都：事在章武元年（221）。刘备在曹丕篡汉建魏后，于成都称帝，国号汉，年号章武。

㉓病笃：病势沉重。

㉔殂（cú）：死。永安宫：刘备在白帝城的行宫，故址在今四川奉节。

㉕《诸葛亮集》：又称《诸葛氏集》，为陈寿整理编辑，内容包括诸葛亮的各种著作。在《三国志》诸葛亮本传中载有《诸葛氏集目录》，共二十四篇。遗诏：皇帝临终时所发的诏书。敕：古时自上告下之词。汉时凡尊长告诫后辈或下属皆称敕。后主：即刘禅，字公嗣，小名阿斗。刘备之子，母是昭烈皇后甘氏。三国时期蜀汉第二位皇帝。景耀六年（263），魏将邓艾从阴平入蜀，克绵竹，刘禅投降，封为安乐公。

㉖卿兄弟：按，刘禅除了义兄刘封外，还有弟弟刘永、刘理。

㉗服于人：让人口服心服。

㉘终亡：指寿终。

㉙父事：像事奉父亲一样事奉。丞相：指诸葛亮。

㉚弘毅：宽宏坚毅。指抱负远大，意志坚强。

㉛器：器量，胸怀。

㉜心神：心情，精神状态。

㉝至公：最公正，极公正无私。

㉞盛轨：美好的典范。

【译文】

先主姓刘，名讳叫备，字玄德，是涿郡人。少言寡语，谦和待人，喜怒不会在脸色上表现出来。担任豫州牧。背叛曹公，刘表亲自到郊外迎接，用上宾之礼接待，给他增兵，让他屯驻新野。曹公南征刘表，赶上刘表去世，刘表的儿子刘琮请求投降。先主就率领手下军众离去。跟曹公在赤壁会战，大败曹公。益州牧刘璋投降。先主兼任益州牧，诸葛亮作为辅佐大臣，法正作为出谋划策的主要人物，关羽、张飞、马超作为武将，许靖、糜竺、简雍作为宾客朋友。还有董和、黄权、李严等人，本来是刘璋授职任用的；吴壹、费观等人，又是跟刘璋有婚姻之亲；刘巴，是先主向来所忌恨的人；都让他们居于显要位置，让他们充分发挥自己的才能。有志向的士人，没有谁不是争相劝勉的。魏文帝曹丕称帝，传闻说汉献帝被害，先主于是就办理丧事服丧，在成都登皇帝位。章武三年，先主病势沉重，把遗孤托付给诸葛亮，陨落在永安宫。《诸葛亮集》载有先主遗诏告诫后主刘禅说：我的病大概自己好不了了。人活到五十就不算夭寿，我年纪已经六十多了，没有什么遗憾的，不再为自己悲伤，只是顾念你们兄弟，好好努力吧！不要因为坏事很小就去做，不要因为好事很小就不去做。只有贤能、只有德行，才能让人心服口服。你们父亲我德行浅薄，别学我。我寿终之后，你们兄弟要像事奉父亲一样事奉丞相。评论说：先主的抱负远大、意志坚强、待人宽厚，了解人才、对待士人，有汉高祖的风范，英雄的气度。到他把全国和儿子托付给诸葛亮，而内心没有别的想法，真的是君臣之间的最大的无私，古往今来美好的典范。

诸葛亮字孔明①，琅邪人也。每自比于管仲、乐毅②，时人莫之许也。唯博陵崔州平、颍川徐庶元直与亮友善③，谓为信然④。时先主屯新野。徐庶见先主，先主器之⑤，谓先主曰："诸葛孔明者，卧龙也，将军岂愿见之乎？"先主遂诣亮⑥，凡三，于是与亮情好日密⑦。关羽、张飞等不悦，先主解之曰⑧："孤之有孔明，犹鱼之有水也，愿诸君勿复言。"羽、飞乃止。成都平，以亮为军师将军⑨。先主外出，亮常镇守成都，足食足兵。先主即帝位，策亮为丞相⑩，录尚书事⑪。先主病笃，召亮，属以后事⑫，谓亮曰："君才十倍曹丕，必能安国，终定大事。若嗣子可辅⑬，辅之；如其不才，君可自取。"亮涕泣曰："臣敢竭股肱之力，效忠贞之节，继之以死！"先主又为诏敕后主曰："汝与丞相从事⑭，事之如父。"

【注释】

①诸葛亮字孔明：本段及以下几段节录自《诸葛亮传》。

②管仲：姬姓，管氏，名夷吾，字仲。周穆王的后代。是春秋齐国著
　名的政治家、军事家。乐（yuè）毅：子姓，乐氏，名毅，字永霸，中
　山灵寿（今河北灵寿）人。拜燕上将军，受封昌国君。他统帅燕
　国等五国联军攻打齐国，连下七十余城，创造了中国古代战争史
　上以弱胜强的著名战例。后因受燕惠王猜忌，投奔赵国，被封于
　观津，号为望诸君。

③博陵：东汉本初元年（146）置郡，治所在今河北蠡县。崔州平：裴
　注引《崔氏谱》："州平，太尉烈子，均之弟也。"即指崔钧，博陵安
　平（今河北安平）人。东汉太尉崔烈之子，议郎崔均之弟。初任
　虎贲中郎将，迁西河太守，后退隐。颍川：郡名。治所在今河南禹
　州。徐庶：字元直。刘备帐下谋士，后归曹操。

④信：确实如此。

⑤器之：重视他。

⑥诣：拜访。

⑦日密：日益密切。

⑧解：晓悟，开解。

⑨军师将军：古代官职名。西汉杂号将军之一。

⑩策：古代君主对臣下封土、授爵等的文件。引申为策命（以策书
　封官授爵）。

⑪录：统领，管领。

⑫属（zhǔ）：委托，嘱咐。

⑬嗣子：帝王或诸侯的承嗣子，多为嫡长子。

⑭从事：行事，办事。

【译文】

诸葛亮，字孔明，是琅邪人。经常自比为管仲、乐毅，同时的人没有

谁相信。只有博陵崔州平、颍川徐庶徐元直跟诸葛亮友好，认为确实是这样。当时先主屯驻在新野。徐庶谒见先主，先主器重他，他对先主说："诸葛孔明是卧龙，将军大概希望见到他吧？"先主于是就拜访诸葛亮，一共三次，从此跟诸葛亮情感日益亲密。关羽、张飞等人不高兴，先主开解他们说："我有了孔明，就像鱼儿有了水，希望你们不要再说了。"关羽、张飞才不再说什么了。成都平定后，任命诸葛亮为军师将军。先主外出，诸葛亮常镇守成都，保证粮草、兵源的充足。先主即帝位，策命诸葛亮为丞相，统领尚书事。先主病势沉重，召见诸葛亮，嘱托后事，对诸葛亮说："你的才能是曹丕的十倍，必定能让国家平安，终能完成汉室大业。倘若我的承嗣子可以辅佐，就辅佐他；倘若他没有才能，您可以自己选取处理办法。"诸葛亮流着眼泪说："我怎敢不竭尽辅佐的力量，奉献忠贞的节操，一直到死！"先主又给后主下诏告诫说："你跟丞相办事，事奉他要像事奉父亲一样。"

建兴十二年①，亮悉大众由斜谷出②，以流马运③，据武功五丈原④，与司马宣王对于渭南⑤。分兵屯田⑥，耕者杂于渭滨居民之间，而百姓安堵⑦，军无私焉。相持百余日，亮病⑧，卒于军。初，亮自表后主曰："成都有桑八百株，薄田十五顷⑨，子弟衣食，自有余饶⑩。至于臣在外任⑪，无别调度随身⑫，衣食悉仰于官⑬。若死之日，不使内有余帛，外有赢财⑭，以负陛下。"及卒，如其所言。《汉晋春秋》曰：樊建为给事中⑮，晋武帝问诸葛亮之治国⑯，建对曰："闻恶必改，而不矜过；赏罚之信，足感神明。"帝曰："善哉！使我得此人以自补⑰，岂有今日之劳乎！"建稽首曰⑱："臣窃闻天下之论，皆谓邓艾见枉，陛下知而不理，此岂冯唐所谓'虽得颇、牧而不能用'者乎⑲！"帝笑曰："吾乃欲明之⑳，卿言起我意㉑。"于是发诏理艾焉㉒。

【注释】

①建兴十二年:234年。建兴,三国时期蜀汉君主刘禅的年号(223—237)。

②悉:尽其所有。大众:古代对夫役、军卒人等的总称。斜谷:山谷名。在陕西秦岭眉县段;谷有二口,南褒北斜,故亦称褒斜谷。

③流马:古代的一种运载工具,或云即一种人力四轮车。

④武功:县名。秦设置,东汉治所在渭河北原邰县治所邰城(今陕西咸阳杨陵区),属右扶风,曹魏时属扶风郡。五丈原:位于今陕西岐山县,为秦岭北麓黄土台原的一部分。

⑤司马宣王:即司马懿。

⑥屯田:利用戍卒或农民、商人垦殖荒地。

⑦安堵:即安居。

⑧病:病重。

⑨薄田:贫瘠的田。有时也用以谦称自己的田地。

⑩余饶:富余。

⑪外任:指地方官职位。

⑫调度:征调赋税。

⑬仰:仰仗,依靠。

⑭赢财:余财。

⑮樊建:字长元。在蜀汉官至尚书令;蜀汉灭亡后降魏,官至相国参军、散骑常侍。给事中:秦汉为列侯、将军、谒者等的加官;侍从皇帝左右,备顾问应对,参议政事,因执事于殿中,故名;魏或为加官,或为正官;晋代始为正官。

⑯晋武帝:司马炎,字安世,河内郡温县(今河南温县)人。晋朝开国皇帝。

⑰自补：弥补自己。

⑱稽（qǐ）首：古时一种跪拜礼，叩头至地，是九拜中最恭敬的。

⑲冯唐所谓"虽得颇、牧而不能用"：事见《史记·张释之冯唐列传》。冯唐，安陵（今陕西咸阳）人。为中郎署长侍奉汉文帝；汉景帝时被任命为楚相，很快被免；汉武帝时，冯唐再次被举荐，可是已经九十多岁了，心有余而力不足。颇，廉颇。牧，李牧。

⑳明之：使之明，把它弄明白。

㉑起：兴起，萌动。

㉒理：处理。

【译文】

建兴十二年，诸葛亮率领全部兵力从斜谷出发，用流马运输，占据武功五丈原，在渭水南跟司马懿对峙。分出兵力屯田垦荒，耕种的人和渭水水边的居民夹杂，而居民依然安居，军队也没有在此谋私。相持了一百多天，诸葛亮病重，在军中去世。当初，诸葛亮给后主上表说："我在成都有八百株桑树，十五顷的田地，子弟的吃穿，已经有富裕。至于我在地方任职，随身没有别的征调物资，吃穿都仰仗官府。倘若到死的日子，不让我家内有多余的绸帛，家外有多余的财物，以致辜负了陛下。"到去世时，跟他所说的一样。《汉晋春秋》说：樊建任职给事中，晋武帝向他询问诸葛亮治理国家的情况，樊建回答说："听到不好的事一定要改，而不自夸掩饰过失；赏赐惩罚的诚信，足以感动神灵。"晋武帝说："好啊！让我得到这样的人来弥补自己，哪里还有今天的操劳啊！"樊建行稽首礼说："我私下听到天下人议论，都认为邓艾被冤枉，陛下知道却不理睬，这难道就是冯唐所说的'即使得到了廉颇、李牧也不能任用'的情况吗！"晋武帝笑着说："我正想要弄明白这件事，你的话正好让我萌动了这个念头。"于是下发诏令处理邓艾一事。

评曰：诸葛亮之为相国也，抚百姓①，示义轨②，约官职，从权制③，开诚心，布公道④。尽忠益时者虽仇必赏⑤，犯法怠慢者虽亲必罚；服罪输情者虽重必释⑥，游辞巧饰者虽轻必戮⑦。善无微而不赏，恶无纤而不贬⑧。庶事精练⑨，物理其本，循名责实⑩，虚伪不齿⑪。终于邦域之内⑫，咸畏而爱之，刑政虽峻而无怨者，以其用心平而劝戒明也⑬。可谓识治之良才，管、萧之亚匹矣⑭。

【注释】

①抚：抚爱，保护。

②义轨：即仪轨（标点本《三国志》即作"仪轨"），礼法规矩。

③权制：权宜之制。

④开诚心，布公道：后世成语"开诚布公"来源于此，含义是指推诚相待，坦白无私。

⑤益时：对时世有益。

⑥服罪：承认罪责。输情：表达真情。

⑦游辞：虚浮不实的言辞。巧饰：诈伪粉饰。

⑧纤：细小，轻微。

⑨庶：众多。

⑩循名责实：按其名而求其实，要求名实相符。

⑪不齿：不与同列，不收录。表示鄙视。

⑫邦域：国境，国土。

⑬劝戒：劝诫，勉励告诫。

⑭管：管仲，辅佐齐桓公称霸的主要人物。萧：萧何，对刘邦建立汉朝功勋最大的人。亚匹：同一流人物。

【译文】

评论说：诸葛亮做相国时，爱抚百姓，昭示礼法规矩，精简官职，采取顺应时宜的制度，开诚布公。竭尽忠诚对时世有益的人即使有仇也必定赏赐,违反法律懈怠轻忽的人即使亲近也必定惩罚;承认罪责表达真诚悔改的人即使罪重也必定开释,用虚浮不实的言辞诈伪粉饰自己的人即使罪轻也必定诛戮。善良没有因为微小而不奖赏,丑恶没有因为轻微而不贬斥。精研熟悉众多实务,对万物从根本上加以治理,要求名声必须跟实际相符,对于虚伪者加以鄙视不予收录。最终国境之内,人们都敬畏而热爱他,刑法政令虽然严峻但是没有怨恨的,因为他用心公平而勉励告诫非常明确。可以说是懂得治理的优秀人才,是能跟管仲、萧何媲美的人物。

关羽字云长①,河东人也。先主合徒众②,羽与张飞为之御侮③。先主与二人寝则同床,恩若兄弟。而稠人广坐④,侍立终日,随先主周旋⑤,不避艰险。先主使羽守下邳⑥,曹公东征,擒羽以归,拜为偏将军⑦,礼之甚厚。袁绍遣大将军颜良攻东郡太守刘延于白马⑧,曹公使张辽及羽为先锋击之⑨。羽望见良麾盖⑩,策马刺良于万众之中,斩其首还,绍诸将莫能当者,遂解白马围。曹公表封羽为汉寿亭侯⑪。初,曹公壮羽为人⑫,而察其心神无久留之意,谓张辽曰:"卿试以情问之。"既而辽以问羽,羽叹曰:"吾极知曹公待我厚⑬,然吾受刘将军恩,誓以共死,不可背之。吾终不留,吾要当立效以报曹公⑭,而后乃归。"辽以羽言报曹公,曹公义之⑮。及羽杀颜良,曹公知其必去也,重加赏赐。羽尽封所赐⑯,而奔先主。左右欲追之,曹公曰:"彼各为其主,勿追之。"

【注释】

①关羽字云长：本段节录自《关张马黄赵传·关羽传》。

②徒众：兵众。

③御侮：抵御外来的欺侮。

④稠人广坐：指人很多的地方，即公共场合。稠人，众人。

⑤周旋：指辗转相追逐。

⑥下邳：古地名。今江苏睢宁古邳镇。

⑦偏将军：是将军的辅佐，地位较低，多由校尉或裨将升迁，三国均置，属第五品。

⑧大将军：为将军最高称号。颜良：东汉末河北将领。官渡之战，袁绍令颜良进攻白马（今河南滑县），司空曹操采用军师荀攸"声东击西、轻兵掩袭"之计大败袁军，颜良本人也被关羽亲自刺死。东郡：秦置，治濮阳（今属河南），汉因之。刘延：东汉末曹操的将领。官渡之战时，随同曹操抗击袁绍。白马：县名。秦置，属东郡，故城在今河南滑县东。

⑨张辽：字文远，雁门马邑（今山西朔州）人。初任雁门郡吏，先后跟随多人，吕布败亡后，归属曹操，立下众多显赫的功勋，转战河北，镇守合肥，后进封晋阳侯。

⑩麾盖：将帅用的旌旗伞盖。

⑪汉寿：刘备后来"析广汉郡葭萌县地为汉寿县"，以作为关羽的封邑。亭侯：爵位名。东汉时将列侯又分县侯、乡侯、亭侯三种，亭侯即食禄于乡、亭的列侯。

⑫壮：推崇，赞许。

⑬极知：通晓，深知。

⑭要当：自当，应当。立效：等于说立功。

⑮义之：认为他正义、有义气。

⑯封：封敛，封藏。

【译文】

关羽，字云长，是河东人。先主刘备集合兵众，关羽和张飞一起为他抵御外来欺侮。先主跟这两个人同床睡觉，恩义就像亲兄弟一样。在人多的公共场合，整天站立着侍奉，并跟随先主辗转各地征战，从不躲避艰险。先主让关羽守卫下邳，曹公东征，活捉关羽回去，任命他为偏将军，给予他优厚的礼遇。袁绍派遣大将军颜良在白马进攻东郡太守刘延，曹公让张辽和关羽当先锋反击他。关羽望见颜良的旌旗伞盖，鞭策战马在万人军中刺死颜良，斩首回还，袁绍众多将领没有人能抵挡，于是化解了白马之围。曹公上表封关羽为汉寿亭侯。当初，曹公赞许关羽的为人，但观察他的心意并没有久留曹营的想法，就对张辽说："你尝试凭友情去问问他。"不久张辽就问关羽这个问题，关羽叹息说："我深知曹公对待我很优厚，但是我承受刘将军的恩情，发誓要一起死，不可以背弃。我最终不会留下，我应当立功来回报曹公，然后才回去。"张辽把关羽的话报告给曹公，曹公认为关羽有大义。等到关羽杀死颜良，曹公知道他必会离去，重重加以赏赐。关羽把所赏赐的东西全都封缄，去投奔先主。曹公左右要追赶，曹公说："他也是为了自己的主上，别追了。"

张飞字益德①，涿郡人也②。先主攻刘璋，飞分定郡县。至江州③，破璋将严颜④，生获颜。飞呵颜曰⑤："大军至，何以不降而敢拒战？"颜答曰："卿等无状⑥，侵夺我州，我州但有断头将军，无有降将军也。"飞怒，令左右牵去斫头⑦，颜颜色不变，曰："斫头便斫头，何为怒耶！"飞壮而释之，引为宾客⑧。章武元年⑨，迁车骑将军⑩。飞雄壮威猛，亚于关羽。魏谋臣程昱等咸称羽、飞万人之敌也⑪。羽善待卒伍而骄于士大夫⑫，飞爱敬君子而不恤小人。先主常戒之曰："卿刑杀既过差⑬，又日鞭挝健儿而令在左右⑭，此取祸之道也。"飞犹不悛⑮。先主伐吴,飞当率兵万人自阆中会江州⑯。临发,其帐下将张达、范彊杀飞⑰。

【注释】

①张飞字益德:本段节录自《关张马黄赵传·张飞传》。

②涿郡:西汉高祖置,治所在今河北涿州。

③江州:县名。秦在巴国旧都设,故治在今重庆渝中区。

④严颜:东汉末年武将,初为刘璋部下,任巴郡太守,张飞进攻江州,严颜战败被俘,后被释放成为宾客。

⑤呵(hē):责骂,呵斥。

⑥无状:放肆无礼。

⑦斫(zhuó):用刀斧砍或削。

⑧引:征引,援引。宾客:门客、策士。

⑨章武元年:221年。章武,蜀汉先主刘备的年号(221—223)。

⑩车骑将军:西汉时位次于大将军及骠骑将军,而在卫将军及前、后、左、右将军之上,位次上卿,或比三公;典京师兵卫,掌宫卫,第二品,是战车部队的统帅。

⑪程昱:字仲德,兖州东郡东阿(今山东东阿)人。曹魏谋士、名臣。敌:相等、相当的人。

⑫士大夫:指将佐、将领。

⑬刑杀:处以死刑。过差:过分,失度。

⑭鞭挝(zhuā):鞭打。健儿:军卒,士兵。

⑮悛(quān):悔改,终止。

⑯阆中:县名。秦置。治所在今四川阆中。东汉为巴西郡治。三国时,蜀汉司隶校尉张飞出任巴西太守,镇守阆中达七年之久。

⑰张达、范彊:张飞部将。刘备伐吴,张飞率军从阆中前往江州,出发前,张达与范彊杀死张飞,带着张飞的首级投奔了东吴。

【译文】

张飞,字益德,是涿郡人。先主进攻刘璋,张飞分别平定各个郡县。到了江州,击破刘璋的将领严颜,并生擒了他。张飞呵斥严颜说:"大军来到,为什么不投降还抗拒作战?"严颜回答说:"你们无礼,侵夺我们江州,我们江州只有断头将军,没有投降将军。"张飞大怒,命令左右亲近将他拉去砍头,严颜脸色不变,说:"砍头就砍头,发什么怒呢!"张飞赞许他的勇敢就释放了他,征引他做了宾客。章武元年,升任车骑将军。张飞的雄壮威猛,次于关羽。曹魏谋臣程昱等人都称说关羽、张飞勇猛可敌万人。关羽善待士兵而对将领骄傲,张飞敬爱君子却不怜恤下层士卒。先主经常告诫他说:"你处罚杀戮已经过分,又天天鞭打士兵却让他们在你身边,这是取祸之道呀。"张飞还是不改。先主征伐吴国,张飞率领一万士兵从阆中会聚江州。临出发时,他帐下将领张达、范彊杀了他。

庞统字士元①,襄阳人也,郡命为功曹②。性好人伦③,勤于长养④。每所称述⑤,多过其才,时人怪问之,统答曰:"当今天下大乱,雅道陵迟⑥,善人少而恶人多。方欲兴风俗,长道业⑦,不美其谈,即声名不足慕企⑧,不足慕企而为善者少矣。今拔十失五,犹得其半,而可以崇迈世教⑨,使有志者自厉⑩,不亦可乎?"守耒阳令⑪,在县不治,免官。吴将鲁肃遗先主书曰⑫:"庞士元非百里才也,使处治中、别驾之任⑬,始当展其骥足耳。"诸葛亮亦言之于先主。先主见,与善谈,大器之,以为治中从事,亲待亚诸葛亮⑭。为流矢所中⑮,卒。先主痛惜,言则流涕。

【注释】

①庞统字士元:本段节录自《庞统法正传·庞统传》。庞统,字士

元,号凤雏,汉时荆州襄阳(今湖北襄阳)人。刘备帐下重要谋士,与诸葛亮同拜为军师中郎将。与刘备一同入川,献上中下三策,刘备用其中计。进围雒县时,庞统率众攻城,不幸中流矢而亡。

②功曹:官名。汉代郡守有功曹史,简称功曹,除掌人事外,得以参预一郡的政务。

③人伦:指品评或选拔人才。

④长养:抚育培养。

⑤称述:称扬述说。

⑥雅道:正道,忠厚之道。凌迟:衰微。

⑦道业:指善行、美德。因为可以化导他人,所以这样称呼。

⑧慕企:企慕,仰慕。

⑨崇迈:推重。世教:指当世的正统思想、正统礼教。

⑩自厉:慰勉警戒自己。

⑪守(shòu):等于说摄,暂时署理职务,多指官阶低而署理较高的官职。耒阳:县名。治今湖南耒阳。

⑫鲁肃:字子敬,临淮郡东城县(今安徽定远)人。与周瑜结为好友,后投奔孙权。曹操大军南下,鲁、周力排众议主战,取得赤壁之战的胜利,任孙权所特设赞军校尉一职。周瑜去世后,孙权令鲁肃代周瑜职务,又任汉昌太守、偏将军、横江将军,守陆口,与关羽相持。

⑬治中:即治中从事,是州刺史麾下的佐官,主要负责诸曹文书的管理,因中治事,故名治中;不同朝代其从事管理的事务也有所不同。别驾:即别驾从事,也叫别驾从事史,为州刺史的佐官。

⑭亲待:亲近优待。

⑮流矢:乱飞的或无端飞来的箭。

【译文】

庞统,字士元,是襄阳人,郡里任命为功曹。生性喜好品评人才,辛勤抚育培养人才。每每称扬述说，多是超过实际才能，当时人奇怪问他，庞统回答说："当今天下大乱，忠厚之道衰微，善人少而坏人多。正想要使风俗兴盛，美德长养，不美化他们的言谈，声名那就不足以令人仰慕，不足以令人仰慕，那么行善的人就减少了。现今选拔十个失误五个，还能得到一半，而且可以推重正统礼教，使有志的人能慰勉警戒自己，不也行吗？"庞统曾暂时署理耒阳县令，没治理好，罢免官职。孙吴将领鲁肃写信给先主说："庞士元不是治理百里县境的人才，让他处于治中、别驾的职务上，才能展现他的才华。"诸葛亮也跟先主说了。先主接见，跟他交谈，大为器重他，任命他为治中从事，亲近优待仅次于诸葛亮。庞统后被乱飞的箭射中，死去。先主心痛惋惜，说起就流泪。

　　简雍字宪和[1]，涿郡人也，为昭德将军[2]。时天旱禁酒，酿者有刑。吏于人家索得酿具[3]，论者欲令与作酒者同罚。雍从先主游观，见一男子行道，谓先主曰："彼人欲行淫，何以不缚[4]？"先主曰："卿何以知之？"雍对曰："彼有淫具，与欲酿者同[5]。"先主大笑，而原欲酿者[6]。

【注释】

①简雍字宪和：本段节录自《许麋孙简伊秦传·简雍传》。简雍，字宪和，涿郡（治今河北涿州）人。简雍年少时便与刘备相识，后随其奔走，往来使命，刘备围成都时，简雍劝说益州牧刘璋投降。不久，官拜昭德将军，地位次于麋竺。

②昭德将军：杂号将军名。三国魏、蜀皆置，掌帅军征伐。

③索：搜查。酿具：酿酒器具。

④缚：捆绑。

⑤欲酿者：想要酿酒的人。

⑥原:原谅,宽恕。

【译文】

简雍,字宪和,是涿郡人,担任昭德将军。当时天旱禁酒,酿酒的要处以刑罚。官吏在一人家中搜索出酿酒器具,衡量评定的人想要判他跟酿酒的人同样的刑罚。简雍跟从先主游览观看,见道路上有一个男子行走,就对先主说:"那个人想要奸淫,为什么不绑起来?"先主说:"你怎么知道的?"简雍回答说:"那人有淫具,就像那人有酿酒器具一样。"先主大笑,赦免了想要酿酒的人。

董和字幼宰①,南郡人也。先主定蜀,与诸葛亮并署大司马府事②,献可替否③,共为欢交④。死之日,家无担石之贮⑤。亮后为丞相,教与群下曰:"夫参署者⑥,集众思,广忠益也⑦。若远小嫌⑧,难相违覆,旷阙损矣⑨;违覆而得中,犹弃弊蹻而获珠玉也⑩。然人心苦不能尽,唯徐元直处兹不惑,又董幼宰参署七年,事有不至⑪,至于十反⑫,来相启告⑬。苟能慕元直之十一⑭,幼宰之殷勤,有忠于国,则亮可少过矣。"又曰:"昔初交州平,屡闻得失⑮;后交元直,勤见启诲⑯。前参事于幼宰⑰,每言则尽;后从事于伟度⑱,数有谏止。虽姿性鄙暗⑲,不能悉纳,然与此四子终始好合⑳,亦足以明其不疑于直言也。"其追思和如此㉑。伟度者,姓胡,名济,义阳人也。为亮主簿㉒,有忠荩之效㉓,故见褒述㉔。

【注释】

①董和字幼宰:本段节录自《董刘马陈董吕传·董和传》。董和,字幼宰,南郡枝江县(今湖北枝江)人。在刘璋手下担任牛鞞、江原

县长及成都县令，后迁任益州太守。刘备攻取益州，命董和为掌
军中郎将，与诸葛亮共同主持丞相府事务。

②署：署理，暂时代理。大司马：汉置丞相、御史大夫、太尉；汉武帝
罢太尉置大司马；东汉初为三公之一，魏晋为上公之一。

③献可替否：指劝善规过，提出兴革的建议。出自《左传·昭公二
十年》："君所谓可而有否焉，臣献其否以成其可；君所谓否而有可
焉，臣献其可以去其否。"后把臣下对君主劝善规过、建议兴革称
为"献可替否"。

④欢交：欢悦之交。

⑤担石：一担之量。谓数量甚少。

⑥参署：指参与朝政，署理政务。

⑦广：使之广，扩大。忠益：尽忠报效的益处。

⑧远：避开，远离。小嫌：小仇隙，小嫌疑。

⑨旷阙：荒废和失误。

⑩蹻（jué）：草鞋。

⑪不至：不到。

⑫反：反复，往返。

⑬启告：启奏，告知。

⑭慕：仿效。

⑮得失：偏指失误、过失。

⑯启诲：开导教诲。

⑰参事：参核其事，参与其事。

⑱从事：参与做（某种事情），致力于（某种事情）。伟度：即胡济，
字伟度，荆州义阳郡（治今河南信阳）人。曾任蜀汉丞相诸葛亮
手下主簿，数有良谏；后历任昭武中郎将、前将军，出督汉中，又转
任镇西大将军，官至右骠骑将军，为蜀汉后期的重要将领。

⑲姿性：天资，禀赋。鄙暗：鄙陋昏昧。

⑳好合：情投意合。

㉑追思：追念，回想。

㉒主簿：官名。汉代中央及郡县官署多置之；其职责为主管文书，办理事务。

㉓忠荩（jìn）：犹忠诚。

㉔褒述：指记述其功德予以表彰。

【译文】

董和，字幼宰，是南郡人。先主平定蜀地，跟诸葛亮一起署理大司马府事，一起对君上劝善规过，建议兴革，结为欢悦之交。死的那天，家中连少量的财物贮蓄都没有。诸葛亮后来担任丞相，教导下级官吏们说："所谓参与朝政，署理政务，是要集中众人的意见，采纳有益于国家的建议。倘若为了避免小矛盾，而难于提出不同意见，就会失职造成损失；提出不同意见而能使政事得到恰当处置，就像丢弃破败草鞋而获得珠玉一样。但是人们内心的想法很难全部说出来，只有徐元直处在这一境地不迟疑，又有董幼宰参与处理政务七年，看到事情有不妥之处，竟至于往返十次，来禀告说明。倘若你们能做到徐元直的十分之一，学习董幼宰的勤恳，对国家有忠心，那么我也可以少些过失了。"又说："从前我始与崔州平结交，多次听到他指出我的过失；后来结交徐元直，经常受到开导教诲。以前跟董幼宰共事，他每次都能做到说话都毫无保留；后来跟胡伟度办事，他也多次劝谏阻止我。虽然我天资鄙陋昏昧，不能全部采纳他们的进言，但是跟这四位由始至终情投意合，这也足以证明他们对直言劝谏没有任何犹豫了。"诸葛亮对董和的追念就是这样。伟度，姓胡，名叫济，是义阳人。担任诸葛亮的主簿，尽忠诚有功效，所以记录其功德加以表彰。

允字休昭①，和子也。迁为侍中，甚尽匡救之理②，后主严惮之③。后主渐长大，爱宦人黄皓④，皓便辟侮谄⑤，欲自容入⑥。允常上则正色匡主⑦，下则数责于皓。皓畏允，不敢为非。终允之世，皓位不过黄门丞^⑧。陈祗代允为侍中^⑨，与皓互相表里^⑩，皓始预政事。祗死后，皓从黄门令为中常侍、奉车都尉^⑪，操弄威柄，终至覆国。蜀人无不追思允。

【注释】

①允字休昭：本段节录自《董刘马陈董吕传·董允传》。允，即董允，字休昭，南郡枝江（今湖北枝江）人。掌军中郎将董和之子。刘备册立太子刘禅，以为太子洗马，后为黄门侍郎，加辅国将军，以侍中守尚书令，担任大将军费祎的副手。

②匡救：匡正补救。

③严惮：畏惧，害怕。

④黄皓：蜀汉宦官。董允死后，与侍中陈祗互为表里，开始参与朝政，后为中常侍、奉车都尉，总揽朝政、操弄威权，并排挤大将军姜维；蜀汉灭亡，邓艾想处决他，但他贿赂邓身边的人，得以免死。

⑤便（pián）辟：逢迎谄媚。侮：轻慢。

⑥自容：指自己得以容身。

⑦正色：指神色庄重、态度严肃。

⑧黄门丞：黄门令的佐吏。

⑨陈祗（zhī）：字奉宗，汝南（今河南上蔡）人。大司徒许靖兄长的外孙，董允死后担任侍中，逐渐成为蜀汉后主刘禅的宠臣，官至尚书令、镇军将军，支持姜维北伐。与宦官黄皓交好，导致黄皓开始干预政事，操弄权柄，死后，追谥忠侯。

⑩表里：指相呼应。

⑪黄门令：西汉少府属官，东汉因之；秩六百石，宦者充任，主省中诸宦者。中常侍：秦汉时为加官，可侍从皇帝出入禁中。东汉时由宦官专任，掌传达诏令、管理文书。奉车都尉：汉武帝置，秩比二千石，掌御乘舆车；东汉属光禄勋，奉朝请，无员额。

【译文】

董允,字休昭,是董和的儿子。升为侍中,很能尽到匡正补救的职责,后主畏惧他。后主逐渐长大,喜爱宦官黄皓,黄皓善于逢迎谄媚,一心想取悦后主得以进身。董允经常对上就神色庄重态度严肃地匡正后主,对下就屡次斥责黄皓。黄皓畏惧董允,不敢为非作歹。董允在世时,黄皓官位不过是黄门丞。陈祗代替董允担任侍中,跟黄皓内外勾结,黄皓开始干预政事。陈祗死后,黄皓从黄门令升任中常侍、奉车都尉,把持玩弄威权,最终导致国家倾覆。蜀人没有不追念董允的。

张裔字君嗣①,蜀郡人也,丞相亮以为府长史②。常称曰:"公赏不遗远,罚不阿近③,爵不可以无功取,刑不可以势贵免,此贤愚之所以佥忘其身者也。"

【注释】

①张裔字君嗣:本段节录自《霍王向张杨费传·张裔传》。张裔,字君嗣,蜀郡成都(今四川成都)人。刘璋时,任鱼复县长、州署从事,兼帐下司马。刘备任为巴郡太守、司金中郎将、益州太守,在赴郡上任途中,被益州人雍闿押送给吴国,后被诸葛亮请求放还,任丞相府参军,兼益州治中从事。诸葛亮出驻汉中,以射声校尉身份兼留府长史,后加封辅汉将军,兼长史照旧。

②府长史:即留府长史。留府,指丞相因故离京,奉命留守京师之丞相府机构。长史,秦置,汉相国及丞相,后汉太尉、司徒、司空、将军府各有长史;为掾属之长,秩皆千石,丞相长史职权尤重。

③阿:偏袒。

【译文】

张裔,字君嗣,是蜀郡人,丞相诸葛亮任命他为留守丞相府长史。经常称说:"丞相公赏赐不遗漏关系疏远的人,惩罚不偏袒亲近的人,爵位不可以没有功勋就获取,刑罚不可以因为权势而免除,这就是贤良愚人都能忘记自身为国的原因啊。”

黄权字公衡①,巴西人也,州牧刘璋召为主簿。时别驾张松建议,宜迎先主,使伐张鲁②。权谏曰:“左将军有骁名③,今请到,欲以部曲遇之④,则不满其心;欲以宾客礼待之,则一国不容二君。若客有泰山之安,则主有累卵之危矣⑤。”璋不听,出权为广汉长⑥。先主遂袭取益州,诸县望风影附⑦,权闭城门坚守,须刘璋稽服⑧,乃诣先主。先主假权偏将军⑨。先主将东伐吴,权谏曰:“吴人捍战⑩,又水军顺流,进易退难,臣请为先驱以尝寇,陛下宜为后镇⑪。”先主不从,以权为镇北将军⑫,督江北军⑬。南军败绩⑭,先主引退,而道隔绝,权不得还,故率将所领降于魏⑮。有司执法,白收权妻子⑯。先主曰:“孤负黄权,权不负孤也。”待之如初。臣松之以为汉武用虚罔之言⑰,灭李陵之家;刘主拒宪司所执⑱,宥黄权之室⑲,二主得失,县邈远矣⑳。魏文帝谓权曰:“君舍逆效顺㉑,欲追踪陈、韩邪㉒?”权对曰:“臣过受刘主殊遇㉓,降吴不可,还蜀无路,是以归命㉔。且败军之将,免死为幸,何古人之可慕也㉕!”文帝善之,拜为镇南将军㉖,封育阳侯㉗,加侍中,使之陪乘㉘。蜀降人或云诛权妻子,权知其虚言,未便发丧㉙,后得审问,果如所言。及先主薨,问至魏㉚,群臣咸贺,而权独否。

【注释】

①黄权字公衡:本段节录自《黄李吕马王张传·黄权传》。黄权,字

公衡,巴西郡阆中县(今四川阆中)人。曾为郡吏,后被刘璋召为主簿,外放广汉县长。刘备拜为偏将军、治中从事。刘备伐吴,黄权献策不被采纳,为镇北将军。刘备伐吴败还,黄权不得归,无奈之下降魏。魏文帝拜镇南将军,封育阳侯,加侍中,后领益州刺史,进驻河南。后迁车骑将军、仪同三司。去世谥号景。

②张鲁:字公祺,一作"公旗",祖籍沛国丰县(今江苏丰县)。天师道(五斗米道)教祖张陵之孙。于东汉末割据汉中,自称师君,传播五斗米道,据汉中近三十年,后投降曹操,官拜镇南将军,封阆中侯,食邑万户,去世谥号原。

③左将军:战国已有,秦因之,汉不常置,金印紫绶,位仅次于上卿,职务或典京师兵卫、或屯兵边境,汉后逐渐废弃。此指刘备。骁名:勇武的声誉。

④部曲:部属,部下。

⑤累卵:堆叠的蛋。比喻极其危险。

⑥广汉长:广汉县长。广汉,治今四川射洪南。

⑦影附:指如影附形。比喻依附、附随。

⑧须:等待。稽服:叩头至地表示臣服。

⑨假:指授以代理官职。

⑩捍战:勇悍善战。

⑪后镇:居后镇守的人。

⑫镇北将军:四镇将军之一,位次四征将军,掌征伐背叛、镇戍四方。

⑬江北:长江以北。

⑭败绩:溃败。

⑮率将:带领。

⑯白:报告。收:拘捕。

⑰松之:即裴松之,字世期,河东闻喜(今山西闻喜)人。南朝宋著名史学家,为《三国志》作注;与儿子裴骃、曾孙裴子野被称为史

　　学三裴。虚阄：犹虚妄，虚伪荒诞。

⑱宪司：魏晋以来御史的别称。

⑲宥：宽恕，原谅。

⑳县（xuán）：悬殊，差别大。邈远：遥远。

㉑效顺：表示忠顺，投诚。

㉒追踪：追随，效法。陈：陈平。韩：韩信。二人在秦末乱局中均背
　　楚归汉。

㉓殊遇：特别的知遇。多指帝王的恩宠、信任。

㉔归命：归顺，投诚。

㉕慕：效法。

㉖镇南将军：四镇将军之一，位次四征将军，掌征伐背叛、镇戍四方。

㉗育阳：一作“淯阳”，秦置县，秦、汉、三国属南阳郡，位于今河南南
　　阳宛城区瓦店镇西英庄镇一带。

㉘陪乘：一起乘车。是帝王加于臣下的一种宠遇，同时起到侍卫的
　　作用。

㉙未便：不要立即，没有立即。

㉚问：音讯。

【译文】

　　黄权，字公衡，是巴西人，益州牧刘璋征召他当主簿。当时别驾张松提出建议，说应该迎来先主，让他讨伐张鲁。黄权劝谏说：“刘将军有勇武的名声，假如请到他，想用对待部下的态度对待他，那他内心就不会满足；想用宾客的礼节对待他，那一国容纳不了两个君主。倘若客人有如泰山一样安稳，那么主上就像堆叠的蛋那样极其危险了。”刘璋不听，把他外派去当广汉县长。先主于是就袭击攻取益州，各县都望风降附，黄权关闭城门坚守，一直到刘璋叩头投降后，黄权才去拜见先主。先主授予他代理偏将军的官职。先主将要东征讨伐吴国，黄权劝谏说：“吴军勇悍善战，另外水军顺流而下，前进容易后退难，我请求作为先驱尝试跟敌

寇作战,陛下应该在后面镇守。"先主没有听从,任命黄权为镇北将军,统领长江以北军队。江南军队溃败,先主领兵后退,而江北道路隔绝,黄权不能回还,所以带领部下投降魏国。主管官员执行法令,报告要拘捕黄权的妻子儿女。先主说:"是我辜负了黄权,黄权没有辜负我呀。"对待他们还跟当初一样。臣松之认为,汉武帝因为虚伪荒诞之言,灭了李陵一家;刘先主拒绝御史执法,宽恕了黄权的家室,两位君主的得失,差距是多么大啊。魏文帝对黄权说:"你舍弃反逆前来归顺,是想要效法陈平、韩信弃楚归汉吗?"黄权回答说:"我过分地受到刘主特别的恩遇,投降吴国不可以,回还蜀国没有路,因此才归顺。况且作为败军之将,免去一死就是幸运,还能效法什么古人呢!"文帝觉得他很好,任命他为镇南将军,封为育阳侯,加官侍中,让他陪同自己乘车。蜀国投降的人有人说蜀汉诛杀了黄权的妻子儿女,黄权知道是谎言,没有立即发丧,后来得到确切的消息,果然跟他预想的一样。等到先主去世,音讯传到魏国,群臣都来祝贺,只有黄权没来。

蒋琬字公琰①,零陵人也。随先主入蜀,除广都长②。先主尝因游观奄至广都③,众事不理,时又沉醉,先主大怒,将加罪戮。诸葛亮请曰:"蒋琬,社稷之器,非百里之才④。其为政以安民为本,不以修饰为先⑤,愿公重加察之。"先主雅敬亮⑥,但免官而已。亮每言:"公琰托志忠雅⑦,当与吾共赞王业者也⑧。"密表后主⑨:"臣若不幸,后事宜以付琬。"亮卒,琬为尚书令,迁大将军,录尚书事。时新丧元帅⑩,远近危竦⑪。琬出类拔萃,处群僚之右,既无戚容,又无喜色,神守举止⑫,有如平日,由是众望渐服。加大司马⑬。东曹掾杨戏素性简略⑭,琬与言论,时不应答。或欲构戏于琬曰⑮:"公与戏语而不见应,戏之慢上,不亦甚乎!"琬曰:"人心不同,各如其面;面从后言⑯,古人之所诫也。戏欲赞吾是邪,则非其本心;欲反吾言,则显吾之非,是以默然,是戏之快也⑰。"又督农杨敏曾毁琬曰⑱:"作事愦愦⑲,诚非及前人。"或以白琬,主者请推治敏⑳,琬曰:"吾实不如前人,无可推也。"主者重据听不推,则乞问其愦愦之状㉑。琬曰:"苟其不如,则事不当理㉒;事不当理,则愦愦矣。复何问邪?"后敏坐事系狱,众人犹惧其必死,琬心无适莫㉓,得免重罪。

【注释】

①蒋琬字公琰:本段节录自《蒋琬费祎姜维传·蒋琬传》。蒋琬,字公琰,零陵郡湘乡县(今湖南湘乡)人。初随刘备入蜀,为广都县长,不理政事,惹怒刘备,因诸葛亮的劝说仅罢免,后受诸葛亮培养,官丞相长史兼抚军将军。诸葛亮去世后继其执政,拜尚书令,又加行都护、假节,领益州刺史,再迁大将军,录尚书事,封安阳亭侯,后受命开府,加大司马,总揽蜀汉军政。病逝谥号恭。与诸葛亮、董允、费祎合称蜀汉四相。

②除:授官。广都:县名。西汉置,属蜀郡,东汉县治在今四川成都北。蜀汉隶属关系不变。

③奄至:忽然来到,骤然而至。

④百里:指一县。

⑤修饰:指讲究外表、形式。

⑥雅敬:向来敬重。

⑦托:依靠,寄托。

⑧赞:佐助。王业:帝王的事业。指统一天下、建立王朝。

⑨密表:秘密上表。

⑩元帅:主帅,统率全军的首领。

⑪危竦:危惧。

⑫神守:犹神色。

⑬加:使居其位,担任。

⑭东曹掾:汉朝公府办事分曹,有东曹、西曹等,各曹办事官员称曹掾。杨戏:字文然,犍为郡武阳县(今四川彭山)人。杨戏为人简慢粗疏,忠诚宽厚,早期担任督军从事、丞相府主簿,后来受到蒋琬的器重,并在蜀汉后期官至护军、监军、建宁太守、梓潼太守、射声校尉。后因得罪姜维被罢免。简略:简慢粗疏。

⑮构:设计陷害。

⑯面从后言:表面顺从,背后诽谤。见《尚书•益稷》:"予违汝弼,汝无面从,退有后言。"

⑰快:爽快,直爽。

⑱督农:三国蜀置,掌监督农业生产,征收粮食以供军用。

⑲愦愦:昏庸,糊涂。

⑳推:推究,审问。

㉑乞问:希望讯问。

㉒当理:合理。

㉓适(dí)莫:指用情的亲疏厚薄。见《论语•里仁》:"君子之于天下也,无适也,无莫也,义之与比。"

【译文】

蒋琬,字公琰,是零陵人。跟随先主进入蜀地,授以广都县长官职。先主曾因为游览突然来到广都县,发现蒋琬众多事务全不治理,当时又大醉,先主大怒,要将他治罪诛戮。诸葛亮请求说:"蒋琬,是江山社稷之才,不是治理一县的人才。他施政把让民众平安当做根本,而不把讲究形式放在首位,希望您能重新加以察考。"先主向来敬重诸葛亮,只是罢免了蒋琬的官职罢了。诸葛亮经常说:"公琰心志忠诚雅正,是应当跟我共同佐助帝王大业的人。"秘密上表给后主:"我倘若不幸去世,后事应该交付蒋琬。"诸葛亮去世，蒋琬担任尚书令，升职大将军，统领尚书台事务。当时蜀国刚刚失去主帅，远近都感到危惧。蒋琬卓越出众，处在群僚之上，既没有悲戚的面容，也没有喜悦的脸色，神色举止跟平常一样，因此逐渐被众人信服。后担任大司马。东曹掾杨戏平素性情简慢粗疏，蒋琬跟他谈论事情，有时并不应答。有人想要在蒋琬面前设计陷害杨戏，说："长官您跟杨戏谈话而他不应答，杨戏慢待上官，不也太严重了吗！"蒋琬说："人心不相同，像人的面貌各不相同一样；当面顺从背后说坏话，是古人都告诫过不能做的。杨戏想要称赞我正确，那就不是他的本心；想要反对我的主张，那就显扬我的不是，因此他沉默，这是他的爽快呀。"又督农杨敏曾经诋毁蒋琬说："做事昏聩，真的赶不上前人。"有人把这事报告了蒋琬，主事官员请求批准推究审问杨敏，蒋琬说："我确实赶不上前人，没有可以推究的。"主事人重新请求，即使不追究，也希望讯问他说蒋琬昏聩的证据。蒋琬说："如果说不如前人，那就是做事不合理；做事不合理，那就是昏聩了。还又问什么呢？"后来杨敏因犯事得罪入狱，众人还担心他必定会死，蒋琬心中没有亲疏厚薄，得以免治重罪。

杨戏字文然^①，犍为人也，为射声校尉^②。著《季汉辅臣赞》^③。其注载：诸葛亮与张裔、蒋琬书曰："掾属丧杨颙^④，为朝中多损益^⑤。"《襄阳记》曰^⑥：杨颙，字子昭，为丞相诸葛亮主簿。亮尝自校簿书^⑦，颙直入谏曰："为治有体，上下不可相侵，请为明公以作家譬之。今有人于此，使奴执耕稼，婢典炊爨^⑧，鸡主司晨，犬主吠盗，牛负重载，马涉远路，私业无旷，所求皆足，雍容高枕，饮食而已。忽一旦尽欲以身亲其役，不复付任^⑨，劳其体力，为此碎务，形疲神困，终无一成。岂其智之不如奴、婢、鸡、狗哉？失为家主之法也。是故古人称坐而论道谓之王公，作而行之谓之士大夫^⑩。邴吉不问横道死人而忧牛喘^⑪，陈平不肯知钱谷之数，云自有主者^⑫，彼诚达于位分之体也。今明公为治,乃躬自校簿书,流汗竟日,不亦劳乎!"亮谢之。又有:义阳傅肜^⑬,先主退军,断后拒战,兵人死尽。吴将语肜令降,肜骂曰:"吴狗! 何有汉将军降者。"遂战死。子佥为关中都督,景耀六年^⑭,又临危授命。《蜀记》载^⑮,晋武帝诏曰:"蜀将傅佥^⑯,前在关城,身拒官军,致死不顾。佥父肜为刘备战亡。天下之善一也,岂由彼此以为异?"佥息著、募,后没入奚官^⑰,免为庶人。

【注释】

①杨戏字文然:本段节录自《邓张宗杨传·杨戏传》。

②射声校尉:汉武帝置八校尉之一,掌待诏射声,秩比二千石。射声,意为闻声即能射中。指善射。

③《季汉辅臣赞》:杨戏于延熙四年(241)所著的一篇文章,其内容是对蜀汉历代君臣的赞美。

④掾属:佐治的官吏。汉代掾属人员由主官自选,不由朝廷任命;魏晋以后,改由吏部任免。杨颙:字子昭,荆州襄阳(今湖北襄阳)人。先后担任巴郡太守、丞相主簿、丞相东曹属,深受诸葛亮的信任。

⑤损益:偏指损,损失。

⑥《襄阳记》:即《襄阳耆旧记》,习凿齿撰,共五卷,是研究襄阳古代人文的重要历史文献。

⑦簿书:官署中的文书簿册。

⑧炊爨(cuàn):生火做饭,炊事。

⑨付任:把事情交给别人去做。

⑩是故古人称坐而论道谓之王公,作而行之谓之士大夫:见《周礼·考工记》:"坐而论道,谓之王公;作而行之,谓之士大夫;审曲面势,以饬五材,以辨民器,谓之百工。"论道,指谋虑政务。王公,王指天子,公指诸侯。士大夫,官吏或有声望地位的知识分子。

⑪邴吉不问横道死人而忧牛喘：见《汉书·魏相丙吉传》："吉又尝出，逢清道群斗者，死伤横道，吉过之不问，掾史独怪之。吉前行，逢人逐牛，牛喘吐舌。吉止驻，使骑吏问：'逐牛行几里矣？'……吉曰：'民斗相杀伤，长安令、京兆尹职所当禁备逐捕……宰相不亲小事，非所当于道路问也。方春少阳用事，未可大热，恐牛近行，用暑故喘，此时气失节，恐有所伤害也。三公典调和阴阳，职当忧，是以问之。'"邴（或作丙）吉，字少卿。初任鲁国狱史，累迁廷尉监，在巫蛊之祸中曾保护皇曾孙刘询（汉宣帝），后任大将军霍光长史，建议迎立汉宣帝，封关内侯，后为太子太傅、御史大夫，封博阳侯。后为丞相。他为政宽大，为麒麟阁十大功臣之一。

⑫陈平不肯知钱谷之数，云自有主者：见《史记·陈丞相世家》："问右丞相勃曰：'天下一岁决狱几何？'勃谢曰：'不知。'问：'天下一岁钱谷出入几何？'勃又谢不知，汗出沾背，愧不能对。于是上亦问左丞相平。平曰：'有主者。'上曰：'主者谓谁？'平曰：'陛下即问决狱，责廷尉；问钱谷，责治粟内史。'上曰：'苟各有主者，而君所主者何事也？'平谢曰：'主臣！陛下不知其驽下，使待罪宰相。宰相者，上佐天子理阴阳，顺四时，下育万物之宜，外镇抚四夷诸侯，内亲附百姓，使卿大夫各得任其职焉。'"陈平，阳武县户牖乡（今河南原阳）人。西汉王朝的开国功臣之一，因功先后受封为户牖侯和曲逆侯，曾任丞相，死后谥献侯。

⑬义阳：三国所置郡，最初治所在安昌（今湖北枣阳东南）。傅肜（róng）：南阳义阳（今湖北枣阳）人。蜀汉将军，章武元年（221）为中军护卫，随刘备伐吴；刘备被陆逊火烧连营，傅肜为保护刘备率军断后，死战吴军，因精疲力竭吐血而死。

⑭景耀六年：263年。景耀，蜀汉后主刘禅的年号（258—263）。

⑮《蜀记》：晋朝王隐所著，是记载三国时蜀汉的史书。

⑯傅佥：傅肜之子，长于谋略，颇有胆气。官至关中都督。魏国攻伐

　　蜀汉时,傅佥和蒋舒防守阳安关,兵败战死。

⑰没入:指没收财物、人口等入官。奚官:职司养马,晋置,属少府。

【译文】

　　杨戏,字文然,是犍为人,担任射声校尉。著有《季汉辅臣赞》。书的注释记载:诸葛亮给张裔、蒋琬写信说:"掾属死了杨颙,是朝廷的很大损失。"《襄阳记》说:杨颙,字子昭,担任丞相诸葛亮主簿。诸葛亮曾经亲自校对官署中的文书簿册,杨颙径直进去劝谏说:"进行治理有一定的体制规矩,上下级不可以互相侵扰,请允许我用居家来做譬喻。如果现在有一个人在这里,让奴仆从事耕种的庄稼,婢女主管生火做饭,鸡管报晓,狗管防盗,牛负担重载,马跋涉远路,私人的事也没有荒废,所有的欲求都能满足,从容不迫无忧无虑,吃吃喝喝罢了。忽然有一天想要亲自竭力从事各项劳役,不再把事情交给别人做,劳累自己的体力,从事这些琐碎的工作,形体疲劳,精神困顿,最终一无所成。难道是他的智慧不如奴仆、婢女、鸡和狗吗?是失去了他作为家长的方法啊。古人说过,坐着谋划政务的叫做王公,执行命令,亲自去做事情的叫做士大夫。邴吉不问横在道路上的死人而担忧牛喘,陈平不肯知道钱谷数量,说自有主管的官员,他们真的懂得各司其职的道理。现在明公您治理国政,却亲自校对文书簿册,整天流汗,不也太劳累了吗?"诸葛亮感谢他。又记载有:义阳人傅肜,先主军队撤退时,他断后抵御抗击吴军,士兵都死光了。吴军将领跟傅肜说让他投降,傅肜骂道:"吴狗!哪里有汉将军投降的。"于是战死。儿子傅佥担任关中都督,景耀六年,又在危难之际接受任命。《蜀记》记载,晋武帝下诏令说:"蜀军将领傅佥,以前在关城,亲身抗拒官军,到死也不回头。傅佥的父亲傅肜为刘备战死。天下的美善是一致的,难道还分什么彼此不同吗?"傅佥的儿子傅著、傅募,后来被没入奚官,赦免成为平民。

吴志（上）

【题解】

　　《吴志》包含了孙权等三位帝王以及孙吴早期的十三位大臣的传记节录。孙权部分仅节录他所用之人以及信任吕壹的错误和最终杀死他并自责。孙休部分写了他想要讲习学业，却又听任张布摆布，实为软弱君主。孙皓则写他初立似乎英明，但很快原形毕露，暴虐已极，最终亡国。张昭部分写到孙策对他的信任以及张昭对孙权的直谏。顾谭部分写他对嫡庶之争的劝谏。步骘部分写他劝谏孙权终诛吕壹。张纮部分写他临终留下书札劝告孙权正己容人。吕蒙部分除写他打败关羽，还写了孙权对他病情的关切。吕范部分写他执行财务纪律的严格以及孙权执政前后对他态度的不同。虞翻部分写其性情疏直，得罪孙权，虽有刘基相劝，终于迁徙交州。张温部分写了孙权对他的名声及出使对蜀政的称赞的不满，借暨艳之事将他贬斥。骆统拥有文才武略，还算是孙权比较能听取意见的人。朱据作为孙权的女婿还被吕壹冤枉，幸亏有人察觉实情才得以彻查吕壹。从此卷节录内容可见编者看重的是君臣的相处之道。

　　孙权字仲谋①，吴郡人，策弟也②。策薨，以事授权。权待张昭以师傅之礼③，而周瑜、程普、吕范等为将率④。招延俊秀⑤,聘求名士,鲁肃、诸葛瑾等始为宾客⑥。分部诸将⑦,镇抚山越⑧,讨不从命。赤乌元年⑨,初,权信任校事吕壹⑩,壹性苛惨⑪,用法深刻⑫。太子登数谏⑬,权不纳,大臣由是莫敢言。后壹奸罪发露伏诛⑭,权引咎责躬⑮,乃使中书郎袁礼告谢诸将⑯,因问时事所当损益⑰。

【注释】

①孙权字仲谋:本段节录自《吴主传》。孙权,字仲谋,吴郡富春县(今浙江杭州富阳区)人。是三国时期孙吴的建立者。

②策:即孙策,字伯符。破虏将军孙坚长子、吴大帝孙权长兄。初事袁术。袁术僭越称帝后,孙策与之决裂,被朝廷任命为骑都尉,袭父爵乌程侯,兼任会稽太守,后为讨逆将军,封吴侯;击败庐江太守刘勋及刘表部将黄祖,在夺取豫章郡后统一江东;后在丹徒狩猎时为许贡门客所伤而亡,其弟孙权接掌势力,并于称帝后,追谥孙策为长沙桓王。

③张昭:字子布,徐州彭城(今江苏徐州)人。孙策创业,任命为长史、抚军中郎将,文武之事都委任张昭。孙策临死将孙权托付给张昭,张昭辅立孙权,帮助稳定局势。赤壁之战时,张昭主降。孙权代理车骑将军时,张昭为军师。孙权为吴王后,为绥远将军,封由拳侯。孙权称帝后,张昭以年老多病为由请退,改拜辅吴将军、班亚三司,改封娄侯,去世谥号文。

④周瑜:字公瑾,庐江舒(在今安徽舒城)人。有姿貌、精音律,少与孙策交好,随孙策平定江东。孙策身亡,周瑜将兵赴丧,以中护军的身份与长史张昭共掌众事。后周瑜与刘备联合,赤壁之战大败曹操,由此奠定了三分天下的基础。又率军大破曹仁,拜偏将军领南郡太守。后病死。程普:字德谋,右北平土垠(今河北丰润

东）人。历仕孙坚、孙策、孙权三代。他与张昭等共同辅佐孙权，功勋卓著，赤壁之战与周瑜分任左右都督打败曹操，之后大破曹仁于南郡，被尊称为程公，在"江表之虎"中位列第一。吕范：字子衡，汝南郡细阳县（今安徽阜阳）人。追随孙策、孙权征伐四方，孙权比之于东汉开国元勋吴汉。吴国建立后，吕范累官至前将军、假节、扬州牧，封南昌侯，后拜为大司马，未得授官，便已病逝，孙权遣使赠其大司马印绶。将率：同"将帅"。

⑤招延：招请，延请。俊秀：才智杰出的人。

⑥诸葛瑾：字子瑜，琅邪阳都（今山东临沂）人。诸葛亮之兄，诸葛恪之父。胸怀宽广，温厚诚信，孙权深相信赖。努力缓和蜀汉与孙吴的关系。吕蒙病逝，诸葛瑾代吕蒙领南郡太守，驻守公安。孙权称帝后，诸葛瑾官至大将军，领豫州牧。

⑦分部：指部署，分派。

⑧山越：古代对南方山区少数民族的通称。

⑨赤乌元年：238年。赤乌，三国东吴孙权的年号（238—251）。

⑩校事：三国时魏、吴所置掌侦察刺探官民情事的官名，是皇帝或执政的耳目。吕壹：三国时期孙吴人，受孙权用为心腹，任中书典校事，监察中央和地方州郡文书事。壹为人险狠，曾经诬陷宰相顾雍、左将军朱据等人。后因诬告事发，被斩首。

⑪苛惨：暴虐，残酷。

⑫深刻：严峻苛刻。

⑬太子登：即孙登，字子高。吴大帝孙权长子。孙权称帝，立孙登为皇太子。他多次劝谏孙权，对时政多有匡弼。镇守武昌时，处理政务谨慎得体。嘉禾元年（232）还居建业。去世谥号宣太子。

⑭发露：指被揭露。伏诛：被处死。

⑮引咎：归过失于自己。责躬：反躬自责。

⑯中书郎：三国吴、蜀有此官，属中书令。告谢：请罪，道歉。

⑰损益：兴革。

【译文】

　　孙权，字仲谋，是吴郡人，孙策的弟弟。孙策去世，把国事交付孙权。孙权用对待师傅的礼节对待张昭，任用周瑜、程普、吕范为将帅。延请才智杰出的人，礼聘知名人士，鲁肃、诸葛瑾等人开始成为宾客。分派各位将领，镇抚南方的山越部族，讨伐不听从命令的势力。赤乌元年，当初，孙权信任校事吕壹，吕壹性情暴虐，执行法令严峻苛刻。太子孙登屡次劝谏，孙权不采纳，大臣因此没人敢说话。后来吕壹的奸罪被揭露处死，孙权把过失归结于自己并反躬自责，就让中书郎袁礼向各位将领道歉，并问询当时政事中应该兴办和革除的事项。

　　孙休字子烈①，权第六子也。弟亮废②，孙綝使迎休③，改元永安④。以丞相濮阳兴及左将军张布有旧恩⑤，委之以事，布典宫省⑥，兴关军国⑦。休锐意于典籍⑧，欲与韦曜、盛冲讲论道艺⑨。曜、冲素皆切直⑩，布恐入侍，发其阴失，令己不得专，因妄饰说以拒遏之⑪。休答曰："孤之涉学，所见不少，其明君暗主，奸臣贼子，成败之事，无不览也。今曜等入，但欲与讲论书耳，不为从曜等始更受学也。纵复如此，亦何所损？君特当以曜等恐道臣下奸变之事⑫，以此不欲令入耳。"布得诏陈谢⑬，重自序述⑭，又言惧妨政事。休答曰："书籍之事，患人不好，好之无伤也。此无所为非，而君以为不宜，是以孤有所及耳。政务学业，其流各异，不相妨也。不图君今日在事⑮，更行此于孤也，良所不取。"布拜表叩头⑯，休答曰："聊相开悟耳，何至叩头乎！如君之忠诚，远近所知。《诗》云：'靡不有初，鲜克有终⑰。'终之实难，君其终之。"初，休为王时，布为左右将督^⑱，素见信爱。及至践阼，厚加宠待，专擅国势，多行无礼。自嫌瑕短，惧曜、冲言之，故尤患忌。休虽解此旨，心不能悦，更恐其疑惧，竟如布意，废其讲业^⑲，不复使冲等入。

【注释】

①孙休字子烈：本段节录自《三嗣主传·孙休传》。孙休，字子烈。吴大帝孙权之子，受封琅邪王。太平三年（258）孙綝政变，罢黜孙亮，迎立孙休为帝，孙休三让而受，改元永安。

②弟亮：即孙亮，字子明。吴大帝孙权之子，母潘皇后，十岁登基为帝，十五岁亲政，但一年后（258）就被权臣孙綝废为会稽王，后再贬为候官侯，在前往封地途中自杀（一说被毒杀）。史称吴少帝、吴废帝、会稽王。

③孙綝（shēn）：字子通。孙吴宗室，初任偏将军，后接替北伐中过世的从兄孙峻升任侍中兼武卫将军，领中外诸军事。消灭了反对他的大司马滕胤、骠骑将军吕据，升为大将军，封永宁侯。他嗜好杀戮，最终废黜孙亮，改立琅邪王孙休为帝。孙休即位后，加孙綝为丞相，领荆州牧。后被孙休定计捕杀。

④改元：君主改用新年号纪年。年号以一为元，故称改元。永安：三国孙吴景帝孙休年号（258—264）。

⑤濮阳兴：字子元，陈留（治今河南开封）人。为上虞县令，升任尚书左曹、五官中郎将、会稽太守。孙休即位，征召为太常卫将军、平军国事，封外黄侯。孙休去世，濮阳兴与张布迎立孙皓，任侍郎，兼任青州牧，同年被万彧谮毁，流放广州，被孙皓派人追杀，并夷三族。左将军：金印紫绶，位仅次于上卿，职务或典京师兵卫、或屯兵边境。张布：孙休为王时，布为左右将督，素见信爱。孙休

为帝,布由长水校尉迁辅义将军,封永康侯,旋为左将军。休阴与
布图计,于殿中缚孙綝,綝伏诛,加布中军督。休卒,与丞相濮阳
兴废休子而迎立孙皓;皓既得志,粗暴骄盈,令人失望,兴、布窃悔
之,或以谮皓,布与兴为皓所诛。

⑥典:掌管。宫省:设在皇宫内的官署,如尚书、中书等。

⑦关:参与,关心。军国:统军治国。

⑨韦曜:本名韦昭,字弘嗣,吴郡云阳(今江苏丹阳)人。东吴四朝
　重臣,著名史学家。孙休为帝,立五经博士而创设国学,韦昭官拜
　中书郎,出任博士祭酒,掌管国子学。孙皓即位,韦昭封高陵亭
　侯,担任中书仆射、侍中,领左国史,后为孙皓所害。著有《吴书》
　(合著)《汉书音义》《国语注》等。盛冲:孙权时任郎中,为孙休
　老师,后任博士。讲论:讲谈论议。道艺:指学问和技能。

⑩切直:恳切率直。

⑪饰说:虚饰其辞,托辞掩饰。

⑫奸变:奸邪怪诞。

⑬陈谢:表示歉意。

⑭序述:叙述。

⑮不图:不料。在事:居官任事。

⑯拜表:上奏章。

⑰"《诗》云"几句:见《诗经·大雅·荡》。

⑱将督:军事长官,或云即都督。

⑲讲业:研习学业。

【译文】

　　孙休,字子烈,是孙权的第六个儿子。他的弟弟孙亮被废,孙綝派使
者迎立孙休,改元永安。孙休因为丞相濮阳兴和左将军张布旧日与自己
有恩情,所以委任他们政事,张布掌管皇宫内的官署,濮阳兴参与统军治

国。孙休用心钻研典籍,想要跟韦曜、盛冲讲谈议论学问技能。韦曜、盛冲都恳切率直,张布害怕他们进入侍奉,会揭发自己不为人知的过失,让自己不能独断专行,因此就胡乱用托词来阻止。孙休回答说:"我研究学问,看到的也不少了,那些英明之君、昏暗之主,奸臣贼子,成功失败的事情,没有不浏览的。现今韦曜等人入宫,只是跟我讲谈议论书籍罢了,并不是为了跟韦曜等人重新开始学习。就算重新学习,又有什么损害呢?您只不过是担心韦曜等人会讲些臣下奸邪狡诈的事情,因此不想让他们入宫罢了。"张布得到诏书后道歉,自己又重新叙述观点,又说害怕妨碍政事。孙休回答说:"书籍的事情,就担忧人们不喜好,喜好就没有什么伤害了。这没有什么不对,而您认为不合适,因此我才有所论及。政务跟学业,他们的流派是不一样的,不会互相妨碍。没有料到您今天居官任事,会做不让我接近儒生的事,这是我很不赞同的。"张布上奏章磕头,孙休回答说:"姑且启发你罢了,哪里至于磕头呢!像您这样忠诚,远远近近都知道。《诗经》言道:'做事情无不有好的开始,但是很少能有好的终了。'好的终了实在很难,希望您能有个好的终了。"当初,孙休做琅邪王时,张布为左右将督,孙休十分信任宠爱他。到孙休登上皇位,给了他深厚的恩遇,张布由此专擅国家权力,做了很多无礼的事情。他忌讳自己的缺陷短处,惧怕韦曜、盛冲说出,所以特别担忧忌讳。孙休虽然明白这些,心中不高兴,却更怕张布怀疑惧怕,最终还是按张布的意思,废弃了研习学业,不再让盛冲等人进来。

孙皓字元宗①,权孙也。休薨,迎立皓。《江表传》曰②:皓初立,发优诏③,恤士民,开仓廪,振贫乏④,料出官女以配无妻⑤,禽兽扰于苑者放之⑥。当时翕然称为明主矣⑦。皓既得志,粗暴骄盈,多忌讳,好酒色,大小失望。凤皇二年⑧,皓爱妾或使人至市,劫夺百姓财物。司市中郎将陈声⑨,素皓幸臣也,绳之以法。妾诉皓，皓大怒，假他事，烧锯断声头，投其身于四望之下⑩。天玺元年⑪，会稽太守车浚、湘东太守张咏不出筭缗⑫，就在所斩之，徇首诸郡⑬。《江表传》曰：浚在公清忠⑭，值郡荒旱，民无资粮⑮，表求振贷⑯。皓谓浚欲树私恩⑰，遣人枭首⑱。又尚书熊睦见皓酷虐⑲，微有所谏，皓使人以刀环撞杀之，身无完肌。天纪三年⑳，晋命杜预向江陵㉑，王濬、唐彬浮江东下㉒。初，皓每宴会群臣，无不咸令沉醉。置黄门郎十人㉓，特不与酒，侍立终日，为司过之吏㉔，宴罢之后，各奏其阙失，逆视之咎㉕，谬言之愆㉖，罔有不举。大者即加威刑，小者辄以为罪。后宫数千，而采择无已。又激水入宫㉗，宫人有不合意者，辄杀流之。或剥人之面，或凿人之眼。岑昬险谀贵幸㉘，致位九列㉙。好兴功役㉚，众所患苦。是以上下离心，莫为尽力，盖积恶已极，不复堪命故也。四年，濬、彬所至，则土崩瓦解。皓奉书于濬。濬受皓之降。

【注释】

①孙皓字元宗：本段节录自《三嗣主传·孙皓传》。孙皓，字元宗，小名彭祖。吴大帝孙权之孙，废太子孙和之子，东吴末代皇帝。即位初期，施行明政，后沉溺酒色，专于杀戮，变得昏庸暴虐。天纪四年（280）西晋攻破建康，投降，封为归命侯，后在洛阳去世。

②《江表传》：西晋人虞溥著。记述三国史事，尤以吴国事迹为详。

③优诏：褒美嘉奖的诏书。

④振：赈，赈济。

⑤料：别择，挑选。

⑥扰：驯养。

⑦翕然：指一致称颂。

⑧凤皇二年：273年。凤皇，孙皓的年号（272—274）。

⑨司市中郎将：主管市场贸易的官员。陈声：为中书丞、司市中郎将，是孙皓的宠臣。孙皓的宠妃遣人去集市劫夺百姓财物，陈声将他们绳之以法。孙皓十分生气，后借别的事情将其杀害。

⑩四望：山名。在今江苏南京西北。

⑪天玺元年：276年。天玺，孙皓的年号（276）。

⑫会稽：郡名。秦置，治所在吴县（今江苏苏州）。东汉顺帝时移治山阴县（今浙江绍兴）。车浚：三国时吴国官员，官至太守。湘东：郡名。三国时设置，郡治酃县（今湖南衡阳东）。算缗：即算缗钱，本是汉代税法之一，对商人、手工业者、高利贷者等所征的赋税。课税对象为商品或资产，缗钱为计税单位。算，同“算”。

⑬徇首：指传首示众。

⑭清忠：清正忠诚。

⑮资粮：泛指钱粮。

⑯振贷：赈济。

⑰私恩：私人的恩惠。

⑱枭首：斩首并悬挂示众。

⑲熊睦：豫章（今江西南昌）人。孙皓时出任广州刺史，又入朝为尚书，孙皓为政苛虐，微有谏诤，孙皓怒杀熊睦。

⑳天纪三年：279年。天纪，孙皓的年号（277—280）。

㉑杜预：字元凯，京兆杜陵（今陕西西安）人。曹魏授尚书郎，封丰乐亭侯。西晋时历任河南尹、安西军司、秦州刺史、度支尚书，迁镇南大将军，是晋灭吴之战的统帅之一，封为当阳县侯，入为司隶校尉，逝世追赠征南大将军、开府仪同三司，谥号为成。江陵：春秋战国时为楚国国都，汉朝时为荆州治所，故常把荆州称为江陵。在今湖北荆州。

㉒王濬：字士治，小字阿童，弘农郡湖县（今河南灵宝西）人。任河东从事、广汉太守、益州刺史，入朝为右卫将军、大司农。晋武帝留王濬镇益州，作攻吴准备。咸宁五年（279），率水陆军顺流而下，次年率先进入石头城，接受孙皓投降。拜辅国大将军、步兵校尉，封襄阳县侯，累官抚军大将军、开府仪同三司、散骑常侍、后军将军等。去世谥号武。唐彬：字儒宗，邹（今山东邹城）人。历任郡门下掾、主簿等。司马昭征为掾属，迁尚书水部郎，赐爵关内侯。灭吴之战迁任右将军、都督巴东诸军事，被征拜为翊军校尉，封上庸县侯，食邑六千户，再拜使持节、监幽州诸军事，领护乌丸校尉、右将军，因事被免职问罪，后再任使持节、前将军、西戎校尉、雍州刺史，去世谥号襄。

㉓黄门郎：多指黄门侍郎。秦置，即给事于宫门之内的郎官，是皇帝近侍之臣，由士人充当，可传达诏令，汉代以后沿用。秦汉时，宫门多油漆成黄色，故称黄门。

㉔司过：掌纠察群臣过失。

㉕逆视：迎视。

㉖愆：罪过，过失。

㉗激：阻挡水流。

㉘岑昏：孙皓时任尚书，以险谀贵幸，致位九卿之列。险谀：奸诈谄媚。

㉙九列：九卿的职位。

㉚功役：兴建土木工程的劳役。

【译文】

孙皓，字元宗，是孙权的孙子。孙休去世，迎立孙皓为皇帝。《江表传》说：孙皓刚立为皇帝，颁发褒美嘉奖的诏书，抚恤民众，打开仓库，赈济贫困，选择宫女出宫当没有妻子的人的配偶，把在皇家园林里驯养的野兽都放了。当时一致称颂孙皓是英明之主。孙皓实现志愿之后，就暴躁骄傲且自满，有很多忌讳，喜好美酒女人，大大小小官员都对他失望了。凤凰二年，孙皓的爱妾有时派人到市集劫夺百姓的财物。司市中郎将陈声，平素是孙皓宠幸的臣子，把抢夺者按照法律进行惩罚。爱妾告诉孙皓，孙皓大怒，借别的事情，用烧红的锯子锯断陈声的头颅，把尸身扔到四望山下。天玺元年，会稽太守车浚、湘东太守张咏不能交出算缗税，在任所问斩，在各个郡传首示众。《江表传》说：车浚在任时，清正忠诚，赶上郡内旱灾饥荒，民众没有钱粮，上表请求赈济。孙皓认为车浚是要树立私人恩情，派人把他斩首悬挂示众。又，尚书熊睦见到孙皓残酷暴虐，稍有讽谏，孙皓派人用刀环击杀了他，全身没有一块完好的肌肤。天纪三年，晋朝命令杜预攻向江陵，王濬、唐彬顺长江东下。起初，孙皓每次宴饮聚会群臣，没有不让人大醉的。设置十名黄门郎，特地不给他们酒，整天站立侍从，作为掌管纠察群臣过失的官吏，宴席停止之后，各人奏上察觉到的大臣们的过失，眼睛直视的过错，荒谬言辞的罪过，没有不举报的。大的就加以严刑，小的也作为罪过。后宫已有几千人，可仍然选取美女不终止。又引水进入皇宫，宫人有不合意的，就杀死扔进水流冲走。有时剥人脸皮，有时凿人眼睛。岑昏奸诈谄媚，得以显贵受宠，位在九卿的行列。他喜好征发劳役兴建土木工程，使众人担忧痛苦。因此吴国上下离心离德，没人给孙皓尽力，这是积累罪恶到了极致，臣民无法再承受了。天纪四年，王濬、唐彬所到之处，都土崩瓦解全面崩溃。孙皓手持降书交给王濬。王濬接受了孙皓的投降。

　　张昭字子布①，彭城人也。孙策创业，命昭为长史，升堂拜母②，如比肩之旧③，文武之事，一以委昭。每得北方士大夫书疏④，专归美于昭⑤，昭欲嘿而不宣⑥，则惧有私，宣之则恐非宜也，进退不安。策闻之，叹笑曰："昔管子相齐⑦，一则仲父，二则仲父，而桓公为霸者宗⑧。今子布贤，我能用之，其功名独不在我乎！"

【注释】

①张昭字子布：本段及以下几段节录自《张顾诸葛步传·张昭传》。

②升堂拜母：古代挚友相访，行登堂（正房）拜母礼，结通家之好，表示友谊的笃厚。

③比肩：并列，居同等地位。

④书疏：奏疏，信札。

⑤归美：称许，赞美。

⑥嘿：用同"默"。宣：发扬，散播。

⑦管子：即管仲。

⑧"一则仲父"几句：事见《吕氏春秋·任数》："有司请事于齐桓公，桓公曰：'以告仲父。'有司又请，桓公曰：'告仲父。'若是者三。习者曰：'一则仲父，二则仲父，易哉为君。'桓公曰：'吾未得仲父则难，已得仲父之后，曷为其不易也？'"一则，与"二则"等连用，表示并列叙述。仲父，春秋时齐桓公尊称管仲为仲父。

【译文】

张昭，字子布，是彭城人。孙策创立大业，任命张昭为长史，带他到内堂拜见自己的母亲，如同旧交一样友好，将文武大事一并委任给张昭。每每得到北方士大夫的书信，专门赞美张昭，张昭想沉默不宣扬，则怕有人认为他有私心，宣扬又怕不合适，觉得进退两难。孙策听说后，笑着感叹说："从前管仲做齐国的相国，有官员来请示事情齐桓公总是说去问仲父，去问仲父，而齐桓公成为霸者之主。现今子布贤能，我能用他，那功劳名声单单就不在我这里吗！"

策临亡，以弟权托昭，昭率群僚立而辅之。权每田猎，常乘马射虎，虎常突前攀持马鞍。昭变色而前曰："将军何有当尔？夫为人君者，谓能驾御英雄，驱使群贤，岂谓驰逐于原野，校勇猛兽者乎①？如有一旦之患，奈天下笑何？"权谢昭曰："年少虑事不远。"权于武昌临钓台饮酒大醉②。权使人以水洒群臣曰："今日酣饮，惟醉堕台中，乃当止耳。"昭正色不言，出外车中坐。权遣人呼昭还，谓曰："为共作乐耳，公何为怒乎？"昭曰："昔纣为糟丘酒池长夜之饮③，当时亦以为乐，不以为恶也。"权嘿然有惭色，遂罢酒。

【注释】

①校勇：较量勇力。

②武昌：三国孙权将东吴政治中心迁鄂，寓以武而昌之意，改鄂名为武昌。钓台：即武昌钓鱼台，今没入武昌城北大江中。

③糟丘：积糟成丘。极言酿酒之多，沉湎之甚。酒池：指以酒为池。

【译文】

孙策临死，把弟弟孙权托付给张昭，张昭率领百官立孙权为皇帝而且辅佐他。孙权每每田猎，总会骑着马射老虎，曾有老虎迅猛上前抓住马鞍。张昭脸色变了上前说："将军为什么要这样做？作为君主，是指能够驾驭英雄，驱使众多贤能为自己效劳，难道是指在原野上奔驰追逐，跟猛兽较量勇气力量吗？假如一旦出现祸患，要让天下人怎样笑话呢？"孙权向张昭道歉说："是我年轻考虑事情不长远。"孙权驾临武昌钓鱼台喝酒喝得大醉。孙权让人用水泼洒群臣说："今天痛饮，只有醉得掉到台里面，才会停止。"张昭端庄严肃不说话，走出外面在车中坐下。孙权派人招呼张昭回来，对他说："就是为了一起欢乐罢了，您为什么生气呢？"张昭说："从前商纣酿酒酒糟堆积成山，酒水装满池子，在漫长的夜间痛饮，当时也认为是欢乐，不认为是罪恶。"孙权沉默显出惭愧的脸色，于是就停止了酒宴。

　　每朝见,言论辞气壮厉①,义形于色②。曾以直言逆旨,中不进见③,后遣中使劳问④,因请见昭。昭曰:"昔太后、桓王不以老臣属陛下⑤,而以陛下属老臣,是以思尽臣节,以报厚恩,使泯没之后⑥,有可称述,而意虑浅短⑦,违逆盛旨⑧,自分幽沦⑨,长弃沟壑,不图复蒙引见⑩,得奉帷幄⑪。然臣愚所以事国,志在忠益毕命而已⑫。若乃变心易虑,以偷荣取容⑬,此臣所不能也。"权辞谢焉⑭。

【注释】

①壮厉:刚直毅烈。

②义形于色:正义之色现于颜面。

③中:指一个时期内或其中间。

④中使:宫中使者。劳问:慰问。

⑤太后:即武烈皇后吴氏,孙策、孙权生母,本吴郡吴县(今江苏苏州)人,后迁吴郡钱塘县(今浙江杭州)。孙坚之妻,孙权统业早期的主要决策者之一。桓王:孙策,孙权称帝后,追谥其为长沙桓王。属(zhǔ):委托,嘱托。

⑥泯没:灭绝,消失。

⑦意虑:思虑。

⑧盛旨:盛意,深厚的情意。

⑨自分:自料,自以为。幽沦:沉沦,陷没。

⑩引见:引导入见。指皇帝接见臣下或宾客时由有关大臣引导入见。

⑪帷幄:指帝王。天子居处必设帷幄,故称。

⑫忠益:犹忠效,尽忠效力。毕命:寿终。

⑬偷荣:窃取荣禄。取容:讨好别人以求自己安身。

⑭辞谢:道歉,谢罪。

【译文】

每次朝见，张昭的言辞气概刚直毅烈，正义之色现于颜面。曾经因为说实话忤逆了孙权的旨意，一段时间不去进见，后来孙权派宫中使者前去慰问，并请张昭见面。张昭说："从前太后、桓王不把老臣我嘱托给陛下，而是把陛下嘱托给老臣，因此我想要竭尽臣子的节操，来报答深厚的恩情，使得在死后，有可以称扬述说的，但是我思虑短浅，违背忤逆了您，自以为会沉沦下去，长久地被丢弃在沟壑里面，没想到重新蒙受引导入见，得以侍奉陛下。但是我愚心将用来报效国家，立志进献忠直有益的言论，直到死亡为止。至于说改变心思想法，以此来窃取荣禄，讨好陛下求得自己安身，这是我不能干的。"孙权对此道歉了。

权以公孙渊称藩[①]，遣张弥、许晏至辽东[②]，拜渊为燕王。昭谏曰："渊背魏惧讨，远来求援，非本志也。若渊改图，欲自明于魏，两使不反，不亦取笑于天下乎？"权与相反覆，昭意弥切。权不能堪，案刀而怒曰："吴国士人，入宫则拜孤，出宫则拜君，孤之敬君，亦为至矣，而数于众中折孤[③]，孤尝恐失计。"昭孰视权曰[④]："臣虽知言不用，而每竭愚忠者，诚以太后临崩，呼老臣于床下，遗诏顾命之言故耳[⑤]。"因涕泣横流。权掷刀致地，与昭对泣。

【注释】

①公孙渊：字文懿，辽东郡襄平县（今辽宁辽阳）人。辽东军阀。魏明帝拜为扬烈将军、辽东太守。后南通孙权，孙权立为燕王，并遣甲士万人携珍宝前往辽东，公孙渊害怕魏国，于是斩送吴使首至洛阳，明帝拜其为大司马，封乐浪公。后叛魏，自立为燕王。景初二年（238），公孙渊并其子为魏军所斩。称藩：自称藩属，向大国

或宗主国承认自己的附庸地位。

②张弥：嘉禾二年（233）时为太常，与执金吾许晏出使辽东，拜公孙
渊为燕王，为渊所斩，首级送于魏。

③折：责难，责备。

④孰视：注目细看。

⑤顾命：指临终遗命，多用来称帝王遗诏。

【译文】

孙权因为辽东公孙渊自称藩属，派遣张弥、许晏到辽东，封公孙渊为
燕王。张昭劝谏说："公孙渊背叛魏国惧怕征讨，从远方来求援，称藩不
是他的本意。倘若公孙渊改变打算，想要跟魏国表明自己的忠心，我们
的两位使者回不来，不是会被天下人耻笑吗？"孙权跟张昭再三商讨，张
昭的态度更加坚决。孙权受不了，用手按住刀生气地说："吴国的士民，
进入皇宫那就要拜我，出了皇宫那就拜您，我敬重您，也算到极致了，可
您屡次在大庭广众之中责难我，我曾害怕自己克制不住杀了您。"张昭
注目细看孙权说："我即使知道说的话不会被采用，但还是每每竭尽愚笨
的忠心，真的是因为太后临终时，把老臣我招呼到床前，留下的遗诏和托
付的话语一直记在我的心中罢了。"于是眼泪纵横。孙权把刀扔到地上，
跟张昭面对面哭泣。

昭容貌矜严①，有威风，权常曰："孤与张公言，不敢妄
也。"举邦惮之。

【注释】

①矜严：庄重严肃。

【译文】

张昭容貌端庄严肃，有使人敬畏的声势气派，孙权常常说："我跟张
公言谈，不敢随便呀。"全国都畏惧他。

顾谭字子嘿①,吴郡人也。祖父雍卒②,代雍平尚书事③。是时鲁王霸有盛宠④,与太子和齐衡。谭上疏曰:"臣闻有国有家者⑤,必明嫡庶之端,异尊卑之礼,高下有差,阶级逾邈。如此则骨肉之恩生,觊觎之望绝⑥。昔贾谊陈治安之计⑦,论诸侯之势,以为势重,虽亲必有逆节之累⑧;势轻,虽疏必有保全之祚⑨。故淮南亲弟⑩,不终飨国⑪,失之于势重也;吴芮疏臣⑫,传祚长沙,得之于势轻也。今臣所陈,非有偏,诚欲以安太子而便鲁王也。"由是霸与谭有隙。

【注释】

①顾谭字子嘿:本段节录自《张顾诸葛步传·顾谭传》。顾谭,字子嘿,吴郡吴县(今江苏苏州)人。顾邵之子,丞相顾雍之孙。任东吴太常。

②雍:即顾雍,字元叹,吴郡吴县(今江苏苏州)人。少受学蔡邕,任合肥县长,后任娄、曲阿、上虞县长,会稽郡丞,代行太守事,入孙权幕府为左司马,后迁大理、奉常,又领尚书令,封阳遂乡侯,后改任太常,升任丞相、平尚书事,进封醴陵侯。去世赐谥肃。

③平尚书事:职衔名。加此可参与评议论决尚书政事,为机密要职,三国皆置。

④霸:即孙霸,字子威。吴大帝孙权之子。受封为鲁王,有盛宠,生夺嫡之心,造成朝野动乱,坐罪赐死。盛宠:非凡的宠幸。

⑤有国有家者:指诸侯与大夫。

⑥觊觎:非分的希望或企图。

⑦治安之计:指贾谊《治安策》。

⑧逆节:叛逆的念头或行为。

⑨祚:君位。

⑩淮南：指刘长，汉高祖刘邦少子。封为淮南王，骄纵跋扈，自作法令，图谋叛乱，事泄被拘，文帝废其王号，谪徙蜀郡，途中不食而死，谥号厉王。

⑪飨国：享国。飨，通“享”。

⑫吴芮：西汉诸侯王。秦末起兵，项羽封吴芮为衡山王；汉朝建立，改封为长沙王，卒谥文王。

【译文】

顾谭，字子嘿，是吴郡人。祖父顾雍去世，他代替顾雍担任平尚书事。当时鲁王孙霸很受孙权宠爱，可以跟太子孙和相比。顾谭上疏说：“我听说有封国的诸侯跟有家的大夫，必须明确嫡庶的身份，尊跟卑有不同的礼仪，高跟下有应有的差别，这些尊卑上下的等级相差遥远。这样，骨肉间才能产生情分，非分的企图愿望就会断绝。从前贾谊陈述治安之策，论述诸侯的形势，认为势力强大的，即使关系亲近也必定会有叛逆之举；势力弱小的，即使关系疏远也必定能保全君位。所以淮南王刘长是汉文帝的亲弟弟，没能一直享有封国，过失在于势力太强大呀；吴芮是关系疏远的臣子，长沙王君位能够传承，得益于势力弱小呀。现今我所陈述的，没有偏心，真的是想要让太子平安鲁王受益啊。”从此孙霸跟顾谭有了矛盾。

步骘字子山[①]，临淮人也。拜骠骑将军[②]，都督西陵[③]。中书吕壹典校文书[④]，多所纠举。骘上疏曰：“伏闻诸典校，擿抉细微[⑤]，吹毛求瑕，重案深诬[⑥]，趣陷人以成威福。无罪无辜，横受大刑，是以吏民跼天蹐地[⑦]，谁不战栗！昔之狱官，唯贤是任，故民无冤枉，升泰之祚[⑧]，实由此兴。今之小臣，动与古异，狱以贿成，轻忽人命[⑨]，归咎于上，为国速怨[⑩]，甚可仇疾。明德慎罚[⑪]，哲人惟刑[⑫]，书传所美[⑬]。自今蔽狱⑭，都下则宜咨顾雍⑮，武昌则陆逊、潘濬⑯，平心专意，务在得情。骘党神明，受罪何恨？此三臣者，思虑不至则已，岂敢专擅威福，欺其所天乎⑰？"权亦觉寤，遂诛吕壹。

【注释】

①步骘（zhì）字子山：本段节录自《张顾诸葛步传·步骘传》。步骘，字子山，临淮郡淮阴县（今江苏淮阴西北）人。孙权召为主记，后任海盐县长、车骑将军东曹掾、交州刺史、立武中郎将等，封广信侯。

②骠骑将军：汉武帝始置，秩位同大将军；东汉至三国沿置。

③都督：总领，统领。西陵：地名。在今湖北宜昌东南。

④中书：即前文"校事"。典校：指主持校对公文簿册。

⑤擿抉（tī jué）：挑剔。

⑥重案：严厉追查。

⑦跼（jú）天蹐（jí）地：形容处境艰难，惶惧不安。见《诗经·小雅·正月》："谓天盖高，不敢不局；谓地盖厚，不敢不蹐。"

⑧升泰：太平。标点本作"休泰"，安好，安宁。祚：福，福运。

⑨轻忽：轻率随便。

⑩速怨：招致仇恨。

⑪明德慎罚：见《尚书·康诰》："惟乃丕显考文王，克明德慎罚。"明德，彰明德行。慎罚，谨慎处理刑罚之事。

⑫哲人惟刑：见《尚书·吕刑》："哲人惟刑。"王引之《经义述闻·尚书下》："言制民人者惟法也。"哲人，制裁犯罪者。

⑬书传：指有关《尚书》的传述。

⑭蔽狱：即断狱。

⑮都下：京都。

⑯陆逊：本名陆议，字伯言，吴郡吴县（今江苏苏州）人。历任海昌

屯田都尉、定威校尉、帐下右部督,孙权以陆逊为大都督,在夷陵之战中火烧连营击败刘备。以为上大将军,辅佐太子孙登并掌管陪都武昌事宜,拜为丞相。去世谥昭。潘濬:字承明,武陵郡汉寿县(今湖南汉寿)人。蜀汉大司马蒋琬的表弟,被刘表任命为江夏从事,后被刘备任命为荆州治中从事。孙权得荆州,拜潘濬为辅军中郎将,迁奋威将军,封常迁亭侯,拜少府,进封刘阳侯,又改太常,授假节,平五溪蛮夷叛乱。

⑰所天:称所依靠的人。指君主或储君。

【译文】

步骘,字子山,是临淮人。任骠骑将军,统领西陵。中书吕壹主持校对文书,有很多督查检举之处。步骘上疏说:"我听说那些典校,挑剔细微毛病,吹毛求疵刻意搜索过失,严厉追查深深诬陷,旨在陷害人来作威作福恃势弄权。没有罪没有错,无端遭受严刑,因此官吏民众惶恐不安,没有谁不是恐惧得发抖!从前的监狱官员,任命的只是贤人,所以民众没有冤枉,安宁太平的福祉,实在是由此产生的。现今的小臣,举动跟古代不同,刑狱案件的判决全由贿赂多少来决定,轻率随便处理人命,把过错归于上面,给国家招来仇怨,太让人气愤了。彰明德行,谨慎刑罚,裁断犯罪者只依据刑法,这是《尚书》传述所赞美的。从今往后,有关断狱之事,在京都那就咨询顾雍,在武昌那就是陆逊、潘濬,他们用心公平专心致志,务必要得到实情。我步骘冥冥中跟神明同在,即使获罪又有什么遗憾呢?这三位臣子,有可能会思虑不周,又怎敢专擅恃势弄权,欺骗天子呢?"孙权也自觉悔悟,于是就诛杀了吕壹。

张纮字子纲①,广陵人也,权以为长史。病卒,临困留笺曰:"自古有国有家者,咸欲修德政以比隆盛世,至于其治,多不馨香②。非无忠臣贤佐,暗于治体也③,由主不胜其情,弗能用耳。夫人情惮难而趣易④,好同而恶异,与治道相反。传曰:'从善如登,从恶如崩⑤。'言善之难也。人君承奕世之基⑥,据自然之势,操八柄之威⑦,甘易同之欢,无假取于人⑧。而忠臣挟难进之术⑨,吐逆耳之言,其不合也,不亦宜乎!虽则有衅⑩,巧辩缘间⑪,眩于小忠⑫,恋于恩爱,贤愚杂错,长幼失叙,其所由来,情乱之也。故明君悟之,求贤如饥渴,受谏而不厌,抑情损欲,以义割恩,上无偏谬之授,下无希冀之望。宜加三思,含垢藏疾⑬,以成仁覆之大。"权省书流涕⑭。

【注释】

①张纮(hóng)字子纲:本段节录自《张严程阚薛传·张纮传》。张纮,字子纲,徐州广陵(今江苏扬州)人。孙策邀请张纮出仕,后出使许都,为侍御史,返回江东任长史,建议迁都秣陵。

②馨香:美好。

③治体:治国的纲领、要旨。

④趣:趋向,归向。

⑤"传曰"几句:见《国语·周语下》。从,跟随。登,登山。崩,崩塌。

⑥奕世:累世,代代。

⑦八柄:古代帝王统驭臣下的八种手段,即爵、禄、予、置、生、夺、废、诛。

⑧假:借。

⑨挟:握有,持着。

⑩衅:缝隙,裂痕。

⑪缘间:乘隙。

⑫眩:迷惑。

⑬含垢：包容污垢，容忍耻辱。

⑭省（xǐng）：视察，察看。

【译文】

张纮，字子纲，是广陵人，孙权任命他当长史。病死，临终时给孙权留下书札说："自古以来，有国的诸侯跟有家的大夫，都想实施德政以赶上盛世的兴隆，至于实际的治理，多半不够美好。并非是没有忠诚的臣子贤良的辅佐，也不是不明白治国要领，而是由于主上不能克制自己的私情，人才不能发挥作用罢了。人情畏惧困难而趋向容易，喜好相同而厌恶不同，这跟治理之道恰恰相反。传书说：'随从学好就像登山一样艰难，随从学坏就像山崩一样迅速。'这是说行善的困难。国君承接累世的基业，据有天然的优势，操持统御臣下的八柄，喜好趋易和被人赞同，不会有求于人。而忠臣使用的是别人难以接受的方法，口吐逆耳之言，跟君上不合，不也很自然吗？既然君臣之间有了裂痕，善于巧辩的小人就会趁机搅乱，君主被他们的小忠所迷惑，贪恋恩爱，使得贤愚错杂相混，长幼失去秩序，这种情况的产生，是个人私情扰乱的。所以英明君主醒悟这些，慕求贤才如饥似渴，受到劝谏而不厌恶，抑制私人情感减损个体欲望，用正义弃绝私恩，君上没有偏心荒谬的授予官爵，臣下没有企图得到的奢望。对这些应该三思，包容臣下的缺点，来成就仁德覆盖天下的大业。"孙权看着书札流下眼泪。

吕蒙字子明①，汝南人也，拜虎威将军②。关羽讨樊③，权遣蒙到南郡④，糜芳降⑤。蒙入据城，尽得羽及将士家属，蒙皆抚慰过于平时，故羽吏士无斗心，皆委羽降⑥。荆州遂定，以蒙为南郡守。蒙疾发，权时在公安⑦，迎置内殿，所以治护者万方，募封内有能愈蒙疾者，赐千金。时有减加⑧，权为之惨戚，欲数见其颜色⑨，又恐其劳动⑩，常穿壁瞻之，见其小能下食则喜，顾左右言笑，不然则咄唶^⑪，夜不能寐。病中瘳^⑫，为下赦令，令群臣毕贺。后更增笃^⑬，权自临视。卒，权哀痛甚。

【注释】

①吕蒙字子明：本段节录自《周瑜鲁肃吕蒙传·吕蒙传》。吕蒙，字子明，汝南富陂（今安徽阜阳）人。随孙策为将，任别部司马、横野中郎将、左护军、虎威将军。鲁肃死后，吕蒙代守陆口，袭取荆州西部三郡，击败关羽，拜南郡太守，封孱陵侯。

②虎威将军：三国时杂号将军的一种，品级不详，魏、吴都设有此职。

③樊：即樊城，在今湖北襄阳。

④南郡：始置于秦，治所在江陵县（今湖北荆州），东汉末和三国治所在今湖北公安。

⑤糜芳：字子方，东海朐县（今江苏连云港）人。本为徐州牧陶谦部下，后随刘备辗转奔波多年，刘备称汉中王，糜芳为南郡太守，但受到关羽的轻慢。后在将军傅士仁投降孙权后，糜芳也投降，导致关羽兵败被杀。

⑥委：舍弃，丢弃。

⑦公安：县名。今属湖北。

⑧减加：《三国志·吕蒙传》原文作"针加"。

⑨颜色：容色，气色。

⑩劳动：使不安宁。

⑪咄唶（duō jiè）：叹息。

⑫瘳（chōu）：病愈。

⑬增笃：加重。

【译文】

吕蒙，字子明，是汝南人，任虎威将军。关羽征讨樊城，孙权派遣吕蒙到南郡,糜芳投降。吕蒙进入占据城池,把关羽以及将士家属全都抓住,吕蒙对他们安抚存恤超过平时,所以关羽的将士没有斗志,都舍弃了关羽投降。荆州于是平定,任命吕蒙为南郡太守。吕蒙疾病发作,孙权当时在公安,把吕蒙迎到内殿,想尽办法救治,招募封域之中能够治愈吕蒙疾病的,赏赐千金。有时会用针刺治疗,孙权为他悲伤难过,想要多看几次他的气色,又恐使怕他劳累不安宁,经常通过墙壁上的孔洞去看,看见稍微能吃点食物就喜悦,看着左右亲信说笑,否则就叹息,夜里睡不着觉。吕蒙的病情一度有所好转,孙权为他颁下减免罪行的赦令,让群臣都来祝贺。后来病情加重,孙权亲临省视。吕蒙去世,孙权哀痛极了。

　　吕范字子衡①,汝南人也,迁前将军②。初,策使范典主财计③,权时年少,私从有求,范必关白④,不敢专许⑤,当时以此见望⑥。权守阳羡长⑦,有所私用,策或料覆⑧,功曹周谷辄为传著簿书⑨,使无遣问⑩。权临时悦之⑪,及后统事,以范忠诚,厚见信任;以谷能欺更簿书,不用也。

【注释】

①吕范字子衡:本段节录自《朱治朱然吕范朱桓传·吕范传》。

②前将军:官名。战国有,秦因之,金印紫绶,位上卿,三国成为常设的高级将军位,负责京师兵卫和边防屯警,高于一般杂号将军。

③典主:掌管,统理。财计:财货。

④关白:报告。

⑤专许:擅自许诺。

⑥望:怨恨,责备。

⑦阳羡:秦设县,汉改称阳羡侯国,后复称阳羡县。三国治所在今江苏宜兴。

⑧料覆:清查复核。

⑨传著:等于说改写。簿书:记录财物出纳的簿册。

⑩谴问:责问。

⑪临时:指当其时其事。

【译文】

吕范,字子衡,是汝南人,升职前将军。当初,孙策让吕范主管财货,孙权当时年轻,私下从吕范有所求取,吕范必定报告,不敢擅自许诺,当时因此被怨恨。孙权署理阳羡县长时,有时有些个人所用,孙策有时会清查复核,功曹周谷就为孙权改写财务出纳的簿册,使得孙权没有被责问。孙权当时喜悦,等到后来统领事务,因为吕范忠诚,很是信任;因为周谷能造假更改簿册,不用他了。

虞翻字仲翔①,会稽人也。孙策命为功曹,待以交友之礼。孙权以为骑都尉②。数犯颜谏争,权不能悦。又性不协俗③,多见谤毁。权既为吴王,欢宴之末,自起行酒④,翻伏地阳醉⑤,不持。权去,翻起坐。权于是大怒,手剑欲击之,侍坐者莫不遑遽,惟大司农刘基起抱权谏曰⑥:“大王以三爵之后,手杀善士⑦,虽翻有罪,天下孰知之?且大王以能容贤畜众,故海内望风⑧,今一朝弃之,可乎?”权曰:“曹孟德杀孔文举⑨,孤于虞翻何有哉?”基曰:“孟德轻害士人,天下非之。今大王躬行德义⑩,欲与尧、舜比隆⑪,何得自喻于彼乎?”翻由是得免。权因敕左右,自今酒后言杀,皆不得杀。翻性疏直⑫,数有酒失,权积怒非一,遂徙翻交州⑬。

【注释】

①虞翻字仲翔:本段节录自《虞陆张骆陆吾朱传·虞翻传》。虞翻,

　　字仲翔,会稽余姚(今浙江余姚)人。本是会稽太守王朗部下功
　　曹,后投奔孙策,仕于东吴,善于经学,尤精《易》学,兼通医术。
②骑都尉:汉武帝始置,属光禄勋,秩比二千石,掌监羽林骑,无定员。
③协俗:与流俗和同。
④行酒:依次斟酒。
⑤阳:假装。
⑥大司农:管理国家财政的官职,秦及汉初叫治粟内使,汉景帝改为
　　大农令,武帝又改为大司农。刘基:字敬舆,东莱牟平(今山东牟
　　平)人。历骠骑将军东曹掾、辅义校尉、建忠中郎将。孙权为吴
　　王,迁升为大农(即大司农),后迁任郎中令。孙权称帝,为光禄
　　勋,分平尚书事。
⑦善士:有德之士。
⑧望风:远望,仰望。
⑨孔文举:即孔融,字文举,鲁国(今山东曲阜)人。建安七子之一,
　　孔子的二十世孙。汉献帝即位后,任北军中侯、虎贲中郎将、北海
　　相,后兼领青州刺史。袁谭攻北海,孔融与其激战数月,最终败逃
　　山东。不久,被征为将作大匠,迁少府,又任太中大夫。后孔融因
　　常常触犯曹操被处死。
⑩躬行:亲身实行。
⑪比隆:同等兴盛。
⑫疏直:粗疏率直。
⑬交州:汉武帝设立交趾刺史部,东汉献帝改为交州,三国吴国分交
　　州为广州和交州,交州治所在龙编(今越南河内以东)。

【译文】

　　虞翻,字仲翔,是会稽人。孙策任命为功曹,用朋友之间的礼节对待
他。孙权任命他为骑都尉。虞翻屡次冒犯孙权国君的威严直言规劝,孙
权不高兴。性格又不跟流俗和同,多次被毁谤。孙权成为吴王后,在一

次欢宴最后，自己起身依次斟酒，虞翻卧在地上假装喝醉，不拿酒杯。孙权离开，虞翻起来坐着。孙权于是大怒，手拿宝剑要击刺他，酒宴上陪坐的人没有不恐惧慌张的，只有大司农刘基起来抱住孙权劝谏说："大王酒过三巡后，亲手杀害有德之士，即使虞翻有罪，天下有谁知道呢？况且大王因为能容纳贤人包容大众，所以海内仰望，现在一下子丢弃这美好的名声，行吗？"孙权说："曹孟德杀了孔文举，我杀虞翻又有什么不可以的？"刘基说："曹孟德轻率害死士人，天下人都反对他。现今大王您亲身施行仁义，要跟尧、舜相媲美，哪能把自己跟曹操比呢？"虞翻因此得以免死。孙权于是命令左右亲信，从今往后凡是自己酒后说杀人，都不能杀。虞翻性情粗疏率直，屡有酒后失误，孙权积累的愤怒不是一次了，于是就把虞翻迁徙到交州。

张温字惠恕①，吴人也，容貌奇伟②。权延见③，文辞占对④，观者倾竦⑤，权改容加礼⑥。拜议郎、选曹尚书⑦，以辅义中郎将使蜀⑧。还，权既阴衔温称美蜀政，又嫌其声名太盛，众庶炫惑，恐终不为己用，思有以中伤之，会暨艳事起⑨，遂因此发举⑩。艳字子休，亦吴郡人也，温引致之，以为选曹郎⑪，至尚书。艳性狷厉⑫，好为清议⑬，见时郎署杂浊⑭，多非其人，欲令臧否区别⑮，贤愚异贯⑯。弹射百寮⑰，覈选三署⑱，率皆贬高就下，其居位贪鄙、志节污卑者，皆以为军吏，置营府以处之。而怨愤之声积，浸润之谮行矣⑲，竞言艳及选曹郎徐彪专用私情憎爱，不由公理。艳、彪皆坐自杀⑳。温宿与艳、彪同意㉑，数交书疏，闻问往还㉒，即罪温。权幽之有司㉓，斥还本郡。

【注释】

①张温字慧恕：本段及下段节录自《虞陆张骆陆吾朱传·张温传》。张温，字慧恕（标点本作"惠恕"），吴郡吴县（今江苏苏州）人。孙权召拜议郎、选曹尚书，徙太子太傅。张温以辅义中郎将身份出使蜀汉，回东吴不久，调进豫章军队。孙权恨他称美蜀政，加之声名太盛，借口暨艳（暨艳是张温引荐）事件而下罪，将他斥还本郡。

②奇伟：奇特壮美，奇异不凡。

③延见：召见，引见。

④占对：应对，对答。

⑤倾竦：也作"倾悚"，惊讶，惊异。

⑥加礼：以礼相待。

⑦议郎：官名。汉置，为光禄勋所属郎官之一，掌顾问应对，无常事；多征贤良方正之士任之。选曹尚书：列曹尚书之一，掌选拔官吏事。

⑧辅义中郎将：官名。三国吴置，本为领近卫军的武官，有时也奉旨出使他国。

⑨暨艳：字子休，吴郡（治今江苏苏州）人。由张温引荐选为曹郎，官至尚书。因其希望改革，弹劾多位官僚，重选三署，被诬陷为私情爱憎，办事不据公理，被孙权赐自尽。

⑩发举：揭发，检举。

⑪选曹郎：次于选曹尚书之吏员，主管铨选官吏事务。

⑫猖厉：气量狭窄而严厉。

⑬清议：对时政的议论，社会舆论。

⑭郎署：郎官的公署。

⑮臧否：品评，褒贬。

⑯异贯：把钱穿在不同的绳子上。指按类分开。

⑰弹射：即指摘。

⑱覈(hé)选：审核选择。三署：官署合称。

⑲浸润之谮(zèn)：言过其实的谗言。谮，毁谤，诬陷。

⑳坐：犯罪，判罪。自杀：指赐自尽。

㉑同意：同心，一心。

㉒闻问：通音问，通消息。

㉓幽：囚禁。

【译文】

　　张温，字慧恕，是吴郡人，容貌奇特不凡。孙权召见，言辞对答文采动人，观看的人都很惊讶，孙权也改变面容以礼相待。授以议郎、选曹尚书职务，以辅义中郎将的身份出使蜀国。回来后，孙权既暗中怀恨张温称赞蜀国的国政，又嫌他声名太盛，众人都被迷惑，恐怕最终不能被自己任用，就打算想些办法污蔑他，正好赶上暨艳的事情发生，于是因此揭发检举。暨艳，字子休，也是吴郡人，张温引荐他来，任职选曹郎，升任尚书。暨艳气量狭窄严厉，喜好对时政发议论，当时官署人员良莠不齐，很多人都不适合任职，就想要品评辨别，区分贤愚。指摘百官，审核选择三署人员，大率都是从高职位降到低职位，那些居官贪婪卑鄙、志向节操卑劣肮脏的人，都让去当军中吏员，设置营府安置他们。而怨恨愤怒的声音越积越多，谗言也逐渐兴起，争着说暨艳跟选曹郎徐彪专门用私人爱憎来用事，不由公理。暨艳、徐彪都因罪赐死。张温一向跟暨艳、徐彪一心，多次书疏往来，互通消息，就给张温定罪。孙权把他囚禁在主管部门，贬斥回本郡。

　　骆统表理温曰①："伏惟陛下②，天生明德，神启圣心③，招髦秀于四海④，置俊乂于宫朝⑤。多士既受普笃之恩⑥，张温又蒙最隆之施。而温自招罪谴⑦，孤负荣遇⑧，念其如此，诚可悲疚⑨。然臣周旋之间，为国观听，深知其状，故密陈其理。温实心无他情，事无逆迹，但年纪尚少，镇重尚浅^⑩，而戴赫烈之宠^⑪，体卓伟之才，亢臧否之谈，效褒贬之议。于是务势者妒其宠，争名者嫉其才，玄嘿者非其谈^⑫，瑕衅者讳其议^⑬，此臣下所当详辩，明朝所当究察也。在昔，贾谊至忠之臣也^⑭，汉文大明之君也^⑮，然而绛、灌一言^⑯，贾谊远退。何者？疾之者深，谮之者巧也。然而误闻于天下，失彰于后世。故孔子曰：'为君难，为臣不易^⑰。'温虽智非从横^⑱，武非虓虎^⑲，然其弘雅之素^⑳，英秀之德，文章之采，论议之辩，卓跞冠群，炜晔曜世，世人未有及之者也。故论温才即可惜，言罪则可恕。若忍威烈以赦盛德^㉑，宥贤才以敦大业，固明朝之休光^㉒，四方之丽观也^㉓。君臣之义，义之最重；朋友之交，交之最轻者。国家不嫌与艳为最重之义^㉔，是以温亦不嫌与艳为最轻之交也。时世宠之于上^㉕，温窃亲之于下也。臣窃念人君虽有圣哲之姿^㉖，非常之智，然以一人之身，御兆民之众，从增宫之内^㉗，瞰四国之外^㉘，照群下之情^㉙，求万机之理，犹未易周也，固当听察群下之言，以广聪明之烈^㉚。今者人非温既殷勤^㉛，臣是温又契阔^㉜，辞则俱巧，意则俱至，各自言欲为国，谁其言欲为私？仓卒之间，犹难即别。然以殿下之聪睿，察讲论之曲直，若潜神留思，纤粗研核，情何嫌而不宣，事何昧而不昭哉？温非亲臣也，臣非爱温者也。昔之君子，皆抑私忿，以增君明。彼独行之于前，臣耻废之于后，故遂发宿怀于今日^㉝，纳愚言于圣听，实尽心于明朝，非有念于温身也。"权终不纳。

【注释】

①骆统：字公绪，会稽郡乌伤县（今浙江义乌）人。二十岁时任乌程
　　相，又迁为功曹，行骑都尉，后出任建忠中郎将，因战功迁偏将军，
　　封新阳亭侯，任濡须督。理：申诉，辩白。

②伏惟：下对上的敬辞。常用于章表奏疏或者信函中。

③圣心：帝王的心怀。

④髦秀：才俊之士。

⑤俊乂：才德出众的人。

⑥多士：指众多的贤士。

⑦罪谴：犯罪而受谴，罪责。

⑧孤负：犹辜负，对不住。荣遇：指荣获君主知遇而显身朝廷。

⑨悲疚：犹悲痛。

⑩镇重：抚治国家的威望。

⑪赫烈：显著盛多的样子，显赫的样子。

⑫玄嘿：指沉静不语。

⑬瑕衅：过失，罪过。

⑭贾谊：洛阳（今属河南）人。西汉初年著名政论家、文学家。文帝
　　时任博士，迁太中大夫，受大臣周勃、灌婴排挤，谪为长沙王太傅。
　　后为梁怀王太傅，梁怀王坠马而死，贾谊深自歉疚，抑郁而亡。

⑮汉文：即汉文帝刘恒。

⑯绛：绛侯周勃。灌：颍阴侯灌婴。

⑰“孔子曰”几句：见《论语·子路》：“定公问：‘一言而可以兴邦，
　　有诸？’孔子对曰：‘言不可以若是其几也。人之言曰：“为君难，
　　为臣不易。”如知为君之难也，不几乎一言而兴邦乎？’”

⑱从横：即纵横。

⑲虓（xiāo）虎：咆哮怒吼的虎。多用来比喻勇士猛将。

⑳弘雅：犹高雅。

㉑威烈：犹威严。

㉒休光：盛美的光华。亦比喻美德或勋业。

㉓丽观：瑰丽的景观。比喻美德或勋业。

㉔嫌：猜疑，怀疑。

㉕时世：时代。

㉖圣哲：指超人的道德才智。亦指具有这种道德才智的人，并亦以称帝王。

㉗增（céng）宫：层叠的宫殿。

㉘四国：四方邻国。

㉙照：知晓。

㉚烈：显赫。

㉛殷勤：恳切。

㉜契（qiè）阔：勤苦，劳苦。

㉝宿怀：素来的情怀。

【译文】

骆统上表为张温辩白说："我念及陛下，天生光明之德，神启帝王之心，从四海招来才俊之士，在朝廷宫中安置出众人才。众多的贤士已经受到了普遍厚重的恩惠，张温又蒙受了最隆重的恩情。而张温自招罪责，辜负了君主的知遇荣宠。念及他今天这个样子，真是悲痛。但是我在跟他交往之中，替国家观看倾听，深知他的情状，所以秘密陈述其中道理。张温其实心中没有别的想法，也没做叛逆之事，只是年纪还轻，威望还低，而受到显赫的恩宠，体现出高超伟大的才能，高调谈论他人的善恶得失，给予褒贬的议论。于是致力于权势的人妒忌他的恩宠，争夺名声的人嫉妒他的才能，喜欢沉默的人否定他的言谈，有缺点罪过的人忌讳他的议论，这是臣下所应当详审辨析，盛明之朝所应当研究审查的。在以前，贾谊是最忠诚的臣子，汉文帝是极英明的君主，但是绛侯周勃和颍阴侯灌婴一句话，就使得贾谊被远远贬退。为什么呢？这是对他痛恨太深，对他的毁谤太工巧了呀。然而这样一来他们的谬误就天下知闻，过失就彰显于后世了。所以孔子说：'当君王难，当臣子也不容易。'张温论智慧虽然比不上能够运用纵横之术的谋士，论武力比不上猛虎般的猛将，但他高雅的气质，优美的德行，文章的文采，论议的辩才，超绝出众是群才之冠，华美盛大照耀世上，世人没有能赶得上他的。所以按张温的才能论那应该爱惜，按罪过说则可以宽恕。倘若陛下能抑制盛怒来宽赦有优秀品德的人，宽恕贤才来使大业振兴，这确实是盛明之朝的勋业，也将成为天下的美德。君臣的大义，是义里面最重的；朋友的交情，是交情里面最轻的。国家不嫌弃跟暨艳成就最重的大义，因此张温也不嫌弃跟暨艳成就最轻的交情。当时朝廷宠信暨艳在上，张温私人亲近暨艳在下。我私下念及君王您虽有超人的道德，非常的智慧，但是用一人的身体，驾驭亿万之多的民众，从层层叠叠的宫殿之内，鸟瞰四方邻国之外，知晓群臣的情感，寻求纷繁政务的治理，恐怕不容易周全，确实应当听取群臣的意见，以使自己更聪明。现今人们非议张温很是激烈，我肯定张温又很坚决，言辞全都巧妙，意图也全都明白，每人都说自己是为了国家，又有谁会说是为了自己？匆忙之中，确实难以辨别。但是凭借殿下的聪明睿智，考察双方言论的是非曲直，倘若平心静气留意思考，纤细粗略都审查考核，有什么样的内情不能揭开，有什么样的隐蔽事实不能了然的？张温并不亲近为臣，为臣也不喜爱张温。从前的君子，都是抑制私人的怨恨，来增加君上的英明。他们独行正道在前，为臣我在后面以这样的正道被荒弃为耻辱，所以就在今天抒发久藏在心里的话，进呈愚昧的意见，实在是想对盛明之朝尽心竭力，并非是念及张温自身。"孙权最终不予采纳。

骆统字公绪[1]，会稽人也，权召为功曹。统志在补察[2]，苟所闻见，夕不待旦。常劝权以尊贤接士，勤求损益，飨赐之日[3]，可人人别进，问其燥湿[4]，加以密意，诱谕使言，察其志趣,令皆感恩戴义,怀欲报之心。权纳用焉。出为建忠郎将⑤。

【注释】

①骆统字公绪:本段及下段节录自《虞陆张骆陆吾朱传·骆统传》。

②补察:补过误,察得失。

③飨赐:宴飨宾客,赏赐属下。

④燥湿:干燥和潮湿。指日常生活起居。

⑤建忠郎将:标点本作"建忠中郎将"。东汉献帝建安末孙权置,领兵。骆统以此职领武射吏三千人,后兼领凌统兵。

【译文】

骆统,字公绪,是会稽人,孙权征召为功曹。骆统志向在于补过误,察得失,只要有听到看到的,晚上等不及早上就报告处理。他经常劝孙权尊重贤能接纳士人,努力征求大家对政事的改革意见,在飨宴宾客赏赐属下的时候,可以一个一个分别接见,询问他们的生活起居,表示密切的关心,诱导启发让他们说话,观察他们的志向兴趣,让他们都感恩戴德,心怀想报答的心理。孙权采纳听用了。骆统后来外任为建忠中郎将。

是时征役繁数,重以疫疬,民户损耗,统上疏曰:"臣闻君国者,以据疆土为强富,制威福为尊贵①,曜德义为荣显②,永世胤为丰祚③。然财须民生④,强赖民力,威恃民势,福由民殖⑤,德俟民茂,义以民行。六者既备,然后应天受祚⑥,保族宜邦⑦。《书》曰:'众非后无能胥以宁,后非众无以辟四方⑧。'推是言之,则民以君安,君以民济⑨,不易之道也。今强敌未殄⑩,海内未乂⑪,三军有无已之役,江境有不释之备,征赋调数,由来积纪⑫;加以殃疫死丧之灾,郡县荒虚，田畴芜旷，听闻属城，民户浸寡，又多残老，少有丁夫。思寻所由，小民无知，既有安土重迁之性，且又前后出为兵者，生则困苦，无有温饱，死则委弃，骸骨不反。是以尤用恋本畏远，同之于死。每有征发，羸谨居家重累者⑬，先见输送；小有财货，倾居行赂，不顾穷尽；轻剽者则迸入崄阻⑭，党就群恶。百姓虚竭，嗷然愁扰⑮，愁扰则不营业⑯，不营业则致穷困，致穷困则不乐生。故口腹急，则奸心动而携叛多也⑰。夫国之有民，犹水之有舟，停则以安，扰则以危，愚而不可欺，弱而不可胜也。是以圣王重焉，祸福由之。故与人消息⑱，观时制政。方今长吏亲民之职，惟以办具为能⑲，取过目前之急，少复以恩惠为治，副称陛下天覆之仁⑳，勤恤之德者也㉑。官民政俗，日以凋弊，渐以陵迟㉒，势不可久。夫治疾及其未笃，除患贵其未深。愿陛下少以万机余闲，留神思省，补复荒虚㉓，深图远计。臣统之大愿，足以死而不朽矣。"权感统言，深加意焉㉔。迁偏将军，数陈便宜㉕，前后书数十上，所言皆善。

【注释】

①威福：指统治者的赏罚之权。

②曜：显示。

③胤：继承，延续。丰祚：犹厚福。

④须：需要，需求。

⑤殖：经营。

⑥祚：君位。

⑦宜：和顺。

⑧"《书》曰"几句：见《尚书·太甲中》："作书曰：'民非后，罔克胥匡以生；后非民，罔以辟四方。皇天眷佑有商，俾嗣王克终厥德，实万世无疆之休。'"后，君主，帝王。辟，治理。

⑨济：成功。

⑩殄(tiǎn)：灭绝，尽。

⑪乂：安定。

⑫积纪：犹积时。十二年为一纪。

⑬羸(léi)：衰病，瘦弱，困惫。重累：沉重的累赘。

⑭轻剽：轻捷强悍。迸：散走，四散而逃。岨(xiǎn)阻：险阻。岨，同"险"。

⑮嗷然：哀号的样子。愁扰：指苦于苛扰。

⑯营业：营谋生计。

⑰携叛：背叛。

⑱消息：休息。

⑲办具：备办。

⑳副：相称，符合。

㉑勤恤：忧悯，关怀。

㉒陵迟：败坏，衰败。

㉓补复：补偿报答。

㉔加意：注重，特别注意。

㉕便宜：指有利国家，合乎时宜之事。

【译文】

当时徭役繁多，加上瘟疫，人口减少，骆统上疏说："我听说做为国家的君主，把据有疆土当作富裕强大，把控制赏罚当做尊显高贵，把显示德义当做荣华显贵，把世代永久继承当做厚福。但是财富需要民众生产，强大依赖民众力量，威力依靠民众力量，福气要由民众增进，德行有待民众树立，道义要凭借民众来实行。六者具备后，然后顺应上天接受君位，保全宗族，和顺国家。《尚书》说：'民众没有国君不能都安宁，国君没有民众不能治理四方。'由此推论来说，那就是民众因为国君而安宁，国君因为民众而成功，这是不可变易的道理啊。现在强大的敌人尚未消灭，海内还没有安定，三军有没完没了的战事，长江边境有不能放松的武备，征收的赋税繁多，这样的情形已经持续很久了；再加上灾殃疫病死亡的灾祸，郡县荒芜空虚，田地荒芜空旷，听说下属城池，民众户口日益减少，又多数是残疾老人，壮丁很少。寻思事情的由来，小民没有知识，既有安于土地不愿迁徙的本性，况且又有前前后后出外当兵的人，活着的时候困苦，没有温饱，死了就丢弃，尸骨不能返回祖墓。因此更加留恋本土，畏惧远行，就像畏惧死亡一样。每逢朝廷征集调遣，瘦弱老实且家庭累赘沉重的人，先被运走；稍稍有些财产，倾家荡产去贿赂，顾不上家产穷尽；轻捷强悍的人就逃进险要之地，成为作恶贼人的同党。百姓物资枯竭，哀叹忧愁苦于苛扰，苦于苛扰就不能经营生计，不能经营生计就导致穷困，导致穷困就不乐于生活。所以人们饿急了，就会动坏心思而且背叛的人就多了。国家有民众，就像水有舟船一样，水面平静那就安定，扰动那就危险，民众愚笨但是不可以欺骗，软弱但是不可以战胜。因此圣明的君王重视百姓，因为知道祸福由他们决定。所以让人民休养，观察时势制定政策。当今州县长官，是亲自治理民众的官员，只把完成上司所交代的任务当成能力，只管应付目前的急务，很少用恩惠来治理，以与陛下深厚的仁心、爱民的德泽相称。官员的政事和百姓的风俗，一天天败坏，像这样衰败下去，势必不能持久。治病要趁着还不沉重，除去祸患要在还不深的时候。希望陛下稍稍在处理众多政务的剩余空闲，留神思考，弥补恢复虚弱的国力，深入图谋长远的计划。这就是臣子我最大的愿望，足够死而不朽了。"孙权有感于骆统的进言，特别注意他提出的问题。后来骆统升任偏将军，几次陈述有利于国家的建议，前后上书几十次，所说的都很好。

朱据字子范①，吴郡人也，拜左将军。嘉禾中②，始铸大钱，一当五百。后据部曲应受三万缗③，工王遂诈而受之④，典校吕壹疑据实取，考问主者，死于杖下。据哀其无辜，以厚棺敛之。壹又表据吏为据隐，故厚其殡。权数责问据，据无以自明，籍草待罪⑤。数月，典军吏刘助觉⑥，言王遂所取，权大感寤⑦，曰："朱据见枉，况吏民乎？"乃穷治壹罪⑧，赏助百万。

【注释】

①朱据字子范：本段节录自《虞陆张骆陆吾朱传·朱据传》。朱据，字子范，吴郡吴县（今江苏苏州）人。任五官郎中、侍御史、建义校尉。孙权称帝，将女儿嫁给朱据，任命为左将军，封云阳侯。后升任骠骑将军，接替已故的步骘任丞相。因太子孙和、鲁王孙霸二宫构争，他拥护太子孙和，被贬为新都郡丞。后被赐死。

②嘉禾：三国东吴孙权的年号（232—238）。

③部曲：部属，部下。缗：古代通常以一千文为一缗。

④工：工匠。

⑤籍：坐卧在某物上。

⑥典军吏：主管军务的官吏。

⑦感寤：受感动而醒悟。

⑧穷治：彻底查办。

【译文】

朱据，字子范，是吴郡人，任左将军。嘉禾年间，开始铸造大钱，一枚大钱相当于五百枚小钱。后来朱据部下应该接受三万缗钱，工匠王遂欺诈领取了，典校吕壹怀疑其实是朱据领取了，拷问经手的人，打死在杖下。朱据哀怜他的无辜，用好棺材收殓了他。吕壹又上表说朱据的吏员替朱据隐瞒，所以朱据用好棺木收殓他。孙权几次责问朱据，朱据没有办法自证清白，只好坐在草垫上等待判罪。过了几个月，典军吏刘助发觉，说是被王遂窃取了，孙权大受感动而醒悟，说："朱据都被冤枉，何况普通的官吏民众呢？"于是彻底查办吕壹的罪状，赏赐刘助一百万钱。

卷二十八

吴志(下)

【题解】

本卷节录自《三国志》的《吴志》。其中陆逊、陆抗父子,虽然都是大将,但节录的是其劝谏孙权、孙皓的上疏,强调不能滥用严刑峻法,而应哀怜刑狱。孙登、孙和、孙霸这三位孙权之子,孙登立为太子而早死,孙和当了太子却陷入阴谋而亡,孙霸害死孙和自己也被赐死,可以说他们代表了孙权之后吴国的命运。潘濬部分主要写他对吕壹擅权的痛恨。陆凯部分写他有感于朝政错谬、民生疾苦,对孙皓加以劝谏。楼玄、贺邵二人皆为孙皓所杀害,楼玄节录极短,连子孙被诛也放在贺邵部分,贺邵则主要节录他的劝谏奏章,深刻揭示了孙皓的暴政。韦曜主要节录他的《博奕论》,也写他最终死于孙皓的猜疑怨恨。华覈则主要写了他对孙皓的两次劝谏,苦口婆心但孙皓坚决不听,孙吴也就此没落。

陆逊字伯言①,吴郡人也,为镇西将军②。刘备大率众来,权命逊为大都督拒之③。备众奔溃。拜上大将军、右都护④。逊虽身在外,乃心于国,上疏陈时事曰:"臣以为科法严峻⑤,下犯者多。顷年以来⑥,将吏罹罪⑦,虽不慎可责,然天下未一,当图进取,小宜恩贷⑧,以安下情。且世务日兴⑨,良能为先,自不奸秽入身,难忍之过,乞复显用⑩,展其力效,此乃圣王忘过记功,以成王业也。昔汉高舍陈平之愆⑪,用其奇略,终建勋祚,功垂千载。夫峻法严刑,非帝王之隆业⑫。有罚无恕,非怀远之弘规也⑬。"

【注释】

①陆逊字伯言:本段及以下几段节录自《陆逊传》。

②镇西将军:古代重要军事职官名称,为四镇将军之一,三国始置。

③大都督:是古代军事统帅,魏晋南北朝称"都督中外诸军事"或"大都督"者,即为全国最高之军事统帅。

④上大将军:是三国吴孙权于黄龙元年(229)置。右都护:三国吴置,权位极重;蜀亦置,地位稍低。

⑤科法:法令。

⑥顷(qǐng)年:近年。

⑦罹罪:遭受罪罚。

⑧恩贷:施恩宽宥。多用于帝王。

⑨世务:政务,时务。

⑩显用:犹重用。

⑪汉高舍陈平之愆:据《史记》,绛侯周勃、颍阴侯灌婴等谗毁陈平,经魏无知说明,汉王厚赐陈平,予以重任。汉高,汉高祖刘邦。愆,过失,罪过。

⑫隆业:兴隆旺盛的王业。

⑬怀远:安抚边远之地的人。弘规:弘远谋略。

【译文】

陆逊,字伯言,是吴郡人,担任镇西将军。刘备率领大军前来,孙权任命陆逊为大都督抵抗他。刘备的士卒败逃。任命陆逊为上大将军、右都护。陆逊虽然身处外地,但还是心中想着国事,上疏陈述当时的政事说："臣子我认为法令严峻，下面犯法的人很多。近年以来，将士官吏遭受罪罚，虽说不谨慎应该责罚，但是天下尚未统一，应当图谋进取，小的过错帝王应该施恩宽宥，以安定下面群臣的情绪。而且政务日益增多，任用人才以贤能为首要，只要他们不让邪恶污秽的行为沾染自身，有难以忍受的过错，请求再给予重用，让他们施展才能为国效力，这就是圣明君王忘记过失记住功劳，来成就王业啊。从前汉高祖不计较陈平的过错，采用他的奇谋，终于建立功勋成就帝业，功劳流传千年。严峻的刑罚，绝不是帝王使国家兴隆旺盛的大业。只有罪罚而没有宽恕，不是安抚边远地区民众的弘远谋略啊。"

　　赤乌七年^①，为丞相。先是，二宫并阙^②，中外职司^③，多遣子弟给侍^④。全琮报逊^⑤，逊以为子弟苟有才，不忧不用，不宜私出以要荣利^⑥，若其不佳，终为取祸。且闻二宫势敌^⑦，必有彼此，此古人之厚忌也。琮子寄，果阿附鲁王，轻为交构^⑧。逊书与琮曰："卿不师日碑而宿留阿寄^⑨，终为足下门户致祸矣^⑩。"琮既不纳，更以致隙^⑪。及太子有不安之议，逊上疏陈："太子正统，宜有盘石之固；鲁王藩臣，当使宠秩有差^⑫。彼此得所，上下获安。谨叩头流血以闻。"书三四上，及求诣都，欲口论嫡庶之分，以匡得失^⑬。既不听许^⑭，而逊外甥顾谭、顾承、姚信^⑮，并以亲附太子，枉见流徙。太子太傅吾粲坐数与逊交书^⑯，下狱死。权累遣中使责让逊，逊愤恚致卒也。

【注释】

①赤乌七年：244年。赤乌，是三国时期东吴孙权的年号（238—251）。

②二宫：指太子孙和与鲁王孙霸。并阙：指并立。阙，借指宫廷，帝

　　王所居之处。

③职司：主管官员。

④给侍：服事，侍奉。

⑤全琮：字子璜，吴郡钱唐（今浙江杭州西）人。孙权以全琮为奋威校尉，命讨山越，因功迁偏将军，后以上表献策擒关羽、破襄樊功，封阳华亭侯。后随吕范与魏曹休相拒，因功迁为绥南将军，进封钱唐侯，领东安郡太守，迁卫将军、左护军、徐州牧等。

⑥要：求取。

⑦势敌：势力相当。

⑧交构：勾结。

⑨日磾：即金日磾（mì dī），字翁叔，是匈奴休屠王太子，后被俘获；汉武帝因赐其姓为金。汉武帝病重，托霍光与金日磾辅佐太子刘弗陵。昭帝即位后，他鞠躬尽瘁，死后被封为敬侯，陪葬茂陵。宿留：指使宿卫、滞留。

⑩门户：家庭，户口。

⑪隟（xì）：同"隙"，怨隙，仇恨。

⑫宠秩：宠爱而授以官秩。

⑬得失：偏指失。

⑭听许：听而许之。

⑮顾谭：字子嘿，吴郡吴县（今江苏苏州）人。顾邵之子，丞相顾雍之孙。顾承：字子直。顾谭之弟。任骑都尉、吴郡西部都尉，授奋威将军，兼任京下督。几年之后，和哥哥顾谭、张休一起被流放到交州。姚信：吴兴（今浙江湖州）人。师从钱唐范平，精于天文、经书。

⑯太子太傅：东宫官名。职掌辅导太子。吾粲：字孔休，吴郡乌程（今浙江吴兴）人。任曲阿县丞、山阴县令、会稽太守、太子太傅等，因坚持"嫡庶之分"，违忤孙权，被诬陷下狱处死。

【译文】

赤乌七年，陆逊担任丞相。先前，太子跟鲁王在朝廷享受同样的礼遇，朝廷内外的主管官员大多派遣家中子弟去服侍。全琮告诉陆逊，陆逊认为子弟假如有才，不必担心不能任用，不应该私下送去求取荣誉地位，倘若子弟不好，最终会招来祸患。况且听说二宫势均力敌，彼此必有争执，这是古人都极为忌讳的。全琮的儿子全寄，果然依附鲁王，轻易地勾结在一起。陆逊给全琮写信说："您不效法金日磾而让阿寄跟随鲁王，最终会给家庭带来灾祸的。"全琮既不采纳，反而更跟陆逊有了怨隙。等到太子孙和的地位可能不保的议论出现后，陆逊上疏陈述说："太子是正统，应该像盘石一样牢固；鲁王是拱卫王室的藩臣，应当让他们的恩宠等级有差别。这样使他们各得其所，上下都获得安定。谨在此叩头流血使您听到。"奏书递交了好几次，还请求到京都，想要亲口陈述嫡子、庶子的分别，来匡正失误。孙权既不听从，而陆逊的外甥顾谭、顾承、姚信，一并因为亲近依附太子，冤枉地被流放。太子太傅吾粲因为多次跟陆逊通信交流，被下狱处死。孙权屡次派遣宫中的使者斥责陆逊，陆逊气愤而死。

子抗字幼节[①]，迁立节中郎将[②]。权谓曰："吾前听用谗言，与汝父大义不笃[③]，以此负汝。前后所问[④]，一焚灭之，莫令人见也。"孙皓即位，加镇军大将军[⑤]，督信陵等军事[⑥]。

【注释】

①抗：即陆抗，字幼节。陆逊子，袭父爵为江陵侯，任立节中郎将、镇军将军等，孙皓时任镇军大将军、大司马、荆州牧。被誉为吴国最后的名将。

②立节中郎将：三国吴置，为领兵将官，掌帅军征伐，或驻守一方。

③大义：指君臣之间的大道理。

④问：追究。

⑤镇军大将军：三国魏镇军大将军为二品，次于大将军一品；东吴或许相同。

⑥信陵：古地名。在今湖北秭归。

【译文】

儿子陆抗，字幼节，升任立节中郎将。孙权对他说："我以前听信谗言，跟你父亲君臣大义不笃厚，因此辜负了你。我前后所追问的文书，一把火烧光了吧，不要让人看到。"孙皓登上帝位，给陆抗加官镇军大将军，监督统率信陵等地军事。

抗闻都下政令多阙，时何定弄权①，阉官与政，抗上疏曰："臣闻开国承家②，小人勿用；靖谮庸回③，《唐书》攸戒④。是雅人所以怨刺⑤，仲尼所为叹息也。春秋已来⑥，爰及秦、汉，倾覆之衅，未有不由斯者也。小人所见既浅，虽使竭情尽节⑦，犹不足任，况其奸心素笃，而憎爱移易哉？苟患失之，无所不至。今委以聪明之任⑧，假以专制之威，而冀雍熙之声作⑨，肃清之化立⑩，不可得也。方今见吏，殊才虽少⑪，然或冠冕之胄⑫，少渐道教⑬，或清苦自立⑭，资能足用，自可随才授职，抑黜群小，然后俗化可清，庶政无秽⑮。"

【注释】

①何定：豫州汝南（今河南汝南、平舆间）人。是孙皓的佞臣，官至楼下都尉，后以奸秽发闻伏法。弄权：凭借职位，滥用权力。

②开国承家：指建立邦国，继承封邑。

③靖谮庸回：即靖言庸回，指语言善巧而行动乖违。

④《唐书》：指《尚书·尧典》。攸戒：所戒。

⑤雅人：指《诗经》作者。怨刺：《汉书·礼乐志》："周道始缺，怨刺之诗起。"郑玄《诗谱序》："自是而下，厉也幽也，政教尤衰，周室大坏，《十月之交》《民劳》《板》《荡》勃尔俱作。众国纷然，刺怨相寻。"

⑥已来：以后。

⑦竭情：尽心。

⑧委：付托，委任，委派。聪明：指耳目。

⑨雍熙：指和乐升平。

⑩肃清：等于说清平。多指国家、社会安定太平，法纪严明。

⑪殊才：卓越的才气。

⑫冠冕：冠族，仕宦之家。胄：后代子孙。

⑬道教：道德教化。

⑭清苦：守贫刻苦。

⑮庶政：各种政务。

【译文】

陆抗听说朝廷政令多有缺失，当时何定凭借职位滥用权力，宦官干预政治，陆抗上疏说："我听说建立邦国，继承政权，不能任用小人；他们语言善巧而行动乖违，正是《唐书》所说要警戒的。《诗经》作者因此讽刺，孔子为此叹息。春秋以后，到了秦、汉，国家颠覆的灾祸，没有不是由此造成的。小人的见识已经短浅，即使让他们竭尽心力保守忠节，尚且还不够任事，何况他们一向深藏奸邪之心，而爱憎容易转移变异呢？如果他们害怕失去权益，那就什么都能做得出来。现今委以耳目之任，给予他们独断专行的权威，却希望国家和谐兴旺，建立安定太平、法纪严明的教化，是不可能的。现今看那些官吏，有卓越才气的虽然少，但是有的是仕宦之家的后代子孙，从小浸染道德教化；有的守贫刻苦自立于世，资材足够任用，自然可以按他的才能授予职务，抑制贬黜小人，然后风俗教化才能清净，各项政务才不会出现丑恶现象。"

闻薛莹征下狱①，抗上疏曰："夫俊乂者②，国家之良宝，社稷之贵资，庶政所以伦叙③，四门所以穆清也④。故大司农楼玄、散骑中常侍王蕃、少府李勖⑤，皆当世秀颖⑥，一时显器。既蒙初宠，从容列位⑦，而并旋受诛殛⑧，或圮族替祀⑨，或投弃荒裔⑩。盖《周礼》有赦贤之辟⑪，《春秋》有宥善之义⑫。《书》曰：'与其杀不辜，宁失不经⑬。'而蕃等罪名未定，大辟以加⑭，心经忠义，身被极刑⑮，岂不痛哉！且已死之刑，固无所识，至乃焚烁流漂⑯，弃之水滨，惧非先王之正典⑰，或甫侯之所戒也⑱。是以百姓哀耸⑲，士民同戚。蕃、勖永已，悔亦靡及，诚望陛下赦召玄出。而顷闻薛莹卒见逮录⑳，莹父综㉑，纳言先帝㉒，傅弼文皇㉓，及莹承基㉔，内厉名行㉕，今之所坐，罪在可宥。臣惧有司未详其事，如复诛戮，益失民望，乞垂天恩㉖，原赦莹罪㉗，哀矜庶狱，清澄刑网㉘，则天下幸甚！"

【注释】

①薛莹：字道言。出任吴国左国史、光禄勋。入晋为散骑常侍。征：收取，拘捕。

②俊乂：才德出众的人。

③伦叙：有条理，顺序。

④四门：指明堂四方的门。穆清：指太平祥和。

⑤楼玄：字承先，沛郡蕲县（今安徽宿州东南）人。历任监农御史、散骑中常侍、会稽太守、大司农等。因多次违背孙皓心意，遭诬陷流放，被逼迫自杀。散骑中常侍：三国吴置。掌侍从规谏。王蕃：字永元。历任吴国尚书郎、散骑中常侍等。曾制订历法。因性情

耿直,被吴国暴君孙皓无故杀害。少府:是为皇室管理私财和生活事务的职能机构。李勖:吴国将领,以监军身份与督军徐存从建安海道,攻击叛变的交趾,后来擅自斩杀导将冯斐并撤退,遭到孙皓的责罚,被灭族。

⑥秀颖:指优异聪颖之士。著名的人物。

⑦从容:指顺利。

⑧诛殛(jí):诛杀。

⑨圮(pǐ)族:毁害族类。替:废弃。

⑩荒裔:指边远地区。

⑪《周礼》有赦贤之辟:见《周礼·秋官·小司寇》:"以八辟丽邦法附刑罚……三曰议贤之辟……"盖凡入八议的人,轻罪则宥,重罪则改附轻比;后来成为历代封建帝王减刑免刑的特权规定;汉代改名八议,三国魏正式写入法典,一直沿用到清代。赦贤之辟,赦免贤才的法规。

⑫《春秋》有宥善之义:见《左传·昭公元年》:"去烦宥善,莫不竞劝。"宥善,赦免善良的人。

⑬"《书》曰"几句:见《尚书·大禹谟》:"与其杀不辜,宁失不经。"不经,指不合常法,屈法以申恩。

⑭大辟:古五刑之一。指死刑。

⑮极刑:死刑。

⑯焚烁:形容物体被烧得发出火光。

⑰正典:国家颁定的典章制度。

⑱甫侯:周穆王大臣。他建议周穆王加强刑法,于是作五刑三千条,这五刑名曰《甫刑》。贵族均可用钱赎罪。

⑲哀耸:哀伤惶恐。

⑳卒:后多作"猝"。逮录:拘捕,囚禁。

㉑综:即薛综,字敬文。孙权召为五官中郎将,后任交阯太守、尚书

仆射、太子少傅等。

㉒纳言：古官名。喉舌之官，听下言纳于上，受上言宣于下。尚书为
　　纳言。这里指在尚书台做官。

㉓傅弼：辅弼，辅佐。文皇：指孙和。末帝孙皓生父，后孙皓即位，追
　　封为文皇帝。

㉔承基：继承基业。

㉕名行：名声与品行。

㉖天恩：指帝王的恩惠。

㉗原赦：宽恕赦免。

㉘清澄：审察，省察。刑网：犹法网。比喻严密的法律条规。

【译文】

听说薛莹被捕下狱，陆抗上疏说："才德出众的人，是国家优良的宝物，社稷江山的尊贵资材，众多政务条理有序的凭借，明堂四方太平祥和的原因。原大司农楼玄、散骑中常侍王蕃、少府李勖，都是当代的优异聪明之士，一个时代的著名人物。已经蒙受当初的宠信，顺利地进入朝廷任职，却一并很快地遭受诛杀，有的家族毁灭祭祀废弃，有的被流放边远地区。《周礼》有宽赦贤人的法规，《春秋》有赦免善良的义理。《尚书》说：'与其杀掉没有罪的人，宁可屈法以申恩。'而王蕃等人的罪名还没有确定，就判以死刑，心怀忠义，身遭极刑，难道不令人悲痛吗？况且已经处死的犯人，原本就无知无识，又要焚烧尸体，让尸身漂流，丢弃在水滨，这恐怕不是先代君王颁布的典章制度，或许是甫侯禁戒的吧。因此百姓哀伤惶恐，士人民众共同悲戚。王蕃、李勖已经永远离去，悔恨也来不及了，诚恳希望陛下赦免征召傅玄出狱。而刚刚听说薛莹突然被拘捕囚禁，薛莹的父亲薛综在先帝时在尚书台做官，辅佐文皇帝孙和，等到薛莹继承基业，磨砺修养名声品行，现今所犯之罪，是可以宽赦的。我惧怕主管官员不清楚他的事情，如果再加以杀戮，会让民众更加失望，请求降下皇恩，宽恕赦免薛莹的罪过，哀怜众多的罪犯，省察清理严密的法律

条文,那么天下就非常幸运了!"

孙登字子高①,权长子也。权为吴王,立登为太子,选置师傅,铨简秀士②,以为宾友。登或射猎,远避良田,不践苗稼;至所顿息③,又择空闲之地,其不欲烦民如此。尝乘马出,有弹丸过,左右求之。有一人操弹佩丸,咸以为是,辞对不服,从者欲捶之。登不听,使求过丸,比之非类④,乃见释。又失盛水金马盂⑤,觉得其主,左右所为,不忍致罚,呼责数之,长遣归家,敕亲近勿言。

【注释】

①孙登字子高:本段节录自《吴主五子传·孙登传》。

②铨简:选拔。秀士:德行才艺出众的人。

③顿息:停留休息。

④非类:不同的种类。

⑤马盂:大型的盂。盂,盛汤浆或饭食的圆口器皿。

【译文】

孙登,字子高,是孙权的长子。孙权当了吴王,立孙登为太子,选择设置师傅,选拔德行才艺出众的人,作为他的宾客友人。孙登有时射箭田猎,远远避开良田,不践踏庄稼;到停留休息的地方又选择空闲之处,他不想扰民到这样的程度。有一次孙登骑马出去,有弹丸从他身边飞过,左右亲信去寻找弹射弹丸的人。有一个人手持弹弓身佩弹丸,众人都认为是他,但这人不承认,随从想要打他。孙登不允许,让人去找刚才飞过的弹丸,两相比较并不相同,于是就释放了那人。又有一次丢失了一个盛水大金盂,发觉盗窃者就是自己的身边人,不忍心去惩罚,只是把那人叫来责备数落了一番,遣送回家不再任用,下令左右亲近不要去说。

　　孙和字子孝①，立为太子。常言，当世士人宜讲修术学②，校习射御③，以周世务④，而但交游博奕⑤，以妨事业，非进取之谓。后群寮侍宴⑥，言及博奕，以为妨事费日，而无益于用，劳精损思，而终无所成，非所以进德修业，积累功绪也⑦。且志士爱日惜力⑧，君子慕其大者。凡所患者，在于人情所不能绝，诚能绝无益之欲，以奉德义之涂，弃不急之务，以修功业之基，其于名行，岂不善哉？夫人情犹不能无嬉娱，嬉娱之好，亦在于饮宴琴书射御之间，何必博奕以为欢？乃命侍坐者八人，各著论以矫之。于是中庶子韦曜退而论奏⑧，和以示宾客。时蔡颖好奕⑩，直事在署者颇效焉⑪，故以此讽之。

【注释】

①孙和字子孝：本段及以下几段节录自《吴主五子传·孙和传》。

②术学：道术学识。

③校习：考校练习，考查学习。

④周：适合。

⑤博奕：局戏和围棋。

⑥群寮：百官。侍宴：宴享时陪从或侍候于旁。

⑦功绪：事功，功绩。

⑧爱日：珍惜时日。

⑨中庶子：战国时国君、太子、相国的侍从之臣，秦、汉为太子侍从官。历代沿置。

⑩蔡颖：孙和立为太子后，蔡颖作为名士成为侍从。

⑪直事：指值班。

【译文】

孙和,字子孝,被立为太子。他经常说,当代的士人应该讲习道术学识,学习骑射之术,以适应政事的需要,如果仅仅乐于结交朋友和玩局戏下围棋,会妨害事业,不是进取的做法。后来百官侍从宴享,谈到玩局戏下围棋,认为妨害事情浪费时间,对实用没有好处,劳累精力损伤思虑,最终一无所成,不是进德修业、积累功绩的方法。况且志士珍惜时间,爱惜精力,君子倾慕伟大的事物。人们的毛病,常在于不能割舍欲望,如果真的能够断绝没有好处的欲望,来崇奉道德正义,丢弃不急用的事务,来修养功业的基础,那对于名声跟品行,难道不好吗? 人之常情确实不能没有娱乐,娱乐的爱好,也可以在宴饮弹琴书写射箭驾驭之中选择,何必以局戏围棋为欢乐呢? 于是命令在旁陪坐的八个人,各自写作论文来矫正这种现象。于是中庶子韦曜回去写作论文上奏,孙和拿给宾客看。当时侍从蔡颖喜好围棋,在官署值班的人很多都效法他,所以孙和用这种方式来劝诫他。

是后王夫人与全公主有隙^①。权尝寝疾^②,和祠祭于庙,和妃叔父张休居近庙^③,邀和过所居。全公主使人觇^④,因言太子不在庙中,专就妃家计议。又言王夫人见上寝疾,有喜色。权由是发怒,夫人忧死,和宠稍损,惧于废黜。鲁王霸觊觎滋甚^⑤,陆逊、吾粲、顾谭等,数陈适庶之义^⑥,理不可夺,全寄、杨竺等为霸支党^⑦,潜诉日兴^⑧。粲遂下狱诛,谭徙交州。权沉吟者历年^⑨,殷基《通语》曰^⑩:初,权既立和为太子,而封霸为鲁王,初拜犹同官室,礼秩未分^⑪,群公之议,以为太子、国王,礼秩宜异,于是分官别僚,而隙端开矣。自侍御宾客^⑫,造为二端,仇党疑贰^⑬。中外官僚将相大臣,举国中分。权患之,于是有改嗣之规矣^⑭。后遂幽闭和。于是骠骑将军朱据、尚书仆射屈晃^⑮，率诸将吏泥头自缚^⑯，连日诣阙请和。权甚恶之。无难督陈正、五营督陈象上书^⑰，称引晋献公杀申生^⑱，立奚齐^⑲，晋国扰乱，又据、晃固谏不止。权大怒，族诛正、象，牵晃入殿，杖一百，《吴历》曰^⑳：晃入，日谏曰："太子仁明^㉑，显闻四海^㉒。今三方鼎跱^㉓，实不宜摇动太子，以生众心^㉔。愿陛下少垂圣虑，老臣虽死，犹生之年。"叩头流血，辞气不挠^㉕。讳晃言^㉖，斥还田里^㉗。竟徙和于故鄣^㉘，群司坐谏诛放者十数^㉙。众咸冤之。《吴书》曰^㉚：权寝疾，意颇感寤，欲征和还立之，全公主及孙峻、孙弘等固争之^㉛，乃止。

【注释】

① 王夫人：即大懿皇后王氏。吴大帝孙权的宠妃，生孙和。孙皓继位后追尊大懿皇后。全公主：即孙鲁班，字大虎。吴大帝孙权长女。

② 寝疾：卧病。

③ 张休：字叔嗣，徐州彭城（今江苏徐州）人。张昭之子。任太子中庶子、侍中、羽林都督等。支持太子孙和，坐罪赐死。

④ 觇（chān）：窥伺，侦查。

⑤ 觊觎（jì yú）：非分的希望或企图。

⑥ 適庶：嫡庶。適，通"嫡"。

⑦ 全寄：扬州会稽郡钱唐（浙江杭州）人。东吴右大司马全琮次子。杨竺：徐州广陵郡（江苏扬州）人。年少有名，后卷入孙权晚年的二宫之争，支持鲁王孙霸。支党：党羽。

⑧ 谮（zèn）诉：谗毁攻讦。

⑨ 沉吟：迟疑，犹豫。

⑩ 殷基：云阳（今江苏丹阳）人。吴零陵太守殷礼之子，为无难督，入晋迁尚书左丞。

⑪礼秩：指礼仪等第和爵禄品级。

⑫侍御：侍奉君王的人。

⑬疑贰：因猜忌而生异心。

⑭改嗣：改变君位继承人。

⑮屈晃：孙权时为尚书仆射，因谏立太子孙和，被杖一百，斥归田里，次年忧愤而死。

⑯泥头：泥首，以泥涂首，表示自辱服罪。

⑰无难督：吴军事职官。吴设有无难营，以无难督统率营兵。陈正：孙权末任无难督。五营督：三国吴置，统五营营兵。陈象：孙权末年为五营督。

⑱晋献公：姬姓，名诡诸。晋武公之子，春秋时期的晋国君主，宠爱骊姬。申生：姬姓，名申生。晋献公太子。在骊姬的多次阴谋陷害之下，申生自缢而死。

⑲奚齐：晋献公之子，生母骊姬。他被荀息立为国君，又被里克等所杀。

⑳《吴历》：晋胡冲撰，共六卷，记三国孙吴史事，已亡佚。

㉑仁明：仁爱明察。

㉒显闻：显著而为世所闻知。

㉓跱（zhì）：并立。

㉔心：指二心。

㉕辞气：语气，口气。不挠：不弯曲。形容刚正不屈。

㉖讳：引申为嫌恶。

㉗斥：贬斥，疏远，驱逐。

㉘故鄣：县名。在今浙江安吉。

㉙群司：百官。

㉚《吴书》：三国时韦昭所著的关于东吴历史的史书。

㉛孙峻：字子远。吴宗室。孙权病危时与诸葛恪共受遗诏辅政，孙亮即位之后升任武卫将军，封都乡侯。在诛杀政敌诸葛恪后拜丞

相、大将军，封富春侯。后孙峻在征伐魏国时因病去世。孙弘：官
至吴国中书令、少傅。孙权临终，孙弘与诸葛恪等同为顾命大臣，
后欲矫诏除掉诸葛恪，被孙峻告发，被诛杀。

【译文】

此后王夫人跟全公主有怨隙。孙权曾经卧病，孙和在庙里祭祀，孙
和妃子的叔父张休住所靠近此庙，邀请孙和来到住处。全公主派人窥
伺，于是进言说太子不在庙里面，特地到妃子家中谋划。又说王夫人见
到君上卧病，有欣喜的神色。孙权因此发怒，王夫人担忧而死，孙和的宠
信稍有减损，惧怕被废黜。鲁王孙霸对太子之位的觊觎更加强烈，陆逊、
吾粲、顾谭等人，屡次陈述嫡庶有别的道理，道理堂堂正正难以驳倒，全
寄、杨竺等人是孙霸的党羽，对太子的谗毁攻讦一天天加剧。吾粲于是
被下狱诛杀，顾谭流徙交州。孙权犹豫了几年，殷基《通语》说：当初，孙权
已经立了孙和为太子，又封了孙霸当鲁王，册封时还是同样的官殿，礼仪等第和爵禄
品级没有分别，公卿们议论，认为太子跟诸侯国国王，礼仪等第和爵禄品级应该不
同，于是分别官殿像属，怨隙由此而生。侍从和宾客分成两派，互相仇视猜忌。官
里官外的官员、将相大臣以及全国官员都分成两派。孙权对此担忧，于是有了改变
君位继承人的计划。后来就幽禁了孙和。于是骠骑将军朱据、尚书仆射屈
晃，率领众将领官吏用泥涂头自我绑缚，连日赴朝堂为孙和请求。孙权
非常厌恶。无难督陈正、五营督陈象上书，称述援引晋献公杀死太子申
生，立了奚齐，使得晋国扰乱的事情，还有朱据、屈晃坚持劝谏不休。孙
权大怒，把陈正、陈象灭族，拉着屈晃进入朝堂，打了一百杖，《吴历》说：屈
晃进入朝堂，每日劝谏说："太子仁爱明察，名声显著为世人知闻。现今三国对峙，实
在不应该动摇太子地位，使得众人有二心。希望陛下稍稍进行考虑，老臣我即使死
去，也跟活着一样。"磕头磕到流血，口气也不屈服。孙权嫌恶屈晃的言辞，驱逐他回
乡里。最终流徙孙和到故鄣县，百官因劝谏被诛杀、流放的有十多人。众
人都为他们感到冤枉。《吴书》说：孙权卧病，心中颇有感悟，想要征召孙和回来
还立他为太子，全公主跟孙峻、孙弘坚持反对，只好作罢。

封和为南阳王,遣之长沙①。诸葛恪被诛②,孙峻遣使者赐死。举邦伤焉。

【注释】

①长沙:秦设郡,为秦初三十六郡之一,郡治在今湖南长沙,三国时期属东吴。

②诸葛恪:字元逊,琅邪郡阳都县(今山东临沂)人。大将军诸葛瑾长子。起家骑都尉,辅佐太子孙登。孙权病危时,选为托孤大臣之首。孙亮即位后,拜太傅,封为阳都侯。后为皇帝孙亮联合托孤大臣孙峻所杀。

【译文】

封孙和为南阳王,遣送到长沙。诸葛恪被诛杀,孙峻派遣使者赐死孙和。全国哀伤。

孙霸字子威①,和弟也。和为太子,霸为鲁王,宠爱崇特②,与和无殊。顷之,和、霸不穆之声闻于权耳③,权禁断往来。时全寄、吴安、孙奇、杨竺等阴共附霸④,图危太子。谮毁既行,太子以败,霸亦赐死。流竺尸于江,又诛寄、安、奇等,咸以党霸构和故也。

【注释】

①孙霸字子威:本段节录自《吴主五子传·孙霸传》。

②崇特:优厚特异。

③不穆:不睦。

④吴安:扬州会稽郡钱唐(今浙江杭州)人。鲁王孙霸的党羽,孙权舅吴景之孙。孙奇:鲁王的党羽。

【译文】

孙霸,字子威,是孙和的弟弟。孙和是太子,孙霸是鲁王,孙权对他的宠爱优厚特别不同,跟孙和没有差异。不久,孙和、孙霸不和睦的声音传到孙权的耳中,孙权禁绝他们交往。当时全寄、吴安、孙奇、杨竺等人暗中共同依附孙霸,图谋危害太子。他们的谗间毁谤得逞后,太子被废,孙霸也被赐死。杨竺被处死,尸体丢到长江里,又诛杀了全寄、吴安、孙奇等人,都是因为结党孙霸构陷孙和的缘故。

　　潘濬字承明①,武陵人也。权称尊号,拜为少府,《江表传》曰:权数射雉②,濬谏权,权曰:"相与别后③,时时暂出耳④,不复如往日之时。"濬曰:"天下未定,万机务多,射雉非急,弦绝括破⑤,皆能为害,乞特为臣故息置之。"濬出,见雉翳故在⑥,乃手自撤坏之。权由是不复射雉。迁太常⑦。时校事吕壹,操弄威柄,奏按丞相顾雍、左将军朱据等⑧,皆见禁止⑨。濬求朝,欲尽辞极谏。至,闻太子登已数言之而不见从,濬乃大请百寮,欲因会手刃杀壹,以一身当之,为国除患。壹密闻知,称疾不行。濬每进见,无不陈壹之奸险也。由此壹宠渐衰,后遂诛戮。权引咎责躬也⑩。

【注释】

①潘濬字承明:本段节录自《潘濬陆凯传·潘濬传》。

②雉:鸟名。通称野鸡。

③相与:互相,交相。

④时时:有时。

⑤括:通"栝",箭的末端,与弓弦交会处。

⑥雉翳(yì):猎雉时准备的隐蔽物。

⑦太常：秦置奉常，汉更名太常，为九卿之一，掌宗庙礼仪，兼掌选试
　　博士。

⑧奏案：奏请查办。

⑨禁止：禁锢，囚禁。

⑩引咎：归过失于自己。

【译文】

潘濬，字承明，是武陵人。孙权称帝，任命潘濬为少府，《江表传》说：孙权多次射猎野鸡，潘濬劝谏孙权，孙权说："和您分别后，我只是有时短暂出去罢了，不再跟以前那样了。"潘濬说："天下还没有安定，国家政务繁多，射猎野鸡不是当务之急，弓弦断绝，箭尾破裂，都能伤害人，请求您因为我的缘故别再做了。"潘濬出来，看见猎雉时准备的隐蔽物还在那里，于是就把它拆除毁坏了。孙权从此不再射猎野鸡。后升任太常。当时校事吕壹，把持玩弄权力，奏请查办丞相顾雍、左将军朱据等人，致使这些人都被禁锢。潘濬请求朝见，想要极力规劝。到达时，听说太子孙登已经几次进言而孙权不听从，潘濬于是大举延请众官员，想要借此机会亲手持刀杀死吕壹，用自己一人担当此事，为国家除去祸患。吕壹秘密得知，称病不去。潘濬每逢进见，没有不说吕壹奸诈阴险的。从此吕壹的宠信逐渐衰微，后来就被诛杀。孙权把过失归于自己反躬自责。

陆凯字敬风①，吴郡人也，孙皓立为左丞相。时徙都武昌，杨土百姓溯流供给②，以为患苦。又政事多谬，黎元穷匮③。凯上疏曰："臣闻有道之君，以乐乐民④；无道之君，以乐乐身。乐民者，其乐弥长；乐身者，不久而亡。夫民者，国之根也，诚宜重其食，爱其命。民安则君安，民乐则君乐。自顷年以来，君威伤于桀、纣，君明暗于奸雄，君惠闭于群孽⑤。无灾而民命尽，无为而国财空，辜无罪⑥，赏无功，使

君有谬误之愆⑦，天为作妖。而诸公卿媚上以求爱，困民以求饶，导君于不义，败政于淫俗，臣窃为痛心。今邻国交好，四边无事，当务息役养士，实其府库，以待天时。而更倾动天心，搔扰万姓，使民不安，大小呼嗟，此实非保国养民之术也。

【注释】

①陆凯字敬风：本段及以下几段节录自《潘濬陆凯传·陆凯传》。陆凯，字敬风，吴郡吴县（今江苏苏州）人。丞相陆逊族子。历任建武都尉、儋耳太守、绥远将军、镇西大将军、左丞相等。

②杨土：即扬州。

③黎元：黎民。穷匮：匮乏，贫穷。

④以乐：用快乐。乐民：使民众快乐。

⑤闭：关闭，阻隔，壅塞。群孽：众凶逆。

⑥辜：罪罚。

⑦谬误：错误。愆：过失。

【译文】

陆凯，字敬风，是吴郡人，孙皓立他为左丞相。当时迁都武昌，扬州地方的百姓逆着长江水流供给物资，深感痛苦。加上朝廷政事多有错谬，黎民百姓贫困不堪。陆凯上疏说："我听说有道明君，用快乐使民众快乐；无道的昏君，用快乐使自身快乐。使民众快乐的人，他的快乐更长久；使自身快乐的人，不能长久而灭亡。民众，是国家的根基，真的应该注重他们的食物，爱惜他们的性命。民众安定那么国君安定，民众快乐那么国君快乐。自从最近这些年来，君主的威严被桀、纣那样的昏君伤害，君主的英明被弄权欺世窃取高位的奸臣晦暗，君主的恩惠被众多凶逆阻隔。没有天灾而民众丧失性命，没有作为而国库财产空虚，惩罚没有罪过的人，赏赐没有功劳的人，使得君上有施政谬误的过失，上天也显示异象。而众多公卿献媚君上来求得喜爱，压榨民众来求得富裕，引导君主陷入不义，用不正的风俗来败坏政事，我私下里为此痛心。现今邻国跟我们交好，四方边境没有事端，应当致力于休止劳役培养士人，充实国家仓库来等待天命。现在反而更加动摇天心，骚扰万民，使得民众不安，大人小孩都呼号哀叹，这实在不是保护国家养育民众的方法啊。

　　"昔秦所以亡天下者，但坐赏轻而罚重^①，刑政错乱^②，民力尽于奢侈，目眩于美色，志浊于财宝，邪臣在位，贤哲隐藏，百姓业业^③，天下苦之，是以遂有覆巢破卵之忧^④。汉所以强者，躬行诚信，听谏纳贤，惠及负薪^⑤，躬请岩穴，广采博察，以成其谋。此往事之明证也。近者汉衰，三家鼎立，曹失纲纪，晋有其政。又益州危险，兵多精强，闭门固守，可保万世，而刘氏与夺乖错^⑥，赏罚失所^⑦，君恣意于奢侈，民力竭于不急，是以为晋所伐，君臣见虏。此目前之明验也。

【注释】

①坐：因为。

②刑政：刑法政令。

③业业：危惧的样子。

④覆巢破卵：倾覆了鸟窝，弄破了鸟蛋。比喻整体损坏了，个体也随之被破坏。覆，倾覆，翻倒。破，弄破，损坏。

⑤负薪：背负柴草。指从事樵采之事的人。

⑥与夺：赐予和剥夺。乖错：谬误。

⑦失所：失宜，失当。

【译文】

"从前秦朝丢掉天下的原因，只是因为赏赐轻惩罚重，刑法政令错乱，民力被君主的奢侈生活耗费殆尽，君主的眼目被美色炫耀，心志被财宝污浊，奸邪臣子占据职位，贤良哲人隐居躲藏，百姓危险惧怕，天下人深感苦痛，因此就有了倾覆鸟巢摔破鸟蛋的忧患。汉朝强大的原因，是皇帝亲身实行诚信，听从劝谏，招纳贤人，恩惠遍及砍柴者，恭敬地请来隐居在岩穴的处士，广泛听取意见、全面考察，从而成就了自己的谋略。这是以往事实的明证。近来汉朝衰弱，魏、蜀、吴三家鼎立，曹魏失去了法度纲常，司马氏的晋朝获得了政权。益州地形险要，兵多精锐强劲，关门坚守，可以保全万代，但是刘氏赐予和剥夺错乱，赏罚失当，国君肆意奢侈，民力浪费枯竭在不急的事务上，因此被晋讨伐，君臣被俘虏。这是目前明显的验证。

"臣暗于大理，文不及义，智慧浅劣，无复冀望，窃为陛下惜天下耳。臣谨奏耳目所闻见，百姓所为烦苛，刑政所为错乱，愿陛下息大功，损百役，务宽荡①，忽苛政②。

【注释】

①荡：宽恕。

②忽：灭亡，湮没。

【译文】

"我对于大道理暗昧，文辞难以表达大义，智慧低下，不再有希望了，只是私下替陛下您惋惜天下罢了。我只奏上眼睛看到耳朵听到的，百姓承受的繁杂苛细的法令，刑法政令的错乱，希望陛下停止大的工程，去掉各种劳役，致力于宽恕，减轻繁重的赋税、苛刻的法令。

"又武昌土地，实危险而墝埆①，非王都安国养民之处。且童谣言：'宁饮建业水②，不食武昌鱼；宁还建业死，不止

武昌居。'臣闻童谣之言,生于天心③,乃以安居而比死④,足
明天意,知民所苦也。

【注释】

①塉埆（jí què）：土地贫瘠而多石。

②建业：东汉建安十七年（210），孙权将治所从京口迁往秣陵（今江
　苏南京），改秣陵为建业。

③天心：等于说天意。

④安居：指居住。

【译文】

"又武昌的土地,实在是险恶贫瘠石头多,不是作为王都让国家平安
养育民众的处所。况且童谣说：'宁可饮用建业水,也不去吃武昌鱼；宁
可回到建业死,也不留在武昌住。'我听说,童谣出自天意,童谣竟然把
居住在武昌比成死亡,足以说明上天的心意,知道民众痛苦什么。

"臣闻：'国无三年之储,谓之非国。'而今无一年之畜,
此臣下之责也。而诸公卿位处人上,禄延子孙,曾无致命之
节①,匡救之术,苟进小利于君,以求容媚②,荼毒百姓,不为
君计也。自从孙弘造义兵以来③,耕种既空废④,所在无复输
入,而分一家,父子异役,廪食日张⑤,畜积日耗,民力困穷,
鬻卖儿子⑥,调赋相仍⑦,日以疲极。加有监官⑧,务行威势,
所在搔扰,更为烦苛。民苦二端,财力再耗⑨,此为无益而有
损也。愿陛下一息此辈⑩,以镇抚百姓之心。此犹鱼鳖得免
毒螫之渊⑪,鸟兽得离罗网之纲,四方之民襁负而至矣⑫。如
此,民可得保,先王之国存焉。

【注释】

①致命：犹捐躯。

②容媚：指奉承谄媚以求欢心。

③孙弘：官至吴国中书令、少傅。孙权临终，孙弘与诸葛恪等同为顾命大臣，后欲矫诏除掉诸葛恪，被孙峻告发，被诛杀。造：创建。义兵：古时统治阶级为保卫其利益而临时组织的武装。

④空废：荒废，荒芜。

⑤廪食：指公家供给的粮食。张：增多，盛大，强大。

⑥鬻（yù）：卖。

⑦相仍：相继，连续不断。

⑧监官：监察或管理地方事务的官吏。

⑨再：二次。

⑩息：停止。

⑪毒螫（shì）：指毒虫等刺人或动物，毒害，危害。

⑫襁负：用襁褓背负。泛指人用肩背驮。

【译文】

"我听说：'国家没有三年的粮食储备，就不能称之为国家。'而今天国家没有一年的粮食储备，这是臣下的责任。但是诸位公卿地位居于普通人之上，福禄延泽子孙，竟然没有为国君捐躯的节操，匡正补救国政的方法，只会向国君献上小利益，以求用奉承谄媚来获得君主欢心，残害百姓，不替君主考虑。自从孙弘创建义兵以来，田地的耕种已经荒废，到处都不再有赋税上交，而把一家分开，父子服不同的徭役，公家需要供给的粮食一天天增多，而积蓄却一天天损耗，民力困顿穷竭，只好卖掉儿子，各种赋税仍不断征收，百姓日益贫乏。再加上有监察地方事务的官员，只知实施威严权势，所到之处骚扰不断，更加繁杂苛细。民众痛苦于这两件事，财产民力再次损耗，这么做，对国家没有好处，反而只会造成损害啊。希望陛下一律停止使用这类官员，以安抚百姓的心。这就像鱼鳖

等水生物能够逃脱有毒虫危害的深渊，鸟兽能够脱离捕捉的罗网，四方
的民众就会背着婴儿前来投奔了。这样，民众能够得到保护，先代君王
的国家就能继续存在了。

　　"臣闻明王圣主取士以贤，非求颜色而取好服、捷口、容
悦者也①。臣伏见当今内宠之臣②，位非其人，任非其量③，
不能辅国匡时④，群党相扶，害忠隐贤⑤。愿陛下简文武之
臣⑥，各尽其忠，拾遗万一，则康哉之歌作⑦，刑错之理清⑧。
愿陛下留神，思臣愚言。"

【注释】

①颜色：姿色。捷口：利口，能言善辩。容悦：指曲意逢迎，以取悦于上。

②内宠：帝王宠爱的人。

③量：指才能。

④匡时：匡正时世，挽救时局。

⑤隐：埋没。

⑥简：选择。

⑦康哉之歌：见《尚书·益稷》："（皋陶）乃赓载歌曰：'元首明哉，股
　　肱良哉，庶事康哉。'"这是称颂君明臣良，诸事安宁。

⑧刑错：置刑法而不用。错，措置。

【译文】

　　"我听说明君圣主按是否贤德来取用士人，而不是看容貌是否俊美，
服饰是否华丽，是否能言善辩，是否曲意逢迎讨好自己。我看到当今君
王宠爱的臣子，品行与职位不相称，才能与职权不想称，不能够辅佐国家
匡正挽救时局，反而成群结党互相扶助，伤害忠良埋没贤臣。希望陛下
选择文武臣僚，让他们各自尽忠，补正万一发生的过失，那么天下安宁太

平的颂歌就会响起,刑罚就会被搁置一边不需动用了。希望陛下留意,想一想我愚忠的言辞。"

时殿上列将何定佞巧便僻①,贵幸任事。凯面责定曰:"卿见前后事主不忠,倾乱国政,宁有得以寿终者? 何以专为奸邪,秽尘天听②? 宜自改厉③。不然,方见卿有不测之祸矣⑥。"定大恨凯,思中伤之,凯终不以为意,乃心公家④,义形于色⑨。

【注释】

①殿上列将:又名"殿中列将",三国吴置,为皇帝身边亲信之臣。
　佞巧:谄佞巧诈。便僻:谄媚逢迎。

②秽尘:污染。天听:帝王的听闻。

③改厉:改过自勉。

④乃:通"仍"。

【译文】

当时殿上列将何定巧诈谄媚逢迎,受到孙皓的看重宠爱而担任要职。陆凯当面责备何定说:"你看见前前后后的人事奉主上不忠,扰乱国政,难道有寿终而死的吗? 为什么只做奸邪的事情,污染皇帝的听闻呢? 应该改过自勉。不这样的话,就会见到你有难以预料的祸患了。"何定大恨陆凯,想中伤他,陆凯始终不把他放在心上,仍然一心为公,正义之色浮现在脸上。

疾病①,皓遣中书令董朝问所欲言②,凯陈:"何定不可任用,宜授外任,不宜干与事。姚信、楼玄、贺邵、张悌、郭逴、薛莹③,或清白忠勤,或姿才卓茂,皆社稷之桢干④,国家之良辅，愿陛下重留神思，访以时务。"

【注释】

①疾病：病重。

②中书令：最初是帮助皇帝在宫廷处理政务的官员。西汉年间中书
归属于内廷宦官机构，负责在皇帝书房整理宫内文库档案，与皇
帝有频繁接触的机会，其主官称中书令。董朝：孙吴官吏。先后
任中书郎、中书令、司徒，孙皓当政时，甚受宠用。

③贺邵：字兴伯，会稽山阴（今浙江绍兴）人。孙休时，为散骑中常
侍，出为吴郡太守；孙皓时，入为左典军，迁中书令，领太子太傅；
因上书直谏，遭诬陷，被惨杀。张悌：字巨先，荆州襄阳郡（治今
湖北襄阳）人。孙休时为屯骑校尉。吴末帝时升任丞相。西晋
伐吴，张悌明知必败，仍率军三万渡江接战，大败于板桥，以身殉
难。郭逴：孙皓时为散骑中常侍。

④桢干：筑墙时所用的木柱，竖在两端的叫桢，竖在两旁障土的叫
干。用来指重要的起决定作用的人或事物。

【译文】

陆凯病重，孙皓派遣中书令董朝问他想说什么，陆凯陈述说："何定不
可任用，应该授予地方官职，不宜让他干预政事。姚信、楼玄、贺邵、张悌、
郭逴、薛莹，有的品行清白忠心勤劳，有的禀赋卓越高超，都是江山的重
要栋梁，国家优良的辅佐，希望陛下多留心注意，向他们咨询当世大事。"

　　皓遣亲近赵钦①，口诏报凯曰："孤动遵先帝，有何不
平？君所谏非也。又建业宫不利，故避之，而宫室衰耗，何
以不可徙乎？"

【注释】

①赵钦：孙皓亲信。

【译文】

孙皓派遣亲信赵钦，口述诏令回答陆凯说："我一举一动都遵照先帝规范，有什么不合适的？你所劝谏的不对。另外建业的宫殿不吉利，所以避开它，而且宫室有损毁，为什么不能迁徙呢？"

　　凯上疏曰："臣窃见陛下执政事以来，阴阳不调，五星失暑①，职司不忠②，奸党相扶，是陛下不遵先帝之所致也。夫王者之兴，受之于天，修之由德，岂在宫乎？而陛下不咨之公辅③，便盛意驱驰，六军流离④，就令陛下身得安，百姓愁劳，何以用治？此不遵先帝一也。

【注释】

①五星：指水、木、金、火、土五大行星。失暑：失于常度。

②职司：主管某职的官员。

③公辅：古代三公、四辅，均为天子之佐。借指宰相一类的大臣。

④六军：天子所统领的军队。流离：流转离散。

【译文】

陆凯上疏说："我私下里看到陛下执政以来，阴阳不调和，金木水火土五大行星运行反常，任职官员不忠诚，奸邪党徒互相扶持，这都是陛下不遵照先帝规范作为所导致的呀。帝王的兴起，是承受了上天的天命，靠的是修养自身的德行，难道是在于宫殿吉不吉利吗？陛下不咨询宰相，决意要迁都，让军队流转离散，即便陛下自身得以安全，而使百姓愁苦劳累，怎么能治理好国家呢？这是不遵照先帝规范的第一条。

"臣闻有国以贤为本,夏杀龙逢①,殷获伊挚②,斯前世之明效,今日之师表也。中常侍王蕃③,黄中通理④,处朝忠謇⑤,斯社稷之重镇⑥,大吴之龙逢也。而陛下忿其苦辞⑦,恶其直对⑧,枭之殿堂⑨,尸骸暴弃⑩。邦内伤心,有识悲悼,咸以吴国夫差复存⑪。先帝亲贤,陛下反之,是不遵先帝二也。

【注释】

①龙逢:即关龙逢,夏桀时贤人。因为进谏忠言而被夏桀杀害。

②伊挚:即伊尹,姒姓,伊氏,名挚。夏末商初政治家、思想家,商朝开国元勋。

③王蕃:字永元。历任吴国尚书郎、散骑中常侍、夏口监军、常侍等职,曾制订历法,因性情耿直,被吴国暴君孙皓无故杀害。

④黄中通理:以黄色居中而兼有四方之色。指通晓事物的道理。见《周易·坤》:"君子黄中通理,正位居体;美在其中,而畅于四支,发于事业,美之至也。"

⑤忠謇(jiǎn):忠诚正直。

⑥重镇:指国家倚重的大臣。

⑦苦辞:忠言,逆耳之言。

⑧直对:犹直谏。

⑨枭(xiāo):泛指斩、杀。

⑩暴弃:抛弃暴露。

⑪夫差:春秋时期吴国末代国君。伍子胥因谏而死,太宰嚭用事,最终国灭自杀。

【译文】

"我听说拥有国家的人把贤才当做根本,夏朝杀死关龙逢而灭亡,殷朝获得伊尹而兴盛,这都是前代的明证,今天的榜样啊。散骑中常侍王蕃,通晓事物的道理,在朝廷忠诚正直,这是江山所倚重的大臣,是大吴国的关龙逢啊。而陛下忿恨他的逆耳忠言,厌恶他的直言劝谏,在殿堂上把他杀死,将他的尸体抛弃暴露。国内之人伤心,有识之士悲伤悼念,都认为是春秋吴国的夫差重生了。先帝亲近贤人,陛下却反过来,这是不遵照先帝规范的第二条。

"臣闻宰相,国之柱也,不可不强,是故汉有萧、曹之佐^①,先帝有顾、步之相^②。而万彧琐才凡庸之质^③,昔从家隶^④,超步紫闼^⑤,于彧已丰,于器已溢,而陛下爱其细介^⑥,不访大趣^⑦,荣以尊辅,越尚旧臣^⑧,贤良愤惋,智士赫咤^⑨,是不遵先帝三也。

【注释】

①萧、曹:指萧何、曹参。

②顾、步:指顾雍、步骘。

③万彧:与孙皓相善。孙休死后,进言立皓为帝。后累迁左典军、散骑中常侍、右丞相等。琐才:平庸的才能,平庸的人才。

④家隶:本指春秋列国卿大夫的家臣,后泛指富贵人家的仆役。

⑤超步:跨登,迈步。紫闼(tà):指宫廷。闼,宫中小门。

⑥介:通"芥",小草。比喻细微或微末的事物。

⑦大趣:主要方面,主流。

⑧越尚:超过,胜过。

⑨赫咤:愤怒。

【译文】

"我听说宰相是国家的梁柱,不可以不强,因此汉朝有萧何、曹参的辅佐,先帝有顾雍、步骘做宰相。而万彧才能低微资质平庸,以前从一个家中仆隶,跨步登上宫廷,对万彧来说恩遇已经丰厚,完全超过了他的才能可以胜任的职务,而陛下喜爱他的细小好处,不考察他的大节,用尊贵的辅佐职位让他显荣,超越胜过老臣,这让有德行才能的人愤恨,智慧的人愤怒,这是不遵照先帝规范的第三条。

"先帝爱民过于婴孩,民无妻者以妾妻之,见单衣者以帛给之,枯骨不收而取埋之。而陛下反之,是不遵先帝四也。

【译文】

"先帝爱护民众超过了婴儿,民众没有妻子的把小妾给他做妻子,看见穿单薄衣服的就把绸帛给他,把没有收葬的枯骨取来埋掉。而陛下却相反,这是不遵照先帝规范的第四条。

"昔桀、纣灭由妖妇①,幽、厉乱在嬖妾②;先帝览之,以为身戒,故左右不置淫邪之色,后房无旷积之女③。今中宫万数④,不备嫔嫱⑤,外多鳏夫⑥,女吟于中,是不遵先帝五也。

【注释】

①桀、纣:指夏桀、殷纣。妖妇:指妹喜、妲己。

②幽:指周幽王,西周君主。宠爱褒姒,废黜王后申氏和太子宜白,引起变乱。前771年,犬戎攻入西周都城镐京,杀死周幽王,西周灭亡。厉:指周厉王,西周君主。喜好财利,亲近荣夷公,钳制言论,导致国人暴动,逃奔。嬖妾:犹爱妾。这里指褒姒。

③后房:后面的房屋。多指姬妾住处。旷:指无夫的成年女子。

④中宫:宫中。

⑤嫔嫱:宫中女官,天子诸侯姬妾。

⑥鳏夫:成年无妻或丧妻的男人。

【译文】

"从前夏桀、商纣的灭亡是由于妹喜、妲己这些妖妇,周幽王、周厉王的昏乱是由于喜欢男宠和小妾;先帝读过这些,告诫自己,所以身边不安置邪恶淫荡的美色,后宫没有积聚闲置多余的女子。现今宫中女子用万来计数,不能都成为嫔嫱,宫外有许多没有妻子的男人,宫中女子吟唱愁怨,这是不遵照先帝规范的第五条。

"先帝忧劳万机,犹惧有失。陛下临祚以来①,游戏后宫,眩惑妇女②,乃令庶事多旷,下吏容奸欺,是不遵先帝六也。

【注释】

①临祚:指帝王即位。

②眩惑:迷恋,沉溺。

【译文】

"先帝忧虑劳累于众多政务,还惧怕有失误。陛下登上皇位以来,在后宫游戏,迷恋妇女,于是让众多政务荒废,下面的官吏虚伪欺诈,这是不遵照先帝规范的第六条。

"先帝笃尚朴素①,服不纯丽②,宫无高台,物无雕饰。而陛下征调州郡,竭民财力,土被玄黄③,宫有朱紫,是不遵先帝七也。

【注释】

①笃尚:深厚崇尚。

②纯丽:精美华丽。

③被：披。玄黄：指彩色的丝织物。

【译文】

"先帝深厚崇尚朴素，服饰不精美华丽，宫殿没有高台，器物没有华丽的雕琢文饰。而陛下从州郡征集调取人员物资，竭尽民众的财力人力，地面披上彩色的丝织品，宫殿漆上红色、紫色，这是不遵照先帝规范的第七条。

"先帝外杖顾、陆、朱、张①，内近胡综、薛莹②，是以庶绩雍熙③，邦内清肃④。今者外非其任，内非其人，陈声、曹辅⑤，斗筲小吏⑥，先帝之所弃，而陛下幸之，是不遵先帝八也。

【注释】

①顾、陆、朱、张：指顾雍、陆逊、朱然、张昭。朱然，原名施然，字义封。早年被朱治收为养子，和孙权相交甚笃，历任馀姚长、山阴令、临川太守、昭武将军等，封西安乡侯。夷陵之战，与陆逊大破刘备，拜征北将军，封永安侯。魏国攻吴，朱然坚守六月不出，最后官至左大司马、右军师。朱然病逝，孙权为其素服举哀。

②胡综：字伟则，豫州汝南郡固始（今安徽临泉）人。曾与孙权一起读书，任金曹从事、鄂长、书部、侍中、偏将军等职。

③庶绩：各种事业。雍熙：指和乐升平。

④清肃：清平宁静。

⑤曹辅：孙皓亲信，生平不详。

⑥斗筲：才识短浅。

【译文】

"先帝外朝依仗顾雍、陆逊、朱然、张昭，对内亲近胡综、薛莹，因此各项事业和乐升平，国内清平宁静。现今外朝的人不能承担职责之任，宫内官员不合格，陈声、曹辅是才短识浅的小吏，是先帝弃用的人，而陛下宠幸他们，这是不遵照先帝规范的第八条。

"先帝每宴见群臣，抑损醇醲，臣下终日无失慢之尤①。而陛下拘以视瞻之敬，惧以不尽之酒，无异商辛长夜之饮②，是不遵先帝九也。

【注释】

①尤：过失。

②商辛：即商纣王，名受，号帝辛。

【译文】

"先帝在设宴接见群臣时，限制大家过量饮酒，臣子整天都没有失礼慢待的过失。而陛下使用不准直视自己的规矩来管束群臣，同时又让他们不敢不喝下超量的酒，这和商纣王终夜饮酒有什么区别？这是不遵照先帝规范的第九条。

"昔汉之桓、灵①，亲近宦竖，大失民心。今高通、羊度②，黄门小人③，而陛下赏以重爵，权以战兵。若江渚有难④，则度等之武不能御侮明矣，是不遵先帝十也。

【注释】

①桓：汉桓帝刘志。灵：汉灵帝刘宏。桓、灵之世是汉朝走向衰微灭亡的年代。

②高通、羊度：均为宦官。深受吴主孙皓宠信，赏以重爵，执掌兵权。

③黄门：指宦者，太监。

④江渚：江中小洲，也指江边。

【译文】

"从前汉朝的桓帝、灵帝亲近宦官,大失民心。如今高通、羊度都是宦官小人,而陛下用重爵来赏赐,授予他们统兵作战的权力。倘若长江边有兵难,那么羊度等人的才干不能抵御外侮是明明白白的了,这是不能遵照先帝规范的第十条。

"今宫女旷积,而黄门复走州郡,条牒民女①,有钱则舍,无钱则取,怨呼道路,母子死诀,是不遵先帝十一也。

【注释】

①条牒:通令,通告。

【译文】

"现今宫中女子大量闲置,而宦官还奔走于各州郡,发布告令索取民女,有钱给就放过,没钱给就取来,怨声载道,造成母女死别,这是不遵照先帝规范的第十一条。

"先帝在时,亦养诸王太子,若取乳母,其夫复役①,赐与钱财,时遣归来,视其弱息②。今则不然,夫妇生离,夫故作役,儿从后死,家为空户,是不遵先帝十二也。

【注释】

①复役:免除劳役。

②弱息:幼弱的子女。

【译文】

"先帝在的时候,也抚养各王跟太子,倘若取用奶妈,那会免除她丈夫的劳役,赐给钱财,时常让她回家,看望幼弱的子女。现今却不是这样,夫妇被拆散后,丈夫仍旧要服役,儿子随后就会饿死,家庭就成了空户,这是不遵照先帝规范的第十二条。

"先帝叹曰:'国以民为本,民以食为天,衣其次也,三者,孤存之于心。'今则不然,农桑并废,是不遵先帝十三也。

【译文】

"先帝感叹说:'国家把民众当做根本,民众把食物当做上天,衣服是其次,这三种,我把它存放在心里。'现今却不是这样,农业蚕桑一并荒废,这是不遵照先帝规范的第十三条。

"先帝简士,不拘贵贱,任之乡闾①,效之于事②,举者不虚,受者不妄。今则不然,浮华者登③,朋党者进,是不遵先帝十四也。

【注释】

①乡闾:古二十五家为闾,一万二千五百家为乡。这里泛指民众聚居之处。

②效:通"校",考核,考查。

③登:提拔,进用。

【译文】

"先帝选用士人,不拘泥于贵贱,让乡闾之官举荐,用职事来考察其才能,举荐的不敢虚夸,接受的不敢作假。现今却不是这样,讲究华丽不务实的人得到提拔,结成朋党的人受到进用,这是不遵照先帝规范的第十四条。

"先帝战士,不给他役①,江渚有事,责其死效②。今之战士,供给众役,廪赐不赡③,是不遵先帝十五也。

【注释】

①给(jǐ):涉及,连及。

②死效:以死报效。

③廪赐:俸禄和赏赐。赡:充足,足够。

【译文】

"先帝时的士兵,不去服别的徭役,长江边有战事,要求他们以死报效。现今的士兵,还要服各种各样的徭役,俸禄和赏赐不充足,这是不遵照先帝规范的第十五条。

"夫赏以劝功,罚以禁邪,赏罚不中,则士民散失。今江边将士,死不见哀,劳不见赏,是不遵先帝十六也。

【译文】

"奖赏是用来鼓励建功立业的,惩罚是用来禁止奸邪的,赏罚不适中,则士人百姓会流散逃亡。现今长江边上的将士,死了不被哀悼,立下功劳不被奖赏,这是不遵照先帝规范的第十六条。

"今在所监司①,已为烦猥②,兼有内使③,扰乱其中,一民十吏,何以堪命?是不遵先帝十七也。

【注释】

①监司:监察。

②烦猥:繁杂琐碎。

③内使：传达皇帝诏令的宦官内监。

【译文】

"现今各地进行的监察，已经是繁杂琐碎，再加上还有传达皇帝诏令的宦官扰乱其中，一个庶民十个官吏，怎么能忍受得下去呢？这是不遵照先帝规范的第十七条。

"夫校事^①，吏民之仇。先帝末年，虽有吕壹、钱钦等^②，皆诛夷以谢百姓^③。今复张立校曹^④，纵吏言事^⑤，是不遵先帝十八也。

【注释】

①校事：官名。三国时魏、吴所置，掌侦察刺探官民情事。是皇帝或执政的耳目。

②钱钦：孙权的校事，后被诛杀。

③诛夷：杀戮，诛杀。

④张立：设置成立。校曹：即校事。

⑤言事：专指向君王进谏或议论政事。

【译文】

"校事官员，是官吏民众的仇敌。先帝晚年，虽然有吕壹、钱钦等校事官员，但都把他们诛杀了来向百姓表示歉意。现今又设置校事官，放纵这些官吏向皇帝进言，这是不遵照先帝规范的第十八条。

"先帝时，居官者咸久于其位，然后考绩黜陟^①。今州郡职司，或莅政无几^②，便征召迁转，纷纭道路，伤财害民，于是为甚，是不遵先帝十九也。

【注释】

①考绩:按一定标准考核官吏的成绩。黜陟:指人才的进退,官吏的
　升降。

②无几:指时间不多,不久。

【译文】

"先帝时,任职者都长居其位,然后考核成绩决定升降。现今州郡官
员,有的临政不久,便征召调转,在道路上忙忙碌碌,劳民伤财,在这上面
最严重,这是不遵照先帝规范的第十九条。

"先帝每察竟解之奏①,常留心推接②,是以狱无冤囚,
死者吞声。今则违之,是不遵先帝二十也。

【注释】

①竟:结束,终了。解(jiè):古代下级向上级行文报告。奏:特指奏
　请的案件文书。

②推接:标点本作"推按",推究审问。

【译文】

"先帝每逢察看终审案件的文书,常常留心推究审问,因此监狱里没
有冤枉的囚犯,死的人也无话可说。现今却违背了这些,这是不遵照先
帝规范的第二十条。

"若臣言可录,藏之盟府①。如其虚妄,治臣之罪。愿
陛下留意。"

【注释】

①盟府:古代掌管保存盟约文书的官府。

【译文】

"倘若我的言词可以采纳，请收藏在盟府。如果虚妄，请治我的罪。请陛下留心看一看。"

《江表传》曰：皓所行弥暴，凯知其将亡，上表曰："臣闻恶不可积，过不可长。是以古人惧不闻非，立敢谏之鼓①。武公九十，思闻警诫②。臣察陛下，无思警诫之义，而有积恶之渐③，臣深忧之，故略陈其要。陛下宜克己复礼④，述履前德⑤，不可捐弃臣言，而放奢意。意日奢，情日至⑥，吏日欺，民日离；则上不信下，下当疑上，骨肉相刻⑦，公子将奔⑧。臣虽愚暗于天命，以心审之，败不过二十稔也⑨。臣常忿亡国之人夏桀、殷纣，亦不可使后人复忿陛下也。臣受国恩，奉朝三世⑩，复以余年，值遇陛下⑪，不能循俗，与众沉浮。若比干、伍员⑫，以忠见戮，以正见疑，自谓毕足，无所余恨，灰身泉壤⑬，无负先帝。愿陛下九思⑭，社稷存焉。"

【注释】

①敢谏之鼓：是指我国古代供民众直言进谏时敲击的鼓。

②武公九十，思闻警诫：见《国语·楚语上》："昔卫武公年数九十有五矣，犹箴儆于国，曰：'自卿以下至于师长士，苟在朝者，无谓我老耄而舍我，必恭恪于朝，朝夕以交戒我；闻一二之言，必诵志而纳之，以训导我。'"

③渐：浸润，熏染。引申指端倪、迹象。

④克己复礼：约束自我，使言行合乎先王之礼。见《论语·颜渊》："克己复礼为仁。"

⑤述：遵循。

⑥情：意愿，欲望。

⑦刻：伤害。

⑧公子：泛称诸侯之子。奔：奔逃。

⑨稔（rěn）：年。

⑩奉朝：指朝见天子。三世：指孙权、孙亮、孙休这三代孙皓之前的吴主。

⑪值遇：遇到，碰上。

⑫比干：商纣王的叔父。因屡次劝谏纣王，被剖心而死。伍员：即伍子胥，名员，字子胥，楚国人。伍子胥的父亲伍奢和兄长伍尚一同被楚平王杀害，伍子胥逃到吴国，成为吴王阖闾重臣，西破强楚、北败徐、鲁、齐。后吴王夫差听信谗言，令其自杀。

⑬灰身：犹粉身碎骨。泉壤：泉下，地下。指墓穴。

⑭九思：泛指反复思考。

【译文】

《江表传》说：孙皓的行为更加残暴，陆凯知道他将灭亡，上奏章说："我听说恶行不可积累，过失不可增长。因此古人惧怕不能听到错误过失，树立供民众直言进谏时敲击的鼓。卫武公九十多了，还想要听到警告劝诫。我观察陛下您，没有思考警告劝诫的意义，反而有积累恶行的迹象，我深深地忧虑，所以概略地陈述其中的要点。陛下应该克制自己让言行合乎礼仪，遵循履行前人的德行，不可以对我的话置若罔闻，而放纵骄奢的心念。心念一天天骄奢，欲望一天天来到；官吏一天天欺诈，民众一天天离心；那就会上面不信任下面，下面该怀疑上面，骨肉之亲互相伤害，公子们将会奔逃。我虽然愚笨，不明白天命，用心审查，败亡不过二十年啊。我常常怨恨夏桀、殷纣这些亡国的人，也不能让后人再来怨恨陛下啊。我承受国家的恩情，侍奉过以前的三代皇帝，又在剩余的年月，遇到陛下，不能随从流俗，跟众人随波逐流。像比干、伍员，因为忠诚而被杀戮，因为正直而被怀疑，自己觉得满足，没有什么遗憾了，就是粉身碎骨，在九泉之下也没有辜负先帝了。请陛下反复思考，江山社稷能否保住就在于此了。"

初，皓始起宫，凯上表谏，不听。凯重表曰："臣闻宫功当起，夙夜反侧①，是以频烦上事，往往留中②，不见省报③，於邑叹息④。昨食时，被诏曰：'君所陈，诚是大趣，然未合鄙意，如何？此宫殿不利，宜当避之，乃可以妨劳役，长坐不利宫乎？父之不安，子亦何倚？'臣伏读一周⑤，不觉气结于胸，而涕泣雨集。臣年已六十九，荣禄已重，于臣过望，复何所冀？所以勤勤数进苦言者⑥，臣伏念大皇帝创基立业⑦，劳苦勤至。今强敌当涂⑧，西州倾覆⑨，孤疲之民，宜当畜养，广力肆业⑩，以备其虞⑪。且始徙都，属有军征，战士流离，州郡搔扰，而大功复起⑫，征召四方，斯非保国致治之渐也。臣闻为人主者，禳灾以德⑬，除咎以义⑭。今宫室之不利，但当克己复礼，笃祖宗之至道⑮，愍黎庶之困苦，何忧宫之不安、灾之不销乎？陛下不务修德而筑宫，若德之不修，行之不贵，虽殷辛之瑶台⑯，秦始之阿房⑰，何止而不丧身覆国，宗庙作墟乎？夫兴土功，高台榭，既致水旱，民又多疾，其不疑也。为父长安，使子无倚，此乃子离于父、臣离于陛下之象也⑱。臣子一离，虽念刮骨肉⑲，茅茨不翦⑳，复何益焉？大皇帝之时，寇钞慢威㉑，南州无事㉒，尚犹冲让㉓，未肯筑宫，况陛下危侧之世㉔，乏大皇帝之德，可不思哉？可不虑哉？愿陛下留意，臣不虚言也。"

【注释】

①夙夜：朝夕，日夜。反侧：翻来覆去，转动身体。

②留中：指将臣子上的奏章留置宫禁之中，不交办。

③省（xǐng）：察看，看。

④於邑：忧郁烦闷。

⑤伏读：指恭敬地阅读。伏，是敬辞。一周：循回一遍。

⑥勤勤：恳切至诚。苦言：诤言，逆耳之言。

⑦大皇帝：孙权谥号大皇帝。

⑧当涂：挡路。

⑨西州：指西边的益州，即蜀汉，当时已经被晋所灭。

⑩肆业：勤于所业，多指农业。

⑪虞：忧虑，忧患。

⑫大功：指大的工程。

⑬禳（ráng）灾：指禳除灾祸。

⑭除咎：除去灾祸。

⑮笃：笃行，切实履行。至道：指最好的道德或政治制度。

⑯殷辛：即殷纣。瑶台：美玉砌的楼台，也泛指雕饰华丽的楼台。

⑰秦始：秦始皇。阿房：阿房宫。

⑱象：征兆，象征。

⑲刮骨肉：标点本作"克骨"，深入至骨，指深刻。

⑳茅茨不翦：茅草的屋顶不修剪。指崇尚俭朴，不事修饰。

㉑寇钞：劫掠。这里指入寇劫掠的人。慑威：威慑，使屈服于威力。

㉒南州：泛指南方。

㉓冲让：谦让。

㉔危侧：危殆。

【译文】

　　当初，孙皓刚开始兴建宫殿，陆凯上奏章劝谏，孙皓不听。陆凯重新上奏章说："我听说要开始兴建宫殿了，夜里翻来覆去睡不着，因此频繁上书言事，而奏章往往被留置在宫中，不被回复，只好忧郁烦闷叹气。昨天吃饭的时候，被下诏令说：'你所陈述的，确实是大道理，但是不合我的心意，怎么办？这宫殿对人不吉利，应当避开，难道能因为不影响劳役，就长期住在这对人不吉利的宫殿中吗？父亲不安定，儿子还能依靠什么？'我恭敬地读了一遍，不觉胸中郁闷不畅，而眼泪像下雨一样落下。我年纪已经六十九，功名利禄已高，超过了臣子我的愿望，还有什么希求的呢？我之所以恳切至诚屡次进谏逆耳之言，是因为想到大皇帝创建基业，极其劳苦辛勤。现

今强敌挡道，蜀汉覆灭，孤苦疲惫的民众，应当好好抚养，还应大力发展农业生产，来防备忧患。况且开始迁都，就有军队的征调，战士流转离散，州郡受到骚扰，而又兴起大的工程，向四方征调劳役，这不是保全国家得到太平的迹象。我听说做为君主的人，用德行来攘除灾殃，用大义来除掉祸患。现今宫殿不吉利，只应当克制自己，让言行合乎礼仪，忠实执行祖宗至高的大道，怜悯黎民百姓的困苦，哪里还用忧虑宫殿的不安、灾祸的不消除呢？陛下不致力于修养德行而修筑宫殿，倘若德行没有修养，行为不高尚，即使是有殷纣王的瑶台，秦始皇的阿房宫，又怎能保证自身不丧亡、国家不覆灭、宗庙不成为废墟呢？兴起土建工程，高筑楼台，既导致水灾旱灾，民众又多疾苦，这是不用怀疑的。作为父亲长久安乐，使得儿子没有依靠，这就是儿子离开父亲、臣子离开陛下的征兆。臣子一旦离开，即使再恳切地想念他们，再去崇尚简朴，又有什么用处呢？大皇帝在位的时候，敌寇被威力震慑，南方没有事端，尚且还谦让，不肯修筑宫殿，何况陛下处在危殆的时代，缺乏大皇帝那样的德行，可以不思考吗？可以不熟虑吗？希望陛下留意，我说的不是空话呀。"

　　楼玄字承先①，沛郡人也。孙皓即位，为大司农。主殿中事，应对切直，渐见责怒。后人诬白玄与贺邵相逢②，驻共耳语大笑，谤讪政事③，遂被诏诘责，送付广州，徙交趾④，别敕令杀之。

【注释】

①楼玄字承先：本段节录自《王楼贺韦华传·楼玄传》。

②诬白：诬告。

③谤讪：毁谤讥刺。

④交趾：又作"交阯"。汉武帝设立十三刺史部之一，东汉末改为交州。

【译文】

楼玄，字承先，是沛郡人。孙皓登上皇位，担任大司农。主持宫中事务,应对恳切率直,逐渐受到孙皓的严厉斥责。后来有人诬告楼玄跟贺邵相遇,停下来一起耳语大笑,毁谤讥刺朝廷事务,于是就被诏令责问,送交广州,后又流放交趾,另发敕令杀了他。

贺邵字兴伯①,会稽人也。孙皓时,迁中书令。皓凶暴骄矜②,政事日弊,邵上疏谏曰:"古之圣王,所以潜处重闱之内而知万里之情③,垂拱衽席之上而明照八极之际者④,任贤之功也。陛下宜旌贤表善⑤,以康庶政⑥。自顷年已来,朝列纷错⑦,真伪相贸⑧,上下空任,文武旷位⑨,外无山岳之镇,内无拾遗之臣。佞谀之徒抚翼天飞⑩,干弄朝威⑪,盗窃荣利,而忠良排坠⑫,信臣被害⑬。是以正士摧方⑭,而庸臣苟媚,遂使清流变浊,忠臣结舌⑮。陛下处九天之上,隐百重之室,言出风靡,令行景从⑯,媟近宠媚之臣⑰,日闻顺意之辞,将谓此辈实贤,而天下已平也。臣心所不安,敢不以闻?

【注释】

①贺邵字兴伯:本段及以下几段节录自《王楼贺韦华传·贺邵传》。

②骄矜:骄傲自负。

③潜处:深居。重闱:重重宫门。指深宫。

④垂拱:垂衣拱手,指不亲理事务。衽席:泛指卧席。明照:明察,详察。八极:八方极远之地。

⑤旌贤:表彰贤人。表:表彰,显扬。

⑥康:治理。

⑦朝列:犹朝班,泛指朝廷官员。

⑧相贸:互相变易。

⑨旷位:空居职位。

⑩佞谀：以美言奉承讨好。抚翼：拍击翅膀。比喻奋起。

⑪干弄：等于说舞弄。

⑫排坠：排挤贬黜。

⑬信臣：忠诚可靠之臣。

⑭摧方：指磨去方正的节操。

⑮结舌：不敢讲话。

⑯景从：紧紧跟随，如影随形。

⑰媾近：标点本作"亲洽"，亲密融洽。

【译文】

贺邵，字兴伯，是会稽人。孙皓的时候，升任中书令。孙皓凶恶残暴骄傲自负，国家政事一天天败坏，贺邵上书劝谏说："古代圣明的帝王，之所以能深居在重重宫门之内却知道万里之外的事情，在卧席上垂衣拱手不理事务却能明察八方极远的边际，是任用贤才的功劳啊。陛下应该表扬彰显贤能善良的人，以治理政务。近年以来，朝廷官员队伍混乱，真假混杂，上下官员虚任其职，文武官员空居其位，外部没有强有力的官员，内部没有拾遗补缺进谏的臣子。说漂亮话讨好的臣子飞黄腾达，舞弄朝廷的威权，盗窃荣名利禄，而忠臣良将却被排挤贬黜，忠诚可靠的臣子被伤害。因此正直之士被磨去方正的节操，而平庸的臣子随便献媚，于是使得清流变得浑浊，忠臣也不敢讲话。陛下处在九天之上，身处深宫之中，话一出口无人不遵守，命令发出无人不服从，身边是亲近受宠献媚的臣子，从他们那里天天听到顺心随意的言辞，就认为这些人真的是贤才，而天下已经太平了。我心中不安，哪敢不把这些话告诉您？

"臣闻兴国之君乐闻其过，荒乱之主乐闻其誉①。闻其过者，过日消而福臻②；闻其誉者，誉日损而祸至。是以古之人君，揖让以进贤③，虚己以求过④，譬天位于乘奔⑤，以虎尾为警戒⑥。至于陛下，严刑法以禁直辞，黜善士以逆谏臣，眩耀毁誉之实⑦，沉沦近习之言⑧。故常侍王蕃忠恪在公⑨，才任辅弼，以醒酒之间⑩，加之大戮⑪。近鸿胪葛奚⑫，先帝旧臣，偶有逆连昏醉之言耳，三爵之后⑬，礼所不讳，陛下猥发雷霆⑭，谓之轻慢，饮之醇酒，中毒殒命。自是之后，海内悼心⑮，朝臣失图⑯，仕者以退为幸，居者以出为福，诚非所以保光洪绪、熙隆道化也⑰。

【注释】

①荒乱：荒唐，荒淫。

②臻：到，达到。

③揖让：恭敬谦让。

④虚己：犹虚心。

⑤天位：天子之位。乘奔：乘坐奔驰的快马。比喻处于危险境地，需小心谨慎。

⑥虎尾：比喻危险的境地。见《周易·履》："履虎尾，不咥人，亨。"

⑦眩耀：迷惑，迷乱。

⑧近习：指君主宠爱亲信的人。

⑨常侍：即散骑中常侍。忠恪：忠诚恭谨。

⑩酲（chéng）：病酒，酒醉后神志不清。

⑪大戮：指杀而陈尸示众。

⑫鸿胪：官名。主掌接待宾客之事。葛奚：官鸿胪，据说是葛洪祖父，喜饮酒，醉后胡言，孙皓大怒，令饮之醇酒，中毒而死。

⑬爵：古酒器，像雀形。这里用作量词。

⑭猥（wěi）发：猛烈发作。

⑮悼心：伤心，痛心。

⑯失图：失去主意。

⑰保光：保持并发扬光大。洪绪：世代相传的大业。多指帝业。熙
　　隆：兴盛。道化：道德风化。

【译文】

　　"我听说兴国之君乐意听到自己的过失，荒唐之君乐意听到对自己的赞誉。听到自己过失的，过失一天天消失而福气到来；听到对自己赞誉的，赞誉一天天减损而灾祸来到。因此古代的国君，恭敬谦让进用贤才，虚心以求听到自己的过失，把居于天子之位比成骑乘奔驰的快马，用像踩到老虎尾巴一样告诫自己。至于陛下您，以严刑峻法来禁止正直的言辞，用贬黜有德之士来阻止劝谏的臣子，弄不清赞誉是否真实，沉溺于亲近宠臣的颂扬言辞之中。原散骑中常侍王蕃对国家忠诚恭谨，才能足以胜任辅佐大臣，而陛下在酒醉后神志不清的时候把他杀害了。近来的鸿胪葛奚，是先帝的老臣，偶然喝醉说了忤逆糊涂之言，三杯之后，是礼仪所不必忌讳的，陛下猛烈发作雷霆之怒，认为他态度傲慢，给他喝浓酒，喝得中毒丧命。从此之后，天下人伤心，朝廷臣子失去主意，当官的人把退职当成幸运，居于朝廷的把外放当做福气，这真的不是保持光大世代相传的帝业、使道德风化兴盛的方法啊。

　　"又何定本趋走小人①，仆隶之下，身无锱铢之行②，能无鹰犬之用，而陛下爱其佞媚，假其威柄③，使定恃宠放恣④，自擅威福，口正国议⑤，手弄天机⑥，上亏日月之明，下塞君子之路。臣窃观天变⑦，自比年已来⑧，阴阳错谬⑨，四时逆节⑩，日蚀地震，中夏殒雹⑪。参之典籍，皆阴气陵阳⑫，小人弄势之所致也。臣尝览书传⑬，验诸行事，灾祥之应，可为寒栗。昔高宗修己⑭，以消鼎雉之异⑮；宋景崇德⑯，以退荧惑之变⑰。愿陛下上惧皇天谴告之诮⑱，下追二君禳灾之

道,远览前代任贤之功,近瘳今日谬授之失,清澄朝位^⑲,旌叙俊乂^⑳,放退佞邪,抑夺奸势,广延淹滞^㉑,容受直辞,祇承乾指^㉒,敬奉先业,则大化光敷^㉓,天人望塞矣^㉔。

【注释】

①趋走:指奔走服役。

②锱铢:锱和铢,都是古代很小的重量单位。行:德行。

③威柄:威权,权力。

④放恣:放纵。

⑤国议:对国事的议论。

⑥天机:国家的机要事宜。

⑦天变:指天象的变异,如日蚀、星陨等。

⑧比年:近年。

⑨错谬:错乱,错误。

⑩四时:四季。

⑪中夏:指夏季的第二个月。陨:落。

⑫陵:凌驾。

⑬书传:著作,典籍。

⑭高宗:即武丁,商朝君主。他勤于政事,任用贤能,励精图治。去世庙号高宗。

⑮鼎雉:指灾异的征象。事见《尚书·高宗肜日》:"高宗肜日,越有雊雉。祖己曰:'惟先格王,正厥事。'"孔颖达疏:"高宗既祭成汤,肜祭之日,于是有雊鸣之雉在于鼎耳,此及怪异之事,贤臣祖己见其事而私自言曰:'惟先世至道之王遭遇变异,则正其事而异自消也。'"

⑯宋景:即宋景公,春秋宋国国君。

⑰以退荧惑之变:宋景公三十七年(前480),荧惑守心,景公忧心大

祸,问于太史兼司星官子韦,子韦说:可移于宰相或苍生。景公皆不同意,此时荧惑退避三舍。荧惑,古指火星。因其运行隐现不定,令人迷惑,故名。

⑱谴告:谴责警告。诮:责备,责怪。

⑲朝位:官位。

⑳旌叙:表扬而录用为官。俊乂:才德出众的人。

㉑广延:广泛延请。淹滞:指有才德而久沦下位者。

㉒祇承:犹敬奉。乾:指天。指:旨。

㉓大化:指化育万物。光敷:广布。

㉔塞:满足。

【译文】

　　"又何定本来是奔走服役的小人,在奴仆之中都只算下等,自身没有细微的德行,能力连当鹰犬都不够格,而陛下喜爱他的谄媚,授予他权力,使得何定依仗宠爱肆意放纵,自己专擅弄权,张口改变国家的决议,手中握有操纵国家机要事宜的权柄,对上减损陛下的日月之明,对下堵塞君子的上进之路。我私下里观察天象的变异,近年以来,阴阳错乱,气候变化与季节不相对应,日蚀地震,在仲夏季五月落下冰雹。参照典籍,这些都是阴气驾凌阳气,小人滥用权势而导致的。我曾经浏览相关著作,再用事实来验证,发现那些天灾和异常天象,与君主行为对应的准确,令人不寒而栗。从前殷高宗修养自己,消除了雉在鼎耳发出鸣叫的怪异之象;宋景公崇尚德性,使得火星灾异自己退避。希望陛下向上能惧怕皇天警示的责怪,向下学习殷、宋二位国君攘除灾祸的方法,远观前代君王任用贤才的功绩,近悟今天错误授权的过失,理清官位,表扬才德出众的人并录用他们为官,放斥贬退奸佞邪恶之人,抑制夺取奸臣的权势,广泛延请沉沦下僚的有才德者,容纳接受耿直的言辞,敬奉上天的意旨,尊敬地承奉先帝的大业,那圣明教化的光辉就会广布天下,上天跟人民就不会再不满了。

"传曰:'国之兴也,视民如伤;其亡也,以民为草芥①。'陛下昔韬神光②,潜德东夏③,以圣哲茂姿④,龙飞应天⑤,四海延颈,八方拭目⑥,以成、康之化⑦,必隆于旦夕也。自文兴已来⑧,法禁转苛,赋调益繁。在所长吏⑨,迫畏罪负⑩,严法峻刑,蹙民求办⑪。是以人力不堪,家户离散,呼嗟之声,感伤和气⑫。又,江边戍兵,宜时优育⑬,以待有事。而征发赋调,烟至云集,衣不全短褐⑭,食不赡朝夕,出当锋镝之难⑮,入抱无聊之戚⑯,是以父子相弃,叛者成行。愿陛下宽赋除烦⑰,省诸不急。夫民者国之本也,食者民之命也。今国无一年之储,家无经月之畜⑱,而后宫坐食万有余人⑲,内有离旷之怨⑳,外有损耗之费,使库廪空于无用,士民饥于糟糠㉑。

【注释】

①"传曰"几句:见《左传·哀公元年》:"国之兴也,视民如伤,是其福也;其亡也,以民为土芥,是其祸也。"如伤,指跟受伤一样,怕惊动。标点本作"如赤子"。草芥,草和芥(小草)。常用以比喻轻贱。

②韬:掩藏,敛藏。神光:精神,神采。

③潜德:指不为人知的美德。东夏:泛指中国东部。

④圣哲:指超人的道德才智。茂姿:美好的资质。

⑤龙飞:指帝王的兴起或即位。见《周易·乾》:"飞龙在天,利见大人。"

⑥拭目:擦亮眼睛。形容殷切期待或注视。

⑦成、康:指周成王、周康王。据说其时都是周朝盛世。

⑧文兴:标点本作"登位"。

⑨在所:犹所在地。

⑩罪负:罪责,过失。

⑪慼：逼迫，追逼。标点本作"苦"。

⑫感伤：触犯，损伤。和气：天地阴气与阳气交合而成之气，万物由此和气而生。引申指能导致吉利的祥瑞之气。

⑬优育：指给予优厚的生活待遇。

⑭短褐：粗布短衣。古代贫贱者或僮竖之服。

⑮锋镝：刀刃和箭镞。借指兵器。

⑯无聊：贫穷无依。

⑰烦：繁多，繁杂。

⑱经月：整月。

⑲坐食：指不劳而食。

⑳离旷：丈夫离家，妇人独处。

㉑糟糠：酒滓、谷皮等粗劣食物。

【译文】

"《左传》上说：'国家兴盛的时候，看待百姓如同新生的婴儿，小心爱护；将要灭亡的时候，把民众看成细细的小草，随便踩踏。'陛下从前收敛神采，在华夏东部潜藏不为人知的美德，以超人的道德才智美好的资质，顺应天命登上皇位，四海之人伸长脖颈期盼观看，八方民众擦亮眼睛殷切期待，认为周成王、周康王的教化，必然很快兴隆。自从陛下即位以来，法律禁令转向苛刻，赋税征调更加频繁。各地的长官，迫于畏惧承担罪责，让刑法更加严峻，逼迫民众按要求来办。因此人力不能忍受，家庭分离解散，呼喊悲叹的声音，损伤了阴阳调和之气。又，长江边戍守的士兵，应该时常给予优厚的生活待遇，以防备有战事。可如今征发赋税，像浓烟云彩那样密集，使他们穿的连粗布短衣都不完整，吃的有上顿没下顿，出战面对锋刃的危难，回家拥有的只是贫穷无依的悲戚，因此父子遗弃，背叛的人成群结队。希望陛下宽减赋税，除去繁多的征收，减省众多不急事务。民众是国家的根本，粮食是民众的性命。现今国家没有一年的储备粮，一家没有整月的蓄积，而后宫不劳而食的有一万多人，内有丈夫离家、妇人独处的愁怨，外有损耗的费用，使得仓库空置无用，士兵民众连酒糟、糠皮都吃不饱。

"又，北敌注目①，伺国盛衰②，陛下不恃己之威德③，而怙敌之不来④，忽四海之困穷，而轻虏之不为难，诚非长策庙胜之要也⑤。昔大皇帝创基南夏⑥，割据江山，虽承天赞⑦，实由人力，余庆遗祚⑧，至于陛下。陛下宜勉崇德器⑨，以光前烈⑩，何可忽显祖之功勤⑪，轻难得之大业哉？臣闻'否泰无常⑫，吉凶由人'。长江之限不可久恃，苟我不守，一苇可航也⑬。昔秦建皇帝之号，据崤、函之阻⑭，德化不修，法政苛酷，毒流生民⑮，忠臣杜口⑯，是以一夫大呼，社稷倾覆。近刘氏据三关之崄⑰，守重山之固，可谓金城石室⑱，万世之业。任授失贤，一朝丧没，君臣系颈，共为羁仆。此当世之明鉴，目前之炯戒也⑲。愿陛下远考前事，近鉴世变，丰基强本，割情从道⑳，则成、康之治兴，而圣祖之祚隆矣。"

【注释】

①北敌：指晋朝。

②伺：暗中侦查。

③威德：声威与德行。

④怙：依靠，凭恃。

⑤长策：等于说良计。庙胜：指朝廷预先制定的克敌制胜的谋略。

⑥南夏：南中国。

⑦天赞：犹天佑，上天赞助。

⑧遗祚：余福。

⑨勉：尽力，努力。德器：道德修养与才识度量。

⑩前烈：前人的功业。

⑪显祖：对祖先的美称。功勤：功劳。

⑫否泰：本为《周易》里两个卦名，天地交万物通，叫泰；不交闭塞，叫否。后常指世道盛衰、命运好坏等。

⑬一苇可航：用一捆芦苇做成小船就可以通行过去。比喻用微薄之力就可以把事情解决。

⑭崤、函之阻：比喻地势十分险要。崤，崤山。函，函谷关。

⑮生民：人民。

⑯杜口：闭口，指不言。

⑰三关：这里指阳平关（在今陕西勉县西）、江关（在今四川奉节东）、白水关（在今四川广元）。

⑱金城石室：金属铸造的城墙，用石块垒砌的房屋。比喻险固的城池。

⑲炯戒：明显的鉴戒或警戒。

⑳割情：弃绝私情。从道：依从正道。

【译文】

“又，北方的敌人正盯着我们，暗中侦查我吴国的盛衰，陛下不依仗自己的声威德行，却依靠敌人不来侵犯，忽视国家的穷困，而小看敌人，认为他们不来为难我们，这真的不是朝廷事先制订的克敌制胜的良计。从前，大皇帝在南方创建基业，割据江山，虽说是承受了上天赞助，实际是由于人的力量，遗留给子孙的福泽，一直到陛下这里。陛下应该努力推崇道德修养与才识度量，来光大前人的功业，哪里可以忽视祖先的功劳，轻视难得的国家大业呢？我听说，‘命运好坏没有一定，吉祥凶险由于个人’。长江的限制不可以长久依仗，假如我们不防守，一捆芦苇就可以渡过。从前秦朝建立皇帝的称号，据有崤山、函谷关的险阻，不修养道德教化，法律政令苛刻残酷，毒害波及人民，忠臣闭上嘴巴，因此有一人大声呼喊，江山社稷就被倾覆了。近来蜀汉刘氏据有三关的险要，守着崇山峻岭的坚固，可以说得上城池牢固，建立了万代的事业。但他们任官授职不用贤能，一个早晨就被灭亡，君臣被用绳索系上脖颈，一起成为奴仆。这是当代显著的镜鉴，眼前明显的警戒。希望陛下远察前代之事，近看时代的变迁，巩固扩大基础，弃绝私情依从正道，那么周成王、周康王的太平盛世就会出现，而先帝传下的国统就会隆盛了。"

　　书奏，皓深恨之。邵奉公贞正^①，亲近所惮。乃共谮邵与楼玄谤毁国事，俱被诘责。玄见送南州^②，邵原复职。后邵中恶风，口不能言，去职数月。皓疑其托疾^③，掠考千所^④，卒无一言，竟杀之。家属徙临海^⑤。并下诏，诛玄子孙。

【注释】

①贞正：坚贞端方。

②送：遣送。南州：泛指南方地区。这里指广州、交趾。

③托疾：借口生病。

④掠考：笞击拷问。千所：大约一千左右。

⑤临海：吴太平二年（257）分会稽郡东部而置，郡治在今浙江临海。

【译文】

　　奏书呈上，孙皓深深地恨他。贺邵奉公守法坚贞端方，孙皓亲信的大臣畏惧他。于是共同谮毁贺邵与楼玄毁谤国家政事，两人都被责问。楼玄被遣送南部地区，贺邵得到赦免恢复原职。后来贺邵得了严重的中风病，嘴不能说话，离职几个月。孙皓怀疑他借口装病，拷打了大约一千下，贺邵始终没说一句话，最后被杀害。家属被流放到临海郡。孙皓还颁下诏令，诛杀了楼玄的子孙。

　　韦曜字弘嗣^①，吴郡人也，迁太子中庶子。时蔡颖亦在东宫②，性好博奕，太子和以为无益，命曜论之。其辞曰："盖闻君子耻当年而功不立③，疾没世而名不称④，故曰'学如不及，犹恐失之⑤'。是以古之志士，悼年齿之流迈⑥，而惧名称之不建也⑦，故勉精厉操，不遑宁息⑧。且以西伯之圣、姬公之才，犹有日昃待旦之劳⑨，故能隆王道，垂名亿载，况在臣庶，而可以已乎？历观古今功名之士，皆有积累殊异之迹，劳身苦体，契阔勤思，平居不惰其业，穷困不易其素，是以卜式立志于耕牧⑩，而黄霸受道于图圄⑪，终有崇显之福⑫，以成不朽之名。故山甫勤于夙夜⑬，而吴汉不离公门⑭，岂有游惰哉？

【注释】

①韦曜字弘嗣：本段及以下几段节录自《王楼贺韦华传·韦曜传》。

②东宫：太子所居之宫。

③当年：壮年。指身强力壮的时期。

④疾没世而名不称：见《论语·卫灵公》："君子疾没世而名不称焉。"没世，死。

⑤"故曰"几句：见《论语·泰伯》："子曰：'学如不及，犹恐失之。'"

⑥悼：悲哀，伤感。流迈：流逝。

⑦名称：名声。

⑧不遑：无暇，没有闲暇。宁息：安定休息。

⑨以西伯之圣、姬公之才，犹有日昃待旦之劳：见《尚书·无逸》："周公曰：'呜呼！厥亦惟我周太王、王季，克自抑畏。文王卑服，即康功田功。徽柔懿恭，怀保小民，惠鲜鳏寡。自朝至于日中昃，不遑暇食，用咸和万民。文王不敢盘于游田，以庶邦惟正之供。

文王受命惟中身，厥享国五十年。'"西伯，指周文王姬昌。姬公，
指周公姬旦。昃，指日西斜。旦，天亮。

⑩卜式：西汉人。因出资赞助朝廷拜为中郎，赐爵左庶长，后拜为齐
王太傅，又转任为丞相。他早年以耕牧为生。

⑪黄霸：字次公，淮阳阳夏（今河南太康）人。历任廷尉正、扬州刺史、
颍川太守、丞相等，封建成侯。去世后谥号定侯。他曾跟《尚书》
大师夏侯胜同下廷尉狱，狱中向夏侯胜学《尚书》。囹圄：监狱。

⑫崇显：尊贵显要。

⑬山甫勤于夙夜：事见《诗经·大雅·烝民》："夙夜匪解，以事一
人。"山甫，即仲山甫，周太王古公亶父的后裔，周宣王卿士。

⑭吴汉不离公门：《东观汉记》记载："（光武帝刘秀）再三召见，其后
勤勤不离公门，上亦以其南阳人，渐亲之。"吴汉，字子颜，南阳宛
县（今河南南阳）人。王莽末年归顺刘秀，任偏将军，封建策侯。
刘秀称帝后，吴汉任大司马、广平侯，死后谥号忠侯。公门，官署，
衙门。

【译文】

韦曜，字弘嗣，是吴郡人，升任太子中庶子。当时蔡颖也在太子东
宫，喜好局戏和围棋，太子孙和认为没有好处，让韦曜写文章论述此事。
文辞是："听说君子把年轻力壮而没有建立功劳当做耻辱，痛恨到死也没
有值得称道的名声，所以说'学习就像追赶什么似的生怕赶不上，而且
还担心失去了'。因此古代的志士，悲伤年岁的流逝，惧怕好名声没有建
立，所以勉励精神砥砺节操，没有闲暇来安定休息。况且凭借周文王的
圣明、周公的才能，尚且还有从太阳西斜忙到天亮的辛劳，所以能隆盛王
道，名垂亿万年，何况对普通臣民来说，能够停止吗？逐一地观看古今建
立功业名声的人士，都有积累特殊的行迹，使身体操劳辛苦，辛勤劳苦勤
于思考，平素从不在事业上懒惰，穷困也不改变志向，因此卜式在耕田放
牧中立下大志，黄霸在监狱中接受大道，最终有了尊贵显要的福气，成就

了不朽的名声。所以仲山甫早早晚晚都在辛勤,吴汉也从不离开官署衙门,难道能够游荡懒惰吗?

"而今之人,多不务经术①,好玩博奕,废事弃业,忘寝与食,穷日尽明,继以脂烛②。当其临局交争,雌雄未决,专精锐意③,心劳体倦,人事旷而不修④,宾旅阙而不接⑤,虽有太牢之馔、韶夏之乐⑥,不暇存也⑦。或至赌及衣物,徙棋易行,廉耻之意弛⑧,而忿戾之色发⑨。其所志不出一枰之上⑩,所务不过方罫之间⑪,胜敌无封爵之赏,获地无兼土之实⑫。技非六艺⑬,用非经国⑭,立身者不阶其术⑮,征选者不由其道⑯。求之于战陈⑰,则非孙、吴之伦也⑱;考之于道艺⑲,则非孔氏之门也⑳。以变诈为务㉑,则非忠信之事也;以劫杀为名,则非仁者之意也。而空妨日废业,终无补益,是何异设木而击之、置石而投之哉!且君子之居室也㉒,勤身以致养㉓,其在朝也,竭命以纳忠㉔,临事且犹旰食㉕,而何博奕之足耽乎?夫然,故孝友之行立㉖,贞纯之名彰也。

【注释】

①经术:经学。

②脂烛:蜡烛。

③专精:指聚精凝神。锐意:指用心专一,态度坚决。

④人事:指人世间事。旷:空缺,荒废。

⑤宾旅:客卿,羁旅之人。

⑥太牢:古代祭祀,牛羊豕三牲具备谓之太牢。韶夏:据说是舜乐和禹乐。也泛指优雅的古乐。

⑦存：留意，关注。

⑧弛：舍弃，放下。

⑨忿戾：蛮横无理，动辄发怒。

⑩枰：棋盘。

⑪罫（guǎi）：围棋盘上的方格。

⑫兼土：兼并土地。

⑬六艺：古代教育学生的六种科目，礼、乐、射、御、书、数。

⑭经国：治理国家。

⑮立身：处世为人。阶：凭借，根据。

⑯征选：征召选拔。

⑰战陈：今作"战阵"，作战的阵法。

⑱孙：孙武，著名军事家，《孙子兵法》的作者。吴：吴起，战国时期
　　著名军事家。伦：类，辈。

⑲道艺：指学问和技能。

⑳孔氏：指孔子。

㉑变诈：巧变诡诈。务：事业，工作。

㉒居室：居家过日子。

㉓致养：奉养亲老。

㉔纳忠：献纳忠心，效忠。

㉕旰（gàn）食：晚食。指事务繁忙不能按时吃饭。

㉖孝友：事父母孝顺、对兄弟友爱。

【译文】

"而现今的人，很多都不致力于经学，喜好玩局戏和围棋，废弃了事业，忘记了吃饭睡觉，穷尽明亮的白天，晚上还要点上蜡烛继续游戏。当他临局相争的时候，还没有决出胜负，聚精凝神专心致志，心神劳顿身体疲倦，各种世事荒废不理，宾朋来了也不接待，即使有三牲具备的太牢盛宴，即使有虞舜夏禹的优雅古乐，也没有时间关注。有的甚至把随身衣

物都赌上了，悔棋改招，廉耻之心全忘了，而争斗的火气大发。他的志向超不出一盘棋，追求的不过是棋盘方格之间的得失，战胜对手没有封爵的赏赐，获得地盘没有兼并土地的实际。技能不是六艺之一，用处不能治理国家，处世为人用不着这种技术，征召选拔的不会使用这条门路。在战阵上考求，不能与孙子、吴起的兵法相比；从学问技能上考核，并非是孔子传授的学问。把巧变诡诈当做事业，那就并非是忠实诚信的事情了；把劫持杀害当做名声，那就并非仁爱之人的心意了。而白白地浪费时日废弃事业，最终也没有裨补助益，这跟树立木头来敲击、弄些石头来投掷又有什么不同呢！何况君子居家过日子，勤劳自身来奉养亲老；在朝廷上，竭尽性命来献纳忠诚，处理政事时，经常忙得都顾不上吃饭，怎么会沉溺局戏、围棋呢？像君子这样，孝顺父母友爱兄弟的品行就树立了，守正纯洁的名声就彰显了。

"方今大吴受命，海内未平，圣朝乾乾①，务在得人；勇略之士则受熊虎之任②，儒雅之徒则处龙凤之署③。百行兼苞④，文武并骛⑤，博选良才，旌简髦俊⑥，设程试之科⑦，垂金爵之赏⑧，诚千载之嘉会，百世之良遇也。当世之士，宜勉思至道，爱功惜力，以佐明时⑨，使名书史籍，勋在盟府，乃君子之上务，当今之先急也。夫一木之枰，孰与方国之封⑩？枯棋三百⑪，孰与万人之将？衮龙之服⑫，金石之乐⑬，足以兼棋局而贸博奕矣。设令世士移博奕之力，而用之于诗书，是有颜、闵之志也⑭；用之于智计，是有良、平之思也⑮；用之于资货，有猗顿之富也⑯；用之于射御，是有将帅之备也。如此，则功名立而鄙贱远矣。"

【注释】

①圣朝：这里代指皇帝。乾乾（qián qián）：自强不息的样子。

②熊虎：借喻勇猛的将士。

③儒雅：指学问渊博。龙凤：喻文章。

④苞：容纳。

⑤骛（wù）：奔驰。

⑥旌简：表彰选拔。髦俊：才智杰出之士。

⑦程试：按规定的程式考试。

⑧金爵：指佩金印紫绶之爵位。

⑨明时：指政治清明的时代。古时常用以称颂本朝。

⑩方国：郡国。

⑪枯棋：枯燥无味的棋局。

⑫衮龙：指衮龙袍。是古代皇帝的朝服，上有龙纹。

⑬金石：指钟磬一类乐器。

⑭颜、闵：孔子弟子颜回和闵损的并称。

⑮良、平：汉的谋臣张良、陈平。

⑯猗顿：战国时的大富商。

【译文】

"当今大吴承受天命，天下还没有平定，皇帝自强不息，致力于获得人才；勇敢和有谋略的人接受武将的任命，学问渊博的人安置在文职官署。具有各种能力的人一并容纳，文臣武将一起驰骋，广博选取优良人才，表彰选拔才智杰出人士，设定按规定程式考试的科目，定下金印紫绶爵位的赏赐，真的是千年美好的聚会，百代难得的好机遇啊。当代的士人应当努力思考至善至美之道，珍爱功劳爱惜气力，来辅佐政治清明的时代，让自己名字书写在史书上，功勋记入掌管保存盟约文书的盟府里，这才是君子最高尚的大业，当今最首要的事务。一块木头的棋盘，怎能跟郡国的封赏相比？三百颗枯木做的棋子，怎能跟统帅万人的将军相比？衮龙袍这样的服装,钟、磬这样的乐器,足够取代棋局替换下棋的享受了。假使让世上士人把下棋的精力用到学习诗、书上,就会拥有颜回、闵子骞那样好学的志向了;把它用到计策智谋上,就会拥有张良、陈平的谋略了;把它用到经营财货上,就会拥有猗顿的豪富了;把它用到射箭驾车上,就会拥有成为将帅的本事了。能这样,那么就能建立功名而远离卑微下贱了。"

孙皓即位,为侍中①,常领左国史②。时在所承指③,数言瑞应④。皓以问曜,曜答曰:"此人家箧笥中物耳⑤。"又,皓欲为父和作纪⑥,曜执以和不登帝位,宜名为传。如是者非一,渐见责怒。曜益忧惧,自陈衰老求去,皓终不听。皓每飨宴,无不竟日,坐席无能否,率以七升为限,虽不悉入口,皆浇灌取尽。曜素饮酒不过二升,初见礼时,常为裁减,或密赐茶茗以当酒。至于宠衰,更见逼强,辄以为罪。又于酒后使侍臣难折公卿,以嘲弄侵刻、发摘私短以为欢⑦,时有忿过⑧,或误犯皓讳,辄见收缚,至于诛戮。曜以为外相毁伤,内长尤恨,使不济济⑨,非佳事也,故但示难问,经义言论而已。皓以为不承用诏命,意不忠尽,遂积前后嫌忿,收曜付狱⑩。华覈连上疏救曜⑪,皓不许,遂诛曜也。

【注释】

①侍中:为正规官职外的加官之一,因侍从皇帝左右,出入宫廷,与闻朝政,逐渐变为亲信贵重之职。

②领:汉代以后,以地位较高的官员兼理较低的职务,叫做领。左国史:三国吴置,为史官,与右国史同掌修国史,多以他官兼领。

③承指：即承旨，逢迎意旨。

④瑞应：古代以为帝王修德，时世清平，天就降祥瑞以应之，叫做瑞应。

⑤筐箧（qiè）：用竹枝等编制的狭长形箱子。

⑥纪：我国史书的一种体裁，专记帝王的事迹及有关大事。

⑦侵刻：侵害，剥夺。发摘（tì）：也作"发擿"，揭发，举发。

⑧愆过：罪恶，罪过。

⑨济济：整齐美好的样子。

⑩收：拘捕。

⑪华覈（hé）：字永先。先后担任上虞尉、典农都尉，后因文学而迁任秘府郎，后升任中书丞。孙亮时与太史令韦昭、薛莹等编写《吴书》。孙皓即位后，封徐陵亭侯。曾上疏劝孙皓不要劳民伤财，孙皓并不接纳；后来被迁任东观令，领左国史，辞让，孙皓不许，后因为小事而被免职。

【译文】

孙皓登上皇位，韦曜担任侍中，长期兼理左国史。当时各地逢迎旨意，多次上报祥瑞。孙皓拿这事去问韦曜，韦曜回答说："这是人家竹箱里的东西罢了。"又，孙皓要给父亲孙和作纪，韦曜坚持孙和没有登上帝位，名字应该叫做传。像这样的事情不止发生过一次，韦曜逐渐受到孙皓的怒责。韦曜日益担忧惧怕，自己陈述衰老请求离开，孙皓始终不允许。孙皓每逢宴饮，没有不是一整天的，座席上的人不管能不能饮酒，一律按七升为限量，即使不全都入口，也都硬要灌完。韦曜平素饮酒不过二升，当初礼遇的时候，孙皓常给他裁减，或者密赐给茶水顶替酒。等到宠信衰减，就被逼迫强饮，经常因此获罪。孙皓又在酒后让侍奉之臣责难公卿，把对公卿的嘲弄伤害、揭发隐私缺点当做乐趣，其间有人犯了错，或者失误冒犯了孙皓的忌讳，就被拘禁，甚至杀害。韦曜认为人们在言辞上互相诋毁伤害，内心会产生责怪怨恨，使得不能团结和美，不是好事，所以每逢他向公卿大臣提问或反驳时都只说儒经的文义而已。孙皓认为他不遵从诏令，没有尽忠的意思，于是前前后后积累的猜疑愤恨一下子爆发，拘捕韦曜交付监狱。华覈接连上疏挽救韦曜，孙皓不答应，最终诛杀了韦曜。

华覈字永先①，吴郡人也②，为中书丞③。孙皓更营新宫，制度弘广④，饰以珠玉，所费甚多。时盛夏兴功⑤，农守并废，覈上疏谏曰："臣闻汉文之世⑥，九州晏然⑦，当此之时，皆以为泰山之安，无穷之基也。至于贾谊，独以为可痛哭及流涕者三，长大息者六，乃曰方今之势，何异抱火措之积薪之下而寝其上⑧。窃以曩时之事⑨，揆今之势⑩。谊云：'复数年间，诸王方刚，欲以此为治，虽尧、舜不能安⑪。'而今大敌据九州之地⑫，有大半之众，习攻战之余术⑬，乘戎马之旧势⑭，非徒汉之诸王淮南、济北而已⑮。谊之所欲痛哭，比今为缓；抱火卧薪之喻，于今为急。诚宜住建立之役⑯，先备豫之计⑰，勉垦植之业，为饥乏之救。若舍此急，尽力功作⑱，卒有风尘不虞之变⑲，当委版筑之役⑳，应烽燧之急，驱怨苦之众，赴白刃之难，此乃大敌所因为资也。如但固守，旷日持久，则军粮必乏，不待接刃，而战士已困矣。王者以九域为宅㉑，天下为家，不与编户之民转徙同也㉒。今之宫室，先帝所营，卜土立基，非为不祥。又杨市土地与宫连接，若大功毕竟，舆驾迁住㉓，门行之神，皆当转移，犹恐长久未必胜旧。屡迁不可，留则有嫌㉔，此乃愚臣所以夙夜为忧灼也㉕。臣省《月令》㉖：'季夏之月㉗，不可以兴土功，不可以会诸侯，不可以起兵动众，举大事必有大凶。'六月戊己㉘，土行正王^㉙,既不可犯,加又农月,时不可失^㉚。昔鲁隐夏城中丘^㉛,《春秋》书之,垂为后戒。今筑宫为长世之洪基^㉜,而犯天地之大禁,袭《春秋》之所书,废敬授之上务^㉝,臣以愚管^㉞,窃所不安。又恐所召离民,或有不至,讨之则废役兴事,不讨则日月滋蔓。若悉并到,大众聚会,希无疾病^㉟。且人心安则思善,苦则怨叛。今当角力中原,以定强弱,正于际会^㊱,彼益我损,此乃雄夫智士所以深忧也。臣闻先王治国,无三年之储,曰国非其国。安宁之世,戒备如此,况敌强大而忽农忘畜? 若上下空乏^㊲,运漕不供,北敌犯疆,使周、邵更生^㊳,良、平复出^㊴,不能为陛下计明矣。"书奏,皓不纳。

【注释】

①华覈字永先:本段及下一段节录自《王楼贺韦华传·华覈传》。

②吴郡:郡名。治今江苏苏州。

③中书丞:官名。三国吴置,中书令属官,可参议国政,权任颇重。

④制度:规模,样式。

⑤兴功:兴建工程。

⑥汉文:汉文帝刘恒。

⑦九州:古代分中国为九州。这里指全国。晏然:安定的样子。

⑧"独以为可痛哭及流涕者三"几句:见贾谊《治安策》:"臣窃惟事势,可为痛哭者一,可为流涕者二,可为长太息者六……夫抱火厝之积薪之下而寝其上,火未及燃,因谓之安,方今之势,何以异此!"

⑨曩(nǎng)时:往时,以前。

⑩揆:审度,揣测。

⑪"谊云"几句:见《治安策》:"数年之后,诸侯之王大抵皆冠,血气

方刚，汉之傅相称病而赐罢，彼自丞尉以上遍置私人，如此，有异
淮南、济北之为邪？ 此时而欲为治安，虽尧舜不治。"

⑫九州：汉武帝把全国分为十三个监察区域，每区由朝廷派遣刺史
一人，专门负责巡察该区境内的吏政，检举不法的郡国官吏和强
宗豪右，其管区称为刺史部，简称十三部，一称十三州。此九州即
指此十三州中之九州。

⑬余：遗留。

⑭戎马：胡马。这里指北方混杂少数民族的军队。

⑮淮南：淮南厉王刘长，因谋反流放不食而死。济北：济北王刘兴
居，谋反失败自杀。

⑯住：停住，止。建立：兴建，建设。

⑰备豫：防备，准备。

⑱功作：指土木营造之事。

⑲卒：后多作"猝"，突然。风尘：比喻战乱。不虞：没有预料到。

⑳委：舍弃。版筑：泛指土木营造之事。

㉑九域：九州。

㉒编户：编入户籍的平民。

㉓舆驾：帝后乘坐的车驾。亦借指帝后。

㉔嫌：避忌，妨碍。

㉕忧灼：忧虑焦急。

㉖省：察看。《月令》：是儒家经典《礼记》中的一篇。记述一年十二
个月的气候和物候的变化，以及政府的祭祀礼仪、政务、法令、禁
令等。并把它们归纳在五行相生的系统中。

㉗季夏：夏季的最后一个月，农历六月。

㉘戊己：在《月令》中，把金、木、水、火、土五行分别与各月相配，作为
当月某些活动适宜进行而某些活动应当禁忌的根据。六月属土。

㉙土行：土德。王：旺。

㉚时：特指农业生产季节。

㉛鲁隐：鲁隐公，鲁国国君。中丘：春秋时鲁邑，在今山东沂南。

㉜长世：历世久远，永存。洪基：大业。多指世代相袭的帝业。

㉝敬授：即敬授人时。见《尚书·尧典》："乃命羲和，钦若昊天，历象日月星辰，敬授人时。"谓将历法付予百姓，使知时令变化，不耽误农时。上务：首要任务，头等大事。

㉞愚管：愚见、管见。是自谦之词。

㉟希：稀少。

㊱际会：机遇，时机。

㊲空乏：困穷，贫穷。

㊳周、邵：周公姬旦、邵（召）公姬奭。

㊴良、平：张良、陈平。

【译文】

华覈，字永先，是吴郡人，担任中书丞。孙皓重新营造新宫，规模宏大宽广，用珍珠宝玉装饰，耗费非常大。当时正值盛夏炎热，兴建土功，农耕防守一并荒废，华覈上疏劝谏说："我听说汉文帝的时候，全国安定，当时，都认为汉朝像泰山一样安稳，是可以流传无穷的基业。然而贾谊却认为，当时朝政可以为之痛哭以及流泪的有三样，长长叹息的有六样，竟然说当今的时事，跟抱着炭火放置到堆积的薪柴下面而躺在上面睡觉没有什么不同。我私下里用往时的事情来揣测当今的形势。贾谊说：'再过几年后，各位诸侯王成年血气方刚，想要在这个时候治理好，即使是尧、舜当政也不能安定。'而现今大敌晋朝占据了十三个州中的九个州，拥有大半的民众，熟悉曹魏留下的打仗的战术，乘着北方混杂胡马军队原有的优势，这就不仅是像汉朝诸侯王中淮南王、济北王的叛变而已了。贾谊所想为之痛哭的，比起今天缓和多了；抱火卧薪这一比喻，对今天来说更急迫。真的应该停止兴建的劳役，先行定下防备的计策，努力从事开垦荒地进行生产的事业，作为饥饿困乏的挽救措施。倘若舍弃这些急务，竭尽全力进行土木营建，要是突然发生没有预料的战乱，就只能舍弃土木营建的劳役，应对紧急军情，驱使怨恨劳苦的民众，奔赴锋刃相交的战乱，这就是大敌晋朝可以利用的资本。如果只是固守，耗费时日，拖延很久，那么军粮一定缺乏，不用等到交战，战士就已经困乏了。君王把全国当成住宅，以天下为家，不跟普通平民辗转迁徙相同。现今的宫殿，是先帝所营建的，占卜土地建立地基，不是不吉祥。又，杨市的土地跟新宫殿相连，一旦工程完工，陛下迁往居住，护门之神跟行路之神都应当转移，只怕时间久了未必能胜过旧宫殿。多次迁徙是不可能的，留住又有疑忌，这就是愚笨的臣子我之所以从早到晚忧虑焦灼的原因啊。我查看《月令》记载：'季夏六月，不可以兴建土木工程，不可以盟会诸侯，不可以兴师动众打仗，进行征伐或祭祀必然会有大凶险。'六月与属土的天干戊己相配，土行正旺，不能动土去冲犯，再加上是农忙的月份，农时不能错失。从前鲁隐公夏天在中丘筑城，《春秋》记载，传为后代的警戒。今天修筑宫殿是为了永久长存的帝王大业，却触犯天地的大禁忌，沿袭《春秋》讥刺的记载，废弃了颁布历法不误农时的首要任务，以我愚笨的见解，私下里也有所不安。又恐怕所召集的脱离土地的民众，或许有的会不来，讨伐他们那就会荒废劳役兴起事端，不讨伐那这种情况就会每天每月滋长蔓延。倘若全都来了，大众聚集汇合，很少会不发生疾病的。况且人心安定就会思想善良，人心痛苦就会怨恨叛乱。现今我们要凭武力在中原争胜，来决定强弱，在此关键时刻，对方力量增益而我方减损，这就是英雄和谋士深深忧虑的啊。我听说，先代的贤明君王治理国家，没有三年的储备粮，就叫做国家不是国家。安宁的时代，尚且如此戒备，何况敌人强大却忽视农业忘记储备呢？倘若全国上下困穷缺乏，粮食运输供应不上，北方敌人侵犯边疆，即使让周公、邵公重生，张良、陈平复出，不能替陛下出谋划策也是明明白白的了。"奏疏上奏后，孙皓不采纳。

后迁东观令①，领右国史②。时仓廪无储，世俗滋侈，颢上疏曰："今寇虏充斥③，征伐未已，居无积年之储，出无应敌之畜，此乃有国者所宜深忧也。夫财谷所生，当出于民，趋时务农，国之上务。而都下诸官④，所掌别异，各自下调，不计民力，辄与近期。长吏畏罪⑤，昼夜催民，委舍田事⑥，遑赴会日⑦，定送到都，或蕴积不用，而徒使百姓消力失时。到秋收月，督其限入⑧，夺其播殖之时，而责其今年之税，如有逋悬⑨，则籍没财物⑩，故家户贫困，衣食不足。宜暂息众役，一心农桑。古人称：'一夫不耕，或受其饥；一女不织，或受其寒⑪。'是以先王治国，唯农是务。军兴已来，已向百载，农人废南亩之务⑫，女工失机杼之业⑬。推此揆之，则蔬食而长饥、薄衣而履冰者⑭，固不少矣。臣闻主之所求于民者二，民之所望于主者三。二谓求其为己劳也，求其为己死也；三谓饥者能食之，劳者能息之，有功者能赏之。民已致其二事而主失其三望者，则怨心生而功不建。今帑藏不实⑮，民劳役猥⑯，主之二求已备，民之三望未报。且饥者不待备羞而后饱⑰，寒者不俟狐貉而后温⑱，为味者口之奇，文绣者身之饰也⑲。今事多而役繁，民穷而俗奢，百工作无用之器，妇人为绮靡之饰⑳，不勤麻枲㉑，并绣文黼黻㉒，转相仿效，耻独无有。兵民之家，犹复逐俗，内无担石之储㉓，而出有绫绮之服㉔。至于富贾商贩之家，奢恣尤甚㉕。天下未平，百姓不赡㉖，宜壹生民之原㉗，丰谷帛之业。而弃功于浮华之巧，妨日于侈靡之事㉘，上无尊卑等级之差，下有耗财费力之损。且美貌者，不待华采以崇好㉙；艳姿者，不待文绮以致爱㉚。五色之饰,足以丽矣。若极粉黛,穷盛服,未必无丑妇;废华采,去文绣,未必无美人也。若实如所论,有之无益,废之无损者,何爱而不暂禁㉛,以充府藏之急乎? 此救乏之上务,富国之本业也,使管、晏复生㉜,无以易此。汉之文、景㉝,承平继统㉞,天下已定,四方无虞,犹以雕文之伤农事,锦绣之害女工,开国家之利,杜饥寒之本。况今六合分乖㉟,豺狼充路,兵不离疆,甲不解带,而可以不广生财之原,充府藏之积哉?”

【注释】

①东观令:三国吴置,职司管理经籍,掌修国史(东观原为东汉宫名,为宫中藏书之处)。

②右国史:官名。与左国史并掌修国史。

③充斥:众多。

④都下:京都。

⑤长吏:旧称地位较高的官员。

⑥委舍:委卸,舍弃。

⑦遑:匆忙不安,急迫。会日:会集的期限、日期。

⑧入:纳。

⑨逋(bū)悬:拖欠。

⑩籍没:指登记所有的财产,加以没收。

⑪“古人称”几句:见《管子·轻重》:“‘一夫不耕,民有为之饥者;一女不织,民有为之寒者。’”

⑫南亩:指农田。

⑬机杼:指织机。杼,织梭。

⑭蔬食:粗食。以草菜为食。

⑮帑（tǎng）藏：国库。

⑯猥（wěi）：杂滥，繁琐。

⑰羞：后多作"馐"，美味的食品。

⑱貉（hé）：外形似狐，毛棕灰色，是一种重要的毛皮兽。

⑲文绣：刺绣华美的丝织品或衣服。

⑳绮靡：指风格浮艳柔弱。

㉑麻枲（xǐ）：指麻布之衣。

㉒黼黻（fǔ fú）：指绣有华美花纹的礼服。

㉓担石：一担一石。比喻微小。

㉔绫绮：绫和绮，指薄而有花纹的丝织品。

㉕奢恣：任意挥霍浪费。

㉖赡：充足，富足。

㉗壹：使专一。生民：人民。

㉘侈靡：奢侈浪费。

㉙崇好：增添美色。

㉚文绮：华丽的丝织物。

㉛爱：吝惜。暂：突然，一下子。

㉜管：管仲。晏：晏婴。管、晏都是春秋齐国政治家。

㉝汉之文、景：指汉文帝刘恒、汉景帝刘启。二人在位时是汉朝恢复
　国力的时期。

㉞承平：治平相承，太平。

㉟六合：天地四方，整个宇宙的巨大空间。分乖：等于说分离。

【译文】

后升任东观令，兼领右国史。当时仓库里没有储备粮，世俗更加崇尚奢侈，华虈上疏说："现今敌寇众多，征伐没有停止，平居没有多年的储备，出征没有对付敌人的积蓄，这是拥有国家的君主所应该深深忧虑的。钱财谷物是人民生产创造的，顺应季节致力于农耕，是国家的首要任务。

而京都的官员，负责的政务各自不同，各自从下面征调，不考虑民力能否承受，就把期限定得很近。主管官员畏惧获罪，日夜催逼民众，舍弃农田耕作，急急赶在期限前，按时送到都城，有时积聚不用，白白地使民众消耗精力失去农时。到了秋收的月份，督促民众按期限缴纳，侵夺他们播种种植季节，而要求缴纳今年的赋税，如果拖欠，那就登记没收财物，所以各家各户都贫困，衣服粮食都不足。应该暂时停止各种劳役，专心从事农耕桑蚕。古人称说道：'一个男子不耕种，有人就会饥饿；一个女子不纺织，有人就要寒冷。'因此先代君王治理国家，只致力于农业。汉末战争开始以来，已近百年，农民废弃了农田的耕种，女工失去了纺织之业。以此估计国情，用草菜当食物而经常饥饿、在寒冷的天气里衣着单薄的人，必定不会少。我听说，君主从民众那里要求的有二条，民众希望君主的有三条。二条是指君主要求民众为自己效劳，为自己献身；三条是指饥饿的人能有食物吃，劳动的人能休息，有功劳的人能得赏赐。在民众已经做到那两件事而君主不能满足民众三种希望的情况下，那么怨恨的心理就会产生而功业不会建立。现今国库不充实，民众劳苦徭役繁杂，君主的二条要求已经满足，民众的三条希望没有实现。况且饥饿的人不用等待珍馐美味然后才能吃饱，寒冷的人不会等狐狸貉子皮温暖身体，美味不过是使口中的感觉奇妙，精美的刺绣只是身上的装饰而已。现今事情多劳役繁，民众穷困风俗奢侈，各种工匠制作没用的器械，妇女织造风格浮艳的饰品，不努力制作麻布衣服，全去刺绣华美花纹的礼服，互相模仿，以自己没有为耻辱。士兵平民的家庭，也都追逐这种风俗，家内没有一担一石的粮食，而出门却穿带花纹的丝织品服装。至于富裕的商贾人家，任意挥霍浪费更厉害。天下还没有平定，百姓还不富足，应该专心致力于民众的本源，扩大粮食布帛的生产。而今却把精力花费在浮华的技巧上，时间消耗在奢侈浪费的事情上，上没有尊卑等级的差异，下有耗费财力的损失。况且美丽的容貌，不必用华丽的色彩来增添美色；艳丽的姿容，不需用华丽的丝绸来得到喜爱。五色的修饰，足够美丽了。

即便用尽白粉青黛等化妆品,穷尽盛美的服装,未必没有丑妇;废弃华丽色彩,去掉美丽刺绣,未必没有美人。倘若实际像我论述的这样,有它没好处,废弃没损害,那又有什么舍不得的而不马上禁止,来补充国库的急需呢? 这是解决困乏的最好办法,使国家富裕的根本大业,即使让管仲、晏婴重生,也未必有比这更好的办法。汉朝的文帝、景帝,在太平时期继承大统,天下已经安定,四方边境没有忧虑,尚且还认为彩绘雕饰伤害农事,锦缎刺绣阻碍女工的纺织缝纫,而要开辟有益国家的事业,杜绝造成饥寒的根本。何况今天天下四分五裂,暴虐奸邪的人充塞道路,士兵离不开边疆,休息不敢脱下铠甲,难道还可以不广开生财的源泉,充实国库的积蓄吗?"

卷二十九

晋书(上)

【题解】

《群书治要》是魏徵等人于贞观初年编写的,而房玄龄等人编撰的《晋书》成书于贞观二十二年(648),所以这里节录的《晋书》只能是房本以前的。唐代以前写成的晋史有二十多种,在唐初,除沈约、郑忠、庾铣三家《晋书》已亡佚外,其余都还存在。胡适通过文本对照的方法,得出《群书治要》中的《晋书》依据的底本是南齐臧荣绪撰写的《晋书》(共一百一十卷,今有汤球辑本十七卷,补遗一卷)的结论。

臧荣绪,自号"被褐先生",东莞莒(今山东莒县)人。出身官宦之家,数次征辟而不就,潜心著述,所著《晋书》成为后来唐朝房玄龄等人编撰《晋书》的最重要蓝本。

本卷节录了《纪》《传》《志》的部分内容。《纪》节录了四位皇帝,晋武帝司马炎、晋惠帝司马衷、晋成帝司马衍、简文帝司马昱。晋武帝司马炎部分写他即位初期的不罪怨诽,毁弃异服奇技,又引用荀绰《略记》,写他灭吴后所作所为与商纣王、孙皓相同。晋惠帝司马衷部分着重写了贾后的专权与劝谏者的言辞,说出了八王之乱的成因,特别是引用干宝《晋纪》总论说出了西晋覆灭的历史教训。晋成帝司马衍部分只节录了夏侯盛的《贺德音表》内容。简文帝司马昱部分则写了他在位最后一年颁布的诏书中的惠民政策。《传》中的《后妃传》部分节录了武元杨皇后杨艳与晋惠帝皇后贾南风的内容。杨艳帮助贾南风成为太子妃,而贾南风则是八王之乱的直接引发者。其余节录的传主首先是晋宗室琅邪王司马伷、扶风王司马骏、齐王司马攸和司马冏父子、愍怀太子司马遹、安平王司马孚、高密王司马泰七人。对司马冏、司马遹有所批判,其余则多为赞美。刘寔部分主要是节录他的《崇让论》,其中观点在举朝混乱争竞的西晋,不失为一股清流。阎缵部分节录他弃官埋葬杨骏,建议为太孙选设好的老师属下。段灼部分则节录了段灼为邓艾申辩的奏疏。虞悝、虞望兄弟则节录他们抵抗王敦叛乱而死之事。《志》中的《刑法志》节录了侍中臣顾(《全晋文》以为是裴頠)上言刑法,要君上"深闭慎密,以延良谟"。刘颂部分则节录其建议恢复肉刑。卫展抨击晋朝刑罚苛细,建议恢复肉刑。《百官志》节录了李重建议简略官员品级,学习古代"没世不徙官"的方法。裴頠建议委任宰辅,不要屡次更变诏令。何曾部分写他抨击阮籍轻慢礼法以及对晋朝政局发展的悲观预见。此外还节录了羊祜的得人心、秦秀的刚直、李憙的变通。

纪

武皇帝讳炎[①],字安世,文帝太子也[②]。泰始五年[③],廷尉上西平民麴路伐登闻鼓[④],言多妖妄毁谤。帝诏曰:"狂狷怨诽[⑤],亦朕之愆,勿罪也。"孙盛《阳秋》云[⑥]:泰始八年,帝问右将军皇甫陶论事[⑦],陶固执所论,与帝争言。散骑常侍郑徽表求治罪[⑧]。诏曰:"谠言謇谔[⑨],直意尽辞,所望于左右也。人主常以阿媚为患,岂以争臣为损乎?陶所执不愆此义,而徽越职奏之,岂朕意乎?"乃免徽官也。

【注释】

①武皇帝：即晋武帝司马炎，字安世，河内郡温县（今河南温县）人。晋朝开国皇帝，是司马懿之孙、司马师之侄、司马昭之子。逼迫魏曹奂禅位，建立晋朝，建都洛阳，年号泰始。革新政治，振兴经济，使社会繁荣，史称太康之治。晋灭吴之后，骄奢淫逸，怠惰政事，分封诸王，为八王之乱埋下隐患。

②文帝：即司马昭，字子上。曹魏权臣，西晋王朝的奠基人之一，为司马懿次子、司马师之弟。司马炎代魏称帝，建立晋朝，追尊司马昭为文帝，庙号太祖。

③泰始五年：269年。泰始，晋武帝司马炎的年号（265—274）。

④廷尉：秦始置，九卿之一，秩二千石，掌刑狱。西平：郡名。东汉建安中分金城郡置，隶属凉州，治所在西都（今青海西宁）。伐：敲击。登闻鼓：古代帝王为表示听取臣民谏议或冤情，在朝堂外悬鼓，许臣民击鼓上闻，叫做登闻鼓。

⑤狂狷：狂妄褊急。怨诽：怨恨，非议。

⑥孙盛：字安国，太原郡中都县（今山西平遥）人。出身官宦名门，先后担任陶侃、庾亮、庾翼、桓温的僚佐，后历任长沙太守秘书监、给事中。孙盛一生著述颇丰，有《魏氏春秋》《晋阳秋》等。《阳秋》：即《晋阳秋》，编年体东晋史。

⑦右将军：战国、秦已有，汉不常置。金印紫绶，位次上卿；职务或典京师兵卫，或屯兵边境。东汉与三国时非常置之官位，曹魏至西晋为三品。皇甫陶：泰始初为散骑常侍，领谏职。

⑧郑徽：晋郑冲从子，因郑冲无子，继为嗣，官至平原内史。

⑨谠（dǎng）言：正直之言，直言。謇（jiǎn）谔：正直敢言。

【译文】

武皇帝名讳叫炎，字安世，是晋文帝司马昭的太子。泰始五年，廷尉呈报西平郡平民麹路敲击登闻鼓，语言有许多怪异荒诞毁谤之词。皇帝下诏说:"狂妄褊急的人怨恨非议,也是我的过失,不要加罪。"孙盛《晋阳秋》说:泰始八年,皇帝跟右将军皇甫陶议论国事,皇甫陶坚持己见,跟皇帝争着说。散骑常侍郑徽上表请求治皇甫陶的罪。皇帝诏令说:"正直敢言,专心一意说尽要说的话,是我希望身边人能做到的呀。君主经常把阿谀奉承当成祸患,难道还把谏诤之臣当成损害吗? 皇甫陶坚持己见与我的希望不冲突,而郑徽越职上奏,难道符合我的心意吗?"于是罢免了郑徽的官职。

咸宁四年①,大医司马程据献雉头裘②。诏曰:"异服奇技,典制所禁也③。其于殿前烧裘。"甲申④,敕内外敢有犯者,依礼治罪。

【注释】

①咸宁四年:278年。咸宁,晋武帝司马炎的年号(275—280)。

②司马程据:西晋初期医学家,为晋武帝太医,其他无考。雉头裘:用雉(野鸡)头羽毛织成的裘。

③典制:典章制度。

④甲申:即甲申日。据房玄龄本《晋书·武帝纪》记载,太医献雉头裘是十一月辛巳日,甲申是其后第三日。

【译文】

咸宁四年,太医司马程据献上雉头裘。武帝下诏令说:"怪异的服装奇特的技艺,是典章制度所禁止的。在大殿前面把裘烧了吧。"甲申日,敕令朝廷内外再敢有违反典章制度的,依照礼法治罪。

太康元年①,吴主孙皓降。有司奏:"晋德隆茂,光被四表②。吴会既平③,六合为一,宜勒封东岳,以彰圣德。"帝曰:"此盛德之事,所未议也。"群臣固请,弗听。干宝《纪》

云^④：太康五年，侍御史郭钦上书曰^⑤："戎狄强横，自古为患。魏初民寡，西北诸边郡，皆为戎居。今虽伏从^⑥，若百年之后，有风尘之警^⑦，胡骑自平阳、上党^⑧，不三日而至孟津^⑨。北地、西河失土^⑩，冯翊、太原、安定^⑪，裁居数县^⑫。其余及上郡^⑬，尽为狄庭，连接畿甸^⑭。宜及平吴之威，出北地、西河、安定，复上郡，实冯翊；平阳北统河诸县^⑮，募取死罪^⑯，徙三河、三魏见士四万家以充之^⑰，使裔不乱华^⑱。渐徙平阳、弘农、魏郡、京兆、上党、太原杂胡^⑲，出于其表^⑳。峻四夷出入之防^㉑，明先王荒服之制^㉒，万世之长策也。"弗纳。荀绰《略记》云^㉓：世祖自平吴之后，天下无事，不能复孜孜于事物^㉔，始宠用后党。由此祖祢采择嫔媛^㉕，不拘拘华门^㉖。父兄以之罪衅^㉗，非正形之谓^㉘；扃禁以之攒聚^㉙，实耽秽之甚^㉚。昔武王伐纣^㉛，归倾宫之女^㉜，助纣为虐。而世祖平皓，纳吴姬五千，是同皓之弊也。

【注释】

①太康元年：280年。太康，晋武帝司马炎的年号（280—289）。

②光被四表：盛德善行远播四方。四表，指四方极远之地，也泛指天下。

③吴会：东汉分会稽郡为吴、会稽二郡，并称吴会。后亦泛称此两郡故地为吴会。

④干宝：字令升，新蔡（今属河南）人。晋元帝时担任佐著作郎，东晋初经王导推荐领修国史，著《晋纪》。另有《搜神记》《周易注》等著作。《纪》：即干宝《晋纪》。

⑤侍御史：秦置，汉沿设，御史大夫属官。职主监察等。郭钦：担任侍御史时上《徙戎论》很有见地，但晋帝不纳。

⑥伏从：服从。

⑦风尘：比喻战乱。

⑧平阳：郡名。曹魏置，郡治在平阳县（今山西临汾）。上党：郡名。西晋治所在今山西黎城。

⑨孟津：黄河渡口，在今河南孟州。

⑩北地：郡名。为秦初三十六郡之一，郡治义渠县（今甘肃宁县南），西汉时郡治马岭县（今甘肃庆阳），东汉移治富平县（今宁夏吴忠）。西河：郡名。西汉初由上郡析出，曹魏黄初年间割太原郡四县置西河郡，领汉代西河郡南部故地，治兹氏（今山西汾阳），属并州。

⑪冯翊（píng yì）：郡名。汉时京师附近地区分别归京兆尹、左冯翊、右扶风管理，而左冯翊辖地，东汉末改置冯翊郡，治所在高陵县，后移治临晋（今陕西大荔）。太原：郡名。秦始置，治所在晋阳（今山西太原）。安定：郡名。西汉析北地郡地置安定郡，西晋安定郡属雍州，治安定县（今甘肃泾川北）。

⑫裁：通“纔”（才），仅仅。

⑬上郡：郡名。据传为魏文侯所置，后为秦初三十六郡之一，郡治在肤施县（今陕西榆林东南），西汉、东汉时沿置，三国时期，上郡、西河郡为归降内附的南匈奴占据。

⑭畿甸：泛指京城郊外的地方。

⑮统：犹“通”。河：黄河。按，“平阳北统河诸县”，房玄龄本《晋书》作“于平阳已北诸县”。

⑯募取：招募、征集。

⑰三河：指汉代的河东郡、河内郡、河南郡，大概在今河南北部、中部及山西南部地区。三魏：是三国魏广平、阳平、魏三郡的俗称。相当今河北南部与河南、山东相邻的地区。见士：这里指现有的屯田军户。

⑱裔：指边远地区的民族。

⑲弘农：郡名。为汉武帝设，郡治在弘农县（今河南灵宝）。京兆：

郡名。治长安（今陕西西安）。杂胡：胡人的泛称。

⑳表：外部。

㉑峻：使严峻，加强。四夷：古代华夏族对四方少数民族的统称。

㉒荒服：古代王畿外围，以五百里为一区划，由近及远分为侯服、甸服、绥服、要服、荒服，合称五服。

㉓荀绰：字彦舒，颍川颍阴（今河南许昌）人。荀勖之孙。永嘉末为司空从事中郎，后为石勒参军。著《晋后略记》《冀州记》等。《略记》：即《晋后略记》。

㉔孜孜：勤勉，不懈怠。

㉕祖祢：本源，起始。采择：选用。

㉖拘拘：拘泥的样子。华门：高门。

㉗罪衅：罪行，过恶。

㉘正形：端正外形。

㉙扃禁：宫禁。攒聚：聚集，丛聚。

㉚耽秽：沉溺于淫乱。

㉛武王：周武王姬发。纣：商朝最后一个君主，暴君。

㉜倾宫：巍峨的宫殿。因望之似欲倾坠，故称。

【译文】

太康元年，吴国君主孙皓投降。有关官吏上奏说："晋朝德行隆盛厚茂，盛德善行远播四方。吴会故地已经平定，天下一统，应该在东岳泰山勒石封禅，来表彰圣上的功德。"武帝说："这是盛德之事，应该放在将来再讨论。"群臣坚决请求，武帝不听。干宝《晋纪》说：太康五年，侍御史郭钦上书说："戎狄骄横跋扈，自古以来就是祸患。曹魏初年民众很少，西北各个边郡，都成为戎狄居住地。现今虽然服从，倘若百年之后，有战乱的警报，胡人骑兵从平阳郡、上党郡出来，用不了三天就能到孟津。北地郡、西河郡是汉人丢失的土地，冯翊郡、太原郡、安定郡，汉人才占了几个县。其余边郡以及上郡，全都成为戎狄地区，一直连接到京城郊外。应该趁平定吴国的威力，出征北地郡、西河郡、安定郡，收复上郡,充实冯翊;平阳郡北面通达黄河各个郡县,招募征集死罪犯人,迁徙三河、三魏的现有屯田军户四万家来充实它,使得边远戎狄不能混乱中原华夏。逐渐把平阳、弘农、魏郡、京兆、上党、太原诸郡的胡人迁徙,迁出到这些郡之外。加强对边远地方部族出入的限制,明确先代君王制定的荒服制度,这是万代的好计策。"晋武帝不采纳。荀绰《略记》说:世祖自从平定吴国以后,天下无事,不能再孜孜不倦地处理事情,开始宠信任用皇后家族一党。从此开始,选择嫔妃不再拘泥于高门贵族。父兄因此罪行恶劣,不能叫端正君子的行为;宫禁因此邪恶聚集,实在是沉溺于淫乱的极致。从前武王伐纣,归罪于巍峨宫殿中的女子,帮助商纣做坏事。而世祖晋武帝平定了孙皓,收纳了吴国的五千姬妾,这是跟孙皓一样的弊病啊。

　　惠皇帝讳衷^①,字正度,武帝太子也。永平元年^②,迁皇太后于永宁宫^③。贾后讽群臣奏废皇太后为庶人^④,居于金墉城^⑤。

【注释】

①惠皇帝:即晋惠帝司马衷,字正度。西晋皇帝,晋武帝司马炎之子。泰始三年(267)册为皇太子,太熙元年(290)正式即位。痴呆不能任事,由太傅杨骏辅政。后来,皇后贾南风谋害杨骏家族,掌握实际大权。八王之乱时,由诸王辗转挟持,沦为傀儡。

②永平元年:291年。永平,西晋惠帝司马衷的年号,共计三个月。

③皇太后:即武悼皇后杨芷,字季兰,小字男胤,弘农华阴(今陕西华阴)人。晋武帝司马炎皇后,西晋太傅杨骏之女。其父杨骏擅权引起皇后贾南风忌恨,贾南风联络宗室发动政变,杀死杨骏。杨芷受牵连,绝食死。永宁宫:西晋洛阳宫殿名。

④贾后:即惠贾皇后贾南风。贾充之女,晋惠帝司马衷的皇后。貌丑而性妒,因惠帝痴呆懦弱而一度专权,是西晋八王之乱的罪魁祸首,后死于赵王司马伦之手。讽:用委婉的语言暗示、劝告或讥

　　刺、指责。

　　⑤金墉城：三国魏明帝时筑，为当时洛阳城西北角上一小城；魏、晋
　　　时被废的帝、后多安置于此。

【译文】

　　惠皇帝名讳叫衷，字正度，是晋武帝的太子。永平元年，把皇太后迁
徙到永宁宫。惠贾皇后暗示群臣上奏把皇太后废为平民，住在金墉城。

　　九年①，贾后诬奏皇太子有悖书②，帝幸式乾殿③，召公
卿百官皆入，诏赐太子死，以所谤悖书及诏文遍示诸王公。
司空张华曰④："此国之大祸，自汉氏以来，每废黜正嫡，恒
至丧乱，且晋有天下日浅，愿陛下详之。"尚书仆射裴颜
曰⑤："臣不识太子书，不审谁为通表⑥，谁发此者。为是太
子手书不⑦？宜先检校。"而王公百官竟无言，免太子为庶
人，幽于金墉城。

【注释】

　　①九年：元康九年，299年。元康，晋惠帝的年号（291—299）。

　　②皇太子：即司马遹，字熙祖。晋武帝司马炎之孙，晋惠帝司马衷之
　　　子。皇后贾南风以其非己出，恐即位后自己地位难保，便与贾谧
　　　等设计诬陷太子谋反，囚于金墉城，后徙许昌宫，派黄门将其杀
　　　害。贾氏被灭后追谥为愍怀太子。悖：指叛逆，叛乱。

　　③式乾殿：晋代宫殿名。

　　④司空：西周始置，春秋战国多沿置，掌管工程，西汉改御史大夫为
　　　大司空。后去大字为司空。晋司空为"八公"之一，地位高，但往
　　　往作为权臣之加官。张华：字茂先，范阳方城（今河北固安）人。
　　　在曹魏时历任太常博士、佐著作郎、中书郎等职；西晋时任黄门侍

郎、中书令、度支尚书、太常等，惠帝时被皇后贾南风委以朝政。张华尽心辅佐，使天下仍然保持相对安宁。赵王司马伦发动政变，张华惨遭杀害。有《博物志》传世。

⑤尚书仆射（yè）：尚书台的副官。裴颁（wěi）：字逸民，河东闻喜（今山西闻喜）人。历任太子中庶子、散骑常侍、国子祭酒、侍中、光禄大夫、尚书左仆射之职。后为赵王司马伦所害。

⑥通：通报，传达。

⑦为是：抑或，还是。

【译文】

元康九年，贾后污蔑上奏说皇太子司马遹有叛逆书信，皇帝驾临式乾殿，召公卿百官都进入，诏令赐死皇太子，把皇太子的毁谤叛逆书信以及诏令文字全都展示给诸位王公。司空张华说："这是国家的大祸，从汉朝以来，每次废免罢黜嫡子，总会导致丧亡祸乱，况且晋朝得到天下的时日还短，希望陛下审慎考查。"尚书仆射裴颁说："我不认识太子的字体，不知道是谁上表报告的，谁揭发的这件事。这是太子亲手书写的吗？应该先检核察看清楚。"而王公百官竟然没人发言，于是罢免太子成为平民，囚禁在金墉城。

永康元年①，前西夷校尉司马阉缵舆棺诣阙上书曰②："伏见敕文及榜下前太子遹手疏，以为惊愕。自古已来，臣子悖逆，未有如此之甚者也。幸赖天慈③，全其首领④。臣伏念遹生于圣父，而至此者，由于长养深宫，沉沦富贵，受饶先帝⑤，父母骄之。每见选师傅，下至群吏，率取膏粱击钟鼎食之家⑥，稀有寒门儒素⑦，如卫绾、周文、石奋、疏广者也⑧，洗马、舍人⑨，亦无汲黯、郑庄之比⑩，遂使不见事父事君之道。臣案古典⑪，太子居以士礼，与国人齿⑫，以此明先王欲令知先贱，然后乃贵。自顷东宫亦微太盛^⑬，所以致败也。非但东宫，历观诸王，师友文学^⑭，亦取豪族为能得者。率非龚遂、王阳能以道训^⑮，友无亮直三益之节^⑯，官以文学为名，实不读书。但共鲜衣怒马^⑰，纵酒高会^⑱，嬉游博奕，岂有切磋能相长益^⑲？臣常恐公族凌迟^⑳，以此叹息。

【注释】

①永康元年：300年。永康，晋惠帝司马衷的年号（300—301）。

②西夷校尉：官名。西晋武帝太康三年（282）置，领护巴蜀地区部分少数民族，以益州刺史兼领。阎缵：字续伯，巴西安汉（今四川南充）人。先为太傅杨骏舍人，转安复令，后任西戎校尉司马，有功，封平乐乡侯，升为汉中太守。舆棺：指载棺以随，以示决死。诣阙：指赴京都。

③天慈：皇帝的慈爱。

④首领：头和脖子，生命。

⑤饶：厚赐，多给，厚惠。

⑥膏粱：肥美的食物。借指富贵人家及其后嗣。钟：古代乐器，青铜制，悬挂于架上，以槌叩击发音；祭祀或宴享时用。鼎食：列鼎而食，指世家大族的豪奢生活。

⑦寒门：寒微的门第。儒素：谓有儒者素质的人。

⑧卫绾（wǎn）：汉文帝时以弄车之技当上郎官，迁中郎将；景帝时从平七国之乱，升任中尉，加封建陵侯，拜太子太傅、御史大夫、丞相。为官醇谨自守。周文：又名仁，西汉东平任城（今山东济宁）人。以医名，文帝时为太中大夫；景帝初拜郎中令。为人少言持重。石奋：字天威，河内郡温县（今河南温县）人。不通文学，恭谨无比，初为小吏，随侍汉高祖，以为中涓；文帝时官至太子太傅、

太中大夫。景帝时列为九卿,身为二千石,四子皆官至二千石,号
为万石君,后以上大夫禄养老归家。疏广:早年家居教授,后征为
博士、太中大夫、太子太傅,与其侄疏受(太子少傅)俱受皇帝器
重,数获赏赐。后与侄子疏受共同主动提出辞官回家,退休后将
财产分与乡里,防子弟因富而骄,使乡里人心悦诚服。

⑨洗(xiǎn)马:官名。又作"先马"。汉沿秦置,为东官官属,职如
谒者,太子出则为前导,晋时改掌图籍。舍人:秦汉有太子舍人,
为太子属官。

⑩汲黯:字长孺,濮阳(今属河南)人。汉景帝时任太子洗马,武帝
时初为谒者,后为东海太守,有政绩,被召为主爵都尉,列于九卿,
汉武帝刘彻称为社稷之臣。郑庄:即郑当时,字庄。汉景帝时任
太子舍人;武帝时历任鲁中尉、济南郡太守、江都相、右内史,后来
因在窦婴、田蚡争论中首鼠两端贬官为詹事,后又任大司农、丞相
长史、汝南郡太守。比:类,辈。

⑪古典:古代的典章制度。

⑫齿:并列。

⑬自顷:近来。东宫:太子所居之官。也指太子。微:稍,略。

⑭文学:汉代于州郡及王国置文学,为后世教官所由来;晋及隋唐
时,太子与诸王下亦置文学。

⑮龚遂:字少卿,山阳郡南平阳县(今山东邹城)人。初为昌邑国郎
中令,侍奉昌邑王刘贺。刘贺继位无状,最终被废,其属臣都遭诛
杀,只有龚遂与中尉王吉因多次规劝免于一死。汉宣帝继位后,
龚遂担任渤海太守,后升任水衡都尉。王阳:怀疑是王吉,字子
阳,西汉琅邪皋虞(今山东即墨东北)人。初以郡吏举孝廉为郎,
旋举贤良任昌邑王中尉,昌邑王即帝位后被废,他因先谏免死;后
复为益州刺史,去官,又征为博士、谏大夫,劝宣帝毋任用外戚而
用能吏,不听,遂谢病归;元帝即位,遣使征迎,年老,道病卒。

⑯亮直：诚实正直。三益：指直、谅（诚信）、多闻。见《论语·季

氏》："孔子曰：益者三友，损者三友。友直，友谅，友多闻，益矣。"

⑰鲜衣怒马：美服壮马。指服饰豪奢。

⑱高会：盛大宴会。

⑲长益：促进，增益。

⑳凌迟：衰微。

【译文】

永康元年，前任西夷校尉司马阎缵载着棺木到京师上书说："我谨见到赦令之文以及榜下张贴的前太子司马遹手写的疏文，感到非常惊愕。自古以来，臣子违逆抗命，也没有像这样厉害的。幸亏靠着皇帝的仁慈，保全了他的生命。我谨想到司马遹是圣明皇帝您所生，而到了今天这样的地步，是由于生长养育在深宫之中，沉溺在富贵的生活里，从先帝那里领受了厚惠，父母娇惯他。每次看见给太子选老师，下至太子府中那些官吏，一律是从富贵人家选取的，很少有出身寒微门第拥有儒者素质的人，比如像卫绾、周文、石奋、疏广这样的人；就是洗马、舍人，也没有汲黯、郑庄这一类人，于是让他学不到事奉父亲事奉君王的道理。我查看古代的典章制度，太子平居要按照士的礼制，跟全国民众一样，用这些来阐明先代君王要让他知晓先居于低贱，然后才能高贵的道理。近来东宫太子的生活也稍过于丰盛了，所以导致祸败。不仅是东宫太子，逐一地看各王，他们的老师朋友以及文学之士，也是选自豪门大族而认为是合适的人选。一概都不是龚遂、王阳这样能够用道义训导的，也没有诚实正直见闻广博的品质，称为文学的官员，实际上连书都不读。只是能一起穿着华丽的衣服骑着高头大马，在盛大宴会上纵酒狂饮，嬉戏赌博，难道还能互相切磋增益品德吗？我常常恐怕公族衰微，因此叹息。

"今遹可以为戒，恐其被斥，弃逐远郊，始当悔过，无所复及。昔戾太子无状①，称兵拒命，而壶关三老上书②，犹曰

'子弄父兵，罪应笞'。汉武感悟，筑思子之台③。今遹无状，言语逆悖，受罪之日，不敢失道④，犹为轻于戾太子。尚可禁持检著⑤，目下重选师傅，为置文学，皆选以学行自立者，及取服勤更事、名行素闻者⑥，使共与处；使严御史监护其家，绝贵戚子弟、轻薄宾客。如此左右前后，莫非正人，使共论议于前，但道古今孝子慈亲⑦，忠臣事君，及思愆改过之比⑧，日闻善道，庶几可全。昔太甲有罪⑨，放之三年，思庸克复⑩，为殷明王。又魏明帝因母得罪⑪，废为平原侯，为置家臣、庶子、文学⑫，皆取正人，共相匡矫，事父以孝，事母以谨，闻于天下，于今称之。李斯云：'慈母多败子，严家无格虏⑬。'由陛下骄遹，使至于此。庶其受罪以来⑭，足自思改。方今天下多虞⑮，四夷未宁，将伺国隙。储副大事⑯，不宜空虚，宜为大计，少复停留⑰，先加严诲，若不悛改⑱，弃之未晚也。臣素寒门，不经东宫，情不私遹也。臣尝备近职⑲，情同阉寺⑳，悾悾之诚㉑，皆为国事。臣以死献忠，辄具棺絮㉒，伏须刑诛㉓。"书御㉔，不从。遣前将军司马送太子㉕，幽于许昌宫㉖。贾后使黄门孙虑贼太子于许昌。

【注释】

①戾太子：即卫太子刘据，汉武帝刘彻太子，母为卫皇后。成年后，汉武帝每巡游天下，以国事交付太子。征和二年（前91），刘据在巫蛊之祸中被江充等人诬陷，因不能自明而起兵反抗诛杀江充等。汉武帝误信谎情，以为太子刘据谋反，遂发兵镇压，刘据兵败逃亡，最终因拒绝被捕受辱而自杀。汉宣帝刘询继位后，为祖父刘据追加谥号戾。无状：指所行丑恶无善状。

②壶关三老：即令狐茂，西汉壶关县人，汉武帝时，被封为壶关三老
（掌教化之乡官）；武帝晚年发生巫惑之祸，诬连太子刘据；令狐茂
冒死上书，为太子鸣冤。其上书有云："骨肉至亲，父子相疑，何
者？积毁之所生也。由是观之，子无不孝，而父有不察……子盗
父兵以救难自免耳，臣窃以为无邪心。"（《汉书·戾太子刘据传》）

③思子之台：汉武帝太子刘据因巫蛊事自杀，武帝知其冤后，建思子
宫，并建归来望思之台于湖县（在今河南灵宝）。

④失道：失去准则，违背道义。

⑤禁(jīn)持：控制，制约。检：约束。

⑥服勤：指服持职事勤劳。更事：经历世事。

⑦慈亲：慈爱的父母。这里指孝顺父母。

⑧思愆：反省罪愆。

⑨太甲：商朝国君。太甲继位之初，由伊尹辅政，太甲暴虐昏乱，伊
尹将他放逐，太甲悔过自责，伊尹又将他迎回，还政于他。

⑩思庸：《尚书》："太甲既立，不明，伊尹放诸桐。三年，复归于亳。
思庸。"孔注曰："念常道也。"

⑪魏明帝：曹叡，字元仲，沛国谯县（今安徽亳州）人。魏文帝曹丕
长子，母为文昭甄皇后。其母甄氏因怨言被赐死，曹叡府中家臣
官吏、师长友伴，一律只取品行正直的人，互相匡扶，勉励矫正，小
心谨慎，避免责罚。黄初七年（226）曹丕病笃，立曹叡为太子。

⑫庶子：太子属官。

⑬"李斯云"几句：见《史记·李斯列传》："故韩子曰：'慈母有败子
而严家无格虏'者何也？"格，强悍。

⑭庶：但愿，希冀。

⑮虞：忧虑，忧患。

⑯储副：国之副君，指太子。

⑰少：等于说别，勿。

⑱悛（quān）改：悔改。

⑲备：充任，充当。常用作谦辞。

⑳阍（hūn）寺：阍人和寺人。古代宫中掌管门禁的官。

㉑悾悾：诚恳的样子。

㉒棺絮：指观察是否断气的丝绵与装死尸的棺木。

㉓须：等待。

㉔御：指皇帝御览。

㉕前将军：战国已有，三国时常设的高级将军位，负责京师兵卫和边防屯警，开府治事，属官有长史、司马、从事中郎等。司马：专主兵事，不治民。魏晋以后，州刺史带将军开府者，置府僚司马。

㉖许昌宫：故址在今河南许昌东。

【译文】

"如今司马遹可以引以为戒，恐怕他被斥逐，遗弃到僻远的郊区，应当开始悔过，追悔莫及了。从前，戾太子行为不端，起兵抗命，而壶关三老上书，还说'儿子摆弄父亲的士兵，罪过应该处以笞刑'。汉武帝受感动而醒悟，修造了思子之台。现今司马遹行为不端，言语悖逆，接受责罚的时候，还不敢违背道义，还是比戾太子罪过要轻。还是可以把他摆布约束在陛下身边的，眼下要重新选择老师，给他设置文学之士，都选用有学问品行、自持守节的人，以及取用那些勤于职务经历世事、名声品行平素闻名的人，让太子跟他们共处；派御史严格地监督他的住处，严禁显贵戚族子弟、轻佻浮薄门客跟他来往。如此在他的身边，没有不是端正之人，让这些人在他面前议论，只称道古今孝顺的孩子如何孝顺父母，忠臣怎样事奉君主，以及反省罪愆改正过失的这一类好话，天天能听到好的道理，差不多可以保全。从前殷商天子太甲有罪，被放逐三年，才想要悔过自新，成为殷朝明哲的君主。又，魏明帝因为母亲获罪，被废为平原侯，给他设置的家臣、庶子、文学等官员，都取用端方的人，共同匡扶矫正，事奉父亲孝顺，事奉母亲恭谨，名闻天下，到今天都称赞他。李斯说：

'慈爱的母亲养育的多是败家的儿子，严厉的家庭没有强悍的奴仆。'由于陛下骄纵司马遹，才让他走到这个地步。但愿他受罪以来，能够自我思虑悔改。当今天下忧患很多，四方部族也不安宁，都想伺机作乱。国家确立太子是件大事，不应该使太子之位空缺，应以大局为重，不再耽搁，应先对他严格教诲，倘若还不悔改，再放弃也不算晚。我出身寒微，没有在东宫为官的经历，情感上不偏袒司马遹。我曾经充任皇帝身边的近臣，情分跟宫中守门人相同，恳切已极的忠诚，都是为了国家大事。我以一死来献出忠心，已准备好观察是否断气的丝绵与装死尸的棺木，等待诛杀的刑罚。"皇帝看了上书，不听从。派遣前将军司马把太子送到许昌宫囚禁。贾后让太监孙虑在许昌宫杀害了太子。

干宝《纪》云：史臣曰①："世祖正位居体②，重言慎法，仁以原下③，宽而能断。故民咏惟新④，四海欢悦矣。聿修祖宗之志⑤，独纳羊祜之策⑥，役不二时⑦，江湖来同⑧。夷吴、蜀之垒垣，通二方之险塞，掩唐、虞之旧城，班正朔于八荒⑨。余粮委亩⑩，外关不闭⑪，民相遇者如亲，其匮乏者，取资于道路，故于时有天下无穷人之言。虽太平未洽，亦足以明吏奉其法，民乐其生，百代之一时矣。武皇既崩，陵土未干，而杨骏被诛⑫，母后废黜⑬，朝士旧臣，夷灭者数十族。宗子无维城之助⑭，而阏伯、实沈之隙岁构⑮；师尹无具瞻之贵⑯，而颠坠戮辱之祸日有⑰。民不见德，唯乱是闻，内外混淆，名实反错⑱。国政迭移于乱人⑲，禁兵外散于四方。方岳无钧石之镇⑳，门关无结草之固。李辰、石冰㉑，倾之于荆、杨㉒；刘渊、王弥㉓，挠之于青、冀㉔。二十余年，而河洛为墟㉕，戎、羯称制㉖，二帝失尊㉗，山陵无所㉘。何哉？树立失权㉙，托付非才，四维不张㉚，而苟且之政多也。

【注释】

① 史臣：史官。

② 世祖：晋世祖司马炎。正位居体：见《周易·坤·文言》：“君子黄中通理，正位居体。”正位，以正道居其位。居体，守礼。体，通“礼”。

③ 原：宽恕，谅解。

④ 惟：语气助词。新：指气象一新。

⑤ 聿修：指继承发扬先人的德业。

⑥ 羊祜：字叔子。博学能文。晋代魏后，司马炎命羊祜坐镇襄阳，都督荆州诸军事，之后十年羊祜做好了伐吴准备，并在吴将陆抗去世后上表奏请伐吴，却遭到众大臣的反对。羊祜临终前举荐杜预自代。死后获赠侍中、太傅，谥号成。

⑦ 时：季度。三个月为一时。

⑧ 江湖：《文选》作“江湘”，指江水、湘水。此指东吴全境。来同：来朝。

⑨ 班：颁布。正朔：指一年开始的第一天。古代帝王易姓受命，必改正朔。八荒：八方荒远的地方。

⑩ 委：聚积，累积。

⑪ 外关：《文选》作“外间”。指里巷的大门。

⑫ 杨骏：字文长。晋外戚。历任侍中、车骑将军、行太子太保、领前将军等。晋武帝病重，杨骏私拟遗诏，自封太尉、都督中外诸军事、录尚书事。惠帝即位，杨骏大权独揽，执政严酷。贾后联合宗室发动政变，杀杨骏，灭其三族。

⑬ 母后：即西晋武悼皇后杨芷。

⑭ 宗子无维城之助：见《诗经·大雅·板》：“怀德维宁，宗子维城。”宗子，古代宗法制度称大宗的嫡长子。维城，如城。

⑮ 阏伯：相传为帝喾之子。实沈：相传为帝喾之子，与其兄阏伯不和，时动干戈；故父亲帝喾将兄弟二人分开，把阏伯迁居于商丘

（今属河南），让实沈迁居至大夏（今山西太原）。

⑯师尹无具瞻之贵：见《诗经·小雅·节南山》："赫赫师尹，民具尔瞻。"师尹，指周太师尹氏。具，俱。瞻，望。

⑰颠坠：坠落，跌落。戮辱：指杀戮污辱。

⑱名实：名称与实质、实际。

⑲乱人：违背正道或制造混乱的人。

⑳方岳：四方之山岳。借指州郡长官。钧石：钧和石。都是古代重量单位，三十斤为钧，四钧为石。

㉑李辰：原名张昌，本是义阳蛮族。在李流乱蜀时，他聚党数千人发动起义。后被擒获。石冰：张昌军将领。

㉒倾：坍塌。荆：荆州。杨：扬州。

㉓刘渊：字元海。匈奴族，十六国时期汉赵开国皇帝。王弥：十六国时期汉国大将。

㉔青：青州。冀：冀州。

㉕河洛：黄河、洛水交汇地带。

㉖戎、羯：皆为古族名。泛指西北少数民族。称制：犹称帝。制，皇帝的诏令。

㉗二帝：指晋怀帝、晋愍帝。

㉘山陵：指帝王皇后的陵墓。

㉙树立失权：指晋武帝选择痴愚的晋惠帝作为继承人，有失权衡。

㉚四维不张：比喻纲纪废弛，政令不行。四维，旧称礼、义、廉、耻为四维。不张，不能伸张。见《管子·牧民》："四维不张，国乃灭亡。"

【译文】

干宝《晋纪》说：史臣说："晋世祖正式登基获得帝位后，凭正道为帝严守礼仪，言辞谨慎、慎用法令，用仁德宽恕臣下，为政宽松而又能决断。所以民众歌咏这种新气象，天下欢欣喜悦。他遵循发扬祖宗的志向，只采纳羊祜的策略，战争耗时不到两季，东吴各地都来朝见。夷平吴、蜀两国的营垒墙垣，打通这两方的艰险要塞，国土面积超过了唐尧、虞舜原有的地域，在八方边远之地颁布了晋朝的历法。余粮堆积在田亩之中，里巷的大门不用关闭，民众相遇如同亲人，那些缺东少西的，可以从众人那里得到资助，所以当时有天下没有穷人的话。虽说天下还不算太平，也足够证明官吏遵循国家法律，民众安居乐业，是百代难逢的好时候了。晋武帝逝去后，陵墓的土还没有干，而杨骏被诛杀，太后被废，朝士旧臣，被消灭的有几十个家族。皇家宗室不能对国家给予坚实的护佑，反而像阏伯、实沈兄弟那样产生嫌隙年年争斗；太师尹氏那样的高官失去了全民仰望的尊贵，而从云端坠落受到杀戮侮辱却天天都有。民众看不到仁德，只听到混乱的消息，国家内外混淆，名称与实际颠倒错乱。国家大政迭相落入乱臣贼子手中，保卫京城官禁的士兵向外流散到四面八方。州郡长官无法镇守地方，国门关隘还没有结草牢固。李辰、石冰在荆州、扬州颠覆晋室基业，刘渊、王弥侵扰青州、冀州。二十几年，黄河、洛水之间成为废墟，戎、羯等西北部族建国称帝，晋怀帝、晋愍帝被俘，死后坟墓不知在哪里。为什么呢？武帝立嗣有失权衡，政务所托非人，纲纪废弛，政令不行，而且是只顾眼前得过且过的政策太多的缘故啊。

　　"夫作法于治①，其弊犹乱；作法于乱，谁能救之？于时天下非暂弱也②，军旅非无素也。彼刘渊者，离石之将兵都尉③；王弥者，青州之散吏也。盖皆弓马之士，驱走之人，凡庸之才，非有吴先主、诸葛孔明之能也；新起之寇，乌合之众，非吴、蜀之敌也；脱末为兵④，裂衣为旗，非战国之器也；自下逆上，非邻国之势也。然而成败异效，扰天下如驱群羊，举二都如拾遗⑤，将相侯王，连颈受戮⑥，乞为奴仆而犹不获，后嫔妃主，虏辱于戎卒，岂不哀哉！夫天下，大器也⑦；群生，重畜也⑧。爱恶相攻，利害相夺，其势若积水于防⑨，燎火于原，未尝暂静也。器大者，不可以小道治⑩；势重者⑪，不可以争竞扰。古先哲王知利百姓，是以感而应之，悦而归之，如晨风之郁北林⑫，龙鱼之趣渊泽也⑬。然后设礼文以理之⑭，断刑罚以威之⑮，谨好恶以示之，审祸福以喻之，求明察以官之，笃慈爱以固之。故皆乐其生而哀其死，悦其教而安其俗。

【注释】

①作法：指创制法律、典章等。

②于时：当时，其时。暂：须臾，短时间。这里引申为短小。

③离石：离石左国城（在今山西吕梁），即南匈奴单于所迁徙的王庭。都尉：咸宁五年（279），刘渊的父亲左部帅刘豹去世，西晋朝廷于是任命刘渊为代理左部帅，也就是左部都尉。

④耒：一种翻土农具。

⑤二都：指洛阳、长安。拾遗：拾取他人的失物。

⑥连颈：等于说一个人挨一个人。

⑦大器：宝器。喻重要的事物。

⑧重畜：大牲畜。指贵重物品。

⑨防：堤防。

⑩小道：邪路，非正途。

⑪重：《文选》作"动"。据上文"未尝暂静"，作"动"为是。

⑫晨风之郁北林：见《诗经·秦风·晨风》："鴥彼晨风，郁彼北林。"晨风，鸟名。即鹯（zhān）鸟，一种猛禽。郁，郁积。引申为聚集。北林，林名。

⑬龙鱼：即龙鲤。一说指鲵鱼，人鱼。趣：趋，趋向。渊泽：深泽。

⑭礼文：指礼乐仪制。理：治理。

⑮断：决定，判定。威：震慑。

【译文】

"在太平治世创制法律典章，尚且会有弊端造成混乱；在混乱时世创制法律典章，谁还能够挽救危局？当时天下并非弱小不堪，军队也不是没有素质。那个刘渊，是离石左部都尉；王弥，是青州一个闲散官吏。都是骑马射箭的武夫，被驱遣奔走的人，只有凡庸的才能，并非有吴先主孙权、诸葛孔明的能力；刚刚起兵的敌寇，都是乌合之众，不是能跟吴、蜀相当的对手，把农具当成兵器，撕开衣服做旗帜，不是战国的器具；以下层身份对抗上层，没有相邻国家的气势。但是却迅速取得成功，扰乱天下如同驱赶羊群，攻取洛阳、长安如同捡别人遗失的东西一样容易，王侯将相，一个挨一个被杀戮，乞求当奴仆都还不行，后妃公主被士兵强掳侮辱，难道不悲哀吗？天下，是大的宝器；众生，是最贵重的物品。因喜爱与厌恶不同而互相攻击，因利害关系而互相争夺，形势如同水积聚在堤内，火燃烧在原野，不曾有短暂的平静。天下大器，不可以用小道来治理；形势易于动荡，不可以用争斗来扰乱。古代明哲的君王知道这个道理，因而有利于百姓，因此百姓感动而响应他，喜悦而归附他，就好似鹔鸟聚集在北林，龙鲤趋向深深的泽潭一样。然后设置礼乐仪制来治理他们，决断刑罚来震慑他们，谨别善恶向他们示范，明察祸福来晓谕他们，寻求明察之士来当官管理他们，厚行慈爱以稳定他们。所以民众都乐于生存而惧怕死亡，喜于教化而安于习俗。

　　"君子勤礼①，小人尽力，廉耻笃于家闾②，邪僻消于胸怀③。故其民有见危以授命④，而不求生以害义。又况奋臂大呼，聚之以干纪作乱之事乎⑤？基广则难倾，根深则难拔，理节则不乱⑥，胶结则不迁，是以昔有天下者之所以长久也。夫岂无僻主⑦？赖道德典刑以维持之也⑧。故延陵季子听乐⑨，以知诸侯存亡之数，短长之期者，盖民情风教，国家安危之本也。晋之兴也，其创基立本⑩，异于先代。又加之以朝寡纯德之士⑪，乡乏不二之老⑫，风俗淫僻，耻尚失所⑬。学者以庄、老为宗而黜"六经"⑭，谈者以虚荡为辩而贱名检⑮，行身者以放荡为通而狭节操⑯，进仕者以苟得为贵而鄙居正⑰，当官者以望空为高而笑勤恪⑱。刘颂屡言治道⑲，傅咸每纠邪正⑳，皆谓之俗吏。其倚仗虚旷，依阿无心者㉑，皆名重海内。由是毁誉乱于善恶之实，情愿奔于货欲之涂㉒，选者为人择官，宦者为身择利。而秉钧当轴之士^㉓,身兼官以十数,大极其尊,小统其要,机事之失^㉔,十恒八九。而世族贵戚之子弟,凌迈超越^㉕,不拘资次^㉖。悠悠风尘^㉗,皆奔竞之士^㉘;列官千百,无让贤之举。

【注释】

①勤礼:勤习礼仪。

②家间:家族及邻里。

③邪僻:乖谬不正。

④授命:献出生命。

⑤干纪:违犯法纪。

⑥理节:指政教有条理、节度。

⑦僻主:邪僻不正的君主。

⑧典刑:常刑。

⑨延陵季子:即季札,姬姓,名札。春秋时吴王寿梦之子。传为避王位弃其室而耕,不仅品德高尚,而且是具有远见卓识的政治家和外交家。

⑩创基:创立基业。立本:确立根基,建立根本。

⑪纯德:纯粹的德行。

⑫不二:不变心,专一。老:乡老,据说掌六乡教化。

⑬失所:指不得其应处之所。

⑭庄、老:庄周与老子李耳,道家学派的创始人与代表。"六经":儒家的六部经典:《诗》《书》《礼》《乐》《易》《春秋》。

⑮虚荡:指浮夸而不切实际。名检:名誉与礼法。

⑯行身:立身处世。

⑰居正:指遵循正道。

⑱望空:犹望白署空,即只署文牍不问政务不识是非。勤恪:勤勉恭谨。

⑲刘颂:字子雅。魏末任司马昭相府掾,入晋任尚书三公郎、中书侍郎、议郎、吏部尚书等职。

⑳傅咸:字长虞,北地泥阳(今陕西铜川耀州区)人。曾任太子洗马、尚书右丞、御史中丞等职。直言敢谏,曾上疏主张裁并官府,唯农是务;并力主俭朴。

㉑依阿:曲从附顺。无心:佛教语,指解脱邪念的真心。

㉒慝(tè):邪恶。货欲:贪求财货的欲念。

㉓秉钧:比喻执政。钧,制陶器所用的转轮。当轴:喻官居要职,掌握大权。

㉔机事:指国家枢机大事。

㉕凌迈:指超越,超出寻常。

㉖资次:资历的次第,年资等次。

㉗风尘:喻指宦途、官场。

㉘奔竞:奔走竞争。多指对名利的追求。

【译文】

"君子勤习礼仪,庶民竭尽气力,廉洁知耻之风盛行在家族邻里,乖谬不正消除于人们的胸怀。所以民众能够见到危难不惜献出生命,而不会为追求活命而妨害正义。又怎会振臂大呼,聚集起来干违犯法纪作乱的事呢?基础广大那就难以倾覆,树根深扎那就难以拔出,政教有节度那就不会混乱,熬胶粘结那就不会迁移,因此这就是从前拥有天下的君主能够长久的原因啊。难道没有邪僻不正的君主?是依靠道德常刑来维持国家。所以延陵季子听到乐曲,从中知晓了诸侯存亡的运数,政权长短的期限,是因为民众的情感风俗教化,是国家平安危险的根本啊。晋朝的兴起,其创立基业建立根本,跟先前的朝代不同。再加上朝中缺少德行纯粹的人士,乡里缺乏忠贞不贰的乡老,风俗放荡淫乱,羞耻和崇尚的事都不合正道。学者把老、庄当做宗主而贬黜儒家的"六经",清谈的人论辩浮夸不切实际而鄙视名教法度,立身处世把放荡当成通达而小看节操,进身为官的人以苟且获得为贵而鄙视遵循正道,已经当官的人把只签署文牒不问政务当成清高而耻笑勤勉恭谨。刘颂屡次进言陈说

治国良策，傅咸每每督查歪风邪气，但是都被说成是才智凡庸的俗吏。那些依仗浮夸而不切实际，曲从依附佛教的'无心'邪说的人，都在海内大为闻名。由此毁谤赞誉混乱而跟善恶的实际不符，心怀邪恶奔走在贪求财货的道路上，选官者因人任用官吏，出仕的人为自身择取利益。而那些执政当权的人士，一身兼任十多种官，大的极其尊贵，小的也统管机要，国家枢机大事的处理失当，经常是要占十分之八九。而世家大族显贵国戚的子弟，越级升官，不拘泥资历次第。悠悠官场之中都是奔走竞争名利的人士；成百上千的官员，没有让贤的举动。

　　"子真著《崇让》而莫之省①，子雅制九班而不得用②，长虞直笔而不能纠③。其妇女庄饰织纴④，皆取成于婢仆，未尝知女功丝枲之业⑤，中馈酒食之事也⑥。先时而婚⑦，任情而动，故不耻淫逸之过，不拘妒忌之恶⑧。有逆于舅姑⑨，有反易刚柔⑩，有杀戮妾媵⑪，有渎乱上下⑫，父兄弗之罪也⑬，天下莫之非也，又况责之闻四教于古⑭，修贞顺于今⑮，以辅佐君子者哉！礼法刑政，于是大坏。如水斯积，而决其堤防；如火斯蓄，而离其薪燎也。国之将亡，本必先颠，其此之谓乎？故观阮籍之行⑯，而觉礼教崩弛之所由；察庚纯、贾充之争⑰，而见师尹之多僻⑱；考平吴之功，而知将帅之不让；思郭钦之谋，而寤戎狄之有衅⑲；览傅玄、刘毅之言⑳，而得百官之邪；核傅咸之奏、《钱神》之论㉑，而睹宠赂之彰㉒。民风国势如此，虽以中庸之才、守文之主治之㉓，辛有必见之于祭祀㉔，季札必得之于声乐，范燮必为之请死㉕，贾谊必为之痛哭。又况我惠帝㉖，以荡荡之德而临之哉㉗！故贾后肆虐于六宫，韩午助乱于内外㉘，其所由来渐矣，岂特系一妇人之恶乎？"

【注释】

①子真：即刘寔，字子真。少贫苦，好学，博通古今，清身洁己。以计吏入洛，调为河南尹丞，迁尚书郎、廷尉正，参文帝相国军事。《崇让》：即《崇让论》，认为"推让之风息，争竞之心生"，应"以让贤举能为先务"。

②子雅：即刘颂。九班：晋代考核官吏的一种制度。据《晋书·刘颂传》："久之，转吏部尚书，建九班之制，欲令百官居职希迁，考课能否，明其赏罚。"

③长虞：即傅咸。

④庄饰：妆饰，装饰。织纴：指织作布帛。

⑤丝枲（xǐ）：指缫丝绩麻之事。

⑥中馈：指家中供膳诸事。

⑦时：特指婚龄之时。

⑧拘：阻止。

⑨舅姑：称夫之父母。俗称公婆。

⑩反易：颠倒。刚柔：阴阳。

⑪妾媵：古代诸侯贵族女子出嫁，以姪娣从嫁，称媵，后泛指侍妾。

⑫渎乱：混乱，使混乱。

⑬罪：责备，归咎。

⑭四教：旧时的四项教育科目，对女性而言，指妇德、妇言、妇容、妇功。

⑮贞顺：忠贞效顺。

⑯阮籍：字嗣宗，陈留尉氏（今河南尉氏）人。竹林七贤之一，曾任步兵校尉，世称阮步兵，崇奉老庄之学，政治上则采取谨慎避祸的态度。

⑰庚纯：字谋甫，颍川鄢陵（今河南鄢陵）人。博学有才义，为世儒宗。累官黄门侍郎、中郎令、河南尹。时贾充专政自恣，纯怒叱曰："天下凶凶，由尔一人！"贾充：字公间，平阳郡襄陵县（今山

西襄汾）人。西晋权臣。历任车骑将军、散骑常侍、尚书仆射、司空、太尉等。咸宁末，为大都督征讨吴国，平定后，增邑八千户。去世追赠为太宰，谥为武。

⑱师尹：各属官之长。

⑲衅：征兆。此指晋武帝不采纳郭钦之谋成为戎狄为乱的征兆。

⑳傅玄：字休奕，北地郡泥阳县（今陕西铜川耀州区）人。初举孝廉，征辟不至，举秀才，除郎中。后历任温县令、弘农太守、散骑常侍、侍中等。刘毅：字仲雄，东莱掖县（今山东莱州）人。晋武帝使掌谏官，转司隶校尉，京师肃然，累迁尚书左仆射，举为青州大中正，铨正人材。刘毅曾对晋武帝说："桓、灵卖官，钱入官库；陛下卖官，钱入私门。以此言之，殆不如也。"

㉑《钱神》之论：即《钱神论》，是西晋鲁褒的一篇赋，文章用司空公子和綦毋先生两个假设的人物的问答诘难成篇；主要描写钱在现实生活中的无边力量，对金钱的描绘，对时风的讽刺、揭露都非常深刻。

㉒宠赂：私宠与贿赂。

㉓守文：本指遵循文王法度。后泛指遵循先王法度。

㉔辛有：春秋周平王大夫。于平王东迁时经伊川，见有被发而祭于野者，以为不合于礼，不及百年将沦为戎狄之居；后秦、晋迁陆浑之戎居伊川。

㉕范燮：即士燮，祁姓，士氏（按封地又为范氏），名燮，谥号文，又称为范文子。春秋时期晋国大夫，任晋景公的上军佐。鄢陵之战晋军获胜，士燮看到晋厉公对战胜楚共王十分自满，不愿看见晋国局势进一步恶化，在家自己诅咒自己死去。

㉖惠帝：晋惠帝司马衷。

㉗荡荡：《诗经·大雅·荡》："荡荡上帝，下民之辟。"郑笺："荡荡，法度废坏之貌。"

㉘韩午：即韩寿妻贾午，贾充女。

【译文】

"刘子真写成了《崇让论》而没有人醒悟，刘子雅制定了九班制度而不能实施，傅长虞秉笔直书却不能纠正朝弊。他们的妇女的妆饰衣着，都是男女奴仆备办的，不懂缲丝绩麻刺绣缝纫，以及家中做饭酒食等事情。他们在规定婚龄之先就结婚，恣意妄为，所以不把恣纵逸乐当做耻辱，不约束妒忌等恶行。有的忤逆公公婆婆，有的凌驾于丈夫之上，有的杀戮侍妾，有的渎乱上下，父兄不惩处责备她们，天下没人敢非议她们。又何曾用古代的四教来教育她们，要求她们贞洁顺从，以辅佐君子呢！礼仪法度刑法政事，到此时已大坏。像水积聚而掘开了它的堤防，像火蓄积而抽去了薪柴一样危险。国家将要灭亡，根基必定先倾覆，恐怕就是说的这个吧？所以观察阮籍的行为，就能发觉礼教崩弛的缘由；审察庾纯、贾充的争端，就能看见各属官之长大多邪僻；考察平定吴国论功的情形，就知道将帅互不谦让；思考郭钦的计谋，就醒悟到戎狄入据中原早有征兆；浏览傅玄、刘毅的言论，就得知百官的腐败；考察傅咸的奏章、《钱神论》这些论说，就能目睹私宠与贿赂的公行无忌。民众的风俗国家的形势就是这样，即使让守中庸之德的贤才、遵循先王法度的君主治理，辛有必然会预言国家将为戎狄所有，延陵季札必然会从声乐中听出亡国之音，范燮必然会为此诅咒自己早死，贾谊必然会为此痛哭。又何况我们晋惠帝，凭着毁坏法度的德行来治理呢！所以贾后在后宫肆虐，韩寿妻子贾午在宫禁内外帮助作乱，这样局面的形成是由于社会风气的侵染，哪里只是由于一个女性的罪恶呢？"

成皇帝讳衍①，字世根，明帝太子也②。咸和七年③，诏除诸养禽之属无益者。集书令史夏侯盛表曰④："伏闻明诏悉除养熊虎之费，举朝增庆，咸称圣主。伏惟陛下未观古今成败之戒，而卓尔玄览⑤，明发自然⑥，遣除无益，务在啬民⑦，诚可谓性与天道，生而知之⑧。孔子十五志学⑨，四十不惑⑩。陛下年在志学之后，而思洞不惑之前⑪。三代之兴^⑫，无不抑损情欲；三季之衰^⑬，无不肆其侈靡。陛下不学其兴，而与兴者同功^⑭；不览其衰，已去衰者之弊。道侔上哲^⑮，德迈中古^⑯，吐丝发之言，著如纶之美^⑰。臣闻'将顺其美，匡救其恶^⑱'，故人主之言，则右史书之^⑲。陛下此诏，既当著之史籍，又宜宣布天下。自丧乱已来^⑳，四十余载^㉑，涂炭之余^㉒，思治久矣。陛下智成当年^㉓，而运值百六^㉔，德音之诏^㉕，发自圣德。愿复触类而长之^㉖，广求其比^㉗，无使朝有游食费禄之臣，野有逋审不徭之民^㉘。使居官者，必有供时之赋，则何患仓廪之不实，下土之不均^㉙？凡修此术，易于反掌耳。臣诚总猥^㉚，官自朝末^㉛，不足对扬盛化^㉜，裨广大猷^㉝，然自睹圣美，心悦至教^㉞，自忘丛细^㉟，谨拜表以贺。"

【注释】

①成皇帝：即晋成帝司马衍，字世根。晋明帝司马绍长子。即位因年幼由其母皇太后庾文君临朝听政，王导与庾亮辅政，期间由于苏峻与祖约的叛乱，宫城迁移至石头城，直到平定之后才迁回建康。

②明帝：即司马绍，字道畿。晋元帝司马睿长子。在位期间，凭借弱势之中央，成功制衡权臣世家，推动南方社会安定发展，平定王敦叛乱，重用丞相王导，稳定东晋局势。

③咸和七年：332年。咸和，东晋成帝司马衍的年号（326—334）。

④集书令史：集书省属官。集书省，魏晋时参与筹治尚书奏事。东晋时以中书部分之职并入散骑省，故又掌表诏之事。夏侯盛：咸和中为集书令史，除下文（《全晋文》题名《贺德音表》）外，《通典》收有他的《妇丧久不葬服议》。

⑤卓尔：形容超群出众。玄览：远见，深察。

⑥明发：阐明，发明。

⑦啬（sè）民：农夫。啬，通"穑"。

⑧生而知之：生下来就懂得知识和道理。

⑨志学：立志专心求学。后用来指十五岁。

⑩不惑：指经历了许多，已经有自己的判断力。也用来指四十岁。
见《论语·为政》："吾十有五而志于学，三十而立，四十而不惑，
五十而知天命，六十而耳顺，七十而从心所欲，不逾矩。"

⑪洞：洞察。

⑫三代：指夏商周三个朝代。

⑬三季：指夏、商、周三代的末期。

⑭功：勋劳。

⑮侔（móu）：相等。上哲：具有超凡的道德、才智的人。

⑯迈：超越。中古：次于上古的时代。此指商周之际。

⑰吐丝发之言，著如纶之美：见《礼记·缁衣》："王言如丝，其出如
纶；王言如纶，其出如綍。"丝，蚕所吐。纶，粗丝线。綍，大绳。
这是说帝王之言刚发出时细微如丝，传出去后就会产生巨大的威
力和作用。

⑱将顺其美，匡救其恶：顺从推行君王的美德善政，纠正过失。见
《孝经·事君》："将顺其美，匡救其恶，故上下能相亲也。"

⑲右史：古代史官名。书：书写，记录。

⑳丧乱：死亡祸乱。这里指八王之乱，是一场皇族为争夺中央政权
而引发的内乱。共历时十六年，其核心人物有汝南王司马亮、楚
王司马玮、赵王司马伦、齐王司马冏、长沙王司马乂、成都王司马
颖、河间王司马颙、东海王司马越八王，且《晋书》将八王汇为一
列传，故史称八王之乱。

㉑四十余载：八王之乱从元康元年（291）开始，至咸和七年（332），
有四十多年。

㉒涂炭：陷于涂泥炭火之中。比喻极困苦的境遇。

㉓当年：壮年。指身强力壮的时期。

㉔百六：厄运的代称，据说一百零六岁是阳九之厄。

㉕德音：即仁德的言语、教令。常用来指帝王的诏书。

㉖触类：接触相类事物。

㉗比：事例。

㉘逋窜：逃窜。

㉙下土：指人间。

㉚猥：鄙陋。

㉛朝末：朝班的末位。为朝官的谦辞。

㉜对扬：古代常语，屡见于金文；凡臣受君赐时多用之，兼有答谢、颂扬之意。盛化：昌明的教化。

㉝裨（bì）：增加，帮助。大猷（yóu）：指治国大道。

㉞至教：最好的教导。

㉟丛细：繁多琐碎。

【译文】

　　成皇帝名讳叫衍，字世根，是晋明帝的太子。咸和七年，下诏除去所喂养的没有益处的那些禽兽。集书令史夏侯盛上表说："我谨听到皇帝下发明诏让全都去除饲养熊虎的费用开支，所有朝廷官员都为之庆祝，全都赞扬陛下是圣明的君主。谨想到陛下没有观览古今成功失败的经验教训，却超群出众见解深刻，能够阐释自然之道，撤除没有益处的事务，致力于帮助百姓，真可以说得上本性跟天道相合，是生下来就懂得知识和道理的。孔子十五岁立志专心求学，四十岁不再迷惑。陛下年纪大于孔子立志学习的十五岁，而具有洞察事理的能力却在孔子不惑的四十岁之前。夏商周三代的兴起，无不是抑制物欲和私情；这三个朝代末世的衰微，没有不是放纵地奢侈靡费的。陛下不用学他们的兴起之道，却跟兴起的勋劳相同；不用看到他们的衰微，已经去除了衰微的弊端。陛下的治国大道跟上古的先哲相当，德行超越商周，谈论的是件小事，却能产生深远积极的影响。我听说'做臣子的应该顺从推行君主的美德善政，纠正过失'，所以君主的言语都要被右史记录下来。陛下这一诏书，既应该记录在史册上，又应该在天下公布。自从大乱以来，已经四十多年了，水深火热之余，人们向往太平很久了。陛下的智慧成熟如同壮年人，但国家却正遭受厄运，仁德的诏令，发自您的盛德。希望陛下能触类旁通光大盛德，广泛地寻求同类问题，不要让朝廷上有无所事事浪费俸禄的臣子，田野里有脱离土地逃窜不服徭役的民众。使得那些担任官职的人，必定有赋税按时供给朝廷，那么还担忧什么仓库不装满，人间的贫富不均呢？只要修行这一方法，治理好国家就像翻转手掌一样容易。我实在是鄙陋庸俗，而且官职低微，不足以颂扬昌明的教化，增益治国大道，但是自从目睹圣上的美好，从心里喜悦这最好的教导，忘记了自身言语的琐碎，谨献上表章祝贺。"

简文皇帝讳昱①，字道万，元帝少子也。咸安二年②，诏曰："夫敦本息末③，抑绝华竞，开忠信公坦之门，塞浮伪阿私之路④，询名检实⑤，致之以道，使清浊异流，能否殊贯⑥，官无秕政⑦，士无谤讟⑧。不有惩劝，则德礼焉施？且强寇未殄⑨，劳役未息，每念民疲力单，则中夜忘寝⑩。若不弘政以求民瘼⑪，简除游烦以存俭约，将何以纾之耶⑫？今自非军国戎祀之要⑬，其华饰烦费之用，可除者皆除之，宜省者皆省之。其鳏、寡、穷、独、癃、残六疾⑭，不能自存，皆生民之至艰，先王之所愍，宜加隐恤⑮，各赈赐之。若或孝子贞妇，殊行异操之人，皆以状条列⑯，当有以甄明其节⑰。夫肥遁穷谷之贤⑱，汩泥扬波之士⑲，虽抗志于玄霄之表⑳，潜默于幽岫之里㉑，贪屈高尚之道，以隆协赞之美㉒，使惠风流于天下㉓，膏泽被于万物^㉔，孰与独足山水，栖迟丘壑^㉕，徇匹夫之洁^㉖，而忘兼济之大？古人不借贤于曩代，朕所以虚想于今日。内外百官，剖符亲民^㉗，各勤所司，使善无不达，恶无不闻。退食自公^㉘，平情以道^㉙，令诗人无素餐之刺^㉚，而吾获虚心之求^㉛，岂不善哉！其各宣摄^㉜，知朕意焉。"

【注释】

①简文皇帝：即司马昱，字道万。晋元帝司马睿幼子，先后封琅邪王、会稽王。晋穆帝时，升任抚军大将军、录尚书六条事，与何充共同辅政；何充死后，司马昱总统朝政。废帝即位后，再次徙封琅邪王，又进位丞相、录尚书事；桓温废司马奕，改立司马昱为帝，司马昱多受桓温牵制，仅八个月后，便因忧愤而崩，谥号简文皇帝。

②咸安二年：372年。咸安，晋简文帝司马昱的年号（371—372）。咸安二年七月晋孝武帝即位沿用，次年改元宁康元年。

③敦本：注重根本。本，古时多指农业。末：古代指工商业。

④阿私：偏私，不公道。

⑤询：查考。

⑥殊贯：区分开来。

⑦秕（bǐ）政：不良的政治措施。

⑧谤讟（dú）：怨恨毁谤。

⑨殄（tiǎn）：灭绝，绝尽。

⑩中夜：半夜。

⑪民瘼（mò）：民众的疾苦。

⑫纾：解除，排除。

⑬自非：倘若不是。

⑭癃（lóng）：衰老病弱。

⑮隐恤：哀怜抚恤。

⑯条列：分条列举。

⑰甄明：明察，明辨。

⑱肥遁：指退隐。　穷谷：深谷，幽谷。

⑲汩泥扬波：同"淈泥扬波"。谓和光同尘，不标新立异，是一种道
　家退隐的观念。后亦指同流合污，随俗浮沉。

⑳抗志：高尚其志。　玄霄：高空，云霄。

㉑潜默：缄默，无动静。　幽岫（xiù）：深山中的岩洞。常为隐者所居
　之处。

㉒协赞：协助，辅佐。

㉓惠风：和风。比喻仁爱、仁政。

㉔膏泽：滋润作物的雨水。比喻恩惠。

㉕栖迟：游息。

㉖徇（xùn）：夸示。

㉗剖符：古代帝王分封诸侯、功臣时，以竹符为信证，剖分为二，君臣
　各执其一，后用剖符作为分封、授官之称。

㉘退食自公：减膳以示节俭，指操守廉洁。退食，减膳。自公，指尽
　心奉公。见《诗经·召南·羔羊》："退食自公，委蛇委蛇。"

㉙平情：公允而不偏于感情。

㉚素餐：无功受禄，不劳而食。见《诗经·魏风·伐檀》："彼君子
　兮，不素餐兮。"

㉛虚心：一心向往。

㉜摄：佐理，辅助。

【译文】

简文皇帝名讳叫昱，字道万，是晋元帝的小儿子。咸安二年，下诏
说："注重农业抑制工商，遏止争尚浮华的风气，敞开忠诚信义、公道平正
的大门，堵塞浮夸虚伪偏私的道路，查考名声检核实际，使之符合道义，

使善恶区分、贤愚有别，官府没有不良的政治措施，士人没有怨恨毁谤。没有惩罚鼓励，德政和礼教怎么实施？况且强大的敌寇没有消灭，劳役没有止息，每每想到民众疲惫民力单薄，就会半夜难眠。倘若不弘扬德政来解除民众疾苦，简省废除放荡游乐和繁多的事务来保持节俭，那又将用什么来解除民众的疾苦呢？现今倘若不是国家军事、祭祀等重要事件，那些华丽装饰大量消耗的费用，可以废除的都除掉，应该节省的都节省。那些鳏夫、寡妇、困穷、孤老、衰弱、残疾等六种人，不能独立生存，都是人民中间最艰难的人，是先代君王所怜悯的人，应该加以哀怜抚恤，各各都要给予赈济。倘若有孝子贞妇，有特殊操守和品行的人士，都要把他们的情状分条列举呈奏，应当甄别后表彰他们的节操。那些退隐深谷的贤才，随世浮沉的人士，即使志向高居云霄之上，缄默无闻在深山岩洞里面，也希望他们能委屈高尚之道，来辅佐朝政，来使德政之美兴隆、仁政流布天下，朝廷恩泽普施万民。这跟独步山林之中，漫游止息在山谷，夸耀个人品行的高洁而忘记了兼济天下的伟大相比，岂不更好？古人不从以前的朝代借来贤人，我因此设想于今日。朝廷内外官员，既然被授予官职就应当亲近爱抚民众，各自勤于职守，使善事没有做不到的，恶事没有觉察不到的。臣子操守廉洁，依从道义秉公办事，让诗人没有白吃饭的讥刺，而我也实现了一心向往的追求，难道不好吗！请各位广为宣传辅助，使民众知晓我的意图。"

传

后妃传

武元杨皇后[①]，弘农华阴人也[②]。初，贾充妻郭氏使言于后[③]，求以女为太子妃[④]。兼有遗赂[⑤]。及议太子婚，世祖欲娶卫瓘女[⑥]，后苦誉贾后有淑德[⑦]，又密使太子太傅荀颉进言⑧,上乃听之。遂成婚。

【注释】

①武元杨皇后:即杨艳,字琼芝,弘农华阴(今陕西华阴)人。西晋
　武帝司马炎皇后,晋惠帝母。

②弘农:郡名。汉武帝设置,治所在今天河南灵宝。

③郭氏:即郭槐。晋大臣贾充的继妻。其女贾南风是司马衷之妻,
　干预晋朝国政,直接导致了八王之乱。

④太子:即晋惠帝司马衷。

⑤遗赂:指赠送财物。

⑥世祖:晋武帝司马炎的庙号。卫瓘:字伯玉,河东郡安邑县(今山
　西夏县北)人。于曹魏历任尚书郎、散骑常侍、侍中、廷尉、镇东
　将军等;西晋历任青州及幽州刺史、征东大将军、尚书令、太子少
　傅;晋惠帝时与贾皇后对立,终满门遇害。

⑦贾后:即贾南风。淑德:美德。

⑧太子太傅:官名。太子的师傅。荀顗(yǐ):字景倩,颍川颍阴(今
　河南许昌)人。曹魏太尉荀彧之子,起家中郎,拜散骑侍郎、侍
　中、尚书仆射、吏部尚书等,西晋时拜司徒、太尉、侍中如故,后又
　代理太子太傅,去世谥号为康。

【译文】

武元杨皇后,是弘农郡华阴县人。当初,贾充的妻子郭氏让人对皇
后进言,请求立自己的女儿为太子妃。并且还有赠送财物。等到商议太
子的婚事时,世祖想娶卫瓘的女儿,皇后极力赞誉贾南风有美德,又秘密
地让太子太傅荀顗进言,皇帝于是听从了。于是成婚。

惠贾庶人①,名南风,平阳人也,拜太子妃。性妒虐,
尝手杀数人,或以戟掷孕妾②,子乃坠地③。惠帝即位,为皇

后,虐诛三杨④,逆弑太后⑤,矫害二公⑥。荒淫放恣,与太医程据等乱,彰于内外。诈有身为产,养妹夫韩寿儿⑦,遂谋废太子,以所养代立。专为奸,诬害太子,众恶彰著。永康元年⑧,为赵王伦所废⑨,赐死。

【注释】

①惠贾庶人:即贾南风。后被废为庶人。

②戟:一种戈与矛合体的武器。

③坠地:指流产。

④三杨:指杨骏、杨珧、杨济,是当时最有权势的大臣。

⑤太后:即武悼皇后杨芷。

⑥二公:指司马亮与卫瓘。司马亮,字子翼。司马懿之子,八王之乱的参与者之一。

⑦韩寿:字德真。娶贾充女贾午为妻。

⑧永康元年:300年。永康,晋惠帝司马衷的年号(300—301)。

⑨赵王伦:即司马伦,字子彝。司马懿之子,八王之乱的参与者之一。

【译文】

惠贾庶人,名字叫南风,是平阳人,立为太子妃。性情妒忌酷虐,曾经亲手杀死几个人,有时用戟投掷怀孕的侍妾,让胎儿流产。晋惠帝登上皇位,成为皇后,虐杀杨骏、杨珧、杨济,忤逆杀害太后杨芷,伪托诏令杀害司马亮与卫瓘二公。荒淫放纵,跟太医程据等人淫乱,坏名声在宫廷内外昭彰。伪装有孕生产,抱养妹夫韩寿的儿子,于是阴谋废掉太子,由她所抚养的来代替立为太子。专门干坏事,诬告陷害太子,很多罪恶昭彰于世。永康元年,被赵王司马伦所废,赐死。

传

琅邪王伷字子将①，宣帝第五子②。受诏征吴，孙皓请降，进拜大将军。伷既戚属尊重，加有平吴之功，而克己恭俭③，无矜满之色④，统御文武，各得其用。百姓悦仰，咸怀惠化⑤。

【注释】

①琅邪王伷（zhòu）：即司马伷，字子将。司马懿之子。历任宁朔将军、散骑常侍、征虏将军等职。西晋获封东莞郡王，入朝任尚书右仆射、抚军将军，出外拜镇东大将军；后改封琅邪王。

②宣帝：司马懿。

③克己：克制私欲，严以律己。恭俭：恭谨谦逊。

④矜满：骄傲自满。

⑤惠化：指官员为人所称道的政绩和教化。

【译文】

琅邪王司马伷，字子将，是晋宣帝司马懿第五个儿子。接受诏令征讨吴国，孙皓请求投降，升职任大将军。司马伷是皇帝的亲属地位尊贵，加上有平定吴国的功劳，而他克制私欲，严以律己，恭谨谦逊，没有骄傲自满的神色，统帅文武官员，使他们各自发挥作用。百姓喜悦敬仰，全都感怀他的政绩教化。

扶风王骏字子臧①，宣帝第七子也。年五六岁，能书画，诵咏诗赋，秉德清贞②，宗室之中，最为俊茂③。封汝阴王④，迁镇西大将军，都督雍、梁诸军事，大兴佃农⑤。入朝，徙封扶风王⑥。薨，西土氓黎⑦，思慕悲哭，涕泣岐路，更树碑赞述德范。长老见碑者⑧，无不拜之。其遗爱如此⑨。

【注释】

①扶风王骏：即司马骏，字子臧。司马懿之子。魏时历任散骑常侍、步兵校尉、平南将军、安东将军。西晋受封汝阴王、扶风王，任镇西大将军，后因功加拜征西大将军，进拜骠骑将军、开府仪同三司、持节、都督。

②秉德：保持美德。清贞：清白坚贞。

③俊茂：才智杰出。

④汝阴：治所在今安徽阜阳。

⑤佃农：耕种者，农民。

⑥扶风：封国名。治所在今陕西泾阳。

⑦氓：民，百姓。

⑧长老：老年人。

⑨遗爱：指遗留仁爱于后世。

【译文】

扶风王司马骏，字子臧，是晋宣帝司马懿第七个儿子。五六岁的时候，就能写字画画，诵读吟咏诗赋，保持美德，清白坚贞，在宗室子弟中间，才智最为杰出。封汝阴王，迁镇西大将军，总领雍州、梁州等地军事，大力发动农民耕种。入朝后，改封扶风王。去世，西方土地上的黎民百姓，怀念他而痛哭，眼泪洒落在岔路上，还竖立石碑赞扬叙述他的德行风范。看见石碑的老人，没有不下拜的。他遗留给后代的仁爱就是这样。

齐王攸字大猷①，文帝第二子也。力行敦善，甚有名誉。为侍中数年，授太子太傅，献箴于皇太子②。每朝政大议③，悉心陈之。且孝敬忠肃，至性过人④。太康三年⑤，为大司马，都督青州诸军事，薨。

【注释】

①齐王攸：即司马攸，字大猷（yóu），小字桃符。司马昭次子，因伯

　　父司马师无子而被过继给他，袭封舞阳侯。西晋封齐王。

②箴：文体的一种。以规劝告诫为主。

③大议：朝廷集议国家大事。

④至性：指天赋的卓绝的品性。

⑤太康三年：282年。太康，晋武帝司马炎的年号（280—289）。

【译文】

　　齐王司马攸，字大猷，是晋文帝第二个儿子。他努力践行敦厚善良，很有名誉。担任侍中几年，授职太子太傅，给皇太子献上规劝告诫的箴文。每逢朝廷集合讨论国家大事，都尽心陈述自己的意见。而且孝顺父母，尊敬亲长，忠诚恭敬，天赋卓绝的品行超过他人。太康三年，任职大司马，总领青州诸军事，去世。

　　子冏嗣①，字景治。与赵王伦共废贾后。伦篡，迁冏镇东大将军、开府仪同三司②。冏因民心怨望③，移檄天下④。破伦，帝反正⑤，就拜大司马，加九锡辅政⑥。大筑第馆，使大匠营⑦，制与西宫等⑧。后房施钟悬⑨，前庭俨八佾⑩，沉于酒色，不入朝见，坐拜百官，符敕三台⑪，选举不均，唯宠亲昵。殿中御史桓豹奏事⑫，不先经冏府，即考竟之⑬。于是朝廷侧目⑭，海内失望。冏骄乱日甚，终无悛志。长沙王发兵攻冏府⑮，生禽冏，斩于阊阖门外⑯，诸党属皆夷三族。

【注释】

①冏：即司马冏，字景治。八王之乱参与者之一。父司马攸死后，司

　　马冏袭爵为齐王。与赵王司马伦废杀皇后贾南风，为宠臣孙秀所

排挤，出镇许昌；联络河间王司马颙等讨灭司马伦，迎接晋惠帝复位，权倾朝野。后被长沙王司马乂击败杀死。

②开府仪同三司：汉代只有三公、大将军、将军可以开府置官。加开府仪同三司衔，则不仅可开府，而仪制可与三公同。

③怨望：怨恨，心怀不满。

④移檄：发布文告晓示。

⑤帝：指晋惠帝。反正：指帝王复位。

⑥九锡：古代天子赐给诸侯、大臣的九种器物，是一种最高礼遇。

⑦大匠：西汉称将作大匠，是掌管宫室修建之官。

⑧西宫：皇帝处理政事的宫殿。

⑨钟悬：悬钟鼓之架。借指钟磬等礼乐器。

⑩前庭：正屋前的庭院。儛（wǔ）：舞蹈，跳舞。八佾（yì）：古代天子用的一种乐舞。佾，古乐乐舞的行列。

⑪符敕：敕命文书。三台：汉因秦制，以尚书（协助皇帝处理政务）为中台，御史（专司纠弹）为宪台，谒者（掌宾赞受事，即为天子传达）为外台，合称三台。

⑫殿中御史：即殿中侍御史，三国魏派御史二人居殿中，察非法，后为官名，两晋南北朝沿置。

⑬考竟：刑讯致死。

⑭侧目：不敢正视。形容畏惧。

⑮长沙王：即司马乂，字士度。晋武帝司马炎之子，八王之乱参与者之一。太康十年（289）受封为长沙王，后被贾后贬为常山王，当司马冏等讨伐篡位的司马伦，司马乂率军响应，因军功升任抚军大将军，复封长沙王；后河间王司马颙起兵讨伐齐王，司马乂在洛阳将齐王捕杀；太安二年（303），被河间王司马颙的部将张方杀死。

⑯阊阖门：其遗址位于今河南洛阳。

【译文】

司马攸的儿子司马囧字景治,继承了王位。司马囧跟赵王司马伦共同废了贾后。司马伦篡位,改任司马囧为镇东大将军、开府仪同三司。司马囧借着民众心中的怨恨,在天下颁布讨伐司马伦的檄文。大破司马伦,晋惠帝恢复帝位,拜司马囧为大司马,加赐九锡,辅政。司马囧大肆修筑第宅馆舍,让大匠来营造,制度跟西宫相等。在后房放置钟磬等礼乐器,在前面的庭院舞起天子才能享用的八佾舞,沉溺酒色,不上朝廷朝见皇帝,坐着让百官拜见,给尚书等三台下达敕命文书,选拔任命官员不公平,只宠爱亲昵的人。殿中侍御史桓豹上奏事情,因为没有经过司马囧的官府,就刑讯致死。于是朝臣畏惧不敢正视,天下感到失望。司马囧骄横无道一天比一天厉害,始终没有悔改的意思。长沙王司马乂发兵进攻司马囧的府第,活捉司马囧,在阊阖门外将他斩杀,诸党羽亲属都被夷灭三族。

愍怀太子遹字熙祖,惠帝长子也,谢才人所生①。少而聪慧,惠帝即位,立为皇太子。年转长大,而不好学,喜与左右嬉戏,不能尊敬保傅②,敬狎宾友③。贾后素忌太子有佳誉,因此密敕诸黄门阉宦,媚谀于太子曰:"殿下诚可及壮时极意所欲④,何为恒自拘束?"每见喜怒之际,辄叹曰:"殿下不知用威刑⑤,天下那得畏服也。"太子于是慢弛益彰⑥,或废朝侍⑦,有过差之声⑧。洗马江统等谏⑨,太子不能用。贾后诈称上不和⑩,呼太子入朝,后不见,置别屋中,遣婢赐酒枣,逼使饮尽,仍赍谤书⑪,多未成字,称诏令太子写之,累续催促。醉不暇看,粗得迹,便足成悖辞⑫。后以呈帝,帝即幸式乾殿,召公卿入,使黄门令薰猛以太子书及青纸诏曰⑬:

"遹书如此，今赐死。"遍示诸公王，而莫敢有言者。唯张华、裴颁证明太子，议至日西不决。后惧事变，乃表免太子为庶人⑭。于是送幽于许昌宫，贾后矫诏害太子⑮。赵王伦等废后于金墉城，赐死。册复太子⑯，谥为愍怀。

【注释】

①谢才人：即谢玖。晋惠帝司马衷姬妾，愍怀太子司马遹之母。

②保傅：古代保育、教导太子等贵族子弟及未成年帝王、诸侯的男女官员，统称为保傅。

③狎：接近，亲近。

④极意：恣意。

⑤威刑：严厉的刑法。

⑥慢弛：怠忽松弛。

⑦朝侍：朝见侍奉。

⑧过差：过失差错。

⑨江统：字应元，陈留圉县（今河南杞县）人。历任中郎、太子洗马、博士、尚书郎、大司马参军、廷尉正、黄门侍郎、散骑常侍等。

⑩不和：身体不舒服。

⑪赍（jī）：持，带，送。谤书：诽谤和攻讦他人的书函。

⑫悖：悖逆。

⑬黄门令：由宦者充任，管领皇帝近侍。薰猛：即董猛。西晋宦官，皇后贾南风心腹，预诛杨骏有功，封为武安侯，官至黄门令，参与多次宫廷政变；后在赵王司马伦、梁王司马肜、齐王司马冏政变中伏诛。青纸：晋制，皇帝诏书用青纸紫泥。后便以青纸借指诏书。

⑭表：上奏表章。庶人：平民。

⑮矫诏：假托诏令。

⑯册：册立，册封。

【译文】

愍怀太子司马遹，字熙祖，是晋惠帝的长子，谢才人所生。小时候很聪慧，晋惠帝登上皇位，立他为皇太子。年级逐渐长大，就不喜欢学习，喜欢与左右嬉戏，不能够尊敬教导的保傅，亲近宾客朋友。贾皇后平素就妒忌太子有好的声誉，因此秘密敕令诸宦官阉人，对太子逢迎阿谀说："殿下真的可以趁着年轻力壮的时候想干什么就恣意去干，为什么老要约束自己呢？"每当看到他喜欢或愤怒的时候，就叹息说："殿下不知道使用严厉的刑法，天下哪能畏惧服从呢？"太子从此更加怠慢松懈，有时不去朝见侍奉惠帝，出现了说他过失差错的声音。洗马江统等人劝谏，太子不能听用。贾皇后谎称皇上不舒服，呼叫太子进入朝中，贾后不见他，把他安置在别的房屋中，派婢女送给他酒枣，逼他喝光，然后拿来毁谤攻讦的文书，大多尚未成文，说是有诏令让太子去写，连续不断地催促。太子醉了没空细看，便粗略写成，就被拼凑成为悖逆的文辞。贾后把这篇东西呈献给惠帝，惠帝驾临式乾殿，召公卿进入，让黄门令董猛把太子手书以及诏书给公卿诸王看，诏书写道："司马遹写出这样的文字，现今赐死。"给王公大臣们传看，没有谁敢出言。只有张华、裴颜据实证明太子书信为伪，争论到太阳偏西也没有结论。贾后惧怕事情变化，就上表罢免太子成为庶人。于是把太子送到许昌宫囚禁，贾后伪托诏令害死太子。赵王司马伦等人在金墉城废掉贾后，赐死。册封恢复司马遹为太子，谥号叫愍怀。

安平王孚字叔达^①，宣帝弟也^②。魏甘露元年^③，转太傅^④。高贵乡公卒^⑤，当时百官，莫敢奔赴^⑥。孚往，枕尸于股^⑦，号恸尽哀^⑧。奏治主者^⑨，会太后有令^⑩，使以庶人礼葬。孚与群公上表，乞以王礼葬之。世祖受禅^⑪，陈留王就金墉城^⑫。孚拜辞，执王手，涕泣歔欷，不能自胜，曰："臣死之日，固大魏之纯臣也^⑬。"临终曰："有魏贞士河内司马孚^⑭，不伊不周^⑮，不夷不惠^⑯，立身行道，始终若一。"遗令素棺单椁^⑰，敛以时服^⑱，所给器物，一不施用。

【注释】

①安平王孚：即司马孚，字叔达。晋宣帝司马懿之弟。司马孚在曹魏时累迁至太傅，自司马懿执掌大权，便逐渐引退。晋代魏后，司马孚进拜太宰，封安平王。

②宣帝：晋宣帝司马懿。

③甘露元年：256年。甘露，三国魏高贵乡公曹髦的年号（256—260）。

④太傅：三公之一，辅弼天子治理天下。

⑤高贵乡公：即曹髦，字彦士，沛国谯县（今安徽亳州）人。曹魏皇帝，魏文帝曹丕之孙。大将军司马师废除齐王曹芳后，拥立为帝。甘露五年（260），亲自讨伐司马昭，为太子舍人成济所弑。

⑥赴：后多作"讣"，奔丧。

⑦股：大腿。

⑧号恸：号哭哀痛。

⑨主者：指主使者，主谋。

⑩太后：即明元郭皇后，西平郡（治今青海西宁）人。魏明帝曹叡的皇后。

⑪世祖：晋世祖司马炎。受禅：王朝更迭，新皇帝承受旧帝让给的帝位。

⑫陈留王：即曹奂，本名曹璜，字景明。魏武帝曹操之孙，三国时期魏国最后一位皇帝。甘露五年（260），魏帝高贵乡公曹髦被成济弑杀，司马昭与众臣商议，立曹奂为帝。司马昭死后，其子司马炎嗣位晋王，篡夺魏国政权，魏国灭亡，曹奂被降封为陈留王。

⑬纯臣：忠纯笃实之臣。

⑭贞士：志节坚定、操守方正之士。

⑮伊：伊尹。周：周公。这二人分别是商朝、周朝开国的主要辅佐者。

⑯夷：伯夷。惠：柳下惠。这二人都是志节高尚的隐士。

⑰椁：古代套于棺外的大棺。

⑱敛：通"殓"。时服：当时通行的服装。

【译文】

安平王司马孚，字叔达，是晋宣帝司马懿的弟弟。魏甘露元年，转任太傅。高贵乡公曹髦去世，当时各个官员，没有人敢去奔丧。司马孚前往，把尸体枕在自己大腿上，号哭哀痛极尽悲哀。上奏请求惩治主谋，赶上郭太后有命令，让用平民的礼仪下葬。司马孚跟群公上表，请求用王的礼仪下葬。晋世祖司马炎接受帝位，陈留王曹奂去到金墉城。司马孚行拜礼辞别，拉着陈留王的手，流着眼泪抽泣，不能克制自己，说："我直到死的那天，仍旧是大魏朝忠纯笃实的臣子啊。"临死的时候说："有魏朝坚贞的士人河内司马孚，不是伊尹，不是周公，不是伯夷，不是柳下惠，但是立身处世遵循正道，始终如一。"遗嘱命令用朴素的棺木单层外棺，用当时通行的服装收殓，皇帝赐给的器物，一概不使用。

　　高密王泰字子舒①，宣帝弟馗之子也。封为陇西王②，迁太尉。为人廉静③，不近声色。身为宰辅，食大国之租，服饰粗素，肴膳疏俭④，如布衣寒士⑤。事亲恭谨，居丧哀戚，谦虚下物⑥，为宗室仪表⑦。

【注释】

①高密王泰：即司马泰，字子舒。晋宗室，东海王司马越之父。曹魏时历任阳翟县令、扶风太守。入晋封陇西王，历任游击将军、兖州刺史、鹰扬将军、安西将军、散骑常侍、镇西将军、司空、侍中、太尉等。

②陇西：战国秦置郡，秦汉时郡治在狄道（今甘肃临洮南），三国魏
　　时迁到襄武县（今甘肃陇西）。

③廉静：指秉性谦逊沉静。

④疏俭：粗淡简略。

⑤布衣：代指平民。寒士：魏、晋、南北朝时称出身寒微的读书人。

⑥下物：居于人之后，对人谦让。

⑦仪表：准则，法式，楷模。

【译文】

　　高密王司马泰，字子舒，是晋宣帝司马懿弟弟司马馗的儿子。封为陇西王，升职太尉。为人谦逊沉静，不接近淫声女色。自身担任辅政大臣，享用大的封国的税赋，衣服俭朴没有装饰，饭菜粗淡简略，如同平民寒士一样。事奉父母恭敬谨慎，居丧悲痛哀戚，谦虚居于人后，是宗室的楷模。

　　刘寔字子真①，平原人也②，太祖引参相国军事③。寔以世俗进趣④，廉让道缺⑤，乃著《崇让论》。其辞曰："古之圣王之治天下，所以贵让者，欲以出贤才、息争竞也。夫人情莫不皆欲己之贤也，故劝令让贤以自明也⑥。贤岂假让不贤哉！故让道兴，贤能之人不求自出矣，至公之举自立矣，百官之副亦豫具矣⑦。一官缺，择众官所让最多者而用之，审之道也⑧。在朝之士，相让于上，草庐之人⑨，咸皆化之。推能让贤之风⑩，从此生矣。为一国所让，则一国士也⑪；天下所共推，则天下士也。推让之风行，则贤与不肖，灼然殊矣。此道之行，在上者无所用其心，因成清议⑫，随之而已。故曰：'荡荡乎尧之为君，莫之能名⑬。'又曰：'舜、禹之有天

下,而不与焉⑭.'贤人相让于朝,大才之人恒在大官,小人不争于野⑮,天下无事矣;以贤才治无事,至道兴矣。已仰其成,复何与焉? 故可以歌《南风》之诗⑯,弹五弦之琴也⑰。成此功者,非有他,崇让之所致耳。在朝之人,不务相让久矣,天下化之⑱。自魏代已来,登进辟命之士及在职之吏⑲,临见受叙⑳,虽自辞不能,终莫肯让有胜己者。夫推让之风息,争竞之心生矣。孔子曰:‘上兴让,则下不争。’明让不兴,下必争也。推让之道兴,贤能之人日见推举;争竞之心生,贤能之人日见谤毁。夫争者之欲自先,其恶能者之先,不能无毁也。孔、墨不能免世之谤己㉑,况不及孔、墨者乎?

【注释】

①刘寔(shí):字子真。初以计吏身份进洛阳,调任河南尹丞,后迁任尚书郎、廷尉正、吏部郎,封爵循阳子;西晋历官少府、太常、尚书、国子祭酒、散骑常侍、太子太保、司空等。

②平原:汉高祖从齐郡分置平原郡,治今山东平原。晋朝改为平原国。

③太祖:司马懿。引:征引。参相国军事:即相国参军事,为相国府属官,掌参谋军事。

④进趣:努力向上,立志有所作为。

⑤廉让:清廉逊让。

⑥让贤:让位给贤者。

⑦豫具:指预先备有。

⑧审:审慎,详审。

⑨草庐:结草为庐,隐者所居。

⑩推能让贤:推举能人,让位于贤士。

⑪一国士:一国中才能最优秀的人物。

⑫清议：对时政的议论，社会舆论。

⑬"故曰"几句：见《论语·泰伯》："子曰：'大哉尧之为君也……荡荡乎，民无能名焉。'"荡荡，宽广浩瀚的样子。能名，能够命名。

⑭"又曰"几句：见《论语·泰伯》："孔子曰：'巍巍乎，舜、禹之有天下也，而不与焉。'"与（yù），参与。

⑮小人：平民百姓。指被统治者。

⑯《南风》：古代乐曲名。相传为虞舜所作。

⑰五弦之琴：相传为舜制作的乐器，琴有宫、商、角、徵、羽五根弦。见《礼记·乐记》："昔者舜作五弦之琴，以歌《南风》。"

⑱化：改变人心风俗，教化，教育。

⑲登进：举用，进用。辟命：征召，任命。

⑳叙：按规定的等级次第授官职，按劳绩的大小给予奖励。

㉑孔：以孔子代表儒家。墨：指墨家。

【译文】

刘寔，字子真，是平原人，晋太祖司马懿征引他担任相国参军事。刘寔认为当时俗情追求上进，清廉逊让之道欠缺，于是写作了《崇让论》。文章的言辞是："古代圣明的君王治理天下的时候，重视谦让的原因，是想要引出人才，平息人们互相争逐啊。人之常情没有不想着自己贤能的，所以要勉励他们推贤让能，以此来证明自己。贤人难道还能假装让给不贤的吗！所以谦让的大道兴起，贤能的人不用访求就自己显出来了，最公正的选拔举荐就自然确立了，各个官职的后备人选也事先备好了。一个官位空缺，选择众官谦让举荐最多的去任用，是详审周密的方法。在朝廷为官的人士，在上面互相谦让，那么草野的人士，全都受到教化。推举能人、让位于贤士的风尚，从此产生了。被一国推让，那就是一国中才能最卓越的人物；被天下人共同推让，那就是天下才能最卓越的人物。推让的风气盛行，那么贤能跟不成材，就非常明显地区分出来了。这种风气一旦形成，在上位的就不必劳神费心，自然会形成社会舆论，只要随着舆论任用就可以了。所以说：'尧作为君主，恩德宽广浩荡，没有语言能够形容。'又说：'舜、禹拥有全天下，但是不亲自处理政事。'贤人在朝廷谦让，拥有大才的人恒常居于大官的职位，平民百姓在田野不争夺，天下就没有事端了；用贤才治理没有事端的国家，最好的道德制度就兴起了。已经仰仗贤才获得成功，又何必去亲自参与什么呢？所以就可以歌唱《南风》诗，弹奏五弦琴了。能成就这样的功劳，不是有别的原因，就是崇尚谦让所得到的罢了。在朝廷为官的人，不致力于相互谦让很久了，天下人心风俗都因此改变。从魏朝以来，举荐征召的人士以及在职的官员，面对召见按次序接受官职时，虽然自己推辞说不能，最终也不肯让给胜过自己的人。推辞谦让的风尚止息，竞争的心理就产生了。孔子说：'在上位者能谦让，那么下面就不会争竞。'这说明谦让不能兴盛，下面就必然争竞。推辞谦让的大道兴盛，贤能人士一天天被推荐选取；争竞的心理产生，贤能人士一天天被毁谤。相争的人都想自己领先，就非常厌恶有能力的人在前面，不能不去毁谤。儒家、墨家都不能避免世人毁谤自己，何况赶不上儒、墨的呢？

"议者佥言①：'世少高名之才，朝廷不有大才之人可以为大官者。'山泽人、小官吏亦复云：'朝廷之士，虽有大官名德，皆不及往时人也。'余以为此二言皆失之矣。非时独乏贤也，时不贵让，一人有先众之誉②，毁必随之，名不得成，使之然也。虽令稷、契复存③，亦不复能全其名矣。能否浑杂，优劣不分，士无素定之价，官职有缺，主选之吏不知所用，但案官次而举之④。同才之人先用者，非势家之子⑤，则必为有势者之所念也。因先用之资⑥，而复迁之无已⑦；迁之无已，不胜其任之病发矣⑧。所以见用不息者⑨，由让道废也。因资用人之有失久矣，故自汉、魏以来，时开大举⑩，令众官各举所知，唯才所任，不限阶次^⑪，如此者甚数矣。其所举必有当者，不闻时有擢用^⑫，不知何谁最贤故也；所举必有不当，而罪不加，不知何谁最不肖故也^⑬。所以不可得知，由当时之人莫肯相推，贤愚之名不别，令其如此。举者知在上者察不能审，故敢漫举而进之。或举所贤，因及所念，一顿而至^⑭，人数猥多^⑮。各言所举者贤，加之高状^⑯，相似如一，难得而分矣。虽举者不能尽忠之罪，亦由上开听察之路滥^⑰，令其尔也。

【注释】

①佥（qiān）言：皆云，都说。

②先众：先于众人，领先众人。

③稷：周人始祖后稷。契：商族始祖。

④官次：官阶，官吏的等级。

⑤势家：有权势的人家。

⑥资：资本。

⑦已：止。

⑧胜：胜任。

⑨见用：被任用。

⑩大举：指广泛推荐人才。

⑪阶次：等级次序。

⑫擢用：选拔任用。

⑬何谁：何人，谁人。

⑭一顿：一起，一下子。

⑮猥多：众多，繁多。

⑯高状：拔高（他的）情况。

⑰听察:指探听审察。

【译文】

"议论的人都说:'世上缺少名声大的才士,朝廷没有能够担任大官的有大才的人。'山野人、小官员也说:'朝廷上的人士,即使有大官,有名望大的,都赶不上以前的人。'我认为这两句话都失误了。不是只有这个时代缺乏贤才,而是这个时代不贵重谦让,一个人有领先众人的美誉,毁谤必然随之到来,名声就不能成就,这是不贵重谦让而使他这样的。即使让稷、契重生,也不再能保全自己的名声。有能的跟无能的混杂,优秀跟低劣不分,对士人没有平素确定的评价,官职有了空缺,主持选拔的官吏不知道用什么人,只能按照官吏的等级来依次上补。才干相同的人被优先取用的,不是有权势人家的孩子,那就是有权势的人念及关注的人。他们凭借优先录用的资本,又能迁升不止;迁升不止,不能胜任职务的弊病就出现了。他们之所以被任用不止的原因,就是由于谦让之道的荒废。依凭资格用人有所失误已经很久了,所以从汉、魏以来,时常发动广泛推荐人才,让各个官员举荐自己所了解的人才,只要有才能就任用,不局限什么官阶等级,像这样的情况已经有很多次了。他们所举荐的人间必定会有合适的人选,但没有听说这些人选真正得到任用,是因为不知道什么人最贤能的缘故;所举荐的人中必定有不合适的,但没有加以责罚,是因为不知道什么人最不像样的缘故。不能够知晓的原因,是由于当时的人不肯互相推让,贤能、愚笨不分造成的。举荐的人知道上面不能审查清楚,所以才敢随便举荐。有人举荐他认为贤能的人,于是连他念及的人,一下子就都举荐,举荐的人数众多。每人都说自己举荐的人贤能,再加上拔高形容,导致这些人看上去差不多都一个样子,很难区分优劣。虽说举荐者有不能尽忠的罪过,也是由于上面所开辟的考察选拔的途径不切实际,才造成的呀。

"昔齐王好听竽声,必令三百人合吹而后听之,廪以数人之俸。南郭先生不知吹竽者也，以三百人合吹，可以容其不知，因请为王吹竽，虚食数人之俸①。嗣王觉而改之②，难彰先王之过，乃下令曰：'吾之好闻竽声，有甚于先王，欲一一列而听之。'先生于此逃矣。推贤之风不立，滥举之法不改③，则南郭先生之徒盈于朝矣。才高守道之士日退④，驰走有势之门日多矣。虽国有典刑，弗能禁矣。让道不兴之弊，非徒贤人在下位，不得时进也；国之良臣，荷重任者⑤，亦将以渐受罪退矣⑥。何以知其然也？孔子以为颜氏之子不贰过耳，明非圣人皆有过矣⑦。宠贵之地，欲之者多，恶贤能者塞其路，其过而毁之者亦多矣⑧。夫谤毁之生，非徒空设⑨，必因人之微过而甚之者也。毁谤之言数闻，在上者虽欲弗纳，不能不杖所闻⑩，因事之来而微察之也⑪。无以其验至矣⑫，得其验安得不治其罪？若知而纵之，主之威日衰，令之不行，自此始矣。知而皆治之，受罪退者稍多，大臣有不自固之心矣⑬。夫贤才不进，贵臣日疏，此有国者之深忧也。窃以为改此俗甚易矣。何以知之？夫一时在官之人，虽杂有凡猥之才⑭，其中贤明者亦多矣，岂可谓皆不知让贤为贵耶？直以其时皆不让，习以成俗⑮，故遂不为耳。

【注释】

① "昔齐王好听竽声"几句：见《韩非子·内储说上》："齐宣王使人吹竽，必三百人。南郭处士请为王吹竽，宣王说之，廪食以数百人。"齐王，指齐宣王，田氏，名辟疆。竽，古代竹制簧管乐器，与笙相似而略大。廪，俸米，俸禄。虚食，白吃，白白享用。

② 嗣王：继位之王。

③滥举:随意举荐。

④守道:坚守道德规范。

⑤荷:负荷,承担。

⑥受罪:受到指责,承受罪责。

⑦孔子以为颜氏之子不贰过耳,明非圣人皆有过矣:见《论语·雍也》:"孔子对曰:'有颜回者好学,不迁怒,不贰过。'"颜氏之子,颜回。贰过,重复犯同样的过错。

⑧过:怪罪,责难。

⑨空设:捏造。

⑩杖:凭恃,依靠。

⑪微察:侦视,暗中观察。

⑫至:至极,最好。

⑬自固:巩固自身的地位,确保自己的安全。

⑭凡猥:平庸鄙陋。

⑮习以成俗:长期以来这样做,就成了习俗。

【译文】

"从前齐王喜欢听竽声,必定要让三百人合吹然后听,每人给相当于几个人的俸禄。南郭先生是不会吹竽的人,因为是三百人合吹,可以混在其中不被发觉,于是请求给齐王吹竽,白白享用几个人的俸禄。继位的齐王发觉了就改了,但要彰显先王的过失很为难,于是下令说:'我喜好听吹竽,比先王更厉害,想要你们一个一个单独吹给我听。'南郭先生因此就逃跑了。推选贤人的风气不形成,随意举荐的方法不改变,那么南郭先生的同类就会充满朝廷了。才能高超坚守道德的人士一天天被屏退,奔走权势之门的人一天天增多了。即使国家有刑法,也不能禁止了。谦让之道不能兴盛的弊病,不只是贤人官居下位,不能按时提拔;国家的良臣,承担重任的人,也将因此逐渐承受罪责而退位了。凭什么知道会这样呢? 孔子说颜回不会重复犯相同的错误,这说明不是圣人都会有过失。尊荣显贵的地位,想要得到的人很多,他们厌恶贤能的人堵塞了自己的道路,所以那些怪罪毁谤的人也就多了。毁谤的产生,不只是捏造,必然会根据人的细微过错而加以夸大。毁谤的言辞屡次听到,居于上位的人即使不想采纳,也不能不依据所听到的言辞,凭借事情的由来而暗中观察。没有证据最好了,如果得到有关证据怎么能不对他们治罪?倘若知道了而放纵,主上的威严一天天衰微,命令不被执行,就从此开始了。知道了就都对他们治罪,承受罪过屏退的人逐渐增多,大臣就有自身难保的想法了。贤才不得提拔,显贵大臣一天天疏远,这是拥有国家的君主深为忧虑的啊。我私下认为改变这种习俗很容易。凭什么知道呢?一个时期在职的官员,即使夹杂有平庸鄙陋的人,中间贤明的人也有很多,难道能说都不知道谦让贤能为贵吗?只是因为当时都不谦让,长期以来都这样做,就成为习俗,所以就不去做了。

"人臣初除①,皆通表上闻,名之谢章②,所由来尚矣③。原谢章之本意④,欲进贤能以谢国恩也。昔舜以禹为司空⑤,禹拜稽首,让于稷、契及咎繇⑥。唐、虞之时⑦,众官初除,莫不皆让也。谢章之义,盖取于此也。《书》记之者,欲以示永世之则⑧。季世所用⑨,不贤不能让贤,虚谢见用之恩而已。相承不变,习俗之失也。夫叙用之官⑩,通章表者,其让贤推能乃通;其不能有所让,徒费简纸者,皆绝不通。人臣初除,各思推贤能而让之矣。让之文⑪,付主者掌之⑫。三司有缺⑬,择三司所让最多者而用之。此为一公缺,三公已豫选之矣⑭。且主选之吏,不必任公而选三公,不如令三公自共选一公为详也。四征缺⑮,择四征所让最多者而用之;此为一征缺,四征已豫选之矣,必详于停缺而令主者选四征也⑯。尚书缺⑰，择尚书所让最多者而用之；此为令八尚书共选一尚书⑱，详于临缺而令主者选八尚书也。郡守缺，择众郡所让最多者而用之，详于任主者令选百郡守也。夫以众官百郡之让，与主者共相比，不可同岁而论也。贤愚皆让，百姓耳目尽为国耳目。夫人情，争则欲毁己所不如，让则竞推于胜己。故世争则毁誉交错，优劣不分，难得而让也；时让则贤智显出，能否之美历历相次⑲，不可得而乱也。当此时也，能退身修己者，让之者多矣，虽欲守贫贱，不可得也；驰骛进趣，而欲人见让，犹却行而求前也⑳。夫如是，愚智咸知进身求通，非修之于己，则无由矣。游外求者，于此相随而归矣。浮声虚论，不禁而自息矣。人人无所用其心，任众人之议，而天下自治矣。"元康中㉑，迁司空。

【注释】

①除：拜官，授职。

②谢章：旧时臣下感谢君主的奏章。

③尚：久远。

④原：推原，推究其本源。

⑤司空：相传少昊时所置，后为六卿之一，掌管工程、水利。

⑥咎繇：即皋陶，传说虞舜时的司法官。

⑦唐、虞：唐尧、虞舜。

⑧永世：世世代代，永远。则：典范，榜样。

⑨季世：末世。

⑩叙用：分等级进用。

⑪文：文章。

⑫主者：主管的人。

⑬三司：指三公。

⑭豫：预先。

⑮四征：征东、征西、征南、征北四将军的合称。

⑯停：贮存，存留。

⑰尚书：官名。是在皇帝左右办事，掌管文书奏章，协助皇帝处理政务的官员。魏晋以后，尚书事务益繁，当时尚书分掌各曹，魏有五曹，晋增为六曹。

⑱八尚书：盖指尚书台的正副长官（令、仆射）以及六曹尚书。

⑲能否：有才能与否。历历：逐一，一一。

⑳却行：倒着走。

㉑元康：晋惠帝的年号（291—299）。

【译文】

"臣子最初授官的时候，都要给君上写表章，名字就叫谢章，它的由来很久远了。推究谢章的本意，是想要进荐贤能来报答国家的恩情。从前舜任命禹为司空，禹下拜行稽首礼，让给稷、契和咎繇。唐尧、虞舜的时代，百官最初授职，没有谁不谦让的。谢章的意义，大概就是由此而来的吧。《尚书》记载了这些，是想要用来做世世代代的榜样。末世使用这个做法，不贤的人不能谦让贤人，虚假地感谢被任用的恩情罢了。这样传承不改变，是习俗的过失。分等级任用的官员上报的表章，能谦让贤人才通报，那些不能有所谦让、白白浪费简帛纸张的，都卡断不通报。这样，臣子最初授官的时候，就会各自思考推举贤能谦让了。谦让的表文，交付主管的人掌握。三公有空缺，选择三公官员中推让最多的人来任用。这是一公有空缺，三公已经预先选择好了。而且与其让主持选择的官吏推举人选，不如让三公自己共同选择一位担任这个职务更为详审周密。四征将军有空缺，选择四征将军中推让最多的任用他；这是其中之一空缺，四征将军已经预先推荐好备选人了，必定比存留空缺而让主管的人去选择更为详审周密。尚书有空缺，选择尚书台官员中推让最多的任用他；这是让八位尚书共同选择一位尚书，比面临空缺而去让主管的人选择八位尚书更为详审周密。郡守有空缺，选择诸郡官员中推让最多的任用他，比任由主管的人选择上百位郡守更为详审周密。用众多官员上百个郡官员推让的人选跟主管者选择的相比，不可以相提并论啊。贤能跟愚笨都谦让，百姓的耳目全都成为国家的耳目。人之常情，争竞那就想毁谤自己赶不上的人，谦让那就争着推举胜过自己的人。所以时世争竞则毁谤赞誉交相错杂，优秀跟低劣不分，难以谦让；时世谦让则贤能智慧之士就能显现，有才能与否就清晰明了，不可能混淆错乱。当这个时候，能够退隐修养自己的，谦让他的人就多了，即使想安于贫贱，也不可能；那些奔走追求禄位的人，想要让人家谦让，就像倒着走却寻求向前一样。像这样，愚者智者都知道要入仕做官寻求通达，不修养自己，则别无他途。那些向外交游寻求进身的人，在这时也随着回归于修养自身了。虚浮的言论，不用禁止就自行停息了。人人都不动用心计，放任众人的议论，天下自然就太平了。"元康年间，升任司空。

阎缵字续伯^①，巴西人也。杨骏为太傅^②，以缵补舍人，出为安复令^③。骏既被诛，莫敢收者^④。缵闻之，弃官免归^⑤，独以家财人力修墓，终成葬事。迁殿中将军^⑥，以疾不拜^⑦。愍怀太子之废^⑧，缵舆棺诣阙上书，理太子之冤^⑨。朝廷立太孙^⑩，缵复上疏陈："今相国虽已保傅东宫，至于旦夕训诲，辅导出入，动静劬劳^⑪，宜选寒苦之士，忠贞清正，老而不衰，以为师傅。其侍臣以下，文武将吏，且勿复取盛戚豪门子弟^⑫。魏文帝之在东宫，徐幹、刘桢为友^⑬，文学相接之道^⑭，并如气类^⑮。吴太子登，顾谭为友，诸葛恪为宾，卧同床帐，行则参乘^⑯，交如布衣，此则近代之明比也^⑰。天子之子，不患不富贵，不患人不敬畏，患于骄盈，不闻其过，不知稼穑之艰难耳。至于甚者，乃不知名六畜，可不勉哉！今不忍小相维持^⑱，令至阙失^⑲，顿相罪责，不亦误哉！太孙幼冲^⑳，选置兵卫，宜得柱石之士如周昌者^㉑。"朝廷善其忠烈，擢为汉中太守^㉒。

【注释】

①阎缵：字续伯，巴西安汉（今四川南充）人。先为太傅杨骏舍人，转安复令，后任西戎校尉司马，有功，封平乐乡侯，升为汉中太守。

②太傅：官名。三公之一，辅弼天子治理天下。

③安复：县名。西晋太康元年（280）改安成县置，治今江西安福。

④收：埋葬，收殓。

⑤免归：免除职务并遣送回乡。

⑥殿中将军：晋武帝时，置殿中将军、殿中司马督二官，分隶左右二卫。掌殿内宿卫。

⑦拜：任官，授职。

⑧愍怀太子：司马遹。

⑨理：申诉，辩白。

⑩太孙：皇帝的长孙。

⑪动静：特指起居作息。劬（qú）劳：劳累，劳苦。

⑫盛戚：权势很大的皇族外戚。

⑬徐幹、刘桢：均为建安七子中人。

⑭相接：交接，交相。

⑮气类：意气相投者。

⑯参乘：古代乘车，尊者在左，御者在中，一人在右陪坐，称参乘或车右。

⑰比：例，成例。

⑱维持：维护，帮助。

⑲阙失：失误，错误。

⑳幼冲：指年龄幼小。

㉑周昌：秦时为泗水卒史，后随刘邦入关破秦，任御史大夫，封汾阴侯，刘邦欲废太子，他直言谏止。

㉒汉中：郡名。战国秦置，治南郑县（今陕西汉中）。

【译文】

阎缵，字续伯，是巴西人。杨骏担任太傅，将阎缵补任为舍人，出朝外放担任安复县令。杨骏被诛杀后，没人敢埋葬他。阎缵听说这事后，弃官返家，独自用家中财物人力来修建坟墓最终安葬了杨骏。升任殿中将军，因病没有赴任。愍怀太子司马遹被废，阎缵装载棺木到京师上书，申诉太子的冤情。朝廷立太孙，阎缵又上疏陈述说："现今相国虽然已经辅佐太孙，至于说到天天早晚教诲他，辅助引导出入，行止动静这些辛苦的事情，应该选取寒微清苦的士人，忠诚贞洁清白正直，年老却不衰颓，来当老师。那些侍臣以下文武将吏，也不要再取用权势很大的外戚豪门子弟。魏文帝曹丕在东宫做太子的时候，徐幹、刘桢是他的朋友，曹丕的治学著文和待人接物之道和他们相类似。吴太子孙登，顾谭是他的朋友，诸葛恪是他的宾客，躺卧同一张床，外出乘同一辆车，相交跟平民一样，这些都是近来明显的例子。天子的儿子，不担忧不富贵，不担忧别人不敬畏，担忧骄傲自满，听不到自己的过失，不知道农业劳动的艰难。至于更严重的，竟然不知道六畜的名字，能不努力吗！现在不忍心趁年幼加以管教维护，致使犯错，立即加以惩责，不是误了时机吗？现太孙年纪幼小，选择设置士兵护卫，应该选像周昌那样能担当重任的人。"朝廷赞美他的忠义壮烈，提升他为汉中太守。

段灼字休然①，敦煌人也。为邓艾镇西司马②，征拜议郎③。世祖即位，灼上疏追理艾曰④："故征西将军邓艾诛，以性刚急，矜功伐善⑤，而不能协同朋类，轻犯雅俗，失君子之心，故莫肯理之者。臣敢昧死⑥，言艾不反之状。艾本屯田掌犊人⑦，宣皇帝拔之于农吏之中⑧，显之于宰府之职⑨。先帝委艾以庙胜成图⑩，指授长策⑪。艾受命忘身，前无坚敌，军不逾时，而巴、蜀荡定。艾功名已成，亦当书之竹帛⑫，传祚万世⑬，七十老公，复何所求哉！艾以刘禅初降，远郡未附，矫令承制⑭，权安社稷⑮。虽违常科⑯，有合古义，原心定罪，事可详论。锺会有吞天下之心，恐艾威名，知必不同，因其疑似，构成其事⑰。夫反非小事，若怀恶心，即当谋及豪桀，然后乃能兴动大众⑱。不闻艾有腹心一人，临死口无恶言，而独受腹背之诛，岂不哀哉！故见之者垂涕，闻之者叹息。此贾谊所以慷忾于汉文、天下之事可为痛哭者⑲，良有以也⑳。昔秦民怜白起之无罪㉑，吴人伤子胥之冤酷㉒，皆为之立祠。天下之人，为艾悼心痛恨㉓，亦由是也。谓可听艾门生故吏㉔，收艾尸枢，归葬旧墓，以平蜀之功，继封其后，使艾阖棺定谥㉕，死无所恨。赦冤魂于黄泉，收信义于后世，则天下徇名之士㉖，立功之臣，必投汤火㉗，乐为陛下死矣。"世祖得表省览㉘，甚嘉其意。

【注释】

①段灼：字休然。官至明威将军、魏兴太守，封关内侯。

②镇西司马：镇西将军的属官。

③议郎：汉设置。为光禄勋所属郎官之一，掌顾问应对，无常事；汉秩比六百石，多征贤良方正之士任之。

④追理：追述申理。

⑤矜功:恃功。伐善:夸耀自己的长处。

⑥昧死:冒死。是古时臣下上书帝王习用语,表示敬畏之意。

⑦掌犊人:掌管屯田中官牛(官府饲养的牛)的人。

⑧宣帝:司马懿。农吏:农政小吏。

⑨宰府:宰相办公之所(邓艾曾任太尉府的掾属)。

⑩庙胜:指朝廷预先制定的克敌制胜的谋略。

⑪指授:指导传授。长策:良计。

⑫竹帛:喻书籍。此处指史书。

⑬传祚:谓流传后世。

⑭矫令:假托命令。承制:指秉承皇帝旨意而便宜行事。

⑮权:权变。

⑯常科:通常的规格,普通的等级。

⑰构成:指凭空捏造出某种过失或缺点。

⑱大众:古代对夫役、军卒人等的总称。

⑲贾谊所以慷忾(xì)于汉文、天下之事可为痛哭者:见《治安策》:
　　"臣窃惟事势,可为痛哭者一,可为流涕者二,可为长太息者六。"
　　慷忾,感慨。文帝,汉文帝。

⑳有以:有因,有道理,有规律。

㉑白起:秦国名将。据《史记》,他因受到应侯诬陷,"秦王乃使使者
　　赐之剑,自裁。……遂自杀。……秦人怜之,乡邑皆祭祀焉"。

㉒子胥:伍子胥,楚人,吴国名将,被谮杀。冤酷:无罪而加刑戮。

㉓悼心:伤心,痛心。

㉔听:听凭,任凭。

㉕阖棺:盖棺。

㉖徇名:舍身以求名。徇,通"殉"。

㉗投汤火:敢于投入沸水,投入烈火。比喻不避艰险。

㉘省览:审阅,观览。

【译文】

段灼,字休然,是敦煌人。任邓艾的镇西司马,征召任职议郎。晋武帝登上皇位,段灼上疏为邓艾追述申辩说:"故征西将军邓艾被诛杀,是因为他性格刚直急切,依仗自己的功劳,夸耀自己的优点,而不能团结同僚,轻率冒犯了高雅人士和世俗之人,失去了君子们的心,所以没有人肯给他申辩。我冒死说说邓艾并没有谋反的情况。邓艾本来是屯田军中掌管官牛的人,宣帝从农政小吏中提拔了他,让他在宰府中担任显耀职务。先帝把朝廷预先制定的克敌制胜的现成谋略交给他,指导传授好的计策。邓艾接受命令忘掉自身安危,屡破强敌,出兵时间不长,就扫荡平定了巴、蜀。邓艾功成名就,也应当书写在史册中,流传后代,七十岁的老人了,还有什么可追求的呢!邓艾因为刘禅刚投降,边远的郡还没有归附,假托命令说是秉承皇帝的旨意便宜行事,用权变的方法来安定社稷江山。这虽然是违背了常规,但也符合古义,溯源他的本心来定罪,事情是可以研究讨论的。钟会有吞并天下的野心,恐惧邓艾的威名,知道他必定不会跟自己合作,借着邓艾的嫌疑,而构陷邓艾。造反不是小事,倘若怀着坏心,就应当跟豪杰商量计谋,然后才能把夫役军卒鼓动起来。没听说邓艾有一个心腹之人,临死口中也不出恶言,而独自受到诛杀,难道还不悲哀吗!所以看见的流下眼泪,听到的长长叹息。这就是贾谊对汉文帝感慨天下的事情可以痛哭者,太有道理了。从前秦国民众怜惜白起无罪而死,吴国人伤痛伍子胥无罪而受到刑戮,都为他们建立祠堂。全天下的人,为邓艾伤心遗憾,也是因为这一点啊。我认为可以听凭邓艾的学生和原来的下属,收殓邓艾的灵柩,回归埋葬在祖坟,依照平定蜀国的功劳,让他的后人受封,给邓艾本人盖棺论定,封给谥号,让他死而无憾。使邓艾的冤魂在黄泉下得到赦免,使朝廷的信义流传于后世,那么天下舍身求名的士人,想建立功劳的臣子,必定会赴汤蹈火,乐意替陛下去死了。"晋武帝得到奏表审阅了,认为他的意见很好。

虞悝①，长沙人也②。弟望字子都③。并有士操④。闺门有孝悌之称⑤，乡党有廉信之誉⑥。谯王承临州⑦，王敦作逆，遣使招承，承不应，与甘卓相结⑧，起义赴都。承于是命悝为长史，望为司马。敦遣魏乂等攻战转急⑨，望临陈授首⑩，悝为魏乂所害。临刑，乡人送以百数，与相酬酢⑪，意气周洽⑫，有如平日。子弟号泣，悝谓曰："人生有死，阖门为忠义鬼，亦何恨哉！"及敦被诛，诏书追述悝、望忠勋，赠悝襄阳太守⑬，望荥阳太守⑭，遣谒者至墓吊祭。

【注释】

①虞悝：有士操，以孝悌廉信为乡里敬重。少仕州郡，为治中、别驾，转湘州刺史、谯王司马承长史。王敦围攻司马承，城破被杀。

②长沙：郡名。秦置，治临湘县（今湖南长沙）。

③望：即虞望，字子都。与兄齐名，少仕州郡，转湘州刺史、谯王司马承司马，督护诸军。王敦围攻司马承，望出战，兵败被杀。

④士操：士大夫应有的节操。

⑤闺门：宫苑、内室的门。借指宫廷、家庭。孝悌：孝顺父母，敬爱兄长。称：名声，声誉。

⑥乡党：泛称家乡。廉：喻人的禀性方正，刚直。

⑦谯王承：晋谯愍王司马承，字敬才。晋宗室，历任奉车都尉、安夷护军、游击将军等；永嘉南渡投奔琅邪王司马睿，担任军咨祭酒，袭封谯王。司马睿称帝后，历任屯骑校尉、辅国将军、湘州刺史等。王敦之乱爆发后，奉命起兵平叛，困于湘州长沙县，城陷被擒，遇害。临：治理，主政。州：指湘州（司马承出任湘州刺史）。

⑧甘卓：字季思，丹阳（治今江苏南京）人。初仕为郡主簿，司马睿镇建康，授扬威将军、历阳内史，以功升湘州刺史。王敦叛乱，与

陶侃等联兵具讨,迁镇南大将军、荆梁二州刺史。

⑨魏乂:王敦部将,时任南蛮校尉。

⑩授首:指被杀。

⑪酬酢:主客相互敬酒,主敬客称酬,客还敬称酢。

⑫意气:精神,神色。

⑬赠:古代皇帝为已死的官员及其亲属加封。襄阳:郡名。魏置,治襄阳县(今湖北襄阳)。

⑭荥阳:郡名。魏置,治今河南荥阳,不久废。晋复置。

【译文】

虞悝,是长沙人。弟弟虞望,字子都。兄弟俩都有士大夫的节操。在家族中有孝顺父母、尊敬兄长的名声,在家乡有廉正诚信的赞誉。谯王司马承主政湘州,王敦作乱,派遣使者招司马承,司马承不答应,跟甘卓联合,发起义兵前往京师。司马承于是任命虞悝担任长史,虞望担任司马。王敦派遣魏乂等将领进攻更为猛烈,虞望在战阵上被杀,虞悝被魏乂杀害。临刑之时,有一百多名同乡前来送别,虞悝与同乡们相互敬酒,神情和洽,跟平常一样。子侄辈号哭,虞悝对他们说:"人生必有死亡,全家成为忠义的鬼魂又有什么遗憾的!"等到王敦被杀,诏书追述虞悝、虞望的忠诚功勋,加封虞悝襄阳太守,虞望荥阳太守,派遣谒者到他们的坟墓吊唁祭奠。

刑法志

侍中臣顾言①:"夫杀生赏罚②,治乱所由兴也。人主所谓宜生,或不可生,则人臣当陈所以宜杀;人主所谓宜赏,或不应赏,则人臣当陈所以宜罚,然后治道耳。古之圣贤欲上尽理务③,下收损益④,莫不深闭慎密⑤,以延良谟⑥。兆庶内外咸知主如此^⑦,然后乃展布腹心^⑧,竭其忠诚耳。"

【注释】

①顾:《全晋文》以为"顾"字乃"颜"字之误,并将此文归之裴颜名下。

②杀生:生杀。指主宰生死。

③理务:处理政务。

④损益:指为政利弊。

⑤慎密:谨慎保密。

⑥延:引进,引导。良谟:良谋。

⑦兆庶:泛指众民,百姓。

⑧腹心:至诚之心。

【译文】

侍中臣颜说:"生杀赏罚,是造成天下太平还是混乱的原因。君主认为应该活的,倘若不该活,那么臣子就应当陈述应该杀死的理由;君主所认为应该赏赐的,倘若不该赏赐,那么臣子就应当陈述应该惩罚的理由,然后治理国家才算走上正道。古代的圣贤想在上尽力处理政务,在下能听到为政的利弊,没有不是把自己内心的真实想法深深地隐藏起来,来引发别人说出好的计谋。民众和朝廷内外官员都知道主上是这样的,然后就会展露至诚之心,竭尽他们的忠诚。"

廷尉刘颂表曰^①:"臣昔上行肉刑,从来积年,遂寝不论^②。臣窃以为议者拘孝文之小仁^③,而轻违圣王之典刑,未详之甚,莫过于此。今死刑重,故非命者众^④;生刑轻^⑤,故罪不禁奸。所以然者,肉刑不用之所致也。今为徒者^⑥,类性元恶不轨之族也^⑦。去家悬远^⑧,无衣食之资,饥寒切身,志不聊生,廉士介节者^⑨,则皆为盗贼,岂况本性奸凶无赖之徒乎⑩？是以徒亡日属⑪，贼盗日繁，得辄加刑，日益一岁，此为终身之徒也。自顾反善无期⑫，而灾困逼身，其志亡思盗，势不得息，事使之然也。古者用刑以止刑，今反于此，以刑生刑，以徒生徒。诸重犯亡者，发过三寸，辄重髡之⑬，此以刑生刑；加作一岁，此以徒生徒也。徒亡者积多，系狱猥蓄⑭。议者曰：'囚不可不赦。'复从而赦之，此为刑不胜罪，法不胜奸。民知法之不胜，相聚而谋为不轨，月异而岁不同。故自顷年以来，奸恶凌暴，所在充斥，渐以滋漫，议者不深思此，故曰：'肉刑于名忤听⑮。'忤听孰与盗贼不禁？圣王之制肉刑，远有深理，其事可得而言，非徒心惩其畏剥割之痛而不为也，去其为恶之具，使夫奸民无用复肆其志，止奸绝本，理之尽也。亡者刖其足⑯，无所用复亡；盗者截其手，无所用复盗；淫者割其势，理亦如之。除恶塞源，莫善于此。今宜取死刑之限重，生刑之限轻，及三犯逃亡淫盗，悉以肉刑代之，其应四五岁刑者，皆髡笞，使各有差，悉不复居作⑰，然后刑不复生刑，徒不复生徒。而残体为戮⑱，终身作诫，民见其痛，畏而不犯，必数倍于今，岂与全其为奸之手足，而蹴居必死之穷地同哉⑲！而犹曰肉刑不可用，窃以为不识务之甚也⑳。"

【注释】

①刘颂：字子雅，广陵（今江苏扬州）人。历任司马昭相府掾、尚书三公郎、中书侍郎、廷尉等职。

②寝：止息，废置。

③孝文：汉文帝刘恒，他曾废止肉刑。

④非命：横死，非正常死亡。

⑤生刑：死刑以外的一切刑罚。

⑥徒：即徒刑，将罪犯拘禁于一定场所，剥夺其自由，并强制劳动的刑罚，古代五刑之一。

⑦元恶：大恶之人，首恶。

⑧悬远：相距很远。

⑨介节：刚直不随流俗的节操。

⑩岂况：何况。

⑪属（zhǔ）：继续，联接。

⑫自顾：自念。反善：回心向善。

⑬髡（kūn）：古代剃发之刑。

⑭猥：多，繁多。

⑮忤：违逆，触犯。听：指美名善誉。

⑯刖（yuè）：断足之刑。

⑰居作：罚令囚犯服劳役。

⑱戮：惩罚。

⑲蹴（cù）：踩，踏。

⑳识务：识时务。

【译文】

廷尉刘颂上表说："我从前上奏建议实行肉刑，已经过去很多年了，一直搁置没有讨论。我私下认为议论的人拘泥于汉文帝废止肉刑的小仁德，而轻易地违背了圣主的常刑，不审慎考虑实际情况，没有比这更过分的了。现今死刑重，所以死于非命的人很多；而死刑之外的一切刑罚轻，所以治罪不能禁止为非作歹。之所以会这样，是不采用肉刑的缘故啊。现今判了徒刑的人，类似于本性大恶的那一类人。离家很远，没有穿衣吃饭的生活来源，自身饥寒交迫，觉得无以为生，即使有节操不随流俗的人，也都成为盗贼，何况本性奸邪凶恶无赖的家伙们呢？因此徒刑犯逃亡的事天天都有，盗贼一天多过一天，抓到了就增加刑期，逃亡一天加刑一年，这就成了终身服役的刑徒。他们自感回心向善遥遥无期，而灾难困苦缠身，所以只想逃亡去当盗贼，势必不能停止，这是事情发展让他这样的呀。古代用刑罚来制止刑罚，现今却反过来，是用刑罚来促生刑罚，用刑徒来促生刑徒。那些重犯逃亡的人，头发超过三寸，就要重新剃掉，这就是用刑罚促生刑罚；增加劳作一年，这就是用刑徒促生刑徒。刑徒逃亡者越积越多，关进监狱的犯人就越积越多。议论的人说：'囚徒不可以不赦免。'又跟着赦免，这就是刑罚不能制止犯罪，法令无法惩治邪恶罪人。民众知道法令不能惩治罪犯，就相互聚集图谋不轨，每年每月都不一样。所以从近年以来，奸恶凌暴之事充斥各地，逐渐滋长蔓延，议论的人不深思这些，却说：'肉刑在名声上难听。'名声难听跟盗贼不能禁止怎么比？圣明君王制定肉刑，有深远的道理，就采用肉刑能有收效而言，犯人不单是心中畏惧割削骨肉的痛苦而不敢去做，去掉他作恶的器官，使得那些奸邪之民再不能放肆作恶，制止奸邪断绝根本，这是终极的道理。逃亡的砍断他的脚，就没办法再逃跑；偷盗的砍断他的手，就没办法再偷盗；奸淫的人割掉生殖器，道理也一样。除去罪恶堵塞源头，没有比这个更好的了。现今应该取那些判死刑太重，判生刑太轻的罪行，以及屡次逃亡、奸淫、盗窃，全都用肉刑来代替，那些应该判四五年徒刑的罪行，都判为髡刑及鞭笞刑，让各种刑罚各有差别，都不再服劳役，然后可以达到刑罚不再促生刑罚，刑徒不再促生刑徒。而以伤残身体作为惩罚，成为一辈子的鉴戒，民众见到他的痛苦，从而畏惧不敢犯法，效果必然比今天高几倍，这跟保全他们作恶的手脚，而踏上必死的困境绝地比起来相同吗！但有人还说肉刑不可以用，我私下认为这实在是太不识时务了。"

卫展字道野①，河东人也。迁大理②，上书曰："今施行诏书，有考子正父死刑③，或鞭父母问子所在。近主者所称

《庚寅诏书》④，举家逃亡，家长斩。若长是逃亡之主斩之，斩之虽重犹可也。设子孙犯事，将考父祖逃亡，逃亡是子孙，而父祖婴其酷⑤，伤顺破教⑥。如此者众，相隐之道离⑦，则君臣之义废；君臣之义废，则犯上之奸生矣。秦网密文峻⑧，汉兴，扫除烦苛，风移俗易，几于刑厝⑨。大人革命⑩，不得不荡其秽匿⑪，通其圮滞⑫。今诏书宜除者多，有便于当今，著为正条⑬，则法差简易⑭。"元帝令曰⑮："自元康已来⑯，事故荐臻⑰，法禁滋漫，大理所上，宜朝堂会议，蠲除诏书不可用者⑱，此孤所虚心者也。"

【注释】

①卫展：字道野，历任尚书郎、南阳太守、江州刺史等职。

②大理：掌刑法的官。

③考：刑讯，拷打。正：通"证"，证实。

④主者：主管人。《庚寅诏书》：庚寅年颁布的诏书。

⑤婴：遭受，遇。

⑥顺：道理。

⑦相隐：见《论语·子路》："孔子曰：'……父为子隐，子为父隐，直在其中矣。'"离：背离。

⑧网：法网。文：指法令条文。

⑨刑厝（cuò）：搁置刑法而不用。

⑩大人：指在高位者。革命：指实施变革以应天命。古代认为王者受命于天，改朝换代是天命变更，因称革命。

⑪秽匿：污浊，邪恶。匿，同"慝（tè）"，邪恶。

⑫圮（pǐ）滞：壅塞。

⑬正条：正式颁定的法令条文。

⑭差：比较，略微。

⑮元帝：晋元帝司马睿，字景文。依靠中原南迁士族，联合江南大族，统治长江中下游和珠江流域。刘曜破长安，愍帝死，他在南方建立政权，史称东晋。

⑯元康：晋惠帝司马衷的年号（291—299）。

⑰事故：变故。荐臻：接踵而至，屡次降临。

⑱蠲（juān）除：废除，免除。

【译文】

卫展，字道野，是河东人。升任大理，上书说："现今施行诏书，有拷问儿子来证实父亲应判死刑，还有鞭打父母讯问儿子的下落。最近主事的人称说的《庚寅诏书》，有全家逃亡，家长问斩的规定。倘若家长是逃亡的主使而斩杀他，斩杀的刑罚即使重也还是可以的。假使子孙干出犯法的事逃亡了，将要拷问他父亲、祖父他逃亡的情况，逃往的是子孙，而父、祖却要承受刑罚，则不合乎情理，有损教化。像这样的事情多了，就会破坏父子之间相互隐瞒罪过的人之常情，那么君臣的大义也就会被废弃；君臣大义废弃了，那么犯上的奸邪就产生了。秦朝法网严密法令条文峻峭，汉朝兴起，扫除繁杂苛细的秦法，风俗转移改变，刑法几乎搁置不用。大人物革除天命改朝换代，不得不涤荡那些污浊邪恶，导通那些堵塞。现今诏书中应该除去的很多，把对当今有利的，确定为正式条文，那么法律就比较简便易行了。"元帝下令说："从元康以来，变故接连发生，法律禁令滋生蔓延，大理所奏上的事情，应该在朝堂上聚会论议，免除诏书中不可使用的，这是我的愿望。"

转廷尉，又上言："古者肉刑，事经前圣，愚谓宜复古施行。"中宗诏曰①："可内外通共议之②。"于是骠骑将军王导等③，议以"肉刑之典，由来尚矣④。肇自古先⑤，以及三代，圣哲明王，所未曾改。班固深论其事⑥，以为外有轻刑之名，内实杀人,轻重失当,故刑政不中也。且原先王之造刑名也⑦,非以过怒也,非以残民也,所以救奸⑧,所以当罪也⑨。今盗者窃人之财,淫者好人之色,亡者避叛之役,皆无杀害也。刖之以刑,刑之则止,而加之斩戮,戮过其罪,死不可生。纵虐于此,岁以巨计。此乃仁人君子所不忍闻,而况行之于政乎?若乃惑其名而不练其实⑩,恶其生而趣其死,此畏水投舟⑪,避坎陷井⑫,愚夫之不若,何取于政哉”。

【注释】

①中宗:司马睿的庙号。

②内外:指朝廷和地方。

③骠骑将军:汉武帝始置,以霍去病为之,金印紫绶,位同三公;东汉后各代沿用。王导:字茂弘,琅邪郡临沂县(今山东临沂)人。历仕晋元帝、明帝和成帝三朝,是东晋政权的奠基人之一。东晋建立后,历任骠骑大将军、侍中、司空、中书监等。

④尚:久,远。

⑤肇:开始,创始。古先:往昔,古代。

⑥班固:字孟坚,东汉扶风安陵(今陕西咸阳东)人。是有名的历史学家,《汉书》的编纂者。

⑦原:推原,溯源。刑名:刑律。

⑧救:制止,阻止。

⑨当罪:指抵罪。

⑩练:通“拣”,选择。

⑪投:抛弃。

⑫坎:坑,地面凹陷处。

【译文】

卫展转任廷尉，又上疏说："古代实施的肉刑，是前代圣人使用过的，我认为应该恢复古制来实施。"中宗下诏说："可以让朝廷和地方一起来商议。"于是骠骑将军王导等人，商议道"肉刑的制度，由来很久远了。从古代开始，到了夏商周三代，那些英明帝王，都不曾有所改变。班固深刻地论述了这件事，认为废除肉刑从表面上看有减轻刑罚的名声，实际是杀人，轻重处理不恰当，所以刑法政令难以适中公允。况且推究溯源先王造作刑律，不是为了发泄愤怒，不是为了残害民众，而是为了制止奸邪，是为了抵消罪恶。现今偷盗的人盗窃别人的钱财，奸淫的人贪图美色，逃亡的人躲避该服的劳役，都没有杀害人命。对他们施以砍足的刑罚，施加刑罚就能制止，但是要对他们施以斩刑，则惩罚超过了罪过，死了不能再生。被任意残害处死的，每年都有很多。这是有仁德的人和君子所不忍心听闻的，何况要列于政令呢？至于被名声所迷惑而不顾及实情，厌恶他们生存而促使他们死亡，这是害怕水淹却抛弃舟船，躲避坑坎却掉进井里，连愚蠢的人都不去做，何况列于政令之中呢"。

百官志

中书郎李重以为等级繁多①，在职不得久，又外选轻而内官重②，以使风俗大弊，宜厘改③，重外选，简阶级④，使官人⑤。议曰："古之圣王，建官垂制，所以体国经治⑥，而功在简易。自帝王而下，世有增损。舜命九官⑦，周分六职⑧，秦采古制。汉仍秦旧⑨，倚丞相，任九卿⑩，虽置五曹、尚书令、仆射之职⑪，始于掌封奏⑫，以宣外内⑬，事任尚轻，而郡守牧民之官重⑭。故汉宣称所与为治，唯良二千石⑮。其有殊政者，或赐爵进秩⑯，谅为治大体⑰，所以远踪三代也。及至东京⑱，尚书虽渐优显⑲，然令、仆出为郡守⑳，便入为三公㉑，虞延、第五伦、桓虞、鲍昱是也㉒。近自魏朝名守杜畿、满宠、田豫、胡质等㉓，居郡十余二十年，或秩中二千石、假节㉔，犹不去郡。此亦古人'苟善其事，虽没世不徙官'之义也㉕。汉、魏以来，内官之贵，于今最隆，而百官等级遂多，迁补转徙如流，能不以著，黜陟不得彰㉖，此为治之大弊也。夫阶级繁多而望官久，官不久而望治功成，不可得也。《虞书》云：'三考，黜陟幽明㉗。'《周官》：'三年大计群吏之治，而行其诛赏㉘。'汉法官人，或不直秩㉙。魏初用轻资，亦先试守㉚，不称，继以左迁㉛。然则隽才登进，无能降退，此则所谓'有知必试，而使人以器'者也。臣以为今宜大并群官等级，使同班者不得复稍迁，又简法外议罪之制，明试守左迁之例，则官人理事，士必量能而受爵矣。居职者自久，则政绩可考，人心自定，务求诸己矣。"

【注释】

①中书郎：官名。中书侍郎的省称。在中书监、令之下，掌呈奏案章。李重：字茂曾，江夏钟武（今河南信阳）人。二十岁当本国中正，逊让未就，后为始平王文学，上疏陈述九品之弊，后历任太子舍人、尚书郎、中书郎、尚书吏部郎等，为司马伦相国左司马，忧虑成疾而死。

②外：外官，即在地方上做官。选：选才授官。内官：在京城朝内做官，也称京官。

③厘改：改革，改正。

④阶级：官员的品位、等级。

⑤官人：选择人才，授以官职。

⑥体国：创建或治理国家。经治：筹划治理。

⑦九官：古传舜设置的九个大臣。据《尚书·舜典》：禹作司空，弃作后稷，契作司徒，咎繇作士，垂共工，益作朕虞，伯作秩宗，夔典乐，龙作纳言，一共九官。

⑧六职：指治、教、礼、政、刑、事六种职事。见《周礼·天官·小宰》："以官府之六职，辨邦治：一曰治职，以平邦国，以均万民，以节财用。二曰教职，以安邦国，以宁万民，以怀宾客。三曰礼职，以和邦国，以谐万民，以事鬼神。四曰政职，以服邦国，以正万民，以聚百物。五曰刑职，以诘邦国，以纠万民，以除盗贼。六曰事职，以富邦国，以养万民，以生百物。"

⑨仍：沿袭，因循。

⑩九卿：古代中央政府的九个高级官职，汉以太常、光禄勋、卫尉、太仆、廷尉、大鸿胪、宗正、司农、少府为九寺大卿（即九卿）。

⑪五曹：汉初置尚书五人，其一为仆射，四人分为四曹，常侍曹主丞相御史事，二千石曹主刺史二千石事，民曹主庶人上书事，主客曹主外国事，成帝时置五人，设三公曹主断狱事。尚书令：汉初尚书令属少府，秩六百石。执掌机密文书奏章。为皇帝近臣。秩轻而任重。东汉之后为权力中枢机构尚书台长官，总典纲纪，无所不统，职权极重。秩千石。仆射：尚书台的副长官。

⑫封奏：指臣下封牒上奏帝王。

⑬宣：宣通，疏通。

⑭牧民：治民。

⑮故汉宣称所与为治，唯良二千石：事见《汉书·循吏传》："（汉宣帝）常称曰：'庶民所以安其田里而亡叹息愁恨之心者，政平讼理也。与我共此者，其唯良二千石乎！'"汉宣，即汉宣帝刘询。二千石，秩俸名。汉制，郡守俸禄为二千石，于是称郡守为二千石。

⑯进秩:进升官职,增加俸禄。

⑰谅:确实。大体:重要的义理,有关大局的道理。

⑱东京:洛阳。这里指东汉。

⑲优显:贵显。

⑳令、仆:尚书令、尚书仆射。

㉑三公:古代中央三种最高官衔的合称,东汉以太尉、司徒、司空为三公,后代沿用。

㉒虞延:字子大,陈留东昏(今河南兰考)人。历任细阳县令、洛阳令、南阳太守,入朝为太尉、司徒等职。第五伦:字伯鱼,京兆长陵(今陕西咸阳)人。于新莽时为乡啬夫,东汉时被京兆尹召为主簿,后被举孝廉,补淮阳国医工长,拜会稽太守,任蜀郡太守;后征召入朝,出任司空;晚年屡求辞职,逊位后数年去世。桓虞:字仲春,冯翊郡万年县(今陕西西安)人。任南阳太守,入朝后任司徒、光禄勋等职。鲍昱:字文泉,上党屯留(今山西长治屯留区)人。历任司隶校尉、汝南太守,入朝后任司徒、太尉等职。

㉓杜畿:字伯侯,京兆杜陵(今陕西西安东南)人。是东汉末及三国时曹魏官吏。曾任西平太守、河东太守等职,为魏军供应粮草,深为曹操所倚重。满宠:字伯宁,山阳昌邑(今山东巨野)人。初任许县县令,转任汝南太守,曾参与赤壁之战,曹叡时转任扬州,后因年迈调回中央任太尉,病逝谥号景侯。田豫:字国让。历任颍阴、郎陵令,弋阳太守等,从征代郡乌桓,参与对孙吴的作战,均有功勋,官至太中大夫,封长乐亭侯。胡质:寿春(今安徽寿县)人。官至荆州刺史、征东将军,追封阳陵亭侯,谥贞侯。

㉔中(zhòng)二千石:秩俸名。汉制,秩二千石,一年一千四百四十石,实际不满二千石;中二千石者,一年二千一百六十石,举成数就叫做中二千石。九卿皆为中二千石。中,满。假节:汉末与魏晋南北朝时,掌地方军政的官往往加使持节、持节或假节的称号;

假节得杀犯军令者。

㉕没世：终身，永远。

㉖黜陟：指人才的进退，官吏的升降。

㉗"《虞书》云"几句：见《尚书·舜典》："三载考绩，三考，黜陟幽明。"三考，古代官吏考绩之制，指经三次考核决定升降赏罚。幽明，善恶，贤愚。

㉘"《周官》"几句：见《周礼·天官·太宰》："三岁则大计群吏之治而诛赏之。"大计，官吏每三年一次的考绩。

㉙直秩：《太平御览》作"真秩"，译文据此翻译。

㉚试守：正式任命前试行代理某一职务。

㉛左迁：降官，贬职。

【译文】

中书郎李重认为官员的品级繁多，在一个职位不能长久，另外轻视地方官选用而重视任用京官，使得风俗大大败坏，应该改正，重视选拔地方官，简化官员的品位等级，让官位得到合适的人才。他提议说："古代圣明的君王设官建制，是为了治理好国家，而成功之处在于简便易行。从远古帝王以下，世代都有所增减。虞舜任命九个大臣，周朝分成六种职事，秦朝采用古代制度。汉朝因袭秦朝的旧制，倚靠丞相，任命九卿，虽然设立了五曹、尚书令、仆射等职务，这些官员开始不过是掌管封牒呈奏之事，来沟通宫禁内外，事务责任还比较轻，而郡守等治理民众的官员更重要。所以汉宣帝宣称能跟他一起治理国家的，只有好的二千石郡守。其中有政绩突出的，有的赏赐爵位，晋升官职，增加俸禄，这确实是治国理政的要点，是远远地追踪夏商周三代太平的方法啊。等到了东汉，尚书的地位虽然逐渐显贵，但是尚书令、尚书仆射出外任官就是郡守，回到朝廷就能担任三公，虞延、第五伦、桓虞、鲍昱都是这样的。近来从魏朝起有名的郡守杜畿、满宠、田豫、胡质等人，在郡守职位上十几二十年，有的官秩达到中二千石、假节，还是不离开任职之郡。这也是古人所说的'只要办好政事,即使干一辈子也不迁徙官职'之义。汉、魏以来,京官的高贵,在现今最为隆盛,而百官等级就此增多,升官补缺辗转任职如同流水一样,能力强的不能因此名声显著,官员的升降不能彰明,这是进行治理的大弊病啊。官员的品级繁多而希望在一个官位上久任,任官不长久而希望有政绩,这是不可能的。《尚书·虞书》说:'三次考核,区分贤愚,决定官员的升降。'《周官》说:'三年一次大举考核各个官员的治绩,而实行应得的奖惩。'汉朝的办法是选取人才授予官职,不会拘于职位或品级。魏朝开始任用资历较轻的官员,也要先试行代理这一职务,不称职,接着就要贬官。既然如此,那么才智出众的进用,没有能力的贬退,这就是所说的'有智慧才能的任官必须先试行代理,用人为官必须按照他的度量才干'。我认为现今应该大力合并官员的品第等级,使得朝班位次相同的人不能在短时间内再升迁,又应精简法令之外议定罪责的制度,明确试行代理降官贬职的条例,那么选人任官处理事务,士人必定会衡量自己的能力而接受官爵了。任职的时间自然就长久了,那么政绩就可以考核,人心就自然安定,人们就会努力要求自己尽职尽力。"

裴颜以万机庶政①,宜委宰辅,诏命不应数改,乃上疏曰:"臣闻古之圣哲,深原治道,以为经理群务②,非一才之任;照练万机③,非一智所达。故设官建职,制其分局④。分局既制,则轨体有断⑤;事务不积,则其任易处。选贤举善,以守其位,委任责成。立相干之禁⑥,侵官为曹⑦,离局陷奸⑧。犹惧此法未足制情⑨,以义明防,曰:'君子思不出位。'夫然,故人知厥务,各守其所,下无越分之臣,然后治道可隆,颂声能举,故称尧、舜劳于求贤,逸于使能。分业既辨⑩,居任得人,无为而治,岂不宜哉!及其失也,官非其才，人不守分，越位干曹，竞达所怀，众言纷错。莅职者不得自治其事，非任者横干他分。主听眩，莫知所信，遂亲细事，躬自听断，所综遂密，所告弥众。功无所归，非无所责，群下弃职，得辞宜罚，以此望治，固其难也。昔杜蒉既数师旷[11]，退而自酌[12]，以罚干职之非，记称其善[13]；陈平不知簿书之目[14]，汉史美其守职。政不可多门[15]，多门则民扰。于今之宜，选士既得其人，但当委责，若有不称，便加显戮，谁敢不尽心竭力？不当便有干职之臣，适不守局[16]，则所豫必广[17]；所豫适广，则人心赴之[18]；人心通赴，则得作威福。臣作威福，朝之蠹也[19]。帷幄张子房之谋者[20]，不宜使多，外委群司[21]，卑力所职，尊崇宰辅，动静咨度[22]，保任其负。如此，诏书必不复数改。听闻风言，颇以诏命数移易，为不安静。臣不胜狂瞽[23]，敢陈愚怀，乞陛下少垂省察。”

【注释】

①裴顾：疑作裴颜。万机：指帝王日常处理的纷繁的政务。庶政：各种政务。

②经理：治理。

③照：察知，示悉。练：详熟，熟悉。

④分（fèn）局：职司，等于说职分。

⑤轨体：规范，途径。断：断定，判定。

⑥相干：互相干扰，互相干犯。

⑦侵官：超越权限而侵犯其他官员的职权。曹：曹官，属官。

⑧离局：远离自己的部属，离开职守。

⑨制：控制，断绝，禁止。

⑩分业：分工。

⑪杜蒉既数师旷：事见《礼记·檀弓》：晋卿荀盈卒，未葬，晋平公饮酒奏乐，膳宰杜蒉认为卿佐之丧当哀悼，不当饮酒奏乐，遂进请罚乐师师旷等酒，并以越职进谏自罚一杯。杜蒉，一作"屠蒯"，春秋时晋平公膳宰。数，责备。师旷，当时晋国著名乐师。

⑫酌：这里指罚酒。

⑬记：注释经书的著作。这里指《礼记》。

⑭陈平：西汉开国功臣之一，曾任丞相。簿书：记录财物出纳的簿册。

⑮门：部门。

⑯局：权限，范围。

⑰豫：关涉，牵涉。

⑱赴：依附。

⑲蠹：蛀虫。

⑳张子房：张良。辅佐刘邦成就帝业的大臣。

㉑群司：百官。

㉒动静：偏指行动，动作，举止。咨度：咨询，商酌。

㉓狂瞽（gǔ）：愚妄无知。多用作自谦之辞。

【译文】

裴颁认为，繁纷复杂的政务，应该委任给辅政的大臣，诏命不应该屡次改变，于是上疏说："我听说古代的圣哲君王，深入推究治国之道，认为治理各种政务，不是单个人才的责任；察知熟悉纷繁的政务，不是单个智者所能达到的。所以设置官员确立职位，制定它们的职司。职司已经制定，那么规章方法就可以决定；事务不积累，那么任务就容易处理。选贤任能，让他们各守其位，委以职责，要求他们负责完成。设立禁止互相干扰的禁令，侵犯其他官员职权的贬为属官，脱离职守的按奸邪处理。还惧怕这一法令不足以控制断绝私情，就用道义来明确防范，说：'君子的思虑不会越出职权范围。'这样的话，就每人都知道他的职务，各自坚守他的岗位，下面没有越出本分的臣子，然后治理国家的大道就可以隆盛，赞颂的声音也能够扬起，所以称颂尧、舜在寻求贤才上辛劳，而因贤才得以任用而安逸。分工已经明确，居官任用得到合适的人，君王无为而治而政治清明，难道不好吗！反之，如果选用官员不当，人员不安守本分，越出本分干涉别的部门，争相表达自己的意见，众说纷纭，那么在职的官员不能自己处理职事，不是这一职位的人横加干涉他人的分内事，主上听得迷乱疑惑，不知道该相信谁，于是亲自处理细微小事，亲自判断，综合的情况多了，听到的内容也更多了。功劳不知道归于谁，有了过错不知道谁该担责，群臣官吏放弃自己的职守，又能躲避应得的惩罚，用这些来希望治理好国家，本来就是很难的。从前杜蒉责备了师旷后，退回去自我罚酒，来惩罚自己干预超越职权的错误，《礼记》称扬他做得对；陈平不知道钱谷出纳的账目，汉朝的史书赞美他能恪守职责本分。政务不可以出自多个部门，部门多了就会扰民。现今最合宜的做法是，选拔士人既然得到了合适的就应该委任给他们责任，倘若不称职，就要加以公开的惩罚，谁还敢不尽心竭力？如果委任不当就会出现越职的臣子，如果不恪守权限，那么所干涉的事情一定很广；所干涉的事情如果很广，那么人心就会依附他；人心都依附他，那么他就能作威作福。臣子作威作福，就是朝廷的蛀虫。像张良那样运筹帷幄的人，不应该使人数过多，外面委任各官，使其各尽职守，应尊崇宰相等辅政大臣，行动要咨询商讨，保证他们负起应负的责任。像这样，诏书就不必屡次改变。我听到一些传言，很有些认为诏命屡次更改，不是安稳妥当之举。我愚妄无知，冒昧陈述自己的愚见，请求陛下稍加留意检查。"

何曾字颖孝①，陈国人也②。为司隶校尉③，言于太祖曰④："公方以孝治天下，而听阮籍以重哀饮酒食肉于公坐⑤。宜摈四裔⑥，无令污染华夏。"太祖曰："此子羸病若此⑦，君不能为吾忍耶？"曾重引据⑧，辞理甚切⑨，朝廷惮焉。

泰始九年为司徒^⑩，以疲疾求退。孙绥位至侍中^⑪，潘滔谮之于太傅越^⑫，遂被杀。初曾告老^⑬，时被召见，侍坐终日^⑭，世祖不论经国大事，但说平生常语^⑮。曾出每曰："将恐身不免乱，能及嗣乎？"告其二子曰："汝等犹可得没^⑯。"指诸孙曰："此辈必遇乱死也。"及绥死，兄嵩曰^⑰："我祖其神乎？"

【注释】

①何曾：原名何谏，字颖孝，陈国阳夏（今河南太康）人。曹魏太仆何夔之子，袭封阳武亭侯。魏明帝时擢散骑侍郎，迁典农中郎将等。入晋后拜太尉兼司徒，迁太宰兼侍中，去世谥号为元。

②陈国：秦置陈郡，东汉改为陈国，治所在今河南淮阳。

③司隶校尉：是汉至魏晋监督京师（中央）和周边地方的监察官。

④太祖：晋文帝司马昭。

⑤听：听任，听凭。阮籍：字嗣宗，陈留尉氏（今河南开封）人。竹林七贤之一，曾任步兵校尉，世称阮步兵。重哀：指阮籍遭母丧。

⑥摈：排斥，弃绝。四裔：指四方边远之地。

⑦羸（léi）病：衰弱生病。

⑧引据：引证。

⑨辞理：指言辞的内容和表现形式。

⑩泰始九年：273年。泰始，晋武帝司马炎的年号（265—274）。司徒：周时为六卿之一，汉哀帝改丞相为大司徒，与大司马、大司空并列三公，东汉时改称司徒，历代因之。

⑪绥：即何绥，字伯蔚。官至侍中、尚书，奢侈过度，轻物简傲，后为东海王司马越所杀。

⑫潘滔：字阳仲。太常潘尼从子，初为愍怀太子洗马，东海王司马越引为长史，历任黄门郎、散骑常侍，迁河南尹。谮：毁谤，诬陷。太

傅：三公之一。越：即司马越，字元超。晋武帝司马炎从兄弟。晋
惠帝至晋怀帝时期权臣，八王之乱的参与者之一。

⑬告老：指官吏年老辞官退休。

⑭侍坐：在尊长近旁陪坐。

⑮平生：平素，往常。

⑯得没：得到善终。

⑰嵩：何嵩，字泰基。少历清官，领著作郎。

【译文】

何曾，字颖孝，是陈国人。担任司隶校尉，对太祖司马昭建言说："您
正在用孝道治理天下，而听任阮籍在母亲去世的重哀时在您的座席上饮
酒吃肉。应该把他扔到四方边荒之地，不要让他污染华夏中原。"太祖
说："这个人如此病弱，你不能为我忍一忍吗？"何曾重新引经据典，言辞
道理很是恳切，朝廷上的人都很畏惧他。泰始九年担任司徒，因为疲劳
疾病请求退职。他的孙子何绥官至侍中，被潘滔在太傅司马越前诬陷，
于是被杀。起初何曾退休后，时常被皇帝召见，陪坐整天，世祖司马炎不
谈论治国大事，只说些平素日常的话语。何曾出来常说："将来恐怕不免
祸乱，不知会不会牵连后代子孙？"告诉他的两个儿子说："你们还可以
得到善终。"指着那些孙子说："这些人必定会遇到祸乱而死啊。"等到何
绥死，哥哥何嵩说："我的祖父大概是神吧？"

羊祜字叔子，泰山人也。都督荆州诸军事，征南大将
军。上疏平吴，世祖深纳之，吴军人前后至者，不可胜数。
祜将入朝而有疾，至洛阳遂薨。南州市会闻丧①，举市悲号
而罢，于是传哭接音，邑里相达。百姓乃树碑岘峰②，立庙祭
祀。行人望碑，皆涕泗垂泣。杜预代镇③，名为"堕泪碑"。
吴灭，诏曰："祜建平吴之规④，其封祜夫人夏侯氏为'万岁

乡君'⑤,邑五千户,绢万匹。"吴平庆会⑥,群臣上寿⑦,世祖流涕曰:"此羊太傅之功,岂朕所能为也!"

【注释】

①南州:泛指南方地区。这里指荆州等地。市会:城市中的庙会集市。

②岘峰:在湖北襄阳。

③杜预:字元凯,京兆郡杜陵县(今陕西西安)人。曹魏授尚书郎,为司马昭幕僚。西晋历任河南尹、安西军司、秦州刺史、度支尚书,迁镇南大将军,为灭吴统帅之一。

④规:谋划。

⑤乡君:命妇封号。始见于三国魏,多封予后妃之母、乡侯之妻及高官妻女。

⑥庆会:喜庆的宴会。

⑦上寿:指向人敬酒,祝颂长寿。

【译文】

羊祜,字叔子,是泰山人。总领荆州等地军事,任征南大将军。上书建议平定吴国,世祖司马炎十分赞同并采纳了他的建议,吴军士兵前前后后来投奔的,数都数不尽。羊祜将要回到朝廷却生了病,到洛阳就去世了。荆州集市上的人听到噩耗,全集市的人悲伤号哭罢市,于是号哭声相连,直达乡里。老百姓就在岘峰竖立石碑,建庙祭祀。行路的人望见石碑,都哭得眼泪鼻涕流下来。杜预代替他镇守荆州,命名石碑为"堕泪碑"。晋朝灭吴后,武帝颁布诏书说:"羊祜提出平定吴国的谋划,封羊祜夫人夏侯氏为'万岁乡君',食邑五千户,绢一万匹。"在庆祝平定吴国的宴会上,群臣敬酒祝寿,世祖流泪说:"这是羊太傅的功劳,难道是我能做到的吗!"

　　秦秀字玄良①,新兴人也②。少以学行忠直知名,迁补博士。群率伐吴，诏以贾充为大都督③。秀性忌谗佞④，疾之如仇，轻鄙贾充⑤，闻其为大统⑥，心所不平，遂欲哭师⑦。及充卒议谥，秀请谥为"荒公"⑧。初，何曾卒，秀议曰："曾事亲有色养之名⑨，在官奏科尹之模；此二者，实得臣子事上之概⑩。然资性骄奢，不循轨则⑪，朝野之论，不可具言。俭，德之恭也；侈，恶之大也。曾受宠二代，显赫累世，荷保傅之贵，秉司徒之均⑫，而乃骄奢之名，被于九域⑬，有生之民，咸怪其行，秽皇代之美⑭，弃《羔羊》之节⑮，示后生之慠⑯，莫大于此。若生极其情，死又无贬，是则无正刑也⑰。王公贵人，复何畏哉？谨案谥法，名与实爽曰缪，怙乱肆行曰丑⑱。曾宜为缪丑公。古人阖棺之日，然后诔行⑲，不以前善没后恶也。"秀性悻直⑳，与物多忤㉑，为博士前后垂二十年㉒，卒于官。

【注释】

①秦秀：字玄良。是曹魏骁骑将军秦朗之子，担任博士，后因为齐王司马攸而被罢免，不久又任博士，长达二十余年都无法升迁，在任上去世。

②新兴：郡名。东汉置，治所在九原县（今山西忻州）。

③大都督：高级军官，三国吴、魏于战争时临时设置，作为加官，后渐成为常设官职，地位极高，晋、南朝沿置。

④谗佞：谗邪奸佞之人。

⑤轻鄙：小看，轻视。

⑥大统：军队统帅。

⑦哭师：对出征军队痛哭，来作为劝谏。

⑧荒：这是下谥（恶谥），据《逸周书·谥法解》："外内从乱曰荒，好乐怠政曰荒。"

⑨色养：称人子和颜悦色奉养父母或承顺父母颜色。

⑩概：节操。

⑪轨则：规则，准则。

⑫均：古代制造陶器的转轮。比喻权柄。

⑬被：覆盖。九域：九州。

⑭皇代：等于说国朝，当今之世。

⑮《羔羊》之节：见《毛诗序》："《羔羊》……召南之国化文王之政，在位皆节俭正直，德如羔羊也。"

⑯后生：后辈，下一代。傲：同"傲"。

⑰正刑：正常的法度。

⑱怙（hù）乱：乘乱取利。肆行：指恣意妄为。

⑲诔（lěi）：古代列述死者德行，表示哀悼并以之定谥（多用于上对下）。

⑳悻直：倔强，刚直。

㉑物：人。

㉒垂：将近。

【译文】

秦秀，字玄良，是新兴郡人。少年时就以学问品行忠诚正直闻名，升官补缺做了博士。诸位将帅征伐吴国，诏令让贾充当大都督。秦秀生性忌恨谗邪奸佞的人，痛恨他们有如仇人一样，轻视贾充，听说他当了军队统帅，内心不平，就想去哭师劝谏。等到贾充去世商议谥号，秦秀请求给予谥号"荒公"。当初，何曾去世，秦秀上奏议论说："何曾事奉双亲有和颜悦色孝顺的名声，为官上奏进言以伊尹为楷模；这两方面实在是坚守了臣子侍奉君上的节操。但是他天性骄横奢侈，不遵循规则，朝廷内外的议论很多，不能详细诉说。俭，是德行中最值得尊崇的；侈，是最大的恶行。何曾受宠于两代皇帝，接连几代显赫，拥有太保、太傅的尊贵，掌握着司徒的权柄，而骄横奢侈的名声，传遍了九州，民众全都对他的行为感到惊异，他玷污了皇朝的美名，丢弃了《羔羊》所赞颂的士大夫节操，向后代显示的是骄傲，失德没有比这更大的了。倘若活着的时候尽情骄纵，死了又没有贬斥，那么这就是没有正常的法度了。王公贵人，又还有什么畏惧的呢？恭谨地依据谥法，名实不符叫做缪，乘乱取利恣意妄为叫做丑。何曾应该谥为缪丑。古人盖棺定论之后才写诔文哀悼，不能用前面的善行掩盖后面的恶行。"秦秀性子刚直，跟人多有不和，担任博士前后将近二十年，死在任上。

　　李憙字季和①，上党人也。累辟三府不就②，宣帝复辟为太傅属③，固辞。世宗辅政④，命憙为大将军从事中郎⑤。憙到引见⑥，谓憙曰："昔先公辟君而不应，今孤命君而至，何也？"对曰："先君以礼见待，憙得以礼进退⑦；明公以法见绳，憙畏法而至。"帝甚敬重焉，迁太常、司隶校尉⑧。

【注释】

①李憙（xǐ）：字季和，上党郡铜鞮县（今山西沁县）人。魏时任并州别驾、御史中丞、凉州刺史、冀州刺史、司隶校尉等职。西晋时官至光禄大夫、特进。

②辟：征召。三府：汉三公皆可开府，因称三公为三府；后世泛称国家最高行政长官。

③宣帝：司马懿。

④世宗：司马师。

⑤从事中郎：大将军属官，职参谋议，地位较高。

⑥引见：引导入见，指皇帝接见臣下或宾客时由有关大臣引导入见。

⑦进退：出仕和退隐。

⑧太常：掌宗庙礼仪，兼掌选试博士。

【译文】

李憙，字季和，是上党人。三公府多次征召不去，司马懿又征召他为太傅属官，他坚决推辞。司马师辅佐治理政事，任命李憙为大将军从事中郎。李憙到了后被引导入见，司马师对李憙说："从前先公征召你不答应，今天我任命你就来了，为什么呢？"回答说："您故去的父亲以礼相待，我就能以礼来出仕或退隐；您用法令来约束我，我畏惧法令而来到。"皇帝很敬重李憙，提拔他任太常、司隶校尉。

传

刘毅字仲雄，东莱人也①。治身清高，厉志方直，为司隶校尉。皇太子鼓吹入东掖门②，毅奏劾保傅以下。诏赦之，然后得入。

【注释】

①东莱：郡名。东汉时治所为黄县（今山东龙口）；西晋改东莱国，治所在掖县（今山东莱州）。

②鼓吹：演奏鼓吹曲（古代的一种器乐合奏曲）。掖门：凡皇宫或殿正门两旁的门及别的侧门都称掖门。

【译文】

刘毅，字仲雄，是东莱人。修身纯洁高尚，磨炼意志端方正直，担任司隶校尉。皇太子演奏鼓吹曲进入皇宫东侧门，刘毅上奏弹劾太子保傅以下官员。皇帝下诏书赦免他们，然后才进入。

世祖问毅曰："卿以吾可方汉何帝？"对曰："可方桓、灵①。"世祖曰："吾虽德不及古人，犹克己为治，又平吴会，混一天下②，方之桓、灵，其已甚乎？"对曰："桓、灵卖官钱入官库，陛下卖官钱入私门③，以此言之，乃殆不如桓、灵也。"习凿齿《阳秋》曰④：毅答已，帝大笑曰："桓、灵之朝，不闻此言，今有直臣，故不同乎？"散骑常侍邹湛进曰⑤："世说以陛下比汉文帝，人心犹多不同。昔冯唐答文帝曰⑥：'不能用颇、牧⑦。'而文帝怒。今刘毅言犯顺而陛下乐⑧，以此相校，圣德乃过之也。"帝曰："我平天下而不封禅，焚雉头裘⑨，行布衣礼。今于小事，何见襃之甚耶？"湛曰："圣诏所及，皆可豫先算计，以长短相推，慕名者能力行为之。至

卷三十

晋书（下）

【题解】

本卷节录了晋朝十多位臣子的事迹。刘毅部分主要节录他对九品中正制的批评。张华部分写他的忠贞，在暗主虐后之朝苦心弥缝，却不免被害的命运。裴颜除了节录他劝谏不要用幼童侍从太子外，主要写他对清谈之风的批评及写作《崇有论》。傅玄则主要写他跟晋武帝司马炎关于听取建言的互动。任恺主要写他被贾充等人谗毁而不得志。裴楷写他对司马炎进言不要继续任用贾充等人。和峤则写他对司马衷"不了家事"的评价极其后果。郄诜写他对策谈人才选拔以及对吏部尚书崔洪的弹劾。荀勖写他助力贾南风成为太子妃。冯统主要写他对张华的怨隙诋毁。刘颂则节录他上书力图恢复封建以巩固晋王室。江统部分节录了他著名的《徙戎论》。陆机部分引《晋阳秋》所录他的《五等论》鼓吹封建制。胡威部分写胡氏父子的清慎。周颢写他遇害所展示的气节。陶侃写他政刑清明，痛斥空谈。高崧写他劝阻晋哀帝服食丹药一事。何充写他在立晋康帝、晋孝宗时的不同态度以及处理政事时的公心。吴隐之则写他饮贪泉而"不易心"之事。

如向诏，非明恕内充⑩，苟之德度⑪，不可为也。臣闻猛兽在田，荷戈而出，凡人能之；蜂虿起于怀袖⑫，勇夫为之惊骇。非虎弱蜂虿强也，仓卒出于意外故也。夫君臣有自然之尊卑，辞语有自然之逆顺，向刘毅始言，臣等莫不变色易容而仰视陛下者。陛下发不世之诏⑬，出思虑之外，臣之喜庆，不亦宜乎？"**迁尚书左仆射⑭**。

【注释】

①桓：汉桓帝刘志。灵：汉灵帝刘宏。桓、灵之世是汉朝走向衰微灭亡的年代。

②混一：统一。

③私门：指私家。

④习凿齿：字彦威，襄阳（今属湖北）人。东晋著名史学家、文学家，著有《汉晋春秋》《襄阳耆旧记》《逸人高士传》等。《阳秋》：即《汉晋春秋》，记自东汉、三国至西晋灭亡共二百八十一年间历史。

⑤邹湛：字润甫，南阳郡新野（今河南新野）人。仕魏任通事郎、太学博士；泰始初年转史书郎，后出补渤海太守，转太子太傅，迁少府。

⑥冯唐：以孝行著称，为中郎署长侍奉汉文帝。

⑦颇：廉颇。牧：李牧。两人都是战国时期赵国名将。

⑧犯顺：不逊顺。

⑨雉头裘：用雉（野鸡）头羽毛织成的裘，为太医司马程据所献。

⑩明恕：明信宽厚，明察宽大。

⑪苞：包容。

⑫蜂虿（chài）：马蜂蝎子之类能蜇人的毒虫。怀袖：怀抱。

⑬不世：非一世所能有，罕有。多谓非凡。

⑭尚书左仆射：为尚书令之副，三国魏分尚书仆射为左、右，分掌尚书事。

【译文】

世祖司马炎问刘毅说:"你认为我可以比拟汉朝的哪个皇帝?"回答说:"可以比拟汉桓帝、汉灵帝。"世祖说:"我虽然德行赶不上古人,还是克制自己去治理国家,又平定吴国,统一天下,比拟成汉桓帝、汉灵帝,那还是太过分了吧?"回答说:"汉桓帝、汉灵帝卖官得到的钱收入官库,陛下卖官的钱收入自己私家,由此看来,恐怕还是不如汉桓帝、汉灵帝啊。"习凿齿《阳秋》说:刘毅回答完,皇帝大笑说:"汉桓帝、汉灵帝的朝堂上,是听不到这样的言论的,现今有耿直的臣子,所以还是不同吧?"散骑常侍邹湛进言说:"世俗说法把陛下跟汉文帝相比,有很多人心里并不认同。以前冯唐回答汉文帝说他'不能任用廉颇、李牧这样的良将',而汉文帝愤怒。现今刘毅进言不逊顺而陛下却喜乐,用这个来比较,圣明的德行就是超过了汉文帝。"皇帝说:"我平定天下而没有举行封禅祭祀天地的大典,烧掉了野鸡头部羽毛编织的衮,行普通平民之礼。现今对于这样的小事,为什么被褒扬得这么厉害呢?"邹湛说:"圣上诏书所涉及的事情,都可以事先安排好,从事务各方面反复推究,那些好名的人就能竭力去追求。至于像刚才的诏令,不是心中充满明信宽大,不能用道德气度去包容,是不可能做得出来的。我听说猛兽出现在田野,扛着戈矛武器去应对,平常人就能干;蜂虿从怀抱中飞起,勇士都要为此惊骇。并非老虎软弱蜂虿强大,是仓促之间出人意料的缘故啊。君臣之间有天然的尊卑秩序,臣下的言语也自然要顺而不逆,刚才刘毅一开始说话,我们没有哪个人不是改变脸色来仰视陛下的。陛下发出非凡之诏,出乎大家意料之外,我欢喜庆幸,不也合适吗?"升任尚书左仆射。

龙见武库井中,车驾亲观①,有喜色。于是外内议当贺,毅独表曰:"昔龙降郑时门之外②,子产不贺③。龙降夏廷,卜藏其漦④,至周幽王⑤,祸釁乃发⑥。证据旧典⑦,无贺龙之礼。"诏报曰:"政德未修,诚未有以膺受嘉祥⑧,省来示,以为瞿然⑨。贺庆之事,宜详依典义⑩,动静数示⑪。"

【注释】

①车驾：帝王所乘的车。也用作帝王的代称。

②郑：春秋诸侯国。时门：郑国城门。

③子产：郑国执政，有贤名。

④漦（chí）：鱼、龙之类的涎沫。

⑤周幽王：西周最后一位君主，宠爱褒姒害死太子导致西周灭亡。

⑥祸衅（xìn）：祸隙。衅，同"衅"。

⑦证据：证明，考证。

⑧膺（yīng）受：承受。嘉祥：祥瑞。

⑨瞿然：惊骇的样子。

⑩详：详审。

⑪数：屡次。

【译文】

有龙出现在武库的井中间，皇帝亲自去看，面有喜色。于是朝廷内外商议应当庆贺，只有刘毅上表说："从前龙降落在郑国时门之外，子产并不称贺。龙降落在夏朝的宫廷，卜官收藏了龙的涎沫，到了周幽王，祸害的后果才发作。考证旧有的典籍，没有庆贺龙的礼仪。"诏令回复说："政事和德行没有修好，真的不能承受祥瑞，观看上奏所示，感到非常惊骇。庆贺的事情，应该审慎依照典籍大义，一举一动都要告知。"

上疏陈九品之弊①，曰："臣闻立政者②，以官才为本。官才有三难，而兴替之所由也。人物难知，一也；爱憎难防，二也；情伪难明，三也。三者虽圣哲在上，严刑督之，犹不可治。故尧求俊义，而得四凶③；三载考绩，而饕餮得成④。使世主虽有上圣之明⑤，而无考察之法，授凡庸之才，而去赏罚之劝，则为开奸，岂徒四族⑥，侧陋何望于时哉⑦！今立中正，定九品，高下任意，荣辱在手，操人主之威福⑧，夺天朝之权势，爱憎决于心，情伪由于己，公无考校之负，私无告讦之忌⑨，荣党横越，威福擅行，用心百态，求者万端，廉让之风灭，苟且之俗成。天下讻讻⑩，但争品位，不闻推让。流俗之过，一至于此，窃为圣世耻之。愚心之所非者，不可以一概论，辄条列其事。

【注释】

①九品：即九品中正制，魏、晋、南北朝的一种官吏选拔制度。在各州、郡设立中正官，将各地士人按才能分别评为九等（九品），供朝廷按等选用。沿至晋、南北朝，选取专重门第，致下品无高门，上品无贱族，成为世族豪门把持政权的工具。

②立政：莅政，临政。立，通"莅"。

③四凶：相传为尧舜时代四个恶名昭彰的部族首领，即浑敦、穷奇、梼杌、饕餮。

④饕餮：四凶之一。

⑤世主：国君。

⑥四族：指四凶之族。

⑦侧陋：处在僻陋之处的贤人或卑贱的贤者。

⑧威福：原指统治者的赏罚之权，后多谓当权者妄自尊大，恃势弄权。

⑨告讦（jié）：责人过失或揭人阴私，告发。

⑩讻讻：骚乱不宁。

【译文】

他上疏陈述九品中正制的弊端，说："我听说治理政事的人，是把任用有才能的人为官作为根本。任用有才能的人为官有三难，而这是国家兴衰成败的关键。人物难以了解，这是第一；个人喜爱憎恶难以防备，这是第二；真伪难以分清，这是第三。这三样即使是圣明君王在上，再用严厉的刑罚督促，尚且不可以治理。所以帝尧寻求才德出众的英豪，却得到了四凶；三年考核官吏的政绩，饕餮却得以成功。即便国君有上圣的英明，而没有考察的方法，授官给了凡庸的人才，而没有奖赏惩罚的激励，那就是打开奸邪进身之门。何止是录用四凶之族，这种情况下，那些身处荒僻之处地位卑微的贤人还有什么希望呢？现今设立中正官，确定按九等品第选拔官吏，品第高下随他们评定，荣辱进退由他们掌握，操持君主的赏罚之权，夺走天朝的权势，喜爱憎恶随心所欲，分辨真伪全由自己掌握，在公没有受考察的负担，在私没有被人告发的顾忌。显赫的同党横行霸道，作威作福。他们使用各种心计，多方谋求财力。廉洁谦让的风气消失了，苟且对付的习俗形成了。天下骚乱不宁，只是争夺品级官位，再也听不到互相推辞谦让的事情了。流俗的弊端，竟然到了这个地步，我私下为我们圣世有这种风气而感到羞耻。我内心要批评的，不能笼统而论，现在就分条列举如下。

　　"夫名状以当才为清①，品辈以得实为平②。治乱之要，不可不允③。清平者，治化之美；枉滥者，乱败之恶也④，不可不察。然人才异能，备体者寡⑤，器有大小，达有早晚，是以三仁殊途而同归⑥，四子异行而钧义⑦。陈平、韩信笑侮于邑里⑧，而收功于帝王；屈原、伍胥不容于人主，而显名于竹帛⑨，是笃论之所明也⑩。

【注释】

①名状：名称与形状。当才：才能与所任之事相当。

②辈：同一类群的人、事、物。

③允：信实，诚。

④乱败：混乱败坏。

⑤备体：齐备，完整。

⑥三仁：三位仁人。指殷末之微子、箕子、比干。

⑦四子：指王倪、齧缺、被衣、许由，都是庄子所说的志行高洁的隐士。

⑧陈平：刘邦的谋士，曾任丞相。韩信：刘邦的重要将领，在楚汉相
　　争中功劳巨大。

⑨竹帛：指书籍，典籍。

⑩笃论：确论，确切的评论。

【译文】

"撰写一个人的生平以与其才能相当叫清正，品鉴一个人以能够与他的实情相符合叫公允，这是国家治乱的关键，不可以不诚信。清正公允，是太平教化的善美；枉法恣肆是乱政败坏的罪恶，不可以不审查。但是人有不同的才能，各种才能都齐备的少；器量有大小，显达有早晚，因此殷末的三位仁人道路不同而归宿一致，四位高洁的隐士行为不同但都具有道义。陈平、韩信被乡里嘲笑轻侮，却在帝王那里得到成功；屈原、伍子胥不被君主容忍，却在典籍中名声显著。这都是有确切的评论所证明了的。

"今之中正，不精才实①，务依党利，不钧称尺，务随爱憎。所欲举者，获虚以成誉；所欲下者②，吹毛以求疵。前鄙后修者③，则引古以病今；古贤今病者，则考虚以覆过。质直者，罪以违时；阿容者④，善其得和；度远者，责以小检⑤；才近者，美其合俗；齐量者⑥，以己为限。高下逐强弱，是非随爱憎，凭权附党，毁平从亲⑦，随世兴衰，不顾才实，衰则削下，兴则扶上，一人之身，旬日异状。或以货赂自通⑧，或以计协登进⑨，附托必达，守道困悴⑩。无报于身，必见割夺；

有私于己，必得其欲。凌弱党强，以植后利。是以上品无寒门，下品无势族。暨时有之⑪，皆曲有故⑫；慢主罔时⑬，实为乱源。

【注释】

①才实：指真正的人才。

②下：指降职，贬退。

③修：善，美好。

④阿容：偏袒宽容。

⑤小检：小节，小的操守。

⑥齐量：等同。

⑦毁平：毁弃公平。

⑧货赂：贿赂。

⑨协：合并，掺和，联合。

⑩困悴：贫困愁苦。

⑪暨：至，到。

⑫曲：不公正，不合理。有故：有变故。

⑬罔：蒙蔽，欺骗。

【译文】

"现今的中正官，选官不去了解其真才实学，只依据私党的利益，不按相同的标准衡量人才，只随自己的爱憎来判断。所想要举荐的人，就弄虚作假成就他的声誉；想要降职贬退的人，就吹毛求疵刻意挑剔。以前鄙陋后来美好的人，那就引证从前来挑剔现今的毛病；过去贤明而今天有毛病的人，那就在考核中弄虚作假来掩盖过失。质朴正直的，就指责他不合时宜；迎合取容的，就赞扬他谦和待人；器度高远的，就用小节来要求他；才能浅近的，就赞美他合乎流俗；衡量这些，都以自己作为尺度。评价的高低由被考察者势力的大小来决定，是非判断全凭个人爱憎。依仗权势依附私党,毁弃公平曲从亲情;随着家世的兴衰来品评人才,不顾及才能实际,家世衰微就削减下去,兴盛就扶上去。同样一个人,十天就会出现不同的评价。有的用贿赂开道,有的朋比勾结联合进用,依附权势的必然通达,坚守道义的贫困愁苦。对自身没有报答的,必然被他贬抑;对自己有私利的,必定能让他私欲得逞。欺侮弱小结党强大,来谋求今后的利益。因此上品没有寒微的门第,下品没有有权势的家族。有时出现反常情况,也是别有缘故。轻慢主上欺罔时世,实际是祸乱的根源。

　　"昔在前圣之世①,欲敦风俗②,镇静百姓③,隆乡党之义④,崇六亲之行⑤,人道贤否⑥,于是见矣。然乡老书其善⑦,以献天子;司马论其能⑧,以官于职;有司考绩,以明黜陟⑨。故天下之人,退而修本,州党有德义⑩,朝廷有公正,天下大治,浮华邪佞,无所容厝⑪。今一国之士,多者千数,或流徙异邦,或给役殊方⑫,面犹不识,况尽其才力?而中正知与不知,其当品状⑬,采誉于台府⑭,纳毁于流言。任己则有不识之蔽,听受则有彼此之偏⑮。所知者,以爱憎夺其平;所不知者,以人事乱其度⑯。既无乡老纪行之誉,又非朝廷考绩之课⑰。遂使进官之人,弃近求远,背本逐末,位以求成⑱,不由行立。故状无实事,谐文浮饰⑲;品不校功,党誉虚妄⑳。上夺天朝考绩之分,下长浮华朋党之事。

【注释】

①前圣:古代圣贤。

②敦:使笃厚,融洽。

③镇静：安定。

④隆：尊崇，崇尚。

⑤六亲：指近亲。

⑥人道：为人之道，指一定社会中要求人们遵循的道德规范。

⑦乡老：《周礼》官名。掌六乡教化，每二乡由三公一人兼任；在朝谓之三公，在乡谓之乡老。

⑧司马：《周礼》夏官大司马之属官，专主兵事，不治民。魏晋以后，州刺史带将军开府者，置府僚司马。论：评定。

⑨黜陟：指人才的进退，官吏的升降。

⑩州党：即乡里。

⑪容厝：措置，安放。

⑫给役：供应使役。殊方：远方，异域。

⑬当：面对。品状：记述人物品行的文章。

⑭台府：指中央政府机构。

⑮听受：听从接受。彼此：双方。指不一致的意见。

⑯人事：说情请托，交际应酬。

⑰课：检验，试用。

⑱位：指官位。

⑲谐文：指小说一类的作品。

⑳党誉：袒护称赞。

【译文】

“从前在圣明的世代，想要让风俗敦厚，百姓安定，尊崇乡亲的道义，崇尚近亲的品行，为人之道是否贤明，从中就可以体现了。然后乡老记载他的善行，呈献给天子；司马评定他的能力，把官职授予他；主管官员考核他的绩效，明确进行升降。所以天下的人，退回到修身立德的本分中，乡里有道德公义，朝廷有公正，天下太平，浮华奸佞没有安身的处所。现今一国的士人，多达千数，有的流转迁徙到别的国家，有的供应服役在远方,连他们的长相尚且不知道,何况要全部了解他们的才力?而中正官不管知道还是不知道,当他在划定人才写品状时,或者依据中央机构的赞誉,或者依据流言中的毁谤。听任自己判断就会有不认识人的弊端,听从别人的传言就会因意见不一而有失偏颇。对自己所知道的人,凭个人爱憎失了公平;对自己所不知道的人,用人情扰乱了法度。既没有乡老记述其行为的赞誉,也没有朝廷考核其成绩的检验。于是使得求官的人,舍近求远,背弃根本,追求末端,职位因为寻求才成功,不是凭借品行得到。所以事状没有实事,都是浮华修饰之辞;品级不用事功核校,都是袒护称赞的虚誉。对上干扰朝廷考核官员绩效的职分,对下助长浮华结党的风气。

"凡官不同事①,人不同能,得其能则成,失其能则败。今品不状才能之所宜②,而以九等为例。以品取人,则非才能之所长;以状取人③,则为本品之所限。若状得其实,犹品状相妨④,所疏则削其长,所亲则饰其短,徒结白论⑤,以为虚誉。以治风俗,则状无实行;以宰官职⑥,则品不料能⑦。百揆何以得理⑧?万机何以得修?职名中正,实为奸府;事名九品,而有八损⑨。自魏立以来,未见其得人之功,而生仇薄之累。愚臣以为宜罢中正,除九品,弃魏氏之弊法,更立一代之美制,愚臣以为便也⑩。"

【注释】

①事:职事。

②状:行状的动词。指有事实依据,有迹象表明。

③状:指叙述人物生平行事的文字,即行状。

④相妨:互相妨碍、抵触。

⑤结：构成，建构。白论：空言。

⑥宰：主宰，任命官员。

⑦料：计算，清点。

⑧百揆：百官。

⑨八损：见房本《晋书·刘毅传》："毅以魏立九品，权时之制，未见得人，而有八损，乃上疏曰：'高下逐强弱，是非由爱憎……一人之身，旬日异状……上品无寒门，下品无势族……损政之道一也。置州都者，取州里清议，咸所归服，将以镇异同，一言议……今重其任而轻其人……驳违之论横于州里，嫌仇之隙结于大臣……损政之道二也……为九品者……谓才德有优劣，伦辈有首尾……乃使优劣易地，首尾倒错……损政之道三也……然赏罚自王公以下至于庶人，无不加法。置中正，委以一国之重，无赏罚之防……今禁诉讼……诸受枉者抱怨积直……损政之道四也……一国之士多者千数，或流徙异邦，或取给殊方，面犹不识，况尽其才力！而中正知与不知，其当品状，采誉于台府，纳毁于流言。任己则有不识之蔽，听受则有彼此之偏……损政五也……虽职之高，还附卑品，无绩于官，而获高叙，是为抑功实而隆虚名……长浮华朋党之士。损政六也。凡官不同事，人不同能……今品不状才能之所宜，而以九等为例。以品取人，或非才能之所长；以状取人，则为本品之所限……徒结白论……损政七也。……今之九品，所下不彰其罪，所上不列其善……任爱憎之断，清浊同流，以植其私……天下人焉得不解德行而锐人事？损政八也。'"

⑩便：适宜，合宜。

【译文】

　　"凡是官职各有不同的职事，人有不同的能力，任职能发挥能力那就能成功，不能发挥能力那就会失败。现今的品级不能表明一个人的才能适合什么职位，而只是用九等为标准。用品级来取用人才，那就不能让他发挥才能；用行状来取用人才，那就会被本人的品级局限。倘若行状能反映事实，就还是品级跟行状抵触。关系疏远的就削减他的长处，关系亲密的就修饰他的短处，只是建构空言，做些虚假的赞誉。用来整治风俗，那么行状没有真实的内容；用来任命官职，那么品级不能评判人的能力。朝廷百官怎么能管理得好？各种政务如何能办理得好？官职名称叫中正，实际成为奸邪之官；人事命名九品，却有八大损政之道。自从曹魏建立九品中正制以来，没看见获得人才的功绩，却产生仇恨轻视的弊端。我认为应该罢黜中正，废除九品，丢弃魏氏的弊害法令，更新建立一代美好的制度，我认为是合适的。"

　　张华字茂先①，范阳人也。领中书令，名重一世。朝野拟为台辅②，而荀勖、冯𬘩等深忌疾之③。会世祖问华："谁可付以后事者？"对曰："明德至亲④，莫如齐王攸。"既非上意所在，微为忤旨，间言得行⑤，以华为都督幽州诸军事⑥，领护乌桓校尉⑦。于是远夷宾服⑧，四境无虞⑨。朝议欲征华入相。冯𬘩干没苦陷⑩，以华有震主之名，不可保必⑪，遂征为太常⑫，以小事免官。世祖崩，迁中书监⑬，加侍中。遂尽忠救匡，弥缝补阙，虽当暗主虐后之朝⑭，犹使海内晏然。迁司空，卓尔独立，无所阿比⑮。赵王伦及孙秀等⑯，疾华如仇。伦、秀衅起⑰，遂与裴𫖳俱被害，朝野之士，莫不悲酸。

【注释】

①张华：字茂先，范阳郡方城县（今河北固安）人。曹魏时历任太常博士、河南尹丞、佐著作郎、中书郎；西晋拜黄门侍郎、中书令、度支尚书、司空等。赵王司马伦发动政变，张华被杀。编纂有中国第一部博物学著作《博物志》。

②台辅:三公宰辅之位。

③荀勖(xù):字公曾,颍川颍阴(今河南许昌)人。是西晋开国功臣。冯统(dǎn):字少胄。历任魏郡太守、步兵校尉、越骑校尉、左卫将军、御史中丞、侍中、散骑常侍等官职。忌疾:妒忌,猜忌。

④明德:指才德兼备的人。

⑤间言:离间的话。

⑥幽州:汉武帝置十三州刺史部之一,西晋治所在涿县(今河北涿州)。

⑦护乌桓校尉:汉设此官,秩比二千石,专门负责有关乌桓的事务,其下属官员有长史、司马等,东汉、魏、晋沿置。

⑧宾服:归顺,服从。

⑨虞:疑虑,忧虑。

⑩干没:投机图利。

⑪必:保证,确保。

⑫太常:官名。掌宗庙礼仪,兼掌选试博士。

⑬中书监:官名。魏晋南北朝为中书省长官之一。

⑭暗主:指晋惠帝司马衷。虐后:指贾南风。

⑮阿比:偏袒勾结。

⑯孙秀:信奉五斗米道,跟随赵王司马伦,以离间计废太子,杀贾皇后,使伦登上帝位。后齐王司马冏等起兵反对司马伦,被杀死在中书省。

⑰衅:争端。

【译文】

张华,字茂先,是范阳人。他兼领中书令,名声在当时很显著。朝廷民间都认为他会任三公宰辅之位,而荀勖、冯统十分妒忌他。正好晋武帝司马炎问张华:"谁是可以托付后事的人?"回答说:"才德兼备的至亲,没有谁赶得上齐王司马攸。"这回答已经不合皇帝心意了,因而他稍有忤逆旨意，挑拨离间的话语便得以乘虚而入。任命张华为都督幽州诸军事，兼领护乌桓校尉。从此远方的蛮夷归顺服从，四方边境没有忧虑。朝廷决议想要征召张华回朝拜相。冯纨盘算自己的利害得失苦苦设计陷害，说张华有功高盖主的名声，不能确保他忠于朝廷。于是征召他为太常，后因为小事罢免官职。武帝司马炎去世，张华升任中书监，加官侍中。他竭尽忠诚补救匡正，调和斡旋补救阙失，即使在昏暗君主暴虐皇后的朝廷，还能让天下平平安安。继而升任司空。他卓然独立，没有任何偏袒勾结。赵王司马伦及孙秀等人，痛恨张华跟仇人一样。司马伦与孙秀的争端兴起，张华就跟裴颜一起被害了。朝廷内外没有不悲痛心酸的。

裴颜字逸民，河东人也。迁尚书左仆射、侍中。元康七年①，以陈准子匡、韩蔚子嵩并侍东宫②，颜谏曰："东宫之建，以储皇极③，其所与游接，必简英俊，宜用成德贤邵之才④。匡、嵩幼弱，未识人理立身之节⑤，东宫实体夙成之表⑥，而今有童子侍从之声，未是光阐遐风之弘理也⑦。"

【注释】

①元康七年：公元297年。元康，晋惠帝司马衷的年号（291—299）。

②陈准：初任中书令，后官至太尉，录尚书事。匡，即陈匡，在惠帝元康时侍东宫，当太子司马遹的陪读。韩蔚、嵩：均不详。

③皇极：指皇位。

④成德：盛德。邵：通"劭"，美好。

⑤人理：做人的道德规范。

⑥夙成：早成，早熟。表：表率，准则。

⑦光阐：发扬光大。遐风：影响深远之教化，指仁义道德之类。

【译文】

裴頠，字逸民，是河东人。升任尚书左仆射、侍中。元康七年，让陈准的儿子陈匡、韩蔚的儿子韩嵩一起奉侍东宫太子，裴頠劝谏说："东宫的设立，是用来培养君主的。跟太子交游结交的，一定要挑选才智出众的人，应该任用盛德贤能美好的人才。陈匡、韩嵩年纪小，还不懂为人的道德规范和立身处世的节操。东宫太子具备聪慧早熟的仪表和气度，而现今有的是让童子侍从的名声，不是发扬光大仁义道德的宏大正理。"

頠深患时俗放荡，不尊儒术，魏末以来，转更增甚。何晏、阮籍素有高名于世[1]，口谈浮虚，不遵礼法，尸禄耽宠[2]，仕不事事[3]。至王衍之徒[4]，声誉太盛，位高势重，不以物务自婴[5]，遂相放效，风教陵迟[6]。頠著崇有之论[7]，以释其蔽。世虽知其言之益治[8]，而莫能革也。朝廷之士，皆以遗事为高[9]。四海尚宁，而有识者知其将乱矣。而夷狄遂沦中州者[10]，其礼久亡故也。伦、秀之兴釁[11]，张华俱见害，朝纲倾弛，远近悼之。

【注释】

①何晏：字平叔，南阳宛（今河南南阳）人。东汉大将军何进之孙。其父早逝，曹操纳其母为夫人，他因而被收养，为曹操所宠爱。大将军曹爽秉政时，何晏党附曹爽，累官侍中、吏部尚书，典选举，封列侯；高平陵之变后与曹爽同为太傅司马懿所杀，灭三族。

②尸禄：指居位受禄而无所作为。耽宠：贪恋荣宠。

③事事：治事，做事。

④王衍：字夷甫，琅邪郡临沂县（今山东临沂）人。玄学清谈领袖。历任黄门侍郎、中领军、尚书令、司空等。后被石勒俘获，劝石勒

称帝,被石勒活埋。

⑤物务:事务。婴:缠,绊。

⑥陵迟:衰微。

⑦崇有之论:即《崇有论》。魏晋盛行唯心主义的"贵无"思想,认为"无"为天地万物之本源。裴頠疾时俗之弊,指出世界由实实在在的万物组成,"有"为万物之本,万物不是从"无"中产生的,而是自生的,而"至无者无以能生,故始生者自生也"。

⑧言:指学说。

⑨遗事:指弃置不管世事。

⑩中州:指中原。

⑪伦、秀:指司马伦、孙秀。

【译文】

裴頠十分担忧当时风俗放纵,不尊重儒术,从魏末以来变得更加厉害。何晏、阮籍平素在世上就享有高名,口中所谈都是浮华空虚,不遵守礼仪法度,居位受禄而无所作为,贪恋荣宠,出仕为官却不做事。至于王衍之流,声誉太盛。他们地位高,权势重,不让事务纠缠自己,互相仿效,使得风俗教化衰微。裴頠于是写作了《崇有论》,来解释这种风气的弊端。世人虽然知道他的学说有益于治理,但没有人能改变。朝廷人士都把不管事务当成高尚。天下还算安宁,但是有见识的人知道天下将要混乱了。后来夷狄外族攻陷中原,是因为中原的礼仪长久亡失的缘故啊。到司马伦、孙秀兴起祸端,他跟张华一起被害,朝廷的纲纪随之倒塌残破,远近都哀悼他。

傅玄字休奕,北地人也。性刚直果劲①,不能容人之非。世祖受禅,加驸马都尉②,与皇甫陶俱掌谏职③。玄志在拾遗④,多所献替⑤,上疏曰:"前皇甫陶上事,为政之要,计民而置官,分民而授事。陶之所上,义合古制。前春,乐平太守胄志上欲为博士置史卒⑥，此尊儒之一隅也⑦，主者奏寝之⑧。今志典千里⑨，臣等并受殊宠，虽言辞不足以自申，意在有益，主者请寝，多不施用。臣恐草莱之士⑩，虽怀一善，莫敢献之矣。"

【注释】

①果劲：果敢强劲。

②驸马都尉：官名。西汉武帝始置，皇帝出行时掌副车，秩比二千石，为侍从近臣，常用作加官。魏、晋沿置，与奉车、骑都尉并号三都尉，多用作宗室、外戚、功臣子、贵族、亲近之臣的加官，或亦加于尚公主者。

③皇甫陶：曾任右将军、散骑常侍，跟傅玄同为谏官。

④拾遗：补正别人的缺点过失。

⑤献替：即献可替否，进献可行者，废去不可行者。指对君主进谏，劝善规过；也泛指议论国事兴革。

⑥乐平：郡名。东汉末置，治所在今山西昔阳。胄志：不详。博士：春秋战国已有其称，秦、西汉初充当皇帝顾问，参与议政、制礼，典守书籍。魏晋南北朝专设五经博士、国子博士、太学博士等学官，掌经学教授，设太常博士专掌议定礼制。史：官府佐吏统称，主文书。

⑦隅：角，角落。喻事物的一个方面。

⑧寝：停止。

⑨典：掌管，治理。

⑩草莱：草野，乡野，民间。

【译文】

　　傅玄，字休奕，是北地人。他性格刚直果敢强劲，不能容忍别人的错误。世祖司马炎接受曹魏禅让的帝位，给他加官驸马都尉，跟皇甫陶共同掌管劝谏之职。傅玄志向在于补正皇帝的过失缺点，多次进献可行者,否定不可行者。他上疏说:"前次皇甫陶上疏奏事,说为政的要点在于核计民众设置官吏,分别民众授予事务。皇甫陶所奏上的,意义跟古代的法式制度相合。前春,乐平太守胄志上疏想要给博士设置史卒,这是尊儒的一种表现,主管官员却上奏阻止了这件事。现今胄志在千里之外做官,我们这些人一起蒙受特殊的恩宠,即使言辞不足以表达自己的意见,但用意是要对国家有益;却因主管的人请求停止,大多不被施行。我恐怕民间草野之士,即使有好的建议,也不敢进献了。"

　　诏曰:"凡关言于人主①,人臣之所至难。而人主苦不能虚心听纳,自古忠臣直士所慷慨也②。其甚者,至使杜口结舌,每念于此,未尝不叹息也。故前诏敢有直言勿有所拒,庶几得以发蒙补过③,获保高位。喉舌纳言诸贤④,当深解此心,务使下情必尽。苟言有偏善⑤,情在忠益,不可责备于一人⑥。虽文辞有谬误,言语有得失⑦,皆当旷然恕之⑧。古人犹不拒诽谤⑨,况皆善意,在可采录乎?近者孔晁、綦母和⑩,皆案以轻慢之罪,所以皆原,欲使四海知区区之朝,无讳言之忌也。又每有陈事,辄出付主者⑪。主者众事之本,故身而所处,当多从深刻⑫,至乃云恩贷当由上出⑬,出村外者⑭,宁纵刻峻是信耶?故复因此喻意。"玄迁侍中。

【注释】

①关:牵涉。

②慷慨:感叹。

③发蒙:启发蒙昧。

④喉舌:比喻掌握机要、出纳王命的重臣。纳言:古官名。主出纳王命。

⑤偏善:指局部完善。

太守胄志上欲为博士置史卒⑥，此尊儒之一隅也⑦，主者奏寝之⑧。今志典千里⑨，臣等并受殊宠，虽言辞不足以自申，意在有益，主者请寝，多不施用。臣恐草莱之士⑩，虽怀一善，莫敢献之矣。"

【注释】

①果劲：果敢强劲。

②驸马都尉：官名。西汉武帝始置，皇帝出行时掌副车，秩比二千石，为侍从近臣，常用作加官。魏、晋沿置，与奉车、骑都尉并号三都尉，多用作宗室、外戚、功臣子、贵族、亲近之臣的加官，或亦加于尚公主者。

③皇甫陶：曾任右将军、散骑常侍，跟傅玄同为谏官。

④拾遗：补正别人的缺点过失。

⑤献替：即献可替否，进献可行者，废去不可行者。指对君主进谏，劝善规过；也泛指议论国事兴革。

⑥乐平：郡名。东汉末置，治所在今山西昔阳。胄志：不详。博士：春秋战国已有其称，秦、西汉初充当皇帝顾问，参与议政、制礼，典守书籍。魏晋南北朝专设五经博士、国子博士、太学博士等学官，掌经学教授，设太常博士专掌议定礼制。史：官府佐吏统称，主文书。

⑦隅：角，角落。喻事物的一个方面。

⑧寝：停止。

⑨典：掌管，治理。

⑩草莱：草野，乡野，民间。

【译文】

傅玄，字休奕，是北地人。他性格刚直果敢强劲，不能容忍别人的错误。世祖司马炎接受曹魏禅让的帝位，给他加官驸马都尉，跟皇甫陶共同掌管劝谏之职。傅玄志向在于补正皇帝的过失缺点，多次进献可行者,否定不可行者。他上疏说:"前次皇甫陶上疏奏事,说为政的要点在于核计民众设置官吏,分别民众授予事务。皇甫陶所奏上的,意义跟古代的法式制度相合。前春,乐平太守胥志上疏想要给博士设置史卒,这是尊儒的一种表现,主管官员却上奏阻止了这件事。现今胥志在千里之外做官,我们这些人一起蒙受特殊的恩宠,即使言辞不足以表达自己的意见,但用意是要对国家有益;却因主管的人请求停止,大多不被施行。我恐怕民间草野之士,即使有好的建议,也不敢进献了。"

　　诏曰:"凡关言于人主①,人臣之所至难。而人主苦不能虚心听纳,自古忠臣直士所慷慨也②。其甚者,至使杜口结舌,每念于此,未尝不叹息也。故前诏敢有直言勿有所拒,庶几得以发蒙补过③,获保高位。喉舌纳言诸贤④,当深解此心,务使下情必尽。苟言有偏善⑤,情在忠益,不可责备于一人⑥。虽文辞有谬误,言语有得失⑦,皆当旷然恕之⑧。古人犹不拒诽谤⑨,况皆善意,在可采录乎?近者孔晁、綦母和⑩,皆案以轻慢之罪,所以皆原,欲使四海知区区之朝,无讳言之忌也。又每有陈事,辄出付主者⑪。主者众事之本,故身而所处,当多从深刻⑫,至乃云恩贷当由上出⑬,出村外者⑭,宁纵刻峻是信耶?故复因此喻意。"玄迁侍中。

【注释】

①关:牵涉。

②慷慨:感叹。

③发蒙:启发蒙昧。

④喉舌:比喻掌握机要、出纳王命的重臣。纳言:古官名。主出纳王命。

⑤偏善:指局部完善。

⑦启：启奏，禀告。

⑧都令史：也称吏曹（部）都令史，两晋以来尚书省置都令史八人，协助尚书左、右丞管理都省事务。

⑨九流：九品人物。

⑩间隙：指可乘之机。

⑪势望：地位与声望。

⑫觐：觐见，朝见。希：稀少。

⑬谮（zèn）润：日积月累的谗言。

⑭讽：用委婉的语言暗示、劝告或讥刺、指责。

【译文】

任恺，字无褒，是乐安人，担任侍中。任恺性格忠诚正直，把天下社稷当成自己的责任。晋武帝器重他亲近他，政务之事多向他咨询。任恺厌恶贾充的为人，不想让他长久执政，常常排抑他。贾充怨恨他，后来趁机进言说任恺忠诚公平气度纯正，适合在东宫，让他保护太子。贾充外表假意称许赞扬任恺，内心是排斥想让皇帝疏远他。皇帝让任恺当太子太傅，仍担任侍中，贾充的谋划没能实现。正好吏部尚书缺员，有好事者替贾充谋划说："任恺现今总领门下省的机要部门，能够跟皇帝接近，应该启奏让他主管选官，就能使他和皇帝逐渐疏远。这不过是一个都令史的职事罢了，况且九品人物难以审查清楚，可乘之机容易抓到。"贾充就启奏，声称以任恺的才能，应该担任选取人才授予官位的职务。世祖不怀疑贾充怀藏邪心，而认为选拔官员的职位位高望重，只能任用贤能，当天就任用了任恺。任恺到尚书省后，侍从朝见皇帝就变得稀疏了。贾充跟荀勖、冯纨趁机进谗言，任恺被免去官职。任恺被贬在家，贾充得以诋毁离间，世祖跟任恺的情感逐渐淡薄。但是众人的议论说明任恺的为人，大家一起推举任恺担任河南尹。他的为官很是得到朝廷内外的称誉。贾充的党羽却白天黑夜搜求任恺的小过失，又暗示主管官员上奏免去任恺的官职。后来任恺被起用为太常，因为不得志而忧虑去世。

裴楷字叔则^①，河东人也，为侍中。世祖尝问曰："朕应天顺民，海内更始^②。天下风声，何得何失？"对曰："陛下受命，四海承风^③，所以未比德于尧、舜者，贾充之徒犹在朝也。夫逆取而顺守^④，汤、武是也。今宜引天下贤人，与弘政道^⑤，不宜示之以私也。"

【注释】

①裴楷：字叔则，河东闻喜（今山西闻喜）人。西晋司空裴秀的堂弟。魏时任吏部郎。晋时任散骑常侍、侍中、中书令。

②更始：除旧布新，重新开始。

③承风：接受教化。

④逆取顺守：指武力夺取天下，遵循儒家常理治理国家。

⑤政道：施政的方略。

【译文】

裴楷，字叔则，是河东人，任侍中一职。世祖曾经问他："我上应天命下顺民心，天下除旧布新重新开始。现在天下人是怎么评判我的功过得失的？"回答说："陛下承受天命，天下接受教化，之所以没能够跟尧、舜德行相当，是因为贾充之徒还在朝廷上啊。武力夺取天下，遵循儒家常理治理国家，商汤、周武王是这样做的。今天应该招来天下贤人，跟他们一起弘扬施行正确的治国方略，不应该向他们显示私心。"

和峤字长舆^①，汝南人也，迁侍中。峤见东宫不令^②，因侍坐曰："皇太子有淳古之风^③，而季世多伪^④，恐不了陛下家事^⑤。"世祖默然。后与荀颛、荀勖同侍^⑥，世祖曰："太子近入朝，差长进，卿可俱诣，粗及世事。"既奉诏而还，颛、勖并称皇太子明识宏雅^⑦，诚如明诏。峤曰："圣质如初耳^⑧。"

帝不悦而起。峤以为国虽休明⑨,终必丧乱,言及社稷,未尝不以储君为忧。或以告贾妃,妃衔之。愍怀建宫官⑩,峤为太子少傅,太子朝西宫,峤从入。贾后使惠帝问峤曰:"卿昔谓我不了家事,今日定云何⑪?"峤曰:"臣昔事先帝,有斯言。言之不效,国之福也。臣敢逃其罪乎?"

【注释】

①和峤:字长舆,汝南西平(今河南西平)人。起家太子舍人,累迁颍川太守,后任给事黄门侍郎,迁中书令。

②东宫:指皇太子司马衷。不令:不善,不肖。

③淳古:古朴,淳美质朴。

④季世:末世。

⑤了:决断。

⑥荀颙(yǐ):字景倩,颍川颍阴(今河南许昌)人。荀彧第六子。任骑都尉、尚书仆射、吏部尚书,迁司空。西晋时拜司徒、太尉、侍中如故,后又代理太子太傅。谥康。

⑦明识:明理,有见识。宏雅:正大而典雅。

⑧圣质:神圣的秉性。多用于圣人和帝王。

⑨休明:美好清明。用来赞美明君或盛世。

⑩宫官:太子属官。

⑪云何:如何,怎么办,怎么样。

【译文】

和峤,字长舆,是汝南人,升任侍中。和峤见到太子不肖,于是在侍坐时说:"皇太子有淳美古朴之风,但是末世多有虚伪,恐怕不能决断陛下家中的事务。"世祖沉默。后来跟荀颙、荀勖共同侍奉,世祖说:"太子最近入朝,在各方面有些进步,你们可以一起去拜访他,简单地谈些世事。"他们奉诏令前去,返回后荀颉、荀勖一起称赞皇太子明理有识、正大典雅,真的跟皇帝说的一样。和峤说:"太子还是跟当初一样罢了。"皇帝不高兴地起身离开。和峤认为现在国家虽然昌明,但最终必会出现丧乱。他们谈到江山社稷,没有不为太子忧虑的。有人告诉太子妃贾南风,贾妃因此怀恨他。愍怀太子要设置太子属官,和峤当时为太子少傅,太子到西宫朝见,和峤跟从入宫。贾后让晋惠帝问和峤说:"你从前说我不能决断家中事务,今天究竟怎么样?"和峤说:"我从前事奉先帝,说过那句话。我的话没有应验,是国家的福气。我怎敢逃避罪责呢?"

　　郄诜字广基①,济阴人也。举贤良②,对策曰:"臣窃观乎古今,而考其美恶:古人相与求贤,今人相与求爵,此风俗所以异流也。古之官人,君责之于上,臣举之于下,得其人有赏,失其人有罚,安得不求贤乎?今之官者,父兄营之,亲戚助之,有人事则通,无人事则塞,安得不求爵乎?贤苟求达,达在修道,穷在失义③,故静以待之也。爵苟可求,得在进取,失在后时④,故动以要之也⑤。天地不能顿为寒暑⑥,人主亦不能顿为治乱,故寒暑渐于春秋,治乱起于得失。当今之世,官者无关梁⑦,邪门启矣;朝廷不责贤⑧,正路塞矣。所谓责贤,使之相举也;所谓关梁,使之相保也。贤不举则有咎⑨,保不信亦有罚。有罚则有司莫不悚也⑩,以求其才焉。今则不然,贪鄙窃位,不知谁升之者;虎兕出槛⑪,不知谁可咎者。网漏吞舟⑫,何以过此?虽圣思劳于夙夜⑬,所使为政,恒得此属,欲化美俗平⑭,亦俟河之清耳⑮。"

【注释】

①郤诜（xì shēn）：字广基，济阴单父（今山东单县）人。为征东参军、平舆监军长史，徙尚书郎，转车骑从事中郎，迁尚书左丞，后为雍州刺史。

②贤良：是古代选拔人才的科目之一。两汉诸帝屡颁诏令诸侯王、公卿守相察举，常与方正、文学、能直言极谏者连称，也称贤良文学、贤良方正。三国、西晋初有之，亦视为制科，因未规定年限、地域、名额，故除公卿外，州郡皆得选举；出身颇重，皆须策对。

③穷：困顿，困穷。

④后时：失时，不及时。

⑤要：求取。

⑥顿：立刻，突然。

⑦关梁：关口和桥梁。借指对官吏的保举。

⑧责：求。

⑨咎：过失。

⑩悚：恐惧，害怕。

⑪虎兕出柙：老虎、犀牛从柙笼中逃出。比喻恶人逃脱或做事不尽责。兕，独角犀。柙，关猛兽的柙笼。

⑫网漏吞舟：网里漏掉吞舟大鱼。比喻法律太宽，使重大的罪犯也能漏网。

⑬圣思：指帝王的思虑。夙夜：日夜。

⑭化：教化。

⑮俟（sì）河之清：等待黄河变清。比喻期望的事情不能实现。俟，等待。河，黄河。

【译文】

郤诜，字广基，是济阴人。他被举荐为贤良，对策说："我私下里观察古今，考察其中的美善丑恶：古人一起寻求贤人，今人一起寻求官爵，这就是风俗不同的原因啊。古代选择人才授予官职，君王在上面要求，臣子在下面举荐，得到合适的人有奖赏，失去合适的人有惩罚，这样哪能不寻求贤才呢？现今当官的人，父兄替他谋求，亲戚给他帮助，有关系事情就顺利，没关系事情就办不成，哪能不追求官爵呢？贤能之人假如要求得显达，得志在于修养道德，不得志在于失去道义，所以能平静地等待。官爵如果可以追求，获得在于进取，失去在于不及时，所以要用行动来求取。天地不能立刻改变寒冷暑热，君王也不能立刻成就太平混乱，所以春季、秋季之后才会逐渐变成盛夏、寒冬，国家治乱则起源于政事处理得正确或错误。当今之世，选任官员而没有保举，邪恶之门就会开启了；朝廷不求得贤人，入仕的正道就堵塞了。所说的求得贤人，是让他们互相举荐；所说的保举，是让他们互相担保。贤人不被举荐官员就是有过错，保举不诚信也有处罚。有处罚有关部门就会人人恐惧，就会努力求得贤才了。现在却不是这样，贪婪卑鄙之人窃取官位，不知是谁把他们升上去的；老虎犀牛从槛笼中逃出，不知谁是可以承担错误的人。渔网漏掉了吞掉舟船的大鱼，有什么危害能超过这些？虽说帝王日夜思虑，所使用治国理政的要都是这些人，想要让教化美善风俗公平，也跟等待黄河水变清一样不可能罢了。"

　　为左丞①，劾奏吏部尚书崔洪②。洪曰："我举郤丞而还奏我，此为挽弩自射③。"诜闻曰："昔赵宣子任韩厥为司马④，厥以军法戮宣子之仆⑤，宣子谓诸大夫：'可贺我矣，吾选厥也，任其事⑥。'崔侯为国举才⑦，我以才见举，唯官是视，各明在公，何故私言乃至于此？"洪闻之惭服⑧。

【注释】

①左丞：即尚书左丞，尚书省佐官。

②劾奏：向皇帝检举官吏的过失或罪行。崔洪：西晋官吏。字良伯，
　博陵安平（今河北安平）人。历任治书御史、尚书左丞、吏部尚书
　等，后为大司农，在任上去世。

③挽弩（nǔ）自射：自己用弩射自己。比喻自己做事害自己。弩，一
　种用机械力发射的弓。

④赵宣子：即赵盾，嬴姓，赵氏，名盾，谥号宣。晋国正卿，掌国政。
　韩厥：姬姓，韩氏，名厥，因其谥号献，故亦称韩献子。始为晋国赵
　氏家臣，任晋国正卿。

⑤仆：车仆，驾车人。

⑥任事：指承担事务或担负责任。

⑦崔侯：对崔洪的尊称。

⑧惭服：羞愧而心服。

【译文】

　　郄诜担任尚书左丞，向皇帝检举吏部尚书崔洪。崔洪说："我举荐郄诜担任左丞他却上奏检举我，这就是自己用弩射自己啊。"郄诜听到后说："从前赵宣子任命韩厥当司马，韩厥用军法杀戮了赵宣子的车夫，宣子对各位大夫说：'可以祝贺我了，我选拔了韩厥，而他能担任此职。'崔尚书为国家举荐人才，我因为才能被举荐，看到的只是官员的职责，各自在明处办理公事，为什么私下说出这样的话呢？"崔洪听到后羞愧而心服。

　　荀勖字公曾，颍阴人也①，为中书监，加侍中。勖才学博览，有可观采②，而性邪佞，与贾充、冯𬘡共相朋党。朝廷贤臣，心不能悦。任恺因机举充镇关中，世祖即诏遣之。勖谓𬘡曰："贾公远放，吾等失势，太子婚尚未定，若使充女为妃③，则不营留而自停矣。"勖与𬘡伺世祖间，并称充女淑令④，风姿绝世⑤，若纳东宫，必能辅佐君子，有《关雎》后妃

之德⑥。遂成婚焉。

【注释】

①颍阴：县名。秦置，属颍川郡，治所在今河南许昌。

②观采：观察采择，观赏采取。

③充女：指贾南风。

④淑令：美丽。

⑤风姿：风度仪态。绝世：冠绝当世。

⑥《关雎》后妃之德：《关雎》是《诗经·周南》的第一篇。诗序说
　　是歌咏"后妃"之德。

【译文】

荀勖，字公曾，是颍阴人，担任中书监，加官侍中。荀勖才学广博，有许多可取之处，但是生性奸邪，跟贾充、冯纨共同结成朋党。朝廷上的贤臣不喜欢他。任恺寻找机会举荐贾充离开京都去镇守关中，世祖就颁下诏令派遣他去。荀勖对冯纨说："贾公远放外地，我们这些人都会失去权势。太子的婚姻还没有定下来，假使让贾充的女儿成为太子妃，那么不用营求贾充自然就能留在朝廷了。"荀勖与冯纨伺机在世祖面前一起称赞贾充女儿美丽，风度仪态冠绝天下，如果纳入东宫，必定能辅佐太子，有《关雎》所说的后妃之德。于是就结成姻亲了。

冯纨字少胄，安平人也①，稍迁左卫将军②。承颜悦色③，宠爱日隆，贾充、荀勖并与之亲善。世祖诏治金墉，废贾妃，已定，纨与勖干没救请，故得不废。转侍中。世祖笃病得愈，纨与勖乃言于世祖曰："陛下前者病若不差④，太子其废矣。齐王为百姓所归，公卿所仰，虽欲高让⑤，其得免乎？宜遣还藩⑥，以安社稷。"世祖纳之。

【注释】

①安平:郡国名。东汉置,治所在信都县(今河北冀州)。

②稍:渐,逐渐。左卫将军:三国魏司马炎即晋王位,分中卫将军为左、右卫将军,负责宫禁宿卫。西晋初,属中军将军,后属领军将军。为禁卫军主要统帅之一,权任很重,多由皇帝亲信之人担任。

③承颜:顺承尊长的颜色。指侍奉尊长。

④差(chài):今作"瘥",病愈。

⑤高让:拱手相让。

⑥还藩:回到封地。

【译文】

冯统,字少胄,是安平人,逐渐升迁任左卫将军。他侍奉皇帝和颜悦色,宠爱一天比一天隆盛,贾充、荀勖都跟他亲善。世祖下诏修缮安置被废皇室的金墉城,要废掉太子妃贾南风,已经确定了,冯统跟荀勖考虑利害得失进行营救,所以得以不废。冯统转任侍中。世祖重病后痊愈,冯统跟荀勖就向世祖进言说:"陛下前些日子的病倘若不好,太子大概会废掉了。齐王是百姓归心、公卿仰望的人,即使他想要拱手相让,能做到吗?应该让他回到封地,让社稷安定。"世祖采纳了他的建议。

初谋伐吴,统与充、勖共苦谏,世祖不纳,断从张华。吴平,内怀惭惧,疾华如仇。及华外镇①,威德大著②,朝论当征为尚书令。统从容侍帝③,论晋、魏故事④,因曰:"臣常谓锺会之反,颇由太祖⑤。"帝勃然曰:"何言邪⑥?"统曰:"臣以为,夫善御者,必识六辔盈缩之势⑦;善治者,必审官方控带之宜⑧。是故汉高八王⑨,以宠过夷灭;光武诸将⑩,以抑损克终⑪。非上之人有仁暴之异,在下者有愚智之殊。盖抑扬与夺⑫,使之然耳。锺会才具有限⑬,而太祖奖诱太过⑭,

喜其谋猷⑮，盛其名位，授以重势⑯。故会自谓筹无遗策，功在不赏，铸张跋扈⑰，遂构凶逆耳⑱。向令太祖录其小能⑲，节以大礼，抑之以势，纳之以轨度⑳，则逆心无由而生，乱事无阶而成。"世祖曰："然。"统稽首曰㉑："愚臣之言，宜思坚冰之道㉒，无令如会之徒复致覆丧。"世祖曰："当今岂有会乎？"统曰："陛下谋谟之臣㉓，著大功于天下㉔，四海莫不闻知，据方镇、总戎马之任者，皆在陛下圣虑矣㉕。"世祖默然。征张华为太常，寻免华官㉖。

【注释】

①外镇：指离开京城去镇抚外地。

②威德：声威与德行。

③从容：悠闲舒缓，不慌不忙。

④故事：旧事，旧业。

⑤太祖：指当时的晋王司马昭。

⑥何言：说什么。

⑦六辔：古兵车一车四马，马各二辔，其两边骖马之内辔系于轼前，谓之辀，御者只执六辔。辔，缰绳。

⑧控带：萦带。

⑨汉高八王：刘邦在汉初一共分封了八个异姓诸侯王，他们分别是：燕王臧荼、韩王信、楚王韩信、梁王彭越、淮南王英布、燕王卢绾、赵王张耳和长沙王吴芮。

⑩光武诸将：汉光武帝分封三百六十多位功臣为列侯，赐以爵位田宅，高官厚禄，而除其军政大权。

⑪抑损：减少，限制。

⑫与夺：赐予和剥夺，奖励和惩罚。

⑬才具：才能。

⑭奖诱：勉励诱导。

⑮谋猷：计谋，谋略。

⑯重势：指令人畏重的威势。

⑰辀（zhōu）张：强横，嚣张。

⑱构：造成，策划。凶逆：凶恶叛逆。

⑲录：采纳，采取。

⑳轨度：规则，准则。

㉑稽首：古时一种跪拜礼，叩头至地，是九拜中最恭敬的。

㉒坚冰之道：即履霜坚冰至。见《周易·坤》：“初六，履霜坚冰至。”意为踩着霜，就要想到结冰之日就要到来了。比喻看到事物的苗头，就对其发展有所警戒。

㉓谋谟：谋划，制定谋略。

㉔著：显露。

㉕圣虑：帝王的思虑或忧念。

㉖寻：不久，随即。

【译文】

当初谋划征伐吴国，冯紞跟贾充、荀勖一起苦心竭力地劝谏，世祖没有采纳，断然听从张华建议伐吴。吴国平定，他们内心羞愧恐惧，痛恨张华如同仇人。等到张华离开京城镇抚外地，声威德行大为显著，朝廷议论应该征召他任尚书令。冯紞有一回悠闲地侍奉皇帝，论及魏、晋时的旧事，趁机说：“我常说钟会的反叛，很大程度是因为太祖造成的。”世祖勃然大怒说：“这说的什么话？”冯紞回答说：“臣以为，善于驾驭车马的人，一定了解六根缰绳伸缩的力度；善于治理国家的人，必定知道朝廷控制臣子们的合宜办法。因此汉高祖封的八个异姓诸侯王，因为过于骄宠而被消灭；光武帝的众将领，因为受到抑制而能善终。并非在上位的人有仁义残暴的不同，居下位的人有愚笨智慧的差异。是抑制跟褒扬、赐予跟剥夺使他们这样的啊。锺会才能有限,而太祖对他勉励诱导太过分,喜欢他的计谋,让他的名声地位显盛,授予他令人畏重的威势。所以锺会自以为算无遗策,功劳大得没法奖赏,嚣张强横专横暴戾,最终发展成了凶恶叛逆。假使当初太祖采用他小小的才能,用重大礼仪来节制他,用权势来约束他,让他按国家法规办事,那么他的叛逆之心就没有产生的缘由,叛乱之事就不会发生了。"世祖说:"是的。"冯纮行稽首礼说:"我说这样的话,就是想要让您对事情的发展有所警戒,别让像锺会这样的人重蹈覆辙。"世祖说:"当今难道有像锺会一样的人吗?"冯纮说:"为陛下制定谋略的臣子,在天下显露大功,天下没有谁不知道,占据一方镇守、总领兵马大任的人,都在陛下的思虑之中了。"世祖沉默了。征召张华担任太常,不久免去张华的官职。

　　刘颂字子雅①,广陵人也②。除淮南相③,上疏曰:"臣窃惟万载之事,理在二端④:天下大器⑤,一安难倾,一倾难正。故虑经后世者,必精目下之治,治安遗业⑥,使数世赖之。若乃兼建诸侯而树藩屏,深根固蒂,则祚延无穷,可以比迹三代。如或当身之治⑦,遗风余烈⑧,不及后嗣,虽树亲戚,而成国之制不建⑨,使夫后世独任智力,以安大业,若未尽其理,虽经异时,忧责犹追在陛下,将如之何?愿陛下善当今之治,树不拔势,则天下无遗忧矣。

【注释】

①刘颂:字子雅,广陵郡(治今江苏淮阴)人。历任司马昭相府掾、尚书三公郎、中书侍郎、议郎等,又代理廷尉。西晋灭吴后,因考核王浑、王濬功勋一事,相继被外放为京兆、河内太守及淮南国相。后随淮南王司马允入朝,历任三公尚书、吏部尚书等职。

②广陵：郡名。东汉改广陵国置，治所在广陵县（今江苏扬州）。东
　　汉末移治射阳县（今江苏宝应），三国魏移治淮阴县（今江苏淮
　　阴），东晋时还治广陵县。

③除：任命，授职。淮南：郡国名。西汉高祖置，治所在六县（今安
　　徽六安），后徙治寿春县（今安徽寿县），后或为郡，或为国，名称
　　也有变化。相：指国相，管王国内的民事。

④二端：事物的两个方面。

⑤大器：比喻国家、帝位。

⑥治安：指政治清明，社会安定。遗业：传予后人的不朽事业。

⑦当身：指及于自身。

⑧遗风：前代或前人遗留下来的风教。余烈：遗留的业绩、功业。

⑨成国：指成为诸侯国。

【译文】

　　刘颂，字子雅，是广陵人。他任淮南国相，上疏说："我私下里想，涉及万年大计的事情，道理在两个方面：国家政权，一安定就难以倾覆，一倾覆就难以扶正。所以考虑后世长治久安的君主，必然精通目前的治理，把社会治得太平安定，然后留给后人，使得几代人都有依靠。如果同时建立各个诸侯来树立屏障，根基深厚不可动摇，那么皇位就可延续无穷，能够跟夏、商、周三代相当。如果只顾及当代的治理，遗留下来的风教功业就到不了后代子孙，即使培植了亲戚，但是成就诸侯国的制度没有建立，使那些后代子孙只能凭借自身的智慧力量来让大业安定。倘若后世子孙并未能治理好国家，即使过了几代，责任恐怕还要追溯到陛下身上，那又要怎么办呢？希望陛下把当今的天下治理得美善，树立不可动摇的国势，那么就不会为天下遗留忧患了。

　　"夫圣明不世及，后嗣不必贤，此天理之常也。故善为天下者，任势而不任人①。任势者，诸侯是也；任人者，郡县

是也。郡县之治,小政理而大势危;诸侯牧民,近多违而远虑固。圣王推终始之弊,权轻重之理,苟彼小违,以据大安,然后足以藩固内外,维镇九服②。

【注释】

①任势:指利用各种有利的态势。

②九服:指全国各地区。

【译文】

"帝王的睿智英明不会是世代相继的,后代子孙不会必然贤明,这是天理的常道。所以善于治理天下的人,利用各种有利的态势而不是任用个人。利用各种有利的态势就是指建立诸侯国,任用个人就是建立郡县。以郡县制进行治理,小的政务可以理清而大的态势危险;以诸侯治理民众,近期会多有违背而长远却很稳固。圣明的君王推究从开端到结尾全过程的利弊,权衡事物轻重的道理,容忍小的违背,以便具有大的平安,这样足以巩固国家内外,镇抚全国各地。

"夫武王,圣主也;成王,贤嗣也。然武王不恃成王之贤,而广封建者,虑经无穷也。且善言今者,必有以验之于古。唐、虞以前①,书文残缺②,其事难详。至于三代,则并建明德③,及举王之显亲④,开国承家⑤,以藩屏帝室,延祚久长⑥,近者五六百岁,远者延将千载。逮至秦氏⑦,罢侯置守,子弟不分尺土,孤立无辅,二世而亡。汉承周、秦之后,杂而用之,前后二代,各二百余年。揆其封建⑧,虽制度舛错⑨,不尽事中,然迹其衰亡⑩,恒在同姓失职、诸侯微时,不在强盛也。昔吕氏作乱⑪,幸赖齐、代之援⑫,以宁社稷;七国叛逆⑬，梁王捍之⑭，卒弭其难⑮。自是之后，威权削夺，诸侯止食租俸，甚者至乘牛车，是以王莽得擅本朝，遂其奸谋，倾荡天下，毒流生灵。

【注释】

①唐、虞：唐尧、虞舜。

②书文：文书，书籍。

③明德：光明之德，美德。

④王：天子。

⑤开国：指建立新的诸侯国。

⑥延祚：延续福禄。

⑦秦氏：指秦始皇之后的秦帝国。

⑧揆：度量，考察。

⑨舛错：谬误，错乱。

⑩迹：推究，考察。

⑪吕氏：指西汉初期在朝的吕后及其家族。

⑫齐：指齐王刘襄，他决定起兵讨伐诸吕。代：代王刘恒，平乱之后即位为汉文帝。

⑬七国叛逆：是汉景帝时期吴王刘濞联合刘姓宗室诸侯王所发动的叛乱。

⑭梁：指景帝之弟梁王刘武，他顽强抵抗叛军，为平叛做出贡献。

⑮弭（mǐ）：制止，平息。

【译文】

"周武王是圣明的君主，周成王是贤良的子嗣。但是武王不依仗成王的贤良，而是广泛分封诸侯，这是考虑国家的长治久安啊。况且善于言说今天的，必定是从古代经验中获得了验证。唐尧、虞舜之前，文献缺损不完整，事情难以弄清楚。至于夏、商、周三代，则都建立美德，并且选用天子显贵的亲族,建立诸侯国继承家业,来捍卫皇室。因此福禄延续长久,短的五六百年,长的将近千年。到了秦帝国,罢黜诸侯,设置郡守,子弟没有分封一点土地,皇室孤立没有辅佐,两代就灭亡了。汉朝承接周、秦之后,两者杂错采用,前后两代,各有二百多年。考察这些分封,虽然说制度错乱,不完全恰当,但是考察他们的衰亡,常在同姓诸侯失掉了职权、势力微弱的时候,而不在他们强盛的时候。从前吕氏作乱,幸亏靠齐王刘襄和代王刘恒的援助,使江山安宁;七国叛乱,梁王刘武抵御他们的进攻,最终平息了叛乱。从此之后,诸侯的威势和权力被削弱剥夺,诸侯只能享有地租俸禄,有的穷得只能坐牛车。因此王莽能够专擅朝政,成就他的奸谋,倾覆天下,毒害苍生。

　　"光武绍起^①,虽封树子弟^②,而不建成国之制,祚亦不延。魏氏承之^③,圈闭亲戚^④,幽囚子弟,是以神器速倾^⑤,天命移在陛下。长短之应^⑥,祸福之征^⑦,可见于此矣。然则建邦苟尽其理,则无向不可^⑧。故曰:'为社稷计,莫若建国^⑨。'夫邪正逆顺者,人心之所系服也。今之建置,审量事势,使君乐其国、臣荣其朝,各流福祚,传之无穷。上下一心,爱国如家,视人如子,然后能保荷天禄^⑩,兼翼王室^⑪。今诸王裂土^⑫,皆兼于古之诸侯^⑬,而君贱其爵,臣耻其位,莫有安志^⑭,其故何也?法同郡县,无成国之制故也。今之建置,宜使率由旧章,一如古典^⑮。然人心系常,不累十年,好恶未改,情愿未移^⑯。臣之愚虑,以为宜早创大制^⑰,迟回众望^⑱,犹在十年之外,然后能令君臣各安其位,荣其所蒙,上下相持^⑲,用成藩辅。如今之为,适足以亏天府之藏^⑳,徒弃谷帛之资,无补镇国卫土之势也。

【注释】

①光武:东汉开国皇帝光武帝刘秀。绍:继承。

②封树:堆土植树以固疆界。这里指分封为诸侯。

③魏氏:指曹魏。

④圈闭:禁闭。

⑤神器:象征国家权力之物。借指帝位、政权。

⑥应:应验。

⑦征:征兆。

⑧向:方向,方位。

⑨建国:指建立诸侯国。

⑩荷:承当,蒙受。天禄:天赐的福禄。

⑪翼:掩蔽,保护。

⑫裂土:分封土地。

⑬兼:超越。

⑭安志:安心。

⑮古典:古代流传下来的在一定时期认为正宗或典范的事物。

⑯情愿:志愿,愿望。

⑰大制:国家大法。

⑱众望:大家的希望。

⑲相持:互相依存,扶持。

⑳天府:朝廷藏物的府库。

【译文】

　　"光武帝接续汉朝大统,虽然分封子弟为诸侯,但没有建立分封诸侯国的体制,政权也没延续多久。曹魏继承天下,禁闭亲戚,囚禁子弟,因此政权迅速倾覆,天命转移到了陛下您的身上。年代长短的应验,祸患福气的征兆,可以从中看到。既然如此,那么建立邦国如果符合事理,就没什么办不成的。所以说:'为江山社稷考虑,没有什么比分封诸侯国更好的了。'邪恶正直逆反顺从，是民心关注的。现今设置诸侯，考察衡量事态形势，使得诸侯王以他的国度为乐，臣子以他的朝廷为荣，各自让福禄流传，传到无穷无尽。上上下下一条心，爱国跟爱家一样，看待他人如同自己的孩子一样，然后才能享有天赐的福禄，兼能保护王室。现今诸王分封的土地，都超越古代的诸侯，但是诸侯王鄙视他的爵位，臣子耻于他的职位，没有人安心，这是什么缘故呢？是因为法令跟郡县制相同，没有建成诸侯国的制度啊。现在诸侯国的建立设置，应该都按照原来的规章制度来办，一切都跟古代流传下来的典范一样。但是人心不易改变，不累积十年，喜好厌恶不会改变，感情愿望也不会转移。臣子我愚笨地考虑，认为应该早点创立国家大法，这样挽回大家的希望也是迟缓的，尚且要在十年开外。然后才能让君臣各自安于各自的地位，对自己所蒙受的深感荣耀，上下互相扶持，成为辅佐。如今的作为，只不过是在亏空国库的储备，白白浪费谷物绸帛等物资，对镇抚国家捍卫国土毫无帮助。

"古者封建既定，各有其国。后虽王之子孙，无复尺土，此今事之必不行者也。若推亲疏，转有所废，以有所树，则是郡县之职，非建国之制也。今宜豫开此地，使亲疏远近，不错其制，然后可以永安。然于古典所应有者，悉立其制，然非急所须，渐而备之，不得顿设也①。须车甲器械既具②，其群臣乃服彩章③；仓廪已实，乃营宫室；百姓已足，乃备官司④；境内充实，乃作礼乐。唯宗庙社稷则先建之。至境内之政，官人用才，自非内史国相⑤，命于天子，其余众职及死生之断，谷帛资实⑥，庆赏刑威⑦，非封爵者，悉得专之。

【注释】

①顿：马上，立刻。

②须：等待。

③彩章：彩色涂饰。

④官司：官府。多指政府的主管部门。

⑤自非：倘若不是。内史：官名。西汉初诸侯王国置内史，掌民政；历代沿置。

⑥资实：物资。

⑦庆赏：赏赐。刑威：刑罚。

【译文】

"古代封建制确定后，诸侯王各自有自己的封国。后来即使是君王的子孙，也不再有一尺土地，这是今天一定不能实行的。倘若按照亲近疏远，反而有诸侯被废，用来给新建立的诸侯，那就是郡县制的方式，不是分封建国的制度。现今应该预先设立这些地方，使得亲疏远近各得其所，不让分封之制错乱，这样才可以永远安定。然而对于古代典制所应该有的要全都建立，但如果不是紧急必需的，要逐渐让它完备，不可马上设置。等到车马盔甲器械全部准备好后，诸侯国群臣才可以穿有彩色涂饰的衣服；粮库装满，才开始营建宫室；百姓富足了，才设置官吏主管；国境内富足了，才制作礼乐。只有祭祀祖先的宗庙和祭祀土神、谷神的社稷要先建好。至于国境内的政事，给人授官任用人才，倘若不是内史、国相要从天子那里接受命令任命，其余众官职的任命以及决断生死、谷物绸帛等物资、赏赐刑罚等不是封爵的事，全都可以自己专断。

"周之建侯，长享其国，与王者并，远者延将千载，近者犹数百年。汉之诸王，传祚暨至曾玄①。人性不甚相远，古今一揆②，而短长甚违③，其故何邪？立意本殊，而制不同故也。周之封建，使国重于君，公侯之身轻于社稷。故无道之君，不免诛放④。敦兴灭继绝之义⑤，故国祚不泯。不免诛放,则群后思惧⑥,胤嗣必继⑦,是无亡国也。诸侯思惧,然后轨道。下无亡国,天子乘之,理势自安⑧,此周室所以长存也。

【注释】

①暨:直到某时。曾玄:曾孙和玄孙。

②一揆:同一道理,一个模样。

③违:远。

④诛放:责其罪而放逐之。

⑤敦:崇尚,注重。兴灭继绝:使灭绝的重新振兴起来,延续下去。

⑥后:君主。

⑦胤嗣(yìn sì):后嗣,后代。

⑧理势:事理的发展趋势,情势。

【译文】

"周朝分封的诸侯能长久享有他的国家,跟天子周王并存,长的延及千年,短的也有几百年。汉朝的诸侯王,传位直到曾孙、玄孙。人性相差不是很大,古今同样道理,但是时间长短相差很大,这是为什么呢? 这是用意本来就有差异,而且制度不同的缘故啊。周朝分封诸侯,使得国比君更重要,公侯之身比江山社稷要轻。所以无道昏君,免不了要被谴责罪过放逐。崇尚使灭绝的国家重新振兴起来、延续下去的道义,所以国运不绝。免不了被谴责罪过放逐,诸侯国君们就会感到恐惧,后代必然承继这种心态,这样就没有被灭亡的国度。诸侯感到恐惧,行动就会遵循规则制度。下面没有灭亡的国度,天子控制驾驭着他们,情势自然安定,这就是周王室长存的原因啊。

"汉之树置,君国轻重不殊①,故诸王失度,陷于罪戮,国遂以亡:不崇兴灭继绝之序,故下无固国。天子居上,势孤无辅，故奸臣擅朝②，易倾大业。今宜反汉之弊，修周旧迹③，国君虽或失道，陷于诛绝，又无子应除，苟有始封支胤④，不问远近，必绍其祚。若无遗类⑤，则虚建之，须皇子生，以继其统，然后建国无灭。又班固称⑥：'诸侯失国，亦由网密。'今又宜都宽其检⑦，且建侯之理，本经盛衰。虑关强弱，则天下同忿，并力诛之。大制都邑⑧，班之群后⑨，著誓丹青，书之玉板，藏之金匮⑩，置诸宗庙，副在有司。寡弱小国⑪，犹不可危，岂况万乘之主⑫？承难倾之邦⑬，而加其上，则自然永久。故臣愿陛下置天下于自安之地，寄大业于固成之势，则可以无遗忧矣。

【注释】

①不殊：没有区别，一样。

②擅朝：独揽朝政。

③修：效法，学习。旧迹：前人的规矩。

④支胤（yìn）：宗族的别支子孙。

⑤遗类：指残存者。

⑥班固：东汉史学家。继承父业，续修《汉书》。

⑦检：法度，法则，方式。

⑧大制都邑：今本《晋书·刘颂传》作"大制都定"，其义为长，译文从之。

⑨班：颁布。后：君王，帝王。

⑩金匮：铜制的柜子，古时用来收藏文献或文物。

⑪寡：指人口少。

⑫岂况：何况。

⑬邦:国。指诸侯国。

【译文】

　　"汉朝扶植诸侯,国君同封国轻重一样,所以各个诸侯王失去分寸,陷入罪诛,封国于是灭亡:不崇奉使灭绝的国家重新振兴起来、让它延续下去的功业,所以下面没有牢固的封国。天子在上势单力孤没有辅佐,所以奸臣独揽朝政,容易倾覆大业。现今应该一反汉朝的弊病,学习周朝的规矩,即使有的国君违背道义而被诛灭、又没有儿子可以封为诸侯王的,假如还有始封者的别支子孙,不问关系远近,必须让他继承王位。假如没有残存的人,那就虚设一个诸侯王,等皇子出生来继承他的统系,这之后封建的国度就没有灭绝的。又,班固称述说:'诸侯失去国家,也是由于法网严密。'现今又应该放宽法度,况且封建诸侯的常理,本来就会经历盛衰。考虑诸侯国会有以强凌弱的情况,这就会天下共愤,合力诛灭它。根本制度确定后,颁布给各诸侯国君,要把誓言写在玉板之上,收藏在金匮之中,放置在宗庙里面,副本放在主管官吏那里。人少势弱的小国,尚且不可让他陷入危险,何况帝王呢? 凌驾于难以倾覆的诸侯国之上,自然就会永久平安。所以我希望陛下把天下放置在像周朝那样自然安定的地方,把帝王的大业放置在牢固成功的形势中,那就可以没有遗留后世的忧患了。

　　"今阁间少名士①,官司无高能,其故何也? 清议不肃②,人不立德③,行在取容④,故无名士;下不专局⑤,又无考课⑥,吏不竭节⑦,故无高能。无高能,则有疾世事;少名士,则后进无准⑧。故臣思立吏课而肃清议也⑨。天下至大,万事至众,人君至少,同于天日,故非垂听所得周览⑩。是以圣王之治,执要而已,委务于下,而不以事自婴也⑪。分职既定,无所与焉。非惮日侧之勤⑫,而牵于逸豫之虞⑬,诚以治体宜然⑭，事势致之也。何则？夫造创谋始⑮，逆暗是非⑯，以别能否，甚难察也；既以施行，因其成败，以分功罪，甚易识也。易识在考终，难察在造始。故人君恒居其易则治⑰，人臣不处其难则乱。今人主恒能居易执要，以御其下，然后人臣功罪，形于成败之征⑱，无所逃其诛赏，故罪不可蔽、功不可诬⑲。功不可诬，则能者劝；罪不可蔽，则违慢日肃⑳。此为治之大略也㉑。

【注释】

①阎间：里巷内外的门。后多借指里巷或平民。

②清议：对时政的议论，社会舆论。

③立德：树立德业。

④取容：讨好别人以求自己安身。

⑤局：权限，范围。

⑥考课：按一定的标准对官吏的政绩进行考核，以决定其升降赏罚。

⑦竭节：尽忠，坚持操守。

⑧后进：学识或资历较浅的人。

⑨吏课：对官吏政绩的考核。

⑩垂听：俯听，倾听。周览：遍览，巡视，细看。

⑪婴：纠缠，羁绊。

⑫惮：惧怕。侧（zè）：通"昃"，太阳偏西之时。

⑬逸豫：安乐，舒缓。虞：通"娱"。

⑭治体：治国的纲领、要旨。

⑮造创：草创，开创。

⑯逆：预先，预料。暗：今通行本作"闇"。通"谙"，熟悉，了解。

⑰恒：常。

⑱形：表露，表现。

⑲诬：抹煞。

⑳违慢：违抗怠慢。

㉑大略：概要，重要内容的大概。

【译文】

"现今乡里少见名士，官署里没有杰出才能的人，原因是什么呢？对时政的议论不严肃，个人不树立德业，行事又要讨好别人，所以就没有名士；下面官员不能专司其责，又没有对官员的考核，官吏不能尽心竭力，所以就没有才能杰出的人。没有才能杰出的人，那么就有害于政事的处理；名士少，那么后生晚辈就没有可效法的标准。所以我想建立对官吏政绩的考核制度而且端肃对时政的议论。天下极大，万事极多，君王极少，如同天上的太阳，所以不是倾听所能体察周全的。因此圣明君王治理国家，要抓住要点，把事务委托给下面的臣子，不让自己羁绊于具体事务之中。官员的职分已经确定，君主就不用参与具体的事务。这不是惧怕太阳西下还要勤政，或是总想着安乐，确实是因为治国就应该这样，形势使他如此啊。为什么呢？事业草创之初、开始谋划考虑时，预先分清是非以辨别能否做成，是很困难的；已经实施后，用它的成功失败来定功过，是很容易的。容易识别是因为事情已经结束了再来考察，很难明察是因为还在草创之初。所以人君一直处于"易识"的状态那就能使天下太平，臣子要不处在"难察"的位置天下就会混乱。现今人君能处于"易识"的状态而且掌握执政的纲要来驾驭下面，然后臣子的功劳罪过就会在政事成败的结果出现时自然显现出来，无法逃避对他的诛责奖赏。所以臣子的罪过无法遮蔽，功劳无法抹杀。功劳无法抹杀，那么有能力的人就会受到鼓励；罪过无法遮蔽，那么违抗怠慢的情况就会一天天肃清。这就是进行治理的大要。

"天下至大，非垂听所周①，又精始难校②，考终易明。

今人主不委事仰成③，而与诸下共造事始，则功罪难分，能否不别④。陛下纵未得尽仰成之理，都委务于下，至如今事应奏御者⑤，蠲除不急⑥，使要事得精，可三分之二。今亲掌者，受成于上⑦，上之所失，不得复以罪下，岁终事功不建⑧，不知所责也。夫监司以法举罪⑨，狱官案劾尽实⑩，法吏据辞守文，大较虽同，然至于施用，监司与夫法狱，体宜小异：狱官唯实，法吏唯文⑪，监司则欲举大而略小⑫。

【注释】

①周：指完全了解。

②精：明白，精密，严密。校：订正，考订。

③仰成：指依赖别人取得成功。

④能否：有才能与否。

⑤奏御：上奏帝王。

⑥蠲（juān）除：免除。

⑦受成：接受已定的谋略。引申为办事全依主管者的计划而行，不自作主张。

⑧事功：功绩，功业，功劳。

⑨监司：指监察地方官的官。汉朝、两晋及南北朝时期指刺史、侍御史及尚书左、右丞等有监察权的官员。

⑩狱官：泛指掌管监狱的官吏。案劾：考察揭发罪行。

⑪法吏：古代司法官吏。

⑫举大：举劾大的。

【译文】

　　"天下极大，不是倾听就能周知了解的，而且事情的开端是难以精密考察的，而查看事情的结果就很容易明白。现今君主不把事务交付臣子办理从而坐等成功,而是跟臣子共同从开始做事,那么功劳罪过就难以区别,臣子有无才能也无法区别。陛下即使还没有尽得依靠臣子取得成功之理,把事务都交付给臣子办理,到了现在也要在需要上奏皇帝的事情中,把不急的都免除,让重要的事务得以精简,这样陛下的事务就可减到三分之二。现今亲自做事的人,完全依从上面的指令办事,上面如果有失误,不能再归罪到下面。这样到了年终功业没有建立,不知道谁该受到责备。监察官员依照法律来举劾罪过,狱官如实考察揭发罪行,法吏根据供辞运用法律条文,这些事情虽然大致相同,但是到了具体实施阶段,监察官员跟狱官、狱吏还是应当稍有区别:狱官只看事实,狱吏只看条文,监察官员就要举劾大的忽略小的。

"何则[1]?夫细过微阙,谬妄之失[2],此人情之所必有,而悉纠以法,则朝野无全人。此所谓欲治而反乱者也。是以善为治者,纲举而网疏[3]。纲举则所罗者广,网疏则小罪必漏。所罗者广,则大罪不纵,则甚泰必刑[4],微过必漏,则为政不苛。甚泰必刑,然后犯治必塞[5]。此为治之要也。

【注释】

[1]何则:为什么。
[2]谬妄:荒谬愚妄。
[3]纲:渔网上的总绳。
[4]甚泰:过分。
[5]犯治:犯法于治世。

【译文】

"为什么呢?细微的过失、荒谬愚妄的失误,这是人情事理必然会有的,要全部绳之以法,那么朝野就没有无罪的人了。这就是所说的想要天下太平反而混乱的做法啊。因此善于治理的人，会抓住纲目要领而让法网稀疏。抓住总纲，那么涉及的范围更广；法网稀疏，那么小的罪过必然忽略。涉及的范围广，那么大的罪过就不会得到纵容，这样大的罪过就必然判刑，微小的过失必然忽略，那么为政就不会苛刻。大的罪过必然判刑，然后在治世犯法就会杜绝。这是治理国家的关键。

"而自近世以来，为监司者，类大纲不振①，而网甚密。网甚密，则微过必举②。微过人情所必有，而不足以害治，举之则微而益乱③。大纲不振，则豪强横肆④，豪强横肆，则平民失职。此错所急，而倒所务之由也，非徒无益于治体⑤，清议乃由此益伤。古人有言曰：'君子之过，如日之蚀焉⑥。'又曰：'过而能改⑦。'又曰：'不贰过⑧。'凡此数者，是贤人君子不能无过之言也。苟不至于害治，则皆天网之所漏也⑨；所犯在甚泰，然后王诛所必加⑩。此举罪浅深之大例也⑪。故君子得全美以善事⑫，不善者必夷戮警众⑬，此为治诛赦之准式也⑭。

【注释】

①类：大抵，皆。

②举：举出，检举。

③微而益乱：检举的过失太细微，国家就会更加混乱。

④豪强：指依仗权势欺压别人的人。横肆：纵放恣肆。

⑤治体：治国的纲领、要旨。

⑥君子之过，如日之蚀焉：见《论语·子张》："子贡曰：'君子之过也，如日月之食焉。过也，人皆见之；更也，人皆仰之。'"

⑦过而能改：见《左传·宣公二年》："稽首而对曰：'人谁无过？过

而能改,善莫大焉'。"

⑧不贰过:不犯相同的错误。见《论语·雍也》。

⑨天网:上天布下的罗网。比喻朝廷的统治。

⑩王诛:指天子的讨伐。

⑪大例:通则,通例。

⑫全美:美意成全,完美。

⑬夷戮:杀戮。警众:警醒众人。

⑭准式:标准,楷模。

【译文】

"而自从近代以来,担任监察官员的,大多不能抓住总纲,而法网细密。法网非常细密,那么细微的过失必定被检举。细微的过失是人之常情,不足以危害国家,检举的过错太细微,国家就会更加混乱。治国的大纲抓不住,那么豪强就会肆意横行,豪强肆意横行,平民百姓就会流离失所。这就是不了解事物的关键而本末倒置造成的,不仅对治国的纲领没有益处,朝廷清议也会因此而更加受到损伤。古人说过:'君子的过错,就像日食一样。'又说:'犯错误而能改正。'又说:'不犯同样的错误。'大凡这几句话,都是说贤人君子也不能没有过错。假如过失不至于危害治理,那么就是法网所应该忽略的;所犯的罪过如果很大,那么王法一定会加以诛灭。这是检举罪行的大原则。所以君子因善行而得以保全,不善的人必然被杀戮来警示众人,这是为政者决定杀戮或赦免的标准。

"凡举过弹违①,将以肃风论而整世教②。今举小过,清议益颓。是以圣王深识人情而达治体③,故其称曰:'不以一眚掩大德④。'又曰:'赦小过,举贤才⑤。'又曰:'无求备于一人⑥。'故冕而前旒⑦,充纩塞耳⑧,意在去苛察、举甚泰⑨。善恶之报,必取其尤⑩,然后简而不漏。大罪必诛,法禁易全也。今则当小罪甚察^⑪，而时不加治者，明小罪非乱治之奸也^⑫。害治在犯尤，而谨搜微过，何异放兕豹于公路，而禁鼠盗于隅隙。时政所失，少有此类。陛下宜反而求之，乃得所务也。"

【注释】

①弹违：弹劾违法乱纪者。

②风论：舆论。世教：指当世的正统思想、正统礼教。

③深识：深知，深刻了解。

④不以一眚（shěng）掩大德：见《左传·僖公三十三年》："且吾不以一眚掩大德。"眚，眼睛上的蒙翳。引申作过失、错误。

⑤赦小过，举贤才：见《论语·子路》："子曰：'先有司，赦小过，举贤才。'"

⑥无求备于一人：见《论语·微子》："周公谓鲁公曰：'君子不施其亲，不使大臣怨乎不以，故旧无大故则不弃也，无求备于一人。'"

⑦冕：古代帝王、诸侯、卿大夫的礼帽，后专指皇冠。旒：古代帝王礼帽上前后悬垂的玉串。

⑧充纩：冠冕两旁的饰物，用来塞耳。

⑨苛察：以烦琐苛刻为明察。

⑩尤：特异，突出，特殊。

⑪当：判处。察：苛察，苛求。

⑫奸：祸乱。

【译文】

"大凡检举过失、弹劾违法，是要整肃舆论整顿世俗教化。现今检举小的过失，清议就会日益败坏。因此圣明君王深刻了解人情道理，通晓为政的要领，所以他们说：'不因为小的错误而掩盖他的大德。'又说：'宽免小的过错，举荐贤才。'又说：'不要对一个人求全责备。'所以帝王的冠冕前悬挂玉串,两边有绵制饰物塞住耳朵,用意在去掉苛察,只抓重大的事。对善行恶行的处置,必须抓住其中最重要的部分,然后才能简明而不疏漏。大罪必定诛杀,刑法禁令就容易保全了。现今却是对小罪特别苛察,而国家却没有治理得更好,说明小罪不是扰乱太平的主要原因。妨害太平的是大罪,而那些严格地搜求细微过失,跟把犀牛豹子放到大路上,却在狭小之地禁止老鼠偷食有什么不同呢?国政的失误很少有这样的情况。陛下应该采取与此相反的做法,就能达到天下大治的目标了。"

江统字应元①,陈留人也,除华阴令②。时关陇屡为氐、羌所扰③,牧守沦没④,黎庶涂炭,孟观西讨⑤,生禽齐万年⑥,群氐死散。统深惟四夷乱华⑦,宜杜其萌,乃作《徙戎论》,其辞曰:"夫蛮夷戎狄,谓之四夷。九服之制⑧,地在要荒⑨。《春秋》之义⑩,内诸夏而外夷狄。以其言语不通,法俗诡异⑪,或居绝域之外⑫,山河之表,与中国壤断土隔,不相侵涉⑬,赋役不及,正朔不加⑭,其性气贪婪⑮,凶悍不仁。

【注释】

①江统:西晋官吏。陈留(今河南开封东北)圉人。字应元。初为山阴县令,八王之乱时,历任中郎、太子洗马、博士、尚书郎、大司马参军、廷尉正、黄门侍郎、散骑常侍等。

②华阴:古县名。汉置,治所在今陕西华阴东南。

③关陇:指关中和陇西一带地区。氐:古民族名。分布在今青海、甘肃、四川等地。羌:古代西部的民族,分布在今甘肃、青海、四川一带,以游牧为主。

④牧守:州郡的长官。州官称牧,郡官称守。

⑤孟观：字叔时，渤海东光（今河北东光东）人。惠帝时为殿中中郎，与贾后谋杀杨骏，迁积弩将军，封公；氐族首领齐万年于关中反晋，领兵杀齐万年，升东羌校尉、右将军。依附赵王伦，为安南将军、监河北军事，镇宛；赵王伦败灭后被杀。

⑥齐万年：西晋时氐族首领。惠帝元康六年（296），匈奴郝度元起兵抗晋，关中氐、羌族之民纷纷响应，万年被推为帝，拥众数十万。后被孟观击败，被俘杀。

⑦四夷：古代华夏族对四方少数民族的统称。

⑧九服：王畿以外的九等地区，分别叫侯服、甸服、男服、采服、卫服、蛮服、夷服、镇服、藩服。

⑨要荒：古称王畿外极远之地。要，要服。荒，荒服。这是用五服之说：古代王畿外围，以五百里为一区划，由近及远分为侯服、甸服、绥服、要服、荒服，合称五服。

⑩《春秋》之义：《春秋公羊传·成公十五年》：“《春秋》内其国而外诸夏，内诸夏而外夷狄。”

⑪法俗：风俗习惯。

⑫绝域：极远之地。

⑬侵：越境进犯。涉：入，进入。

⑭正朔：指帝王新颁的历法。古代帝王易姓受命，必改正朔。

⑮性气：性情脾气。

【译文】

江统字应元，是陈留人，担任华阴县县令。当时关陇一带屡次被氐人、羌人骚扰，州牧郡守遇害，黎民百姓处在水深火热之中。孟观西征，生擒齐万年，氐人部众死亡逃散。江统深感四夷乱华，应该防患于未然，于是写作了《徙戎论》，文中说：“南蛮、东夷、西戎、北狄，叫四夷。按照九服的制度，他们的土地在极其边远的地方。《春秋》经中的要义，就是中原华夏在内部，边远夷狄在外部。因为他们和中原民众语言不通，风

俗习惯奇特,有的居住在极远的地方,高山大河之处,跟中原土地隔绝,
互不侵犯,不用承担赋税劳役,也不采用皇朝颁布的历法。他们本性贪
婪,凶恶强悍不讲仁义。

"四夷之中,戎狄为甚,弱则畏服,强则侵叛①。虽有
贤圣之世、大德之君②,咸未能以道化率导③,而以恩德柔怀
也。当其强也,以殷之高宗④,而惫于鬼方⑤;有周文王,而
患昆夷、猃狁⑥;高祖困于白登⑦,孝文军于霸上⑧。及其弱
也,周公来九译之贡⑨,中宗纳单于之朝⑩。以元、成之微⑪,
而犹四夷宾服⑫,此其已然之效也。故匈奴求守边塞⑬,而侯
应陈其不可⑭;单于屈膝未央⑮,望之议以不臣⑯。是以有道
之君牧夷狄也,惟以待之有备,御之有常,虽稽颡执贽⑰,而
边城不弛固守;为寇贼强暴,而兵甲不加远征,期令境内获
安,疆埸不侵而已⑱。

【注释】

①侵叛:侵扰背叛。

②大德:指品德高尚。

③道化:道德风化。率导:指以自身的表率行为对他人进行教导。

④殷之高宗:指武丁,商朝君主。

⑤鬼方:殷周时分布于陕西、山西、内蒙古一带的游牧民族。武丁时
　　期对鬼方的战争进行得特别激烈,持续时间也很长,武丁只是暂
　　时将鬼方驱赶而没有将其彻底击溃。

⑥昆夷:殷周时我国西北部族名。猃狁(xiǎn yǔn):我国古代北方少
　　数民族。

⑦高祖困于白登:指汉高祖七年(前200),刘邦被匈奴围困于白登

山（今山西大同东北马铺山）。

⑧孝文军于霸上：汉文帝后六年（前158），匈奴大举入侵，汉文帝任
命刘礼驻军霸上、徐厉驻军棘门、周亚夫驻军细柳防备匈奴。孝
文，汉文帝刘恒。

⑨周公：姬旦，文王子，武王弟，成王叔。辅武王灭商，又辅佐成王。
九译：辗转翻译。据《后汉书·南蛮传》，南方有越裳国，在周公
时，受到感化，"以三象重译而献白雉"。

⑩中宗：汉宣帝刘询。纳单于之朝：神爵二年（前60）冬，匈奴单于
派遣名王来汉朝献，祝贺正月。朝，朝献，诸侯或属国朝觐时贡献
方物。

⑪元、成：元，汉元帝刘奭。成，汉成帝刘骜。元、成时期是西汉国势
日衰的转折期。

⑫宾服：归顺，顺服。

⑬匈奴求守边塞：据《汉书·匈奴传》，竟宁元年（前33）匈奴呼韩
邪单于来朝，自言愿婿汉氏以自亲。帝以后宫良家子王嫱字昭
君赐单于。单于欢喜，上书"愿保塞上谷以西至敦煌，传之无穷。
请罢边备塞吏卒，以休天子人民"。

⑭侯应：西汉郎中官。以《侯应论罢边十不可》反对罢边。

⑮未央：宫名。西汉高帝七年（前200）由丞相萧何主持兴建，故址
在今陕西西安。

⑯望之议以不臣：见《汉书·萧望之传》：匈奴呼韩邪单于来朝见，
汉宣帝令公卿讨论其礼节仪式，萧望之以为："单于非正朔所加，
故称敌国，宜待以不臣之礼，位在诸侯王上。"望之，即萧望之，字
长倩，东海兰陵（今山东苍山）人。历任大鸿胪、太傅等官。不
臣，指不以臣属视之。

⑰稽颡（sǎng）：古代一种跪拜礼，屈膝下拜，以额触地，表示极度的
虔诚。执贽：古代礼制，谒见人时携礼物相赠。贽，所携礼品。

⑱疆埸（yì）：边境。

【译文】

"四夷之中，以西戎、北狄二族最为不仁。他们实力弱的时候就因为害怕而服从，实力强的时候就侵扰中原，背叛朝廷。即使是圣世明君，都不能用道德风化来教导他们，只能用恩惠来怀柔。当他们实力强盛的时候，以殷高宗的贤明，也被鬼方弄得疲惫不堪；周文王也把昆夷、猃狁当成心腹大患；汉高祖被匈奴围困在白登山，汉文帝驻军霸上防备匈奴。当他们实力弱的时候，周公之时远方民族通过辗转翻译来进贡，汉宣帝收到匈奴单于的朝贡。在汉元帝、汉成帝的衰微之世，尚且能四夷归服，这都是已经发生的例证啊。所以匈奴请求为汉朝防守边塞，但是侯应上疏陈述说不可行；匈奴单于在未央宫屈膝下跪，萧望之认为应该不以臣属来对待他。因此有道的明君管理夷狄，只能对他们常加戒备，保持防御，即使他们叩头稽颡拿着礼物来朝贡，边城也应固守不松弛。这是因为敌寇强横暴虐，军队不宜远征，只期望能让境内平安，边疆不遭入侵罢了。

"及至周室失统①，诸侯专征②，以大兼小，转相残灭，封疆不固③，而利害异心，戎狄乘间，得入中国。或招诱安抚，以为己用。故申、缯之祸④，颠覆宗周⑤；襄公要秦⑥，遽兴姜戎⑦；义渠、大荔⑧，居秦、晋之域；陆浑阴戎⑨，据伊、洛之间⑩；搜瞒之属⑪，侵入齐、宋⑫，陵虐邢、卫⑬。南夷与北夷交侵⑭，中国不绝若线⑮。始皇之并天下也，南兼百越⑯，北走匈奴，当时中国，无复四夷矣。

【注释】

①失统：丧失纲纪、准则。

②专征：指擅自进行征伐。

③封疆：疆界。

④申、缯之祸：周幽王十一年（前771），申侯联合缯国与西夷犬戎进攻幽王，幽王被杀，西周灭亡。

⑤宗周：指周王朝。

⑥襄公：即晋襄公。初即位，秦伐郑，晋襄公发兵和姜戎邀击之，败秦师于殽。

⑦姜戎：春秋时西戎之别种，姜姓。

⑧义渠：西戎之一，分布在今甘肃庆阳一带。大荔：西戎之一。分布于岐梁山泾漆之北（今陕西大荔）。

⑨陆浑：陆浑戎，一名阴戎，春秋允氏戎别部，在今河南栾川、嵩县、伊川境。

⑩伊、洛：伊水和洛水。指洛阳地区。

⑪搜瞒之属：盖氏戎一族。

⑫齐：周代诸侯国，在今山东北部。宋：周代诸侯国名。在今河南商丘一带。

⑬陵虐：欺压凌辱。邢：古诸侯国。在今河北邢台。卫：周代诸侯国，在今河北南部和河南北部的一带。

⑭夷：泛指中原以外各族。交侵：迭相侵犯。

⑮不绝若线：形容局势危急，像差点儿就要断掉的线一样。

⑯百越：古代南方越人的总称。分布在今浙、闽、粤、桂等地，因部落众多，故总称百越。

【译文】

　　"等到周王室丧失纲纪之时，诸侯擅自征伐，大国兼并小国，转而互相残杀毁灭，疆界不再稳固，而且各诸侯内心考虑的利害关系不一致，戎狄乘机得以进入中原。有的诸侯对夷狄招徕安抚，来为自己所用。所以申侯、缯国联合犬戎入侵引发灾祸，颠覆了西周王朝；晋襄公想攻打秦国，于是招来姜戎；义渠、大荔两族居住在秦国、晋国境内；陆浑阴戎占据

了伊水、洛水之间；搜瞒之类侵入齐国、宋国，欺压凌辱邢国、卫国。南方的少数部族跟北方的少数部族迭相侵犯，中原危急就像差一点就要断掉的线一样。秦始皇兼并天下，向南兼并百越，向北驱逐匈奴，当时的中原，不再有四夷了。

　　"汉兴而都长安①，宗周丰、镐之旧也②。及至莽之败③，西都荒毁④，百姓流亡⑤。建武中⑥，以马援领陇西太守⑦，讨叛羌，徙其余种于关中⑧，居冯翊、河东空地⑨，而与齐民杂处⑩。数岁之后，族类繁息⑪，既恃其肥强⑫，且苦汉民侵之。永初之元⑬，骑都尉王宏使西域⑭，发调羌、氐⑮，以为行卫⑯。于是群羌奔骇，互相扇动，二州之戎，一时俱发，覆没将守，屠破城邑。诸戎遂炽，至于南入蜀汉，东掠赵、魏⑰，唐突轵关⑱，侵及河内⑲。十年之中，夷夏俱弊。此所以为害深重、累年不定者，虽由御者之无方⑳，将非其才，亦岂不以寇发心腹㉑，害起肘腋㉒，疾笃难疗，疮大迟愈之故哉？

【注释】

①长安：古都城名，汉高祖七年（前200）定都于此。汉城筑于惠帝时，在今西安西北。

②丰：周国都名。在今陕西西安西南。镐：镐京，古都名。西周国都，在今陕西西安西南。

③莽：王莽，新王朝的建立者。

④西都：长安。

⑤流亡：因灾害或其他原因而被迫离开家乡。

⑥建武：东汉光武帝刘秀的年号（25—57）。

⑦马援：字文渊，扶风茂陵（今陕西兴平东北）人。东汉将领。领：

兼任。陇西：郡名。秦昭襄王二十八年（前279）置，治所在狄道县（今甘肃临洮南），曹魏时移治襄武（今甘肃陇西东南）。

⑧关中：指陕西渭河流域一带。

⑨冯翊：郡名。曹魏改左冯翊置，治临晋（今陕西大荔）。河东：郡名。战国魏置，治所在安邑县（今山西夏县）。

⑩齐民：平民。

⑪繁息：繁殖生息。

⑫肥强：肥壮力强。

⑬永初之元：公元107年。永初，东汉安帝刘祜的年号（107—113）。

⑭骑都尉：秦末汉初为统领骑兵之武职，不统兵时为侍卫武官。东汉名义上隶光禄勋，三国沿置，魏、晋与奉车都尉、驸马都尉并号"三都尉"，皆为亲近侍从武官，多用作皇族、外戚的加官。王宏：房本作"王弘"，《后汉书·班梁列传》《后汉书·西羌传》同。《琅邪王氏传承世系源流考》作"王仁字周望……由骑都尉官青州刺史"。西域：汉以后对今甘肃玉门关以西地区的通称。

⑮发调：征调物资或人员。

⑯行卫：出行时的侍卫。

⑰赵：战国七雄之一，在今山西北部、河北西部和南部一带，都城在今山西太原东南，后迁至今河北邯郸。魏：战国七雄之一，在今山西南部、河南中北部、陕西西部、河北南部。建都安邑（今山西夏县西北），后迁至大梁（今河南开封）。

⑱唐突：横冲直撞，乱闯。轵关：在今河南济源，关当轵道之险，当豫北平原入山西高原之要冲。自古为兵家必争之地。

⑲河内：指今河南黄河以北地区。

⑳无方：没有方法，不得法。

㉑心腹：比喻要害部位。

㉒肘腋：胳膊肘与腋窝。比喻切近之处。

【译文】

"汉朝兴起,建都长安,这是周王朝丰、镐的旧地。等到王莽失败,长安荒凉毁坏,百姓流亡他乡。建武年间,以马援兼任陇西郡太守,讨伐叛乱的羌人,把他们剩余的人迁徙到关中,居住在冯翊、河东的空地,跟平民百姓混杂在一起。几年之后,羌族繁衍生息,既依仗自己肥壮力强,又苦于汉人侵夺他。永初元年,骑都尉王宏出使西域,征调羌人、氐人作为随行侍卫。于是众羌人惊骇奔走,互相煽动,冯翊、河东二州的羌戎部族,一下子全都起而暴动,将领守官都被消灭,城池被攻陷屠杀。众戎族于是气焰旺盛,甚至于向南进入蜀汉,向东抢掠赵、魏,乱闯轵关,侵犯河内。十年之中,夷狄跟汉人全都疲困不堪。这样为害深重、多年不能安定的原因,虽然是由于防御不得法、将领不得其人,难道不也是因为寇贼从要害处发作,从切近处为害,疾病沉重难以治疗,疮肿太大痊愈迟缓的缘故吗?

"自此之后,余烬不尽,小有际会^①,辄复侵叛。雍州之戎^②,常为国患,中世之寇^③,惟此为大。汉末之乱,关中残灭。魏兴之初,与蜀分隔,疆场之戎,一彼一此^④。魏武皇帝遂徙武都之种于秦川^⑤,欲以弱寇强国,扞御蜀虏^⑥,此盖权宜之计,一时之势,非所以保境安民,为万世之利也。今者当之^⑦,已受其弊矣。

【注释】

①际会:机遇,时机。

②雍州:东汉分凉州河西四郡置,治所在姑臧县(今甘肃武威),后移治长安县(今陕西西安西北)。

③中世:中期。

④一彼一此：一时那样，一时这样。指局势或情况等随时间变化而变化。

⑤魏武皇帝：即曹操。武都：郡名。西汉置，治所在武都县（今甘肃西和）。秦川：古地区，泛指今陕西、甘肃的秦岭以北平原地带。

⑥扞御：防御，抵抗。

⑦当：面对。

【译文】

"从此之后，反叛的灰烬一直没有烧尽，一有机会他们就会重新侵扰背叛。雍州的戎人，经常是国家的祸患。汉代中期的敌寇，以他们为最。汉朝末年因为战乱，关中遭到毁灭。曹魏兴起之初，跟蜀汉分隔，边境上的戎人，情况随时变化。魏武帝曹操就把武都的戎人迁徙到秦川，想要以此来削弱敌寇强大国家，抵御蜀汉。这也是临时变通的权宜之计、一时的形势，并不是保境安民、成就万代利益的方法啊。今天已经蒙受其弊害了。

"夫关中土沃物丰，厥田上上①，帝王之都，未闻戎狄宜在此土也。'非我族类，其心必异'②。戎狄志体③，不与华同。而因其衰弊，迁之畿服④，吏民玩习⑤，侮其轻弱，使其怨恨之气，毒于骨髓。至于蕃育众盛，则坐生其心，以贪悍之性，挟愤怒之情，候隙乘便，辄为横逆。而居封域之内，无障塞之隔，掩不备之民⑥，收散野之积，故能为祸滋蔓，暴害不测，此必然之势、已验之事也。

【注释】

①厥田上上：见《尚书·禹贡》："雍州……厥土惟黄壤，厥田惟上上，厥赋中下。"上上，第一等。

②非我族类,其心必异:见《左传·成公四年》:"史佚之《志》有之,
　　曰:'非我族类,其心必异。'"

③志体:情感禀性。

④畿服:指京师附近地区。

⑤玩习:习惯,习以为常。

⑥掩:趁人不备而采取行动。

【译文】

"关中土地肥沃物产丰富,它的田地是第一等的,是帝王的都城,没
听说过戎狄应该生活在这块土地上。'他们跟我不是同一种族,必定不
能同心。'戎狄的情感和禀性,跟华夏不同。如果趁着他们衰败,把他们
迁徙到京城附近,官吏民众会习惯性地欺侮他们力量弱小,使他们怨恨
的心理深入骨髓。等到族群繁衍众多,那就自然产生不愿归顺的心理,
以他贪婪凶狠的个性,加上愤怒的感情,等到一有可乘之机,就会作乱。
而且他们居住在疆域之内,没有障碍物的阻隔,突然对没有防备的民众
采取行动,收取散落在民间的财物谷粮,所以能够为祸并蔓延,造成难以
预测的祸害,这是必然的形势,已经验证的事实啊。

"当今之宜,宜及兵威方盛,众事未罢,徙冯翊、北地、
新平、安定界内诸羌①,著先零、罕汧、析支之地②;徙扶风、
始平、京兆之氐③,出还陇右④,著阴平、武都之界⑤。各附本
种,反其旧土,使属国抚夷,就安集之⑥。戎、晋不杂,并得
其所,上合往古即叙之义⑦,下为盛世永久之规。纵有猾夏
之心⑧,风尘之警,则绝远中国,隔阂山河,虽为寇暴,所害
不广。是以充国、子明⑨,能以数万之众,制群羌之命,有征
无战,全军独克⑩。虽有谋谟深计,庙胜远图,亦岂不以华夷
异处,戎夏区别,要塞易守之故,得成其功哉!

【注释】

①北地：郡名。东汉末置，寄治冯翊郡界。新平：郡名。东汉置，治所在漆县（今陕西彬县）。安定：郡名。西汉置，治所在高平县（今宁夏固原），东汉移治临泾县（今甘肃镇原东南）。

②著：居于，处在。先零：古代羌族的一支，最初居于今甘肃、青海的湟水流域，后渐与西北各族融合。罕汧：盖当时西北部族之一。析支：古代西戎族名之一，又称鲜支、赐支、河曲羌，分布在今青海积石山至贵德河曲一带。

③扶风：郡名。旧为三辅之地，三国魏改右扶风置，属雍州，治所在槐里县（今陕西兴平东南），西晋迁治池阳县（今陕西泾阳西北）。始平：郡名。西晋分扶风郡置，属雍州，治所在槐里县（今陕西兴平东南）。京兆：即京兆尹，西汉改右内史置，为三辅之一，治所在长安县（今陕西西安西北）。

④陇右：古地区名。泛指陇山以西地区（古代以西为右），约当今甘肃六盘山以西，黄河以东一带。

⑤阴平：郡名。三国魏置，治所在阴平县（今甘肃文县西）。

⑥安集：安定辑睦。

⑦即叙：就序，归顺。

⑧猾夏：侵犯中原华夏。

⑨充国：即赵充国，西汉名将。字翁孙。征伐羌氏有功。子明：即冯奉世，西汉名将。字子明。武帝末，以良家子选为郎。昭帝时，任武安长。宣帝立，任卫侯，出使大宛，因莎车破坏汉朝在西域的统治，他以节发诸国兵击破莎车，斩其王，返迁水衡都尉。元帝即位，为执金吾，又率兵击破羌人的反抗，升左将军，封关内侯。

⑩全军：保全军队的实力。

【译文】

"现在应该做的是，趁着军队威力强盛，各种政事未荒怠，把冯翊、北地、新平、安定境内的那些羌人，迁移到先零、罕汧、析支这些地方；迁徙扶风、始平、京兆的氐人，回到陇右，住到阴平、武都境内。让他们各自依附自己的种族，回到故土，让藩属国家安抚他们，使他们安定辑睦地生活。戎人和我晋朝的民众不夹杂居住，都能各得其所，上符合古代归顺的道义，下成为盛世永久的规则。他们即使有侵扰中原的心思，出现纷乱的惊扰，但由于他们远离中原，有山河阻断，即使发生侵夺劫掠，危害也不会广。因此赵充国、冯奉世能够凭借几万人的军队控制众多羌人的命脉，能够有征讨无激战，保全军队克敌制胜。虽然是因为有深谋远虑，朝廷有深远的谋划，难道不也是因为华夏跟夷狄居处不同，双方各有居所，要塞容易防守，才能成功吗！

　　"难者曰：'方今关中之祸，暴兵二载，征戍之劳，老师十万[1]，水旱之害，荐饥累荒[2]。凶逆既戮，悔恶初附，且款且畏[3]，咸怀危惧。百姓愁苦，异人同虑，望宁息之有期[4]，若枯旱之思雨露。诚宜镇之以静默，而绥之以安豫[5]。而子方欲作役起徒[6]，兴功造事[7]，使疲悴之众，徙自猜之寇，以无谷之民，迁乏食之虏，恐势尽力屈，绪业不卒[8]，羌戎离散，心不可一，前害未及弭，而后变复横出矣[9]。'答曰：'羌戎狡猾，伤害牧守，连兵聚众，载离寒暑。而今异类瓦解，同种土崩，老幼系虏，丁壮降散。子以此等为尚挟余资，悔恶反善，怀我德惠，而来柔附乎？将势穷道尽，智力俱困，惧我兵诛，以至于此乎？'曰：'无有余力，势穷道尽故也。'然则我能制其短长之命，而令其进退由己矣。

【注释】

①老师：指军队出征日久而疲惫。

②荐饥：连年灾荒，连续灾荒。

③款：归顺，求和。

④宁息：安定休息。

⑤绥：安抚。安豫：安宁快乐。

⑥徒：役徒，被罚服役的人。

⑦功：指土木营造之事。

⑧绪业：事业，遗业。

⑨横出：等于说滥施，滥加。

【译文】

"责难的人说：'当今关中的灾祸，在于用兵两年，远征屯守的劳苦，使十万将士疲惫不堪，水旱灾害造成饥荒接连不断。凶恶叛逆的人已经被杀戮，悔悟的恶人刚刚归附，他们归顺的同时害怕，人人心怀忧虑恐惧。百姓忧愁痛苦，所有人有着同样的忧虑，都希望安宁和平早日到来，就像大旱之时渴望雨露一样。确实应该用静默来安定他们，用安乐来安抚他们。而你却想要兴作劳役，大兴土木，役使疲困的众人，迁徙自疑的贼寇，用饥饿的民众去迁徙缺食的贼寇，恐怕会势尽力竭，事业不会成功。羌人戎狄离散，心思不一致，前一个祸害还没有消除，后一个祸端又突然出现了。'回答说：'羌戎狡猾，伤害州牧郡守等地方官，他们连兵聚众，已经经历了若干年。而今天这些少数民族的部族纷纷土崩瓦解，老人幼童被囚禁，壮年男子或降或散。您以为这些人还能携带剩余的财物，后悔作恶回头向善，感念我们的德泽恩惠，而来归附我们吗？还是他们走到穷途末路，筋疲力尽，惧怕我军的诛杀，才不得不这样呢？'说：'是没有余力，走投无路才这样的。'既然如此，那么我们就能决定他们的生死，命令他们按照我们的命令进退。

"夫乐其业者，不易事；安其居者，无迁志。方其自疑危惧，畏怖促遽^①，可制以兵威，使之左右无违也。迨其死亡散流，故可遐迁远处，令其心不怀土也。夫圣贤之谋事，为之于未有，治之于未乱，道不著而平，德不显而成。其次则能转祸为福，因败为功，值困必济，遇否能通②。今子遭弊事之终，而不图更制之始，爱易辙之勤，而得覆车之轨，何哉？且关中之民，百余万口，率其少多③，戎狄居半，处之与迁，必须口实④，若有穷乏，故当倾关中之谷，以全其生生之计⑤，必无挤于沟壑，而不为侵掠之害也。今我迁之，传食而至⑥，附其种族，自使相赡，而秦地之民得其半谷，此为济行者以禀粮，遗居者以积仓。宽关中之逼⑦，去盗贼之原⑧；除旦夕之损，建终年之益。若惮暂举之小劳，而遗累世之寇敌，非所谓能开物成务⑨，创业垂统⑩，崇基拓迹⑪，谋及子孙者也。

【注释】

①促遽：急促匆忙。

②否（pǐ）：不好，恶，坏。

③少多：少和多，或少或多，若干。

④口实：口粮。

⑤生生：养生，生活。

⑥传食：辗转受人供养。

⑦逼：逼迫，威胁。

⑧原：源头。

⑨开物成务：指通晓万物的道理并按这道理行事而得到成功。

⑩垂统：把基业流传下去。

⑪崇基：建筑物的高大基座。此指奠基。

【译文】

"他们如果乐业，就不会改变所做的事情；他们如果安居，就不会产生迁徙的心思。当他们自己感到危险恐惧，畏惧大难临头时，就可以用军队的威力来制服他们，让他们无论如何都不敢违背。等到他们死亡流散，就可以将他们迁徙到远方，让他们不再心怀故土。圣贤谋划事情，要未雨绸缪，要在没有混乱之前就将其平定，道义不必显露就天下太平了，仁德不必显扬事情就成功了。次一等的，也能转祸为福，转败为胜，碰到困难能得到帮助，遇到阻隔能够通达顺利。现今您遇到坏事的终结，却不想开始改制，喜欢勤换行车线路，却得到翻车的轨道，这是为什么呢？况且关中的民众有一百多万口，大概估算，戎狄占了一半，让他们住下还是迁徙，必须要解决吃饭问题。倘若穷困缺乏，应当倾尽关中的粮食，来保全他们的生活，一定别让他们陷入困境，而做出侵犯掠夺的事情。现今我们迁徙他们，给他们供应食物，让他们依附各自的种族，能互相赡养，而秦地民众得到一半的粮食，这就是用粮食接济行路的人，为居住的人充实粮仓。宽缓关中地区的威胁，消除盗贼侵略的根源；短时间受一点损失，获得长时间的收益。倘若害怕暂时举动的小小劳苦，却留下世世代代的仇敌，这不是所说的能够通晓万物之理并以之行事而成就事业，创立大业传给子孙后代，奠定基础扩展业绩，为子孙后代着想了。

　　"并州之胡①，本实匈奴桀恶之寇也。汉宣之世②，冻馁残破③，国内五裂④，后合为二。呼韩邪遂衰弱孤危⑤，不能自存，依阻塞下⑥，委质柔服⑦。建武中⑧，南单于复求降附⑨，于弥扶罗值世丧乱⑩，遂乘衅而作，虏掠赵、魏，寇至河南。建安中⑪，又使右贤王去卑⑫，诱质呼厨泉⑬，听其部落散居六郡⑭。咸熙之际⑮，分为三率⑯。泰始之初⑰，又增为四。今五部之众⑱，户至数万，人口之盛，过于西戎⑲。然其天性骁勇，弓马便利⑳，倍于氐、羌，若有不虞风尘之虑㉑，则并州之域，可为寒心。

【注释】

①并州：九州之一，其地约当今河北保定和山西太原、大同一带地区。

②汉宣：汉宣帝刘询。

③冻馁（něi）：寒冷饥饿，受冻挨饿。

④国内五裂：西汉末年，匈奴势弱内乱，分立为五个单于：呼韩邪单于、屠耆单于、呼揭单于、车犁单于、乌籍单于。后合而二，为北匈奴、南匈奴。

⑤呼韩邪：宣帝神爵四年（前58）立为单于，后为兄郅支单于所败，遂于宣帝甘露二年（前52）率众归附汉朝，迁汉光禄塞下，是为南匈奴；元帝竟宁元年（前33）复入朝，娶汉后宫王嫱（昭君）为阏氏。匈奴与汉朝和好达六十余年之久。

⑥依阻：凭借，仗恃。

⑦委质：归顺。柔服：温柔顺服。

⑧建武：东汉光武帝刘秀的年号（25—57）。

⑨南单于：即南匈奴。

⑩于弥扶罗：即栾提于夫罗，东汉时匈奴单于。于东汉中平年间带兵来到中原协助东汉政府镇压起义。汉末他先后与袁绍、张杨、袁术等人联合，两次与曹操交战，均被击败。

⑪建安：东汉献帝的年号（196—220）。

⑫右贤王：即右屠耆王，地位仅次于左贤王，由单于子弟担任。去卑：东汉末南匈奴之右贤王。

⑬呼厨泉：即栾提呼厨泉，东汉末、三国时期匈奴单于。曹操借呼厨泉入朝朝见之际，将其留在邺城，派去卑去管理其国。

⑭六郡：据房本《晋书·匈奴传》，这六郡是平阳、西河、太原、新兴、上党、乐平。

⑮咸熙：三国时期魏元帝曹奂年号（264—265）。

⑯率：泛指首领。

⑰泰始：晋武帝司马炎的年号（265—274）。

⑱五部：见房本《晋书·匈奴传》："建安中，魏武帝始分其众为五部，部立其中贵者为帅，选汉人为司马以监督之。魏末，复改帅为都尉。其左部都尉所统可万余落，居于太原故兹氏县（今山西汾阳）；右部都尉可六千余落，居祁县（今属山西）；南部都尉可三千余落，居蒲子县（今山西隰县）；北部都尉可四千余落，居新兴县（今山西忻州忻府区）；中部都尉可六千余落，居大陵县（今山西交城）。"

⑲西戎：古代西北地区戎族，包括许多部落。

⑳便利：敏捷，灵活。

㉑不虞：意料不到。

【译文】

"并州的胡人，其实本是匈奴中凶恶的强寇。汉宣帝的时候，他们饥寒交迫，分裂成五部，后来又合并为南、北两匈奴。呼韩邪单于就在势力衰弱孤危、不能独立生存的时候，凭靠险要的塞下，归顺服从。光武帝刘秀建武年间，南匈奴又请求归附，于弥扶罗趁着世道混乱，于是趁机兴起，掳掠赵、魏一带，侵至黄河以南。汉献帝建安年间，又让右贤王去卑引诱呼厨泉作人质，听任他的部落分散居住在平阳、西河、太原、新兴、上党、乐平六个郡。咸熙时期，分为三部首领。泰始初年，又增加成四部。现今的五部户数达到几万，人口繁盛超过了西戎。但是他们天生勇猛，骑马射箭敏捷灵活，战力是氐人、羌人的两倍，倘若有预料不到的纷乱境况，那么并州的处境会让人胆战心惊。

"今晋民失职，犹或亡叛，犬马肥充①，则有噬啮②，况于夷狄，能不为变？但顾其微弱，势力不陈耳。夫为邦者，患不在贫，而在不均；忧不在寡，而在不安。以四海之广，士民之富，岂须夷虏在内，然后取足哉！此等皆可申喻发遣③，还其本域,慰彼羁旅怀土之思④,释我华夏纤介之忧⑤。惠此中国,以绥四方,德施永世,于计为长。"

【注释】

①肥充:体肥肉充。

②噬啮(shì niè):咬。喻迫害。

③申喻:谕知,晓谕。发遣:打发,使离去。

④羁旅:长久寄居他乡。

⑤纤介:细微。

【译文】

"现今晋朝的民众失业尚且还要叛逃,狗马肥壮了就会咬人,何况夷狄,能不作乱吗?只不过他们力量微弱,势力不值一提罢了。治理国家的人,担忧的不是贫穷而是贫富不均;担忧的不在于人口少,而在于不安定。凭借着天下的广阔,民众的富裕,难道还要等着夷狄进入中原内部,然后才能取用富足吗!这些人等都可以晓谕打发他们离开,让他们回到原来居住的地域,安慰他们长久寄居他乡怀念故土的思乡之情,解除我们华夏族小小的忧虑。使中原民众承受恩惠,安抚四方各族,德泽施于万世,实在是长治久安的国策啊。"

陆机字士衡①,吴郡人也,为著作郎②。孙盛《阳秋》载机《五等论》曰:"夫体国经野③,先王所慎,创制垂基④,思隆后业,然而经略不同⑤,长短异术⑥。五等之制⑦,始于黄、唐⑧,郡县之治,创于秦、汉。得失成败,备在《典》《谟》⑨,是以其详可得而言。夫王者知帝业至重,天下至广。广不可以偏制⑩,重不可以独任。任重必于借力,制广终乎因人⑪。故设官分职⑫,所以轻其任也;并建伍长⑬,所以宏其制也⑭。

【注释】

①陆机：西晋文学家。字士衡，吴郡吴县（今江苏苏州）人。为孙吴丞相陆逊之孙。与其弟陆云合称二陆。曾任牙门将。太康年间陆机兄弟来到洛阳，受太常张华赏识，陆机历任太傅祭酒、吴国郎中令、著作郎等职，后为赵王司马伦相国参军，封关中侯；司马伦被诛后，赖成都王司马颖救免，此后便委身为平原内史，后任后将军、河北大都督，率军讨伐长沙王司马乂，却大败于七里涧，最终遭谗遇害。

②著作郎：三国魏明帝置，隶中书省，西晋改隶秘书寺。掌国史及起居注的修撰。在西晋、南北朝时为清要之官。

③体国经野：分划国都，丈量田野。见《周礼·天官·序官》："惟王建国，辨方正位，体国经野，设官分职，以为民极。"后泛指治理国家。

④创制：建立制度。垂基：即垂统，把基业流传下去。多指皇位的承袭。

⑤经略：筹划，谋划。

⑥长短：高和下，优和劣。异术：不同的方法。

⑦五等：指公、侯、伯、子、男五等爵位。

⑧黄：黄帝。唐：唐尧。

⑨《典》《谟》：记载典章制度的文献。

⑩偏制：指独自控制。

⑪因人：依靠别人的力量办成事情。

⑫分职：各司其职，各授其职。

⑬伍长：指五等诸侯。

⑭宏：扩散，光大。

【译文】

　　陆机，字士衡，是吴郡人，担任著作郎。孙盛《晋阳秋》记载陆机的《五等论》说："治理国家，这是先代君王要慎重对待的。创立制度，流传基业，想要让后代帝业隆盛，但是谋划不同，方法高下相异。五等爵位的制度，是黄帝、唐尧开始的；

郡县的治理体制,是秦、汉创立的。他们的得失成败,全都在《典》《谟》经典中记载着,因此他们的详细情况是能够说明的。圣明的君王知道帝业非常重要,天下非常广阔。广阔就不可以独自控制,重要就不可以独自承担责任。责任重要就必须借助外力,控制广阔就必须依靠别人的力量。所以设立官吏各司其职,是用来减轻他的负担;同时建立五等分封制度,是为了光大其制度。

“于是乎立其封疆之典,裁其亲疏之宜,使万国相维,以成盘石之固,宗庶杂居①,以定维城之业②。又有以见绥世之长御③,识人情之大方④,知其为人不如厚己,利物不如图身,安上在于悦下,为己在乎利人。是以分天下以厚乐,而己得与之同忧;飨天下以丰利⑤,而己得与之共害。利博则恩笃,乐远则忧深,故诸侯享食土之实⑥,万国受传世之祚。夫然,则南面之君⑦,各务其治;九服之民,知有定主。上之子爱⑧,于是乎生;下之礼信,于是乎结。世治足以敦风,道衰足以御暴。故强毅之国,不能擅一时之势;雄俊之民,无所寄霸王之志。然后国安由万邦之思治,主尊赖群后之图身。盖三代所以直道⑨,四王所以垂业也⑩。

【注释】

①宗庶:宗子(大宗的嫡长子)和庶子。

②维城:(宗子)是城墙。见《诗经·大雅·板》:“怀德维宁,宗子维城。”

③长御:常法。

④大方:大道,常道。

⑤飨:用酒食招待客人。泛指请人受用。

⑥食土:享受封邑的租税。

⑦南面:面向南。古代以坐北朝南为尊位,帝王、诸侯见群臣,皆面

南而坐，故用以指居帝王、诸侯之位。

⑧子爱：慈爱，爱如己子。

⑨直道：正道。指确当的道理、准则。

⑩四王：指古代四位帝王夏禹、商汤、周文王、周武王。

【译文】

"于是建立了划分疆界而治的分封制度，裁定按亲疏分封的适当方法，使得天下各国互相维系，来成就巨石般牢固的基础；宗子、庶子杂居，来稳定城墙般坚牢的大业。又知道安定天下的长久国策，以及识别人情世故遵循的基本法则，知道为了别人不如首先增益自己，要有益于万物不如首先修身。在上者想要地位稳固，关键在于使在下者悦服，自己受益关键在于有利于他人。因此，把众多的快乐分给天下人，才能使别人跟自己分担忧患；与天下人分享丰厚的利益，才能使别人与自己分担损失。利益分享得越多那么恩情就越深厚，给予的快乐越长远那么为国分忧之心就越深沉。所以诸侯享受封国的租税，王位世代相传。这样诸侯们各自致力于治理自己的国家；各诸侯国的百姓们知道有确定的君主。君王于是生出爱民如子的心，百姓因此形成礼仪与信义。这种治世方略在世道太平的时候，足以使风俗敦厚；在世道衰微的时候，足以抵御强暴。所以威猛的国家，不能依恃一时的势力而擅权；雄俊的百姓，无从寄托王霸之志。然后，国家安定是由于众诸侯国都想太平，天子尊贵是由于各诸侯励精图治。这就是夏、商、周三代能保持正道，夏禹、商汤、周文王、周武王功业能流传的原因啊。

"故世及之制①，弊祸终乎七雄②。昔者成汤亲照夏后之鉴③，公旦目涉商人之式④，文质相济⑤，损益有物⑥。然五等之礼，不革于时，封畛之制⑦，有隆焉尔者，岂玩二王之祸⑧，而暗经世之筹乎⑨？固知百世非可悬御，善制不能无弊，而侵弱之辱，愈于殄祀⑩，土崩之困，痛于陵夷也⑪。是以经始获其多福⑫，虑终取其少祸，非谓侯伯无可乱之符⑬，郡县非致治之基也。故国忧赖其释位⑭，主弱凭于其

翼戴⑮；及其承微积弊，王室遂卑，犹保名位，祚遗后嗣，皇统幽而不
辍⑯，神器否而必存者⑰，岂非事势使之然与？

【注释】

①世及：世袭，世代相传。

②七雄：指战国时秦、楚、燕、齐、韩、赵、魏七强国。

③成汤：商开国之君。夏后：指禹受舜禅而建立的夏王朝。

④公旦：周公姬旦。式：指样式，规则。

⑤文质：文采与质朴。相济：互相帮助、促成。

⑥损益：增减，盈亏。按：《论语·为政》："子曰：'殷因于夏礼，所损益
可知也；周因于殷礼，所损益可知也。'"何晏《集解》引汉马融曰：
"所损益，谓文质三统。"朱熹《集注》："文质谓夏尚忠，商尚质，周尚
文；三统谓夏正建寅为人统，商正建丑为地统，周正建子为天统。"

⑦封畛（zhěn）：封地的边界。

⑧玩：轻视，忽视。二王：指夏桀、商纣。

⑨经世：治理国事。算：同"算"。

⑩殄：消灭，灭绝。

⑪陵夷：由盛到衰。衰颓，衰落。

⑫经始：开始营建，开始经营。

⑬符：征兆。

⑭释位：用为赞辅朝政之称。

⑮翼戴：辅佐拥戴。

⑯皇统：世代相传的帝系。幽：隐晦。辍：停止。

⑰神器：象征国家权力之物。借指帝位、政权。否（pǐ）：坏，恶。

【译文】

　　"所以世代相传的制度，其弊祸因战国七雄相争而终结。从前，成汤以夏朝为
鉴，周公以商人为鉴，夏、商、周三代文采和质朴相辅相成，但在具体做法上会随时调

整。但是五等封爵的礼制，没有随着时世更革；分封疆土的制度，更加兴盛尊崇，难道是轻视夏桀、商纣两位亡国之君的灾祸，不明白治理国事的谋算吗？他们当然知道百世之后的事情不可能早早地预为治理，好的制度也不会没有弊端，而王室衰微被轻视的耻辱，强于祭祀灭绝；王权覆亡比衰落更加惨痛。因此，经营开创之初能够多获福祚，考虑将来则是希望祸患最少。这并不是说分封诸侯就没有产生动乱的可能，郡县制就不能达到天下太平。所以国家忧患时依赖诸侯赞辅朝政，君主软弱时凭靠诸侯辅佐拥戴。等分封制产生的小问题和弊病越积越多时，王室就衰微了。但还能保有名位，王位传给子孙后代。世代相传的帝系暗弱却没中断，政权陷入困厄而仍然存在，这难道不是分封制导致的吗？

　　"降及亡秦，弃道任术，惩周之失，自矜其得[①]，寻斧始于所庇[②]，制国昧于弱下[③]。国庆独享其利[④]，主忧莫与共害，虽速亡趋乱，不必一道，颠沛之衅，实由孤立，是盖思五等之小怨，忘万国之大德，知陵夷之可患，暗土崩之为痛也。周之不竞[⑤]，有自来矣[⑥]。国乏令主[⑦]，十有余世，然片言勤王[⑧]，诸侯必应，一朝震矜[⑨]，远国先叛，故强晋收其请隧之图[⑩]，暴楚顿其观鼎之志[⑪]，岂刘、项之能窥关[⑫]，胜、广之敢号泽哉[⑬]？借使秦人因循周制[⑭]，虽则无道，有共兴亡，其覆灭之祸，岂在曩日[⑮]。

【注释】

①自矜：自夸。

②寻斧：用斧。

③制国：执掌国政。

④庆：幸福，吉祥。

⑤不竞：不强，不振。

⑥自来：由来，历来。

⑦令主：贤德的君主。

⑧片言：简短的文字或语言。勤王：多指君主的统治受到威胁而动摇时，臣子起兵救援王朝。

⑨震矜：自得。

⑩请隧之图：见《左传·僖公二十五年》："晋侯朝王。王享醴，命之宥。请隧，弗许。"杨伯峻注："请隧者，晋文请天子允许于其死后得以天子礼葬己耳。"

⑪观鼎之志：见《左传·宣公三年》："楚子……遂至于雒，观兵于周疆。定王使王孙满劳楚子，楚子问鼎之大小轻重焉。"禹铸九鼎，三代视之为国宝；楚王问鼎，有取而代周之意。

⑫刘、项：刘邦、项羽。窥关：指进入函谷关。

⑬胜、广：陈胜、吴广。号泽：指在大泽乡号召起义。

⑭因循：沿用，守旧而不改变。

⑮襄日：往日，以前。

【译文】

"等到了秦朝，放弃王道而用权术，鉴戒周朝分封的过失而自我夸耀他的所得。开始用斧子砍向赖以遮蔽的树荫，糊涂地通过削弱诸侯的力量来治理国家。国家安乐的时候皇帝独享利益，国家危难之时就没有人跟他共同承受灾难了。虽然说国家遭到迅速灭亡和动乱的原因不一定只是一种，而秦朝灭亡的过失，确实是由于王室孤立无援造成的。这是只想到分封五等爵位产生的小仇怨，却忘记了众多诸侯国辅助的大恩德；知道王权削弱是令人担忧的，却不知道政权崩溃的惨痛。周朝的不振，是有由来的。国家缺少英明的君主，已有十好几代了，但是只要王室需要救援，诸侯必定响应，一旦有诸侯国对王室不恭，即使是偏远的诸侯国也会首先起来反对他。所以强大的晋国收起了其僭越王室的图谋，凶暴的楚国停止了其觊觎王位的志向，哪里会发生像刘邦、项羽攻入函谷关，陈胜、吴广在大泽乡起义这样的事情？假使秦人沿袭周朝的封建制度，即使君王无道，也有诸侯跟他一起承担，那国家覆灭的祸患哪能在那个时候发生呢？

"汉矫秦枉，大启王侯，境土逾溢，不遵旧典，故贾生忧其危^①，晁错痛其乱^②。是以诸侯阻其国家之富^③，凭其土民之力，势足者反疾，土狭者逆迟，六臣犯其弱纲^④，七子冲其漏网^⑤，皇祖夷于黥徒^⑥，西京病于东帝^⑦，是盖过正之灾^⑧，而非建侯之累也。逮至中叶^⑨，忌其失节，割削宗子^⑩，有名无实，天下旷然^⑪，复袭亡秦之轨矣。是以五侯作威^⑫，不忌万邦，新都袭汉^⑬，易于拾遗也。光武中兴，纂隆皇统^⑭，而犹遵覆车之遗辙，养丧家之宿疾^⑮，仅及数世，奸宄充斥^⑯，卒有强臣专朝，则天下风靡，一夫纵横^⑰，而城地自夷，岂不危哉！

【注释】

①贾生：指贾谊。

②晁错：西汉政治家，颍川（今河南禹州）人。景帝时进言削藩，以吴王刘濞为首的七国诸侯以"请诛晁错，以清君侧"为名，举兵反叛。景帝听从袁盎之计，腰斩晁错于东市。

③阻：凭借，依仗。

④六臣：指汉初的六反臣：淮阴侯韩信、淮南王黥布、梁王彭越、韩王信、赵相贯高、代王陈豨。

⑤七子：指汉景帝时同时起兵的吴、楚等七诸侯国之王。

⑥皇祖：汉高祖刘邦。夷：创伤。英布反叛，刘邦前去镇压，受箭伤。黥徒：指英布，九江郡六县（今安徽六安）人。早年坐罪受黥刑，俗称黥布。被封为淮南王，后起兵反叛，兵败被杀。

⑦西京：西汉都长安，东汉改都洛阳，因称洛阳为东京，长安为西京。东帝：汉景帝时吴王刘濞自称。

⑧过正：过分，过头。

⑨中叶：中世，中期。

⑩宗子：皇族子弟。

⑪旷然：空虚的样子。

⑫五侯：汉成帝同日封其舅王谭为平阿侯、王商为成都侯、王立为红阳侯、王根为曲阳侯、王逢时为高平侯，世称"五侯"。

⑬新都：指新都侯王莽。袭：窃取。

⑭纂隆：继承大业。

⑮宿疾：拖延不愈的疾病，旧病。用来比喻旧的弊端。

⑯奸宄（guǐ）：犯法作乱的人。

⑰纵横：肆意横行，无所顾忌。

【译文】

"汉朝矫正秦朝的错误，大封诸侯，但诸侯王的疆土过于宽广，没有遵照旧制。所以贾谊忧虑汉朝面临的危险，晁错痛心诸侯将带来的祸乱。因此诸侯依仗自己国家的富裕、当地百姓的力量，势力强大的就率先反叛，土地狭小的则随后反叛。汉高祖时六臣趁纲纪不健全而起兵谋反，汉景帝时七王趁法网有疏漏而发动叛乱，汉高祖在平定黥布叛乱中被流矢射伤，定都长安的西汉朝廷被吴王刘濞困扰。这都是封地过大的灾难，并非是封建诸侯的过失。到了西汉中期，朝廷顾忌对诸侯无法节制，于是削弱宗室势力，分封制有名无实，天下虚空，又走上亡秦的道路了。因此王氏五侯作威作福，不再忌惮刘姓诸侯，王莽篡汉，轻而易举。光武皇帝中兴汉朝，继承了刘氏帝系，但还是依循西汉灭亡的旧路，蓄养足以造成丧家之祸的老旧弊端。仅仅过了几代，就奸邪充斥，最终导致强横的臣子梁冀专擅朝政，而天下之人纷纷投靠；董卓肆意横行，而城池自然就被夷为平地，这难道还不危险吗？

"在周之衰，难兴王室，放命者七臣①，干位者三子②，嗣王委其九鼎③，凶族据其天邑④，钲鼙震于阃宇⑤，锋镝流乎绛阙⑥，然祸止畿甸，害不罩及⑦，天下晏然，以治待乱，是以宣王兴于共和⑧，襄、惠振于晋、郑⑨，岂若二汉陛闼暂扰⑩，而四海已沸，孽臣朝入⑪，而九服夕乱哉！

【注释】

①放命：逆命，违命。七臣：据《文选》李善注，是指苪国、边伯、詹父、子禽、祝跪及颜叔桃子、宾起七人。

②干位：僭位，求位。三子：指子颓、叔带、子朝三人。

③嗣王：继位之王。

④凶族：指三子。天邑：指京都。

⑤钲鼙：钲和鼓。古代行军或歌舞时用以指挥进退、动静的两种乐器。阃（kǔn）宇：指京城之内。

⑥锋镝：刀刃和箭头。泛指兵器，也比喻战争。绛阙：宫殿寺观前的朱色门阙，也借指朝廷。

⑦覃（tán）及：延及。

⑧宣王：周宣王姬静。共和：历史上称西周从厉王失政到宣王执政之间的十四年为共和。共和元年为前841年。

⑨襄：指周襄王，姬姓，名郑，周惠王之子，东周君主。周惠王宠惠后，欲立惠后之子王子带为嗣。他赖齐桓公之力，与齐、鲁等诸侯会盟于首止，方稳定其太子位。惠王死，他畏王子带，不敢发丧，又向齐求助，再度与齐、宋等诸侯会盟于洮（今河南濮阳东南），方发丧、即位。后王子带曾二度作乱，引狄人攻入王城，自立为王，他被迫逃亡郑国。赖晋文公出兵护送返国，诛王子带，才得以复位。惠：即周惠王。继位后，有五大夫作乱，立王子颓为周天子，惠王奔温，郑厉公在栎地收容惠王，并与虢国攻入周朝，协助平定"子颓之乱"，惠王复辟。

⑩陛闼：陛阶和宫门。借指朝廷。

⑪孽臣：奸邪嬖幸之臣。

【译文】

"在周朝衰微的时候，王室灾难频起，违逆天子命令的有七个臣子，企图僭越的有三个臣子，继位君王弃国而逃，恶人占据了京师。征战的钲鼓震动京城，兵器和箭头散落在宫殿。但是祸乱只发生在京城附近,危害没有四处蔓延,天下依然安宁。倚仗这种安定的局势来抵御祸乱,因此宣王能在共和时期中兴周王室,周襄王、周惠王能在晋国、郑国的帮助下复位。怎像两汉,朝廷刚刚出现纷扰,天下就已经大乱;奸臣早上入朝,而全国各地晚上就陷入混乱了!

　　"远惟王莽篡逆之事,近览董卓擅权之际①,亿兆悼心②,愚智同痛,然周以之存,汉以之亡,夫何故哉? 岂世乏曩时之臣,士无匡合之志欤③? 盖远绩屈于时异,雄心挫于卑势耳。故烈士扼腕④,终委寇仇之手;忠臣变节,以助虐国之桀。虽复时有鸠合同志⑤,以谋王室,然上非奥主⑥,下皆市人,师旅无先定之班⑦,君臣无相保之志,是以义兵云合,无救劫杀之祸;众望未改,而已见大汉之灭矣。

【注释】

①董卓:字仲颖,陇西临洮(今甘肃岷县)人。于桓帝末年先后担任并州刺史、河东太守,利用汉末战乱和朝廷势弱占据京城,废少帝立汉献帝并挟持号令,东汉政权从此名存实亡。

②亿兆:极言其数之多。悼心:伤心,痛心。

③匡合:指纠合力量,匡定天下。

④烈士:有节气壮志的人。扼腕:用一只手握住自己另一只手的手腕,表示惋惜等情绪。

⑤鸠合:集合,聚集。

⑥奥主:深沉明睿之主。

⑦班:等级,次第。

【译文】

　　"远思王莽篡夺叛逆的事情,近看董卓专擅大权的时候,天下万民无论愚智都同样悲痛。然而周朝因封建而存,汉朝因封建而亡,这是什么缘故呢? 难道是国家没有往日的臣子，士人没有匡定天下的志向吗？是远大的功绩被不同的时势所屈，雄心壮志被卑微的形势所挫败罢了。所以有节气壮志的人只能握住手腕惋惜，最终委身于仇敌之手；忠臣也改变了节操，去帮助残害国家的凶人。即使不时有志同道合者聚在一起为王室谋划，但是上不是深沉明睿的君主，下都是些市井流俗的人，军队没有事先确定好等级秩序，君臣没有互相保护的心志，因此虽然义兵云集，却不能挽救皇帝被劫持、杀害的灾祸；百姓的希望没有改变，却旋即看到大汉的灭亡了。

　　"或以诸侯世位①，不必常全，昏主暴君，有时比迹②，故五等所以多乱；今之牧守，皆官方庸能③，虽或失之，其得固多，故郡县易以为政治。夫德之休明④，黜陟日用，长率连属⑤，咸述其职，而淫昏之君，无所容过，何则不治哉？故先代有以之兴矣。苟或衰陵，百度自悖⑥，鬻官之吏，以货准才，则贪残之萌⑦，皆群后也⑧，安在其不乱哉！故后王有以之废矣。且要而言之，五等之君，为己思治；郡县之长，为利图物。何以征之⑨？盖企及进取，仕子之常志；修己安民，良士之所希及。夫进取之情锐⑩，安民之誉迟，是故侵百姓以利己者，在位所不惮，损实事以养名者，官长所夙夜也。君无卒岁之图，臣挟一时之志。五等则不然。知国为己土，众皆我民，民安，己受其利，国伤，家婴其病⑪，故前人欲以垂后，后嗣思其堂构⑫，为上无苟且之心，群下知胶固之义。使其并贤居政⑬，则功有厚薄，而两愚处乱，则过有深浅。然则八代之制⑭，几可以一理贯；秦、汉之典，殆可以一言蔽也。"

【注释】

①世位：指爵位世代相传。

②比迹：齐步，并驾。

③庸能：有功和有才能的人。

④休明：美好清明。

⑤长率：长官与下属。连属：连接，联结。

⑥百度：百事，各种制度。悖：违背，相冲突。

⑦萌：通"氓"，老百姓。

⑧群后：指诸侯。

⑨征：证明。

⑩锐：疾速。

⑪婴：缠绕。

⑫堂构：比喻继承祖先的遗业。

⑬居政：处于治理政事之位。

⑭八代：指五帝（黄帝、颛顼、帝喾、唐尧、虞舜）、三王（夏、商、周）。

【译文】

"有人认为，诸侯世代相传，未必能够永远保全；昏庸、残暴的君主，有时会一个接着一个出现，所以五等封爵制容易发生变乱。现今的州牧郡守，都是政府任命的有功和有能力的人，即使有时任用不当，但称职的还是居多，所以郡县制更容易治理国家。德行美好清明之时，官吏的升降成为常例，地方官员都进京向天子述职，而放荡昏庸的君主也无法隐藏其过错，哪里会治理不好呢？所以前代君王有的就因实行郡县制而使国家兴盛起来。如果衰微了，各种制度就会出现谬误混乱，卖官的官吏，拿受贿多少来授官，那么贪婪残伤的民众都会像无道的诸侯，国家怎么会不乱呢！所以后代的君王有因为实施郡县制而走向亡国的。况且简要地说来，五等分封的君主，是为了自己才想把政事处理好；郡县的长官，是为了利益才去处理政事。为什么这么说呢？努力进取是出仕人的夙有心态；修养自己以安定民众，是贤良之士所希望的。立志有所作为的心情迫切，而安民济世的声誉来得迟缓，因此在位之人毫不忌惮侵害百姓利益来满足自己的私利，日夜琢磨做些不实之事来沽名钓誉。君臣都没有长远的打算。五等分封却不是这样。知道国土是自己的土地，民众都是自己的百姓，民众安定自己就受益，国家受伤害自家也会受其害，所以前人想要传给后人，后代想着如何继承祖先的遗业；做君王的没有敷衍了事的心理，群臣知道团结的道理。就像让贤人们同时居治理之位，功劳会有大有小；而两个蠢人处于混乱时世，过错会有轻有重。既然如此，那么五帝三王时代的五等分封制，几乎可以用一个道理贯通；秦朝、汉朝的郡县制，差不多可以用一句话概括。"

胡威字伯武①，淮南人也。父质②，字文德，清廉洁白。质之为荆州刺史也③，威自京都定省④。家贫，每至客舍，自放驴取樵⑤。既至见父，停厩中十余日，告归⑥。临辞，赐绢一匹，为道中资。威跪曰："大人清高，不审于何得此绢？"质曰："是吾奉禄之余，故以为汝粮耳⑦。"威受之辞归。荆州帐下都督⑧，闻威将去，请假还家，持资粮于路要威⑨，因与为伴，每事佐助，又进饭食。威疑而诱问之，既知，乃取所赐绢与都督，谢而遣之。后因他信以白质，质杖都督一百，除吏名。父子清慎如此，于是名誉著闻。为安丰太守、徐州刺史⑩，政化大行。后入朝，世祖因言次谓威曰⑪："卿清孰如父清？"对曰："臣不如也。"世祖曰："以何为胜邪？"对曰："臣父清恐人知，臣清恐人不知，是臣不及远也。"世祖以威言直而婉，谦而顺。累迁豫州刺史⑫，入为尚书。

【注释】

①胡威：字伯虎，一名貔，淮南寿春（今安徽寿县）人。曹魏征东将军胡质之子，与父都以廉洁慎重而闻名。历任侍御史、安丰太守，后升徐州刺史，再迁右将军、豫州刺史。入朝任尚书，加奉车都尉，官至前将军、监青州诸军事、青州刺史，累封平春侯。

②质：即胡质。历任丞相东曹令史、扬州治中、东莞太守、荆州刺史

　　等职。

③荆州：西汉置，为十三刺史部之一，东汉治所在汉寿县（今湖南常
　　德东北）。其后屡经迁移。东晋定治江陵县（今湖北荆州）。

④定省：指探望问候父母或亲长。

⑤樵：木柴。

⑥告归：告辞，告别回家。

⑦粮：旅行用的干粮，泛指钱粮。

⑧帐下：指将帅的部下。都督：古时的军事长官。

⑨要：约请。

⑩安丰：郡名。三国魏黄初元年（220）分庐江郡置，属豫州，治所在
　　安风县（今安徽霍邱西南）。徐州：西汉武帝所置十三刺史部之
　　一，东汉时治所在郯县（今山东郯城），三国魏移治彭城县（今江
　　苏徐州），东晋时移治京口（今江苏镇江）。

⑪次：间，际。

⑫累：屡次，多次。豫州：西汉武帝置十三刺史部之一，东汉治所在
　　谯县（今安徽亳州），三国魏移治安城县（今河南正阳东北），西晋
　　移治陈县（今河南周口淮阳区）。

【译文】

　　胡威，字伯武，是淮南人。父亲胡质，字文德，清正廉洁品行清白纯正。胡质担任荆州刺史时，胡威从京城来探望父亲。家中贫穷，每次到了旅店，自己放养驴子砍取木柴。到了荆州见到父亲，住在牲口棚中十几天，告别回家。临别告辞时，父亲给了他一匹绢，作为路上资费。胡威跪着说："大人清白高洁，不知从哪儿得到的这匹绢？"胡质说："是我俸禄的结余，所以拿来当你旅途的钱粮。"胡威接受了告辞归家。胡质部下有个都督，听说胡威即将离去，就先请假回家，拿着钱粮在路上约请胡威，于是跟他结伴同行，每逢有事就给予帮助，又进献饭食。胡威有所怀疑就引诱他问话，知道实情后，就取了父亲给他的绢给了都督，向他道谢

后让他回去了。胡质后来因为别的事情写信给父亲，顺便说了此事，胡质打了都督一百杖，除去了他的身份名籍。父子这样清廉谨慎，于是名誉显著知闻。胡威担任安丰太守、徐州刺史，政教风化广为推行。后来回到朝廷，世祖在谈话间对胡威说："你的清廉比你父亲如何？"回答说："我不如啊。"世祖说："为什么说他胜过你呢？"回答说："我父亲清廉怕人家知道，我清廉怕人家不知道，这是我远远赶不上的。"世祖认为胡威的话直率而又婉转，谦逊而又温顺。胡威多次升迁为豫州刺史，入朝担任尚书。

　　周顗字伯仁①，汝南人也，为尚书左仆射。王敦作逆石头②，既而王师败绩，顗奉诏往诣敦，敦曰："伯仁，卿负我③。"曰："公戎车犯顺④，下官亲率六军⑤，不能其事，使王旅奔败，以此负公。"敦惮其辞正，不知所答。左右文武，劝顗避敦，曰："吾备位大臣⑥，朝廷丧破，宁可复草间求活，外投胡、越者邪⑦？"俄而被收⑧，于石头害之。

【注释】

①周顗（yǐ）：字伯仁，汝南安成（今河南汝南）人。西晋安东将军周浚之子，弱冠时袭封武城侯，曾在镇军将军司马毗属下为长史，琅邪王司马睿出镇建业，征辟周顗为军谘祭酒；后出任宁远将军、荆州刺史、护南蛮校尉，官至尚书左仆射；王敦之乱时，周顗被大将军王敦冤害，后追赠左光禄大夫、仪同三司，谥号康。

②王敦：字处仲，琅邪临沂（今山东临沂）人。出身于琅邪王氏，官至扬州刺史，永嘉之乱后与堂弟王导一同辅佐晋元帝建立东晋，担任大将军、江州牧，封汉安侯。晋元帝重用刘隗、刁协与之抗衡，永昌元年（322），王敦以诛杀刘隗为名，在武昌起兵，攻入建

康，拜为丞相、江州牧，晋爵武昌郡公。还屯武昌，移镇姑孰，自领扬
州牧。太宁二年（324）再次起兵攻建康，不久病逝于军中。作逆：
作乱，造反。石头：即石头城，故址在今江苏南京西清凉山上。

③卿负我：周颛为荆州刺史、领护南蛮校尉时，遇乱，狼狈失据，奔王
　敦于豫章，敦留之。

④犯顺：叛乱。

⑤六军：晋世称领军、护军将军、左右二卫将军、骁骑将军、游击将军
　统领之兵为六军。

⑥备位：居官的自谦之词，谓愧居其位，不过聊以充数。

⑦胡、越：胡与越。也泛指北方和南方的各民族。

⑧收：拘捕，捕捉。

【译文】

周颛，字伯仁，是汝南人，担任尚书左仆射。王敦在石头城作乱，不
久晋朝的军队被打垮，周颛奉命前往王敦处，王敦说："伯仁，你辜负了
我。"周颛说："您率军叛乱，下官我亲自率领六军抵抗，不能完成使命，
使天子的军队失败，我在这件事上辜负了您。"王敦惧怕他义正词严，不
知怎么回答。皇帝左右文武官员都劝周颛避开王敦，周颛说："我愧居大
臣之位，聊以充数，朝廷失败破损，难道还能够再到草野之中求得活命，
或者跑到外面投奔胡、越异族吗？"不久被拘捕，在石头城遇害。

陶侃字士行①，庐江人也，为荆州刺史。政刑清明，惠
施均洽，故楚郢士女②，莫不相庆。引接疏远③，门无停客。
常语人曰："大禹圣者，乃惜寸阴；至于众人，当惜分阴④，岂
可逸游荒醉？生无益于时，死无闻于后，是自弃也。"诸参
佐或以谈戏废事者，乃命取蒱博之具⑤，悉投之于江，吏将则
加鞭扑，曰："樗蒱者，牧奴戏耳。《老》《庄》浮华，非先王之

法言⑥,不可行也。君子当正其衣冠,摄其威仪⑦,何有乱头养望⑧,自谓宏达邪?"于是朝野用命⑨,移风易俗。

【注释】

①陶侃:字士行。历任武昌太守、荆州刺史、侍中、太尉、荆江二州刺史、都督八州诸军事,封长沙郡公,去世赠大司马,谥号桓。

②楚郢:地区名。楚国都郢(今湖北江陵),故有是称,用以指长江中下游一带。

③引接:延见接待。

④分阴:指极短的时间。

⑤蒱(pú)博:古代的一种博戏,后亦泛指赌博。

⑥法言:合乎礼法的言论。

⑦摄:整理,整顿。威仪:庄重的仪容、举止。

⑧乱头:指头发蓬乱。养望:培养虚名。

⑨用命:效命,奋不顾身地工作或战斗。

【译文】

陶侃,字士行,是庐江人,担任荆州刺史。政令刑罚清正廉明,施恩公平,遍及辖区内,所以楚郢地区的男女,没有不感到庆幸的。他很少接见结交客人,门前没有等着见他的人。他经常跟人说:"大禹是圣人,都要珍惜寸阴;至于普通人,应当珍惜分阴,哪里能够放纵游乐整天醉醺醺的?活着对时代没有益处,死了也无人知晓,这是自己放弃自己。"他的参佐有的因为谈笑游戏荒废事务的,就下令取来赌博用具,全都扔到大江里面去,对官吏将官则用鞭子棍棒抽打,说:"赌博,是放牧奴仆的游戏罢了。《老子》《庄子》浮华不实,不是合乎先代君王礼法的言论,是不可以奉行的。君子应当端正衣帽,整饬庄重的仪容,哪有头发蓬乱培养虚名,自己还认为是才识宏大畅达呢?"于是朝廷内外奋不顾身地效命工作,转移风气,改变习俗。

高崧字茂琰①，广陵人也②，累转侍中。哀帝雅好服食③，崧谏，以为"非万乘所宜④，陛下此事，实是日月之一蚀也"。帝欲修鸿宝礼⑤，崧反覆表谏，事遂不行。

【注释】

①高崧：举州秀才，除太学博士，后为黄门侍郎、抚军司马，累迁侍中，后以公事免，卒于家。

②广陵：县名。秦置，属东海郡，治所在今江苏扬州。

③哀帝：司马丕。东晋皇帝。当时东晋衰败，他服药以求长生，导致中毒去世，谥号哀皇帝。雅好：平素爱好。服食：指服用丹药。

④万乘：指天子。

⑤鸿宝：道教修仙炼丹之书。

【译文】

高崧，字茂琰，是广陵人，多次升迁转为侍中。晋哀帝平素喜好服用丹药，高崧劝谏，认为"不是天子所应该做的，陛下这件事，实在是像日食月食一样啊"。皇帝要修习道教修仙炼丹的鸿宝术，高崧反复上表劝谏，事情于是没有实行。

何充字次道①，庐江人也，为护军、中书令②。显宗初崩③，充建议曰："父子相传，先王旧典，忽妄改易，惧非长计。"庾冰等不从④，故康帝遂立⑤。帝临轩⑥，冰、充侍坐。帝曰："朕嗣洪业⑦，二君之力也。"对曰："陛下龙飞⑧，臣冰之力也，若如臣议，不睹升平之世。"康帝崩，充奉遗旨，便立孝宗⑨，加录尚书事、侍中⑩，临朝正色⑪，以社稷为己任。凡所选用，皆以功臣为先，不以私恩树用亲戚。谈者以此重之⑫。

【注释】

①何充：历任黄门侍郎、中书侍郎、中书监、骠骑将军、录尚书事，封都乡侯。

②护军：即护军将军，魏晋皆置，掌管武职选用，及掌管中央军队。

③显宗：即晋成帝司马衍，字世根。

④庾冰：字季坚，颍川鄢陵（今河南鄢陵）人。东晋外戚，初为王导司徒府长史，迁吴国内史，拜中书监、扬州刺史，进号左将军，促成晋成帝传位于弟弟晋康帝，拜车骑将军，出任江州刺史，假节，镇守武昌。

⑤康帝：司马岳，字世同。在晋成帝时受封吴王，改封琅邪王，历任散骑常侍、骠骑将军、侍中、司徒。晋成帝病重，在庾冰等人建议下，立弟司马岳为皇位继承人；同年，司马岳继位。

⑥临轩：皇帝不坐正殿而御前殿（殿前堂陛之间近檐处两边有槛楯，如车之轩）。

⑦洪业：大业。多指王业、帝业

⑧龙飞：帝王的兴起或即位。《周易·乾》："飞龙在天，利见大人。"孔颖达疏："若圣人有龙德，飞腾而居天位。"

⑨孝宗：司马聃，字彭子。

⑩录尚书事：官职名。凡带有"录尚书事"衔之官，即可总领朝政，职兼枢要。

⑪正色：庄重，严肃。

⑫重：尊重。

【译文】

何充，字次道，是庐江人，担任护军将军、中书令。晋显宗刚去世，何充建议说："父子相传，是先王留下的旧的典制，忽然之间胡乱改变，恐怕不是长远考虑的谋略。"庾冰等人不听从，所以就立了晋康帝。皇帝驾临前殿，庾冰、何充陪坐。皇帝说："我继承皇业，是二位的力量呀。"何充回答说："陛下您登基即位，是臣子庾冰的力量，如果按我的提议，就看不到这太平时世了。"晋康帝去世，何充奉皇帝临终的诏书，就立了晋孝宗，加官录尚书事、侍中，到朝廷处理政事庄重严肃，把江山社稷当作自己的责任。凡是他所选拔任用的，都是优先任用功臣，不因为私人的恩情栽培任用亲戚。谈论的人因此尊重他。

吴隐之字处默①，濮阳人也。早孤，事母孝谨，爱敬著于色养，几灭性于执丧②。居近韩康伯家③。康伯母，贤明妇人⑥，每闻隐之哭，临馔辍餐④，当织投杼⑤，为之悲泣。如此终其丧⑥。谓伯曰："汝若得在官人之任⑦，当举如此之徒。"及伯为吏部，超选隐之，遂阶清级⑧，为龙骧将军、广州刺史⑨。州之北界有水，名曰"贪泉"，父老云："饮此水者，使廉士变节⑩。"隐之始践境，先至水所，酌而饮之，因赋诗曰："古人云此水，一歃怀千金⑪。试使夷、齐饮⑫，终当不易心。"在州清操愈厉，化被幽荒⑬。诏曰："广州刺史吴隐之，孝友过人⑭，禄均九族⑮，处可欲之地，而能不改其操，飨惟错之富⑯，而家人不易其服，革奢务啬，南域改观，朕有嘉焉。可进号前将军⑰，赐钱五十万、谷千斛⑱。"

【注释】

①吴隐之：字处默，濮阳鄄城（今山东鄄城北）人。因得吏部尚书韩康伯赏识，被推荐出仕，历任散骑常侍、著作郎、龙骧将军、广州刺史，领平越中郎将，官至光禄大夫，为官以清廉著称。

②灭性：指因丧亲过哀而毁灭生命。执丧：指奉行丧礼或守孝。

③韩康伯：即韩伯，字康伯，颍川长社（今河南长葛西）人。东晋玄

学家、训诂学家。幼年家贫，长大后清静平和善于思辩，后举秀才，征佐著郎，不就；晋简文帝时从司徒左西属转任抚军掾、中书郎、散骑常侍、豫章太守，入朝任侍中；后改任丹杨尹、吏部尚书、领军将军。

④辍：中止，停止。

⑤杼：织机的梭子。

⑥终其丧：服满丧期。

⑦官人：选取人才给以适当官职。

⑧阶：授予官阶（官位的等级）。清级：显贵的官位。

⑨龙骧将军：武官名。晋武帝始以王濬为之，南北朝置，为杂号将军之一。

⑩廉士：旧称有节操、不苟取的人。

⑪歃（shà）：饮，喝。

⑫夷、齐：伯夷、叔齐，殷商之际的清操高士。

⑬被：覆盖。幽荒：荒远之地。

⑭孝友：事父母孝顺、对兄弟友爱。

⑮九族：父族四、母族三、妻族二，共为九族。

⑯惟错：指物产错杂。见《尚书·禹贡》："厥贡盐绨，海物惟错。"

⑰进号：进升官爵之名号。前将军：魏、晋常设，仅为武官名号，略高于一般杂号将军，不典禁兵，不与朝政，三品，用作加官，常不载官品。

⑱斛：古容量单位，十斗为一斛。

【译文】

吴隐之，字处默，是濮阳人。父亲早死，事奉母亲孝顺恭谨，特别是注重以和颜悦色来奉养，在丧礼期间几乎因为过于哀痛而丧命。住处靠近韩康伯家。韩康伯的母亲，是有才能见识的妇人，每逢听到吴隐之的哭声，吃饭时会中止进餐，正织布时会扔下梭子，为他悲伤哭泣。这样服满了丧期。韩母对韩伯说："如果你能在选人任官的职位上，就应当举荐这样的人。"等到韩伯在吏部任职，便推荐提拔吴隐之，最终吴隐之晋升至显贵的官位，担任龙骧将军、广州刺史。广州北部边界有眼泉，名字叫"贪泉"，父老说："喝这里的水，能让有节操的人失去节操。"吴隐之刚一入境，就先来到贪泉这里，斟了一杯喝下去，还赋诗说："古人说这里的水，一喝就要怀想千金。假如让伯夷、叔齐喝，最终也不会变心。"在广州期间，操守越发清廉，教化影响到边远地区。皇帝发诏书说："广州刺史吴隐之，事父母孝顺对兄弟友爱都超过别人，俸禄平均给了亲人，处在厚利的诱惑之中，而能够不改变节操，享有错杂满目物品的富裕，而家里众人不改变朴素的穿着，革除奢侈务求节俭，南方的风气大为改观，我要嘉奖他。可以进升官爵名号为前将军，赐给五十万钱、一千斛谷子。"